Friseurfachkunde

beraten · pflegen · gestalten

von

Wolfgang Schmidt
Jürgen Ackermann
Jutta Engel
Jürgen Schneider
Dr. Elvira Sengpiel

Beratende Mitarbeit:
Prof. Dr. Dr. Harald Brost
M. A. Christa Greven

2., durchgesehene Auflage

1999
Verlag Gehlen · Bad Homburg vor der Höhe
Gehlenbuch 91371

... weil aus Papier mit bis zu 50 % Altpapieranteil,
Rest aus chlorfrei gebleichten (TCF) Primärfasern.

Dieses Werk folgt der reformierten Rechtschreibung und Zeichensetzung. Ausnahmen bilden Texte, bei denen künstlerische, philologische oder lizenzrechtliche Gründe einer Änderung entgegenstehen.

Verlag Gehlen GmbH & Co. KG
Daimlerstraße 12 · 61352 Bad Homburg vor der Höhe
Internet: http://www. gehlen.de
E-Mail: info@gehlen.de

Umschlagfoto: Michael J. Fabian · Hannover
Umschlaggestaltung: Ulrich Dietzel · Frankfurt/M.
Fotos: Michael J. Fabian · Hannover (andere s. Bildquellenverzeichnis).
Zeichnungen und Grafiken: Birgitt Biermann-Schickling · Hannover; Liselotte Lüddecke · Hannover; new vision, Bernhard Peter · Pattensen; Elke Otto · Tostedt

ISBN 3-441-**91371**-X

Herstellung: H. Stürtz AG · Würzburg

Vorwort

Die geänderte Ausbildungsordnung für Friseurinnen und Friseure erforderte neue Unterrichtsinhalte sowie eine Umgewichtung der bereits bestehenden Inhalte. Sie erfordert aber auch einen Wandel in der Unterrichtsgestaltung: Waren bisher an Handlungen orientierte und auf Situationen bezogene Vorgehensweisen Kennzeichen eines innovativen Unterrichtsstils, so wird eine solche Unterrichtsgestaltung geradezu zwingend. Das Berufsbild ist noch anspruchsvoller geworden und setzt die Bereitschaft zum lebenslangen Lernen voraus.

Welche Rolle kommt in einem solchen Kontext dem Fachbuch zu?

Die Heterogenität der Auszubildenden bedingt die Notwendigkeit, dass Schülerinnen und Schüler auch selbstständig mit dem Fachbuch lernen können. Deshalb müssen **Texte leicht zugänglich** sein. Dieser Zugang wird in diesem Buch durch eine verständliche Sprache und **aktuelles Bildmaterial** gewährleistet. Das bewährte Konzept, überschaubare **Lerneinheiten auf je einer Doppelseite** darzustellen, ermutigt die Leser und schafft erfahrbare Lernerfolge.

Die **Exkurse** ermöglichen eine Vertiefung und Erweiterung der Informationsbasis. Zur Lernerfolgskontrolle und Prüfungsvorbereitung dienen die **Aufgaben** am Schluss der Kapitel.

Für die Lehrerinnen und Lehrer sollte ein zeitgemäßes Lehrbuch Anregungen für die Unterrichtsgestaltung bieten. Dies geschieht unter anderem durch die **Fallstudien** und die **praxisnahe Aufgabenstellungen.**

Der Integration der Fachmathematik wird durch **exemplarische Mathematikaufgaben** Rechnung getragen.

Das Kapitel **„Kundenberatung"** enthält ein mit zahlreichen Anwendungsbeispielen auf die Bedürfnisse der Friseurarbeit zugeschnittenes **Kommunikationsmodell.** Über dieses Kapitel hinaus sind die Aspekte der Kundenberatung in die fachlichen Handlungssituationen eingebunden.

Wir hoffen, dass es uns gelungen ist, Auszubildenden, Lehrern und Interessierten aus der Praxis ein Buch an die Hand zu geben, das den jeweiligen Bedürfnissen des Lesers gerecht wird. Hinweise und Anregungen zur Verbesserung der „Friseurfachkunde" nehmen wir auch weiterhin gerne entgegen.

Oktober 1997 *Verfasserinnen und Verfasser*

Inhaltsübersicht

Mein Beruf – mein Arbeitsplatz

1. Ein Arbeitsplatz für Friseurinnen und Friseure

Die Tätigkeit und Verantwortung des Friseurs besteht darin, sein Handwerk und seine **Kreativität** mit den vielfältigen Vorstellungen und Wünschen seiner Kunden in Einklang zu bringen. Die Qualität der Friseurarbeit liegt folglich nicht nur in der hohen Meisterschaft im Umgang mit Kamm und Schere, sondern mehr noch im Wissen und Erkennen dessen, was Kunden wünschen und was möglich ist.

Friseure sind in der Lage, eine Vielzahl von Frisuren und Make-up in allen Formen und Farben zu erstellen. Voraussetzungen dafür sind ein **handwerkliches Geschick** und technische sowie chemische Hilfsmittel. Ein Hilfsmittel neben vielen anderen bei der Kundenberatung kann auch der Computer sein: Er ermöglicht, Haar- und Make-up-Kreationen auf das elektronische Abbild eines Menschen zu übertragen.

Die Fähigkeiten des Friseurs als Warenanbieter und Verkäufer werden danach beurteilt, ob er seine **Warenkenntnis** für den persönlichen Nutzen des Kunden einsetzen kann.
Die kosmetische Industrie bietet dem Verbraucher heute eine nahezu unüberschaubare Fülle von Präparaten an, die zur Pflege und Verschönerung von Haar, Haut und Nägeln dienen. Der Endverbraucher findet im Friseur den Fachmann, der die Waren kennt und deren Wirkungen beurteilen kann. Der **Verkauf** von Präparaten rundet das Aufgaben- und Tätigkeitsfeld im Friseurhandwerk ab.

In beiden Dienstleistungsbereichen der Friseure, dem handwerklichen und dem verkäuferischen, ist es notwendig, auf die Persönlichkeit der Kunden einzugehen. Nur dann gelingt es dem Friseur, jeden Kunden individuell zu **beraten** sowie Haare und Haut zu **pflegen** und zu **gestalten.**

Die Attraktivität des Friseurberufs spiegelt sich in der Anzahl der ausgebildeten und auszubildenden Friseure wider. Im Jahre 1998 gab es in der Bundesrepublik Deutschland etwa 215 000 berufstätige Friseurinnen bzw. Friseure, davon 18,6 % Auszubildende. Somit stehen 175 000 Friseuren etwa 40 000 Auszubildende gegenüber. Im Jahr 1998 begannen mehr als 14 000 Auszubildende die Ausbildung im Friseurhandwerk.

Der Friseurberuf hat sich zu einem der stärksten Ausbildungsberufe für junge Frauen entwickelt. 95 % aller Auszubildenden im Friseurhandwerk sind weiblich.

1. Zählen Sie Fertigkeiten und Kenntnisse auf, die Ihres Erachtens für die Ausübung des Friseurberufs notwendig sind.

2. Stellen Sie eine Liste von Präparaten zusammen, die vom Friseur zur Pflege des Haares verkauft werden.

3. Nennen Sie Gründe für den hohen Anteil an weiblichen Fachkräften im Friseurhandwerk.

1. Schild eines Baders, 1405, Runkel a. d. Lahn

- Berufsbildung
- Aufbau und Organisation des Ausbildungsbetriebs
- Arbeits- und Tarifrecht, Arbeitsschutz
- Arbeitssicherheit, Umweltschutz und rationelle Energieverwendung
- Gesundheitsschutz
- Bedienen von Maschinen, Geräten und Werkzeugen
- Kundenberatung und -betreuung
- Beurteilen, Reinigen und Pflegen des Haares und der Kopfhaut
- Haarschneiden
- Gestalten von Frisuren
- Ausführen von Dauerwellen
- Ausführen farbverändernder Haarbehandlungen
- Pflegende und dekorative Kosmetik der Haut
- Maniküre

2. Ausbildungsberufsbild im Friseurhandwerk

1 Berufsbild und Weiterbildung

Um den vielfältigen beruflichen Anforderungen gerecht zu werden, bedarf es einer umfassenden und qualifizierten Ausbildung. Die Ausbildungsmaßnahmen im Friseurhandwerk sind auf Grundlage der Handwerksordnung durch den Bundesminister für Wirtschaft festgelegt.
Die Fertigkeiten und Kenntnisse, die den Berufsanfängern im Ausbildungsbetrieb vermittelt werden sollen, sind im **Ausbildungsberufsbild** zusammengefasst.

Von den Auszubildenden sollen Fertigkeiten und Kenntnisse zur Beurteilung und Behandlung von Haar, Haut und Nägeln erworben werden. Dazu gehört, dass die entsprechenden Präparate ausgewählt und angewendet sowie Schädigungen von Haar, Haut und Nägeln festgestellt und vermieden werden können.

Die im Friseurhandwerk gebräuchlichen Werkzeuge, Geräte und Maschinen sollen nach der Ausbildung bekannt sein und gepflegt werden können.

Hygiene am Arbeitsplatz, Arbeitsschutzmaßnahmen, Energieverwendung und Umweltschutz sind ebenso wichtige Ausbildungsinhalte wie der Umgang mit Kunden, Kundenberatung und Verkaufstechnik.

Die dreijährige Ausbildung findet im so genannten **Dualen System** statt. Das bedeutet, dass die praktische Ausbildung hauptsächlich in den Betrieben und die theoretische Ausbildung vorwiegend in der Schule durchgeführt wird. Die praktische Ausbildung kann durch überbetriebliche Maßnahmen ergänzt werden, bei denen die Auszubildenden in Bildungszentren zusammengefasst und geschult werden.

Der **Ausbildungsrahmenplan** gibt die zeitliche Einteilung vor, in der die vorgesehenen Fertigkeiten und Kenntnisse vermittelt werden sollen. Der **Rahmenlehrplan** legt die schulischen Ausbildungsinhalte fest. Die Länder übernehmen den Rahmenlehrplan unmittelbar oder setzen ihn in einen eigenen Lehrplan um.

Vor dem Ende des zweiten Ausbildungsjahres ist eine **Zwischenprüfung** vorgesehen. Diese soll Auskunft über den jeweils erreichten Leistungsstand geben. Die **Gesellenprüfung** am Ende der Ausbildungszeit ist in einen praktischen und einen theoretischen Teil gegliedert. Im praktischen Teil weist der Prüfling nach, dass er die notwendigen Fertigkeiten erlernt hat. Der theoretische Teil der Prüfung bezieht sich auf die Kenntnisse, die in den Fächern Fachkunde (Technologie), Gestaltung, Kundenberatung und betriebliche Arbeitsgestaltung sowie Wirtschafts- und Sozialkunde vermittelt wurden.

1. Nennen Sie Gründe für die hohe Weiterbildungsbereitschaft im Friseurhandwerk.

2. Die Anzahl derjenigen, die aus dem Friseurberuf ausscheiden, ist recht hoch. Nennen Sie Gründe.

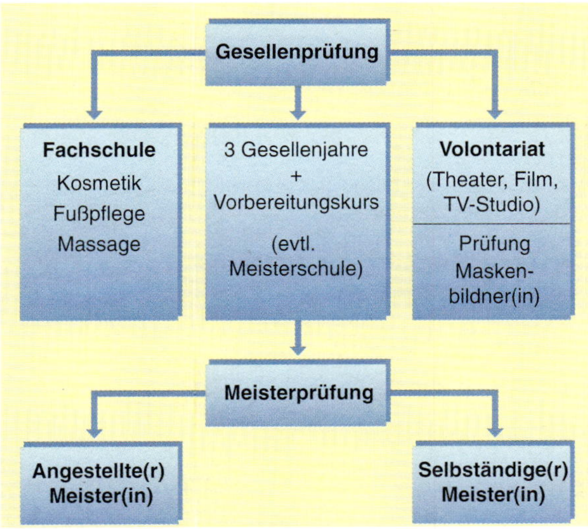

3. Arbeits- und Weiterbildungsmöglichkeiten

4. Maskenbildner bei der Arbeit

Nach mindestens drei Gesellenjahren kann auch die **Meisterprüfung** im Friseurhandwerk abgelegt werden. Dazu werden Vorbereitungskurse von Einrichtungen der Handwerkskammer und von privaten Meisterschulen angeboten. Nur Meisterinnen und Meister, selbstständig oder angestellt, dürfen Berufsanfänger im Friseurhandwerk ausbilden.
Bürger aus EU-Mitgliedsländern dürfen in Deutschland einen Betrieb eröffnen, wenn sie in ihrer Heimat 6 Jahre Berufstätigkeit als Selbstständige nachweisen können.

Eine weitere Fortbildungsmöglichkeit nach der Gesellenprüfung ist die Ausbildung zur **Kosmetikerin.** Die entsprechenden Kurse werden von öffentlichen und privaten Fachschulen angeboten. Die Ausbildung zum **Maskenbildner** erfolgt in einem Volontariat bei einem Theater, Filmstudio usw. Jedoch erfüllt sich dieser Wunsch nur für wenige, da Ausbildungs- und Arbeitsplätze für Maskenbildner rar sind.

Die haarkosmetischen Firmen beschäftigen Friseure, um ihre Produkte zu erproben, vorzustellen und für diese zu werben. Aber die Zahl solcher Arbeitsplätze ist relativ gering.
Friseurinnen und Friseure zeichnen sich durch eine hohe Weiterbildungsbereitschaft aus. Etwa 25 % der Friseure haben in einem Zeitraum von fünf Jahren an Weiterbildungskursen und Seminaren für ihren Beruf teilgenommen.

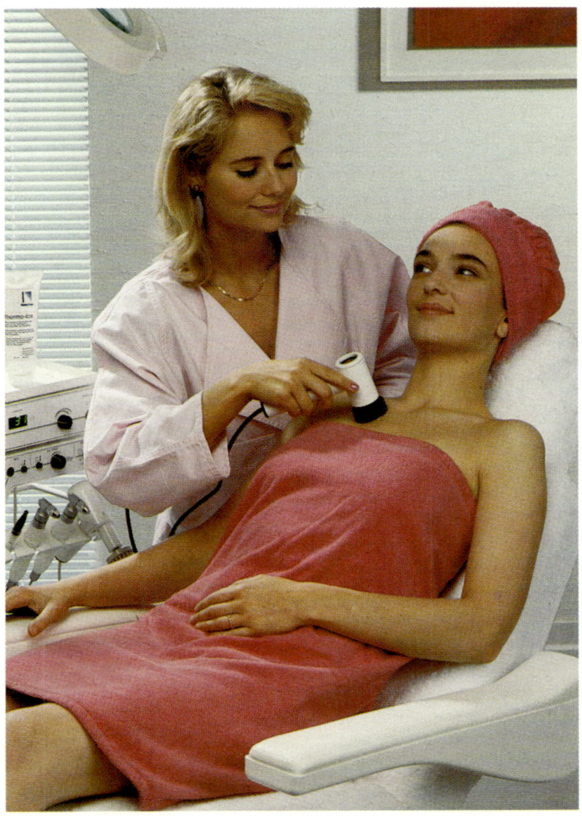

5. Kosmetikerin bei der Vibrationsmassage

1. Angebot für einen Ausbildungsplatz

- Art und Ziel der Ausbildung
- Sachliche und zeitliche Gliederung der Ausbildung
- Beginn und Dauer der Berufsausbildung
- Ausbildungsmaßnahmen außerhalb der Ausbildungsstätte
- Dauer der regelmäßigen täglichen Ausbildungszeit
- Dauer der Probezeit
- Zahlung und Höhe der Vergütung
- Dauer des Urlaubs
- Voraussetzung für eine Kündigung

2. Inhalt des Ausbildungsvertrages

2 Regelungen des Ausbildungs- und Arbeitsvertrages

- Erforderliche Kenntnisse und Fertigkeiten vermitteln
- Planmäßig, zeitgemäß, sachlich gegliedert ausbilden
- Selbst ausbilden oder Ausbilder beauftragen
- Kostenlos Ausbildungsmittel bereitstellen
- Charakterlich fördern und sittlich und körperlich nicht gefährden
- Nur Arbeiten übertragen, die dem Ausbildungszweck dienen
- Bei Beendigung der Ausbildung Zeugnis ausstellen

Pflichten des Ausbildenden

- Übertragene Verrichtungen sorgfältig durchführen
- An Ausbildungsmaßnahmen teilnehmen, für die er freigestellt ist (z.B. Berufsschule)
- Weisungen im Rahmen der Berufsausbildung befolgen
- Die Betriebsordnung beachten
- Werkzeuge und Einrichtungen pfleglich behandeln
- Über Betriebs- und Geschäftsgeheimnisse Stillschweigen bewahren

Pflichten der Auszubildenden

3. Rechte und Pflichten im Ausbildungsverhältnis

Ausbildungsvertrag. Das Berufsausbildungsverhältnis kann nur nach schriftlichem Vertrag zwischen dem Ausbildenden und dem Auszubildenden begonnen werden. Bei Minderjährigen müssen die Erziehungsberechtigten dem Ausbildungsvertrag zustimmen.

Der Vertrag wird von der Handwerkskammer geprüft, genehmigt und, wenn keine Beanstandungen vorliegen, in das Verzeichnis der Berufsausbildungsverhältnisse eingetragen.

Aus dem Ausbildungsvertrag ergeben sich für beide Partner **Rechte und Pflichten,** wobei die Rechte des eines Partners jeweils den Pflichten des anderen entsprechen. So hat der Auszubildende das Recht, dass ihm notwendige Ausbildungsmittel kostenlos bereitgestellt werden.

Die Ausbildung im Friseurhandwerk dauert in der Regel drei Jahre. Sie kann um ein halbes oder ganzes Jahr gekürzt werden, wenn ein entsprechender Schulabschluss vorhanden ist oder wenn während der Ausbildung überdurchschnittliche Leistungen nachgewiesen wurden.
Die Gesellenprüfung, die die Ausbildung abschließt, kann zweimal wiederholt werden.

Friseurin
für Voll- oder Teilzeitbeschäftigung stellt ein
Haarstudio Wunderbar
Hiddenstedt

Friseur – Herren- u. Damenfach
nach Fernwald gesucht
Tel. 112233

Junge Friseurfachkraft
zur Beratung · Pflege · Gestaltung
unserer anspruchsvollen Kundschaft
in Darmstadt gesucht.

4. Angebot für einen Arbeitsplatz

5. Gesetze und Verordnungen, die für den Arbeitsvertrag von Bedeutung sind

Arbeitsvertrag. Beginnen die ausgelernten Friseure ein Arbeitsverhältnis, so schließen sie mit dem Betriebsinhaber einen Arbeitsvertrag ab. Dieser darf in seinen Inhalten die gültigen gesetzlichen Regelungen, Tarifverträge oder Betriebsvereinbarungen nicht verletzen. Der Arbeitsvertrag kann mündlich oder schriftlich abgeschlossen werden. Auch ungelernte oder fachfremde Arbeitskräfte können im Friseurhandwerk einen Arbeitsvertrag abschließen.
Die Friseure verpflichten sich vertraglich, die Arbeitsleistung zu erbringen und die Weisungen des Arbeitgebers zu befolgen. Arbeitnehmer sind an die Treuepflicht gebunden. Das bedeutet, dass sie Betriebsgeheimnisse zu wahren haben und nicht zusätzlich für Mitbewerber tätig werden dürfen. Selbstverständlich ist auch eine nebenberufliche Friseurtätigkeit in Form von „Schwarzarbeit“ verboten; auch wenn dies nicht ausdrücklich im Arbeitsvertrag steht.

Demgegenüber stehen die Pflichten des Arbeitgebers, die Arbeitsvergütung rechtzeitig zu zahlen und alles zu tun, um die Gesundheit der bei ihm Beschäftigten zu schützen. Die Fürsorgepflicht eines Arbeitgebers beinhaltet außerdem, dass er die eingehaltenen Beiträge zur Renten-, Kranken- und Arbeitslosenversicherung an die zuständige Stelle weiterzuleiten hat.

1. Nennen und erläutern Sie:
a) Rechte und Pflichten des Auszubildenden.
b) Rechte und Pflichten des Ausbildenden.

Kündigung. Wird das Arbeitsverhältnis beendet, so hat der Arbeitgeber die Pflicht, auf Verlangen des Arbeitnehmers ein schriftliches Arbeitszeugnis auszustellen. Darin müssen mindestens Aussagen über die Art und die Dauer der geleisteten Arbeit gemacht werden.

Wird einem Arbeitnehmer gekündigt oder kündigt er von sich aus, dann müssen die gesetzlichen Kündigungsfristen eingehalten werden. Es gibt Personengruppen, die einen besonderen Kündigungsschutz haben. So darf beispielsweise Frauen während der Schwangerschaft und bis zum Ablauf von vier Monaten nach der Entbindung bzw. während des Mutterschaftsurlaubs nicht gekündigt werden. Auch langjährige Mitarbeiter verdienen einen besonderen Schutz: Für Arbeitnehmer, die fünf Jahre oder länger in demselben Betrieb tätig waren, verlängern sich die Kündigungsfristen.

Ergeben sich aus einem Ausbildungs- oder Arbeitsverhältnis Rechtsstreitigkeiten, die sich nicht auf Innungsebene oder in Zusammenarbeit mit einer Schlichtungsstelle klären lassen, so kann die Entscheidung bei den Arbeitsgerichten gesucht werden.

2. Erkundigen Sie sich über die aktuelle Höhe der Ausbildungsvergütungen. Vergleichen Sie die Monatslöhne der verschiedenen Lohngruppen nach dem gültigen Tarifvertrag für das Friseurhandwerk.

1. Positive Reize und negative Reize

- Positive Reize aussenden.
- Kollegen oder Kunden als Person anerkennen und bestätigen.
- Verbale und besonders die nichtverbalen Reaktionen des Kunden, also Gestik und Mimik, beobachten.
- Fehler zuerst bei sich suchen und entsprechend korrigieren.
- Hilfsbereit gegenüber Kunden und Mitarbeitern sein.
- Ein unzufriedener Kunde bedeutet meist Umsatzverlust, weil er die Neigung hat den Salon zu meiden.
- Sich verdeutlichen, dass Unfreundlichkeit gegenüber Kolleginnen das Arbeitsklima verschlechtert.

2. Anforderungen im Umgang mit Kollegen und Kunden

3 Anforderungen an die Friseure

Umgangsformen. Der Friseurberuf ist dadurch gekennzeichnet, dass man mit Kunden und Kollegen zusammenarbeitet. Handwerkliche Fertigkeiten, theoretisches Fachwissen und Kreativität allein reichen deshalb nicht aus um Erfolg im Beruf zu haben.

Für eine erfolgreiche Zusammenarbeit sind einige **Grundregeln** zu beachten: Jeder Gesprächspartner fühlt sich durch Bestätigung, Zuhören und Hilfsbereitschaft belohnt. Stellen Sie sich auf die verbalen (wörtlichen) und nichtverbalen Reaktionen, also Gestik und Mimik des Gegenübers ein, so fühlt sich dieser anerkannt und bestätigt.
Beim Umgang mit Kunden und Mitarbeitern kommt es deshalb darauf an, positive Reize, wie Lob und Anerkennung auszusenden.

Dagegen sind negative Reize wie Tadel und Nichtbeachtung zu vermeiden. Der Kunde empfindet Vergesslichkeit, Unfreundlichkeit oder Gleichgültigkeit des Friseurs als Missachtung seiner Person bzw. als Bestrafung.
„Gestrafte" Kunden werden sich einen anderen Friseur suchen, denn die meisten Menschen streben danach, gelobt und belohnt statt getadelt und bestraft zu werden.

1. Ergänzen Sie die Aufzählung von positiven und negativen Reizen.

Geistige Anforderungen. Nicht nur der tägliche Umgang mit Kunden, sondern auch die Zusammenarbeit mit Vorgesetzten und Kollegen erfordern von Friseuren **Beweglichkeit, Kontaktbereitschaft** und natürliches **Selbstbewusstsein.**
Für eine gründliche Beratung sollen Friseure mit verständlichen, klaren Aussagen Kenntnisse über die angebotenen Friseurpräparate und Behandlungsverfahren vermitteln können. Dies gilt auch besonders für Kundenberatungen, die sich auf die Pflege von Haar und Haut sowie auf die dekorative Kosmetik zu Hause beziehen.

Dem Kunden zeigt man dabei durch gute **Sprechgewohnheiten,** d.h. angemessene Lautstärke und Geschwindigkeit des Sprechens, sein Entgegenkommen. Die Verwendung von Schlagworten und Modeausdrücken weckt bei kritischen Kunden Misstrauen.

Um die richtigen Preise schnell zu erfassen, ist ein gutes **Zahlengedächtnis** notwendig. Friseure müssen beispielsweise beim Kassieren oder zur Ermittlung von Mischungsverhältnissen bei Blondierungen die Grundrechenarten beherrschen und Zusammenhänge bei den verschiedenen Rechenvorgängen verstehen.

Bei nichtfachlichen Gesprächen wird dem Kunden durch eine gute **Allgemeinbildung** vermittelt, dass der Friseur mehr kann als nur die Haare zu schneiden und zu färben.

	Allgemeines	Pflege	Gestaltung
Haare	Die Frisuren der Mitarbeiter können als Visitenkarte des Salons betrachtet werden.	Frisch gewaschene Haare sind selbstverständlich. Haarkuren geben dem Haar Glanz.	Modische Schnitte, Umformungen und Farbveränderungen animieren Kunden.
Gesicht	Der freundliche Gesichtsausdruck beeinflusst die Wirkung der Friseurin auf die Kunden.	Vor jedem Make-up die Haut gründlich reinigen.	Ein Make-up kann die Persönlichkeit unterstreichen.
Hände	Weil die Kunden direkt mit den Händen angefasst werden, ist die Handpflege besonders wichtig.	Hände müssen oft eingecremt und Nägel kurz gefeilt werden.	Abgesprungenen Nagellack sofort entfernen und neuen Lack auftragen. Dieser sollte zur Kleidung und zum Make-up passen.
Kleidung	Sauberkeit und Pflegezustand der Kleidung spiegeln das Hygienebewusstsein wider.	Die Arbeit erfordert häufiges Lüften und Waschen der Kleidung.	Die Kleidung sollte modisch und zweckmäßig sein. Spezielle Arbeitskleidung ist zu empfehlen.

3. Grundsätze zum äußeren Erscheinungsbild von Mitarbeitern im Friseursalon

Charakterliche Anforderungen. Eine freundliche Friseurin, die Freude an ihrem Beruf zeigt, wirkt auf die Kunden wesentlich sympathischer als eine schlecht gelaunte. Jedoch kann übertriebene Liebenswürdigkeit unecht und gekünstelt wirken.
Es ist oft schwierig, unhöflichen oder rechthaberischen Kunden und Kollegen gegenüber freundlich zu bleiben. **Selbstbeherrschung** und aufgeschlossenes sowie ausgeglichenes Verhalten ist das beste Mittel gegen die Gereiztheit von Kollegen, Launen von Kunden und der Hektik des Wochenend- oder Feiertaggeschäfts.

Ehrlichkeit ist nicht nur Voraussetzung für die Arbeit in einem Team, sondern auch für den Umgang mit Kunden. So ist es unaufrichtig, wenn Friseure eigene Behandlungsfehler bei Kundenreklamationen nicht eingestehen.

Auch **Taktgefühl** ist eine Charaktereigenschaft, die die Friseure benötigen. Unüberlegte Formulierungen, besonders in kosmetischen Beratungsgesprächen, können die Persönlichkeit des Kunden verletzen. Auch Verschwiegenheit erwarten Kunden von ihrem persönlichen Friseur.

Friseure gehören jeweils zu einer Betriebsgemeinschaft, die Kollegialität, d.h. Vertrauenswürdigkeit, Zuverlässigkeit, Hilfsbereitschaft, Gerechtigkeitssinn und Selbstkritik erwartet.

Wenn die Kundschaft den Salon betritt, dann sieht sie Laden, Ware und Personal als eine Einheit; die Friseure sind dabei die Schlüsselfigur. Deren Hygienebewusstsein ist mitbestimmend dafür, inwieweit sich der Kunde im Salon wohl fühlt. Das äußere Gesamterscheinungsbild der Friseure, gekennzeichnet durch Frisur, Haut, Kleidung, Körperhaltung, Mimik und Gestik, repräsentiert den Friseurbetrieb.

Gesundheit ist für jeden Beruf unbedingte Voraussetzung. Da der Friseur direkten Kontakt mit wechselnden Kunden hat, ist seine Einsatzbereitschaft in erheblichem Maß von seiner Gesundheit abhängig.
Ansteckende Krankheiten machen die Ausübung dieses Berufes unmöglich. Bei verschiedenen Hautkrankheiten und Allergien besteht die Gefahr, den Friseurberuf nicht lange ausüben zu können. Vor der Berufswahl sollten deshalb Ärzte zu Rate gezogen werden.
Durch langes Stehen werden besonders die Beine und Füße des Friseurs belastet. Bei Anlage zu Senk- oder Plattfüßen und Krampfadern muss deshalb rechtzeitig vorgebeugt werden.
Bereits zu Beginn der Ausbildung ist bei den handwerklichen Arbeiten auf richtige Körperhaltung zu achten, um Haltungsschäden und -schwächen vorzubeugen bzw. diese nicht zu verstärken.

2. Nennen Sie allgemeine Grundsätze, die von Mitarbeitern im Friseursalon bei Kleidung und Umgangsformen beachtet werden müssen.

Kundenberatung

1. Eingehende Farbberatung

„Was Friseure können, können nur Friseure!" Dies ist ein Werbeslogan, der die besonderen Fähigkeiten und Fertigkeiten von Friseurinnen und Friseuren betont: Sie sind die Fachleute für die Pflege und Gestaltung von Haar und Haut.
Neben handwerklichem Geschick und Kreativität ist ihr beruflicher Erfolg jedoch ebenso davon abhängig, ob es ihnen gelingt, ihre Beratungskompetenz bei der täglichen Arbeit unter Beweis zu stellen.
Beratung erfolgt im Zusammenhang mit den handwerklichen Dienstleistungen, die im Salon angeboten werden, ebenso wie beim Verkauf von Produkten für die Körperpflege und die Pflege von Haar und Haut zu Haus.

Jeder Haarschnitt, jede Dauerwelle oder Farbbehandlung beginnt mit einer eingehenden Beratung. Kunden merken sehr schnell, ob die Beratung auf ausgeprägtem Fachwissen und fachtechnischem Können beruht. Auch während der Durchführung von handwerklichen Dienstleistungen wie z. B. Haarfärbungen und Erstellen eines Make-ups ist die Beratungskompetenz gefragt.

Eine gute Beratung wird von Kundinnen und Kunden durch Salon- und Mitarbeitertreue honoriert. Wer sich kompetent beraten fühlt, wird nicht leichtfertig seinen Friseur wechseln.
Treue und zufriedene Kunden wiederum führen zu steigenden Umsätzen und einem sicheren Arbeitsplatz.

Manchmal wird von Kundinnen und Kunden erwähnt, dass bestimmte Produkte im Supermarkt billiger seien. Tatsächlich bieten SB-Märkte einige Artikel zur Haar- und Hautpflege kostengünstiger an.
Dem stehen in den Friseurbetrieben ausgebildete Fachkräfte gegenüber, die individuell im Hinblick auf Auswahl, Anwendung und Nutzen des jeweiligen Präparats beraten können. Auch kann beim Kauf im Friseursalon eine gezielte Haar- oder Hautdiagnose durchgeführt werden.
Der gestiegene Stellenwert eines gepflegten Äußeren und die Tatsache, dass viele Menschen Probleme mit Haar und Haut haben, schafft zusätzlichen Beratungsbedarf.
Kunden werden die Preisdifferenz zwischen dem Kauf mit Selbstbedienung und dem mit Beratung aber nur akzeptieren, wenn die Vorteile für sie deutlich erfahrbar werden.

1. Stellen Sie eine Liste von Gelegenheiten zusammen, bei denen Sie Ihren Kunden Hinweise für die Heimpflege von Kopfhaut und Haar geben können.

2. Besprechen Sie mit Ihren Kolleginnen oder Mitschülerinnen, welche gemeinsamen Erwartungen und Interessen Sie bezüglich der Kundenberatung haben. Stellen Sie die Gemeinsamkeiten schriftlich in einer übersichtlichen Darstellung zusammen und hängen Sie die Übersicht im Salon oder im Klassenraum auf.

2. Beim Friseurbesuch erblickt der Kunde zunächst die Salonfassade mit Eingang und Schaufenster

3. Auch das Innere des Salons dient der Kundenwerbung

1 Kundenwerbung

Der Wettbewerb zwischen den Friseurbetrieben ist groß. Aus einem reichhaltigen Angebot an Salons mit qualitativ vergleichbaren Waren und Dienstleistungen können die Kunden auswählen. Wenn ein Betrieb auf Dauer erfolgreich sein will, muss er nicht nur versuchen bessere Leistungen als die Mitbewerber zu bringen, sondern er muss mögliche Kunden auch auf diese Leistungen aufmerksam machen.

Unter dem Begriff **Marketing** werden alle Tätigkeiten zusammengefasst, durch die Produkte und Dienstleistungen von einem Anbieter an die Verbraucher herangetragen werden. Ein wesentlicher Bereich des Marketing ist die **Werbung.**
Gute Werbung weckt die Aufmerksamkeit möglicher Kunden und informiert über das Angebot. Für einen Friseursalon muss Werbung die Qualität der handwerklichen Arbeit und der Beratung überzeugend herausstellen und die Vorzüge der angebotenen Produkte zur Geltung bringen.
Alle positiven Wirkungen eines Friseurbetriebs stehen im Zusammenhang mit Werbung: Mit jedem günstigen Eindruck und jedem zufriedenen Kunden wird für den Salon geworben. Werbung hat dort rechtliche Grenzen, wo der Versuch unternommen wird Kunden zu täuschen, irrezuführen oder gesetzwidrige Preisvereinbarungen, z. B. in Form unzulässiger Rabatte, anzubieten.
Unter Werbung im engeren Sinne versteht man den Einsatz von Werbeanzeigen in der Tagespresse, Wurfsendungen, Bandenwerbung auf Sportplätzen usw.

Besonders wirkungsvoll ist die Nutzung der Ladenfront als Werbefläche. Mithilfe einer ansprechenden Gestaltung, interessanten Auslagen, unterstützt durch Plakate und andere Werbemittel, wird die Aufmerksamkeit der Passanten geweckt. Die farbliche Gestaltung kann beim Kunden Stimmungen erzeugen, die Sympathie wecken. Ein offener Eingangsbereich hilft die Schwellenangst vor dem Betreten zu überwinden.

Das äußere Erscheinungsbild eines Salons lässt auch erkennen, an welche Zielgruppe sich das Dienstleistungs- und Warenangebot richtet, ob es eher exklusiv oder preiswert, konventionell oder ungewöhnlich ist.

Im Inneren des Salons wird durch die Gestaltung mit Möbeln und Accessoires, wie z. B. Bildern und Pflanzen, eine Atmosphäre hergestellt, in der sich die angesprochene Zielgruppe wohl fühlt.

Zur Werbung gehört es aber auch, dass der Betrieb Terminzusagen einhält, Getränke und Zeitschriften zur Verkürzung von Wartezeiten bereithält und natürlich ein überzeugendes Sortiment an Waren anbietet.

Produktauslagen im Salon und Darstellungen modischer Frisuren erfüllen gleich zwei Aufgaben: Indem sie die Aufmerksamkeit der Kunden wecken, verkürzen sie die Wartezeit und schaffen Anknüpfungspunkte im Beratungsgespräch.

triebmäßige Motive	gefühlsmäßige Motive	verstandesmäßige Motive
Selbsterhaltung (Essen, Trinken, Schlafen, Kleidung) Nachahmung Neugierde Geltungsbedürfnis Sammellust Betätigungslust	Genusssucht (zur Erhöhung der Lebensfreude) Schönheitsempfinden Gesundheitsstreben Geruch Geschmack	Preiswürdigkeit (geringes Einkommen, Sparsamkeit) Zweckmäßigkeit (Zeitersparnis, Haltbarkeit, Bequemlichkeit) Gesundheitsstreben (siehe auch bei gefühlsmäßigen Kaufmotiven)

1. Motive für die Beratung, die Behandlung und den Produktkauf beim Friseur

Bei meinem Friseur ist für mich wichtig:	Männer	Frauen
ein guter Schnitt	92	97
keine langen Wartezeiten	93	88
Know-how und hohe Fachkompetenz	82	91
Freundlichkeit und Zuvorkommenheit	78	84
gutes Ambiente, geschmackvolle Einrichtung	71	80
ausführliche Beratung	49	78
Gespräche und Unterhaltung	54	69
Service (Getränke)	51	63
ruhige Atmosphäre, keine Hektik	52	57
zusätzliche Dienstleistungen, Typberatung u. a.	37	61
Frisurenmappe mit Vorschlägen	16	52
gute Lage des Salons, verkehrsgünstig	26	19
Öffnungszeiten, flexible Terminvergabe	12	20
niedriger Preis	16	13
eigene Produktlinie	1	8

2. Erwartungen an den Friseur (Angaben in Prozent: Mehrfachnennungen waren möglich)

2 Die Kunden – Zielgruppe für Beratung und Verkauf

2.1 Motive der Kunden

Unter den Motiven der Kunden versteht man ihre Beweggründe, einen Friseursalon aufzusuchen. Der Erfolg eines Salons hängt wesentlich davon ab, ob es gelingt, diesen Motiven gerecht zu werden. Denn welcher Kunde möchte schon vergeblich zum Friseur gehen!
Weil das Herausfinden der Kundenmotive nicht nur für Friseure, sondern z. B. auch für Betreiber von Boutiquen oder Kaufhäusern von Interesse ist, hat sich daraus eine wissenschaftliche Disziplin entwickelt, die Motivforschung. Sie teilt die Motive in triebmäßige, gefühlsmäßige und verstandesmäßige ein.

Bei den **triebmäßigen Motiven** ist der Selbsterhaltungstrieb am geläufigsten. Für den Friseurberuf sind Neugierde, Geltungsbedürfnis und Nachahmungsbetrieb von besonderem Interesse.
Der Nachahmungstrieb ist ein wesentlicher Antrieb für die Mode, häufig gepaart mit der Neugierde, wie man wohl mit einem veränderten Äußeren auf die Umwelt wirken würde. Das gesteigerte Selbstwertgefühl, durch ein Äußeres, das die persönlichen Vorzüge betont und kleine Nachteile kaschiert, steht in engem Zusammenhang mit dem Geltungsbedürfnis.
Aber auch **gefühlsmäßige Motive** spielen beim Friseurbesuch eine Rolle: Erhöhung der Lebensfreude, Schönheitsempfinden, Gesundheitsstreben, das angenehme Empfinden von Geruch sind sicher wichtige Antriebe für die in der Kultur der Menschen tief verwurzelte Pflege von Haar und Haut.
Auch **verstandesmäßige Motive** können Auslöser für einen Friseurbesuch sein. Für eine Bankangestellte etwa ist ein gepflegtes Äußeres durchaus zweckmäßig. Andernfalls hätte sie Nachteile durch Arbeitgeber und Kunden zu erwarten.
Für Menschen, die Arbeiten ausführen, die mit viel Schmutz verbunden sind, ist es zweckmäßig, regelmäßig den Friseur aufzusuchen, um mit kurzen, pflegeleichten Haaren bei der täglichen Hygiene Zeit zu sparen und sich das Leben ein Stück bequemer zu gestalten.
Die Preiswürdigkeit kann der Grund sein einen ganz bestimmten Salon aufzusuchen und ihm möglicherweise auch trotz kleiner Zugeständnisse die Treue zu halten.
Indem man die Motive seiner Kunden erkennt, kann das Angebot an Dienstleistungen und Produkten diesen Bedürfnissen angepasst werden. So wäre es sicher wenig kaufmännisch gedacht, bei einer eher sparsamen, verstandesmäßig motivierten Kundschaft ein exklusives und entsprechend hochpreisiges Kosmetiksortiment zu führen. Eher erscheint es sinnvoll, dieser Kundschaft einen preiswerteren Nachfüllservice anzubieten.

1. Überlegen Sie, welche Motive Sie selbst haben Friseurdienstleistungen in Anspruch zu nehmen und Produkte aus dem Friseursortiment zu kaufen.

- Sprechen Sie am Telefon besonders deutlich.
- Nennen Sie zu Beginn des Telefonats den Namen des Salons und Ihren Namen.
- Halten Sie einen Notizblock bereit, um wichtige Kundeninformationen und Absprachen sofort zu notieren.
- Notieren Sie direkt zu Beginn des Telefonats den Namen der Kundin um sie immer mit Namen anreden zu können.
- Fassen Sie am Ende des Telefonats gegebenenfalls wichtige Absprachen nochmals für die Kundin zusammen.
- Das gilt insbesondere bei Terminvereinbarungen, um Missverständnisse zu vermeiden.
- Verabschieden Sie sich mit einem freundlichen Gruß.

3. Hinweise zu Telefongesprächen mit Kunden

4. Der freundliche Ton am Telefon ist praktische Werbung für den Salon

2.2 Erwartungen der Kunden

In Meinungsumfragen äußern viele Menschen, dass ihre Haupterwartung beim Friseurbesuch ein guter Haarschnitt ist. Dies ist durchaus nahe liegend, verbinden doch die meisten mit dem Wort *Friseur* die Dienstleistung *Haareschneiden.* Für Friseure kann die Konsequenz daraus nur sein, einwandfreie handwerkliche Arbeit anzubieten, um auf einem immer enger werdenden Markt bestehen zu können.
Eng verbunden mit der handwerklichen Leistung ist die Fachkompetenz. Man möchte sich darauf verlassen können, dass das Farbergebnis so wird wie besprochen, dass aus der leichten Strukturumformung keine Dauerkrause wird. Ebenso erwarten Kunden von ihrem Friseur fachlichen Rat und eine kompetente Typberatung, als deren Ergebnis ihre Person auf vorteilhafte Weise zur Geltung gebracht wird.

Für Berufsanfänger bedeutet dies alles daranzusetzen, um eine fachlich hochwertige Ausbildung zu bekommen.

Um die von vielen Kunden unerwünschten Wartezeiten ein Stück erträglicher zu machen lassen sich Friseure sehr viel einfallen. Das Anbieten von Getränken und Lesestoff hat bereits eine lange Tradition.
Manche Friseure bieten darüber hinaus auch Musik für unterschiedliche Geschmäcker an, indem sie ihren Kunden CD-Abspieler mit z. B. Pop, Klassik, Jazz und Musicalmelodien zur Ausleihe anbieten. Auch Zugänge zum Internet sind mittlerweile nichts Ungewöhnliches mehr.

Während solche Dinge durch die Saloninhaber organisiert und finanziert werden müssen, sind Freundlichkeit und Zuvorkommenheit sowie eine ruhige Atmosphäre, die frei von Hektik ist, auch schon von Berufsanfängern beeinflussbar.

Kunden sollten immer das Gefühl haben, dass sie persönlich wichtig sind, das heisst, dass man sich für sie Zeit nimmt und die Bedienung ohne Hetze erfolgt.

Konflikte zwischen Arbeitskollegen sollten niemals vor Kunden ausgetragen werden. Chefs, denen eine gute Personalführung wichtig ist, werden ihre Kritik niemals vor Kunden äußern.
Ein gutes Betriebsklima spürt jeder Kunde instinktiv, ebenso nimmt er aber auch Spannungen und schwelende Konflikte wahr.

Zu einem freundlichen Ton gehört es auch, unterhaltende Gespräche führen zu können. Dazu sollte man über ein breites Allgemeinwissen verfügen, was man dadurch untermauert, dass man sich über das allgemeine Tagesgeschehen auf dem Laufenden hält.

2. Nennen Sie Beispiele, wie Sie den Kunden Freundlichkeit und Zuvorkommenheit beweisen können.

1. Sparsame, unauffällige Kunden bevorzugen ordentliches und zeitloses Aussehen

2. Die gepflegten Konservativen entwickeln ihren persönlichen Stil und stellen hohe Qualitätsansprüche

2.3 Kundentypen – lassen sie sich erkennen?

Wenn ein unbekannter Kunde den Friseursalon betritt, schätzt man – bewusst oder unbewusst – den Fremden mit dem ersten Blick ein. Der Unbekannte wird mit bekannten Personen verglichen und einem Kundentyp zugeordnet.

Die vorschnelle Typisierung von Menschen ist problematisch. Es besteht die Gefahr, dass sie falsch eingeschätzt werden, Vorurteile aufgebaut und Fehlurteile über Menschen gefällt werden. Wenn man aber diese Vorbehalte berücksichtigt, kann gerade für Berufsanfänger eine Einteilung in Kundentypen von Vorteil sein. Die Typisierung kann sehr hilfreich sein um die Kundenberatung durchzuführen, bei der die Kundenwünsche ermittelt werden sollen und auf die Persönlichkeit des Kunden eingegangen werden muss.

Für den Friseurberuf reicht die Einteilung von Kunden in modisch interessierte und uninteressierte Typen nicht aus. Psychologen und Soziologen haben viele Studien unter verschiedenen Fragestellungen durchgeführt. Die Ergebnisse liefern jeweils Feinabstufungen zwischen den Typen.

Eine dieser Studien, die die Einstellung von Kunden gegenüber Mode, äußerer Erscheinung und diesbezüglichen Einkäufen untersucht hat, unterscheidet sieben Kundentypen.

Für die Gruppe **junger modebegeisterter Menschen**, die Freiheit und Ungebundenheit schätzt, hat die äußere Erscheinung eine besondere Bedeutung. Das Aussehen wird kreativ gestaltet, man ist begeistert von Neuheiten in der Mode. Für Kleidung, Frisur und Make-up wird viel Geld ausgegeben. Über neue Modetrends informiert und berät man sich häufig im Bekanntenkreis.

Für die **prestigeorientierten Angepassten**, die anerkannt und geachtet sein wollen, ist die gepflegte und perfekte äußere Erscheinung wichtig. Dabei passen sie sich der Mode an, die sich durchgesetzt hat, und verzichten auf ausgefallene Kleidungsstücke und Frisuren. Derartige Kunden sind empfänglich für Beratungen, die von Fachleuten durchgeführt werden.

Verführbar Distanzierte wollen ungebunden sein. Die Mode und diesbezügliche Beratungen interessieren sie nur wenig. In ihrer äußerlichen Erscheinung grenzen sich diese Menschen aber nicht bewusst von anderen ab. Sie lassen sich gelegentlich hinreißen Modisches zu tragen.

Für die Gruppe der **bedürfnislosen Antimodischen** ist das Erscheinungsbild unbedeutender als charakterliche Stärke mit Aufrichtigkeit und Offenheit. Diese Kunden begrenzen ihre Ausgaben für Äußerlichkeiten und kümmern sich nicht um modische Trends. Fachliche Beratungen sind aber durchaus erwünscht.

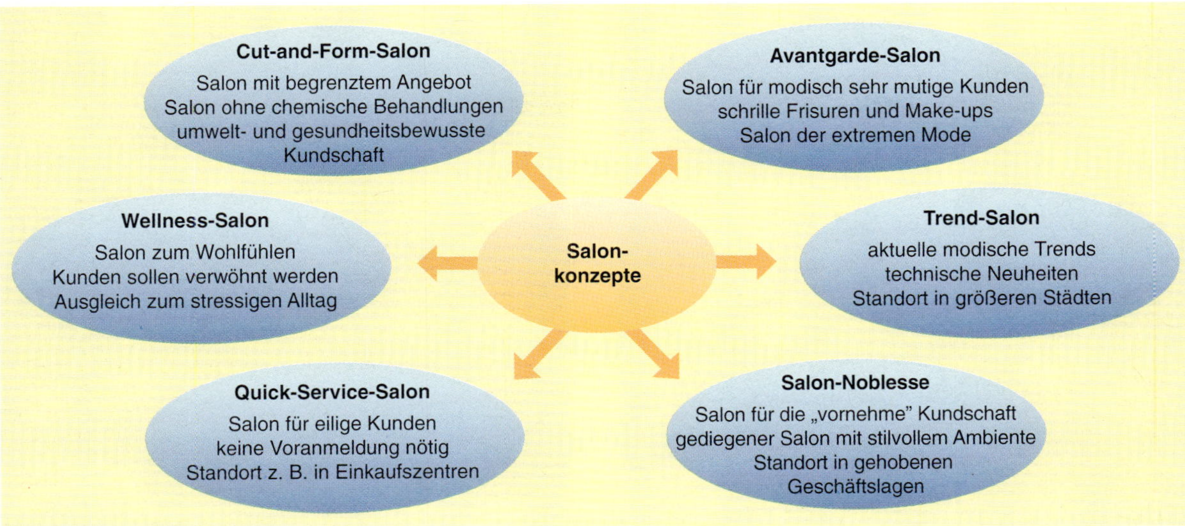

3. Beispiele für mögliche Salonkonzepte

Nonkonformisten lehnen es ab, sich an Normen über gepflegtes Äußeres anzupassen. Sie verwerfen die Massenmode und gestalten ihr Äußeres häufig spontan, teilweise mit recht hohem Kostenaufwand. Herkömmliche Beratungen zum äußeren Erscheinungsbild sind unerwünscht.

Der Typ der **sparsamen Unauffälligen** informiert sich nicht über aktuelle modische Erscheinungen. Er befürwortet ordentliches, zeitloses Aussehen und gibt dafür nur wenig Geld aus. Beratungen erscheinen ihm wenig sinnvoll, da seine Entscheidungen festliegen.

Die Gruppe der **gepflegten konservativen** Kunden achtet bewusst auf ihr Ansehen in der Öffentlichkeit. Sie ist sozial und kulturell engagiert. Bei der Gestaltung des äußeren Erscheinungsbildes entwickeln derartige Kunden einen persönlichen Stil. Sehr modisches, ausgefallenes Aussehen wird abgelehnt, es werden hohe Qualitätsansprüche an Frisur, Make-up, Kleidung und somit auch an die Fachkenntnisse der Friseure gestellt.

1. Betrachten Sie eingehend die Kunden, die Sie an ihrem nächsten Arbeitstag bedienen. Ordnen Sie die Kunden einem der beschriebenen Kundentypen zu.

2. Führen Sie die Zuordnung zu Typen über eine Woche durch, um den prozentualen Anteil der Kundentypen für ihren Salon abschätzen zu können.

Verhaltensformen von Kunden. Obwohl sich jeder Mensch mehr oder weniger einem bestimmten Typ zuordnen lässt, kann er sich je nach Lebenslage unterschiedlich verhalten. Je besser der Friseur in der Lage ist das Verhalten von Kunden einzuordnen und das eigene Verhalten darauf abzustimmen, umso besser kann er auf die Bedürfnisse des Kunden eingehen. So werden freundliche Kunden durch mürrisches Verhalten des Friseurs ebenso abgeschreckt wie ruhige Kunden durch nervös und hastig arbeitende Friseurinnen.

Häufig können die Gefühle und Stimmungen der Kunden schon an ihrer Körperhaltung, Gestik, Mimik erkannt werden. Diese nichtsprachlichen Signale des Körpers nennt man **Körpersprache.** Die Beachtung hilft einerseits Kunden besser einschätzen zu können. Mit effektiver Körpersprache können aber auch Friseure selbst überzeugender mit den Kunden sprechen. Sucht der Gesprächspartner bewusst den Blickkontakt zum anderen, so wird Sicherheit und Entschlossenheit signalisiert. Das Verschränken der Arme vor der Brust kann Unbehaglichkeit oder Selbstschutz bedeuten, während eine offene Handhaltung dem Gegenüber Gesprächsbereitschaft zeigen kann.

3. Stellen Sie Merkmale für Laufkunden zusammen.

4. Stellen Sie eine Liste von Körpersignalen zusammen.

5. Nennen Sie Körpersignale, die abweisend wirken.

1. Frisurenberatung mit dem Computer

2. Kundin und Friseur im Beratungsgespräch

2.4 Kundenbetreuung

Der Friseurberuf erfordert eine Vertrautheit und körperliche Nähe wie sonst nur in wenigen Berufen. Schon bei der Beratung, wenn es darum geht, Kundenvorstellungen und -wünsche zu ermitteln, müssen Kunden ein Stück von sich selbst preisgeben, indem sie äußern, wie sie persönlich gern aussehen würden.
Die meisten Tätigkeiten im Friseursalon sind mit engem körperlichen Kontakt verbunden.

Diese Intimität führt häufig zu einer Vertrautheit, die junge Friseurinnen und Friseure am Anfang verwundern mag. Wenn dann Kundinnen und Kunden offen über ihre Krankheiten oder familiären Probleme sprechen, ist sehr viel Feingefühl, Zurückhaltung und Diskretion erforderlich, um das entgegengebrachte Vertrauen nicht zu zerstören.

Die Probleme vieler Berufsanfänger beginnen aber noch viel früher: Sie selbst haben zunächst Ängste im Umgang mit Kundinnen und Kunden, was anfänglich sicher ganz normal ist.
Jeder Mensch hat Angst, wenn er sich in einer neuen, für ihn unbekannten Situation wiederfindet. Mit etwas Glück trifft man dann auf einfühlsame Kunden und neue Kollegen, die schnell über die ersten Schwierigkeiten hinweghelfen.
Grundsätzlich sollte man wissen, dass sich Ängste und Vorbehalte, die man selber hat, auf unsichere Gesprächspartner sehr leicht übertragen können. Viele neue Kundinnen fühlen sich in der fremden Salon-Umgebung ähnlich unsicher wie ein Berufsanfänger. Man spricht hier von der **Schwellenangst,** die zunächst überwunden werden muss. Begegnet man solchen Kunden ängstlich und allzu zögerlich, so kann sich ein regelrechter Teufelskreis aufbauen, in dem sich zwei Menschen gegenseitig verunsichern.
Um Probleme im Umgang mit Kunden zu vermeiden gibt es einfache Regeln, die man beachten sollte:

- **Suchen Sie beim Gespräch den Blickkontakt.**
Das schafft Vertrauen und signalisiert Offenheit. Ausweichende Blicke dagegen signalisieren Unsicherheit, können sogar als Unehrlichkeit gedeutet werden.

- **Sprechen Sie Ihr Gegenüber mit dem Namen an.**
Nichts hört ein Mensch lieber als den eigenen Namen. Indem Sie ihn im Gespräch immer wieder einflechten, können Sie ihn sich außerdem leichter merken.

- **Hören Sie geduldig zu.**
Auch wenn Sie in Eile sind, lassen Sie es Kunden nie direkt spüren. Jeder Kunde hat ein Recht auf Ihre ganze Aufmerksamkeit.

- **Sprechen Sie in angenehmer Lautstärke.**
Zu leises Sprechen strengt den Zuhörer unnötig an. Übermäßige Lautstärke schafft eine unangenehme Atmosphäre.

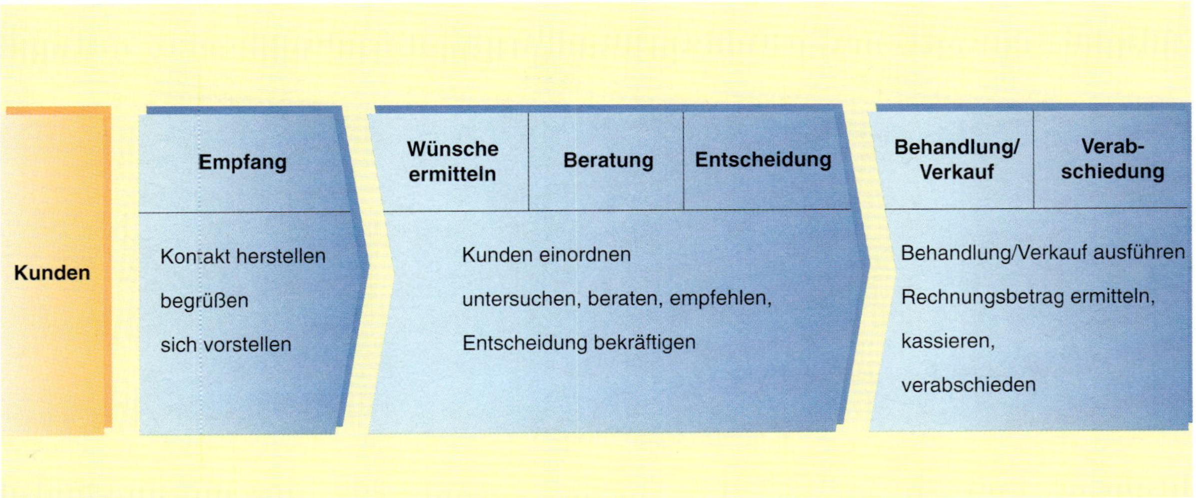

3. Ablauf einer Kundenbetreuung

- **Bilden Sie einfache Sätze.**
Eine klare und deutliche Ausdrucksweise vermeidet Missverständnisse.

- **Beschreiben Sie fachliche Dinge anschaulich und verständlich.**
Eine verständliche Fachsprache unterstreicht Ihre fachliche Kompetenz und schafft Vertrauen in Ihr Können.

- **Nehmen Sie Einwände der Kunden ernst.**
Gute Beratung heißt zu überzeugen, nicht zu überreden. Gegebenenfalls muss man Alternativen anbieten.

- **Überzeugen Sie Ihre Kunden davon, dass Sie sie gern bedienen.**
Nur wer sich willkommen fühlt, wird sich wohl fühlen und später gerne wiederkommen.

- **Vermitteln Sie das Gefühl, dass Sie gemäß der Kundenwünsche handeln.**
Motiven gilt es gerecht zu werden, berechtigte Erwartungen gilt es zu erfüllen.

- **Hinterlassen Sie beim Kunden den Eindruck, dass Ihre Hilfsbereitschaft und Ihr Interesse auch nach der Behandlung und dem Verkauf andauern.**
Wer das Gefühl hat, dass man sich nur um ihn kümmert, solange er Umsatz bringt, wird Ihnen kaum auf Dauer Vertrauen entgegenbringen.

- **Achten Sie darauf, dass die Redeanteile im Gespräch ausgewogen sind, d. h., dass beide Seiten angemessen zu Wort kommen.**
Wer gut zuhören kann, erfährt eine Menge über den Gesprächspartner und wirkt überzeugender, als wenn er sein Gegenüber mit noch so guten Argumenten bombardiert.

- **Geben Sie Ihren Kunden die Bestätigung sich richtig entschieden zu haben.**
Bestätigung schafft Sicherheit nach Entscheidungen, z. B. wenn es um eine neue, vielleicht noch ungewohnte Frisur geht. Durch korrekte Präsentation des Behandlungsergebnisses oder der verpackten Ware kann dem Kunden das Gefühl vermittelt werden, dass er eine gute Entscheidung getroffen hat und seine Wünsche erfüllt wurden.

1. Beobachten Sie Ihre Kolleginnen und Kollegen am Arbeitsplatz bei der Kundenbetreuung.
Überlegen Sie, welche Verhaltenweisen Ihnen als Vorbild dienen können.
Überlegen Sie aber auch, was Sie besser machen möchten.

2. Kontrollieren Sie im Spiegel Ihren eigenen Gesichtsausdruck beim Umgang mit Kundinnen und Kunden.

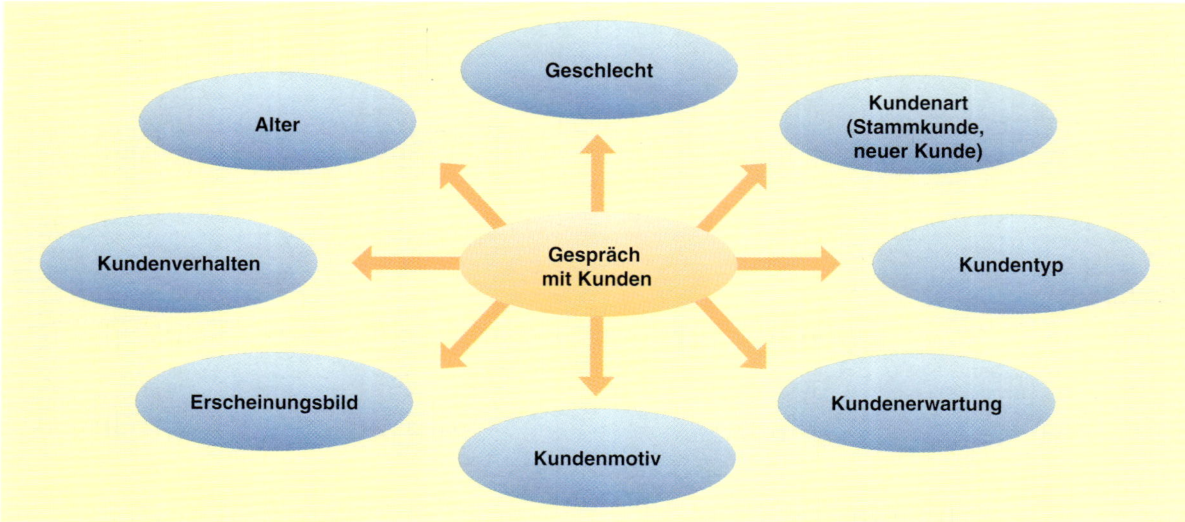

1. Einflüsse auf das Kundengespräch

2.5 Informationen sind die Grundlage der Beratung

Will man den Motiven und Erwartungen der unterschiedlichen Kundentypen gerecht werden, so ist es notwendig, sich ein möglichst umfassendes Bild von seinen Kunden zu machen. Dies gelingt nur, wenn man alle Informationsquellen nutzt. Dabei darf man sich nicht auf einzelne Aspekte verlassen, um Irrtümer möglichst auszuschließen.

Terminplan. Aus dem Terminplan erfährt man den Namen neuer Kunden und kann so durch gezielte Ansprache erste Vorbehalte abbauen.

Kartei. Kundenkarteien, seien es nun die altvertrauten Karteikästen oder Dateien in der Kundenverwaltung einer Software, liefern wichtige Informationen.
Hier ist erfasst, wann die Person das letzte Mal zur Bedienung im Salon war, wer sie bedient hat und welche Behandlungen vorgenommen wurden. Auch findet man Hinweise auf mögliche Vorlieben, Überempfindlichkeiten oder gar Allergien. Softwareprogramme erfassen sogar die letzten Umsätze, ermöglichen also auch Aufschlüsse darüber, ob die Bereitschaft vorhanden ist im Salon für den Heimbedarf einzukaufen oder ob diese eventuell erst geweckt werden müsste.

Kolleginnen/Kollegen. Besonders wenn man an seinem Arbeitsplatz noch neu ist, können hilfsbereite Kolleginnen und Kollegen mit ihrem Vorwissen eine wichtige Quelle sein beim Sammeln von Informationen für die Kundenberatung.

Äußeres Erscheinungsbild. Es ist ein großer Vorteil, wenn man unbekannte Kundinnen und Kunden dabei beobachten kann, wie sie den Salon betreten oder zumindest, wie sie zum Bedienungsplatz gehen.
Man kann ihre Körpergröße erkennen und die Proportionen zwischen Kopf und Körper.
Die Art, wie sich eine Person kleidet und wie sie sich bewegt, gibt Anhaltspunkte über ihr Geschmacksempfinden und ihren Kundentyp. Trotzdem können vorschnelle Urteile gerade über die Kleidung leicht in die Irre führen: Auch prestigeorientierte angepasste oder gepflegte konservative Kunden können gute Gründe haben sich zuweilen betont schlicht oder gar nachlässig zu kleiden.
Die Frisur lässt den persönlichen Kammstrich einer Person erkennen und erlaubt eine erste Einschätzung, ob sie über mehr oder weniger Geschick bei der Pflege ihrer Haare verfügt.
Der Zustand von Haar und Haut gibt Aufschluss über die Pflegegewohnheiten und liefert möglicherweise Anknüpfungspunkte für eine anschließende Beratung.
Die Verwendung von dekorativem Make-up legt einen größeren Spielraum bei der späteren Wahl der Haarfarbe nahe: Die Kundin hat Interesse am Umgang mit Farben. Außerdem können auch kräftige Farben, die die natürliche Hautfarbe unvorteilhaft blass erscheinen ließen, in Betracht gezogen werden.

2. Eine zufriedene Kundin verlässt den Salon

Kopf- und Gesichtsform lassen sich am besten beurteilen, wenn man die Haare glatt nach hinten ankämmt. Sie sind wesentliche Anhaltspunkte für die Proportionen einer späteren Frisur.
Zumindest wenn die Handpflege im Salon angeboten wird, sollten die Hände betrachtet werden. Viele Kundinnen und Kunden nehmen gerne das Angebot einer Maniküre in Anspruch, wenn man sie darauf anspricht.

Gespräch. Das Gespräch ermöglicht es, den ersten Eindruck durch gezielte Fragen zu bestätigen oder auch – falls notwendig – zu korrigieren. Die Kundinnen und Kunden können nun konkret ihre Wünsche und Probleme äußern.
Leider fällt dies nicht allen Personen ganz leicht, möglicherweise weil sie sich selbst noch nicht ganz klar darüber sind, was sie möchten.
Aufgabe kompetenter Beraterinnen und Berater ist es, den Kunden zu einer Entscheidung zu verhelfen, indem sie genau hinhören und auch die Zwischentöne wahrnehmen, mit denen z. B. unentschlossene Personen ihre Wünsche äußern.

Diagnose. Fundierte Informationen über den Zustand von Haar und Kopfhaut erhält man durch ihre Untersuchung. Es wird von den meisten Kundinnen und Kunden als taktvoll empfunden, wenn man sie vorher fragt, ob man sich ihre Kopfhaut einmal ansehen darf.

Fachsprache

Der Duden schreibt unter dem Stichwort Fachsprache: *Sprache (mit einem speziellen Wortschatz und speziellen Verwendungsweisen), die für ein bestimmtes Fachgebiet gilt und [...] eine genaue Verständigung und exakte Bezeichnungen innerhalb dieses Fachgebietes ermöglicht.*

Auch der Friseurberuf hat eine Fachsprache, und gute Fachleute kann man an ihrer Sprache erkennen. Versuchen Sie einmal Begriffe wie Haarpartie, Strähnen oder Graduierung in die Umgangssprache zu übersetzen! Sie werden schnell merken, dass es einerseits nicht leicht ist und andererseits viel umständlicher ist, als wenn man die Fachbegriffe verwendet.

Eine gute Quelle, um die eigene Fachsprache zu verbessern, sind Friseurfachbücher und Artikel in der Fachpresse.

Ein Teil der verwendeten Begriffe ist stark von der Mode abhängig und je nachdem, in was für einem Salon man beschäftigt ist und welcher Kundentyp angesprochen werden soll, kann man sie schnell wieder vergessen. Andere Begriffe dagegen sind so häufig, dass man sie bald in den eigenen Grundwortschatz aufnehmen wird.

Bei der Anwendung der Fachsprache sollte immer darauf geachtet werden, wen man vor sich hat: Kolleginnen oder Kollegen sind mit der Fachsprache ihres Berufs in der Regel besser vertraut als Kunden. Unter den Kundinnen und Kunden gibt es noch einmal Unterschiede, die man meist nach wenigen Sätzen feststellen kann. Weniger sprachgewandten Kunden gegenüber sollte man eine schlichtere Sprache verwenden, fachlich interessierten darf man durchaus einmal zeigen, dass man sich auskennt und auszudrücken weiß. Wichtigstes Ziel bleibt immer eine ungestörte Verständigung.

1. Umschreiben Sie die Begriffe
a) Oberkopf,
b) Haarpartie,
c) Ausdünnen von Haaren (Effilieren).

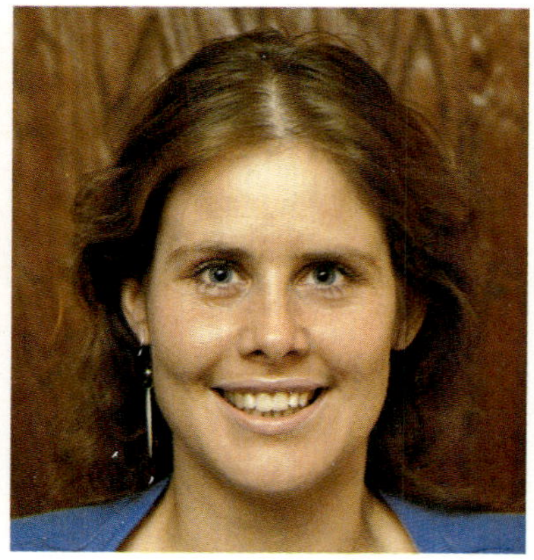

1. Betrachten Sie die drei Porträtfotos der unterschiedlichen Frauen.
a) Von welcher der drei würden sie bei Ihrem nächsten Friseurbesuch gern bedient werden?
b) Ordnen Sie jeder der drei jungen Frauen drei unterschiedliche Eigenschaften zu.
Obwohl Sie nur Bilder gesehen haben, kommt bei Ihnen eine Nachricht an: Kommunikation findet nicht nur mit Worten statt.

3 Ein Modell für die Verständigung zwischen Kunden und Friseuren

3.1 Die vier Seiten einer Nachricht

Warum verstehen sich manche Menschen auf Anhieb, warum müssen sich andere erst mühsam zusammenraufen?
Warum und wie kommt es zu den häufig unnötigen Konflikten des Alltags?
Warum reden manche Menschen fast ständig aneinander vorbei?
Diese Fragen sind nicht nur für Friseurinnen und Friseure interessant, sondern betreffen alle Menschen. Deshalb gibt es auch eine Wissenschaft, die sich damit beschäftigt: die Kommunikationspsychologie.
So kompliziert der Name auch klingen mag, so liefert diese Wissenschaft doch eine Reihe von Erklärungen. Sie hilft Konflikte zu vermeiden, indem sie es ermöglicht, andere Menschen besser zu verstehen.
Wie alle Wissenschaften geht die Kommunikationspsychologie von Modellen aus, mit denen man versucht die komplizierte Wirklichkeit ein wenig anschaulicher und begreifbarer zu machen.

Das einfachste Modell, um Kommunikation, den Austausch von Informationen und Nachrichten, darzustellen, besteht aus nur drei Begriffen:

Sender → Nachricht → Empfänger

Gelingt die Kommunikation, so gibt der Sender eine Nachricht an den Empfänger, die diesen dann auch tatsächlich erreicht.

Es kann zu Störungen der Kommunikation kommen, doch ist es grundsätzlich nicht möglich, sich der Kommunikation zu entziehen. Auch die erklärte Unlust zur Kommunikation oder gar Schweigen sind Signale mit Aussage und Absicht.
Diese Signale können mit Sprache, also verbal, oder ohne Sprache, nonverbal, gesendet werden. Nonverbale Signale senden wir mit Gesten, z. B. mit Bewegungen und Körperhaltungen, oder mit unserer Mimik, indem wir beispielsweise lächeln.

Ein Fallbeispiel soll zeigen, wie weit wir in der Lage sind mit unserem einfachen Modell eine Kommunikationssituation zu erklären. Es geht dabei um die Auszubildende Katja, die Folgendes erlebte:
Gerade hatte ich das Haar der Kundin halbwegs trocken geföhnt, da kam meine Kollegin:
„Ich übernehme, du sollst nebenan die Dauerwelle wickeln."
Ich schaute noch schnell auf die Karteikarte wegen der Wicklerstärke.
Die Kundin sah ein wenig kritisch auf meine Finger, als ich mit dem Wickeln begann.
„Ihre Kollegin nimmt aber immer dickere Wickler", sagte sie etwas unvermittelt.

Es soll hier nicht die Kollegin kritisiert werden, deren Aufgabe es gewesen wäre, die Kundin auf die Übernahme der Arbeit vorzubereiten. Betrachtet werden soll die Reaktion der Kundin und deren Wirkung auf Katja.

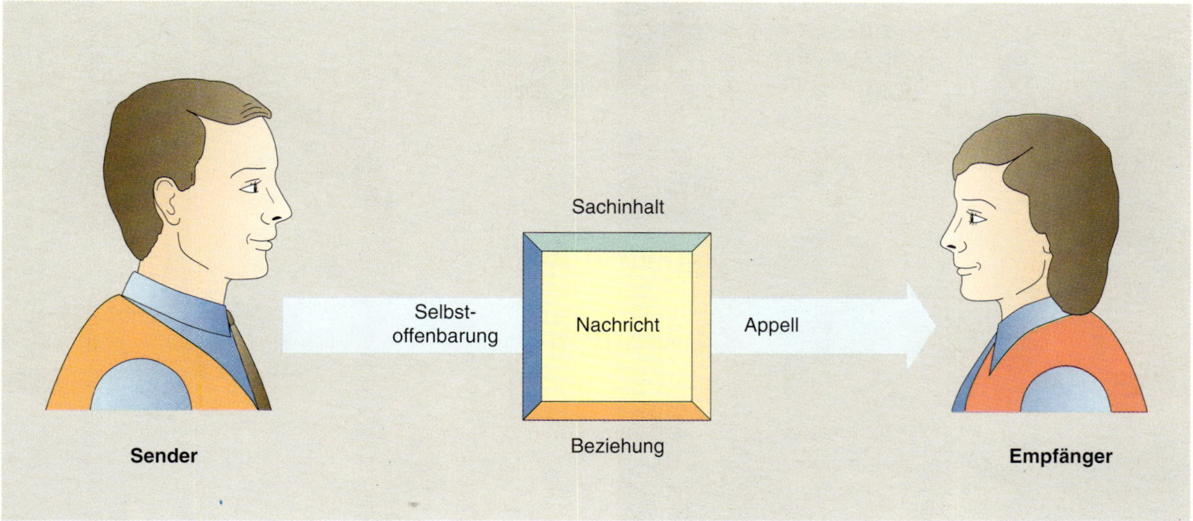

2. Die vier Seiten einer Nachricht (nach Schulz von Thun, 1981)

Betrachtet man die Nachricht ganz sachlich, so kann man feststellen, dass die Kundin Katja auf einen möglichen Fehler hinweist.
Katja kann sich nun noch einmal in der Karteikarte vergewissern, ob sie tatsächlich einen Fehler gemacht hat. Eventuell wird sie auch die Unterstützung einer erfahreneren Kollegin suchen.
Man wird eine Lösung finden und Katja wird vermutlich ihre Arbeit fortsetzen. Dies wird wahrscheinlich mit unverminderter Freundlichkeit geschehen, doch wird vielleicht diese Freundlichkeit Katja etwas mehr Kraft kosten als vorher.
Denn Katja kann die Nachricht durchaus als Angriff auf ihre Person auffassen. Sie kann möglicherweise für sich schließen, dass die Kundin sie ablehnt und ihren Einwand nur gebracht hat, weil sie nicht von Katja bedient werden möchte.

Vielleicht ist alles aber auch ganz anders: Die Kundin kennt Katja und weiß, dass sie in der Vergangenheit an ihrem Ausbildungsplatz einige Probleme hatte. Sie weiß auch, dass Katjas Chef wenig Verständnis für Katja hat und möchte sie davor bewahren, erneut Ärger zu bekommen.
Oder die Kundin hatte in letzter Zeit eine misslungene Dauerwelle und ist nun sehr misstrauisch gegenüber allen Friseuren.
Sicher lassen sich auch noch weitere Erklärungen finden, die alle belegen, dass der reine Sachinhalt einer Nachricht nur ein Teil des Ganzen ist.

Von dem Wissenschaftler Schulz von Thun wurde deshalb ein erweitertes Kommunikationsmodell entwickelt, das versucht, all das, was über den Sachinhalt hinaus in einer Nachricht enthalten ist, ebenfalls zu erfassen.
Dieses Modell ordnet einer Nachricht gleich vier unterschiedliche Inhalte zu, die man sich leichter als die vier Seiten eines Quadrats – der Nachricht – vorstellen kann. Man spricht deshalb von den vier Seiten einer Nachricht.

Sachinhalt. Die erste Seite ist der bereits bekannte Sachinhalt. Er gibt an, worum es bei der Nachricht, rein sachlich, geht. Ruft in einem voll besetzen Raum jemand: „Es brennt!“, so besagt der Sachinhalt nichts weiter, als dass irgendwo ein Feuer ist.
Selbstoffenbarung. Jede Nachricht lässt auch Rückschlüsse auf den Sender zu, ob der die Sprache beherrscht, wie er sich auszudrücken weiß, welche Laune er hat usw.
Beziehung. Eine Nachricht lässt auch darauf schließen, welches Verhältnis der Sender zum Empfänger hat, was er von ihm hält. Ist er mit ihm vertraut oder fremd, mag er ihn oder lehnt er ihn ab? Hält er ihn für über- oder unterlegen?
Appell. Schließlich ist jede Nachricht auch mit einer Aufforderung an den Empfänger verbunden etwas zu tun, zu denken oder zu fühlen. Bei dem Beispiel mit dem Feuer wäre dies die Aufforderung sich in Sicherheit zu bringen.

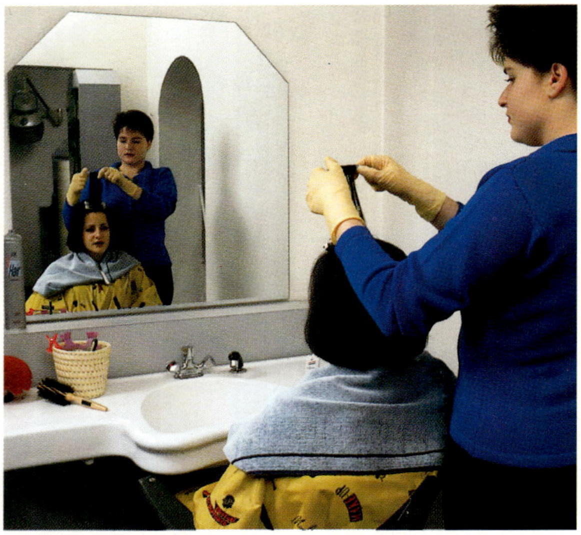

1. „Ihre Kollegin nimmt aber immer dickere Wickler."

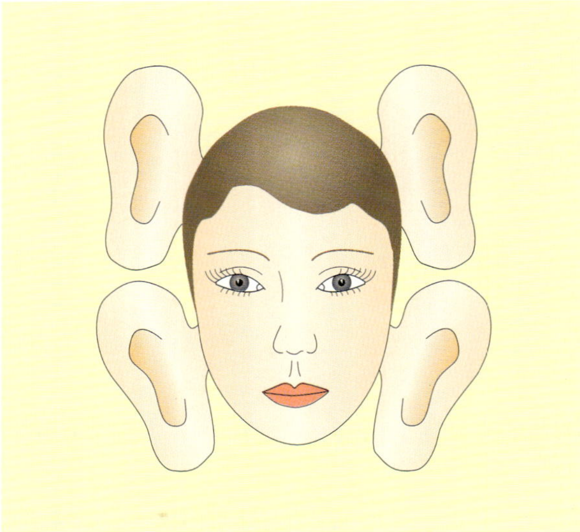

2. Der vier-ohrige Empfänger (nach Schulz von Thun, 1981)

3.2 Der vier-ohrige Empfänger

Das Fallbeispiel von Katja. Wendet man das Modell von den vier Seiten einer Nachricht auf das Beispiel mit der Auszubildenden Katja, so ergeben sich die folgenden Aspekte:

Sachinhalt: Die Kundin äußert ihre Meinung, dass die Kollegin von Katja sonst dickere Wickler bei der Dauerwelle verwendet. Es bleibt dabei offen, ob dies den Tatsachen entspricht, ob die Kundin sich irrt oder gar wissentlich die Unwahrheit sagt.

Selbstoffenbarung: Die Kundin war schon mindestens einmal vorher zur Bedienung im Salon, möglicherweise ist sie Stammkundin. Sie wurde sonst von Katjas Kollegin bedient, die bei ihr auch schon einmal eine Dauerwellbehandlung durchführte, offenbar zu ihrer Zufriedenheit. Weiter erfahren wir, dass es sich um eine aufmerksame, eher kritische Kundin handelt. Sie hat genügend Selbstbewusstsein um ihr Anliegen zu äußern.

Beziehung: Sie vertraut dem fachlichen Können der bekannten Kollegin mehr als dem von Katja, gegenüber der sie offenbar Vorbehalte hat. Ob sie Katja als Person ablehnt, bleibt jedoch offen.

Appell: Der Appell fordert Katja auf ihre Wicklerauswahl noch einmal zu überprüfen.

Verbirgt sich hinter der harmlosen Sachaussage jedoch die Beziehung „Ich lehne Sie ab", müsste man daraus den Appell ableiten „Bedienen Sie mich bitte nicht, sondern holen Sie Ihre Kollegin!"
Um dies zu entscheiden müsste man die Situation noch genauer kennen. Es wäre hilfreich, etwas über den Tonfall der Kundin und ihre Körpersprache zu wissen.
Dabei ist es besonders wichtig, wie die unterschiedlichen Seiten der Nachricht bei Katja ankommen. Deshalb gehört zu dem Modell von den vier Seiten einer Nachricht auch die Vorstellung, dass wir eigentlich vier Ohren bräuchten, um diese vier Seiten angemessen zu verstehen.

1. Sprechen Sie die Aussage der Kundin „Ihre Kollegin nimmt aber immer dickere Wickler!" mit unterschiedlicher Betonung. Bringen Sie dabei unterschiedliche Selbstoffenbarungen, Beziehungen und Appelle zum Ausdruck.

2. Wenden Sie das Modell von den vier Seiten einer Nachricht auf folgendes Beispiel an:
Die Kollegin aus dem ersten Gesellenjahr ruft quer durch den Salon zur Auszubildenden:
„Anna, das Haarspray ist leer!"
Äußern Sie sich
a) zum Sachinhalt
b) zur Selbstoffenbarung
c) zur Beziehung
d) zum Appell.

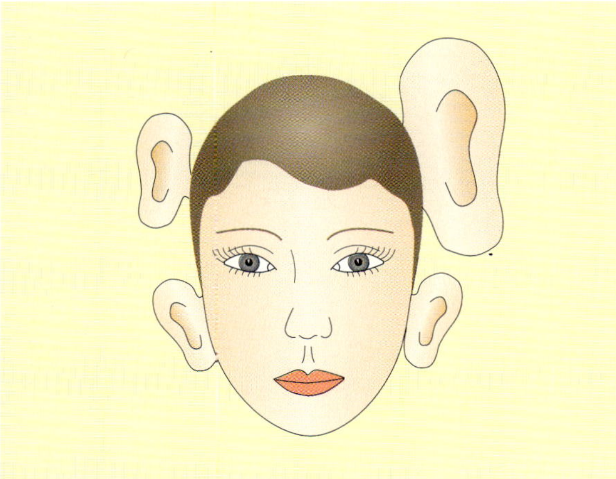

Wie ist der Sachverhalt zu verstehen?

3. Der sach-ohrige Empfänger

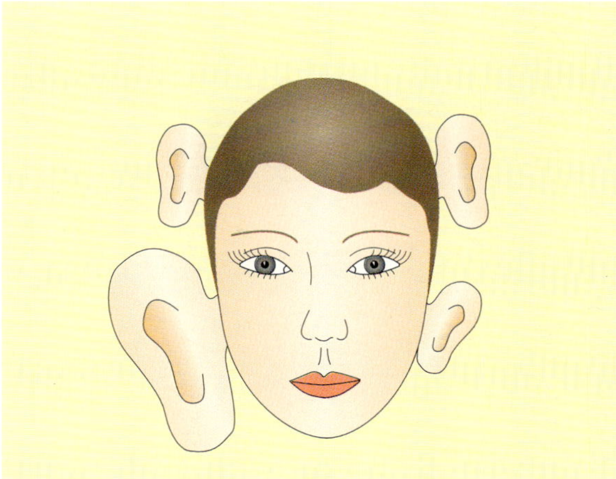

Was hält der andere von mir?
Wie schätzt er mich ein?

4. Der Empfänger mit dem großen Beziehungsohr

Wir benötigen also – modellhaft gesprochen – ein Ohr für die Sachinhalte, eines für die Selbstoffenbarung und je ein weiteres für Beziehung und Appell.
In der Wirklichkeit ist es nun so, dass zwar die meisten Menschen über die Möglichkeit verfügen diese vier Aspekte wahrzunehmen, nur sind leider ihre Ohren unterschiedlich gut entwickelt.

Der sach-ohrige Empfänger. Ein solcher Mensch untersucht jede Nachricht zuerst auf ihren Sachinhalt – und belässt es meist dabei.
Er stellt sich die Frage:
Wie ist der Sachinhalt zu verstehen?
Wäre Katja ein solcher Typ, so könnte ihr der Einwand der Kundin wenig anhaben, denn, wie schon erwähnt, der Sachinhalt ist unproblematisch.
Sachohrige Empfänger haben es vielleicht etwas leichter, cool zu bleiben, aber gleichzeitig geht ihnen oft ein wichtiger Teil der Nachricht verloren. Immer dann, wenn das Problem mehr auf der zwischenmenschlichen Ebene liegt als auf der sachlichen, haben sie ihre Probleme.
Von Schulz von Thun stammt das folgende Beispiel:
Frau: „Liebst du mich noch?"
Mann: „Ja weißt du, da müssten wir erst einmal den Begriff *Liebe* definieren, da kann man ja nun sehr viel darunter verstehen ..."
Frau: „Ich meine doch nur, welche Gefühle du mir gegenüber hast ..."
Mann: „Nun Gefühle – das sind ja zeitabhängige Erscheinungen, darüber gibt es keine generellen Aussagen ..." usw.

Der Empfänger mit dem großen Beziehungsohr. Solche Menschen stellen sich immer erst die Frage:
Was hält der andere von mir, wie schätzt er mich ein?
Würde Katja zu diesen Menschen gehören, so wäre es wohl für sie am besten, sie würde sich nach dem Einwand der Kundin für den Rest des Tages freinehmen.
Sie würde das Verhalten der Kundin als Ablehnung ihrer Person deuten und als massiven Angriff auf ihr Selbstwertgefühl.
Menschen mit einem überentwickelten Beziehungsohr sind sehr leicht zu verletzen und zu beleidigen. Selbst Komplimente fassen sie häufig als unterschwellige Kritik auf und legen jedes Wort auf die Goldwaage.
Sagt man ihnen vielleicht „Du siehst aber heute gut aus!", so ist ihr erster Gedanke: „Ich weiß, dass ich sonst mehr aus mir machen könnte."
Andererseits sind solche Menschen besonders einfühlsam und können zwischenmenschliche Probleme leichter erkennen als andere.

3. Wie würde der Satz „Haben Sie ein neues Auto?" aufgenommen werden,
a) wenn der Empfänger sach-ohrig ist?
b) wenn der Empfänger beziehungs-ohrig ist?

Was ist der Sender für einer?
Wie kann ich ihn einschätzen?

1. Der Empfänger mit dem großen Selbstoffenbahrungsohr

Was soll ich tun, denken, fühlen aufgrund der Nachricht?

2. Der appell-ohrige Empfänger

Der Empfänger mit dem großen Selbstoffenbarungsohr. Die wichtigste Frage für einen derartigen Empfänger lautet:
Was ist der Sender für einer, wie kann ich ihn einschätzen?
Wäre Katjas Wahrnehmung überwiegend auf die Selbstoffenbarung der Kundin gerichtet, so würde sie diese eventuell als kritisch bis missgelaunt einstufen.

Dies könnte für Katja bedeuten, dass sie nun besonders freundlich ist und versucht einer Konfrontation aus dem Wege zu gehen. Sie weiß, dass jeder einmal schlechte Laune haben kann, und nutzt ihr Geschick und ihre Menschenkenntnis um aus der Situation das Beste zu machen.

Das Risiko für Menschen mit einem ausgeprägten Selbstoffenbarungsohr liegt wieder darin, dass sie die übrigen Aspekte, etwa den Sachaspekt, nicht genügend beachten.
Wenn man z.B. Kritik oder Einwände damit abtut, dass der andere nur missgelaunt ist, dann besteht die Gefahr trotz einer Warnung Fehler zu machen.
Andererseits werden Empfänger mit einem großen Selbstoffenbarungsohr als aufmerksame Zuhörer geschätzt. Sie können sich schnell ein detailliertes Bild von ihrem Gegenüber machen und erfahren viele Feinheiten über die Person, die anderen möglicherweise entgehen.

Der appell-ohrige Empfänger. Im Vordergrund für solche Menschen steht die Frage:
Was soll ich tun, denken, fühlen aufgrund der Nachricht?
Als Empfänger mit ausgeprägtem Appellohr würde Katja zunächst anhand der Karteikarte überprüfen, ob die gewählte Wicklerstärke korrekt ist. Vielleicht würde sie sogar der Kundin den Eintrag zeigen. Anschließend würde sie ihre Arbeit freundlich fortsetzen und der Kundin erzählen, warum die vertraute Kollegin heute nicht die Bedienung vornehmen kann. Vielleicht würde die Kundin die Notwendigkeit einsehen und ihre Vorbehalte gegenüber der inzwischen nicht mehr so fremden Katja abbauen.

Empfänger mit einem ausgeprägten Appellohr werden in Dienstleistungsberufen, also auch im Friseurberuf, besonders geschätzt. Sie „sehen die Arbeit und müssen nicht erst mit der Nase darauf gestoßen werden". Andererseits kann man solche Menschen leicht ausnutzen.

1. Vergleichen Sie vier unterschiedlichen Empfänger auf die folgenden Sätze.
a) Friseur: „Haben Sie schon einmal an eine Tönung gedacht?"
b) Kunde: „Manchmal spüre ich so ein unangenehmes Kopfjucken."
c) Kundin: „Ich habe neulich eine tolle Frisur gesehen."

Selbstoffenbarung	Beziehung zum Empfänger	Beziehung zur Nachricht
■ Kultur *z. B. Verneigung als Begrüßung* ■ soziale Schicht *z. B. Kleidung* ■ Gruppenzugehörigkeit *z. B. Szenekleidung, Haarfrisur* ■ Stimmung *z. B. Lachen, Weinen, Schmunzeln* ■ Kommunikationsbereitschaft *z. B. vor der Brust verschränkte Arme oder offenes Lächeln*	■ Sympathie *z. B. freundliches Lächeln* ■ Ablehnung *z. B. Vermeidung von Blickkontakt* ■ Unterlegenheit *z. B. zum Boden blicken* ■ Überlegenheit *z. B. abfällige Blicke, Drohgebärden* ■ Gleichstellung *z. B. offene Blicke und Gesten*	■ Interesse *z. B. bestätigendes Nicken* ■ Desinteresse *z. B. gelangweiltes Gähnen* ■ Aktionsbereitschaft *z. B. unruhiges Tänzeln*

3. Ob als Sprachersatz oder Sprachunterstützung: Die nonverbale Kommunikation (Gestik/Mimik) gibt uns Informationen über den Sender

3.3 Nonverbale Kommunikation

Nicht-sprachliche Begleitsignale. Worte sind nur ein Teil der Kommunikation. Mimik und Gestik begleiten unsere Sprache und können sie sogar zeitweilig ersetzen. Wenn man Kommunikation auf die verbale Seite – die Worte – reduziert und noch dazu den Tonfall vernachlässigt, kann sie leicht missverständlich werden. Erst zusammen mit dem Tonfall und den nichtsprachlichen Begleitsignalen – **Gestik und Mimik** – und unter Einbeziehung der Situation wird die beabsichtigte Aussage verständlich.

Aus den Begleitsignalen erhalten wir wichtige Informationen zu den vier Seiten einer Nachricht, die so ergänzt oder bestätigt werden.
Aber auch das Gegenteil ist möglich: Wenn unser Partner die Unwahrheit sagt oder uns zu täuschen versucht, dann können wir dies häufig aus der mangelnden Übereinstimmung des gesprochenen Wortes mit den nichtsprachlichen Begleitsignalen schließen.

Gestik. Dass sie mit Händen und Füßen reden, sagt man von manchen Leuten, und meint damit, dass ihre Gestik übertrieben sei.
Gesten, etwa Arm- oder Handbewegungen, können unser Sprechen ganz wesentlich unterstützen. Wenn man sich einer Kundin beim Beratungsgespräch zuwendet, so wird man es sicher leichter haben zu überzeugen, als wenn man sich abwendet.
Wenn man eine Frisur beschreibt und die Hände unterstützend die denkbare Frisurenform am Kopf der Kundin nachzeichnen, so wird die Beschreibung anschaulicher.
Langeweile und Desinteresse kann die Gestik verraten, wenn man dem Partner mit verschränkten Armen und lässig nach hinten gelehnt zuhört.

Mimik. „Wenn der mich schon so anschaut …“ Dieser Ausspruch zeigt, dass Mimik manchmal viele Worte ersetzen kann.
Oft aber verrät uns auch unsere Mimik: Man sieht uns etwa an, dass wir etwas zu verbergen haben. Verräterisch wird die Mimik auch, wenn sie das, was wir sagen, infrage stellt, wenn wir zum Beispiel zähneknirschend freundlich sind und so einem Kunden zu verstehen geben, dass wir uns zwar aus Höflichkeit zusammenreißen, ihn aber eigentlich nicht mögen. Dann wird die Mimik zum Kommunikationshindernis.

2. Sammeln Sie unterschiedliche Gesten und stellen Sie die jeweilige Bedeutung gegenüber.

3. Setzen Sie sich im Kreis und versuchen Sie allein durch die Mimik Nachrichten zu überbringen.

4. Überlegen Sie, inwieweit Kleidung eine Kommunikationssituation möglicherweise beeinflussen kann.

1. Beratung im Salon

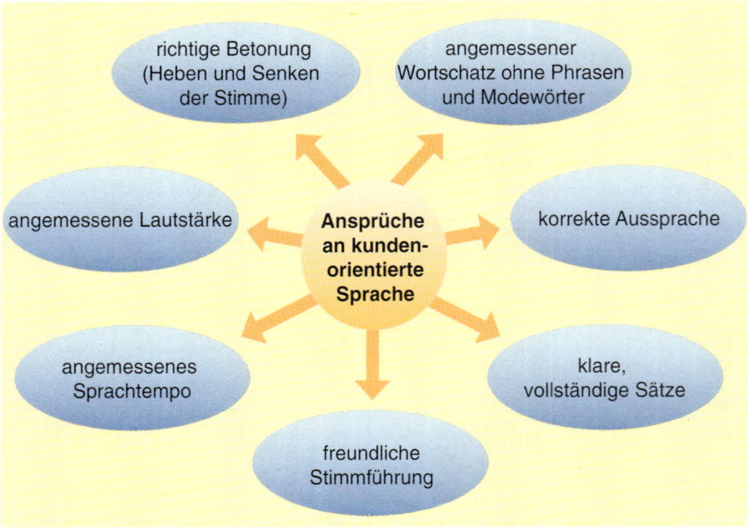

2. Kundenorientierte Sprache

3.4 Das Kommunikationsmodell und die Arbeit im Salon

Der Friseur als Sender. Das Modell von den vier Seiten einer Nachricht kann helfen die eigene Wirkung auf andere Menschen zu überprüfen. Dabei soll noch einmal daran erinnert werden, dass man auch dann kommuniziert, also Botschaften sendet, wenn man es möglicherweise gar nicht beabsichtigt. Die Kommunikation erfolgt dann unkontrolliert. Dies kann z.B. passieren, wenn man gedankenverloren an einem Kunden arbeitet.

Sachinhalt: Bei der Kundenberatung steht häufig die Information über die Eigenschaften von Produkten im Vordergrund. Die Sachinformationen reichen von den Produktvorteilen über die Anwendungsweise bis hin zum Preis. Man könnte denken, dass sich die Nachricht im Wesentlichen auf Sachinhalte beschränkt. Bleiben die übrigen Aspekte jedoch unbewusst, so tun sie zwar ihre Wirkung, aber eben unkontrolliert und mit dem Risiko des Falsch-Verstehens oder Falsch-Verstandenwerdens.

Selbstoffenbarung: Für viele Kunden steht zunächst einmal die Selbstoffenbarung der Friseurin bzw. des Friseurs im Vordergrund.
Kann man ihnen trauen? Wissen sie sich auszudrücken? Sind sie also in der Lage die Informationen in angemessener Weise überzubringen? Gehen sie dabei auf das Sprachniveau des Kunden ein? Haben sie ein fundiertes Fachwissen oder wissen sie selbst nicht, wovon sie reden?

Beziehung: Jeder Mensch benötigt die Rückmeldung durch seine Umwelt, jeder möchte als Persönlichkeit akzeptiert werden. Gibt der Friseur unbewusst zu verstehen, dass er seinen Kunden nicht mag, ihn verachtet oder ablehnt, so wird der Kunde kaum bereit sein ihm Vertrauen entgegenzubringen.

Appell: Der Friseur berät seinen Kunden mit unterschiedlichen Zielsetzungen. Letztlich geht es um den Verkauf von Waren und Dienstleistungen. Rückt der – wenn auch unterschwellige – Appell zu kaufen allzu sehr in der Vordergrund, so wird sich der Kunde bedrängt und unwohl fühlen.
Andererseits kann auch der Appell zum Ausdruck kommen, dass der Friseur eigentlich seine Ruhe haben möchte und den Kunden mit seinen besonderen Anliegen nur als unliebsame Störung in seinem Tagesablauf versteht.

1. Sicher gibt es an Ihrem Arbeitsplatz Kolleginnen bzw. Kollegen, deren Verhalten Sie als vorbildlich empfinden. Andere lehnen Sie möglicherweise ab.
Überlegen Sie bitte,
a) welche Selbstoffenbarung
b) welche Information über die Beziehung von den jeweiligen Personen bei Ihnen bzw. bei den Kunden ankommt.

Unterschiedliche Frageformen und ihr Einsatz

Offene Fragen, die mit den Fragewörtern „wer, wie, was, wozu, womit ..." beginnen, ermöglichen die ausführliche Antwort des Kunden. Beispiel: Wie stellen Sie sich Ihre künftige Frisur vor?"

Geschlossene Fragen lassen nur „ja" und „nein" als Antwort zu und schränken den Dialog zwischen Friseur und Kunden sehr ein. Beispiel: „Möchten Sie eine Pflanzenfarbe?"

Erkundungsfragen eignen sich als eine Form der offenen Fragestellung besonders um gezielt Informationen über Kundenmotive und -wünsche zu erhalten. Beispiel: „Zu welchem Anlass soll das Abend-Make-up aufgetragen werden?"

Bei **Rhetorischen Fragen** erwartet der Friseur keine Antwort: Sie eignen sich um Kunden – z.B. beim Warenverkauf – neugierig zu machen. Beispiel: „Haben Sie diesen Lippenstift schon gesehen?"

Lenkungsfragen werden gestellt um das Beratungsgespräch in bestimmte Richtungen zu lenken:
- **Alternativfragen** fordern den Kunden auf sich für eine oder mehrere Möglichkeiten zu entscheiden. Beispiel: „Gefällt Ihnen der hellere oder der dunklere Lippenstift besser?"
- **Suggestivfragen** sollen Übereinstimmungen mit dem Kunden hervorrufen ohne ihm etwas einzureden. Beispiel: „Meinen Sie nicht auch, dass sich Ihr Haar nun weicher anfühlt?"
- **Bestätigungsfragen** sollen Teilergebnisse festhalten um das Gespräch entsprechend weiterzuführen. Beispiel: „Sagten Sie nicht gerade, dass Sie morgens wenig Zeit zum Hairstyling haben?"

Der Friseur als Empfänger. Zunächst einmal ist es für die Arbeit am Kunden wichtig, möglichst alle Seiten einer Nachricht wahrzunehmen.
Je mehr Informationen ich über einen Kunden erhalte, desto gezielter kann ich seine Bedürfnisse ermitteln und ihm darauf basierend ein passendes Dienstleistungsangebot machen.
Doch auch Friseure sind Individuen mit Stärken und Schwächen und so ist zu erwarten, dass auch ihre Ohren unterschiedlich stark ausgeprägt sind. Dies kann in der Praxis zu den bereits genannten Einschränkungen in der Wahrnehmung führen.
Es ist sicher hilfreich, zu überlegen, welchem Typ man sich selbst zuordnen würde,
- dem sach-ohrigen, eher rationalen
- dem mit dem großen Beziehungsohr, der zunächst einmal darauf hört, wie der Gesprächspartner ihn einschätzt
- dem mit dem Selbstoffenbarungsohr, der immer offen ist für die Sorgen und Nöte seiner Mitmenschen
- dem appell-ohrigen, der stets zu Diensten bereit ist.

Danach gilt es, die bisher vernachlässigten Ohren zu spitzen um zu erfahren, welche Informationen bisher verloren gingen. Dies wird sicher nicht auf einmal gelingen.
Meint man es jedoch ernst, dann kann man mit einem kleinen Trainingsprogramm beginnen: Als sach-ohriger Empfänger kann man sich z.B. vornehmen, gezielt auf die Selbstoffenbarung seines Gesprächspartners zu achten.
- Wie fühlt er sich in der augenblicklichen Situation?
- Was bewegt ihn momentan?
- Was ist ihm wirklich wichtig?

Von der Wahrnehmung der Selbstoffenbarung ist es kein sehr großer Schritt bis zum Appell:
- Wenn sich der Kunde in der Situation unwohl fühlt, was erwartet er, das ich ändere?
- Welche Bedürfnisse hat der Kunde, die er nicht offen äußert?

Ob ich mit meiner Einschätzung von Selbstoffenbarung und Appell richtig liege, erfahre ich über mein Beziehungsohr:
- Akzeptiert mich der Kunde?
- Empfindet er meine Art mit ihm umzugehen als angemessen?

2. Überlegen Sie, welche Probleme auftreten können, wenn bei einer Friseurin
a) das Sachohr,
b) das Beziehungsohr,
c) das Selbstoffenbarungsohr
d) das Appellohr zu schwach ausgebildet ist.
Schildern Sie beispielhafte Situationen.

Verkaufsargumentation. Die Beschäftigung mit einem Kommunikationsmodell verdeutlicht, um was für einen komplexen Vorgang es sich bei einer Verkaufsberatung handelt. Es ist deshalb nicht möglich, allgemein verbindliche Rezepte zu erstellen.

Es gibt jedoch einige Regeln, die sich in der Praxis bewährt haben, und die zumindest eine persönliche Prüfung wert sind.

Schaffen Sie eine vertrauensvolle Atmosphäre
- nehmen Sie sich Zeit
- stellen Sie sich ggf. mit Namen vor
- sprechen Sie die Kunden mit Namen an

Schaffen Sie sich einen Informationsvorsprung
- informieren Sie sich ggf. in der Kundenkartei
- achten Sie auf die Selbstoffenbarung der Kunden

Ermitteln Sie gründlich die Kundenwünsche
- stellen Sie möglichst offene Fragen
- achten Sie auf hohe Redeanteile der Kunden
- achten Sie auf versteckte Appelle
- erfragen Sie persönliche Pflegegewohnheiten
- wiederholen Sie wichtige Aussagen der Kunden

Machen Sie gezielte Vorschläge
- schränken Sie die Auswahlmöglichkeiten ggf. ein, indem Sie z. B. eine Farbkarte mit nur wenigen Auswahlsträhnen benutzen

Ersetzen Sie lange Erklärungen durch Aktion
- geben Sie den Kunden die Ware in die Hand
- demonstrieren Sie die Verwendung

Lassen Sie die Kunden möglichst viel selbst agieren
- befühlen
- verreiben
- auftragen
- riechen

Erzwingen Sie keine Kaufentscheidung
- Kunden, die zu einem Kauf gedrängt werden, bereuen spätestens zu Hause die Entscheidung
- Beratung dient neben dem Verkauf von Waren und Dienstleistungen auch der Akzeptanzsicherung, dem Kompetenzbeweis und der Abgrenzung gegenüber Mitbewerbern

Bestätigen Sie am Ende die Kaufentscheidung
- geben Sie die Sicherheit, dass sich der Kunde richtig entschieden hat, bei der Wahl eines Produkts ebenso wie bei der Entscheidung für eine Dienstleistung, z. B. eine neue Frisur.

Konflikte und Reklamationen. Auch bei der Arbeit im Friseurhandwerk kann es zu Fehlern und Missverständnissen kommen. Viele Kunden wechseln dann den Salon, weil ihnen der Mut fehlt das Problem anzusprechen, oder weil sie dem Friseur keine Nachbesserung zutrauen.
Eine Reklamation eröffnet die Möglichkeit, Missverständnisse richtig zu stellen und Fehler zu korrigieren. Als derjenige, der den mutmaßlichen Fehler verursacht hat, ist man natürlich erst einmal betroffen, evtl. fühlt man sich sogar verletzt. Dies liegt besonders dann nahe, wenn sich die Reklamation nicht gegen eine Ware richtet, die man nur verkauft hat, sondern gegen eine selbst erbrachte Dienstleistung, z. B. einen Haarschnitt oder eine Dauerwelle.
Während der manchmal unter sichtlicher Aufregung versteckte Appell des Kunden lautet: *Verbessere den für mich unbefriedigenden momentanen Zustand!*, hört der Friseur möglicherweise nur die Aussage über die Beziehung: *Ich mag dich nicht, ich lehne dich ab, ich habe mich über dich geärgert.*

Eine Klärung des Sachverhalts ist nur in ruhiger Atmosphäre möglich, an einem Platz, der Diskretion gegenüber anderen Kunden ermöglicht.
Kann man den Termin für das klärende Gespräch steuern, so sollte man ihn so legen, dass man ausreichend Zeit hat, vielleicht gegen Feierabend.
Auch und gerade aufgeregten Kunden muss man ruhig und freundlich begegnen. Unterwürfigkeit ist dabei ebenso wenig angebracht wie Überheblichkeit.
Ziel ist es, eine Lösung zu finden, die für beide Seiten akzeptabel ist, bei der also weder Kunde noch Friseur ihr Gesicht verlieren.
Am Anfang gilt es vor allem zuzuhören. Achten Sie dabei auf die Selbstoffenbarung des Kunden und seine Appelle. Hat er bereits einen konkreten Vorschlag, wie eine Nachbesserung aussehen kann?
Kontrollieren Sie ihre eigene Selbstoffenbarung und Ihre Informationen über die Beziehung. Sie sollten zum Ausdruck bringen, dass Sie den Kunden als Menschen schätzen, dass Sie ihn mit seinem Problem ernst nehmen und dass Sie bereit sind gemeinsam mit ihm nach einer akzeptablen Lösung zu suchen.
Erscheint Ihnen die Reklamation unberechtigt, so sollten Sie dies mit nachvollziehbaren Argumenten belegen, trotzdem aber dem Kunden die Chance lassen sein Gesicht zu wahren.

Im Zweifelsfall ist ein kleines Entgegenkommen von Ihrer Seite sicher leichter zu verschmerzen als der Verlust eines Kunden.

Wissen Sie Bescheid?

1. Zählen Sie die Fertigkeiten und Kenntnisse auf, die im Ausbildungsberufsbild für das Friseurhandwerk zusammengestellt sind.
2. Beschreiben Sie die Arbeits- und Weiterbildungsmöglichkeiten eines Friseurs.
3. Nennen Sie Rechte und Pflichten des Auszubildenden.
4. Zählen Sie geistige, charakterliche und körperliche Anforderungen an den Friseur auf.
5. Beschreiben Sie direkte und indirekte Werbemöglichkeiten für einen Salon.
6. Nennen und erläutern Sie die Motive von Kunden für den Friseurbesuch.
7. Erläutern Sie den Begriff Körpersprache. Nennen Sie Beispiele für die Wirkung von Körpersprache.
8. Deuten Sie Gesichtsausdruck und Körperhaltung.

c)

9. Beschreiben Sie den Ablauf einer Kundenbetreuung.
10. Nennen Sie Grundsätze für das Gespräch mit Kunden.
11. Erläutern Sie Grundsätze für das Verhalten bei Kundenreklamationen.
12. Erklären Sie den Begriff Kommunikation.
13. Skizzieren und erläutern Sie das einfachste Modell für einen Kommunikationsvorgang.
14. Erklären Sie die Begriffe verbal und non-verbal.
15. Erläutern Sie, warum es sinnvoll ist, einer Nachricht vier Seiten zuzuordnen.

Fallstudien

1. Beurteilen Sie die folgenden Schilderungen nach kommunikationspsychologischen Gesichtspunkten. Berücksichtigen Sie dabei alle vier Seiten einer Nachricht und die nicht-sprachlichen Begleitsignale.

   a) In Tanjas Salon gibt es keine festgelegte Mittagspause, man geht dann zum Essen, wenn Zeit ist.
   Jetzt noch schnell den Platz aufräumen, dann ist Pause. Da öffnet sich die Tür und ein Herr tritt ein. Etwas unsicher bleibt er im Eingangsbereich stehen und schaut sich wartend um.
   Jeden Moment müsste Nicole aus der Pause zurückkommen. So macht Tanja stumm ihre Arbeit zu Ende und versucht Zeit zu gewinnen.
   Als sie nach einer Weile aufschaut, ist der Mann nicht mehr da.

   b) Ich habe es mal wieder eilig. Schnell noch zum Friseur ein Shampoo kaufen. Zum Glück ist gerade eine Friseurin an der Kasse. Aus dem Regal greife ich ein Haarwaschmittel und zähle in der Hand das Geld ab.
   Die Friseurin berät gerade eine Dame wegen eines Lippenstifts. Die Kundin trägt eine Farbprobe auf ihren Handrücken auf, hält ihn ins Tageslicht und überlegt.
   Die Friseurin wendet sich kurz zu mir ohne die Kundin ganz aus den Augen zu lassen. Sie lächelt mich an, nimmt das Geld sagt: „Passt genau. Vielen Dank!“
   Zufrieden verlasse ich den Salon: „Ich habe zu danken, auf Wiedersehen!“

2. Entwickeln Sie mit den folgenden Rahmenbedingungen Rollenspiele. Untersuchen Sie anschließend den Kommunikationsverlauf.
   Kundin: Sie waren in der letzten Woche beim Friseur und haben sich einen neuen Haarschnitt machen lassen. Die Friseurin hatte Sie ausgiebig beraten und war sehr freundlich zu Ihnen. Zufrieden hatten Sie den Salon verlassen.
   Leider sind Sie nach der ersten Haarwäsche überhaupt nicht mehr mit der Frisur klargekommen. Sie sind sich unsicher, ob es an Ihrem mangelnden Geschick liegt oder ober der Haarschnitt misslungen ist. Sie trauen sich nicht so recht Ihre Friseurin auf das Problem aufmerksam zu machen.
   Friseurin: Zu Ihnen kommt eine Kundin zur Bedienung, der Sie vor einer Woche einen neuen Haarschnitt gemacht haben. Im Gegensatz zur letzten Bedienung wirkt die Kundin sehr zurückhaltend.

Hygiene und Unfallschutz am Arbeitsplatz

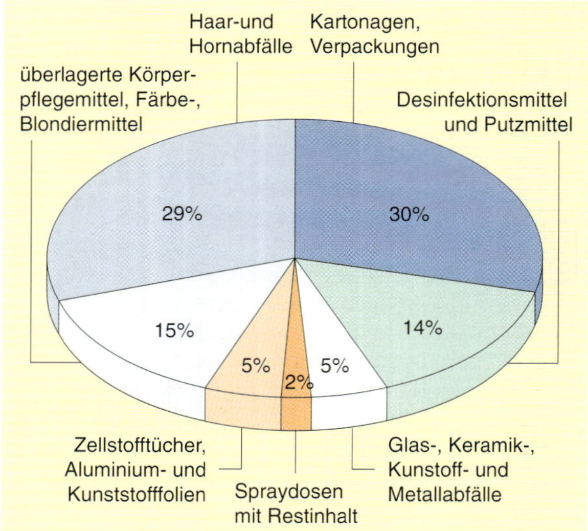

1. Abfallvermeidung, auch ein Beitrag zur Hygiene

1 Hygiene ist mehr als Sauberkeit

Würde es Ihnen Freude bereiten, wenn Sie eine Kundin bedienen müssten, die unangenehm nach Schweiß riecht? Wäre es Ihnen angenehm, einen Kunden zu beraten, der starken Mundgeruch hat? Sicher würde es Ihnen auch nicht gefallen, mit einem Kamm gekämmt zu werden, der vorher bei einem Kunden mit einer ansteckenden Hautkrankheit benutzt wurde. Auch die Kunden wollen sich beim Friseur wohl fühlen und erwarten mit Recht Sauberkeit und Hygiene im Friseursalon. **Hygiene** ist die Lehre von der Gesundheit und umfasst alle Maßnahmen, die vorsorglich gegen das Entstehen oder Verbreiten von Krankheiten durchgeführt werden müssen.

Gewerbliche Hygiene. Dazu gehört zunächst einmal die peinliche Sauberhaltung des Arbeitsplatzes, aller Arbeitsgeräte und -materialien. So dürfen z.B. nur frisch gewaschene Handtücher verwendet werden. Sind keine Einmalumhänge in Gebrauch, ist auf das Anlegen einer Papierhalskrause zu achten.
Neben solchen Grundsätzen regeln die Hygieneverordnungen der Bundesländer bzw. das Bundesseuchengesetz die Einhaltung der Hygiene im Friseurhandwerk. Hygiene ist nicht nur bei der Arbeit, sondern auch in den Pausen wichtig. Hierfür sollte ein heller, gut gelüfteter Pausenraum zur Verfügung stehen. Arbeitsgeräte gehören nicht in diesen Raum. Der Pausenraum darf nicht Waschküche und Materiallager sein.

Persönliche Hygiene. Sie ist in Berufen, in denen hautnah an Menschen gearbeitet wird, von besonderer Bedeutung. Das tägliche Duschen und die Zahnpflege zählen ebenso hierzu wie das tägliche Wechseln der Wäsche und das Tragen sauberer Kleidung. Bedenken Sie auch am Ende der Pausen, wie unangenehm ihr Tabak- und Mundgeruch auf den Kunden wirken kann. Nach Benutzung der Toilette und nach jeder längeren Pause ist die Reinigung der Hände notwendig. Vor kosmetischen Gesichtsbehandlungen sollten die Hände vor den Augen der Kundschaft mit einem Desinfektionsmittel abgerieben werden.
Die Übertragung von Krankheitserregern wird nur dann vermindert oder unmöglich, wenn vorsorglich gehandelt wird. Die Einstellung und das Verhalten eines jeden Mitarbeiters entscheiden darüber, ob Hygienemaßnahmen erfolgreich sind. Nur wenn Kunden den Betrieb als hygienisch und sauber empfinden, werden sie gerne wiederkommen.

Auch **Abfallvermeidung** ist ein Beitrag zur Hygiene. Etwa 700 kg fallen im Durchschnitt pro Jahr an. Je weniger Abfall, desto weniger Infektionsquellen und natürlich auch weniger Rohstoffverschwendung im Betrieb!

1. Überprüfen Sie, welche Hilfsmittel zur Hygiene in Ihrem Betrieb vorhanden sind.

2. Erläutern Sie den Begriff Hygiene.

3. Nennen Sie Beispiele für persönliche Hygiene.

§ 1 Geltungsbereich

Diese Verordnung gilt für berufs- oder gewerbsmäßige Tätigkeiten im Friseurhandwerk, in der Kosmetik und Fußpflege sowie für das Tätowieren, Ohrlochstechen und in der Akupunktur, soweit bei ihnen Erreger einer durch Blut übertragbaren Krankheit im Sinne von § 1 des Bundes-Seuchengesetzes übertragen werden können.

§ 2 Pflichten

(1) Wer Tätigkeiten nach § 1 ausübt, ist zur sorgfältigen Beachtung der allgemein anerkannten Regeln der Hygiene verpflichtet. Dies gilt insbesondere für die Tätigkeiten, mit denen Verletzungen der Haut verbunden oder bei denen solche nicht auszuschließen sind.

(2) Wer Eingriffe durchführt, die mit einer Verletzung der Haut verbunden sind, hat vorher seine Hände und die zu behandelnde Hautfläche zu desinfizieren.

(3) Geräte, die zu den in § 1 genannten Tätigkeiten mehrfach verwendet werden und deren Verwendung mit Verletzungen der Haut verbunden ist oder dazu führen kann, sind nach jeder Anwendung sorgfältig zu desinfizieren und dann zu reinigen.

§ 3 Desinfektion

Zur Desinfektion dürfen nur virusinaktivierende Mittel und Verfahren angewendet werden, die in der Liste der vom Bundesgesundheitsamt geprüften und anerkannten Desinfektionsmittel und -verfahren (Bundesgesundheitsblatt 1987 Seite 279ff.) in der jeweils geltenden Fassung aufgeführt sind. Für die Haut- und Händedesinfektion sind Präparate auf Alkoholbasis mit 70 bis 85 Vol.-% Alkohol ausreichend. In Zweifelsfällen ist eine Beratung durch das zuständige Gesundheitsamt einzuholen.

§ 4 Beseitung von Abfällen

Spitze, scharfe oder zerbrechliche Gegenstände, die bei Tätigkeiten nach § 1 verwendet worden sind, dürfen, auch wenn sie desinfiziert worden sind, nur in einer Verpackung, die eine Verletzungsgefahr ausschließt, in den Abfall gegeben werden. Im Übrigen bleiben abfallrechtliche Regelungen unberührt.

2. Hygieneverordnung von Nordrhein-Westfalen von 1988 – Auszug

- Arbeitskleidung, Umhänge und Handtücher müssen sauber und trocken sein.
- Kunden dürfen nur mit gereinigten Händen bedient werden.
- Alle Arbeitsgeräte nach jeder Benutzung reinigen. Arbeitsgeräte, die mit Blut oder Eiter verunreinigt sind sowie spitze und scharfe Instrumente, mit denen die Haut des Kunden unbeabsichtigt verletzt werden kann (z. B. bei der Maniküre), müssen nach jeder Anwendung desinfiziert und gereinigt werden.
- Gebrauchte Wäsche ist in einem geschlossenen Behältnis abzulegen.
- Blutverunreinigte Textilien (Kittel, Umhänge, Handtücher usw.) müssen desinfiziert werden.
- Abgeschnittene Haare gehören in einen geschlossenen Behälter.
- Kunden mit Kopfläusen, ansteckenden oder Ekel erregenden Krankheiten dürfen nicht behandelt werden. Erkennt man dies erst während der Behandlung, so sind die benutzten Geräte und Tücher sowie Hände und Unterarme des Behandelnden zu desinfizieren. Die Arbeitskleidung muss gewechselt und ebenfalls desinfiziert werden.
- Wird bei einer Verletzung eine Blutstillung erforderlich, so hat sie mit einem steril verpackten Einmaltupfer zu erfolgen.

3. Grundsätze der Hygiene im Friseursalon

- Ein Desinfektionsmittel für die Hände, das gebrauchsfertig ist und einem Spender entnommen werden kann.
- Ein Desinfektionsmittel für die sanitären Anlagen und eines für die Arbeitsgeräte.
- Ein Desinfektionsmittel, das in der Waschmaschine verwendet werden kann.
- Pflaster oder Schnellverband zum Wundverschluss.
- Wasserdichte Einmalhandschuhe.
- Verschließbare, dichte Schalen und Behälter z. B. für die Entsorgung von Rasierklingen.
- Gerät für die Desinfektion mit heißem Wasserdampf
- Kochfeste Arbeitskleidung.

4. Hilfsmittel zur Hygiene

4. Was ist zu beachten? Was geschieht mit den Werkzeugen? Fall A: Eine Kollegin verletzt einen Kunden beim Rasieren am Ohr. Die Wunde blutet stark. Dabei gerät etwas Blut auch an den Arbeitskittel. Fall B: Beim Schneiden der Nagelhaut rutschen Sie ab und verletzen den Finger der Kundin.

5. Sie sind Kundin in einem Salon und werden zu einem Waschbecken geführt, in dem sich Farbreste und Haare befinden. Der Umhang, den Sie umgelegt bekommen, stammt von der vorherigen Kundin.
Wie fühlen Sie sich dabei? Welche Ratschläge haben Sie für diesen Betrieb?

1. Kopflaus und Nisse

2. Zecke

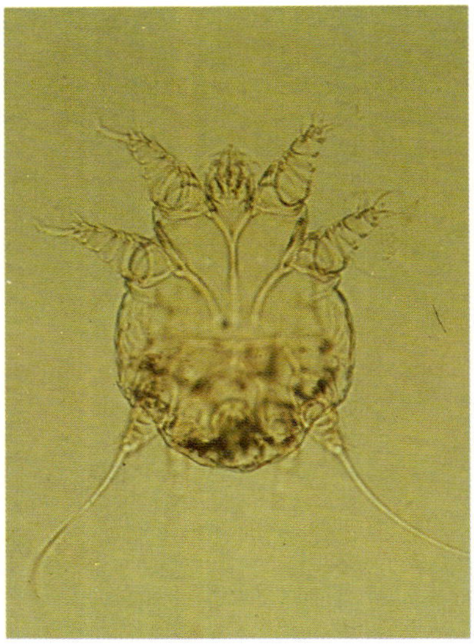

3. Krätzmilbe

2 Parasiten und Pilze

Ein Kunde klagt über starkes Kopfjucken. Beim näheren Hinsehen können Sie im Haar kleine Knötchen erkennen, die aussehen wie Schuppen oder Reste von Haarspray. Die Schüppchen sitzen aber sehr fest am Haar und lassen sich nicht verschieben.
In diesem Fall wird es sich um Eier von Kopfläusen handeln. Eine Behandlung durch den Friseur darf nicht erfolgen. Dem Kunden ist eine sofortige Anwendung entsprechender Präparate aus Apotheke und Drogerie anzuraten.

Kopfläuse. Diese Parasiten sind etwa 3,5 mm groß und graubraun. Sie werden durch gemeinsam benutzte Kämme, Kopfbedeckungen oder sogar durch Kopfstützen in öffentlichen Verkehrsmitteln übertragen. Vorwiegend halten sie sich in der Nacken- und Ohrengegend des Kopfhaares auf, man findet sie gelegentlich aber auch in der Behaarung des Gesichtes. Die Eier der Kopfläuse, **Nissen** genannt, kleben mit einer widerstandsfähigen Masse am Haar. Sie sind etwa stecknadelkopfgroß. Aus den Nissen entwickeln sich bereits in drei Wochen geschlechtsreife Tiere. Erfolgt keine Behandlung, breiten sich die Kopfläuse rasch aus.
Die Kopfläuse ernähren sich vom Blut des Befallenen. Mit dem Biss gelangt Speichel der Kopflaus in die Haut und ruft den Juckreiz hervor. Durch Kratzen kann Schmutz in die Haut gelangen und eitrige Entzündungen zur Folge haben.
Wichtig ist auch die Entlausung der Kleider des Betroffenen. Während man früher die Läuse durch Hitze abtötete, verwendet man heute Pulver oder Sprays, die wiederholt auf die Kleidung gegeben werden müssen.

Krätzmilben. Die etwa 0,4 mm großen Milben werden durch Kontakt mit infizierten Personen oder durch Wäsche übertragen. Sie leben in der Hornschicht und ernähren sich dort von den Epidermiszellen. Die Haut reagiert auf die Einwanderung der Milben mit Juckreiz und entzündlichen Knötchen. Werden diese aufgekratzt, so bilden sich rotbraun gefärbte Krusten.
Die Krätze findet man meist zwischen den Fingern, am inneren Fußrand oder am Ellenbogen.
Zur Bekämpfung der Milben sind Mittel aus der Apotheke zu verwenden. Kleider, Wäsche und Bettwäsche müssen sehr gründlich gereinigt werden.

Zecken. Die Zecke lebt auf Gräsern, Sträuchern und Bäumen und lässt sich auf Mensch und Tier fallen. Dort gräbt sie sich mit dem Kopf in die Haut ein und saugt Blut. Ist sie voll gesogen, so fällt sie ab. Die Zecke sollte so schnell wie möglich entfernt werden. Entweder mit dafür hergestellten Geräten oder per Hand mit einer Drehbewegung. Verbleiben Teile der Zecke in der Haut, kann dies zu schmerzhaften Entzündungen führen.
Gefährlich ist die Zecke, da sie Erreger zweier Krankheiten übertragen kann: FSME (Frühsommer-Meningoenzephalitis) und LB (Lyme-Borreliose). Beide Infektionen können Entzündungen der Hirnhaut, des

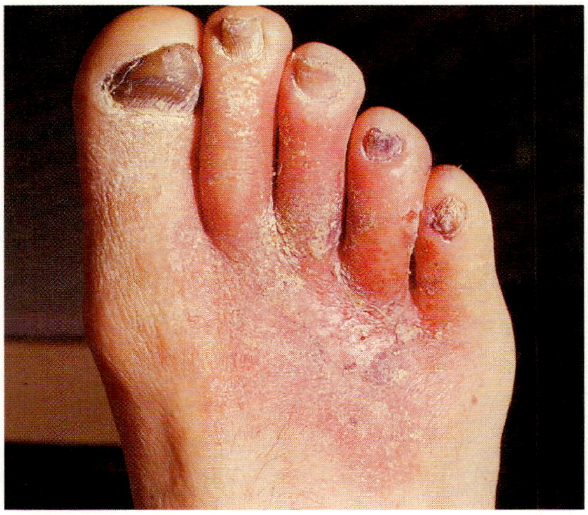

4. Fußpilz

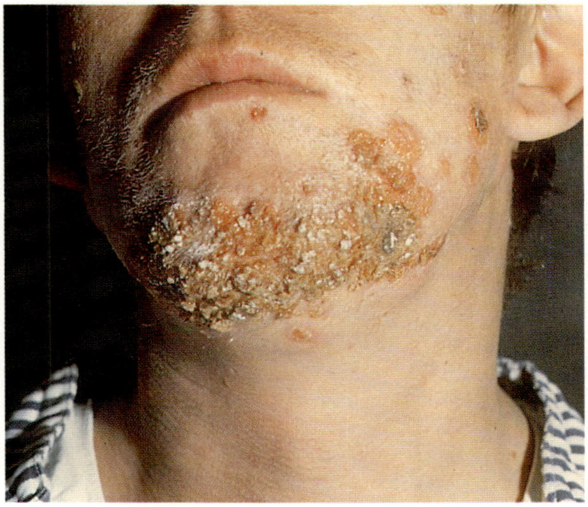

5. Bartscherflechte

Gehirns, des Rückenmarks und der Nerven zur Folge haben. LB verursacht zusätzlich Erkrankungen der Haut, der Gelenke und des Herzens.
Wird die LB früh erkannt, kann sie mit Antibiotika behandelt werden.
Gegen FSME, die vorwiegend in Bayern und Baden-Württemberg auftritt, gibt es eine Schutzimpfung. Die Krankheit beginnt mit Grippesymptomen. Im akuten Stadium ist sie nicht behandelbar.
Bei einem Aufenthalt im Wald sollte die Hautoberfläche unbedingt durch Kleidung bedeckt werden.

Pilzerkrankungen. Die Erreger der Pilzerkrankungen sind meist Fadenpilze. Sie leben in der Hornschicht und zerstören durch Einwucherungen Haut, Haare und Nägel. Da die Pilze flächenhaft wachsen, sind die befallenen Bezirke häufig kreisförmig.
Die Ansteckung erfolgt in warm-feuchter Atmosphäre, z.B. im Schwimmbad. Eng anliegende Kleidung oder feuchtigkeitsstauendes Schuhwerk können die Entwicklung begünstigen.
Im Friseursalon ist eine Übertragung von Pilzerkrankungen durch nicht desinfizierte Kämme oder Scheren möglich. Auch die Unsitte, Handtücher nicht zu waschen, sondern nur in den Trockner zu geben, erhöht die Gefahr einer Ansteckung.

Ein Beispiel für Krusten oder Schuppen bildende Hautausschläge, die durch Pilze verursacht werden ist die **Bartscherflechte.**

Wichtig für den Friseur, der eine Pilzerkrankung feststellt, ist die sorgfältige Desinfektion der Hände und der Arbeitsgeräte, die in Gebrauch waren. Die ärztliche Behandlung von Pilzerkrankungen ist sehr wichtig. Schwere Eiterungen, ja sogar Blutvergiftungen können sonst die Folge sein.

1. Informieren Sie sich über Präparate, die gegen Kopfläuse eingesetzt werden können.

2. Machen Sie einen Vorschlag, wie ein Kunde über Kopfläuse im Haar informiert werden sollte.

3. Obwohl ein besseres Hygienebewusstsein vorhanden ist, treten Kopfläuse immer noch in einzelnen Fällen auf. Nennen Sie Gründe hierfür.

4. Beschreiben Sie das Aussehen einer Krätze und eventuell erforderliche Hygienemaßnahmen.

5. Informieren Sie sich bei Ihrem Gesundheitsamt über Notwendigkeit und Möglichkeiten einer Zeckenschutzimpfung.

6. Die „Turnschuhgeneration“ hat häufig Fußpilz. Erklären Sie diese Tatsache.

7. Sie vermuten bei einem Kunden eine Pilzerkrankung. Welche Maßnahmen ergreifen Sie?

8. Nennen Sie mögliche Infektionswege der Bartscherflechte im Friseursalon.

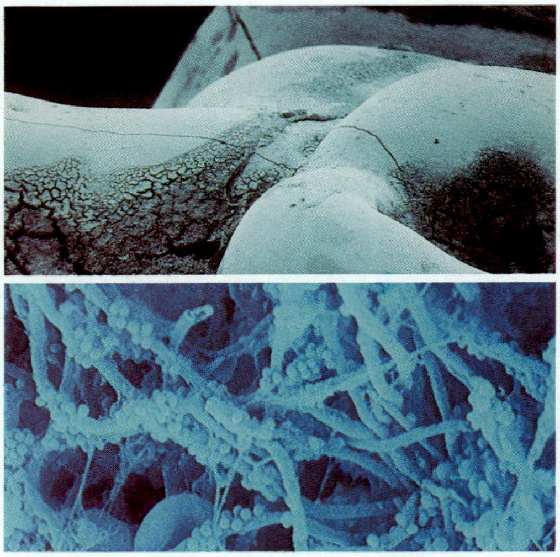

1. Bakterien auf der Zahnoberfläche

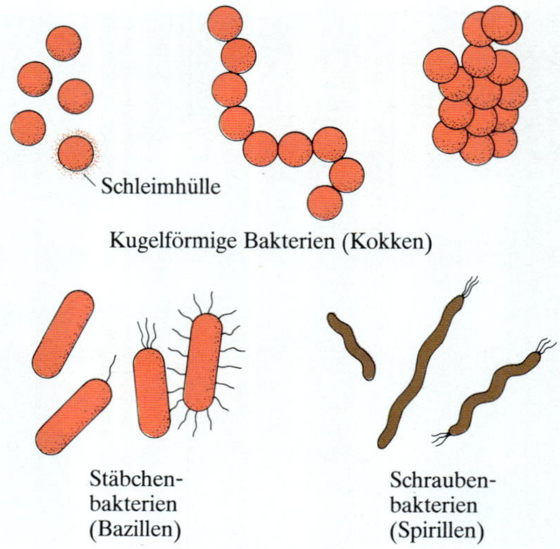

2. **Bakterienformen** (Schema)

3 Bakterien und Viren

Bakterien, die aus Eiweißstoffen bestehen, können nützliche Mikroorganismen sein. So werden bei der Herstellung von Jogurt, Käse, Sauerkraut und Bier Bakterien verwendet. In der Mundhöhle und im Darm des Menschen ermöglichen sie lebenswichtige Verdauungsprozesse. Auch die Haut ist von ihnen besiedelt. Sie erfüllen dort eine Schutzfunktion. Bestimmte Bakterien können aber auch Erreger von Infektionskrankheiten sein. Man unterscheidet grob drei Grundformen von Bakterien.

Kokken sind kugelförmige Bakterien. Sie lassen sich in die perlschnurartig angeordneten Streptokokken und in die traubenförmig angeordneten Staphylokokken unterteilen. Streptokokken sind z.B. die Erreger von Scharlach, Staphylokokken rufen eitrige Infektionen hervor. Die Kokken werden neben anderen Faktoren für die Bildung der Akne verantwortlich gemacht.
Zu den Stäbchenbakterien, den **Bazillen,** gehören die Erreger der Salmonellose und der Tuberkulose.
Die **Spirillen** sind schraubenförmige Bakterien. Sie bewirken u.a. die Entstehung der Syphilis.

Die **Vermehrung der Bakterien** erfolgt rasend schnell. Manche Bakterien teilen sich etwa jede halbe Stunde. Aus einer Bakterie sind dann in einer Stunde vier entstanden, diese bilden wiederum in fünf Stunden 1024 Bakterien.
Die Stäbchenbakterien (Bazillen) können Sporen bilden, die ohne Stoffwechsel Jahrzehnte überdauern. Einige dieser Formen sterben selbst bei stundenlangem Kochen in Wasser nicht ab. Unter günstigen Wachstumsbedingungen entstehen aus diesen Sporen dann wieder Bakterienzellen.

Viren sind sehr kleine Krankheitserreger. Sie bestehen nur aus einer Erbsubstanz und einer schützenden Eiweißhülle. Für ihre Vermehrung benötigen sie Zellen, die sie zwingen, aus ihren eigenen Bestandteilen neue Viren zu erzeugen. Dadurch stirbt die Zelle ab. Durch Viren werden Krankheiten wie Grippe oder AIDS verursacht. Grippeviren und das AIDS-Virus können durch Medikamente noch nicht direkt bekämpft werden.
Um nicht an einer Grippe zu erkranken, kann man sich einer Grippeschutzimpfung unterziehen. Hierbei wird ein Serum verwendet, das aus den toten Viren gewonnen wird. Der Körper kann nun Abwehrstoffe, so genannte Antikörper, gegen die verabreichten Virustypen entwickeln. Infiziert man sich erneut mit Grippeviren, wehren oder schwächen die vorhandenen Antikörper die Erkrankung ab. Hat sich aber bereits ein neuer Virustyp entwickelt, bietet die Impfung keinen Schutz mehr.

1. Nennen Sie drei Grundformen von Bakterien.

2. Erläutern Sie den Unterschied zwischen einer Tröpfchen- und einer Kontaktinfektion.

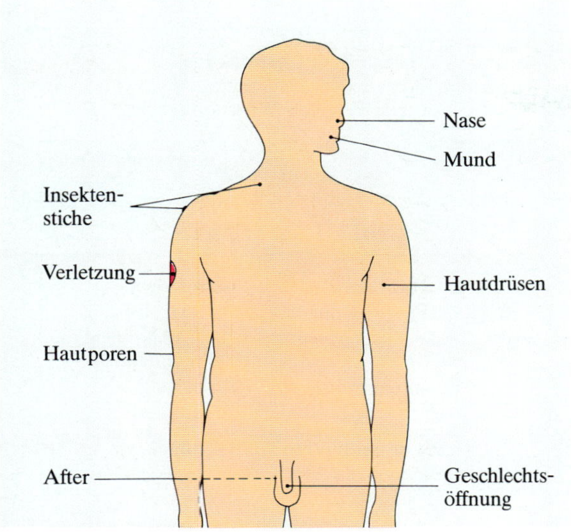

3. Infektionsmöglichkeiten beim Menschen

Krankheit	Erreger	Inkubationszeit
Keuchhusten	Bakterien	7–14 Tage
Salmonellose	Bakterien	Stunden–3 Tage
Scharlach	Bakterien	3–5 Tage
Tetanus	Bakterien	3–14 Tage
Tuberkulose	Bakterien	Wochen–Monate
Grippe	Viren	1– 3 Tage
Kinderlähmung	Viren	9–14 Tage
Masern	Viren	10–11 Tage
Mumps	Viren	14–21 Tage
Röteln	Viren	14–21 Tage
Windpocken	Viren	13–21 Tage

4. Inkubationszeiten von Infektionskrankheiten

4 Mögliche Infektionswege

Im Friseursalon kommt das Personal täglich mit vielen Menschen in Berührung. Eine Übertragung von Krankheiten durch Ansteckung, Infektion ist möglich.

Die Infektion kann auf direktem Wege erfolgen. Ist der Friseur z. B. erkältet, niest und hustet während der Behandlung, so kann sich der Kunde durch **Tröpfcheninfektion** anstecken. Die Krankheitserreger befinden sich in sehr kleinen Schleimtröpfchen, die beim Abhusten freigesetzt werden und durch Einatmen in den Körper der gesunden Person gelangen.

Eine Ansteckung ist aber auch durch Berühren einer kranken Person möglich, z. B. wenn man ihr die Hand reicht. Diese Art der Übertragung wird **Kontaktinfektion** genannt.

Bei einer **Selbstübertragung** werden Krankheitserreger, z. B. durch Kratzen, am eigenen Körper verbreitet.

Die **indirekte Infektion** kann durch gemeinsam benutzte Handtücher oder sogar Seife erfolgen. Auch nicht sorgfältig gereinigte Kämme und Bürsten können Gegenstände sein, mit denen Pilzerkrankungen von einer Person auf eine andere übertragen werden.
Hat man sich angesteckt, bricht die Krankheit nicht sofort aus, sondern erst nach einem für die Krankheit typischen Zeitraum, der **Inkubationszeit.**

AIDS – ein Problem im Salon?

AIDS (Acquired Immune Deficiency Syndrome) ist erst seit wenigen Jahren bekannt. Die Suche nach Impfstoffen oder Medikamenten blieb bis heute erfolglos. Das Krankheitsbild wird durch das HIV-Virus hervorgerufen, das das körpereigene Abwehrsystem unwirksam macht. Dies führt unweigerlich zum Tode.
Die Ansteckung erfolgt, wenn infiziertes Blut in die eigene Blutbahn gelangt. Ein weiteres Übertragungsrisiko ist der Geschlechtsverkehr. Durch Sperma und Scheidenflüssigkeit können Erreger in kleinste Verletzungen eindringen und so in die Blutbahn gelangen. 6 bis 8 Wochen nach einer Ansteckung kann man im Blut AIDS-Antikörper nachweisen.
Außerhalb des menschlichen Körpers sind die Viren nicht mehr lebensfähig. Aus diesem Grunde kann eine Infektion z. B. durch Händeschütteln ausgeschlossen werden.
Bei Berücksichtigung der gesetzlich vorgeschriebenen Hygienemaßnahmen ist bei der Ausübung des Friseurhandwerkes keine Infektionsgefahr für Personal und Kunden gegeben.

3. Informieren Sie sich, welche Vorbeugungsmaßnahmen gegen AIDS getroffen werden können.

Kämme, Scheren, Wickler, Messer, Bürsten

Ablageflächen für Frisierwerkzeuge

Armaturen, Waschbecken, Toiletten

Armlehnen, Nackenstützen, Türgriffe

Nackenausschnitt des Rückwärtswaschbeckens

Innenrand der Trockenhaube

1. Kritische Zonen im Friseursalon

Thermische Desinfektion
erfordert Temperaturen von mindestens 95 Grad.
Diese vertragen viele Werkstoffe nicht.

Nass-Desinfektion
ist für fast jedes Gerät und Werkzeug geeignet.
(Holzlackierung und manche Borsten können aber darunter leiden.)

Was Haut berührt, wird desinfiziert,
Messer, Scheren, Klingen, Kämme und Bürsten, Wickler und Nadeln, Maniküre- und Pediküre-Geräte sowie Kosmetik-Utensilien (Pinzetten).
Desinfizieren nach jeder Benutzung.

Erst desinfizieren, dann reinigen,
damit Ansteckung beim Abwischen ausgeschlossen ist.

Andere Verfahren gelten gesetzlich nicht als Desinfektion.

2. Möglichkeiten der Desinfektion

5 Desinfektion und Sterilisation

Sind Arbeitsräume und Arbeitsgeräte unsauber, sammeln sich Krankheitserreger schnell an. Kunden und Personal können sich infizieren. Daher ist Hygiene im Friseursalon oberstes Gebot. Bedenkt man, dass ein solcher Salon voller Mikroorganismen steckt, die zum Teil auch noch krank machen können, müssen da nicht die schärfsten Reinigungsmittel her?

Beim **Reinigen** entfernt man sichtbare Verschmutzungen. Weitergehende Maßnahmen wie Desinfektion und Sterilisation töten krank machende Keime ab.

Desinfektion. Diese Maßnahme hat die Abtötung krank machender Keime zur Folge und bewirkt, dass ein Gegenstand nicht mehr infizieren kann. Zur Desinfektion werden chemische Mittel verwendet. Diese bewirken eine Gerinnung der Eiweißstoffe, aus denen die Bakterien bestehen. Die erlaubten Desinfektionsmittel sind im Bundesgesundheitsblatt aufgeführt.

Sterilisation. Hierunter werden Maßnahmen gefasst, die eine völlige Keimfreiheit bezwecken. Nicht nur die Keime selbst, sondern auch ihre Dauerformen, wie z. B. Sporen, werden abgetötet und entfernt.

Für die Friseurpraxis ist die **Desinfektion** ausreichend. An erster Stelle betrifft dies die Schneide- und Rasierwerkzeuge sowie die Geräte für die Maniküre. Nach jedem Gebrauch sind diese Instrumente zu desinfizieren. Dazu werden sie, soweit es geht, in ihre Einzelteile zerlegt und in ein abdeckbares Gefäß gegeben, das das Desinfektionsmittel enthält. Um eine wirksame Desinfektion zu erzielen, ist die vorgeschriebene Einwirkdauer unbedingt einzuhalten. Erst danach werden die Geräte sorgfältig gereinigt, da sonst Mikroorganismen übertragen werden können.

Vor Behandlung eines Kunden muss sich das Personal gründlich die Hände mit Wasser und Seife reinigen. Das geschieht am besten im Beisein des Kunden. Nur so kann man sein Vertrauen auf die Einhaltung hygienischer Maßnahmen gewinnen. Eine Handdesinfektion ist nicht jedesmal notwendig. Vor kosmetischen Behandlungen, wie z. B. Massagen, ist die Handdesinfektion allerdings unentbehrlich.

Es ist von größter Bedeutung, dass sich jeder im Salon an die eben beschriebenen Maßnahmen hält. Nur dann ist wirklich Hygiene gewährleistet.

Nach der Behandlung muss der Arbeitsplatz von abgeschnittenen Haaren befreit werden. Die Haare müssen in einem geschlossenen Behälter gesammelt werden.
Die Umhänge werden sauber und getrocknet an ihren Platz zurückgehängt. Einmalumhänge erscheinen zwar in hygienischer Hinsicht vorteilhaft, führen aber zur Anhäufung von Müll.
Das Waschbecken soll nach jedem Gebrauch gesäubert werden.

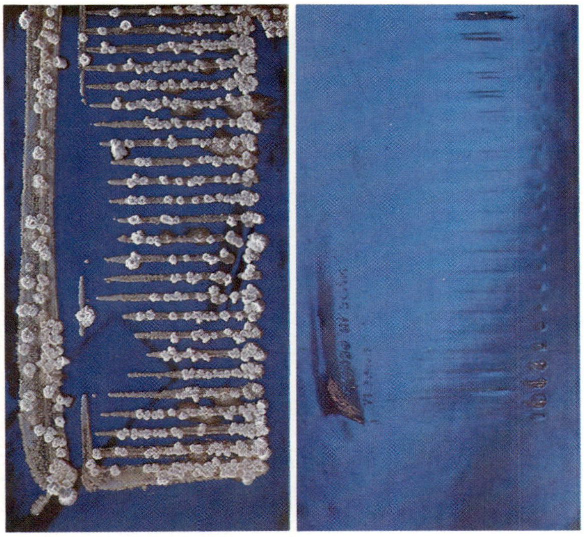

3. Kamm, vor und nach Desinfektion

Kämme, Bürsten und Lockenwickler müssen nach jeder Anwendung von Haaren und Hautschüppchen befreit werden. Da Kämme und Bürsten auch mit nicht gewaschenem Haar in Berührung kommen, sollten sie nach jeder Benutzung desinfiziert werden.

Benutzte Handtücher werden ordnungsgemäß in einen verschließbaren Behälter gegeben. Um die Mikroorganismen abzutöten, müssen sie entweder mindestens 30 Minuten gekocht oder in Desinfektionsmittel gelegt werden. Heute sind bereits Mittel im Handel, die in der Waschmaschine verwendet werden können.

Sind Stellen am Fußboden oder Einrichtungsgegenstände mit Blut verunreinigt, so hat eine sofortige Desinfektion zu erfolgen. Man kann hierzu einen mit dem Handdesinfektionsmittel getränkten Wattebausch verwenden. Wichtig ist, dass Schutzhandschuhe getragen werden.
Blutbefleckte Berufskleidung ist sofort zu wechseln. Sie kann entweder mit Desinfektionslösung behandelt werden oder unter Zusatz von Reinigungsmitteln eine halbe Stunde gekocht werden. Aus diesem Grund empfiehlt es sich, kochfeste Berufskleidung zu wählen.

1. Versuch: Geben Sie 3 ml Eiklar in 1 ml H_2O_2. Was können Sie beobachten?

2. Wiederholen Sie den Versuch mit einer käuflichen Desinfektionslösung. Notieren Sie Ihre Beobachtungen.

Reinigungsmittel – sorgsamer Gebrauch ist notwendig!

Die Welt ist voller Bakterien, aber nur einige davon machen krank.
Die Anwendung eines gesetzlich zugelassenen Desinfektionsmittels ist wichtig; der Umwelt zuliebe sollte man aber nicht übertreiben.
Außerdem sollte an den Hautschutz gedacht und Schutzhandschuhe getragen werden.
Für die Reinigung der sanitären Anlagen und des Bodens eignen sich Mittel, die auch in jedem Haushalt verwendet werden können. Der Einsatz zum Teil gefährlicher Chemikalien ist zweifelsohne unsinnig.
Für Waschbecken, Böden und Toiletten können milde Allzweckreiniger oder so genannte Neutralreiniger verwendet werden.
Der Toilettensitz sowie die Waschbecken können mit Desinfektionsmitteln keimfrei gemacht werden. Die Verwendung stark alkalischer WC-Reiniger kann lebensgefährlich werden. Diese Mittel sind in der Lage, bei unsachgemäßer Anwendung Haut und Atemwege zu verätzen.

Für grobe Verschmutzungen kann ein Scheuermittel verwendet werden. Kalkflecken auf sanitären Anlagen und Kalkbeläge, z. B. in Kaffeemaschinen, lassen sich leicht mit Essig entfernen. Essigessenz muss vor der Anwendung mit Wasser verdünnt werden. Die Verwendung einer Zitronensäurelösung hat den Vorteil, weniger geruchsbelastend zu sein.
Mit Vorsicht zu gebrauchen sind die Abflussreiniger. Diese bestehen zu fast 70 % aus Natriumhydroxid. Dieser Stoff löst sich unter beträchtlicher Wärmeentwicklung in Wasser und bildet Natronlauge. Gelangen Spritzer dieser Lauge auf die Haut oder in die Augen, sind starke Verätzungen die Folge. Es ist umweltgerechter und gesünder, im Falle eines verstopften Abflusses diesen aufzuschrauben. Werden die Haare regelmäßig aus dem Abfluss entfernt, setzt sich dieser gar nicht erst zu.
Von der Verwendung von WC-Beckensteinen oder so genannten Wasserkasten-Automaten ist dringend abzuraten. Diese Mittel enthalten eine Chemikalie, die von den Bakterien der Kläranlagen kaum abgebaut werden kann und die die Umwelt aus diesem Grunde sehr stark belastet.

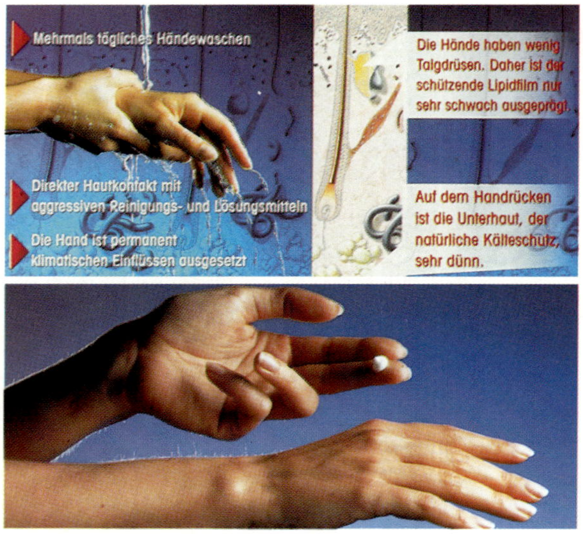

1. Gepflegte Hände

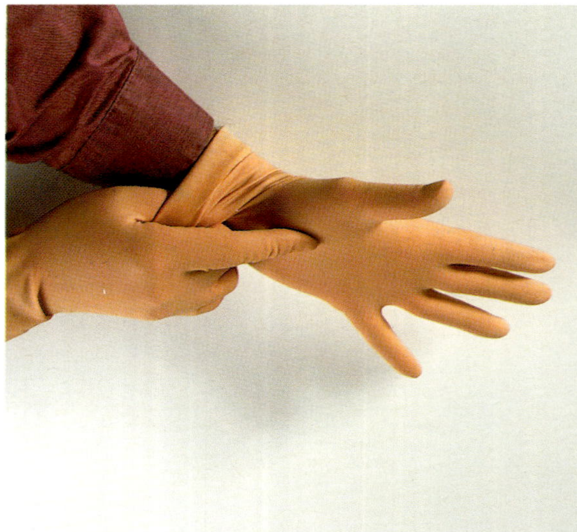

2. Waschhandschuhe – richtige Passform ist wichtig

6 Verhütung von Berufskrankheiten

Nach zwei Jahren das „Aus“. Für Bernadette ging der Traum vom Friseurberuf nicht in Erfüllung. Raue Hände und ein Juckreiz, der sie schier wahnsinnig machte. Diagnose des Arztes: Ekzem, verursacht durch eine Allergie. Zwei Jahre Ausbildung umsonst!
Dies ist kein Einzelfall. Etwa ein Drittel der Berufsanfänger im Friseurhandwerk muss wegen Allergien oder berufsbedingter Hautkrankheiten die Ausbildung aufgeben. Diese Zahl ließe sich deutlich verringern, wenn Vorsichtsmaßnahmen getroffen würden, bevor es zu spät ist. Friseure müssen sich bewusst sein, dass sie mit Chemikalien arbeiten, die die Haut angreifen und sogar eine Allergie hervorrufen können.

Hautkrankheiten. Gerade Berufsanfänger müssen häufig Haare waschen. Insbesondere konzentriertes Shampoo entfettet die Haut nachhaltig. Weniger hautgefährdend ist es, wenn mit einem verdünnten Shampoo, etwa 1:10, gewaschen wird. Nach dem Waschen gilt: Hände gut abspülen und abtrocknen; auch zwischen den Fingern! Danach müssen die Hände sorgfältig eingecremt werden. Einem Austrocknen der Hände kann man vorbeugen, wenn bei der Haarwäsche **Handschuhe** getragen werden. Jeder, der die Hausarbeit und die Beanspruchung der Hände durch Spülen kennt, wird diese Maßnahme verstehen. Dass Handschuhe hässlich aussehen oder den Kunden nicht zugemutet werden können, sind einfältige Ausreden. Das so genannte Fingerspitzengefühl beeinträchtigen die dünnen Waschhandschuhe sicherlich nicht – Zahnärzte und Chirurgen tragen sie auch! Es handelt sich hier also nur um eine Gewöhnungssache. Wichtig ist, dass die Handschuhe bei allen Nassarbeiten, insbesondere auch bei Dauerwell- und Färbebehandlungen, getragen werden. Die verwendeten Produkte enthalten aggressive Chemikalien, die oft Verursacher von Ekzemen sind. Hat erst einmal eine Hautreaktion stattgefunden, ist es zu spät. Sinnvoll ist es auch, Produkte mit Applikatoren zu benutzen.

Atemwegserkrankungen treten bei Friseurpersonal nicht selten auf. Sprays sollten aus diesem Grunde sparsam verwendet werden. Es können z. B. Kunstharze, die Inhaltsstoffe von Haarsprays sind, mit der Atemluft in die Lunge gelangen. Dies ist insbesondere bei Treibgassprays der Fall, da das Treibgas eine sehr feine Vernebelung des Inhalts bewirkt. Auch andere Schadstoffe gelangen mit der Atemluft ins Körperinnere. Der feine Staub, der beim Anrühren von Blondiercremes entsteht, gilt als Mitverursacher von Bronchialerkrankungen. Sehr wichtig ist demnach eine gute Lüftung des Salons, die durch Filteranlagen für Frischluft noch verbessert werden kann.

1. Informieren Sie sich u. a. bei der Berufsgenossenschaft über Qualität und Preise verschiedener Schutzhandschuhe für den Friseurbereich.

Gemäß TRGS 530 muss der Arbeitgeber Schutzhandschuhe kostenlos zur Verfügung stellen. Waschhandschuhe schützen die Hände beim Haarewaschen oder Auftragen und Auswaschen von Pflegemitteln. Keinesfalls werden sie für andere Arbeiten verwendet. Chemikalien dürfen mit diesen Handschuhen nicht berührt werden. Sie werden auch nur von einer Person verwendet. Ihr Name, am Handschuhrand aufgetragen, vermeidet Verwechslungen.
Werden Nassarbeiten ohne Handschuhe durchgeführt, quillt die Haut durch Wasser und Reinigungsmittel stark auf. Durch Kontakt mit den Haaren und später mit dem Handtuch wird der Abrieb der Haut gefördert. Die Abnutzungsdermatose zeigt sich in roten, juckenden und nässenden Stellen zwischen den Fingern und heilt nur aus, wenn man die Haut einige Tage lang vor Wasser schützt.

3. TRGS – Technische Regeln für Gefahrstoffe: Schutzhandschuhe sind vorgeschrieben!

Blütenpollen, Tierhaare, Stäube	Einatmen
Nahrungsmittel, Getränke	Verschlucken
Tabletten, Injektionen, Cremes, Salben	Verschlucken, Blutweg, Haut
Parasiten, Bakterien, Pilze	Verschlucken, Blutweg, Haut
Farbstoffe, Terpentinprodukte, Metalle, Chemikalien	Haut

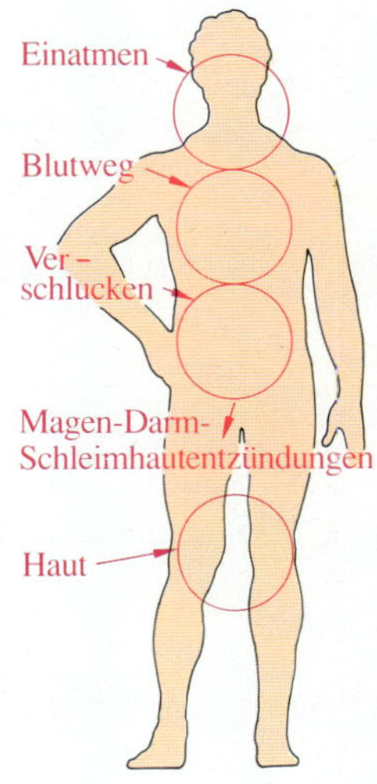

4. Allergene und ihre Wirkorte

Bei mangelndem Haut- und Atemschutz werden Allergien geradezu gefördert.
Eine **Allergie** ist eine Überempfindlichkeitsreaktion des Körpers auf bestimmte Stoffe, die von anderen Menschen problemlos vertragen werden. Beim ersten Kontakt mit Allergenen, das sind Substanzen, die eine Überempfindlichkeit hervorrufen können, werden im Körper Abwehrstoffe, die Antikörper, gebildet. Eine sichtbare Reaktion erfolgt noch nicht. Man bezeichnet diesen Vorgang als Sensibilisierung.
Erst bei erneutem Kontakt mit den Allergenen werden die Antikörper im Übermaß gebildet und greifen körpereigene Zellen an. Als Folge treten allergische Erscheinungen wie Hautausschlag und Fieber auf.
Bei Friseuren treten besonders häufig **Kontaktallergien** auf. Modeschmuck enthält oft Nickel und kann die erste Abwehrreaktion in Gang setzen. Für eine allergisch veranlagte Friseurin ist dies sehr problematisch, denn sie muss z. B. mit Haarfarben arbeiten, die auch Nickel enthalten. Die allergische Reaktion äußert sich in einem Kontakt-Ekzem.
Treten Allergieprobleme auf, so ist unbedingt ein Arzt aufzusuchen. Nur so können Ansprüche bei eventueller **Berufsunfähigkeit** bei der Berufsgenossenschaft geltend gemacht werden.

2. Nennen Sie Maßnahmen, die Sie oder Kollegen im Salon ergreifen, um das Risiko von Atemwegserkrankungen zu vermindern.

Allergietest

Beim **Prick-Test** werden verschiedene Substanzen auf die Haut gegeben und die Haut leicht angeritzt. Ist der Stoff, der die Überempfindlichkeitsreaktion hervorruft, dabei, reagiert die Haut an dieser Stelle mit Quaddeln und Juckreiz. Verzichtet man auf diesen Stoff, treten die allergischen Reaktionen nicht mehr auf. Manchmal ist es schwer, dem Allergen aus dem Weg zu gehen. Die Behandlung der Allergie gestaltet sich dann sehr langwierig. Zudem sind die Behandlungsmöglichkeiten leider noch sehr eingeschränkt. Vorbeugung ist deshalb für den Friseur die einzig sinnvolle Maßnahme.

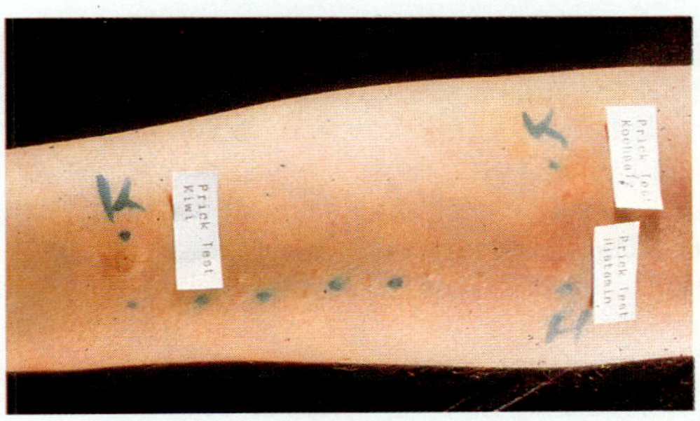

Tätigkeiten / Hautschutzmaßnahmen	• Styling • Kopfmassage ohne Haarbehandlungsmittel	• Überprüfung von Farbveränderungen • Probewickeln • Fixieren • Aufemulgieren von Farben, Tönungen und Blondierungen		• Shampoonieren • Kopfmassage mit Haarbehandungsmitteln • Auftragen und Auswaschen von Pflegemitteln	• Mischen, Auftragen oder Auswaschen von Haarfarben, Tönungsfestigern, Dauerwellflüssigkeiten und Blondierungsmitteln	• Nassreinigung oder Desinfektion von Arbeitsmitteln, Geräten, Werkzeugen und Räumen
1. Vor der Tätigkeit						
Hände sorgfältig mit Hautschutzpräparaten einreiben	●			●	●	●
2. Während der Tätigkeit						
a) Einmalhandschuhe tragen		●			●	
b) Waschhandschuhe tragen[1]				●		
c) Haushaltshandschuhe tragen						●
3. Nach der Tätigkeit						
a) Hände mit Wasser abspülen				●		●
b) Hände mit Wasser und ggf. mildem Reinigungsmittel säubern	●				●	
c) Hände gut abtrocknen	●			●	●	●
d) Hände gründlich mit Hautpflegemittel eincremen[2]	●			●	●	●
4. Nach Arbeitsschluss	Hände mit stärker fettenden Cremes [3] behandeln					

[1] z. B. Latexhandschuhe; [2] Jedoch nicht, wenn anschließend ein anderes Präparat zum Eincremen der Hände vorgesehen ist (siehe 1. und 4.); [3] z. B. Wasser-in-Öl-Emulsionen

1. Hautschutzplan: Wie werden die Hände geschützt und gepflegt?

6.1 TRGS 530 – Technische Regeln für Gefahrstoffe – Friseurhandwerk

Die Verwendung von haut- und atemwegsschädigenden Substanzen hat zu einer Besorgnis erregenden Steigerung von Erkrankungen geführt.

Die Vorschriften der technischen Regeln für das Friseurhandwerk dienen dem Schutz der Beschäftigten. Sie enthalten Anforderungen, die aus arbeitsmedizinischer und sicherheitstechnischer Sicht erfüllt werden müssen.

Der Arbeitgeber muss eine Betriebsanweisung erstellen, die Verhaltensregeln und Schutzmaßnahmen enthält. Einmal im Jahr muss er sie mit seinen Beschäftigten besprechen.

Er hat die Pflicht, haut- und atemwegsschädigende Präparate darauf zu überprüfen, ob sie durch ungefährlichere Produkte ersetzt werden können.

Auch an die Ausstattung des Salons werden Anforderungen gestellt. So müssen für Misch- und Umfüllarbeiten Arbeitsplätze eingerichtet werden, die mit einer ausreichenden Lüftung versehen sein müssen.

Für die Beschäftigten muss ein separater Handwasch- und Pflegeplatz eingerichtet sein, an dem Hautschutzmittel, Hautreinigungs- und -pflegemittel sowie weiche Einmalhandtücher zur Verfügung stehen. Der Hautschutzplan sollte an dieser Stelle ausgehängt sein.

In ihm ist geregelt, für welche Arbeiten das Tragen von Schutzhandschuhen vorgesehen ist.

Schutzhandschuhe in geeigneter Größe und Passform sind vom Arbeitgeber zur Verfügung zu stellen. Die Stulpen der Waschhandschuhe sollen deutlich über das Handgelenk reichen und eng anliegen, damit das Wasser nicht ins Innere des Handschuhs läuft.

Damit Schutzhandschuhe nicht ununterbrochen getragen werden müssen, ist darauf zu achten, dass ein ständiger Wechsel zwischen Nass- und Trockenarbeiten gegeben ist. Nach dem Tragen werden eventuelle Puderreste mit Wasser von der Haut entfernt und die Hände eingecremt.

Hand- oder Armschmuck darf bei der Arbeit nicht getragen werden.

Essen und Trinken ist in den Arbeitsräumen untersagt. Hierfür ist ein vom Salon getrennter Pausenraum einzurichten. Arbeitsstoffe und Geräte dürfen in diesem Raum nicht aufbewahrt oder angewendet werden.

1. Entnehmen Sie dem Hautschutzplan, bei welchen Tätigkeiten Sie a) Waschhandschuhe, b) Einmalhandschuhe, c) Haushaltshandschuhe tragen müssen.

2. Beschreiben Sie die Hautschutzmaßnahmen nach Nassarbeiten.

3. Nennen Sie spezielle Schutzmaßnahmen, die Sie bei „Farbveränderungen“ und „Styling“ zu beachten haben.

4. Nennen Sie Verbote, die Sie im Salon zu beachten haben.

5. Nennen Sie mögliche Gesundheitsgefährdungen durch im Salon verwendete Präparate. Durch welche Inhaltsstoffe werden sie hervorgerufen?

Betriebsanweisung

Tätigkeit	Haarwäsche und Pflege	Farbveränderungen	Dauerwellen	Styling	Nassreinigung oder Desinfektion
	● Schampoonieren ● Auftragen und Auswaschen von Pflegemitteln ● Kopfmassage mit Pflegemitteln	● Mischen, Aufemulgieren, Auftragen, Auswaschen von Farbe, Tönung, Tönungsfestiger, Blondierungsmittel ● Überprüfen der Ergebnisse	● Mischen, Auftragen, Auswaschen, Probewickeln mit Dauerwellflüssigkeit und Fixierung	● Auftragen von Stylingmitteln	● von Arbeitsmitteln, Geräten, Werkzeugen und Räumen
Bezeichnung der Arbeitsstoffe	a) Schampoos: enthalten u. a. Konservierungsstoffe b) Spülungen, Konditionierer, Kuren c) Haarwasser	a) Oxidationshaarfarben und oxidative Tönungen: enthalten u. a. m- und p-Phenylendiamine, o- und p-Toluylendiamine, deren Derivate oder Salze, Diaminophenole b) Tönungsmittel, Tönungsfestiger, Tönungsschäume c) Oxidationsmittel (im Allg. Wasserstoffperoxid) d) Blondierungsmittel (Blondierungspulver): enthält Persulfate	a) Dauerwellflüssigkeit (sauer): enthält Ester der Thioglycolsäure b) Dauerwellflüssigkeit (alkalisch): enthält Ammoniumthioglycolate c) Fixiermittel: enthalten Wasserstoffperoxid oder Bromate	a) Haarsprays und -lacke b) Fönschäume, Fönlotionen, Haargel, Einlegemittel c) Wachs, Pomade, Frisiercreme	a) Reinigungsmittel flüssig oder pulverförmig b) Desinfektionsmittel
Gesundheitsgefährdungen	Ein Teil der verwendeten Haarbehandlungsmittel ist vom Hersteller gemäß geltendem Recht nicht als gesundheitsgefährlich gekennzeichnet. Aber auch bei diesen Präparaten ist nicht auszuschließen, dass bei häufigem Kontakt Reizungen der Haut, der Schleimhäute oder der Atemwege auftreten.				
	a–c) Durch Entfettung der Haut können bei häufigem Kontakt Hautschädigungen auftreten. Allergien gegen einzelne Inhaltsstoffe sind bekannt.	a–b) Können bei Hautkontakt Allergien hervorrufen. c) Reizt Haut und Schleimhäute. d) Reizt Schleimhäute und Atemwege. Kann Atemwegserkrankungen hervorrufen.	a–b) Können Allergien hervorrufen. Reizen Haut und Schleimhäute. c) Reizt Haut und Schleimhäute.	a) Kann Atemwegserkrankungen verursachen. b) Durch Entfettung der Haut können bei häufigem Kontakt Hautschädigungen auftreten.	a–b) Bei häufigem Kontakt können Hautschädigungen auftreten. Allergien gegen einzelne Inhaltsstoffe sind bekannt.
Allgemeine Schutzmaßnahmen	● Allergiker und Personen mit entsprechender Veranlagung (Atopiker) sollten ihren Arzt über mögliche Gefährdungen befragen. ● Die bereitgestellten Schutzhandschuhe sind bei den gekennzeichneten Tätigkeiten zu benutzen. Handschuhe dürfen nur mit trockenen und sauberen Händen angezogen werden. Vor dem Handschuhtragen sind spezielle Hautschutzpräparate aufzutragen, die die Schweißbildung vermindern. ● Mit Haarbehandlungsmitteln getränkte bzw. verschmutzte Kleidung sofort ablegen und vor erneutem Tragen waschen. ● Bei Verschütten: Unter Verwendung von Schutzhandschuhen und evtl. mithilfe von Bindemitteln Substanzen umgehend aufnehmen. ● Bei allen Misch- und Umfüllarbeiten den dafür vorgesehenen Arbeitsplatz aufsuchen.				
Spezielle Schutzmaßnahmen	a–c) Spezielle Misch- und Anwendungsapplikatoren verwenden.	a–d) Zum Mischen den dafür vorgesehenen Arbeitsplatz aufsuchen. Technische Lüftung oder geeigneten Mischapplikator benutzen. Anwendungsapplikatoren benutzen. Bei d): Staubentstehung vermeiden. Stäube nicht einatmen!	a–c) Zum Mischen den dafür vorgesehenen Arbeitsplatz aufsuchen. Technische Lüftung oder geeigneten Mischapplikator benutzen. Anwendungsapplikatoren benutzen. Dämpfe nicht einatmen.	a) Sprühnebel nicht einatmen. Nicht in offene Flammen sprühen. Nicht in die Augen sprühen. Raum gut lüften!	a) Automatische Reinigungsgeräte benutzen. Zu reinigende Arbeitsmittel (z. B. Schälchen, Handtücher) nur mit Handschuhen anfassen. b) Automatische Desinfektionseinrichtungen benutzen. Hautkontakt mit Desinfektionsmittel durch Handschuhtragen vermeiden. Sprühdesinfektion ist zu unterlassen.
Persönliche Schutzmaßnahmen	Waschhandschuhe	Einmalhandschuhe	Einmalhandschuhe	Hautschutzcreme	Haushaltshandschuhe
Hygienische Maßnahmen	● Nach jedem Händewaschen oder -abspülen an den vorgesehenen Waschplätzen Hände mit bereitgestellten Einmalhandtüchern abtrocknen. ● Keine benutzten Kundenhandtücher verwenden! ● Anschließend Pflegecreme auftragen. ● Nach Arbeitsschluss Hände mit mildem Reinigungsmittel waschen, gut abtrocknen und mit stärker fettender Creme (z. B. Wasser-in-Öl-Emulsionen) behandeln.				
Organisatorische Maßnahmen	● Ein Wechsel von Feuchtarbeit mit Handschuhen zu Trockenarbeit ist einzuhalten ● Die Trockenarbeit ohne Schutzhandschuhe soll mindestens so lange dauern wie die Feuchtarbeit.				
Verbote	● Das Tragen von Arm- und Handschmuck (Ringe, Uhren) ist während der Arbeit verboten. ● Es dürfen keine Arbeitsgeräte (z. B. Scheren) verwendet werden, die im Griffbereich Nickel freisetzen können. ● Das Aufbewahren und der Verzehr von Nahrungsmitteln und Getränken sowie das Rauchen ist den Beschäftigten nur in den Pausenräumen gestattet. ● In Pausenräumen dürfen weder Arbeitsstoffe aufbewahrt noch darf mit ihnen umgegangen werden.				
Erste Hilfe Notrufe:	Bei Augenkontakt: Mit viel Wasser spülen. Arzt aufsuchen. Bei Hautkontakt: Mit viel Wasser spülen. Bei Beschwerden Arzt aufsuchen. Bei Einatmen: Bei Beschwerden Arzt aufsuchen. Bei Verschlucken: Arzt aufsuchen. **Bei Arztbesuch: Unbedingt Gebrauchsanweisung oder Packung/Behältnis der betreffenden Stoffe mitnehmen.**				

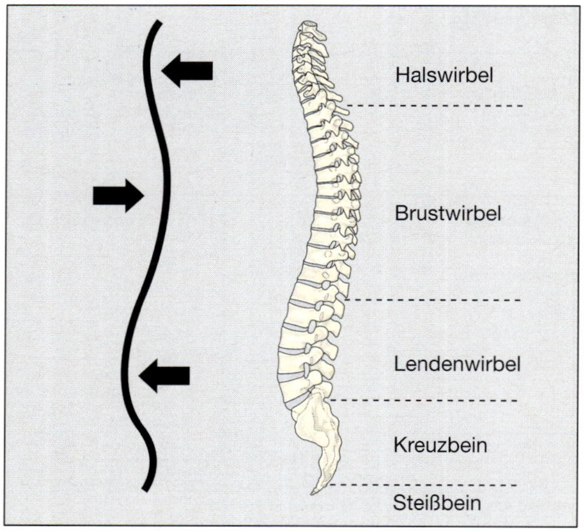

1. Wirbelsäule, Seitenansicht

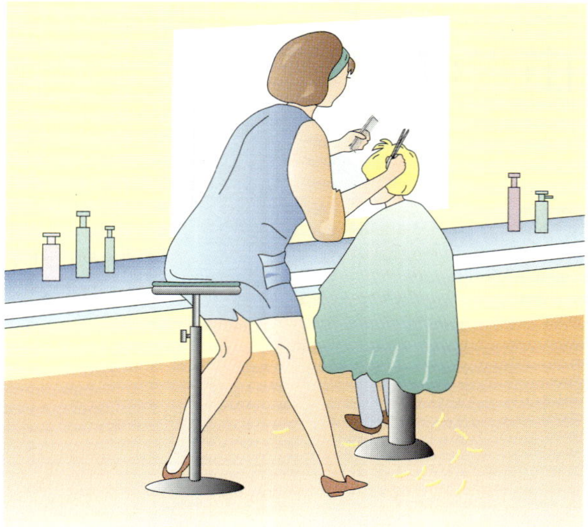
2. Stehhilfe – Rücken bleibt gerade

Haltungsschäden

Zusammen mit der Rückenmuskulatur ist die **Wirbelsäule** für die aufrechte Haltung des Menschen verantwortlich. Betrachtet man die Wirbelsäule von der Seite, dann fällt die S-förmige Krümmung auf. Aufgrund dieser Form kann die Wirbelsäule starken Belastungen standhalten und Stöße abfedern.
Die Rückenmuskulatur kann verkümmern, wenn man häufig krumm steht oder geht oder wenn man zu wenig Bewegung hat. Es entstehen Haltungsschäden. Beschäftigte des Friseurhandwerks sind von diesen Auswirkungen besonders betroffen, da sie fast den ganzen Tag stehen und oftmals in gebückter Haltung arbeiten.
Zu empfehlen sind hier folgende Maßnahmen:

- Arbeiten Sie immer in aufrechter Haltung mit geradem Rücken, auch beim Waschen
- Behandlungsstühle sind so einzustellen, dass Sie sich nicht bücken müssen; benutzen Sie Stehhilfen
- Sorgen Sie für Phasen der Entspannung mit bequemer Sitzmöglichkeit, legen Sie die Beine hoch
- Betreiben Sie Ausgleichsgymnastik, die die Rückenmuskulatur stärkt.

Ein weiteres gesundheitliches Problem sind **Krampfadern.** Sie sind als erweiterte, geschlängelte und oft blaurot hervorgetretene Venen unter der Haut sichtbar. Ursache ist eine angeborene Bindegewebsschwäche. Die Neigung wird beim häufigen Stehen durch den Blutstau in den Beinen noch verstärkt.

1. Nennen Sie mögliche gesundheitliche Folgen durch vieles Stehen oder falsche Haltung.

So halten Sie Ihren Rücken fit

Zur Stärkung der Rückenmuskulatur werden dehnende und kräftigende Übungen miteinander kombiniert. Ein Trainingseffekt wird durch 5- bis 10-fache Wiederholung der einzelnen Übungen oder durch mindestens 5–10 Sekunden Haltedauer erreicht. Dabei ist die korrekte Ausführung der Bewegungen sehr wichtig. Bei den folgenden Übungsvorschlägen werden die Füße jeweils in Schulterbreite gehalten oder aufgestellt.

1. Langsamer Wechsel von „Katzenbuckel" und „Pferderücken", fließende Bewegung, der Kopf ist zunächst zum Boden gebeugt, beim „Pferderücken" wird er mit Blick nach vorne aufgerichtet.

2. Rückenlage mit angewinkelten Beinen am Boden, die Lendenwirbelsäule wird fest auf den Boden gedrückt, Anspannung halten, Entspannung, wiederholen.

3. Ausgangsposition wie Übung 2. Die Arme werden zu den Knien vorgestreckt, bis sich die Schulter vom Boden löst.
Anspannung halten,
Entspannung, wiederholen.

4. Bauchlage, Arme und Beine flach am Boden nach oben und unten gestreckt. Abwechselnd einen Arm oder ein Bein leicht vom Boden abheben und halten.

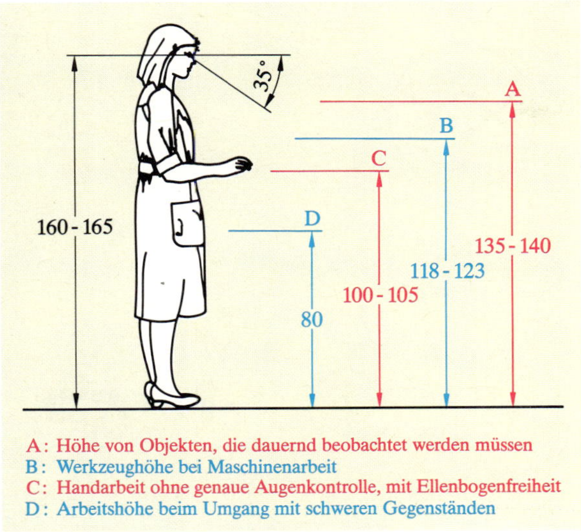

3. Arbeitshöhen bei stehender Tätigkeit

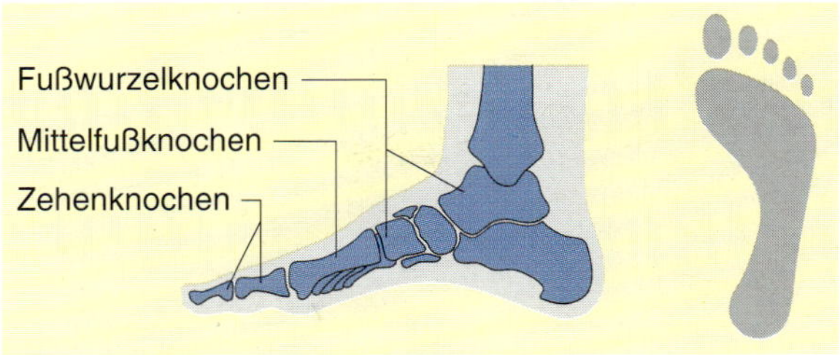

4. Gesunder Fuß und Fußabdruck

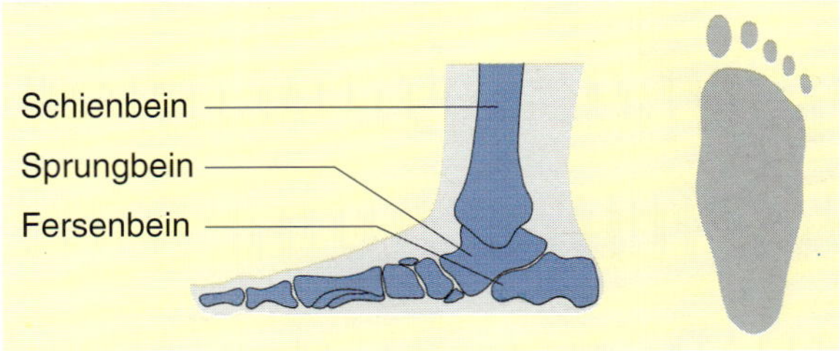

5. „Plattfuß“ und Fußabdruck

7 Gestaltung des Arbeitsplatzes

Die Leistungsfähigkeit des Menschen hängt nicht nur von seinem Können, sondern auch von seiner äußeren Umgebung ab, wie z. B. von der Beleuchtung, dem Klima und der Gestaltung des Arbeitsplatzes. Mit dem Fachbegriff **Ergonomie** wird ein Fachgebiet beschrieben, das sich damit auseinander setzt, die Arbeitsbedingungen des Menschen so zu gestalten, dass das Arbeitsumfeld und auch Werkzeuge für Menschen optimal ist.

Durch unzureichende **Lichtverhältnisse** werden die Augen überanstrengt. Dies kann zu Kopfschmerzen und schneller Ermüdung führen. Die nachlassende Konzentration erhöht die Unfallgefahr.
Verbrauchte **Luft** und zu hohe Raumtemperaturen lassen die Leistungsfähigkeit stark sinken. Daher ist die Zufuhr temperierter und sauerstoffreicher Luft notwendig.
Bei der Einrichtung des Arbeitsplatzes ist das Prinzip des kurzen Weges zu beachten. Alle Arbeitsgeräte, die benötigt werden, sollen sauber und griffbereit liegen. Die Arbeitshöhe muss der Körperlänge angepasst sein. Aus diesem Grunde ist die Benutzung eines höhenverstellbaren Behandlungsstuhles sinnvoll. Wann immer möglich, sollte die Arbeit im Sitzen ausgeführt werden. Ein **Rollhocker** oder eine Stehhilfe leisten hier gute Dienste. Durch langes Stehen oder Arbeiten in gebeugter Haltung können Rückenschmerzen und Fußbeschwerden entstehen.

Eine vorwiegend im Stehen auszuführende Tätigkeit kann zur Qual werden, wenn ungeeignetes **Schuhwerk** getragen wird. Durch zu hohe oder zu niedrige Absätze wird das Körpergewicht auf unnatürliche Weise verlagert. Zu harte Schuhsohlen machen ein Abrollen des Fußes unmöglich. Die Folge ist, dass die Muskeln, die das Fußgewölbe tragen, verkümmern. Der Fuß wird zum Plattfuß. Der Plattfuß, über den wir häufig genug schmunzeln, kann schwerwiegende Folgeerscheinungen haben. Schmerzen im Fuß, in den Waden und Oberschenkeln, nicht selten auch in der Hüfte und im Rücken treten auf. Gut geeignet ist Schuhwerk mit einer Absatzhöhe von ca. 2,5 cm. Die Schuhe sollten geschlossen sein, um einen Schutz gegen herabfallende Scheren oder Rasiermesser zu bieten. Zudem ist in diesen Schuhen die Gefahr des Umknickens und Vertretens geringer. Es gibt sehr modische Gesundheitsschuhe, die Füße und Rücken entlasten. Hygienisch und angenehm ist es, die Schuhe während eines Arbeitstages mehrmals zu wechseln.
Aufgrund seiner besonderen Belastung am Arbeitsplatz ist für Friseurpersonal **Bewegungsausgleich** in der Freizeit besonders wichtig.

1. Nennen Sie mögliche Folgen, wenn Sie bei der Arbeit ungeeignetes Schuhwerk tragen.

2. Beschreiben Sie Bewegungsübungen, die zum Ausgleich für körperliche Anstrengungen im Friseurberuf geeignet sind.

3. Zuleitung defekt – Stromschlag droht

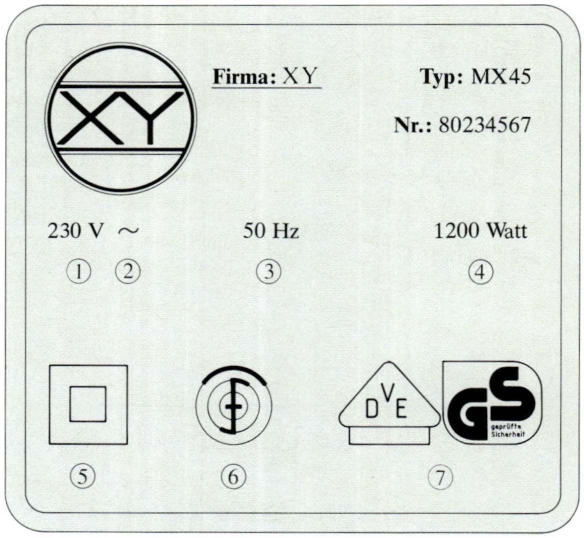

4. Notwendige Angaben auf einem Fön

8 Unfallverhütung ist eine notwendige Vorsorge

Viele Unfälle im Friseursalon geschehen aus Unachtsamkeit oder Bequemlichkeit. Man hatte keine Lust die Haare wegzufegen. Der Weg zur Leiter schien so weit, deshalb wurde der Drehstuhl benutzt. Der Stielkamm oder die Schere wurden nicht auf dem Beistelltisch abgelegt, sondern leichtsinnigerweise in die Kitteltasche gesteckt.

Die **Unfallverhütungsvorschriften der Berufsgenossenschaft** sollen Unfälle vermeiden helfen. Sie fordern, dass alle Arbeitsgeräte in ordnungsgemäßem Zustand zu halten sind.
Elektrische Geräte dürfen zudem nicht mit nassen Händen angefasst werden.
Hocker und Stühle sollen nicht anstelle von Leitern oder Tritten verwendet werden.
Verkehrswege und Treppen müssen ausreichend beleuchtet sein und dürfen nicht mit Möbeln oder Lagergut zugestellt sein.
Beim Abfüllen von flüssigen Chemikalien schützen Handschuhe. Bei staubenden Chemikalien, z. B. Blondierpulver, soll eine Atemschutzmaske getragen werden. Die Arbeitsräume müssen ausreichend belüftet werden.
Um Stromunfällen vorzubeugen, ist darauf zu achten, dass man nur mit sicherem elektrischen Gerät arbeitet. Reparaturen darf nur der Fachmann ausführen.

Sicherheitsgeprüfte Elektrogeräte weisen Typenschilder auf. Die Angabe des Firmennamens, des Gerätetyps und der Gerätenummer ist bei anfallenden Reparaturen wichtig.
① gibt die Gerätespannung an, bei welcher das Gerät betrieben werden muss.
② bedeutet Wechselstrom.
③ Die Frequenz des Stromes wird in Hertz gemessen. Unser Wechselstrom hat eine Frequenz von 50 Hz.
④ 1200 Watt ist der Energieverbrauch des Gerätes pro Stunde.
⑤ Dieses Zeichen tragen schutzisolierte Geräte, bei denen das Gehäuse keine Spannung aufnehmen kann.
⑥ Sehr wichtig für einen störungsfreien Radio- und Fernsehempfang ist dies Zeichen. Ist das verwendete Gerät nicht funkentstört, ist im Radio ein Rauschen oder Knistern zu hören, das Fernsehbild zeigt wandernde Querstreifen.
⑦ Die Zeichen VDE und GS bestätigen, dass das Gerät im Sinne des Gerätesicherheitsgesetzes sicher ist. Neben dem Verein Deutscher Elektrotechniker erteilt auch der TÜV entsprechende Sicherheitszeichen.

3. Nennen Sie Quellen für Unfälle im Friseursalon.

4. Beschaffen Sie sich die gültigen Unfallverhütungsvorschriften der Berufsgenossenschaft.

5. Erklären Sie die Zeichen auf dem Typenschild einer Trockenhaube.

Tipps zum Wohlfühlen

- Nehmen Sie eine frische rohkostreiche Ernährung zu sich. Die ist vitaminreich, sättigt und unterstützt die Verdauung.
- Verzichten Sie auf Alkohol und Nikotin.
- Wenn Sie beim Essen mal gesündigt haben, versuchen Sie es möglichst bald durch einen „Fastentag" wieder gut zu machen.
- Achten Sie auf ausreichende und regelmäßige Bewegung, wenn möglich an der frischen Luft.
- Sorgen Sie für ausreichenden Schlaf (8 Stunden).
- Gute Laune und positives Denken sind wesentliche Schönheitselexiere.
- Vermeiden Sie unnötigen Stress und Hektik, belohnen Sie mal sich mit etwas Schönem.
- Gönnen Sie Ihrer Haut und ihrem Haar von Zeit zu Zeit eine besondere Pflege.
- Vermeiden Sie Extreme!

Rezeptbeispiel: Paprika-Eintopf

(4 Portionen, Nährwert pro Portion:
18 g Kohlenhydrate, 6 g Eiweiß, 16 g Fett)
1 kg Paprikaschoten (gelb, grün, rot oder gemischt) waschen, vierteln, in Streifen schneiden
500 g Tomaten mit kochendem Wasser übergießen, häuten, vierteln
500 g Zwiebeln in dickere Ringe schneiden
6 Esslöffel Öl, 1 Esslöffel Paprikapulver edelsüß
Salz, Zucker, Chilipulver

► Zwiebelringe in Öl in einer Pfanne anbraten
► Paprikastreifen dazugeben, 10 Minuten dünsten
► Paprikapulver dazugeben
► Tomaten zugeben, 10 Minuten bei schwacher Hitze köcheln
► mit den restlichen Gewürzen abschmecken

Zu diesem Vitamin-C-reichen Essen passen Reis, Baguette und Schafskäse.

9 Richtige Ernährung ist gezielte Schönheitspflege

Haarpflege, Frisurengestaltung und Kosmetik sind zwar notwendig zur Verschönerung, reichen aber allein nicht aus. Der Mensch muss sich auch in seiner Haut wohl fühlen. Mit der Ernährung führen wir dem Körper alle wichtigen Nährstoffe zu, die er zum Leben und damit auch für den Aufbau von Haut, Haaren und Nägeln benötigt. Richtige Ernährung hält gesund, fit und schenkt Lebensfreude. Dies ist die Grundlage der Schönheit.
Nach Empfehlungen der Deutschen Gesellschaft für Ernährung (DGE) sollte die tägliche Nahrung aus etwa 300–350 g Kohlenhydrate, ca. 45–60 g Eiweiß und maximal etwa 60–80 g Fett bestehen. Pro Tag sollte man außerdem mindestens zwei Liter Flüssigkeit trinken.

Kohlenhydrate aus Getreideprodukten, Obst, Gemüse und Kartoffeln sollen den Hauptteil unserer Ernährung bilden. Sie sättigen, machen aber nicht dick. Der Verzehr von raffiniertem Zucker sollte auf 50 g täglich beschränkt werden (kann z. B. in 4 Keksen enthalten sein).
Eiweißstoffe kommen in Nahrungsmitteln tierischer und pflanzlicher Herkunft vor, z. B. in Fisch, Fleisch, Eiern, Milchprodukten und Hülsenfrüchten. Eiweißstoffe dienen in erster Linie zum Aufbau von Körpersubstanz wie Haar, Haut, Nägel und Muskeln.
Fette sind die energiereichsten Nährstoffe. Tierische Fettarten sind Speck, Schmalz und Butter. Pflanzenfette kommen z. B. in Sonnenblumen, Sojabohnen und Erdnüssen vor.

Vitamine sind lebensnotwendige Nährstoffe. Ohne sie wären Stoffwechselvorgänge, Zellteilung, Immunabwehr und Entgiftung des Körpers empfindlich gestört. Der menschliche Organismus kann, von Ausnahmen abgesehen, Vitamine nicht selbst herstellen. Der Bedarf an Vitaminen richtet sich nach Alter, Geschlecht und Art der Tätigkeit. Während der Schwangerschaft oder bei Infektionen, aber auch bei starkem Rauchen ist der Vitaminbedarf erhöht. Bei Vitaminmangel kommt es zu organischen Störungen. Für das gesunde Erscheinungsbild von Haut, Haar und Nägeln ist eine vitaminreiche Ernährung sehr wichtig. Besonders viele Vitamine sind in Obst, Gemüse, Salat, Vollkorngetreideprodukten, Milch und Fleisch enthalten. Fettlösliche Vitamine, wie z. B. Vitamin A und E, werden vom Körper nur in Anwesenheit von Fett verwertet.

Mineralstoffe sind ebenfalls für den Organismus wichtig. Wie bei den Vitaminen ist der Körper auf ausreichende Zufuhr von außen angewiesen. Ein Mangel zeigt sich am Erscheinungsbild von Haut, Haar und Nägeln. Siliciummangel z. B. kann zu Haarausfall, Nagelwachstumsstörungen und Akne führen. Zinkmangel verursacht Haarausfall und Juckreiz und der Mangel an Eisen begünstigt eine blasse, trockene Haut. Es besteht der Verdacht, dass Calciummangel für Haarausfall und Brüchigkeit der Nägel verantwortlich ist. Mineralstofflieferanten sind z. B. Milch, Bananen und Mineralwasser.

Blut-alkohol	Stimmung, Verhalten	Wirkung
Ab ca. 0,2 Promille	Wärmegefühl, Zwanglosigkeit, Fröhlichkeit	Konzentration lässt nach, Risikobereitschaft steigt
Ab ca. 0,4 Promille	Rededrang, nachlassende Selbstkritik, Reizbarkeit	Bewegungskoordination lässt nach
Ab ca. 0,6 Promille	Enthemmung, Selbstüberschätzung	Seh- und Hörleistung vermindert
Ab ca. 0,8 Promille	Schwierigkeiten beim Fixieren von Umgebungsvorgängen	Reaktionszeit um 35% verlängert, Sehleistung um 25% vermindert
Ab ca. 1,0 Promille	Rauschzustand, Verlust der Selbstkontrolle	Unsicheres Stehen und Gehen, Sprachstörungen
Ab ca. 2,0 Promille	Verwirrtheit und Bewusstseinsstörungen	Erbrechen, Atmungsschwierigkeiten

1. Blutalkoholgehalt und Rauschzustand

2. Vergnügen ja – aber ohne Drogen

10 Alkohol und Nikotin – Genussgifte und Drogen

„Darauf müssen wir einen trinken!" Dieser Ausspruch kommt häufig vor, sei es bei einem Geburtstag oder einem besonders guten Geschäft.
Die Wirkung geringer Mengen **Alkohol** erscheint angenehm, die Stimmung wird besser, man verliert Hemmungen und wird redselig oder sorglos. Jedoch wirken sich selbst diese geringen Mengen negativ auf das Reaktionsvermögen und die Konzentrationsfähigkeit aus. Gewissenhaftes, exaktes Arbeiten ist unter Alkoholeinfluss nicht mehr gewährleistet.

Die **Suchtgefahr** durch Alkohol wird häufig unterschätzt. Die Menge, die zur Sucht führt, ist individuell sehr verschieden und z.T. auch durch erbliche Faktoren bedingt. Die psychische Verfassung und die soziale Umgebung können ebenfalls die Sucht auslösen. Frauen haben meist eine wesentlich geringere Alkoholverträglichkeit als Männer. Regelmäßig übertriebener Alkoholkonsum führt zu schweren Dauerschäden an Gehirn, Leber und Herz.

Die Einnahme aufputschender und euphorisierender Mittel hat noch gravierendere Schädigungen der Gesundheit zur Folge. Die Modedroge **Ecstasy** führte in einigen Fällen schon zum Tod. Ob Ecstasy zu Gehirn- und Nervenschädigungen führen kann, wird erst in ein paar Jahren festzustellen sein.

Nikotin gehört ebenfalls zu den Genussgiften. Es wird durch aktives und passives Rauchen aufgenommen. Nikotin verengt die Blutgefäße und beeinträchtigt dadurch die Versorgung der Zellen und Organe mit Sauerstoff und Nährstoffen. Dauerhafte Nikotineinwirkung fördert die Verkalkung der Gefäße (Raucherbein) und erhöht das Krebsrisiko beträchtlich. Die Entstehung von Krampfadern wird gefördert, erst recht wenn die Venen durch häufiges Stehen ohnehin stark belastet sind.

Teer, ein weiterer Inhaltsstoff des Tabaks, lagert sich beim Rauchen in den Atemwegen ab. Er blockiert so den Selbstreinigungsmechanismus der Atemwege. Kohlenstoffmonoxid, das beim Rauchen entsteht, vermindert den Sauerstoffgehalt des Blutes.
Da die Atemluft eines Friseurgeschäftes durch eine Reihe schädlicher Substanzen, wie Lösungsmittel, Desinfektionsmittel und Aerosole, belastet ist, sollte die zusätzliche Belastung mit Tabakgiften unbedingt vermieden werden.
Rauchen führt zu Schäden am Herz- und Kreislaufsystem bis hin zum Infarkt, zur Gefäßverengung am Bein bis zum Absterben der betroffenen Gliedmaßen und zu Entzündungen der Bronchien mit der Folgeerscheinung Raucherhusten bis hin zu allen Arten von Krebs der Atemwegsorgane.

1. Erklären Sie, weshalb Sie als Friseurin besonders auf Ihre Gesundheit achten.

Erste-Hilfe-Maßnahmen

Schnellverbände

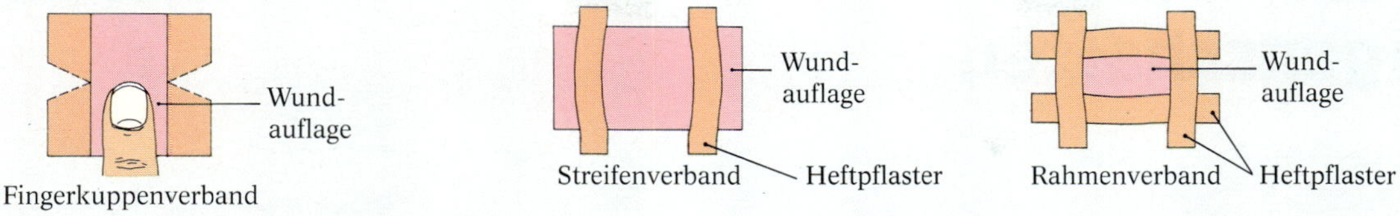

Schnittwunden mit einem Schnellverband oder Verband keimfrei bedecken. Ist Schmutz (Haare) in die Wunde gelangt: ausbluten lassen!
Verrenkungen und Verstauchungen durch Ruhigstellen und Kühlen behandeln. Einrenken darf nur der Arzt.
Hitzeerschöpfung ist eine Kreislaufstörung durch Salz- oder Wasserverlust, erkennbar am schnellen und schwachen Puls; fahle Blässe; Frieren. Maßnahme: Flach lagern, Beine etwas erhöht; Salzwasser zu trinken geben (1 Teelöffel Salz auf 1 Liter Wasser).
Elektrounfälle erfordern als erste Maßnahme die Stromunterbrechung (Abschalten, Steckerziehen usw.). Der Verletzte muss sofort in eine stabile Ruhelage gebracht werden. Puls und Atmung kontrollieren. Bei Atemstillstand beatmen. Sofort den Notarzt verständigen. Brandwunden keimfrei bedecken.

Wissen Sie Bescheid?

1. Nennen Sie die verschiedenen Arten von Krankheitserregern.
2. Beschreiben Sie die drei Grundformen der Bakterien und geben Sie Beispiele zu den Krankheiten, die durch sie hervorgerufen werden.
3. Nennen Sie Gründe für die Regel „Nach jedem Essen Zähneputzen nicht vergessen!“.
4. Beschreiben Sie, wie Viren sich vermehren. Nennen Sie eine typische Virusinfektion.
5. Beschreiben Sie Möglichkeiten der Kontaktinfektion im Friseursalon.
6. Erläutern Sie, wie es zu einer Tröpfcheninfektion kommt.
7. Erläutern Sie die Begriffe Desinfektion und Sterilisation.
8. Nennen Sie Desinfektionsmaßnahmen.
9. Nennen Sie umweltfreundliche Reinigungsmittel, die im Salon Verwendung finden können.
10. Nennen Sie typische Berufserkrankungen aus den Bereichen: Haut-, Atemwegserkrankungen und Haltungsschäden.
11. Erläutern Sie Möglichkeiten zur Verhütung von Berufserkrankungen.
12. Beschreiben Sie die Entstehung einer Allergie.
13. Sie möchten einen Friseursalon eröffnen. Beschreiben Sie, wie Sie unter ergonomischen Gesichtspunkten einen Arbeitsplatz gestalten.
14. Nennen Sie Gründe dafür, stets feste und bequeme Schuhe bei der Arbeit zu tragen.
15. Die Arbeitskleidung sollte luftdurchlässig und leicht sein. Begründen Sie dies.
16. Warum sollen Arbeitsgeräte grundsätzlich auf einem Beistelltisch abgelegt werden?
17. Welche Auswirkungen kann eine falsche Arbeitshöhe beim Schneiden der Haare für den Friseur haben?
18. Nennen Sie Aspekte, die beim Kauf elektrischer Geräte beachtet werden müssen.
19. Informieren Sie sich über Maßnahmen der Unfallverhütung aus den entsprechenden Schriften der Berufsgenossenschaft. Fertigen Sie eine Tabelle an, die „Unfallursachen“ und „Maßnahmen der Unfallverhütung“ beinhaltet.
20. Was versteht man unter Krampfadern?
21. Welche Gesichtspunkte sollten Sie bei der Arbeit berücksichtigen um Ihren Rücken zu entlasten?
22. Erläutern Sie, aus welchen Gründen Vitamine und Mineralstoffe für den menschlichen Organismus so wichtig sind.
23. Nennen Sie Gesundheitsgefährdungen, die durch Alkohol und Nikotin hervorgerufen werden.
24. Was versteht man unter „Ecstasy“? Weshalb ist die Einnahme so gefährlich?

Haare, Aufbau und Eigenschaften

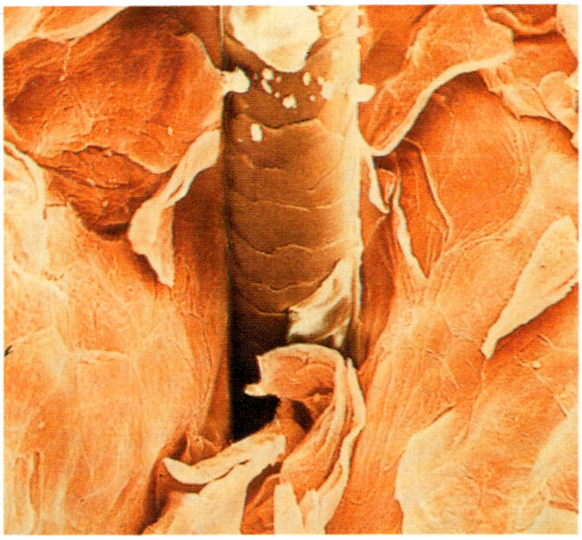

1. Das Haar in der Haut

1 Bedeutung der Haare für den Menschen

2. Haare – drei Meter lang

Haare – ein haariges Thema – die Psychologie bezeichnet sie als Reizauslöser. Form und Farbe der Kopfhaare hinterlassen bei Mitmenschen bestimmte Eindrücke. So wirkt zum Beispiel blondes Haar jugendlich, grau erscheinendes Haar verbindet man mit einem älteren Menschen und rotem Haar schreibt man eine aufreizende Wirkung zu. Ungewöhnliche Formen und Farben können Faszination, aber auch Provokation auslösen. Menschen mit eigenwilligen Haarschnitten, ungewohnter Haarlänge oder einer außergewöhnlichen Farbe werden oftmals durch Vorurteile falsch eingeschätzt. Das Kopfhaar hat auf den Menschen eine **psychologische Wirkung.** Eine perfekte Frisur hebt Selbstbewusstsein und Selbstwertgefühl. Wem dagegen im Leben seine Haare gegen seinen Willen abgeschnitten wurden, der erinnert sich nur ungern an diese Situation. Der Friseur sollte daher besonders bei Kindern, die sich gegen das Haareschneiden sträuben, sehr einfühlsam vorgehen. Kreativen Friseuren ist es zu verdanken, dass die **Schmuckfunktion** als ästhetische Aufgabe des Kopfhaares einen hohen Stellenwert hat.

Die **Schutzfunktion** ist eine weitere Aufgabe der Haare. So schützt das Kopfhaar weitestgehend vor Kälte und UV-Strahlung. Augenbrauen leiten den salzigen Schweiß in Richtung Schläfen ab. Wimpern schützen vor Staub und kleinen Insekten. Gefangenen wird oft das Kopfhaar aus unterschiedlichen Gründen abrasiert. Zum einen sind es hygienische Gründe; man will Kopfläusen und Ähnlichem vorbeugen. Zum andern

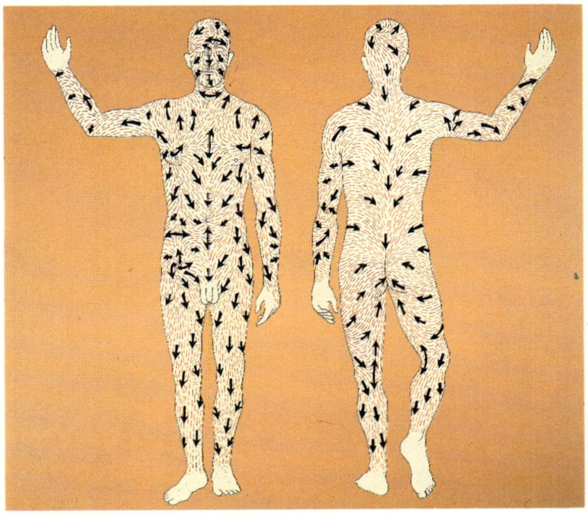

3. Wuchsrichtung der Haare am menschlichen Körper

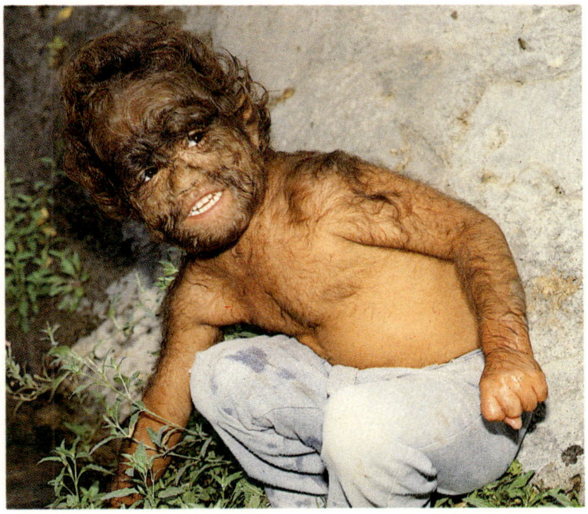

4. Kind mit fellartiger Behaarung, ein seltenes Auftreten von einem Ahnenmerkmal (Atavismus)

nimmt man diesen Menschen ihre Haare zum Zeichen der Unterdrückung, Demütigung und Erniedrigung. Außerdem können geflohene Gefangene schneller wieder erkannt werden.

Die Körperbehaarung spielt eine Rolle als **Sinnesfunktion** des Menschen. Selbst die geringste Berührung der feinen Körperhärchen wird über Nervenfasern dem Gehirn gemeldet. Allerdings erfüllt unsere Körperbehaarung den Schutz vor Kälte ebenso unvollständig wie den Schutz vor Sonnenstrahlung. Die Behaarung des heutigen Menschen hat sich im Vergleich zu der des Neandertalers im Laufe der Entwicklungsgeschichte stark zurückgebildet. Nur sehr selten werden Menschen geboren, deren Körperbehaarung fellartig ist.

Heute entscheidet oft die Mode über die Körperbehaarung. Zeitweise sind Bärte in allen Variationen gefragt, dann wieder ist der topmodische Mann bartlos. Was bei Männern als attraktiv gewertet wird, gilt bei der Frau als unschön. Starke Körperbehaarung entspricht in unserer Zeit und Kultur nicht dem allgemeinen Schönheitsideal. Es muss die persönliche Entscheidung jedes Einzelnen bleiben, seinen Körper aus hygienischen, ästhetischen oder religiösen Gründen stellenweise oder komplett zu enthaaren.

1. Nennen Sie die zwei Hauptaufgaben der menschlichen Kopfbehaarung.

5. Gefangene im Lager

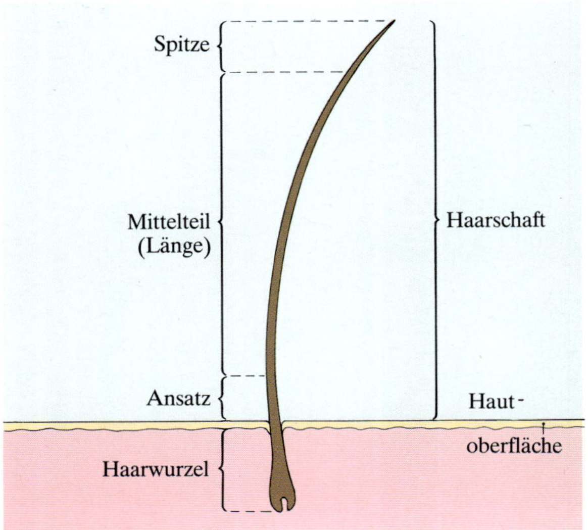

1. Abschnitte des Haares

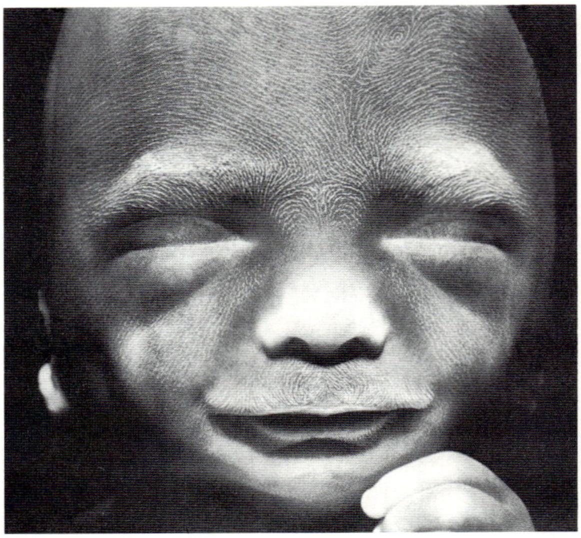

2. Primärbehaarung

2 Haararten und Entwicklung der Haare

Der Friseur bezeichnet den aus der Kopfhaut herausragenden Teil des Haares als **Haarschaft.** Er teilt diesen in drei Abschnitte ein: **Haaransatz, Mittelteil** (**Länge**) und **Haarspitze.** Diese Einteilung ist für die praktische Arbeit des Friseurs sinnvoll, weil er häufig Ansätze, Längen und Spitzen unterschiedlich behandeln muss.

Es gibt die verschiedensten Begriffe und Unterscheidungsmerkmale, um genau zu beschreiben, welche Art von Haaren gemeint ist. Am menschlichen Körper unterscheidet man Haare nach Länge und Stärke:
Nasen- und Ohrenbehaarung, Wimpern und Augenbrauen bezeichnet man aufgrund ihrer geringen Länge und ihrer Stärke als **Borstenhaar.** Kopf-, Bart-, Achsel- und Schambehaarung fasst man als **Langhaar** zusammen. Die übrige feine Körperbehaarung wird **Wollhaar** oder Flaumhaar genannt.

Die Entwicklungsphasen des Haarkleides sind genetisch bestimmt, das heißt von der Erbanlage vorgegeben und hormonell gesteuert.
Für die Beschreibung der Haare in verschiedenen Altersabschnitten des Menschen werden drei Begriffe verwendet.

1. Nennen Sie Beispiele für Behandlungen, bei denen man speziell auf Haaransatz, Mittelteil und Spitzen achtet.

2. Fertigen Sie eine Skizze von den Haarabschnitten an.

Primärbehaarung. Bereits im dritten Schwangerschaftsmonat entwickelt sich das erste Haarkleid des Menschen. Es sind meist dunkle, relativ lange Haare. Diese Primärbehaarung bildet sich meistens noch im Mutterleib oder bald nach der Geburt zurück. Bei Frühgeborenen erkennt man gelegentlich eine starke Behaarung im Gesicht.

Sekundärbehaarung. So wird die Behaarung des Kindes bis zur Pubertät bezeichnet. Das Kopfhaar der Kinder ist meistens feiner und weicher als das Haar von Erwachsenen. Daher spricht man bei Kindern auch vom **Wollhaar** (Vellushaar). Neben dem Kopfhaar, den Augenbrauen und den Wimpern ist der Körper mit feinem **Flaumhaar** (Lanugohaar) bedeckt.

Terminalbehaarung. Mit der Pubertät beginnt langsam die Ausbildung der Terminalbehaarung. Das Haarkleid wird kräftiger. Es bildet sich die Achsel-, Bart- und Schambehaarung. Die Ausbildung der Terminalbehaarung kann sich bis zum 50. Lebensjahr erstrecken. Bei manchen älteren Menschen kann auf der Kopfhaut eine Rückentwicklung zu feinen Lanugohaaren beobachtet werden.

Wachsen Frauen im Gesicht, an Armen oder Beinen ähnlich viele Haare wie Männern, so spricht man von einer **Überbehaarung** (Hirsutismus). Mögliche Ursachen: erbliche Veranlagung, hormonelle Störungen oder Einnahme von Antibiotika.

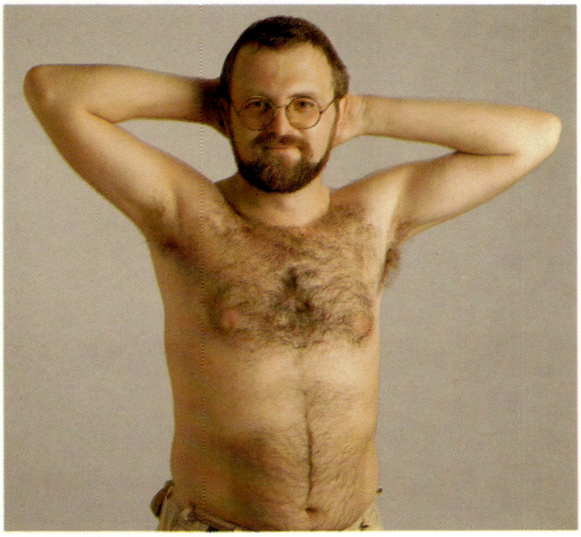

3. Terminalbehaarung

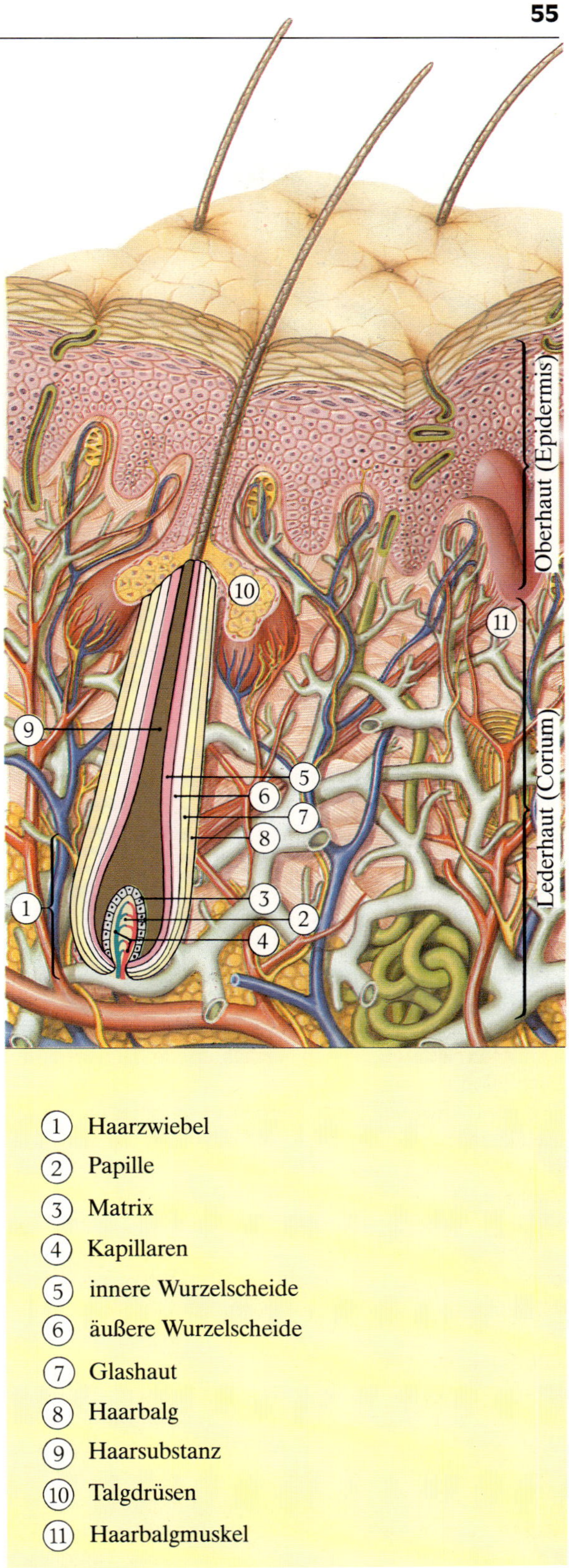

4. Das Haar in der Haut (Schema)

2.1 Das Haar in der Haut

Wenn das Haar in der Haut entsteht, bildet die Keimzone der Oberhaut eine kleine schlauchartige Einstülpung bis tief in die Lederhaut, den **Haarfollikel.** Eingebettet in den Haarfollikel liegt die **Haarwurzel** mit ihrem verdickten Ende, der **Haarzwiebel.**

Die Haarzwiebel umschließt eine zapfenartige Verdickung der Lederhaut, die **Papille.** In die Papille hinein ragen **Kapillaren,** das sind feinste Verästelungen der Blutgefäße. Sie versorgen das Haar mit allen wichtigen Nährstoffen.
Die direkt über die Papille gestülpte Zelllage wird als **Matrix** bezeichnet. Hier entsteht durch Zellteilung die Haarsubstanz.

Der Wandaufbau des Haarfollikels setzt sich, von innen nach außen betrachtet, aus der **inneren** und **äußeren Wurzelscheide,** der **Glashaut** und dem **Haarbalg** zusammen.
Mit dem Haarbalg verbunden ist der **Haarbalgmuskel.** Wegen seiner Funktion wird er auch **Haaraufrichtemuskel** genannt.
Am oberen Teil des Haarfollikels sind die **Talgdrüsen** rosettenförmig angeordnet. Ihre Ausgänge münden in den Follikel.

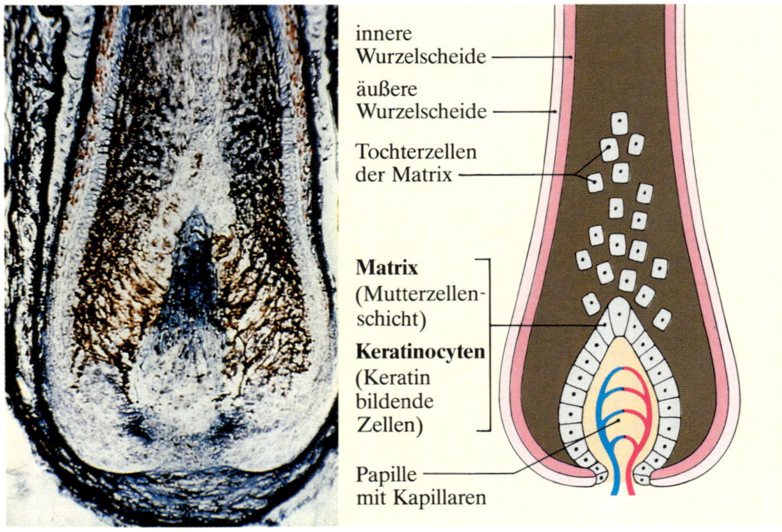

1. Haarwurzel im Längsschnitt

2. Haarwurzel-Querschnitt

2.2 Das Wachstum der Haare

Jedes Haar wächst aus einer schlauchartigen Einstülpung der Oberhaut, dem **Haarfollikel.**
Im unteren verdickten Ende des Haarfollikels, der **Haarzwiebel,** bildet sich neue Haarsubstanz. Wie durch einen Kanal wird die Haarsubstanz nach oben geschoben und kommt als fertiges Haar aus der Hautoberfläche heraus.

Die **Haarwurzel** enthält verschiedene Bereiche mit speziellen Aufgaben:
Die zapfenförmige Haarpapille ist von einer einlagigen Zellschicht überzogen. Diese Zelllage nennt man **Matrix** oder Mutterschicht. Von ihr geht durch ständige Zellteilung die Neubildung der Haarsubstanz aus.
Die Versorgung der Matrixzellen mit Nähr- und Baustoffen erfolgt durch die Kapillaren, indem Stoffe aus dem Blut die Zellwände durchdringen. Eine Ernährung auf anderem Wege ist nicht möglich.

Unmittelbar über der **Papille** spezialisieren sich die neuen Tochterzellen der Matrix. Sie bilden die unterschiedlichen Schichten des Haares und die innere Wurzelscheide. Die innere Wurzelscheide ist eine sehr feste, formgebende Schicht, durch die alle neu gebildeten Zellen Richtung Hautoberfläche gepresst werden. Durch den sehr hohen Druck verändern sie die Zellen zu ihrer endgültigen Form. In Höhe der Talgdrüsen hat die innere Wurzelscheide ihre formende Aufgabe erfüllt und wird, vermutlich durch Stoffe aus der Talgdrüse, aufgelöst.

Auf dem Weg in Richtung Hautoberfläche findet in den Zellen eine chemische Umwandlung statt. Der anfänglich noch weiche Eiweißstoff verhärtet. Man spricht von dem **Verhornungsprozess,** der in Höhe der Talgdrüsen weitestgehend abgeschlossen ist.

Die Substanz, aus der Haare bestehen, wird **Keratin** genannt. Die Zellen, die diesen Eiweißstoff bilden, heißen **Keratinocyten.** Außer den Haaren bestehen auch Finger- und Fußnägel aus Keratin.
Neben den Keratinozyten findet man in der Matrix eine zweite Art Zellen, die **Melanocyten,** die den farbgebenden Stoff **Melanin** bilden. Sie unterscheiden sich in ihrer Form deutlich von den runden bis eckigen Keratinocyten.
Die Melanocyten haben Verzweigungen an ihren runden Zellkörpern, ähnlich den Armen eines Tintenfisches. Hiermit lagern sie eine chemische Vorstufe des Melanins an die Keratinzellen an. Während des Verhornungsprozesses bilden sich **Pigmentkörnchen.** Das Melanin wächst mit der übrigen Haarsubstanz an die Hautoberfläche. Im Haarquerschnitt erkennt man unter einem Elektronenmikroskop einen Teil des Melanins als dunkle Punkte.

1. Erklären Sie in einem Rollenspiel einem Kunden, wie das Haar wächst.

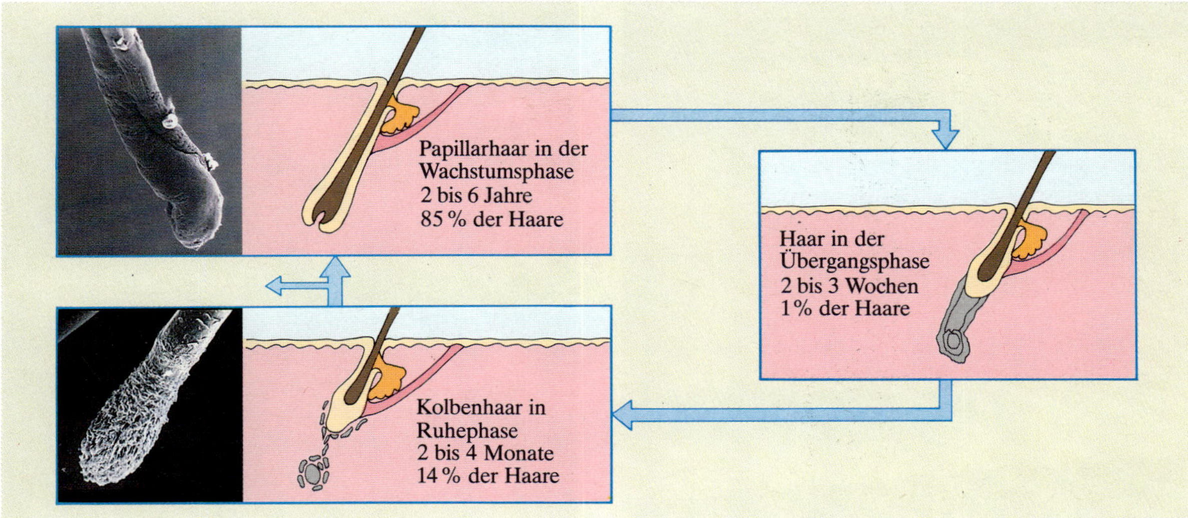

3. Wachstum und Phasen des Haarwechsels

2.3 Der Haarwechsel

Im Durchschnitt dauert die Wachstumsphase, die mit wissenschaftlichem Namen **Anagenphase** heißt, zwei bis sechs Jahre. Die Haare in dieser Phase werden als Papillarhaar bezeichnet.

An die Wachstumsphase schließt die Übergangsphase, die **Katagenphase** an. Die Papille stellt die Nährstoffversorgung der Matrix allmählich ein. Daraufhin verlangsamt sich die Zellteilung und endet dann ganz. Die Matrixzellen lösen sich von der Papille und wandern mit den Zellen der inneren Wurzelscheide in Richtung Follikelausgang. Der Haarfollikel schrumpft auf ca. ein Drittel seiner ehemaligen Länge. Diese Katagenphase dauert ca. zwei bis drei Wochen.

Danach folgt die Ruhephase, die **Telogenphase.** Die Haarzwiebel ist verdickt und es bilden sich kleine nach oben abgespreizte Häkchen. Wegen seiner typischen Form spricht man in dieser Zeit vom Kolbenhaar.
Für zwei bis vier Monate befindet sich das Kolbenhaar kurz unterhalb der Talgdrüsen im Kolbenlager.
Gleichzeitig bekommt die Haarpapille ihre ursprüngliche Form und Größe und nimmt ihre Funktion wieder auf. Es bildet sich ein neuer Haarkeim. Wenn das Kolbenhaar nicht durch Waschen oder Frisieren ausgeht, wird es von dem wachsenden Haarkeim herausgeschoben. Das neue Haar wird ebenfalls die drei Phasen des **Haarwachstumszyklus** durchlaufen.

Bei Tieren befinden sie die meisten Haare zeitlich in der gleichen Phase. Man spricht vom Fellwechsel oder bei Vögeln von der Mauser. Beim Menschen findet das ganze Jahr über ein nahezu gleichmäßiger Haarwechsel statt, der hormonell und genetisch (anlagebedingt) gesteuert wird.

Die Mengenverhältnisse von Haaren in der Wachstums-, Übergangs- und Ruhephase dienen dem Hautarzt zur Diagnose bei Haaruntersuchungen. Ca. 85 % aller Haare befinden sich in der Wachstumsphase. Etwa 1 % in der Übergangsphase und ca. 14 % in der Ruhephase. Besteht der Verdacht einer Störung, so reißt der Hautarzt mit einer Klammer etwa 100 Haare aus und zählt die Haare der einzelnen Phasen aus. Befinden sich wesentlich weniger als 85 % der Haare in der Wachstumsphase, so liegt eine krankhafte Haarwechselstörung vor. Man spricht bei diesem Untersuchungsverfahren vom **Haarwurzelstatus.**

2. Betrachten Sie ausgerissene Haare mit dem Mikroskop. Ordnen Sie die Haare den verschiedenen Phasen zu. Berechnen Sie die prozentuale Verteilung der vorliegenden Haarwechselphasen Ihres Experimentes.

3. In welchen drei Phasen erfolgt der Haarwechsel?

4. Beschreiben Sie das Wachstum eines Haares.

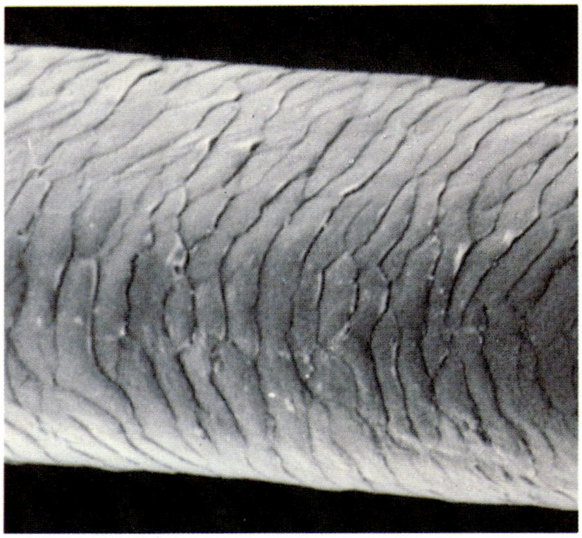

1. Schuppenschicht – Oberfläche

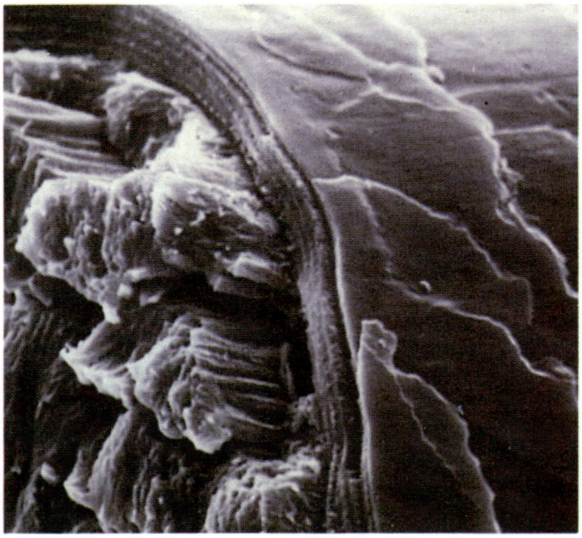

2. Schuppenschicht – Querschnitt

3 Der Feinbau der Haare

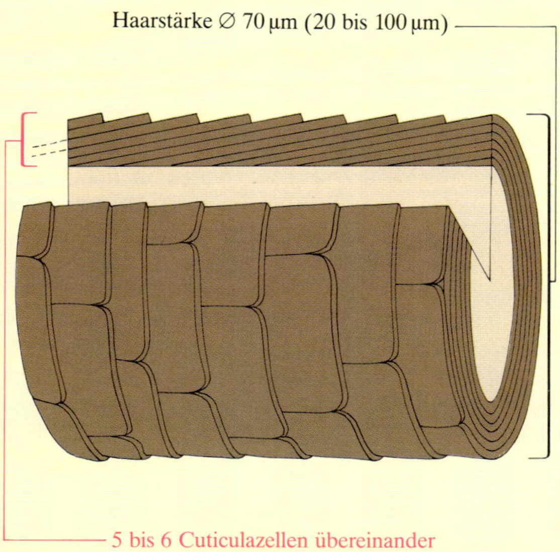

3. Aufbau der Schuppenschicht – Schema

3.1 Die Haaroberfläche

Streift man mit Daumen und Zeigefinger vom kopfhautnahen Ende Richtung Haarspitze, fühlt sich das Haar glatter an, als in umgekehrter Richtung von der Haarspitze zum Haaransatz.

Man kann die **Schuppenschicht,** die **Cuticula,** erfühlen. In Wuchsrichtung bieten die einzelnen Schuppen keinen Widerstand. Das Haar fühlt sich glatt an. Streicht man gegen die Wuchsrichtung, spürt man die Schuppenränder und es entsteht der Eindruck von rauem Haar.

Die Schuppenschicht, etwa 13 % der gesamten Haarmasse, wird durch die Vorgänge im Haarfollikel in ihre endgültige Form gebracht. Durch die formgebende innere Wurzelscheide und das Nachschieben neuer Haarsubstanz entsteht sehr hoher Druck auf die Zellen der Schuppenschicht, die **Cuticulazellen.** Daher flachen sie ab und werden mehrlagig übereinander geschoben. Die Cuticulazellen sind meist farblos und durchscheinend. Nur selten findet man Farbstoffe in den Zellen. Für das Haarinnere bilden sie einen Schutz vor mechanischen Einflüssen und vor UV-Strahlen.

1. Erläutern Sie, wie es dazu kommt, dass die Haare besonders nach dem Waschen verhaken.

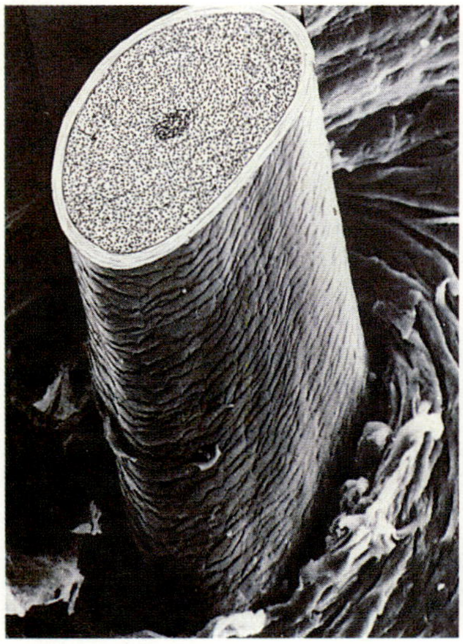
4. Haarquerschnitt

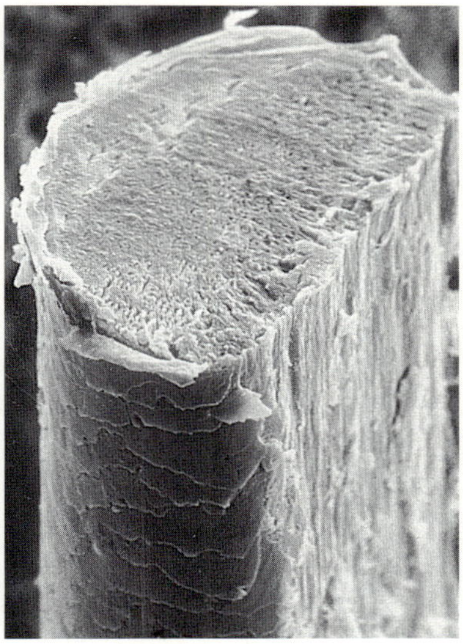
5. Quer- und Längsschnitt

6. Faserstamm

3.2 Der innere Aufbau der Haare

Bei entsprechender Vergrößerung sieht man in aufgespaltenen Haaren unter dem Rasterelektronenmikroskop den **Faserstamm, Cortex,** der von der Schuppenschicht eingeschlossen wird. Er beträgt ca. 80 % der gesamten Haarmasse. Seinen Namen hat er von seinem faserartigen Innenleben.

Löst man einzelne Fasern heraus, erkennt man, dass lange Fasern aus vielen aneinander gereihten Faserstückchen zusammengesetzt sind. Heute gilt bei den meisten Wissenschaftlern die Meinung, dass ein solches Faserstückchen eine verhornte Tochterzelle einer Matrixzelle ist. Man nennt sie **Cortexzelle.**

Durch die Vorgänge im Haarfollikel werden die Cortexzellen auf ihrem Weg an die Hautoberfläche von nachfolgenden Zellen geschoben. Sie stecken ineinander und sehen auf den ersten Blick wie eine einzige lange Einheit aus.

Wie jede Zelle haben auch die Cortexzellen noch kleinere Teilchen in ihrem Innern. Bereits eine 600fache Vergrößerung lässt deutlich die kleinen Fasern innerhalb der Cortexzelle erkennen. Mit wissenschaftlichem Namen heißen sie **Makrofibrillen,** was nichts anderes als „große Faser“ (makro = groß; fibrille = Faser) bedeutet. Diese Bezeichnung kam zustande, als man innerhalb dieser Makrofibrillen noch kleinere

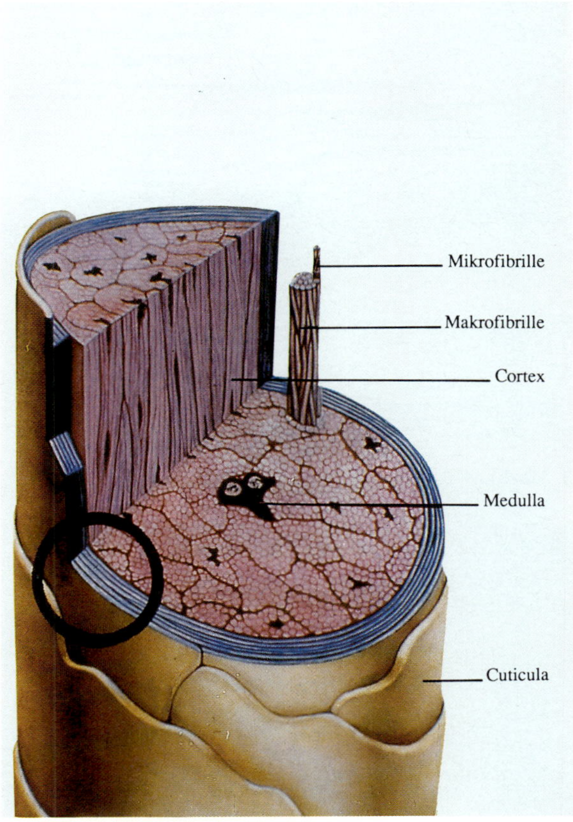

7. Aufbau des Haars – Schema

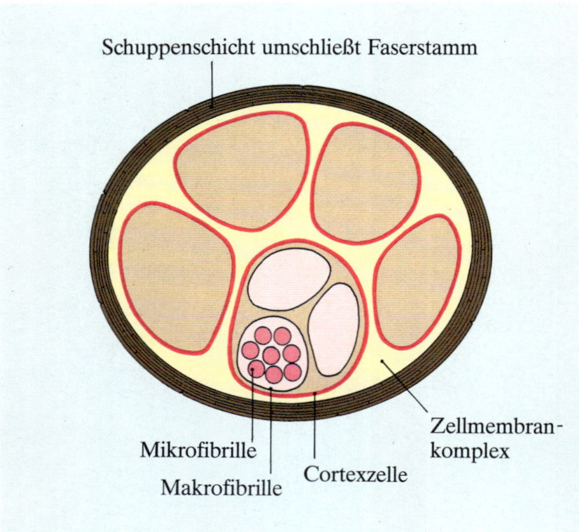

1. Querschnitt durch ein Haar – Schema

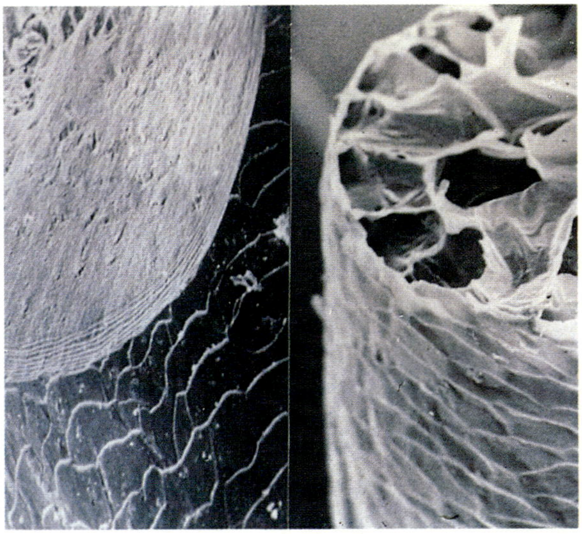

2. Menschenhaar und Tierhaar im Vergleich

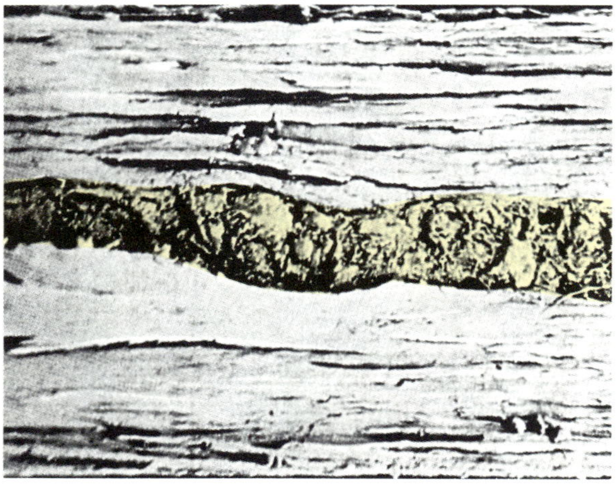

3. Markkanal im Menschenhaar

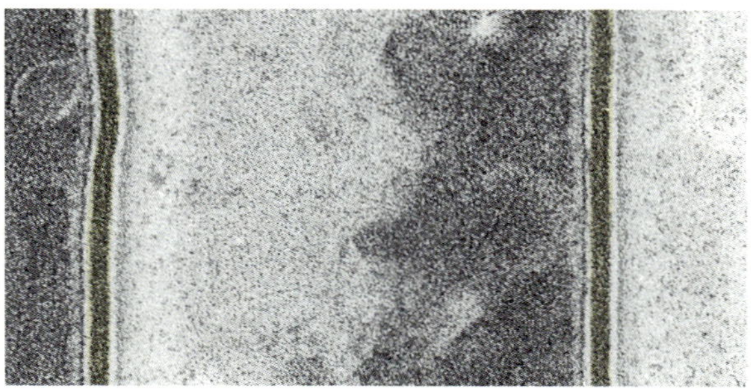

4. Kittsubstanz

Fäserchen entdeckte und diese **Mikrofibrillen** (von mikro = klein) nannte. Mithilfe von Durchstrahlungsmikroskopen gelang es, Aufnahmen von dem Inneren einer Mikrofibrille zu erstellen.

Sehr selten findet man im Inneren des Menschenhaares das im Tierhaar (Rehwild) vorhandene **Mark,** auch **Medulla** genannt. Untersuchungen ergaben, dass es sich dabei um schwammartiges Material handelt, das zum Teil eine faserige oder plättchenförmige Struktur zeigt oder ganz einfach Hohlräume bildet. Seine Aufgabe als wärmendes Luftpolster, wie im Tierfell, hat im Laufe der menschlichen Entwicklungsgeschichte an Bedeutung verloren.

Durch viele mikroskopische Untersuchungen fanden Wissenschaftler zwischen den Zellen der Schuppenschicht und zwischen denen des Faserstammes eine Substanz. Manche bezeichnen sie als **Kittsubstanz.** Dieser Stoff besteht aus unverhornten Zellresten von Tochterzellen der Matrix.

In den Zwischenräumen von Makro- und Mikrofibrillen befindet sich eine weitere Substanz. Derzeit spricht man ihr eine Bedeutung beim Dauerwellvorgang zu. Diese wird häufig mit der Kittsubstanz verwechselt.
Durch Mikroskopie ist keine weitere Information über den Feinbau des menschlichen Haares zu erhalten. Nur komplizierte chemische Analysen und Röntgenstrukturanalysen geben weitere Aufschlüsse.

5. Natürliche Farben des Haars: Schweden, Irland, Spanien

4 Natürliche Farben der Haare

Die Verteilung des Melanins nimmt im Faserstamm von innen nach außen zu. Die meisten Pigmentkörnchen findet man in den Cortexzellen an der Grenze zur Schuppenschicht. Die Cuticulazellen der Schuppenschicht selbst enthalten kein Melanin, sie sind durchsichtig.

Bei der Untersuchung einzelner Pigmentkörnchen konnte man Unterschiede feststellen. Die einen erscheinen unter dem Elektronenmikroskop gleichmäßig dunkel. Die anderen erscheinen heller und weisen ein Muster auf. Die Wissenschaftler sprechen von dem dunklen, braun-schwarzen Pigment, dem **Eumelanin** und von dem helleren, gelb-rötlich erscheinenden **Phäomelanin.**

Die **Farbtiefe** eines Haares, das heißt die Helligkeit von Schwarz über Braun bis Blond, ist von der *Menge* des Eu- und Phäomelanins abhängig. Je weniger Eu- und Phäomelanin vorhanden ist, desto heller ist das Haar. Fehl es ganz, erscheint das Haar weiß.

Die **Farbrichtung** eines Haares, zum Beispiel Asch, Gold oder Rot ist nicht von der Menge, sondern vom *Mischungsverhältnis* von Eu- und Phäomelanin im Haar abhängig.

Die Bildung des Melanins nimmt mit zunehmendem Alter des Menschen ab. Die Melanocyten bilden keine vollständigen Pigmentkörnchen mehr aus und verkümmern selbst. Man fand bei älteren Menschen in der Matrix an Stelle von Melanocyten Hohlräume.

Haare, die in Ermangelung an Melanocyten kein Melanin bilden können, sind farblos und erscheinen dem Betrachter weiß beziehungsweise schwach hellgelb. Der so genannte Ergrauungsprozess, ein Zeichen des Älterwerdens, beginnt durchschnittlich mit dreißig Jahren, kann aber auch früher oder später einsetzen.
Der Ausdruck Ergrauung ist fachlich ungenau, denn einzelne graue Haare gibt es nicht, Haare erscheinen grau oder grau meliert, wenn neben naturfarbenen auch unpigmentierte Haare vorhanden sind. Der Fachmann spricht daher vom **Weißanteil der Haare** und gibt das Gewicht der unpigmentierten Haare in Prozenten an, zum Beispiel: 50 % Weißanteil.
Welche Haarfarbe ein Mensch hat und wie lange seine Melanocyten Melanin bilden, ist genetisch festgelegt und wird durch Hormone gesteuert.
Wenn ein oder beide Elternteile bereits in sehr jungen Jahren melierte Haare haben, können die Kinder ebenfalls damit rechnen, dass sie recht früh weiße Haare bekommen.

1. Ermitteln Sie, welche natürlichen Haarfarben in ihrer Lerngruppe vorhanden sind, und berechnen Sie die prozentuale Verteilung.

2. Nennen Sie mögliche Behandlungen im Salon zur Veränderung der Haarfarbe.

1. Ein unüblicher „Reißtest“

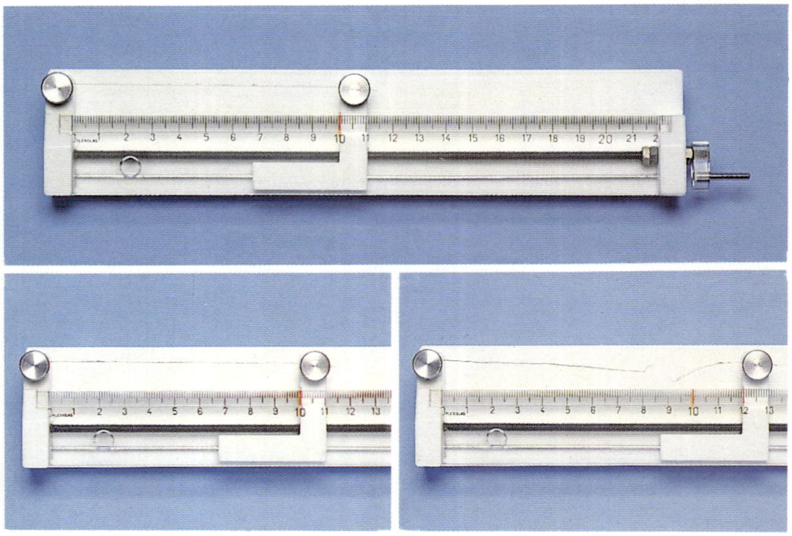

2. Prüfgerät für Haardehnungsversuche

5 Eigenschaften der Haare

Die Eigenschaften menschlicher Haare sind auf ihren Bau und ihre Struktur zurückzuführen. Sowohl im täglichen Leben als auch in der Friseurpraxis spielen sie eine entscheidende Rolle.

Reißfestigkeit. Unter der Reißfestigkeit eines Haares versteht man das Höchstgewicht, mit dem ein Haar belastet werden kann, bevor es reißt. Ein Naturhaar kann ca. 90 g tragen. Im Zirkus werden Artisten an ihrem eigenen Haarschopf aufgehängt. Rechnet man mit durchschnittlich 100 000 Haaren auf dem Kopf, so könnte man 9 000 kg, also über 100 Menschen an einen Zopf hängen. Chemisch behandelte oder nasse Haare sind weniger reißfest als trockene Haare.

Dehnbarkeit. Mithilfe eines Prüfgerätes kann man die durchschnittliche Dehnbarkeit unterschiedlicher Haarqualitäten ermitteln. Hierbei vergleicht man die Längenzunahme in cm.
Dehnt man ein unbehandeltes Haar um ca. 10 %, so schrumpft es nach dem Loslassen auf seine ursprüngliche Länge. Es verhält sich **elastisch.**
Dehnt man das Haar darüber hinaus, so schrumpft es kaum noch. Das Haar wurde in seiner inneren Struktur dauerhaft geschädigt. Man hat es überdehnt. Ein derart strukturgeschädigtes Haar ist nur noch schwer frisierbar, es hat seine Sprungkraft verloren.
Chemisch behandelte oder nasse Haare lassen sich viel leichter überdehnen. Dehnt man Haare weiter bis sie reißen, spricht man von der **Bruchdehnung.**

Haarstärke. Mithilfe eines speziellen Messgerätes kann man den Durchmesser eines Haares messen und die Haarstärke feststellen. Ein normales Haar hat einen Durchmesser von 0,07 mm (70 µm). Sehr feine Haare hat man mit 0,03 mm (30 µm), sehr dicke bis zu 0,12 mm (120 µm) gemessen. Die Haarstärke spielt in der Salonarbeit, z.B. bei der Frisurenberatung oder Präparatewahl, eine wichtige Rolle.

Saugfähigkeit. Aufgrund der inneren Struktur können Haare Wasser oder andere Flüssigkeiten aufnehmen. Wassermoleküle werden im Haar chemisch gebunden. Je poröser ein Haar ist, z. B. nach einer Blondierung oder Dauerwellbehandlung, desto besser können Flüssigkeiten eindringen und es aufquellen. Messungen ergaben, dass ein Haar zwischen 15 % und 20 % an Dicke zunehmen kann; an der Haarlänge ändert sich wenig (1 %–2 %). Je nach chemischem Aufbau der Flüssigkeit und Zustand des Haares quillt ein Haar mehr oder weniger stark.

Hygroskopizität. In der Praxis hört man immer wieder die Klage, dass bei feuchter Witterung (Nebel, Regen etc.) eine Naturkrause oder eine Dauerwelle „durchschlägt“. Das Haar nimmt die Feuchtigkeit der Luft auf. Es verhält sich **hygroskopisch.** Dadurch wird es schwerer, die Frisur fällt zusammen und das Haar wird kraus. Bestimmte Inhaltsstoffe in Festigern und Haarsprays setzen die **Hygroskopizität** herab. Sie umschließen das Haar mit einem Film, sodass es keine

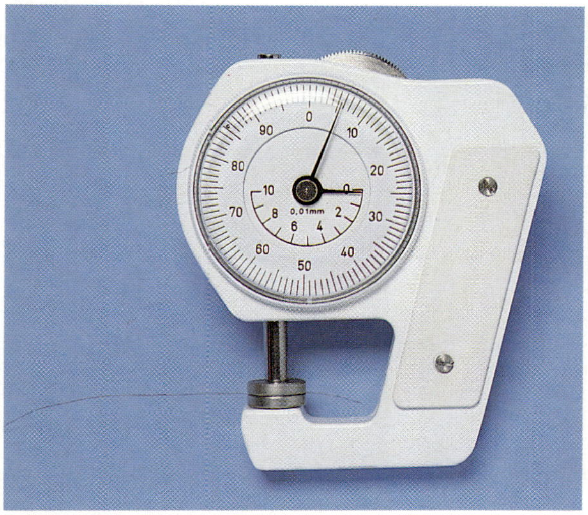

3. **Haarstärkenmessgerät**

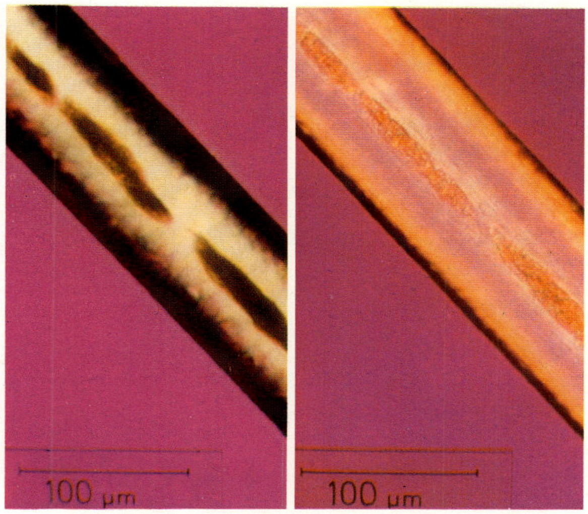

4. **Die Saugfähigkeit ermöglicht, dass Haare um etwa 20 % dicker werden**

Feuchtigkeit aufnehmen kann. Solche Stoffe sind vermehrt in Haarsprays enthalten, die für Länder mit hoher Luftfeuchtigkeit, z. B. England, produziert werden. Das trockene Haar benötigt ca. 17 % Feuchtigkeit, um ein „gesundes" Aussehen zu haben. Übertrocknete Haare wirken stumpf und wenig geschmeidig.
Aufgrund der Empfindlichkeit von Haaren gegenüber dem Wassergehalt der Luft kann man sie zur Messung der Luftfeuchtigkeit einsetzen. Dies geschieht im Hygrometer, wo ein Menschenhaar als Messfühler dient.

Kapillarität bedeutet Haarröhrcheneffekt. Damit ist gemeint, dass Flüssigkeiten in feinsten Röhrchen von der Stärke eines Haares aufsteigen. Je feiner ein Röhrchen ist, desto höher steigt die Flüssigkeit. Die Kapillarität kommt bei einer Haarsträhne daher zustande, dass eng aneinander liegende Haare feinste röhrenförmige Zwischenräume entstehen lassen, in denen Flüssigkeiten entlangziehen können.
In der Friseurpraxis nutzt man die Kapillarität. Feuchtet man eine aufgewickelte Strähne z. B. mit Wellmittel an, so gelangt das Präparat durch die Kapillarität bis in die Spitzen.

1. Warum saugt eine Papierserviette Flüssigkeit auf?

2. Erläutern Sie, warum sich trockenes Haar mit einem Lockenstab umformen lässt.

3. Nennen Sie Gründe für die unterschiedliche Zusammensetzung von Haarsprays.

5. **Kapillarität zwischen Haaren und in Glasröhrchen**

4. Versuch: Ermitteln Sie das Gewicht (Federwaage) von Haarsträhnen: a) unbehandelt, b) rot gefärbt, c) dauergewellt, d) blondiert. Legen Sie die Strähnen für 5 min in Wasser! Das Wasser abtropfen lassen und die Strähnen erneut wiegen. Berechnen Sie die aufgesaugte Wassermenge von jeder Haarsträhne!

5. Versuch: Legen Sie feuchte aber glatte Haarsträhnen (Naturhaar und blondiertes Naturhaar) zu einer Papillote. Hängen Sie die beiden getrockneten Haarsträhnen an Federwaagen über Wasserdampf. Beobachten Sie die Wellung der Strähnen und die Skalen der Federwaagen.

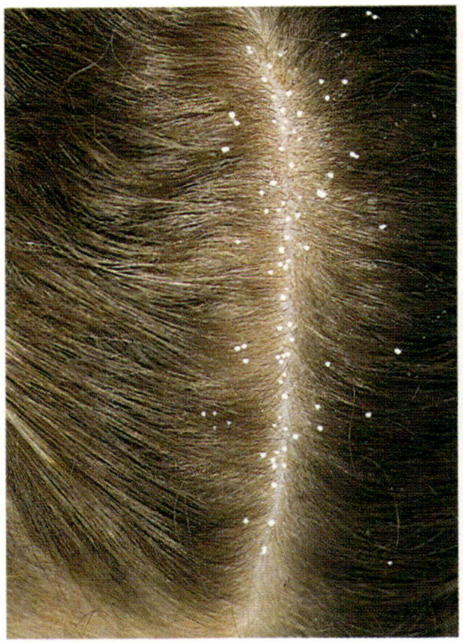

1. Seborrhoe sicca

2. Seborrhoe oleosa

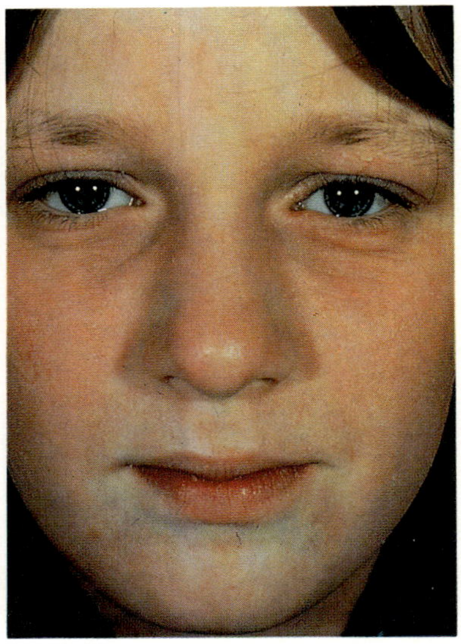

3. Sebostase

6 Anomalien und Schädigungen von Kopfhaut und Haar

6.1 Kopfhauttypen

Zu den häufigsten Problemen bei den Friseurkunden zählen fettiges Haar und Schuppenbildung. Erbliche Veranlagung zur Talgdrüsenstörung und männliche Hormone sind die Ursache dieser Anomalien. Verhornungsstörungen der Haut tragen allerdings auch dazu bei, dass Kunden sich vertrauensvoll an ihren Friseur wenden, um entsprechende Pflegemaßnahmen empfohlen zu bekommen.

Zur gezielten Präparatewahl und deren Anwendung unterscheidet der Friseur drei von der normalen Kopfhaut abweichende Kopfhauttypen:
Sebostase, Seborrhoe sicca und **Seborrhoe oleosa.** In der Praxis findet man schwächer und stärker ausgeprägte Formen der einzelnen Typen. Das Erscheinungsbild dieser Typen kann sich im Laufe des Lebens ändern. Der Typ bleibt jedoch erhalten.

Seborrhoe sicca. Bei der trockenen Form der Seborrhoe zeigt die Kopfhaut ein stumpfes, wachsartiges Aussehen. Der Haaransatz erscheint bereits kurz nach der Haarwäsche fettig, die Längen und Spitzen sind trocken und zum Teil spröde. Am Haaransatz können große, leicht zerreibbare Schuppen auftreten.
Männliche Hormone (Androgene) verursachen die **Überfunktion der Talgdrüsen** und die Veränderung des Talgs. Die Ursache der Verhornungsstörung, die zu der Schuppenbildung führt, ist noch ungeklärt.

Seborrhoe oleosa. Bei der öligen Seborrhoe erscheinen Kopfhaut und Haare bereits kurz nach der Haarwäsche fettglänzend bis in die Längen und Spitzen. Die Ursache für schnell nachfettendes Haar liegt in der anlagebedingten und hormonell (Androgene) gesteuerten **Überfunktion der Talgdrüsen.**

Sebostase. Haar und Kopfhaut sind trocken und glanzlos. Man findet oft kleine, nicht zerreibbare Hornschüppchen auf der behaarten Kopfhaut und an Konturen. Die Ursache hierfür ist eine **Unterfunktion der Talgdrüsen.**
Ein ähnliches Erscheinungsbild kann durch zu starke Entfettung infolge der Verwendung von konzentrierten Shampoos oder nach Entzündungen infolge fehlerhafter Dauerwell- bzw. Farbbehandlungen auftreten. Dann jedoch spricht man nicht von einer Sebostase.

Für diese Kopfhauttypen gilt, dass Wirkstoffshampoos bei häufiger Anwendung nur im Wechsel mit Shampoos für normales Haar verwendet werden sollten.

1. Nennen Sie Pflegemaßnahmen für eine Seborrhoe sicca und eine Seborrhoe oleosa.

2. Nennen Sie mögliche Ursachen für fettiges Haar und Schuppen bei jungen Menschen.

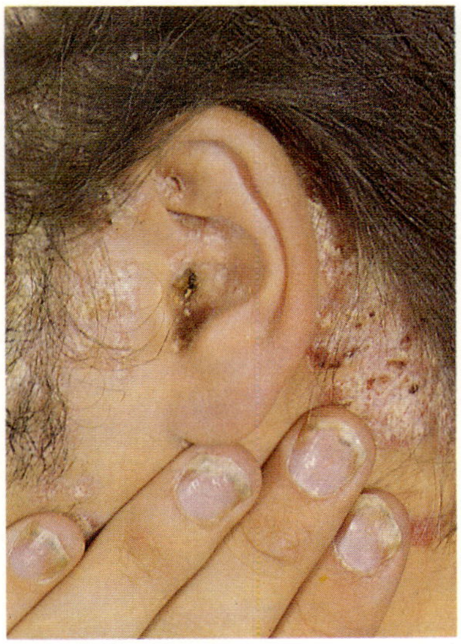

4. Schuppenflechte

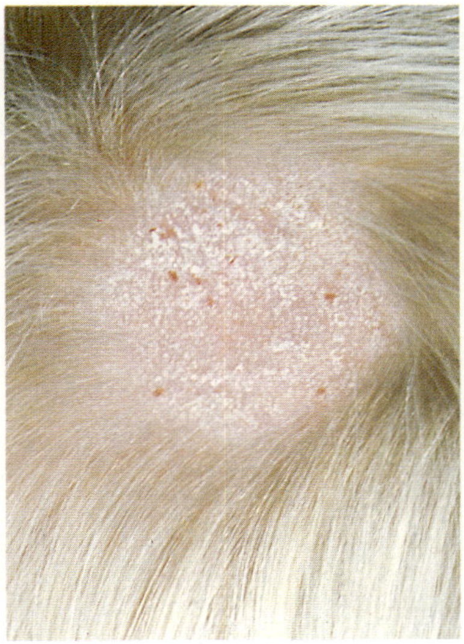

5. Mikrosporie

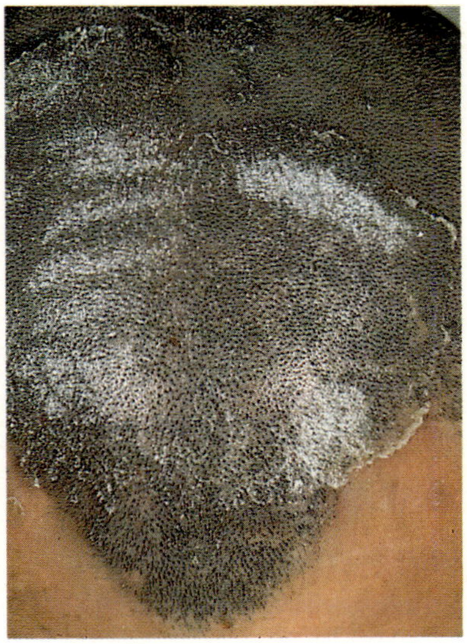

6. Scherpilzflechte

6.2 Schuppenflechte und Pilzerkrankungen

Betroffen sind bei der **Schuppenflechte** (Psoriasis) der Haaransatz, die behaarte und unbehaarte Kopfhaut und andere Körperstellen. Sie sind mit silbrig glänzenden bis gelblichen Schuppen befallen. Beim Ablösen zeigen sich starke Hautrötungen oder kleine Bluttröpfchen. Die Oberhaut erneuert sich an diesen Stellen bereits in einer Woche, anstatt wie üblich innerhalb von 28 Tagen. Wegen des häufig auftretenden Juckreizes besteht die Gefahr von Kratzwunden. Die Veranlagung zur Schuppenflechte ist wahrscheinlich erblich. Die Ursache dafür, dass die Krankheit ausbricht, ist bisher ungeklärt. Es werden Stoffwechselstörungen, hormonelle Veränderungen, psychische Konflikte, Stress, Ernährung und weitere Ursachen diskutiert.

Für den Friseur ist wichtig: Die Schuppenflechte ist **nicht ansteckend.** Ein Hautarzt kann das Erscheinungsbild zum Abklingen bringen. Behandlungserfolge wurden durch den gezielten Einsatz von UV-Strahlen, speziellen Medikamenten, Reizklima und in jüngster Zeit durch autogenes Training und Psychotherapien erzielt. Eine endgültige Heilung ist derzeit nicht möglich.

Im Gegensatz zur Psoriasis sind **Pilzerkrankungen** sehr **ansteckend.** Betroffene dürfen im Salon unter keinen Umständen bedient werden. Den Kunden ist der Arztbesuch dringend nahe zu legen. Eine medikamentöse Behandlung ist unumgänglich. In der Praxis sind ansteckende Pilzerkrankungen die Ausnahme. Zwei Arten treten in seltenen Fällen auf:

Mikrosporie tritt nur bei Kindern vor der Pubertät auf und heilt in der Pubertät von selbst ab. Man erkennt kreisförmige, schuppende Herde. Nahe der Kopfhaut sind gleichmäßig verteilt ca. 1 mm lange abgebrochene Haare, die mit kreidig-weißen Pilzsporen bemehlt sind.

Scherpilzflechte (Trichophytie) tritt bei Kindern und Erwachsenen auf. Man erkennt deutlich gerötete, kreisrunde, schuppende und kahlwirkende Stellen mit ungleichmäßig langen Haarstümpfen. Diese Pilze (Trichophyten) rufen auch die Bartflechte hervor.

Anfang des Jahrhunderts galten Friseursalons wegen mangelnder Hygiene und der hohen Zahl von Rasierkunden als große Infektionsherde. Durch gesetzliche Hygieneverordnungen und natürlich durch ein erhöhtes Hygienebewusstsein ist die Anzahl der Infektionserkrankungen stark zurückgegangen.

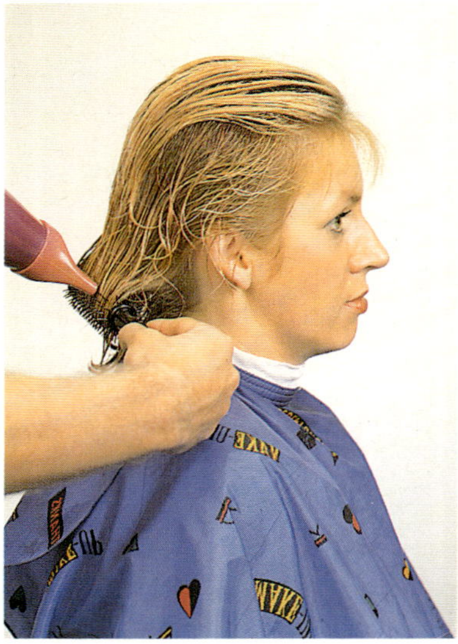

1. Thermische Belastung

2. Mechanische Belastung

3. Chemische Haarschädigung

6.3 Haarschädigungen und Anomalien am Haarschaft

Thermische Schädigungen. Haarschäden durch übermäßige Wärmeeinwirkung können durch fehlerhafte und zu häufige Anwendung von Lockenstäben, Thermobürsten und Trockenhauben entstehen. Sprödes, poröses, brüchiges und glanzloses Haar sind die Folgen von zu viel Wärme und Übertrocknung.

Mechanische Schädigungen. Verursacher mechanischer Schädigungen am Haar sind Kämme und Bürsten mit scharfen Graten oder Drahtbürsten ohne abgerundete Borsten. Bereits das intensive Reiben der Haare gegeneinander bei der Haarwäsche, mit dem Handtuch oder auf der Kleidung kann zum Ablösen eines großen Teils der Schuppenschicht führen. Fehlerhaftes Wickeln, besonders bei der Dauerwellbehandlung, führt zu Knicken und Haarbruch.

Chemische Schädigungen. Durch Dauerwell-, Färbe-, Blondierbehandlungen und aufhellende Festiger werden Haare chemisch verändert. Mikroskopisch lassen sich in vielen aufgehellten oder blondierten Haaren an Stellen, an denen Pigmentkörnchen waren, regelrechte Löcher nachweisen.
Kommen Wind und Salzwasser hinzu, z. B. im Urlaub, verstärkt sich diese Wirkung. Sonne, oder besser UV-Strahlung, wirkt austrocknend und aufhellend, besonders auf Deckhaar und Haarspitzen.

Von den hier beschriebenen Haarschäden und Anomalien des Haarschaftes treten Haarspliss und Bandhaar am häufigsten auf. Sie sind als anlagebedingte Haarschäden zu betrachten.

Haarspliss (Trichoptylosis). Die Haare neigen hier vermehrt zu gespaltenen Spitzen. Die Ursache ist anlagebedingt und wird bei langem Haar durch chemische und mechanische Einflüsse verstärkt. Unter dem Mikroskop sieht man, dass im Spitzenbereich Teile der Schuppenschicht völlig fehlen. Die Verwendung von speziellen Pflegemitteln kann das Erscheinungsbild mildern. Ein Absengen der Spitzen mit einer offenen Flamme ist auf keinen Fall durchzuführen; natürlich können aber die Spitzen geschnitten werden.

Knötchenkrankheit (Trichorrhexis nodosa). Im Haarschaft befinden sich knötchenförmige Auftreibungen. Das Haar bricht an diesen Stellen leicht ab. Die Bruchstellen erscheinen pinselförmig. Hierbei handelt es sich um anlagebedingte Schädigungen oder Folgen chemischer Einwirkungen.

Bandhaar. Dieses Erscheinungsbild entsteht vermutlich durch die Form des Haarfollikels. Haar mit einem flachen Querschnitt wird als Bandhaar bezeichnet, es ist schwer frisierbar und schlecht dauerwellbar.

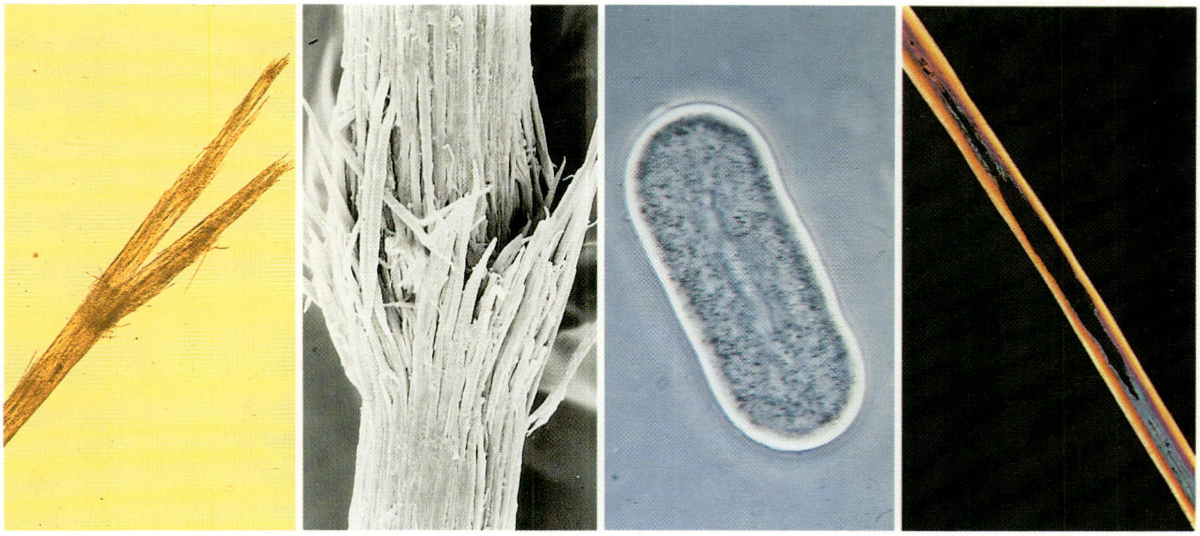

4. **Veränderungen am Haarschaft: a) Haarspliss, b) Knötchenkrankheit, c) Bandhaar, d) Ringelhaar**

Ringelhaar (pili anulati). Das Haar zeigt regelmäßig wiederkehrende Lufteinlagerungen im Markkanal. Die Abwechslung von hellen und dunklen Abschnitten lässt das Haar geringelt aussehen. Es hat einen gleichmäßigen Durchmesser, ist weder gedreht noch brüchig oder spröde. Man vermutet rhythmische Wachstumsstörungen. Gegebenenfalls kann eine farbliche Behandlung vorgenommen werden.

Spindelhaar (Monilethrix). Die Kopfhaut fühlt sich an den Follikelausgängen infolge einer verstärkten Verhornung sandkornartig an. Der Haarschaft hat regelmäßig wiederkehrende Einschnürungen und Verdickungen und ist spröde und brüchig. Völlige Kahlheit ist schon im Kindesalter möglich. Eine Behandlung der erblich bedingten Erkrankung des Haarfollikels ist nicht möglich.

Gedrehte Haare (pili torti). Sie sind um die Längsachse gedreht und kommen bei blonden Kindern vor. Das Haar ist störrisch, brüchig, trocken und spröde. Eine Normalisierung tritt in der Pubertät ein. Fettende Präparate verbessern die Frisierbarkeit.

1. Nennen Sie Beispiele für Haaranomalien und Haarschädigungen.

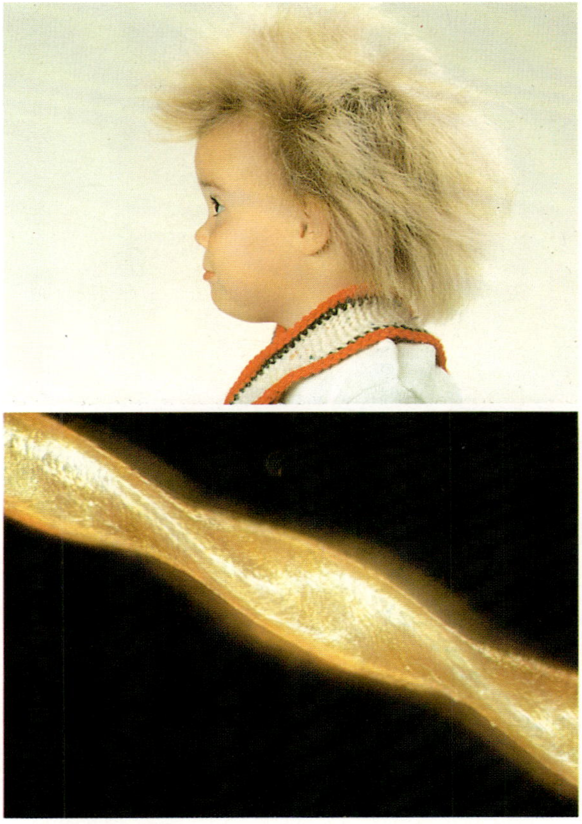

5. Gedrehtes Haar

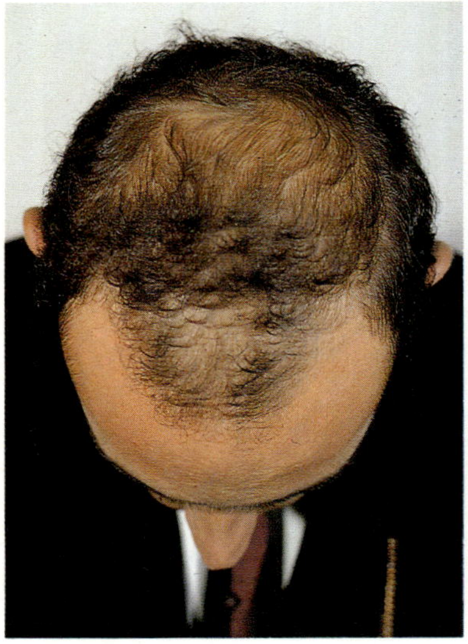

1. Alopezia androgenetica beim Mann

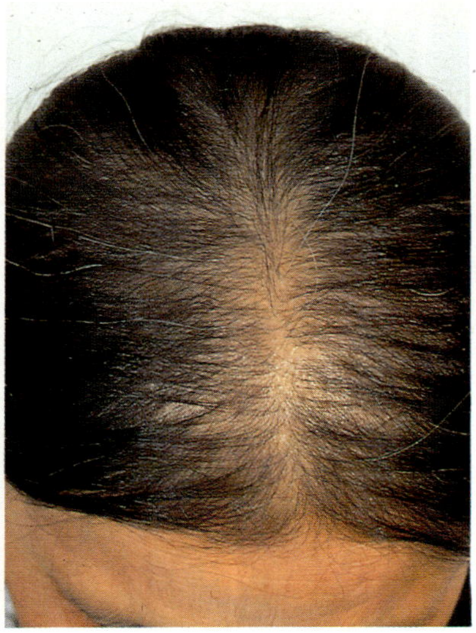

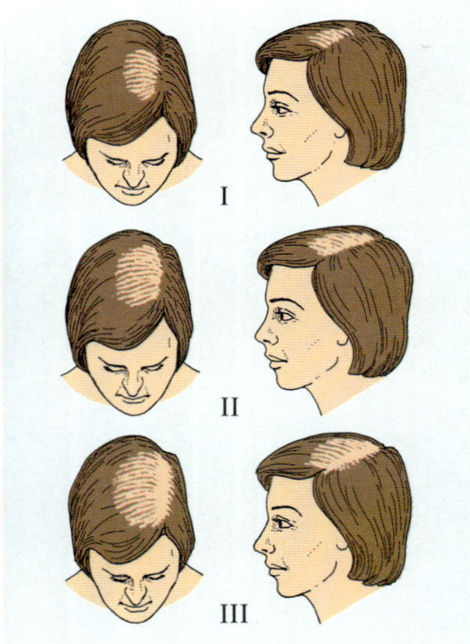

2. Alopezia androgenetica bei einer Frau

7 Haarausfall und Glatzenbildung

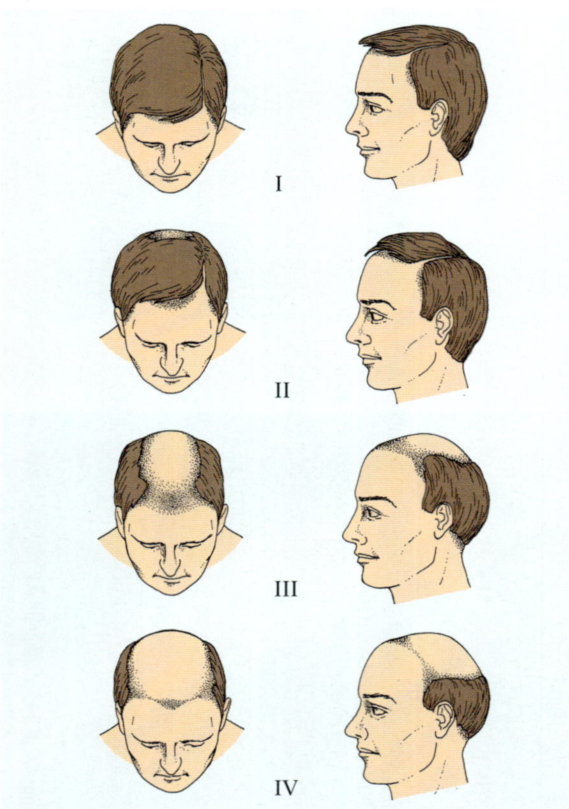

3. Stufen der Alopezia androgenetica beim Mann

Haarausfall, der über den natürlichen Haarwechsel hinausgeht, nennt man Alopezie. Das Erscheinungsbild zeigt verminderten Haarbestand, Lichtungen, Kahlstellen oder völlige Kahlheit.

Androgenetischer Haarausfall (Alopezia androgenetica). Frühestens kann diese Form des Haarausfalls mit einsetzender Geschlechtsreife beginnen. Ursache für androgenetischen Haarausfall bei Mann und Frau ist eine ererbte Überempfindlichkeit der Haarwurzeln gegenüber männlichen Hormonen, den Androgenen.
Beim Mann sind bestimmte Muster der Glatzenbildung bekannt. Bei der Frau tritt der Haarverlust in Form von Lichtungen im Oberkopfbereich auf. Die Haarkonturen der Stirn bleiben weitgehend erhalten.
Bei Frauen wird der Haarausfall häufig von einer Hormonstörung begleitet, die der Arzt behandeln kann. Bei Männern hätte eine solche Behandlung unerwünschte Nebenwirkungen. Alle so genannten Haarwuchstinkturen bleiben ohne Erfolg, da sie keinen Einfluss auf den Hormonhaushalt haben. Bestenfalls kann die oft begleitende Seborrhoe erfolgreich behandelt werden.
Zugbelastungen durch zu straffe Pferdeschwanz- oder Einschlagfrisuren können auch zu Kahlstellen auf der Kopfhaut führen, ebenso andauernde Druckbelastungen durch Spangen oder Kopfbedeckungen. Die Kopfhaut vernarbt in den betroffenen Bereichen. Es entstehen bleibende Kahlstellen.

Diffuser Haarausfall (Alopezia diffusa). Der gleichmäßig verteilte, verstärkte Haarausfall führt am Oberkopf, im Wirbelbereich oder an den „Geheimratsecken“ zu diffusen Lichtungen. Die Ursachen dafür sind sehr unterschiedlich:

- hormonelle Veränderungen: z. B. durch Anti-Babypille oder Entbindungen
- Einnahme von Medikamenten zur Hemmung der Blutgerinnung
- schwere, von Fieber begleitete Krankheiten
- Infektionen
- Vergiftungen: z. B. durch Arsen, Blei, Quecksilber
- Bestrahlungen bei der Krebstherapie
- schwere nervliche Belastungen
- Stoffwechselstörungen, z. B. nach Diät- und Fastenkuren

Besondere Behandlungen sind nicht erforderlich, da nach Beseitigung der Ursache die Haare nachwachsen.

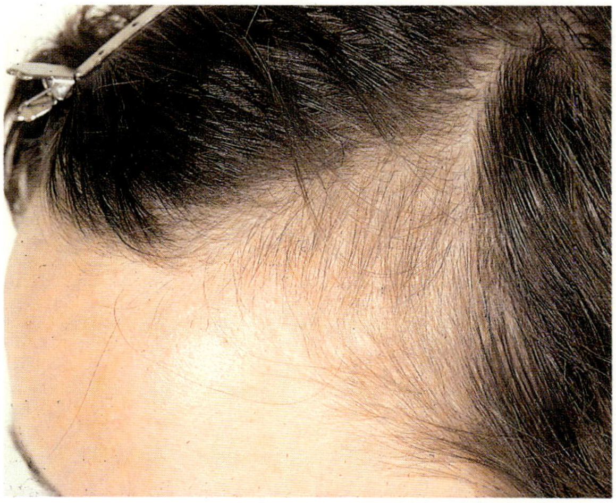

4. Diffuser Haarausfall nach Schwangerschaft

Kreisrunder Haarausfall (Alopezia areata). Kreisrunde oder ovale, scharf begrenzte Kahlstellen in der Kopf- und Körperbehaarung treten einzeln oder mehrfach auf. In der unmittelbaren Umgebung einer solchen Kahlstelle lassen sich die Haare leicht und völlig schmerzfrei ausziehen. In der Randzone stehen ca. 3 mm lange Haarstümpfe. Wegen des verdickten, ausgefransten Endes an der Bruchstelle werden sie auch als „Ausrufezeichenhaar“ bezeichnet.
Der kreisrunde Haarausfall betrifft bei meliertem Haar hauptsächlich die noch pigmentierten Haare, sodass es zu einer sichtbaren Farbveränderung kommt. Die betroffenen Haarpartien erscheinen „über Nacht“ weiß.
Die Heilung setzt meist nach einigen Wochen ein. Manchmal tritt die Krankheit nach jahrelangem Verschwinden plötzlich wieder auf. Die nachwachsenden Haare können anfangs unpigmentiert sein. Später setzt eine normale Pigmentierung ein. In Ausnahmefällen kommt es zu völliger Kahlheit.
Der kreisrunde Haarausfall wird gelegentlich von Grübchen in den Fingernagelplatten begleitet.

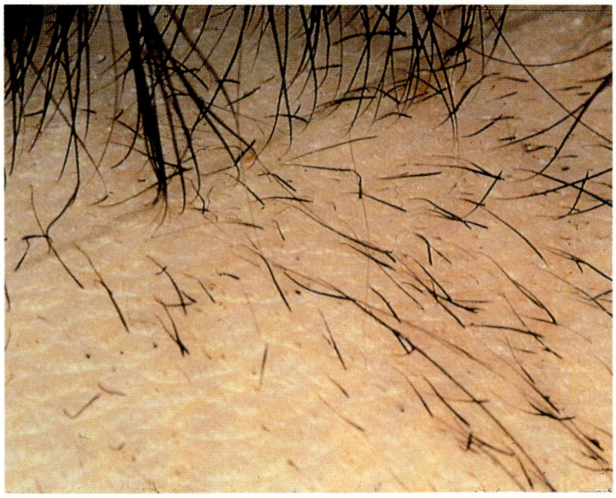

5. Kreisrunder Haarausfall (Randzone)

Die Ursache des kreisrunden Haarausfalls ist noch nicht endgültig geklärt. Man vermutet, dass körpereigene Eiweiße zu einer Erkrankung der verhornenden Hautanhangsgebilde führen. Die Betroffenen sind meistens im Alter zwischen 10 und 30 Jahren.
Wichtig für die Friseurpraxis ist, dass der kreisrunde Haarausfall nicht ansteckend ist. Betroffene Kunden sind ohne weiteres zu bedienen. Man sollte ihnen den Besuch eines Facharztes (Dermatologen) empfehlen.

1. Nennen Sie Ursachen für Haarausfall.

2. Erläutern Sie Unterschiede bei einem möglichen Haarausfall.

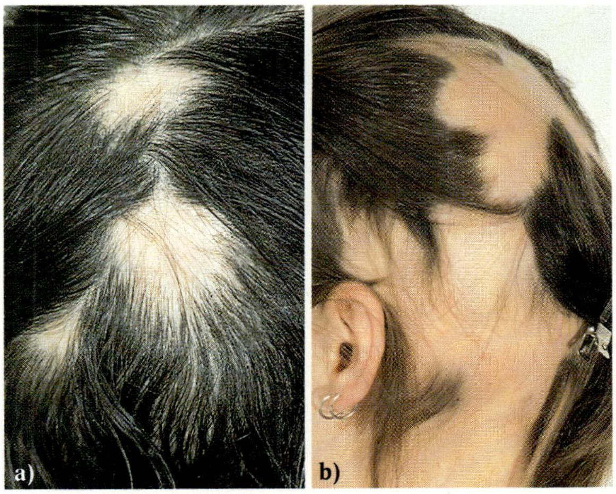

6. Kreisrunder Haarausfall: a) normal, b) schwer

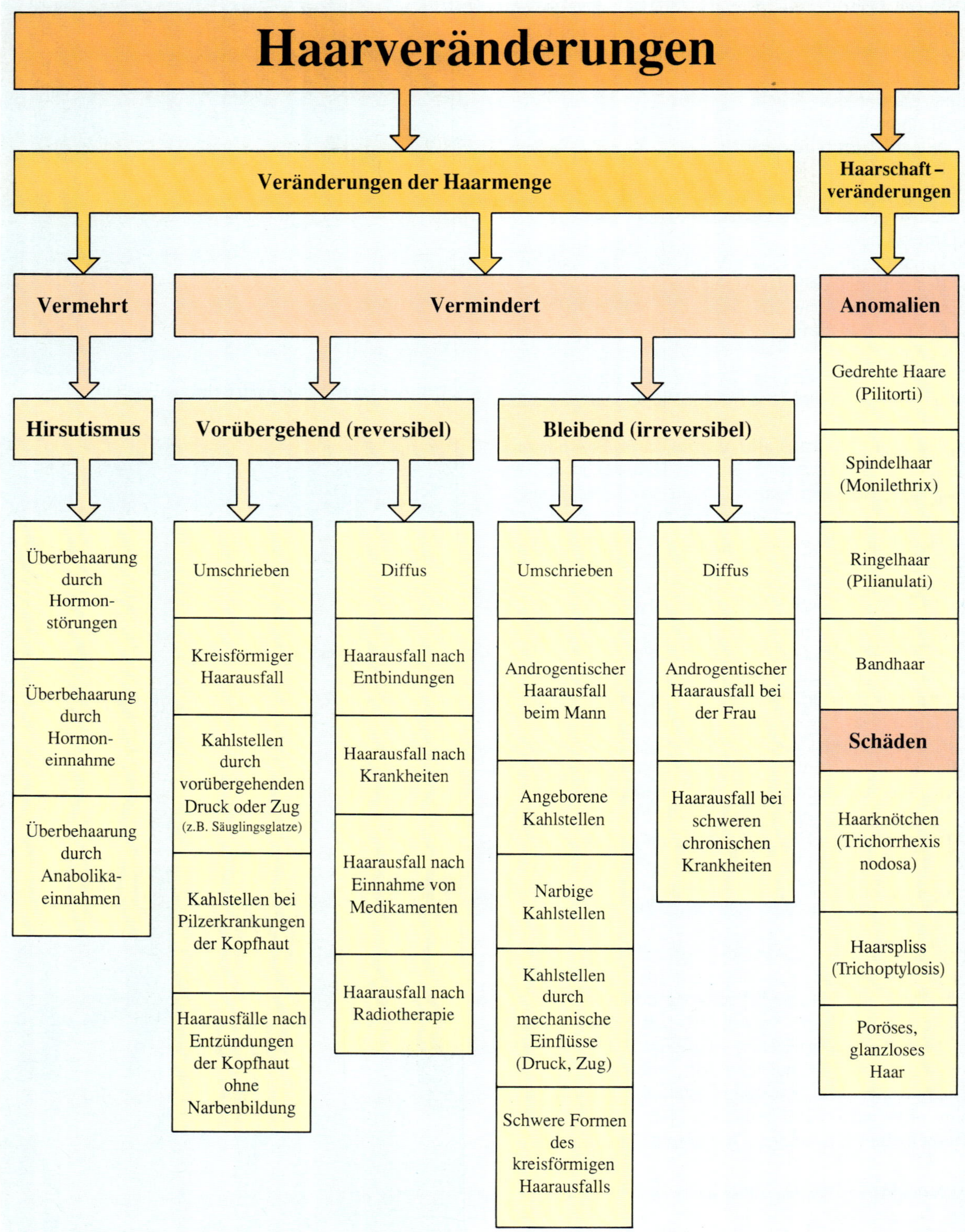

1. Haarveränderungen im Überblick

Wissen Sie Bescheid?

1. Erläutern Sie, welche Bedeutung Ihre Haare für Sie persönlich haben.
2. Erläutern Sie mindestens drei Schutzfunktionen des Haares.
3. Nennen Sie die am menschlichen Körper vorkommenden Haararten.
4. Unterscheiden Sie die Haararten nach Aussehen und Funktionen.
5. Der Friseur teilt den Haarschaft in drei Abschnitte ein. Nennen Sie die drei Abschnitte.
6. Beschreiben Sie, wie ein Haarfollikel entsteht.
7. Skizzieren Sie einen Haarfollikel und beschreiben Sie seine Einzelheiten.
8. An welcher Stelle in der Haarwurzel entsteht die neue Haarsubstanz?
9. Beschreiben Sie, wie ein Haar mit Aufbaustoffen versorgt wird.
10. Nennen Sie die Aufgabe der inneren Wurzelscheide.
11. Wann lösen Stoffe aus der Talgdrüse die innere Wurzelscheide auf?
12. An welcher Stelle spezialisieren sich die neuen Haarzellen zu Schuppenschicht, Faserschicht und Mark?
13. Nennen Sie drei Ursachen, die zur Gänsehaut führen können.
14. Welche Aufgaben haben Keratinocyten?
15. An welcher Stelle im Haarfollikel befinden sich Keratinocyten?
16. Erläutern Sie den Begriff Matrix.
17. Benennen Sie die Phasen des natürlichen Haarwechsels und geben Sie deren Dauer an.
18. Beschreiben Sie mithilfe einer Skizze den Haarwachstumszyklus.
19. Wie kann man den natürlichen Haarwechsel von krankhaftem Haarausfall unterscheiden?
20. In welcher Phase des Haarzyklus spricht man vom Kolbenhaar?
21. In welcher Phase des Haarwachstums lösen sich die Matrixzellen von der Papille?
22. Nennen Sie Schichten des Menschenhaares.
23. Beschreiben Sie den Aufbau der Cuticula.
24. Unterscheiden Sie die Cuticula eines geschädigten von der eines ungeschädigten Haares.
25. Wie entsteht der Glanz des Haares?
26. Welcher Haarabschnitt ist in der Regel am meisten geschädigt? Begründen Sie ihre Antwort.
27. Beschreiben Sie den Aufbau der Faserschicht.
28. Welche Aufgaben haben die Melanocyten?
29. In welcher Schicht des Haares befindet sich das Melanin?
30. Unterscheiden Sie Eu- und Phäomelanin.
31. Wie kommt es zu den unterschiedlichen natürlichen Farbtiefen?
32. Wie kommt es zu den verschiedenen natürlichen Farbrichtungen?
33. Beschreiben Sie den Vorgang des Ergrauens.
34. Erklären Sie den Unterschied zwischen Elastizität und Reißfestigkeit.
35. Warum gelangt ein Präparat bis an die Haarspitzen, wenn man eine aufgewickelte Strähne anfeuchtet?
36. Welche Kopfhauttypen unterscheidet man?
37. Wodurch kommt es zur Sebostase?
38. Erläutern Sie die Entstehung der Seborrhoe sicca.
39. Beschreiben Sie die Folgen thermischer Schädigungen am Haar.
40. Beschreiben Sie die häufigsten Haarschäden, die durch mechanische Einwirkungen auftreten können.
41. Nennen Sie die Ursachen androgenetischen Haarausfalls.
42. Welche Ursachen kann der diffuse Haarausfall haben?
43. Beschreiben Sie das Erscheinungsbild des kreisrunden Haarausfalls.
44. Nennen Sie Anomalien des Haarschaftes.
45. Beschreiben Sie das Erscheinungsbild der Schuppenflechte.
46. Wie verhält man sich einem Kunden gegenüber, der an Psoriasis erkrankt ist?

Pflege von Haar und Kopfhaut

1. Der Struwwelpeter, ein Kinderbuch

1 Haar- und Kopfhautdiagnose

Durch die Geschichte vom Struwwelpeter sollten bereits die Kinder von der Notwendigkeit der Pflege von Haar und Händen „überzeugt“ werden. Diese Überzeugungsarbeit müssen Sie bei den Kunden natürlich nicht mehr leisten, aber Sie müssen eventuell gegenüber Kunden begründen können, welche Pflegemaßnahmen für Haar und Kopfhaut anzuwenden sind.
Zur Pflege von Haar und Kopfhaut gehört die regelmäßige Reinigung. Denn nur gereinigte Haare und Kopfhaut können alle ihre natürlichen Aufgaben erfüllen. Durch fettige Kopfhautschuppen können sich besonders leicht Bakterien und Pilze ausbreiten. Unangenehmer Geruch und die Ausbreitung von Krankheitserregern können durch eine regelmäßige Reinigung vermieden werden.
Gepflegtes Haar hat einen natürlichen Glanz und lässt sich entsprechend gut frisieren. Es sollte zur normalen Körperpflege gehören, sein Haar regelmäßig zu reinigen und es möglichst wenigen Belastungen auszusetzen. Haarpflegende Präparate können zwar einige Haarschäden überdecken, aber nicht heilen. Und es dauert immer recht lange, bis ein gesundes Haar völlig neu nachgewachsen ist.
Es gibt die unterschiedlichsten Aussagen über die Häufigkeit des Haarewaschens. Wichtig ist, dass das Haar und die Kopfhaut mit möglichst milden Reinigungspräparaten behandelt werden. Dann dürfen Haare so oft gewaschen werden, wie ein jeder es für richtig hält.
Die **Diagnose** von Haar und Kopfhaut muss im ungewaschenen und trockenen Zustand von Haar und Haut durchgeführt werden. Denn nur so sind Anomalien feststellbar. Das Ergebnis der Haar- und Kopfhautbeurteilung und die beabsichtigte Behandlung bestimmen die Durchführung der Haar- und Kopfhautreinigung und die Präparatewahl.
Zu beachten und erfragen sind die eigenen Beobachtungen und die persönlichen Empfindungen, die ein Kunde mit seinem Haar und seiner Kopfhaut hat. Ist es frisierunwillig, fettet es sehr schnell nach, bilden sich verstärkt Schuppen oder beunruhigt ihn sein Haarausfall?
Zur Beurteilung wird das Haar zuerst durchgekämmt und dann am Vorder- sowie Hinterkopf, an den Seiten und im Nacken partienweise gescheitelt. Somit kann man die Kopfhaut und den Haaransatz betrachten und befühlen. Leichtes Reiben mit den Fingerkuppen auf der Kopfhaut zeigt, ob diese fettig oder trocken ist und vermehrt schuppt. Hierbei entdeckt man auch einzelne Anomalien.
Nur so können geeignete Haarreinigungsmittel ausgewählt und Vorschläge für die Haarpflege gemacht werden.

1. Befragen Sie möglichst viele Personen, wie oft sie ihre Haare waschen und warum evtl. mehrmals pro Woche. Erstellen Sie eine Statistik.

2. Erstellen Sie mithilfe des Computers eine Kundenkartei zur Haardiagnose.

Um sicherzustellen, dass alle entscheidenden Punkte berücksichtigt werden, sollte die Diagnose nach einem festen Schema durchgeführt und die Ergebnisse notiert werden.

Beurteilt wird durch: Befragen, Betrachten, Befühlen des Haares und der Kopfhaut.

Pflegezustand

Verschmutzungsgrad:	■ wenig verschmutzt	■ stark verschmutzt		
Häufigkeit der Reinigung:	■ täglich	■ mehrmals pro Woche	■ wöchentlich	■ seltener
Gründe:	■ starkes Nachfetten	■ geringes Nachfetten	■ Schuppenbildung	
	■ starkes Schwitzen	■ Juckreiz	■ äußere Verschmutzungen	

angewandte Präparate: ....

Haarqualität		Ansatz	Längen	Spitzen
	trocken	■	■	■
	fettig glänzend	■	■	■
	glänzend (nicht fettig)	■	■	■
	glanzlos stumpf	■	■	■
	schwammartig porös	■	■	■
	brüchig und spröde	■	■	■
	weich (frisierwillig)	■	■	■
	weich (schlecht frisierbar)	■	■	■
	normal fest	■	■	■
	hart und glasig	■	■	■

		Vorderkopf	Oberkopf	Hinterkopf	Seiten
Haardichte	sehr voll	■	■	■	■
	normal voll	■	■	■	■
	schütter (spärlich)	■	■	■	■
Haardurchmesser	dick (0,08 mm und mehr)	■	■	■	■
	normal (0,07 mm–0,05 mm)	■	■		■
	fein (0,04 mm und weniger)	■	■	■	■
Haarquerschnitt	oval	■	■	■	■
	bandförmig	■	■	■	■
	rund	■	■	■	■

Haarwellung ■ glatt ■ leicht gewellt ■ stark gewellt ■ gelockt ■ kraus

Sprungkraft und Elastizität ■ sehr gut ■ vorhanden ■ nicht vorhanden

Haarschädigungen ....

Haaranomalien ....

Haarausfall ■ normal (bis 100 Haare täglich) ■ vermehrt

Kopfhaut

■ trocken	■ normal	■ fettig	■ schuppig
■ Kratzwunden	■ Rötungen	■ Schuppenherde	
■ Kahlstellen	■ Grützbeutel	■ Pilzerkrankungen	
■ tierische Parasiten (Kopfläuse, Nissen, Milben etc.)			

Vorbehandlungen		Ansatz	Längen	Spitzen
	keine Vorbehandlung	■	■	■
	Dauerwelle	■	■	■
	Färbung	■	■	■
	Tönung	■	■	■
	Blondierung	■	■	■
	Strähnen	■	■	■
	Heimbehandlungen	■	■	■

Allergien und Unverträglichkeiten ....

2. Diagnoseschema zur Beurteilung von Haar und Kopfhaut

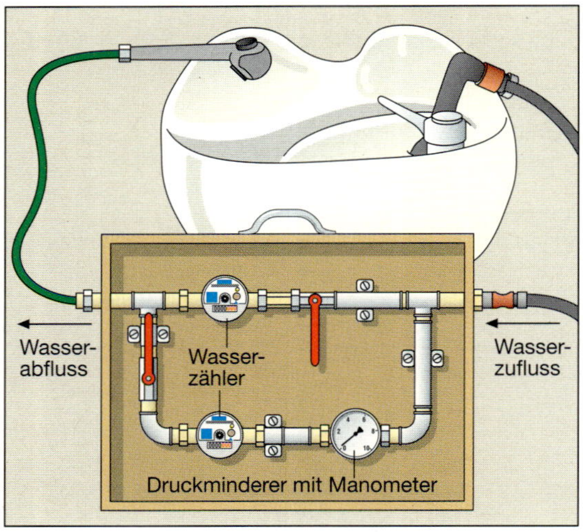

Versuche:

1. Nehmen Sie zwei Übungsköpfe gleicher Qualität und Verschmutzung. Führen Sie eine Haarreinigung wie folgt durch:
a) 10 ml Shampoo unverdünnt auf das Haar verteilen und waschen.
b) 10 ml Shampoo mit Wasser auf 100 ml verdünnen, verteilen und waschen.
Messen Sie jeweils die Zeiten, wie lange das Wasser beim Abspülen von Kopf a und b läuft.
Berechnen Sie den jeweiligen Wasserverbrauch und beurteilen Sie die Verfahren.

2. Führen Sie den Versuch 1 mit Shampoo ohne Verdickungsmittel durch.
Vergleichen Sie die Spülzeiten und den Wasserverbrauch bei Shampoos mit und ohne Verdickungsmittel.

1. Messgerät zum Überprüfen von Wassermengen bei verschiedenen Drücken

2 Reinigung von Haar und Kopfhaut

2.1 Durchführung der Reinigung

Werden Kunden gefragt, was sie beim Friseurbesuch besonders genießen, so äußern viele, dass dies die Haarwäsche sei. Fragt man Friseure, welche Arbeit ihnen besonders wichtig erscheint, so wird sicher ganz anders geantwortet. Während das Reinigen von Haar und Kopfhaut von vielen Friseuren als eher lästige Pflicht verstanden wird, verbinden Kundinnen und Kunden bei sachgemäßer Durchführung damit das positive Gefühl von Entspannung.

Vorbereitung. Die Wahl der Reinigungsmethode und der Präparate richtet sich nach dem Ergebnis der Haar- und Kopfhautdiagnose, der beabsichtigten Weiterbehandlung und natürlich dem Kundenwunsch.
Zum Schutz der Kleidung und aus hygienischen Gründen ist eine Papier-Halskrause und ein sauberer, trockener, wasserdichter Umhang zu verwenden. Auf Einwegumhänge ist aus Umweltschutzgründen zu verzichten.
Zum Schutz der Hände sind unbedingt passende Waschhandschuhe zu tragen, die jeder Betrieb kostenlos zur Verfügung stellen muss.
Alle Präparate und weiteren Hilfsmittel, wie Handtücher und Augenschutztuch, werden am Arbeitsplatz bereitgestellt.
Nun bittet man seine Kunden am Waschbecken bequem Platz zu nehmen, sich zu entspannen und die Haar- und Kopfhautreinigung zu genießen.

Waschvorgang. Die verbreitetste Methode der Haarreinigung ist noch immer die **Vollwäsche.** Nachdem die Wassertemperatur zweckmäßigerweise mit dem Unterarm geprüft wurde, werden die Haare mit warmem Wasser angefeuchtet. Eine unnötig hohe Wassertemperatur reizt Haare und Kopfhaut und führt zu erhöhtem Energieverbrauch. Das zuvor ausgewählte Haarreinigungspräparat wird in einem geeigneten Gefäß, z. B. einer Auftrageflasche, in wenig lauwarmem Wasser gelöst – das spart Shampoo – und gleichmäßig über das Haar verteilt. Kreisende Bewegungen der Fingerkuppen mit leichtem Druck verteilen das Shampoo und unterstützen das Ablösen des Schmutzes von Haar und Haut auf mechanischem Wege. Hierbei ist auf das Erfassen aller Kopfhautpartien zu achten. Besonders die Konturen sind gründlich, aber behutsam zu reinigen.
Meist ist nur ein Reinigungsvorgang nötig, da Haare selten stark verschmutzt sind.
Auf die Bitte von Kunden nach einer kräftigen Kopfhautmassage während des Waschvorganges sollte mit einer guten Beratung geantwortet werden. Einmassiertes Reinigungspräparat kann leicht zu Hautreizungen und vermehrter Schuppenbildung führen. Besser ist eine anschließende Kopfhautmassage mit einem geeigneten Kopfhautwasser. Besonders vor einer Dauerwellenbehandlung ist die Kopfhaut sehr schonend zu reinigen um ihre natürliche Schutzfunktion zu erhalten.

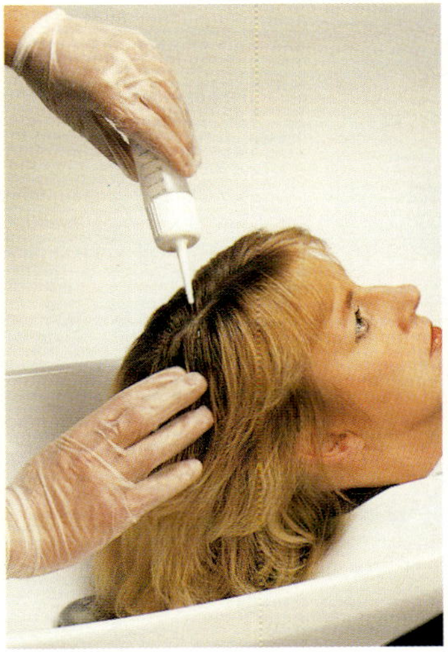

1. Haaransatzwäsche

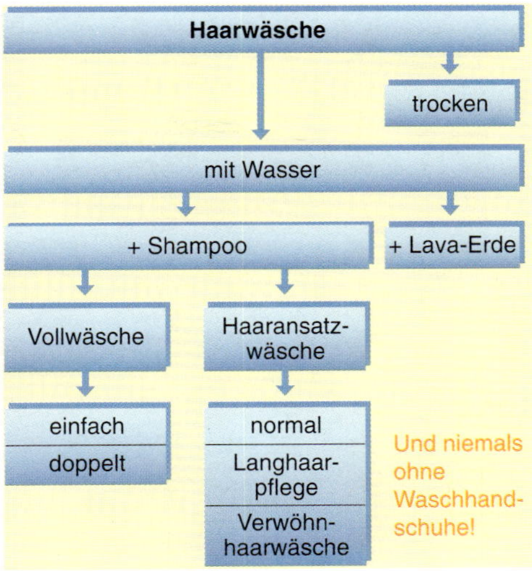

2. Übersicht Haarwäsche

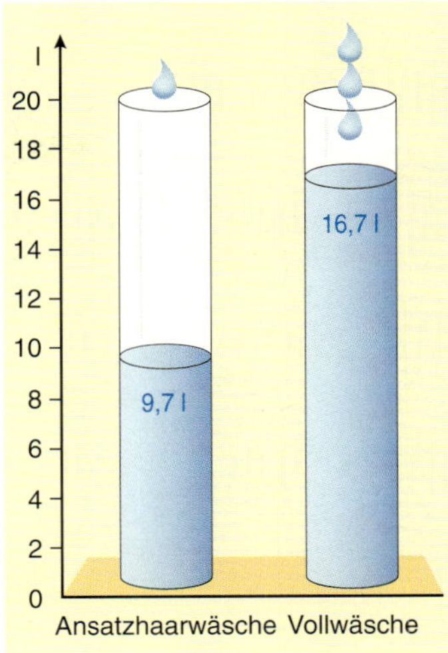

3. Wasserverbrauch bei Ansatz- und Vollwäsche

Haaransatzwäsche. Hierbei werden in einer Auftrageflasche 5 ml bis 10 ml Shampoo mit 100 ml Wasser verdünnt. Diese Mischung wird scheitelweise nur auf die trockenen Haaransätze aufgetragen und mit den Fingerkuppen verteilt. Danach wird das Reinigungsmittel aus dem Haar gespült. Dabei werden auch die Längen und Spitzen benetzt und gereinigt. Diese Methode geht davon aus, dass sich die überwiegende Verschmutzung der Haare, wie Talg und Schweiß, im kopfhautnahen Bereich befindet. Sie ist besonders zur Langhaarpflege geeignet. Bei Haaren, die z. B. durch berufliche Tätigkeit oder durch Benutzung großer Mengen Stylingprodukte eher in Längen und Spitzen verschmutzt sind, ist die Ansatzwäsche weniger geeignet.
Diese Methode spart ca. 40 % Waschmittel und viel Wasser. Darüber hinaus wird die Abwasserbelastung durch Tenside gemindert.

Verwöhnwäsche. Manche Kunden vermissen während der Ansatzwäsche die Entspannung und Zuwendung, die sie von der Vollwäsche gewohnt waren. Darauf haben einige Friseure mit dem Angebot einer Verwöhnwäsche reagiert.
Hierbei werden zunächst die Haare wie oben beschrieben gereinigt und ausgespült. Anschließend mischt man dem Spülwasser ätherische Öle (fetten nicht, verdunsten leicht) zu, die mit einer ausgedehnten Streichmassage auf dem Haar verteilt werden. Hierfür sollte ein Waschplatz in einem möglichst ruhigen Bereich des Salons genutzt werden. Entspannungsmusik wird das Erlebnis für die Kunden positiv verstärken. Ein solcher Service kann selbstverständlich gesondert berechnet werden.

Waschen mit Lava-Erde. Eine Haarreinigungsmethode, die aus Nordafrika kommt und besonders für empfindliche Kopfhaut geeignet ist.
Die Lava-Erde wird mit Wasser aufgeschwemmt und gezielt auf die Kopfhaut aufgetragen. Mit sanften Massagegriffen wird die lehmige Masse verteilt und bindet dabei Verschmutzungen. Nach dem ersten Abspülen wird der Vorgang wiederholt. Besonders Allergiker und Menschen mit Schuppenflechte vertragen diese Reinigungsmethode gut.

Trocknen. Nach dem letzten Ausspülen wird das Haar bei jeder Reinigungsart in einem Handtuch ausgedrückt. Kräftiges Trockenrubbeln löst immer etwas der Cuticula ab. Sagen Sie dies auch Ihren Kunden für die Haarwäsche zu Hause.

Sonderfall **Trockenhaarreinigung.** Puderstoffe saugen Talg und Schweiß auf, wenn sie auf dem kopfhautnahen Bereich aufgebracht werden. Danach wird das Haar kräftig ausgebürstet. Eine schnelle Möglichkeit für Notfälle.

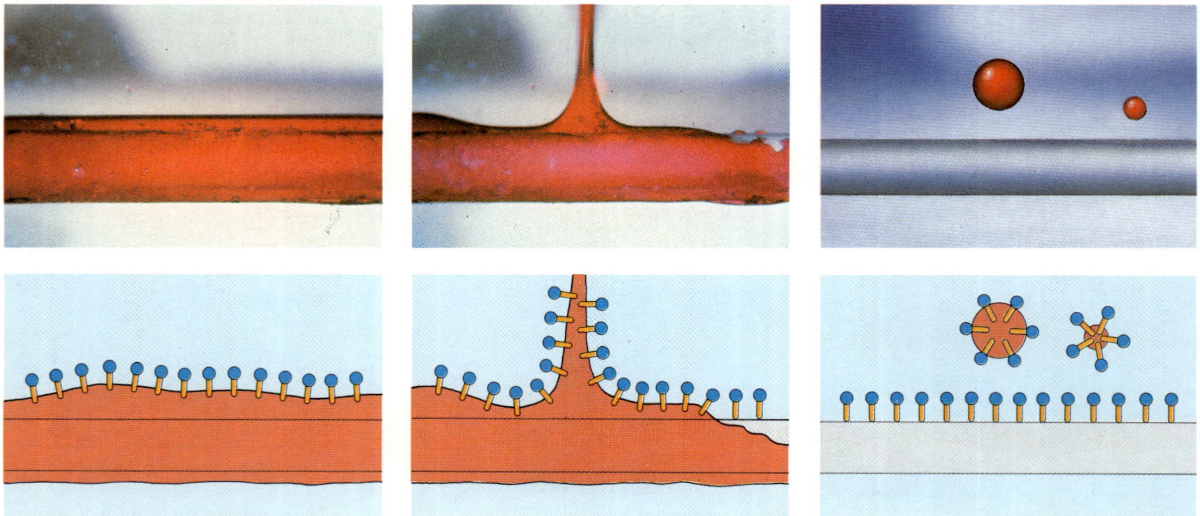

3. **Tenside tragen den Schmutz ab**

2.2 Was passiert bei der Haarwäsche?

Wasser benetzt die Haare nicht richtig. Es perlt an den einzelnen Haaren ab und es versucht sich immer zu einem Tropfen zu formen. Diese Erscheinung wird mit der **Grenzflächenspannung** des Wassers erklärt. Für den Waschvorgang muss die Grenzflächenspannung herabgesetzt werden. Darum löst man für die Haarwäsche das Shampoo in Wasser.
Im Shampoo sind Tenside enthalten, die die Grenzflächenspannung vermindern. Die Tensidteilchen haben einen fettfreundlichen (lipophilen) Teil, der wasserfeindlich (hydrophob) und einen wasserfreundlichen (hydrophilen) Teil, der fettfeindlich (lipophob) ist.
Die Tensidteilchen des Shampoos lagern sich an der Grenze zwischen verschmutztem Haar und Wasser an. Mit dem wasserfreundlichen Teil ragen sie in das Wasser und mit ihrem fettfreundlichen Ende umlagern sie den Fettschmutz, zerteilen ihn in kleine Portionen und umschließen ihn. Somit wird der Fettschmutz **emulgiert.**
Die Schmutzteilchen sind nun von Tensidteilchen umschlossen und werden daran gehindert, sich wieder auf dem Haar oder der Kopfhaut abzusetzen. Der gleiche Vorgang erfolgt bei festen Schmutzteilchen. Sie werden fein zerteilt und in der Schwebe gehalten. Diesen Vorgang nennt man **dispergieren.**
Da sich die Tensidteilchen auch an das Haar selbst anlagern, wird dadurch ein Absetzen des emulgierten und dispergierten Schmutzes verhindert.

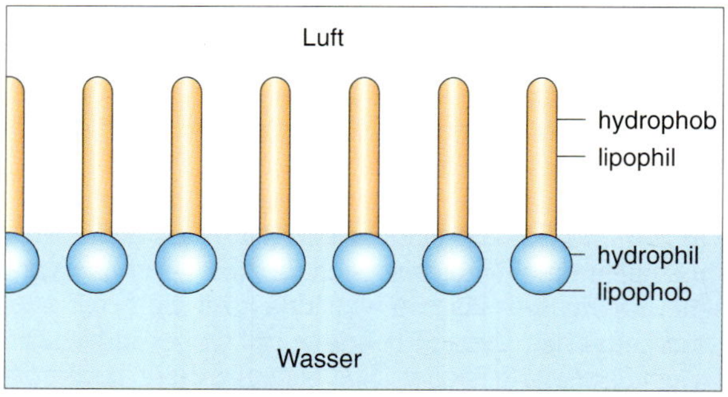

4. **Tensidteilchen an der Grenze zwischen Luft und Wasser (Schema)**

1. Unter welchen Bedingungen würde eine Haarreinigung ausschließlich mit Wasser genügen?

2. Versuch: a) Füllen Sie ein Glas halb voll mit Wasser. Streuen Sie fein gemahlenen Pfeffer auf die Wasseroberfläche. Erklären Sie Ihre Beobachtungen.
b) Geben Sie einige Tropfen einer Shampoolösung hinzu. Erklären Sie Ihre Beobachtungen.

3. Warum kann ein Wasserläufer, wie sein Name schon sagt, über die Wasseroberfläche laufen ohne zu versinken?

4. Ermitteln Sie die durchschnittliche Anzahl von Haarwäschen pro Woche im Friseurbetrieb. Errechnen Sie die eingesparte Wassermenge pro Jahr, wenn Sie bei der Haaransatzwäsche ca. 40 % Wasser einsparen.

Emulsionen genauer betrachtet

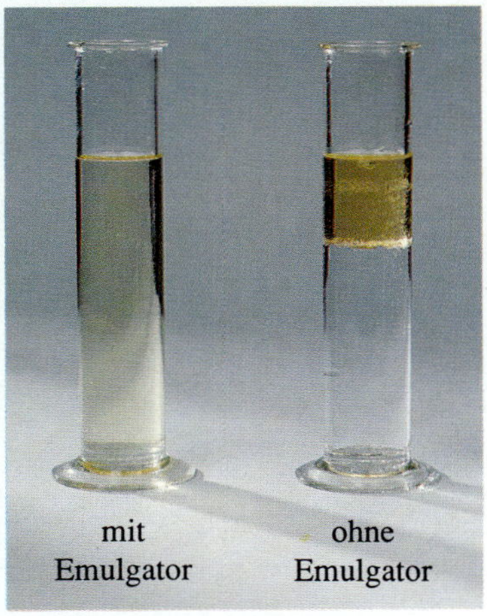

1. Bildung einer Emulsion

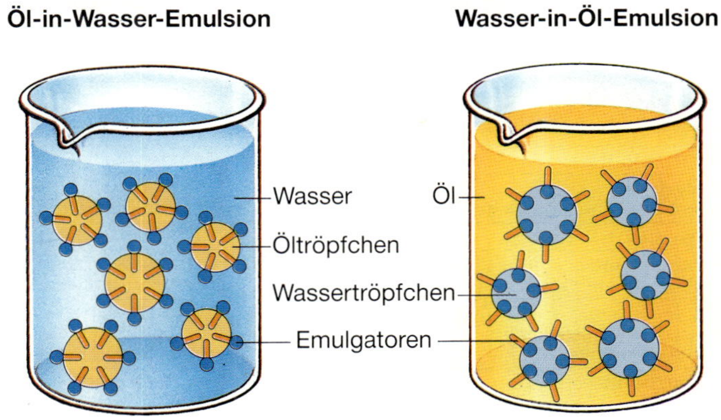

2. Verschiedene Emulgatortypen

Zur Pflege von Haar und Haut sind Wasser, Öle und Fette notwendig. Alle Stoffe sollen miteinander vermischt in einem Präparat enthalten sein. Solche Präparate werden auch als Emulsion bezeichnet, da sie mindestens zwei normalerweise nicht miteinander mischbare Stoffe enthalten. Erst ein Emulgator, eine grenzflächenaktive Substanz, macht dies möglich. Je nach Typ des Emulgators entstehen unterschiedliche Emulsionen.

Öl-in-Wasser-Emulsionen (O/W) entstehen bei Emulgatoren, deren wasserfreundlicher Teil sich sehr gut in Wasser löst. Dies geschieht zum Beispiel bei Seifen oder speziellen Tensiden (Polyethylenglykole). O/W-Emulsionen dringen schnell in die oberen Zell-Lagen der Haut ein, hinterlassen keinen Fettglanz und sind mit Wasser abspülbar.

Wasser-in-Öl-Emulsionen (W/O) entstehen zum Beispiel bei der Verwendung von Lecithin oder ähnlichen Emulgatoren. Bei allen löst sich der fettfreundliche Teil sehr gut in Öl. W/O-Emulsionen dringen nur langsam in die Haut ein, hinterlassen einen Fettglanz und sind nicht mit Wasser abspülbar.

Spezielle Emulgatoren ermöglichen auch Mehrfachemulsionen. Wasser-in-Öl-in-Wasser-Emulsionen (W/O/W) oder Öl-in-Wasser-in-Öl-Emulsionen (O/W/O).
Um eine sehr große Menge Wasser in wenig Öl zu zerteilen und eine stabile Emulsion herzustellen, sind **Mikroemulsionen** entwickelt worden. Diese haben sehr kleine Tröpfchendurchmesser der inneren Phase. Manche dieser speziellen Emulsionen haben ein gelartiges Aussehen. Auf Konservierungsstoffe kann bei solchen Emulsionen verzichtet werden, allerdings ist die Menge der verwendeten Emulgatoren sehr hoch.

1. Versuch: Tragen Sie auf Ihren linken Handrücken eine kleine Menge Tagescreme und auf den rechten Handrücken etwas Nachtcreme auf.
a) Welche Creme dringt schneller ein?
b) Welche Creme hinterlässt einen Fettglanz?
c) Welche Creme lässt sich mit Wasser abspülen?

2. Versuch: Geben Sie in je zwei Gefäße Tages- und Nachtcreme. Versuchen Sie die beiden Cremesorten einmal mit etwas Wasser und einmal mit etwas Öl zu verrühren. Welche Creme lässt sich mit Wasser, welche mit Öl verdünnen?

3. Versuch: Geben Sie in je zwei Gefäße etwas Tages- und Nachtcreme. Versuchen Sie beide Cremesorten einmal mit einem öllöslichen Farbstoff (Sudanrot) und einmal mit einem wasserlöslichen Farbstoff (Methylenblau) anzufärben. Welche Creme lässt sich mit dem öllöslichen, welche mit dem wasserlöslichen Farbstoff gleichmäßig anfärben?

4. Bestimmen Sie den Emulsionstyp Ihrer verwendeten Tages- und Nachtcreme.

Hinweis: Mehrfachemulsionen reagieren nicht immer ganz eindeutig bei diesen Versuchen.
Mikroemulsionen vom Typ W/O, die sehr viel Wasser enthalten, lassen sich zum Teil auch mit wasserlöslichen Farbstoffen anfärben.

Waschaktive Substanzen: anionische Tenside negative Ladung z. B. Fettalkoholethersulfate, Eiweißfettsäurehydrolysat	gute Hautverträglichkeit, hohe Reinigungskraft aus Kollagen, sehr mild, überaus hautfreundlich, gute und milde Reinigungskraft, Baby- und Kindershampoo
amphotere Tenside positive und negative Ladung z. B. Glycerinderivate	ideal für Kindershampoos und Babyseifen („ohne Tränen") extrem mild, antistatisch, gute Haut- und Schleimhautverträglichkeit, hohes Schaumvermögen, antistatisch, bakteriostatisch (Hemmung der Bakterienvermehrung), haarglättend
Lösungsmittel, z. B. Wasser	löst alle wasserlöslichen Inhaltsstoffe
rückfettende Stoffe z. B. Fettalkohol, Wollwachsderivate	gegen starkes Entfetten der Kopfhaut
Verdickungsmittel, z. B. Kochsalz	verhindert schnelles Ablaufen vom Haar
Konditionierungsmittel, z. B. Eiweißhydrolysate, Quats	zieht auf das Haar auf, verbessert Nass- und Trockenkämmbarkeit, macht das Haar weich, glänzender, verhindert elektrostatische Aufladung („fliegende Haare"),
Wirkstoffe, z. B. etherische Öle, Kräuterzusätze, direktziehende Farbstoffe	je nach erwünschter Zusatzwirkung, z. B. beruhigende Wirkung auf die Talgdrüsen, zur farblichen Gestaltung der Haare
Konservierungsstoffe	Shampoos müssen wegen ihres hohen Wasseranteils konserviert werden
Farbstoffe	optische Verbesserung des Präparates
Parfümöle	gibt angenehmen Duft

1. Inhaltsstoffe von Shampoos

2.3 Inhaltsstoffe von Shampoos

Shampoos sind klare oder trübe, flüssige oder cremige, auf Wasser basierende Reinigungsmittel. Die wichtigste Stoffgruppe in allen Shampoos ist die der Waschrohstoffe. Es sind synthetisch hergestellte **w**asch**a**ktive **S**ubstanzen, **WAS.** Ihr Anteil in Shampoos liegt zwischen 10 % und 50 %. Von ihnen wird eine ausreichende Reinigungskraft bei nicht zu starker Entfettung erwartet. WAS werden auch als Tenside bezeichnet.

Nicht alle WAS sind hautfreundlich und als Reinigungsmittel für Haare und Haut geeignet. Als **Waschrohstoffe** werden in erster Linie anionische und amphotere WAS verwendet.
Der wasserfreundliche „Kopf" der **anionischen WAS** ist negativ geladen. Sie haben eine hohe Reinigungskraft, sind gute Schaumbildner und recht beständig gegen hartes Wasser. Besonders milde, anionische WAS findet man in der Gruppe der Eiweiß-Fettsäure-Verbindungen. Sie werden in Baby- und Kindershampoos angesetzt. Sie haben einen starken Eigengeruch und sollten konserviert sein.
Anionische WAS allein laden die einzelnen Haare negativ auf; die Haare „fliegen" nach dem Trocknen. Daher werden anionische WAS meist mit Hilfsstoffen kombiniert.
Amphotere WAS sind Stoffe, die gleichzeitig ein anionisches und ein kationisches Ende haben. Sie sind besonders haut- und schleimhautverträglich, haben ein hohes Schaumvermögen, wirken antistatisch, haarglättend und gegen Bakterien. Als Zusatz zu anionischen WAS verbessern sie deren Eigenschaften.
Waschrohstoffe erfüllen den Zweck der Reinigung. Alle weiteren **Hilfsstoffe,** wie zum Beispiel nichtionische und kationische Tenside, beeinflussen die Wirkung der Waschrohstoffe, stabilisieren das Produkt und machen es angenehm in der Anwendung.

Nichtionische WAS tragen keine elektrische Ladung. Sie haben eine sehr milde Reinigungswirkung, gute Hautverträglichkeit und werden in Kindershampoos eingesetzt. Da sie fast nicht schäumen, werden sie häufig als Hilfsstoffe zur Verteilung (Netzwirkung) anderer Inhaltsstoffe auf Haut und Haar verwendet.

Kationische WAS haben eine mildere Reinigungskraft als anionische. Ihre positiven Ladungen gleichen den Überschuss an negativen Ladungen in strapaziertem Haar aus. Dadurch ziehen sie recht gut auf das Haar auf und verhindern auf diese Weise das Austrocknen und „Fliegen" der Haare. Es entsteht der Eindruck einer rückfettenden Wirkung. Feines Haar kann dadurch aber auch zu schwer werden und die Frisur kann zusammenfallen. Kationische Tenside brennen in den Augen, daher verwendet man heute kationische Polymere, wie z. B. quartäre Ammoniumverbindungen (Quats).

Mischungsberechnung bei Verdünnung mit Wasser

Aufgabe: Aus einem Shampookonzentrat mit 60 % Tensiden sollen 120 ml Shampoolösung mit 40 % Tensiden hergestellt werden. Lösungsmittel ist Wasser.

1. Schritt: Aufstellen des Mischungskreuzes:

KS: **K**onzentrat**s**tärke, hier 60 %

LS: **L**ösungsmittel**s**tärke, bei Wasser 0 %

KS		KM
	MS	
LS		LM

KM: gesuchte **K**onzentrat**m**enge

MS: **M**ischungs**s**tärke, hier 40 %

LM: gesuchte **L**ösungsmittel**m**enge

2. Schritt: KS – MS = LM *und* MS – LS = KM, Ergebnis (wenn möglich) kürzen:

Konzentrat:	60 %		?	60 %		40 ≙ 2 Teile
		40 %			40 %	+
Wasser:	0 %		?	0 %		20 ≙ 1 Teil

3. Schritt: Umrechnung der errechneten Teile:

3 Teile ≙ 120 ml

1 Teil ≙ 120 ml : 3 = 40 ml

2 Teile ≙ 40 ml · 2 = 80 ml

Lösung: Werden 80 ml (= 2 Teile) Konzentrat mit 40 ml (= 1 Teil) Wasser gemischt, erhält man 120 ml Shampoolösung mit einem Tensidanteil von 40 %.

2.4 Anwendung von Spezialshampoos

Spezialshampoos für Haar- und/oder Kopfhautprobleme enthalten zum einen die gleichen Inhaltsstoffe wie normale Shampoos. Ihnen werden außerdem spezielle Wirkstoffe zugesetzt, abgestimmt auf das jeweilige Haar- und/oder Hautproblem.

Shampoo für schnell fettendes Haar. Die Überproduktion der Talgdrüsen lässt Haare meist einen Tag nach der Reinigung bereits wieder strähnig aussehen. Öl- und wachsartige Bestandteile des Hauttalgs lassen die einzelnen Haare glatt werden und die Frisur fällt zusammen. Shampoos für schnell nachfettendes Haar enthalten als besonderen Wirkstoff gerbstoffhaltige Kräuterextrakte, die eine leichte Aufrauung der Haaroberfläche herbeiführen. Dadurch wird das Zusammenfallen einer volumigen Frisur verhindert. Rückfettende öl- und wachsartige Substanzen und kationische Tenside werden kaum eingesetzt. Hautpflegende Proteine sind enthalten.

Shampoo für trockenes Haar. Sprödes, strukturgeschädigtes Haar infolge einer Talgdrüsenstörung oder Haarschäden durch Umwelteinflüsse oder chemische Behandlung benötigt einen hohen Anteil an pflegenden Stoffen. Bewährte Inhaltsstoffe sind Öle und wachsartige Stoffe, Lecithine und Eiweißverbindungen. Vielfach werden kationische Polymere eingesetzt. Bisher konnte weder die Über- noch die Unterfunktion der Talgdrüsen durch äußerlich angewandte Präparate beeinflusst werden.

Shampoo für geschädigtes Haar. Niemand kann geschädigtes Haar heilen. Möglich ist zum Teil lediglich eine gute Kämmbarkeit, Glanz und Griff in das geschädigte Haar zu bringen. Shampoos hierfür enthalten die gleichen Wirkstoffe, die in Präparaten für trockenes Haar enthalten sind. Um Glanz und gute Nasskämmbarkeit zu erreichen werden z.B. Proteine zugesetzt. Sie können sich in das Haar einlagern. Somit erhält das Haar mehr Spannkraft. Das Haar fühlt sich weich und samtig an.

Schuppenshampoos. Diese Präparate enthalten Wirkstoffe, die das Wachstum von Pilzen und Bakterien hemmen. Sie lösen lockere Hautschuppen, was zu Beginn zu einer scheinbar vermehrten Schuppung führt. Diese Shampoos sollen eine gewisse Zeit auf die Kopfhaut einwirken. Zellteilungshemmende Wirkungen sollen eine Normalisierung der Kopfhautabschilferung herbeiführen. Die Praxiserfahrung zeigt eine Verminderung des sichtbaren Schuppenbefalls.

Kindershampoos. Hier werden besonders milde Stoffe mit optimaler Haut- und Schleimhautverträglichkeit eingesetzt. Aus den gleichen Rezepturen sind Shampoos für besonders empfindliche Haut und zur täglichen Anwendung entstanden.

Farbverändernde Shampoos. In diesen sind direktziehende Farbstoffe enthalten, um neben der Reinigung eine Nuancierung der Haarfarbe zu erzielen.

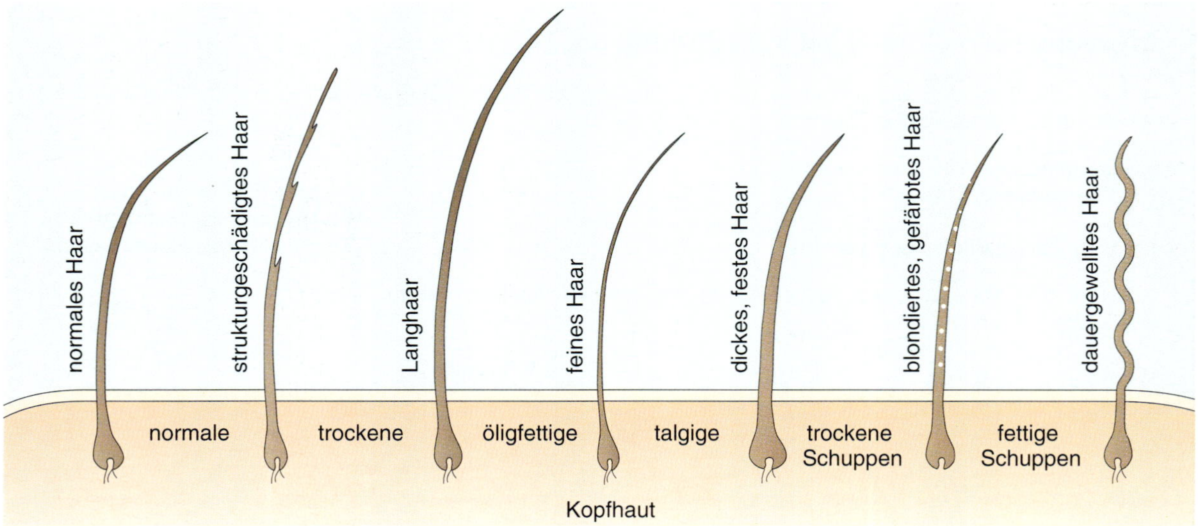

1. Mögliche Ergebnisse einer Haar- und Kopfhautdiagnose

3 Pflegeprodukte

Die Präparate zur Haar- und Kopfhautpflege lassen sich nach verschiedenen Kriterien ordnen:

Wirkungsschwerpunkt: Präparate, die auf das Haar oder auf die Kopfhaut wirken und Präparate, die auf Haar und Kopfhaut wirken.

Einwirkzeiten: **Spülungen** werden nach wenigen Minuten Einwirkzeit ausgespült; **Packungen** lässt man länger einwirken. Zusätzlich kann man das Haar abdecken, sodass die Körperwärme die Wirkung des Präparates verstärkt, oder man fügt von außen zusätzlich Wärme zu.
Strukturanten werden nicht ausgespült, sie verbleiben im Haar.

Konsistenz: cremeförmige Haarkuren sind O/W-**Emulsionen,** hier hat man pflegende Fettstoffe mithilfe eines Emulgators sehr fein in Wasser zerteilt.
Gele sind eingedickte Lösungen oder transparente Emulsionen.
Schäume sind mithilfe von Tensiden aufgeschäumte Lösungen, die durch Treibgase oder Pumpen aus der Verpackung kommen.
Haar- und Kopfhaut-**Wässer** sind dünnflüssige wässrige Lösungen, die meistens Alkohol enthalten, in denen Wirkstoffe gelöst sind.

3.1 Haarkuren

Haarkuren sind Produkte zur Verbesserung der Haarstruktur. Sie lassen stapaziertes Haar wieder glänzen und verbessern die Kämmbarkeit. Einige werden als strukturausgleichende Präparate vor und nach chemischen Behandlungen eingesetzt.

Die Wirkung von Haarkuren ist von den Inhaltsstoffen abhängig. Nur wenn man die Inhaltsstoffe und ihre Wirkungen kennt, kann das richtige Produkt ausgewählt und ein gutes Beratungsgespräch geführt werden. Voraussetzungen für die Auswahl ist das vom Kunden beschriebene Problem, die Haar- und Kopfhautdiagnose des Friseurs und die Kundenwünsche.

Keratinhärtende Mittel enthalten Frucht- und Kräutersäuren. Sie stabilisieren die Haarsubstanz und lassen dünne, feine Haare etwas kräftiger erscheinen.

Neutralisierende Mittel haben meist einen sauren pH-Wert. Sie neutralisieren alkalische Substanzen, weshalb sie z. B. nach einer Blondierung oder Farbbehandlung eingesetzt werden. Sie wirken aber auch adstringierend (zusammenziehend) auf die Haarsubstanz. Ein mit einer schwachen Säure nachbehandeltes Haar glänzt, da sich die Schuppenschicht eng um den Faserstamm legt und das Licht gut reflektiert werden kann.

Fettphase: fettlösliche Inhaltsstoffe	Fette, Öle, Wachse
Wasserphase: wasserlösliche Inhaltsstoffe	Wasser (Verdünnungs- und Lösungsmittel)
Emulgator	Mono- und Diglyzeride, z. B. Lezithin
Wirkstoffe	Proteine, Kräuterextrakte, schwache Säuren, feuchtigkeitsbindende Stoffe, z. B. Panthenol
Konsistenzgeber	Verdickungsmittel, z. B. Bienenwachs, Cetylalkohol, Kakaobutter u. a.
Farbstoffe	Lebensmittelfarbstoffe
Duftstoffe	Parfümöle
Konservierungsmittel	Alkohole

1. Inhaltsstoffe von Haarkuren

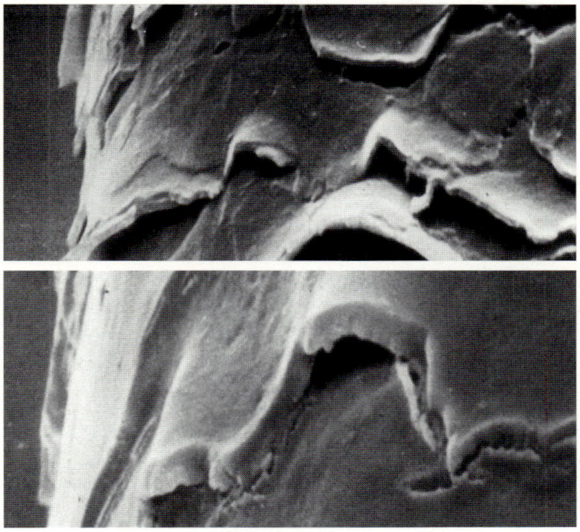

2. Haar ohne und mit Pflegestoffen

Antioxidantien sind Haarkuren, die nach Dauerwellbehandlungen eingesetzt werden um eventuell im Haar befindliche Reste des oxidierenden Fixiermittels unwirksam zu machen.

Haarglättende Mittel. Eine aufgeraute Haaroberfläche führt zu schlechter Kämmbarkeit. Einige Präparate glätten die Schuppenschicht durch Proteine (Eiweißstoffe), die sich in die Haarstruktur einlagern. Andere Mittel, die Filmbildner, überziehen das einzelne Haar mit einem Film, wodurch es auch vor dem Austrocknen geschützt wird.

Glanzgebende Haarkuren können entweder feuchtigkeitsbindende Stoffe wie Panthenol enthalten oder rückfettende Substanzen wie Fette, Öle, Wachse, die auch die Geschmeidigkeit des Haares verbessern.

Anti-elektrostatisch wirkende Präparate verhindern das „Fliegen" der Haare durch kationische Wirkstoffe. Diese können aufgrund ihrer positiven Ladung gut auf das negativ geladene Haar aufziehen. Allerdings beschweren sie das Haar und die Frisur kann zusammenfallen. Hier müssen verschiedene Produkte ausprobiert werden um anhand von Erfahrungswerten gut beraten zu können.

Ein Zuviel an Pflegestoffen auf dem Haar macht es schwer und die Frisur fällt zusammen. Bereits nach kurzer Zeit sehen überpflegte Haare fettig und strähnig aus. In diesem Fall sollte der Kunde aufgeklärt werden, Haarkuren nicht zu häufig einzusetzen oder ein anderes Präparat zu verwenden, das weniger fettende und beschwerende Inhaltsstoffe enthält.
Dem Wunsch nach natürlichen Inhaltsstoffen entsprechen die Herstellerfirmen, indem sie u. a. **Kräuter** und **Vitamine** in Pflegeprodukten verwenden. Schafgarbe, Arnika oder Melisse sind häufig eingesetzte Kräuterextrakte, die entzündungshemmend, desinfizierend, durchblutungsfördernd, adstringierend oder beruhigend wirken. Vitamine zeigen eine antiseborrhoeische Wirkung und vermindern die Schuppenbildung.

Klassische Inhaltsstoffe wie **Salicylsäure** und **Schwefelverbindungen** werden mit gutem Erfolg gegen vermehrte Schuppenbildung, Talgdrüsenstörungen und Kopfhautinfektionen verwendet.
Zur optischen Verbesserung gibt man Präparaten geringe Mengen an **Farbstoffen** zu. **Duftstoff**zusätze sind ein wichtiges Verkaufskriterium. Nur wohlduftende Präparate werden als wirksam für die Haarpflege gesehen.

Konservierungsstoffe werden eingearbeitet um der gesetzlichen Vorschrift nach Mindesthaltbarkeit von zwei Jahren zu genügen. Ohne Konservierungsstoffe kann ein Hersteller arbeiten, der seine Präparate in Dosen abfüllt und ein Gemisch aus Butan und Kohlenstoffdioxid als Treibgas verwendet. Das Treibgasgemisch tötet nachweislich alle schädlichen Keime in der Dose.

Verdünnungs- und Lösungsmittel	Wasser (entmineralisiert)
Verdünnungs-, Lösungs- und Desinfektionsmittel	Alkohol, z. B. Ethanol oder Isopropanol
durchblutungsfördernde Stoffe	z. B. Nicotinsäure in Verbindung mit Vitamin E, Menthol, Kampfer, u. a.
keimhemmende Stoffe	desinfizierende Stoffe, z. B. Nicotinsäure, Isopropanol
Konditionierungsmittel	z. B. quartäre Stickstoffverbindungen „Quats"
Feuchthaltemittel	wasserbindende Stoffe, z. B. Glyzerin
schaumbildende Stoffe	Tenside
Verminderung der Talgdrüsenproduktion	Cysteinsäureverbindungen
hornlösende (keratolytische) Stoffe	Schwefelverbindungen, Salicylsäure
entzündungshemmende und juckreizlindernde Stoffe	Pflanzenextrakte, z. B. Birke, Kamille, Hamamelis u. a.
Farbstoffe	z. B. Lebensmittelfarbstoffe
Duftstoffe	Parfümöle

1. Inhaltsstoffe von Haar- und Kopfhautwässern

3.2 Haar- und Kopfhautwässer

Neben dem Begriff Haarwasser gibt es auch den des Kopfwassers bzw. Kopfhautwassers. Da in der Praxis immer das Haar und die Kopfhaut beeinflusst werden, gibt es kaum eine exakte Trennung beider Präparategruppen. Beide dienen der Pflege von Haar und Kopfhaut und sollen durch Zusatzstoffe gezielt positiven Einfluss nehmen.

Während Haarwasser in geringen Mengen auf möglichst angetrocknetem oder ganz trockenem Haar aufgebracht wird, werden Kopfhautwässer in Scheiteltechnik direkt auf die Kopfhaut aufgetragen. Durch Friktionen, kreisförmige Bewegungen mit den Fingerkuppen, werden die Präparate einmassiert.
Neben kosmetischen Produkten gibt es auch von Ärzten verordnete medizinische Haar- und Kopfhautwässer. Diese Präparate sind als Medikamente zu bezeichnen.
Die Verwendung eines Haar- und Kopfhautwassers weckt oft falsche Erwartungen und Hoffnungen. Schnelleren Haarwuchs oder gar die Beseitigung der Glatzenbildung „männlichen Typs" (Alopezia androgenetica) kann ein Präparat nachweislich nicht erfüllen.

Haar- und Kopfhautwässer sind **alkoholisch-wässrige Lösungen** mit einem Alkoholanteil von 40 % bis 70 % Ethanol und/oder Isopropanol. Bei trockener oder empfindlicher Kopfhaut sollten Präparate mit Ethanol und einem möglichst niedrigen Alkoholanteil verwendet werden, um eine starke Entfettung zu vermeiden. Bei stark fettender Kopfhaut sollten Produkte mit einem hohen Anteil an Isopropanol verwendet werden, so genannte antiseborrhoeische Produkte. Bei gleicher Konzentration entfettet und desinfiziert Isopropanol stärker als Ethanol. Isopropanol hat einen intensiveren, medizinischen Eigengeruch. Kunden sollte man hinsichtlich der Anwendung stark entfettender Produkte dahingehend beraten, dass sie nicht durch zu häufige Anwendung die Talgdrüsen der Kopfhaut zu einer verstärkten Überproduktion anregen und die Wirkung des Präparates ein noch schnelleres Nachfetten zur Folge hat.

Als **Wirkstoffe** setzt man Haar- und Kopfhautwässern u. a. Pflanzenextrakte mit entzündungshemmenden, juckreizlindernden, heilenden, zellbildenden, erfrischenden, durchblutungsfördernden u. a. Eigenschaften zu. Zur Verminderung der Talgdrüsenproduktion werden spezielle Wirkstoffe zugegeben, z. B. Cysteinsäureverbindungen. In Anti-Schuppen-Präparaten werden hornlösende (keratolytische) Wirkstoffe eingesetzt, die zusammen mit der Kopfmassage die Ablösung der bereits verhornten Hautschuppen unterstützen. Vorübergehend scheint sich daher die Schuppung zu verstärken, ein Punkt, der in einem Beratungsgespräch unbedingt erwähnt werden muss.

Konditionierungsmittel verbessern die Nasskämmbarkeit, die Frisierbarkeit sowie Griff und Haarglanz durch positiv geladene Wirkstoffe (Kationen). Glanz und Geschmeidigkeit werden durch **Rückfettungs- und Feuchthaltemittel** erreicht.

Schaumbildende Stoffe verbessern die Eigenschaft eines Präparates. Der schnell zerfallende Schaum verhindert das rasche Herablaufen des wässrigen Produktes beim Auftragen und Einmassieren. **Farbstoffe** dienen der optischen Gestaltung der Präparate und sollen sich verkaufsfördernd auswirken. **Konservierungsstoffe** sind wegen der hohen Alkoholkonzentration überflüssig.

Bei Kopfhautverletzungen oder starken Entzündungen wird ein Haarwasser bedingt durch seinen hohen Alkoholanteil auf der Kopfhaut unangenehm brennen. **Bei Kontakt mit Augen und Schleimhäuten muss sofort mit viel Wasser gespült werden** und je nach Intensität ein Arzt aufgesucht werden.
Um den anfallenden Müll gering zu halten sollten wieder befüllbare Verpackungsformen bevorzugt werden. Wieder verwertbare Glasflaschen sind Einweg-Kunststoffflaschen vorzuziehen.

Beispiel für eine Kopfhautmassage

Zum Einmassieren von Kopfhautwässern werden Massagegriffe aus der Streich- und Bindegewebsmassage angewandt. Sie wirken beruhigend und anregend im Wechsel.

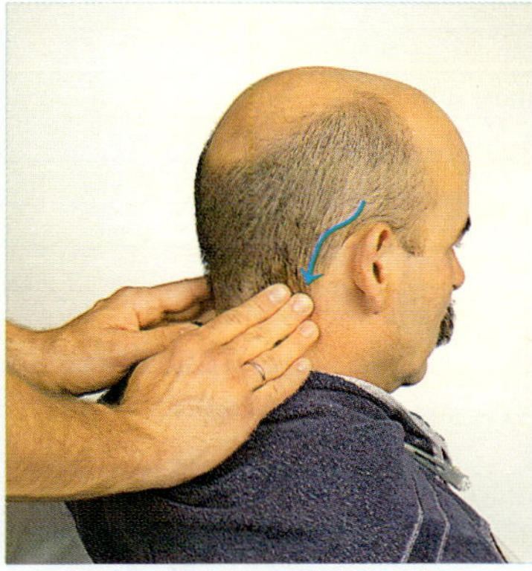

1. Ausstreichen, beidseitig von oben nach unten

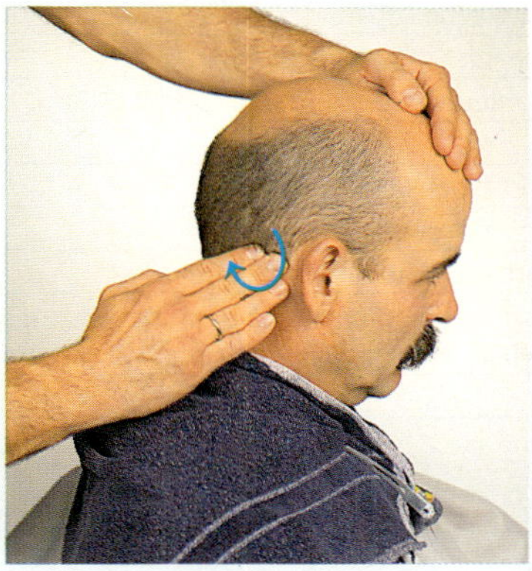

2. Bindegewebsmassage, einseitig und rechts beginnend

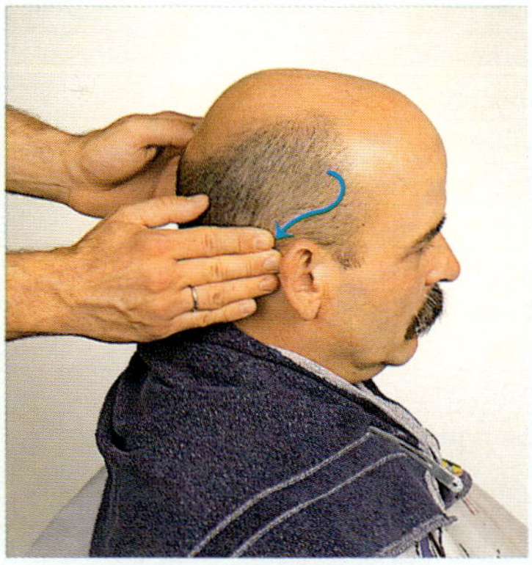

3. Ausstreichen, beidseitig

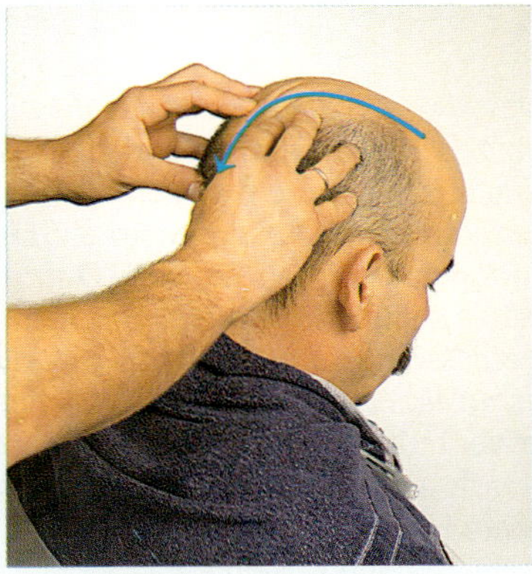

4. Bindegewebsmassage, gesamte Kopfhaut

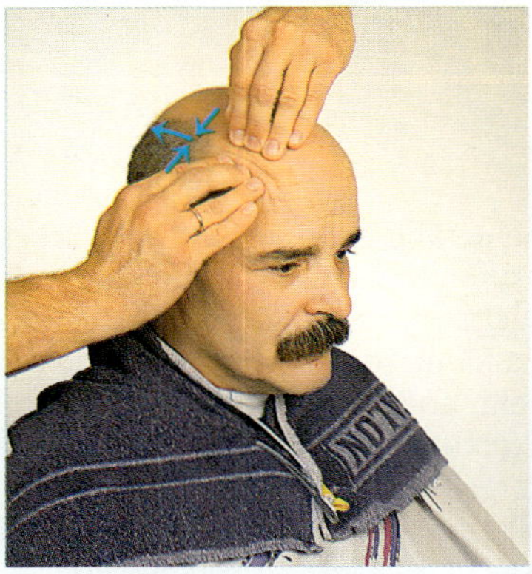

5. Scheitelweise Plissieren, anschließend wie 4.

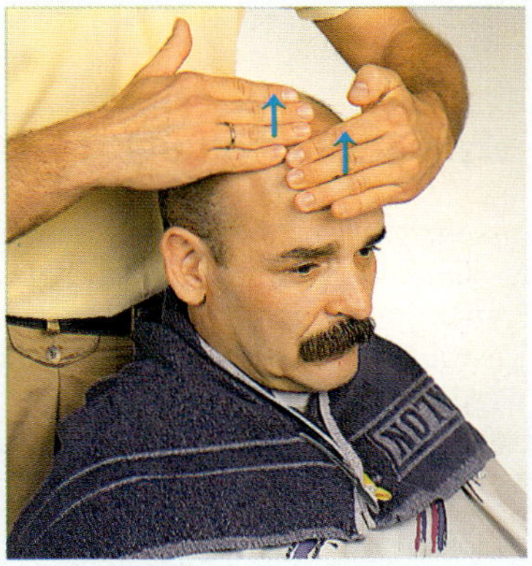

6. Ausstreichen, vorderer Haaransatz

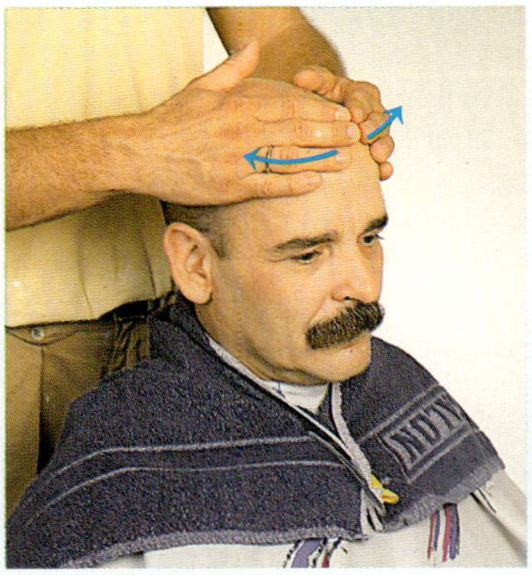

7. Großer Ausstreichgriff, Vorderkopfpartie

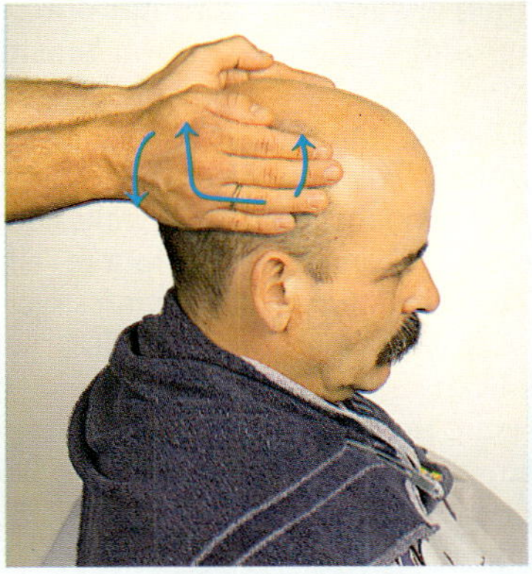

8. Großer Ausstreichgriff, Oberkopfpartie

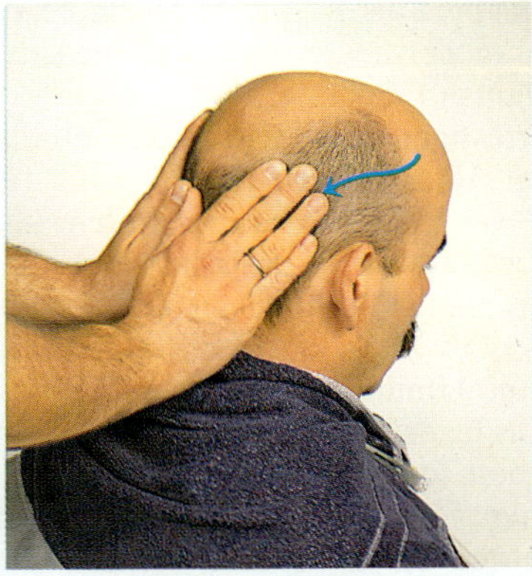

9. Großer Ausstreichgriff, Hinterkopfpartie

Lösungs- und Verdünnungsmittel	Wasser (entmineralisiert)
Lösungsmittel	Alkohol (Ethanol, Iso- und n-Propanol)
Filmbildner	Harze und Kunstharze
Weichmacher	z. B. Polyglykol
Konditionierungsmittel	kationische Tenside, Quats, Mineralöle (Paraffinöle), Silikonöl, Vaseline, schwache organische Säuren
Schaum-, Netzmittel und Emulgatoren	Tenside
Treibgase	Kohlenwasserstoffe (Iso- und n-Butan, Propan) und Kohlendioxid
Gelbildner	
Verdickungsmittel	z. B. Kochsalz
Feuchthaltemittel	z. B. Glycerin
Kräuterzusätze	gerbstoffhaltige Pflanzenauszüge
Farb- und Glitterstoffe	Farbstoffpigmente, Lebensmittelfarben, direkt ziehende Farbstoffe, farbige kunststoffüberzogene Aluminiumplättchen
Lichtfiltersubstanzen	
Konservierungsmittel	

1. Inhaltsstoffe von Styling- und Finish-Präparaten

3.3 Styling- und Finish-Präparate

Einen sehr großen Marktanteil haben heute alle Produkte, die man zusammenfassend als frisurenfestigende Präparate bezeichnen und nach „leicht“, „stark“ und „extra stark“ festigend unterscheiden kann. Manche werden im noch feuchten Haar verteilt, andere in das trockene Haar gegeben. Besondere Effekte werden durch Farbpigmente in Farb- und Glittergel, Feuchthaltemittel in Wet-Look-Gel und Lichtfilter-Substanzen in Sonnenschutz-Gel erreicht. Die Wiederherstellung oder Verbesserung der Nasskämmbarkeit, des Glanzes, der Weichheit und des Volumens, zusammenfassend als Konditionierung bezeichnet, erwarten Verbraucher heute von guten Haarstyling- und Frisuren-Finish-Präparaten.

Haarfestiger sind wässrig-alkoholische Lösungen mit einem **Alkohol**anteil von 20 % bis 40 %, was die Zugabe von **Konservierungsstoffen** überflüssig macht. Der Alkohol wirkt desinfizierend und fettlösend, aufgrund seiner schnellen Verdunstung entsteht ein kühlender Effekt auf der Kopfhaut. Im Alkohol werden die **Filmbildner** gelöst. Nach Verdunsten des Alkohols legen sie sich um die einzelnen Haare und lassen diese fester und voller erscheinen. Damit die Filmbildner geschmeidig und elastisch bleiben, werden **Weichmacher** eingesetzt. **Konditionierungsmittel** verleihen dem Haar einen seidigen Glanz, verbessern die Kämmbarkeit und es verliert seine elektrostatische negative Aufladung. Sehr feines Haar kann dadurch allerdings zu stark beschwert werden und die Frisur fällt zusammen. Organische Säuren wirken adstringierend und verbessern somit die Nasskämmbarkeit. **Duftstoffe** geben den Präparaten ihren frischen Duft. Geringe **Farbstoff**zusätze sollen die optische Erscheinung eines Produktes verbessern. 0,1 % bis 0,3 % direktziehende Farbstoffe sind in Farbfestigern zur vorübergehenden farblichen Veränderung der Haare eingesetzt.

15 ml bis 20 ml Haarfestiger werden möglichst gleichmäßig auf das feuchte Haar gegeben, mit einem Kamm gleichmäßig bis in die Spitzen verteilt.

Schaumfestiger unterscheiden sich von den Haarfestigern nur durch geringeren **Alkohol**anteil und den Zusatz von **Tensiden.**

Schaumfestiger werden zur Zeit Lotionen oder Pumpsprays vorgezogen. Hier kann weitgehend bis ganz auf Konservierungsstoffe verzichtet werden, da der Aerosol-Behälter unter Druck steht und keine Keime in das Innere einer luftfreien Dose gelangen können. Schaumfestiger werden entweder mit einem Kamm gleichmäßig verteilt oder in die Längen und Spitzen geknetet.

Haargel als Wet-Look-Gel, Farb-Gel oder Styling-Gel besteht zu ca. 95 % aus **Wasser** und einem **Gelbildner,** der das Wasser zu einem Gel mit leichter festigender Wirkung eindickt. **Konservierungsmittel** werden zugesetzt um die Haltbarkeit zu gewährleisten. Den Nass-Effekt bei Wet-Look-Gels erreicht man durch

Zugabe von **Feuchthaltemittel** und **Silikonöl. Alkohol** zum Lösen der Filmbildner und geringe Mengen **Konditionierungsmittel** runden die Rezepturen verschiedener Hersteller ab. Farb- und Glitter-Gel enthält leicht auswaschbare **Farbstoffteilchen** und **Aluminiumplättchen,** Sonnenschutz-Gel entsprechend **Filtersubstanzen,** die einen Teil der UV-Strahlung filtern. Haargel wird zwischen den Fingern oder den Händen zerrieben und entweder partienweise oder über das ganze trockene Haar verteilt.

Haarsprays werden als Pumpsprays oder mit 50 % bis 90 % **Treibgas** in Spraydosen angeboten. Die Rezepturen der eigentlichen Wirkstofflösungen unterscheiden sich kaum von denen der Haarfestiger.
Fertige Frisuren werden aus mindestens 30 cm Entfernung besprüht. Dabei ist unbedingt darauf zu achten, dass weder Friseur noch Kunde den feinen Wirkstoffnebel einatmen.

Frisiercremes sind O/W- oder W/O-Emulsionen mit ca. 10 % Wachs und Fettsäureestern und ca. 30 % Paraffinöl. Besonders trockene Haare lassen sich durch den hohen Fettanteil besser frisieren und erhalten natürliche Geschmeidigkeit. Bevorzugt werden sie für Herrenfrisuren verwendet.

Pomade ist ein wasserfreies Präparat aus 75 % Vaseline und einem sehr hohen Anteil an Emulgatoren. Diese sind wichtig um die Vaseline auch wieder auswaschen zu können. Vaseline, auch unter dem Begriff Melkfett im Handel, bildet einen Gleit- und Schutzfilm auf Haar und Haut, ohne einzudringen.

Haaröl pflegt und schützt das Haar und überzieht es mit einem Fettfilm, es verbreitet durch den Zusatz von Parfümölen einen sehr angenehmen Duft. Anwendung findet es bei trockenen Spitzen oder vorbeugend für Haare, die mit Salzwasser in Berührung kommen.

Beim Kauf und der Anwendung von Haarpflegepräparaten sollte unbedingt auf die Verwendung von wieder befüllbaren oder zumindest recyclingfähigen Verpackungen geachtet werden. Pump- oder Luftdrucksprays sind gut nachzufüllen und hinsichtlich des Umweltaspektes weitgehend bedenkenlos.

1. Erstellen Sie eine Tabelle der Ihnen bekannten Shampoos und Pflegepräparate. Listen Sie die Inhaltsstoffe auf und ordnen Sie die Präparate Haar- und Kopfhautproblemen zu, wie sie in Ihrem Ausbildungs-Salon vorkommen.

2. Führen Sie anhand Ihrer Tabelle aus Aufgabe 1 ein Beratungs- und Verkaufsgespräch.

2. Frisurengestaltung durch Styling- und Finishprodukte

Verbrauchsberechnung

Für eine Haarwäsche benötigt man 50 ml Shampoolösung, die aus 5 ml Shampookonzentrat und 45 ml Wasser besteht. Das Konzentrat wird in verschiedenen Verpackungseinheiten angeboten:

a) 5-Liter-Kanister mit Pumpspender, 5 ml pro Hub 70,00 DM
b) 3-Liter-Kanister mit Pumpspender, 2 ml pro Hub 45,00 DM
c) 10-Liter-Kanister mit Pumpspender, 6 ml pro Hub 120,00 DM
d) 1-Liter-Flasche ohne Pumpspender 15,50 DM

Wie viele Haarwäschen können mit den verschiedenen Verpackungseinheiten durchgeführt werden? Wie viel kostet das Shampoo für eine Haarwäsche? Diskutieren Sie die Vor- und Nachteile der beschriebenen Verpackungseinheiten.

Lösung

a) 5 l = 5 000 ml
5 000 ml : 5 ml = **1 000 Haarwäschen**
70,00 DM : 1000 = **0,07 DM/Wäsche**
Die Entnahme von 5 ml Shampookonzentrat geht hier einfach, schnell und exakt.

b) 3 l = 3 000 ml
3 000 ml : 5 ml = **600 Haarwäschen**
45,00 DM : 6 000 = 0,075 DM =
0,08 DM/Wäsche
Hier muss der Pumpspender für eine Haarwäsche 2,5-mal betätigt werden. Dies ist zeitaufwendiger und ungenauer zu dosieren. Drückt man 3-mal, erhöht sich der Preis auf 0,09 DM/Wäsche.

c) 10 l = 10 000 ml
10 000 ml : 5 ml = **2 000 Haarwäschen**
120,00 DM : 2 000 = **0,06 DM/Wäsche**
Der Pumpspender liefert beim ersten Hub bereits 6 ml. Der Shampooverbrauch pro Wäsche erhöht sich daher um 1 ml, da es zu aufwendig ist 5 ml abzumessen. Die 10 l werden daher nur für 1 666 Wäschen reichen, der Preis pro Wäsche erhöht sich damit auf 0,07 DM.

d) 1 l = 1 000 ml
1 000 ml : 5 ml = **200 Haarwäschen**
15,50 DM : 200 = 0,0775 DM =
0,08 DM/Wäsche
Zeitaufwendig abzumessen, da ohne Pumpspender.

Überlegen Sie, wie Sie in Ihrem Ausbildungssalon mit dem Shampoo umgehen.

Fallstudien

1. Was Kunden so fragen …
Versuchen Sie Antworten zu den aufgeführten Problemen zu finden. Überlegen Sie jeweils, ob für die richtige Antwort eine Diagnose von Haar und Kopfhaut notwendig ist. Falls ja, überlegen Sie sich ein Diagnoseergebnis und beantworten Sie die Frage entsprechend Ihrem konstruierten Ergebnis.
a) „Schadet es meinem Haar, wenn ich es täglich wasche und föne?“
b) „Was hilft denn gegen die fliegenden Haare meiner kleinen Tochter? Beim Kämmen knistert es richtig.“
c) „Meine Kopfhaut fettet sehr schnell nach, aber meine Haarspitzen sind ganz trocken. Muss ich jetzt zwei Shampoos anwenden oder gibt es für dieses Problem keine Hilfe?“

2. Welche Fragen zur Pflege des Haares und der Kopfhaut gibt es in Ihrer Klasse? Sammeln Sie die Probleme und versuchen Sie nach einer Haar- und Kopfhautdiagnose Lösungen zu finden.

3. Was halten Sie von folgenden, teils sehr alten Hausmitteln zur Haarpflege? Wie wirken diese Mittel? Versuchen Sie Parallelen zu modernen Präparaten herauszubekommen.
a) Spülung des gewaschenen Haares mit Essig oder Zitronensaft.
b) Ein frisches Ei verquirlen, im Haar verteilen und 10 Minuten einwirken lassen. Mit Wasser ausspülen.
c) Quark mit Eigelb und Zitronensaft verrühren, im Haar verteilen, nach einer Stunde mit Wasser ausspülen.

4. Sie empfehlen einem Kunden ein Antischuppenshampoo und ein Haarwasser aus dem Angebot Ihres Salons. Als der Kunde den Preis hört, bemerkt er: „Aber im Drogeriemarkt bekomme ich auch solche Produkte und da kosten sie wesentlich weniger.“ Überlegen Sie sich eine überzeugende Antwort.

5. Entwerfen Sie Etiketten für ein Shampoo und eine Haarkur. Neben einem kaufanregenden Namen und werbewirksamen Aussagen zur Wirkung müssen laut Gesetz auch die Inhaltsstoffe angegeben werden.

Wissen Sie Bescheid?

1. Wie lassen sich unangenehmer Geruch und Ausbreitung von Krankheitserregern auf Haar und Kopfhaut vermeiden?
2. Beschreiben Sie, welche Folgen stark entfettende Shampoos für Haar und Kopfhaut haben.
3. Begründen Sie, wie oft Haare gewaschen werden dürfen.
4. „Frottieren regt die Durchblutung an und ist gut für Haar und Kopfhaut." Wie stehen Sie zu einer solchen Kundenmeinung?
5. Beschreiben Sie, wie der Friseur Haarschäden beseitigen kann.
6. Formulieren Sie Fragen, die bei einer Haardiagnose gestellt werden.
7. Nennen Sie Anhaltspunkte für die Wahl eines Shampoos. Spielt die beabsichtigte Behandlung nach der Haar- und Kopfhautreinigung eine Rolle? Begründen Sie.
8. Nennen Sie die vorbereitenden Maßnahmen vor einer Haar- und Kopfhautreinigung.
9. Erklären Sie den Unterschied zwischen Emulgieren und Dispergieren.
10. Beschreiben Sie die Durchführung einer Haaransatzwäsche.
11. Erläutern Sie, wie die Wassertemperatur geprüft wird.
12. Erklären Sie, warum Haare von Wasser alleine nicht gut benetzt werden.
13. Wie lagern sich die Tensidteilchen an der Grenzfläche von Wasser und Öl an?
14. Beschreiben Sie die Aufgaben der Tensidteilchen bei der Haarwäsche.
15. Erklären Sie die Bildung des Schaums bei der Haarwäsche.
16. Nennen Sie die unterschiedlichen Tensidarten.
17. Erläutern Sie den Unterschied zwischen Spülungen und Haarkuren.
18. Nennen Sie Argumente, mit denen Haarwasser verkauft werden kann.
19. Erläutern Sie die Aufgabe der Filmbildner.
20. Erklären Sie die Abkürzung WAS.
21. Welche Ladung tragen kationische WAS?
22. Erläutern Sie das „Fliegen" der Haare.
23. Mit welchem Inhaltsstoff wirkt man dem „Fliegen" der Haare entgegen?
24. Welche Tensidarten werden als Waschrohstoffe in Shampoos eingesetzt?
25. Nennen Sie 5 Hilfsstoffe in Shampoos, beschreiben Sie deren Aufgaben.
26. Nennen Sie ein häufig verwendetes Verdickungsmittel in Shampoos.
27. Beschreiben Sie die Wirkungen von Shampoos für geschädigtes Haar.
28. Nennen Sie einige Wirkstoffe in Shampoos und Haarkuren und beschreiben Sie ihre Wirkung.
29. Wie entsteht eine Emulsion?
30. Erläutern Sie die unterschiedlichen Emulsionstypen.
31. Emulsionstypen haben unterschiedliche Eigenschaften. Nennen Sie die Ihnen bekannten.
32. Was sind Mehrfachemulsionen?
33. Nennen Sie die unterschiedlichen Shampooarten mit typischen Inhaltsstoffen.
34. Nennen Sie Massagearten, die bei der Kopfmassage angewendet werden.
35. *Wie müssen Sie eine 18%ige H_2O_2-Lösung mit Wasser mischen um 200 ml einer 3%igen H_2O_2-Lösung zu erhalten?*
36. *a) Berechnen Sie den durchschnittlichen Jahresverbrauch an Shampookonzentrat, wenn pro Haarwäsche 5 ml verbraucht werden, 25 Haarwäschen pro Tag durchgeführt werden und der Salon an 280 Tagen im Jahr geöffnet hat.*

    b) Wie groß ist die Differenz, wenn ungenau abgemessen wird und pro Haarwäsche 6 ml oder 10 ml verbraucht werden?

    c) Berechnen Sie die Mehrkosten bei dem Verbrauch von 6 ml, wenn ein Liter Shampookonzentrat 14,00 DM kostet.

Haut, Aufbau und Eigenschaften

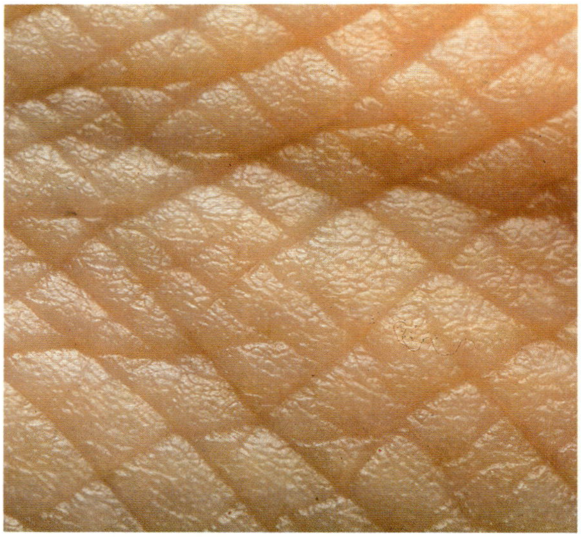

1. Hautrelief durch die Lupe betrachtet

1 Die Haut, das größte Organ des Menschen

2. „Vornehme Bräune" und „Vornehme Blässe"

Die Haut ist die Informationszentrale zwischen Innen und Außen. Sie ist sanft und sensibel und hat ungeahnte Talente. Sie kühlt und wärmt, sie fängt ruppige Stöße ab, wenn uns einer ans Leder will. Sie macht krank machenden Keimen den Garaus und schlägt beim kleinsten Stich sofort Alarm. Die Haut **beschützt** und **informiert** unser Inneres und Äußeres. Allerdings stehen diese Aufgaben der Haut meist nicht im Vordergrund – wenn es um unsere Haut geht.

Die Haut soll jugendlich straff und sommerlich frisch sein – selbstverständlich lebenslang. Noch zur Jahrhundertwende verbarg die kultivierte Europäerin ihre helle, klare Alabasterhaut unter einem Sonnenhut oder einem Sonnenschirm. Sie wollte nicht durch eine braune Gesichtsfarbe den Makel der körperlichen Feldarbeit tragen. Die Hautfarbe ist ein Statussymbol, das die Zugehörigkeit zu einer bestimmten sozialen Schicht zeigt. Daran hat sich bis heute nichts geändert. Derzeit ist leichte Sonnenbräune gefragt. Gebräunte Menschen verfügen über freie Zeit und Freizeit genießt allerhöchstes gesellschaftliches Ansehen. Sonnenbraun erinnert an Weltenbummler, Palmen und Karibik.
Sonnenbraun um jeden Preis? Die Hautärzte warnen nachdrücklich. Die Rate der Hautkrankheiten steigt in rasantem Tempo und steht an der Spitze der Volkskrankheiten. Wir haben selbst Schuld. Unsere Haut muss viel aushalten: Umweltgifte, Psychostress und Sonnenbaden – arme Haut!

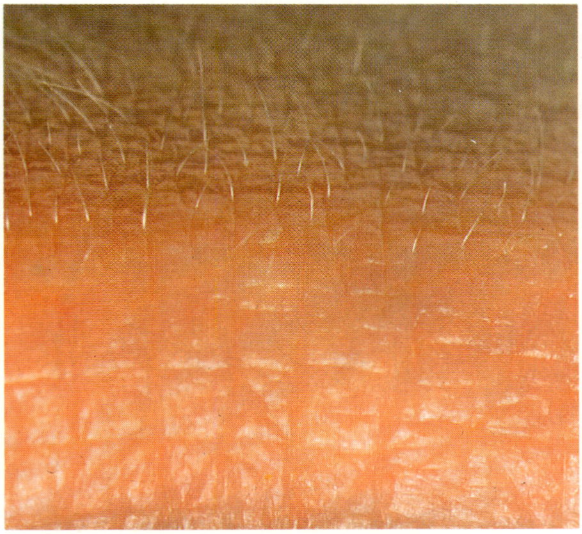

3. Übergang der Felderhaut zur Schleimhaut (Lippe)

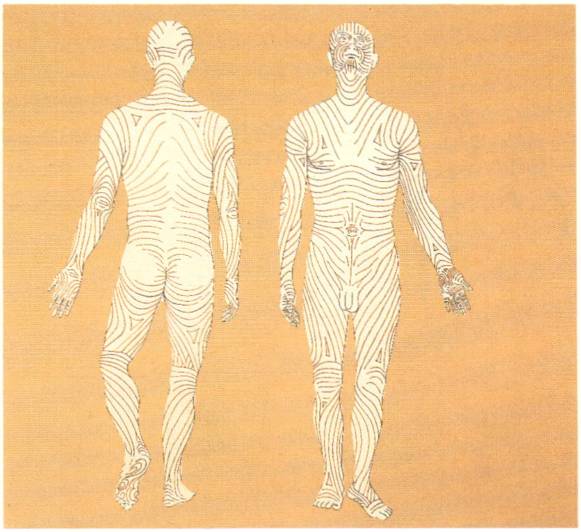

4. Spaltlinien der Haut

Hauteng und elastisch umgeben 1,5 bis 2 Quadratmeter Haut einen erwachsenen Menschen. Dies macht 5 % bis 10 % seines Körpergewichtes aus. Unter die Lupe genommen erscheint die menschliche Hautoberfläche wie eine mit Furchen durchzogene Kraterlandschaft. Deutlich erkennt man dreieckige und viereckige **Felder.** Man spricht vom **Hautrelief** der Felderhaut. Die Felder entstehen aus den stärker ausgeprägten Längsfurchen, den **Spaltlinien,** und den weniger tiefen Querfurchen. An den Kreuzungspunkten befinden sich Hauteinstülpungen, die **Poren.** Aus manchen wächst ein Haar, andere sind Ausgänge einer Drüse.

Je glatter die Hautoberfläche erscheint, desto gespannter ist sie. Die **Hautspannung** verändert sich nicht nur mit zunehmendem Alter, sondern reagiert auch auf das allgemeine Wohlbefinden des Menschen. Ein gestresster oder kranker Mensch hat eine herabgesetzte Hautspannung. In Richtung der Spaltlinien zeigen sich Falten. Die **Hautdecke** besteht aus: Oberhaut (Epidermis), Lederhaut (Corium) – beide werden als Cutis zusammengefasst – und der Unterhaut, auch Subcutis genannt.
An den Körperöffnungen (Lippen, Nasenlöcher, etc.) geht die Felderhaut in Schleimhaut über. Schleimhäute kleiden alle Körperhöhlen aus. Sie sind unverhornt und werden von einem schützenden, gleitenden Schleim überzogen.

1. Berechnen Sie das Gewicht ihrer Haut.

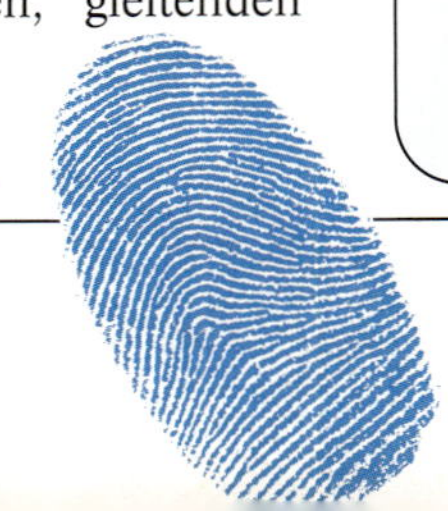

Der Fingerabdruck

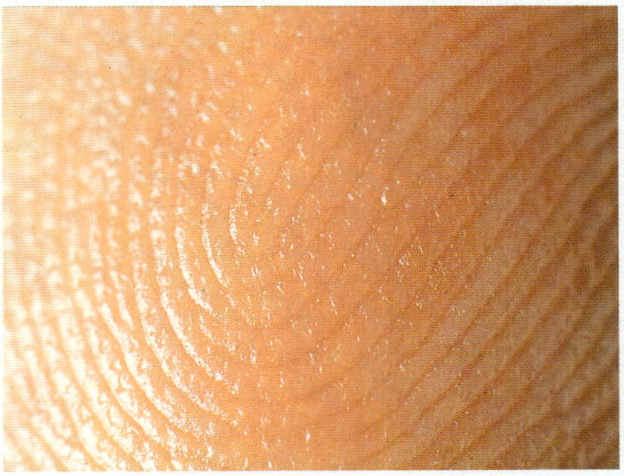

5. Leistenhaut

Die Handinnenflächen, besonders die Fingerspitzen, und die Fußsohlen weisen eine Besonderheit auf: Hier trägt die Haut **Leisten** und **Furchen,** die sie rau und griffsicher machen. Diese verlaufen überwiegend parallel und bilden ein Muster aus Linien, Schleifen, Wirbel und Bogen. Dieses Muster ist im Erbgut festgelegt und für jeden einzelnen Menschen charakteristisch. Jeder Fingerabdruck gilt heute in der Kriminalistik als unverwechselbar, selbst bei eineiigen Zwillingen.

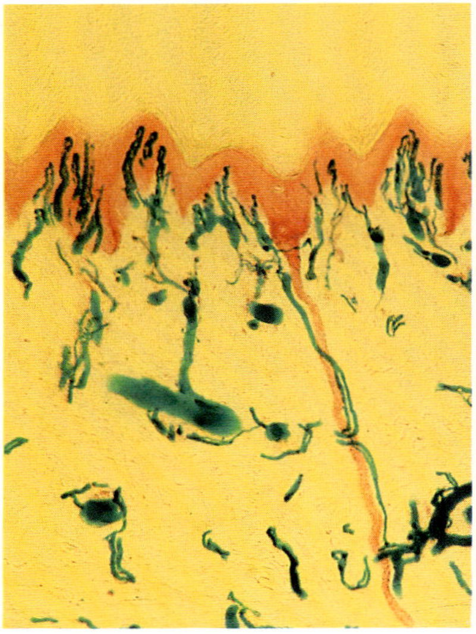

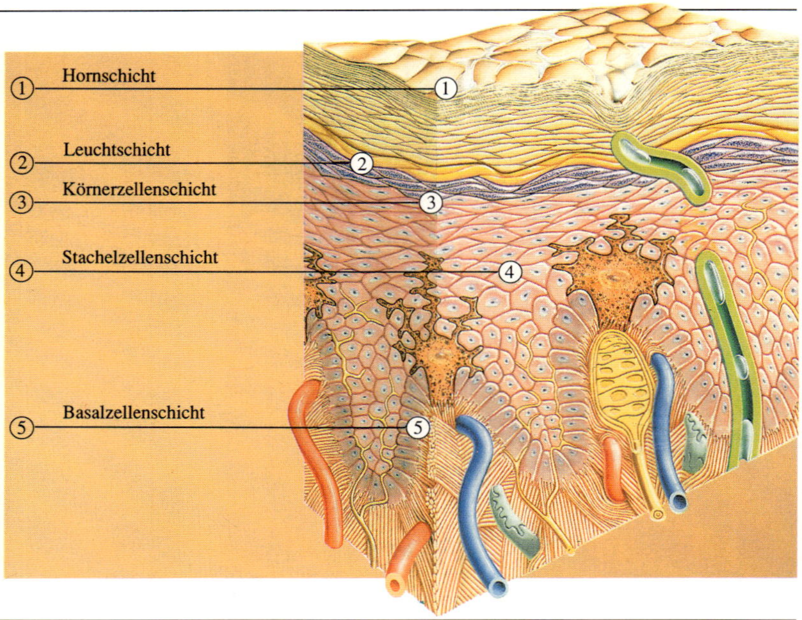

1. Schnitt durch die Oberhaut

1.1 Die Oberhaut

Die äußere Schicht der menschlichen Haut, die **Oberhaut** (Epidermis) erneuert sich innerhalb von 28 Tagen ständig vom Körperinneren her. Die Basalzellenschicht und die Stachelzellenschicht werden **Keimzone** genannt. Die Körnerzellenschicht, die Leuchtschicht sowie die Hornschicht bilden die **Verhornungszone.** Entsprechend des Wachstums werden die Schichten in der Reihenfolge von innen nach außen dargestellt.

Basalzellenschicht. Dies ist eine einlagige, sehr wasserreiche Zellschicht. Jede Basalzelle teilt sich in zwei Tochterzellen, von denen eine in etwa vier Wochen zur Hautoberfläche wandert und sich die andere erneut teilt. Auf dem Weg zur Hautoberfläche ändern die Tochterzellen ihren chemischen und biologischen Aufbau.

Stachelzellenschicht. Hier verlieren die Zellen etwas Wasser und schrumpfen. Dadurch entstehen zwischen den Zellen Zwischenräume. Für die Verbindungen zwischen den Nachbarzellen sorgen stachelartige Fortsätze, daher der Name Stachelzellen. Dies ergibt ein feines Befestigungssystem, das Druck oder Zug elastisch nachgeben kann. Die Stachelzellenschicht enthält noch ca. 70 % Wasser und verhindert dadurch das Eindringen von Fettstoffen in tiefer liegende Schichten.

1. Nennen Sie die Hautschichten der Keimzone und der Verhornungszone.

Körnerzellenschicht. Weiter nach außen gedrängt, flachen die Zellen ab. Sie verlieren viel Wasser und man erkennt keinen Zellkern mehr. Die Zellen beginnen zu verhornen und bilden Vorstufen von Keratin, das als körnige Einlagerung sichtbar wird. Daher hat die schmale Körnerzellenschicht ihren Namen.

Leuchtschicht. In der nachfolgenden, sehr dünnen Leuchtschicht (Glanzschicht) ist keine Zellstruktur mehr vorhanden. Aus den körnigen Einlagerungen entsteht eine ölige Substanz, die Licht reflektieren kann. An Handinnenflächen und Fußsohlen ist diese Leuchtschicht am deutlichsten ausgeprägt und wird bei kleineren Schürfwunden sichtbar. Die ölige Substanz der Leuchtschicht bildet eine Barriere für Wasser und wasserlösliche Substanzen. Sie verhindert sowohl das Eindringen als auch den Verlust von Wasser aus tiefer gelegenen Schichten. Die Leuchtschicht enthält nur noch ca. 2 % Wasser.

Hornschicht. In der äußeren Schicht der Oberhaut, der Hornschicht, ist der Verhornungsprozess abgeschlossen. Die ehemaligen Basalzellen sind zu weichen, flachen Hornplättchen (-schüppchen) zusammengebacken. Täglich werden die obersten verhornten Zellverbände unbemerkt abgestoßen. Eine Störung im Verhornungsprozess kann zu sichtbarer Abstoßung in Form von größeren Schuppenmengen führen. Unter Einfluss von Druck oder UV-Licht verdickt sich die Hornschicht zu Schwielen.

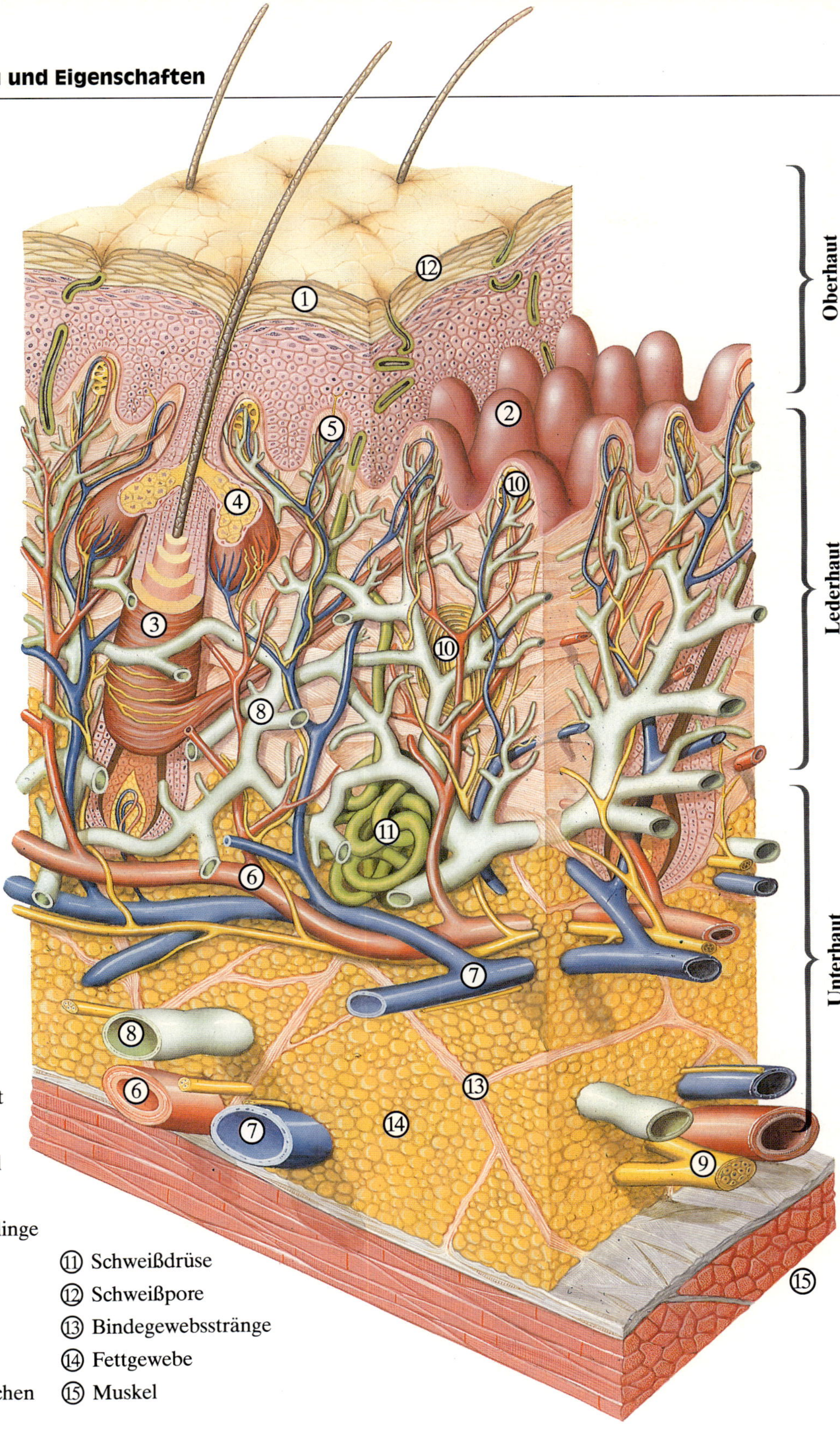

① Hornschicht
② Papillen
③ Haarfollikel
④ Talgdrüse
⑤ Kapillarschlinge
⑥ Arterie
⑦ Vene
⑧ Lymphe
⑨ Nerv
⑩ Tastkörperchen
⑪ Schweißdrüse
⑫ Schweißpore
⑬ Bindegewebsstränge
⑭ Fettgewebe
⑮ Muskel

2. Aufbau der Haut

1. Fasergeflecht – Lederhaut

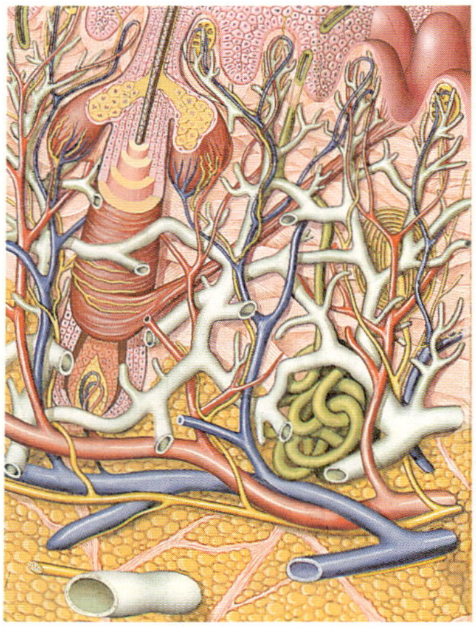

2. Schnitt durch Leder- und Unterhaut

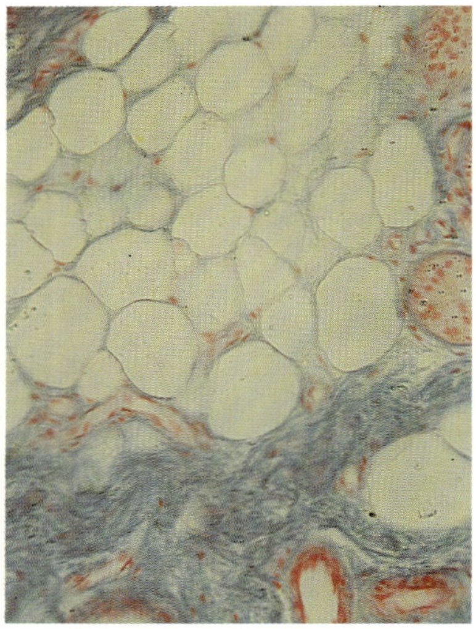

3. Fettgewebe-Unterhaut

1.2 Lederhaut und Unterhaut

Die **Lederhaut** (Corium) ist die dickste Hautschicht und besteht aus einem dichten, straffen Kollagenfasergeflecht, das die Haut reißfest macht. Ein weiteres, elastisches Netzwerk bringt die Fasern nach einer Bewegung wieder in die Ausgangsposition. Aus der Lederhaut von Tieren wird durch Gerben Leder gewonnen. Die Lederhaut wird in 2 Schichten gegliedert:

Papillarschicht. Diese grenzt unmittelbar an die Oberhaut. Bei Hautschnitten erkennt man eine deutliche, wellenförmige Trennlinie. Zapfenförmige Schleifen des Fasergeflechtes der Lederhaut ragen als Lederhautpapillen in Vertiefungen der Oberhaut. Somit sind Oberhaut und Lederhaut nicht gegeneinander verschiebbar. Die Höhe und Anzahl der Lederhautpapillen sind am Körper unterschiedlich. Das Augenlid hat sehr flache Papillen, während sich an Handinnenflächen und Fußsohlen sehr hohe befinden.

Geflechtschicht. Diese befindet sich unter der Papillarschicht und reicht bis zur Unterhaut. Zwischen dem Fasergeflecht befinden sich Nevenfasern, Nervenkörperchen, Gewebszellen, Blut- und Lymphgefäßbahnen. Eine wässrig-gallertartige Masse dient als Binde- und Gleitmittel. Sie enthält neben Wasser Blutplasma. Der Spannungszustand der menschlichen Haut ist von zwei Einflüssen abhängig. Erstens vom **Tonus,** dem Spannungszustand der elastischen Fasern, sowie zweitens vom **Turgor,** dem Spannungszustand, der durch den Flüssigkeitsgehalt der Gewebezellen und Kollagenfasern verursacht wird. Tonus und Turgor nehmen mit zunehmendem Alter ab.

Die **Unterhaut** (Subcutis) ist ein lockeres, mit Fettgewebe und Fasern durchzogenes, leicht verschiebbares Bindegewebe. Das Fettgewebe unterteilt man in Baufett und Depotfett.
Baufett ist durch straffe Fasern steppkissenartig unterteilt. Es bildet z. B. das Polster unter der Fußsohle.
Depotfett tritt in Form von so genannten Fettpölsterchen hauptsächlich unter der Haut des Rumpfes auf.
Das Unterhautfettgewebe kann an den verschiedenen Körperstellen unterschiedlich stark sein. Es ist an der Ausprägung geschlechtsspezifischer Körperformen, z. B. Brust, Hüfte, Gesäß bei Frauen und Bauch bei Männern, beteiligt. Die lokale Einlagerung von Depotfett wird von Hormonen gesteuert, abgesehen von der Ernährung in Abhängigkeit zum Energiebedarf. Die traubenförmigen Fettzellen selbst können nicht abgebaut werden. Nur ihr Inhalt kann durch entsprechende Maßnahmen reduziert werden.
An Augenlidern und Lippen fehlt das Fettgewebe. In der Unterhaut befinden sich Blut- und Lymphgefäße, Nerven und Drüsen. Es besteht keine exakte Trennlinie zwischen Leder- und Unterhaut.

1. Untersuchen Sie den Aufbau der Haut an einem Stück Schweinehaut.

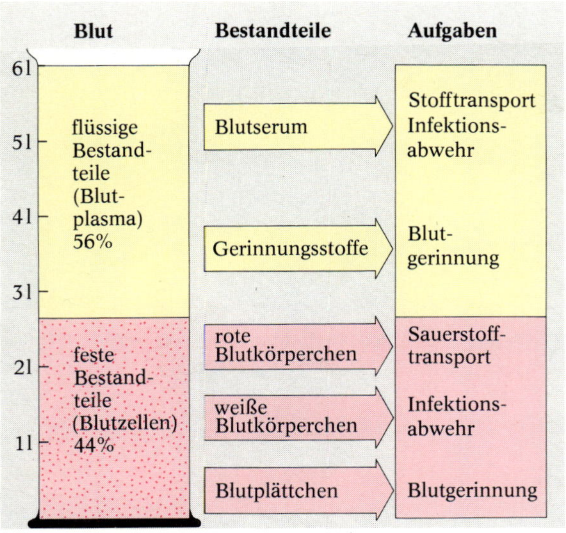

1. Bestandteile und Aufgaben des Blutes

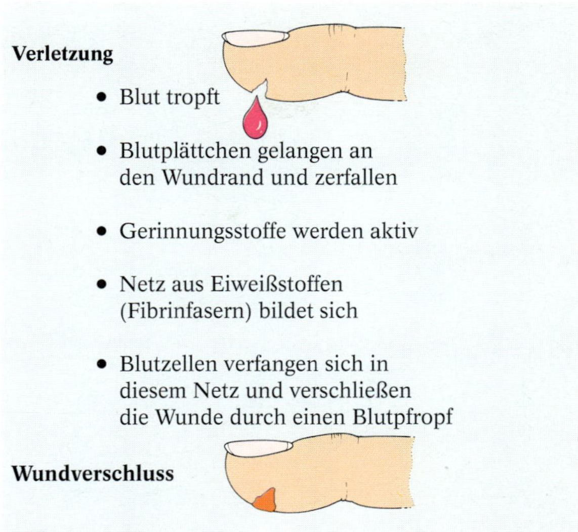

2. Blutgerinnung

1.3 Blutgefäßsystem

Das **Blutgefäßsystem** der Haut ist ein fein strukturiertes, übereinander liegendes Netzwerk von Arterien und Venen. Es ist stufenförmig aufgebaut.
In der Muskulatur verlaufen kräftigere Blutgefäße. Zwischen Unterhaut und Lederhaut verläuft ein feineres Gefäßnetz. Ein noch feineres befindet sich dicht unterhalb der Lederhautpapillen. Von diesem steigen Feinstgefäße, die **Kapillaren,** bis in die Lederhautpapillen. Sie bilden Gefäßschlingen und sorgen für die Ernährung der Oberhaut.

Durch die Gefäßwände der Kapillaren wird ein Säftestrom mit Nährstoffen für die Keimzone der Oberhaut gepresst. Er umspült die Basalzellen und versorgt sie mit Nährstoffen, die für die Zellteilung wichtig sind. Ferner sorgt er für den Abtransport der Schadstoffe. Dieser farblose bis gelbliche Säftestrom heißt **Lymphe.** Er enthält keine roten Blutkörperchen, dafür viele weiße, die in der Lage sind, eingedrungene Giftstoffe unschädlich zu machen. Nach dem Umspülen der Zellen wird der Säftestrom in den Lymphgefäßen gesammelt, die in Blutbahnen enden. Die Lymphgefäße sind als ein Teil des Blutgefäßsystems zu sehen.

2. Beschreiben Sie das Blutgefäßsystem. Nennen Sie die Aufgaben.

1.4 Aufgaben des Blutes

Transportfunktion. In etwa einer Minute wird die Gesamtblutmenge von ca. sechs Litern durch das Herz gepumpt. Das Blut bringt Nährstoffe, Sauerstoff, Hormone und Vitamine an die Stellen des Körpers, wo sie benötigt werden, und nimmt nicht mehr verwertbare Abbauprodukte mit.

Der Sauerstoff wird aus der Atemluft in der Lunge aufgenommen und an die roten Blutkörperchen (Erythrozyten) gebunden. Während des Stoffwechsels werden die Nährstoffe und der Sauerstoff verbraucht. Dabei entsteht Kohlenstoffdioxid, das wiederum von den roten Blutkörperchen zur Lunge zurücktransportiert und dort gegen Sauerstoff ausgetauscht wird.

Abwehrfunktion. Bei einer Infektion treten vermehrt weiße Blutkörperchen (Leukocyten) im Blut auf. Sie sind in der Lage, eingedrungene Krankheitserreger zu vernichten.

Gerinnungsfunktion. Bei kleinen Schnittwunden setzt die Blutgerinnung sofort ein. Nach zwei bis drei Minuten ist die Wunde durch einen Blutpfropf verschlossen. Mit einem sauberen, fusselfreien Tuch, zum Beispiel Zellstoff aus den Erste-Hilfe-Kasten, kann austretendes Blut aufgefangen werden. Unnötiges Berühren der Verletzung ist zu vermeiden, da sonst leicht Krankheitserreger in die Wunde gelangen können.

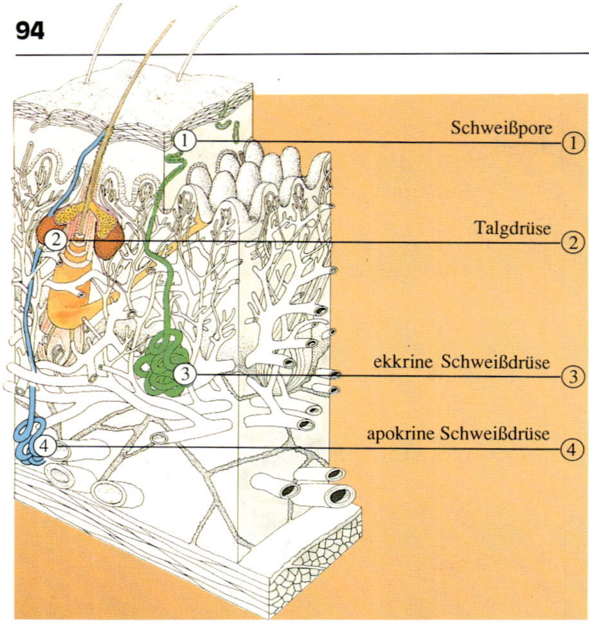

1. Haut mit Schweißdrüsen

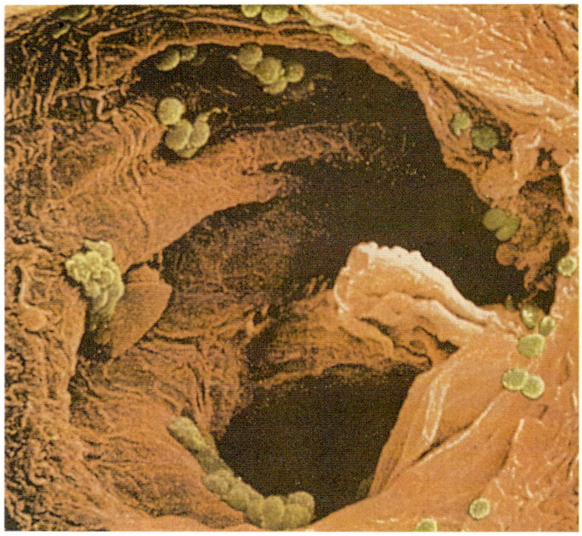

2. Schweißpore

1.5 Drüsen- und Nervensystem der Haut

Schweißdrüsen. Etwa einen halben Liter Flüssigkeit schwitzt ein Erwachsener täglich aus, ohne besondere Anstrengungen und ohne besonders hohen Temperaturen ausgesetzt zu sein. Diese Schweißmenge kann bis auf 10 Liter bei schwerer körperlicher Anstrengung und warmen Temperaturen gesteigert werden. Durch die Verdunstung des austretenden Schweißes wird die Haut gekühlt. Somit reguliert der Körper seine Temperatur. Schweiß enthält neben vielen anderen Stoffen Urocaninsäure, einen natürlichen Filter, der die Haut zum Teil vor UV-Strahlen schützt.

Man unterscheidet zwei Arten von Schweißdrüsen: Die **ekkrinen Schweißdrüsen** (kleine Körperschweißdrüsen) sind über den ganzen Körper verteilt. Besonders viele findet man in den Achselhöhlen, den Handtellern und den Fußsohlen. Sie sehen wie ein Schlauchknäuel aus. Ihr Ausgang verläuft zunächst geradlinig und mündet dann korkenzieherförmig in eine Schweißpore. Das Drüsenknäuel befindet sich in der Unterhaut zwischen den Fettzellen.
Schweiß besteht zum größten Teil aus einer wässrigen Salzlösung. Die produzierte Schweißmenge ist auch von der Durchblutung der ekkrinen Schweißdrüsen abhängig. Seelische Erregungen können vermehrte Schweißaussonderungen verursachen. Angstschweiß und Schweißausbrüche in Stresssituationen verursachen feuchte Hände und Füße. Und in der Angst, vermehrt zu schwitzen, setzt die Schweißaussonderung erst recht ein.
Bei Friseuren kann unter dem Einfluss von Kaltwellmitteln eine Störung der Schweißaussonderung in den Handflächen eintreten. Sie neigen aufgrund vermehrter Schweißaussonderung zu feuchten Händen.
Gegen übermäßiges Schwitzen stehen kaum ärztliche Möglichkeiten zur Verfügung. Erfolge hat man mit Gleichstrom-Wasserbädern erzielen können. Eine operative Entfernung von Schweißdrüsen kommt nur bei schweren Störungen im Achselhöhlenbereich infrage.

Apokrine Schweißdrüsen (Duftdrüsen) befinden sich nur in bestimmten Körperregionen, wie z. B. Achselhöhlen, Genital- und Analbereich, Nasen- und Gehörgang, in der Brustgegend und am Augenlid. Sie münden meist in einem Haarfollikel oberhalb der Talgdrüsen. Selten findet man sie frei in die Haut mündend, wie die ekkrinen Schweißdrüsen.
Erst mit einsetzender Pubertät werden die apokrinen Schweißdrüsen, durch Hormone gesteuert, aktiv. Der apokrine Schweiß selbst duftet kaum, bestimmt aber den für Menschen kaum wahrnehmbaren Eigengeruch einer Person. Unter Mitwirkung von Mikroorganismen zersetzt sich der Schweiß und wird „riechbar".
Im Gegensatz zum ekkrinen Schweiß enthält der apokrine eigene Zellbestandteile. Diese werden zersetzt und zu Ammoniak und kurzkettigen Fettsäuren, wie Buttersäure, abgebaut.

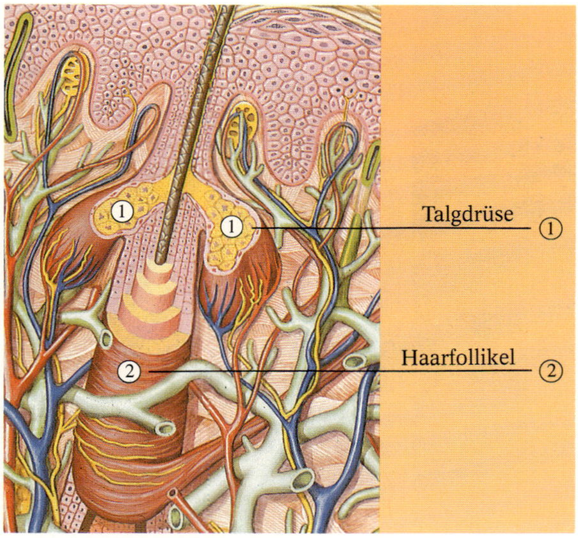

3. Haarfollikel mit Talgdrüse

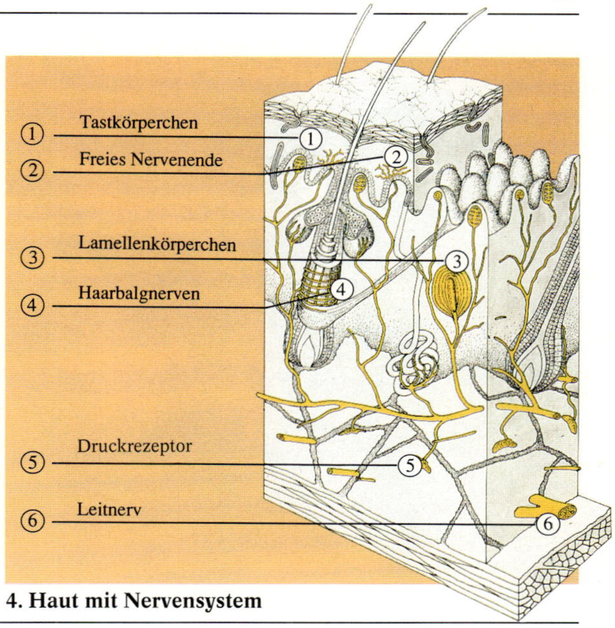

4. Haut mit Nervensystem

Talgdrüsen. Es gibt keinen Haarfollikel ohne Talgdrüse. Mehrere Drüsenbeutel sind rosettenartig um einen Follikelkanal angesiedelt. Sie entleeren ihr Produkt, den Talg (Sebum), in den oberen Follikelabschnitt. Ähnlich der Zellteilung in der Epidermis erneuern sich die Innenwände der Talgdrüsen. Die Tochterzellen zerfallen, gelangen in das Drüseninnere und werden als Talg in den Follikelkanal abgegeben. Die Emulsion, die aus Schweiß, Talg und Hornzellmasse entsteht, bildet den **Säureschutzmantel.** Sie fettet das herauswachsende Haar und hält die Haut geschmeidig.

Ein Baby besitzt viele Talgdrüsen. Während des ersten Lebensjahres bilden sich fast alle zurück. Entsprechend wenig Fett ist auf der Hautoberfläche eines Kindes. Ab der Pubertät verursachen Hormone eine erneute Reifung und Funktion der Talgdrüsen, die mit zunehmendem Alter wieder allmählich nachlässt.

Die Talgmenge richtet sich nach Größe und Anzahl der Talgdrüsen. Auf der Kopfhaut und im Gesicht befinden sich besonders viele und große Talgdrüsen, die die Hauptmenge an Talg produzieren.

Die Drüsen sind umso kleiner, je weiter sie vom Kopf entfernt sind. An Handflächen und Fußsohlen fehlen sie völlig.

Jeder Mensch produziert ziemlich konstant unter gleichen Bedingungen seine bestimmte Talgmenge. Entzieht man der Haut an einer Stelle ihren Fettfilm, so erzeugen die Talgdrüsen an dieser Stelle in kurzer Zeit vermehrt Talg. Ist der Talgspiegel wieder erreicht, normalisiert sich die Produktion. Die durchschnittliche Talgabgabe liegt bei 1 bis 2 Gramm täglich.

In der Haut befindet sich ein **Nervensystem** zur Reizaufnahme und Reizweiterleitung an Rückenmark und Gehirn. Besonders reichhaltig mit Nerven sind Lippen, Zunge und Fingerspitzen ausgestattet.
Direkt unter der Oberhaut liegen **Tastkörperchen,** die selbst das geringe Gewicht einer Fliege registrieren können.
Dass man sogar einen feinen Luftstrom spürt, liegt an den feinen **Haarbalgnerven,** die die Bewegung des Haares im Haarbalg registrieren.
Etwas tiefer in der Haut befinden sich die **Lamellenkörperchen** und die **Druckrezeptoren.** Sie leiten jeden Druckreiz weiter. Die Bedeutung dieses Tastsinns wird bei der Blindenschrift deutlich. Kleine Erhebungen dicht nebeneinander auf dem Papier werden mit den Fingerkuppen ertastet.

Für die Temperaturempfindung enthält die Haut **Kältekörperchen** und **Wärmekörperchen.** Sie registrieren die Temperaturunterschiede.
In der Haut findet man auch **freie Nervenendigungen.** Sie sind für die Empfindung von Schmerz verantwortlich.

1. Die menschliche Haut kann unterschiedlich farbig sein

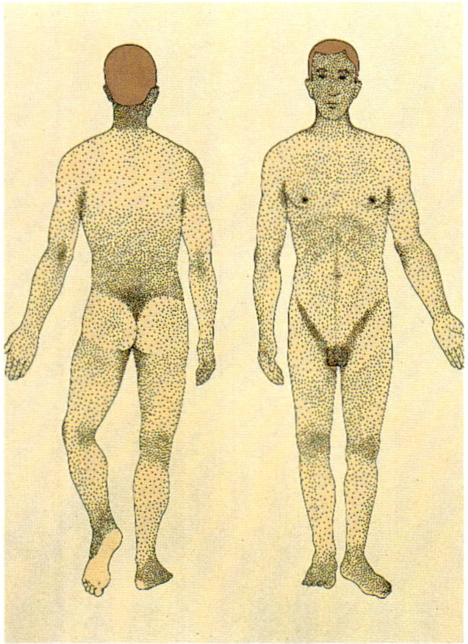

2. Pigmentverteilung in der Haut

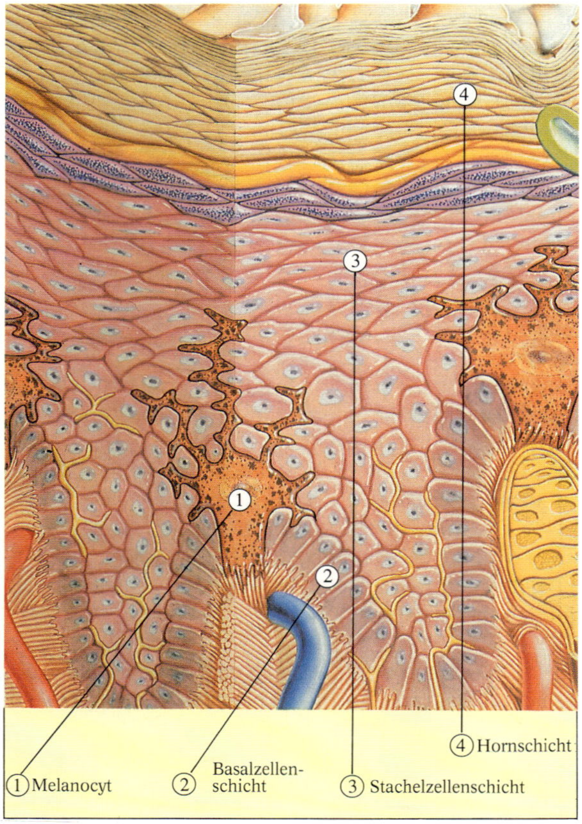

3. Melanocyten in der Basalzellenschicht

1.6 Die Hautfarben des Menschen

Die natürliche Hautfarbe des Menschen wird im Wesentlichen von der Hautdicke, der Durchblutung, dem orangegelben Farbstoff Carotin und dem Hautfarbstoff **Melanin** bestimmt.

Melanin wird in spezialisierten Zellen, den **Melanocyten,** gebildet. Sie befinden sich zwischen den Basalzellen in der Keimzone der Epidermis und geben Vorstufen der Pigmente an die Hautzellen weiter. Auf ihrem Weg zur Hautoberfläche werden die farblosen Vorstufen des Melanins unter Einfluss von UV-Strahlen zum braunen Pigment umgewandelt. Hierbei ist das Enzym Tyrosinase beteiligt, das die Melaninvorstufen in Melanin verwandelt.
Ein hellhäutiger Mensch hat kaum weniger Melanocyten als ein dunkelhäutiger oder schwarzer. Nur produzieren seine Melanocyten viel weniger Melanin als die eines dunkelhäutigen Menschen. Das völlige Fehlen von Pigmenten bezeichnet man als Albinismus. Albinos besitzen zwar Melanocyten, diese bilden jedoch kein Melanin.
Die Menge des **Carotins,** das mit der Nahrung aufgenommen wird, beeinflusst die Orangefärbung der Haut, dies lässt sich besonders gut bei Babys beobachten.

1. Drücken Sie vorsichtig mit einem Uhrglas auf verschiedene Hautstellen. Beschreiben Sie die Farbänderung der Haut.

Die Haut reagiert auf Lichtstrahlen

Sonnenlicht ist lebensnotwendig. Richtig dosierte Sonnenbestrahlung fördert das allgemeine Wohlbefinden und kann leistungssteigernd wirken. Fast jeder hat aber auch schon die schädlichen Wirkungen am Beispiel des Sonnenbrands erfahren.

Das Sonnenlicht besteht aus Wellen unterschiedlicher Länge, die wir uns als Strahlen vorstellen können. Wegen ihrer unterschiedlichen Wirkung teilt man die Strahlen in Bereiche ein:
- Infrarot, kurz IR (Wärmestrahlen)
- sichtbarer Bereich des Lichts (Regenbogen)
- Ultraviolett, kurz UV (Bräunung)

UV-A-Strahlung führt zu direkter Pigmentierung. Melaninvorstufen werden zu Melanin weitergebildet. Die bräunende Wirkung setzt zwar schnell ein, ist aber relativ gering und wenig beständig. UV-A-Strahlung kann bis ins Bindegewebe vordringen und dort die collagenen und elastischen Fasern schädigen. Ein Übermaß führt deshalb zu vorzeitiger Hautalterung.
UV-B-Strahlung verursacht den Sonnenbrand, der je nach Grad der Schädigung von einer Rötung bis zur Verbrennung mit Blasenbildung reichen kann. Hierbei wird auch die Struktur des Bindegewebes unwiderruflich geschädigt. Jeder Sonnenbrand vergrößert das Krebsrisiko.

Durch das Zusammenwirken von UV-A und UV-B kommt es zur indirekten Pigmentierung der Haut. Melanocyten werden angeregt, Melaninvorstufen und das Enzym Tyrosinase neu zu bilden. Die Entwicklung bis zum Melanin dauert einige Tage. Das Ergebnis ist eine intensivere und haltbarere Bräune als bei der direkten Pigmentierung und damit ein natürlicher Schutz vor Sonnenbrand.
Ein weiterer Schutz der Haut gegen intensive Strahlung ist die Verdickung der Hornschicht bis zum Zehnfachen ihrer normalen Stärke. Man spricht von der Lichtschwiele. Wird die Haut nur noch im geringen Maße UV-Licht ausgesetzt, zum Beispiel wenn der Sommerurlaub vorüber ist, reduziert sich die Hornschicht wieder. Dies kann man an den dunklen, weil pigmentierten, Keratinröllchen feststellen, die sich beim Abfrottieren der Haut zeigen.
UV-C-Strahlung ist stark Krebs erregend, wird jedoch durch die Ozonschicht in der Erdatmosphäre abgehalten. Auch deshalb ist eine Schädigung oder gar Zerstörung der Ozonschicht so gefährlich.

Solarien arbeiten weitestgehend mit UV-A-Strahlung. Somit besteht kaum das Risiko des Sonnenbrands. Die möglicherweise vorzeitig einsetzende Hautalterung durch häufige Bestrahlung sollte jedoch bedacht werden.

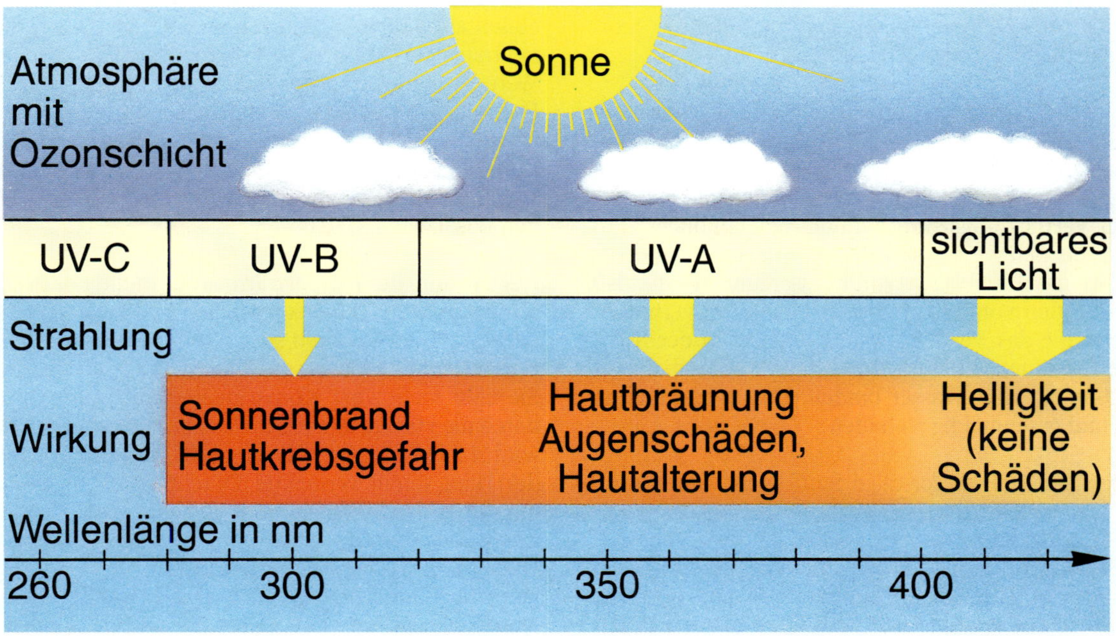

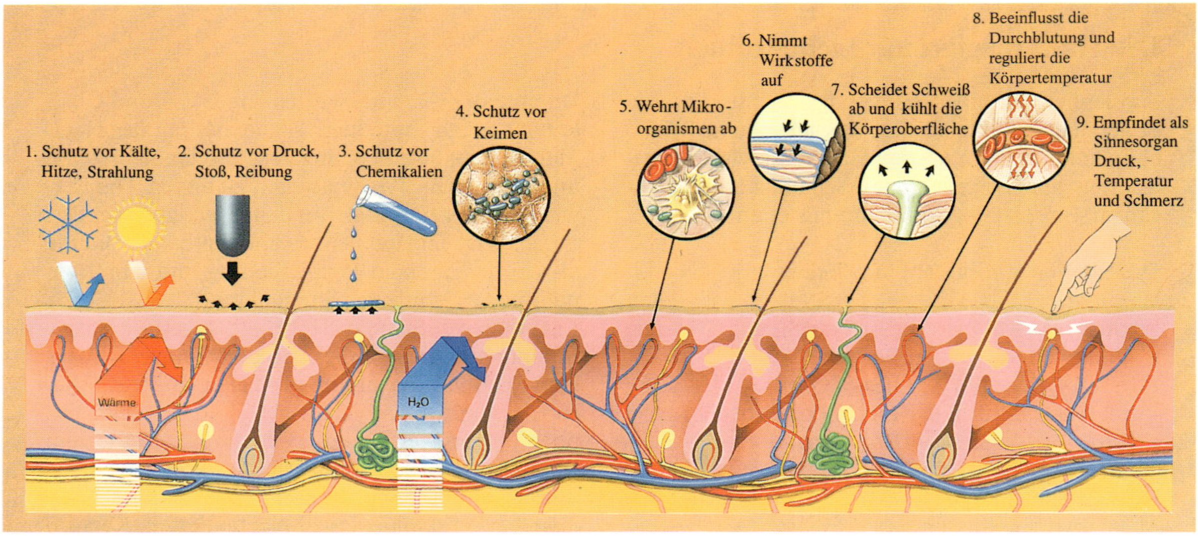

1. Was die Haut alles leisten muss

2 Die Aufgaben der Haut

Die gesunde Haut erfüllt viele natürliche Schutzfunktionen. Diese gilt es, durch gezielte Pflege zu verstärken und aufrechtzuerhalten. Die **Haut schützt** unseren gesamten Organismus vor mechanischen Schäden, wie Druck, Stoß und Reibung, indem sie einen großen Teil der Kräfte auffängt. Selbst beschädigte Haut wird durch Absonderung von Wundflüssigkeit und einer vermehrten Zellteilung an der betroffenen Stelle schnell wieder repariert.

Die gesunde Haut hat eine natürliche **Barriere.** Die Basal- und Stachelzellen der **Keimzone** werden von einer Flüssigkeit umspült, die ca. 70 % Wasser enthält. Eingedrungene Öle können hier nicht weiter. Darüber, in der **Verhornungszone,** befindet sich ein öliger Stoff. Er ist aus den zerfallenen Zellen entstanden und verhindert das Eindringen von Wasser und wasserlöslichen Stoffen von außen. Dieser ölige Stoff verhindert gleichzeitig das Verdunsten des Wassers in der Keimzone von innen. Er kann von seinem chemischen Aufbau her ca. 10 % Wasser binden. Dies reicht aus um die Haut geschmeidig zu halten.

Leider lässt sich dieser ölige Stoff leicht, unter anderem von waschaktiven Substanzen, herauslösen. Sein Fehlen führt zu trockener, spröder und rissiger Haut. Wasserlösliche Stoffe können daraufhin bis in tiefere Hautschicht vordringen. Ebenso kann jetzt das Wasser der Keimzone verdunsten. Dann können auch öllösliche Stoffe tiefer als nur bis zur Keimzone eindringen.

Zu der beschriebenen natürlichen Barriere wird die Haut auch noch von ihrem selbst hergestellten **Säureschutzmantel** geschützt. Er wird aus Säuren, Schweiß- und Talgbestandteilen gebildet und hat einen pH-Wert von ca. 5,5. Seine saure Wirkung hemmt den Stoffwechsel der Bakterien und macht sie somit unschädlich. Alkalische und auch saure Substanzen, die von außen auf die Haut gelangen, werden zum großen Teil neutralisiert. Durch diese Pufferwirkung wird der pH-Wert der Haut weitestgehend konstant gehalten.
Durchdringen dennoch fremdartige Stoffe die Schutzbarrieren der Haut, werden sie von Langerhans-Zellen (Fresszellen) aufgenommen und dem Immunsystem zugeführt. Langerhans-Zellen befinden sich zwischen den Basalzellen.

Regulierung der Körperwärme. Bis an die Basalzellenschicht reichen Nervenkörperchen und freie Nervenenden. Alle Blutkapillaren stehen mit Nerven in Kontakt. Daher merkt die Haut sofort, wenn **Auskühlung** droht. Sie lässt mehr vom Körperinneren angewärmtes Blut durch die Hautgefäße strömen. Eine leichte Hautrötung wird sichtbar. Ist die Kälte so groß, dass eine Wärmung der Haut durch vermehrte Durchblutung nicht mehr möglich ist, wird der größte Teil des Blutes und der sauerstofftransportierende, rote Blutfarbstoff aus der Haut ins Körperinnere geschickt, um die innere Körperwärme aufrechtzuerhalten. Die Kapillargefäße der Haut verengen sich. Sie wird blass und die Lippen erscheinen bläulich. Hauterfrierungen können folgen.

2. Mit den Fingerspitzen sehen – die Blindenschrift

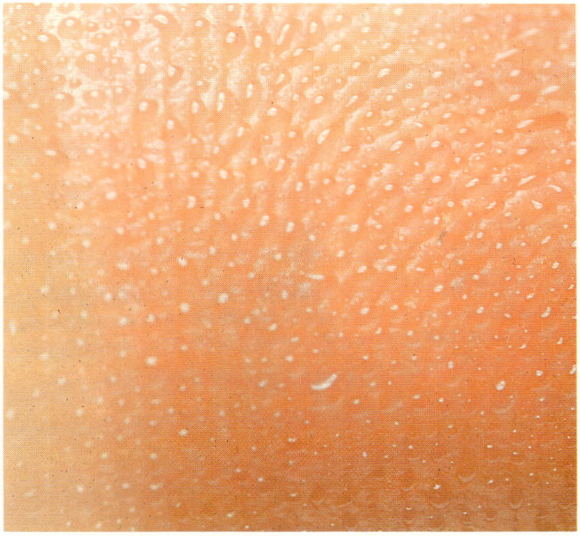

3. Schweißporen und -tropfen

Steigt die Temperatur und droht eine **Überhitzung,** reagiert die Haut mit Schweißaussonderung. Das Verdunsten des Schweißes benötigt Energie. Diese wird in Form von Wärmeenergie der Haut entzogen. Die Haut kühlt somit ab. Man spricht von Verdunstungskälte. Durch Wärme erweitern sich die Kapillargefäße. Die Hautdurchblutung wird angeregt und die Haut erscheint rosig.

1 % bis 2 % des Gesamtsauerstoffbedarfs wird über die Haut aufgenommen und eine entsprechende Menge an Kohlendioxid abgegeben. Von einer Hautatmung zu sprechen, wäre dennoch übertrieben. Kein Mensch kann mit zugehaltenem Mund und zugehaltener Nase über die Haut atmen!

Die Haut ist ein **Sinnesorgan.** Neben Wärme- und Kälteempfindung liefert sie ausgeprägte Tast- und Schmerzempfindungen. Besonders die Fingerkuppen verfügen über ein ausgeprägtes Unterscheidungsvermögen.
Die Schutzfunktionen der Haut werden oft leider völlig überfordert. Der Mensch kommt mit vielen hautunfreundlichen Substanzen zusammen. Allergien oder Ekzeme können die Folgen sein. Insbesondere Friseurinnen und Friseure sind hier gefährdet.

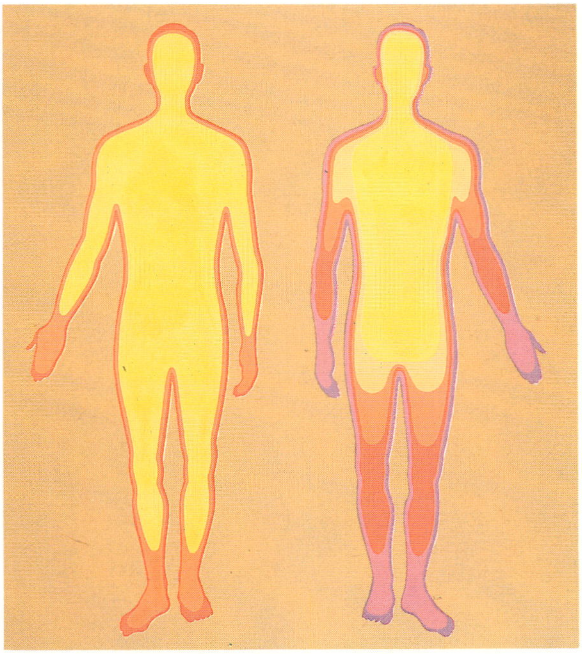

4. Wärmeverteilung im Körper bei Raumtemperatur von 35 °C und 20 °C. Die Körpertemperatur von 37 °C wird nur im Körperkern aufrechterhalten

1. Versuch: Füllen Sie drei Gefäße mit Wasser unterschiedlicher Temperatur, Gefäß 1: kaltes Wasser, Gefäß 2: warmes Wasser, Gefäß 3: lauwarmes Wasser. Lassen Sie die Temperatur des Wassers von einem Mitschüler schätzen, der gleichzeitig seine Hände eine Minute lang in Gefäß 1+2, danach in Gefäß 3 hält.

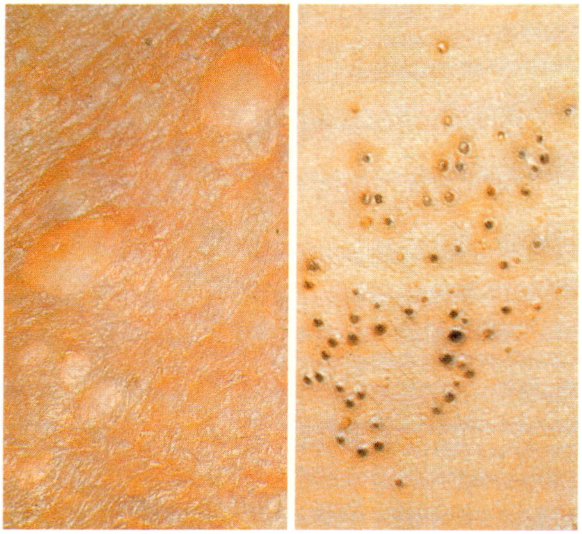

1. Geschlossene und offene Komedonen

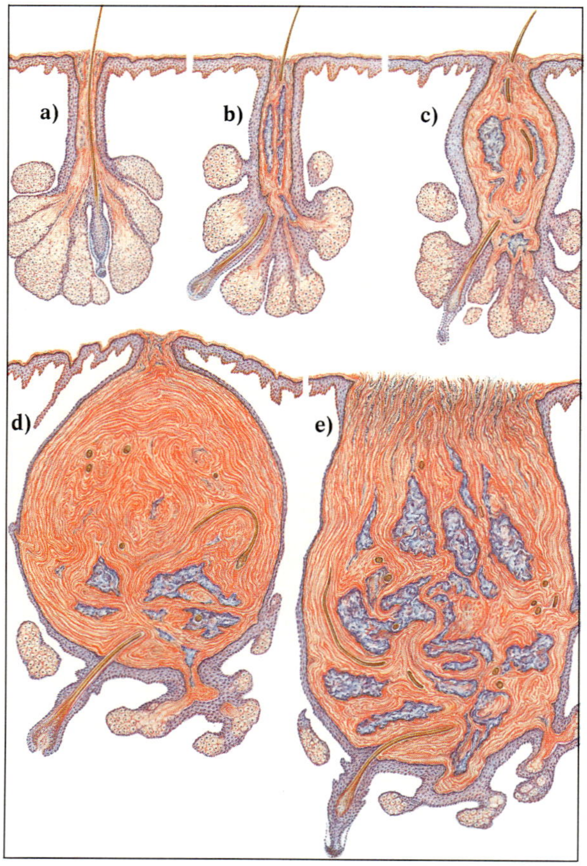

2. Lebenslauf eines Komedos:
a) Talgdrüsenfollikel, b), c) Mikrokomedo,
d) geschlossener Komedo, e) offener Komedo

3 Hautveränderungen kennen und erkennen

3.1 Komedo, Akne und Rosacea

Komedo. Mitesser entstehen, wenn sich im unteren Follikeltrichter vermehrt feste Hornzellmasse bildet. Da sich die Follikelöffnung hierbei nicht erweitert, dehnt sich der Follikel im unteren Bereich aus und füllt sich nach und nach mit fester Hornzellmasse. Es entsteht ein **geschlossener** oder **weißer Komedo.** Auf der Haut ist ein kleiner, nicht entzündeter Knoten von maximal 2mm zu erkennen. Die winzig kleine Follikelöffnung ist mit bloßem Auge nicht erkennbar. Geschlossene Komedonen haben zwei Entwicklungsmöglichkeiten:

Die ständige Ansammlung von Hornzellmasse führt zu einer Erweiterung der Follikelöffnung. Da die Hornzellmasse Hautfarbstoff enthält, ist der Kopf des Komedo dunkel gefärbt. Man spricht daher von **offenen** oder **schwarzen Komedonen.** Diese Form der Komedonen ist relativ harmlos. Die Hornzellmasse wird zur Follikelöffnung herausgeschoben und abgetragen. Der Komedo wird sich nicht entzünden. Er kann mehrere Jahre alt werden.

Kann der Inhalt des Komedo nicht durch die winzige Öffnung abfließen, platzt der Follikeltrichter. Sein Inhalt tritt ins umliegende Gewebe. Selbst sehr kleine und als Komedonen nicht wahrgenommene Gebilde können zu entzündlichen, eitergefüllten Bläschen **(Pusteln)** werden. In jedem Fall entstehen eingekapselte Eiteransammlungen **(Abszesse).** Diese können unauffällig klein sein, größere sind als Pusteln oder schmerzhafte, feste, hochrote entzündete Knoten **(Papeln)** mit winziger Öffnung erkennbar. Je nach Verbreitung des Komedoinhalts in das umliegende Gewebe heilt eine Pustel narbenlos ab oder es bildet sich eine größere Fremdkörperreaktion aus. Eine deutliche Narbe ist die Folge. Nach Platzen und Entzündung kann sich ein Komedo wieder verkapseln.

Diese Vorgänge können sich wiederholt abspielen. Dabei entstehen Zysten oder Fistelkomedonen. **Zysten** sind im Durchmesser 5 bis über 20 mm große hautfarbene, prallelastische, nicht schmerzhafte, nicht entzündete Knoten. Sie besitzen immer eine kaum sichtbare Öffnung. Ihre Haaranlage und Talgdrüse ist infolge früherer entzündlicher Vorgänge zerstört. Ein Arzt kann sie nur durch Ausschälen beseitigen. Sie kommen meist am Rücken vor, vereinzelt auch im Gesicht. **Fistelkomedonen** sind eine Gruppe offener Komedonen, die in der Tiefe durch Gänge verbunden sind. Sie kommen ebenfalls meist am Rücken vor.

Ob es, wie bei den meisten Menschen, bei Komedonen bleibt oder eine **Akne** leichter Verlaufsform (Papeln und Pusteln) bzw. schwerer Form (Fisteln und Abszesse) folgt, kann man nicht vorhersagen. In jedem Fall sollte man rechtzeitig kosmetische und gegebenenfalls fachärztliche Maßnahmen einleiten. 80 bis 90 % aller Jugendlichen sind von einer mehr oder weniger schweren Form der Akne im Gesicht, an Dekolletee und Rücken betroffen.
Zur Zeit ist niemand in der Lage, Akne zu heilen. Ihre eigentliche Ursache ist unbekannt. Man kennt nur Einzelfaktoren, die über die Verlaufsform entscheiden. Das ist zum einen die Menge Talg, die ein Follikel mit großen, gelappten Talgdrüsen produziert. Zum anderen spielen männliche Hormone, bestimmte Bakterien im Follikel und eine Veranlagung eine wichtige Rolle. Fachärzte können den Verlauf einer Akne unter Kontrolle halten und speziell die narbenbildenden Hautveränderungen behandeln.

Eine spezielle Diät ist nicht nötig. Die **Reinigung** der Gesichts- und Kopfhaut sollte das natürliche Maß nicht überschreiten. Die Verwendung spezieller Reinigungspräparate ist zu empfehlen. Von einer übermäßigen Austrocknung der Haut durch zu stark entfettete Präparate wird allgemein gewarnt. Die Verwendung von Papiertüchern anstelle des gewohnten Handtuches schützt vor der Verbreitung der Bakterien. Ärzte erzielen gute Erfolge mit Vitamin-A-Säure-Präparaten. Bei Frauen im gebärfähigen Alter sollte Vitamin-A-Säure wegen der Gefahr der Embryomissbildung nicht angewendet werden. Die Einnahme von Östrogenen (z.B. Anti-Baby-Pille) kann das Erscheinungsbild lindern. Die dosierte Anwendung von UV-Strahlen wirkt sich positiv aus.

Neben der hier beschriebenen Form der Komedonenakne (Acne vulgaris, Jugendakne) gibt es eine Reihe besonderer **Akneformen,** ausgelöst durch Medikamente oder äußere Ursachen wie Chlor, Öl, Teer, Kosmetika und Sonne.

Rosacea ist eine Erkrankung der Gesichtshaut bei Menschen ab dem 40. Lebensjahr, selten auch früher. Die Talgdrüsenproduktion ist erhöht, fleckige Rötungen, kleine Schuppen, Äderchenzeichnungen, Papeln und Pusteln treten fast ausschließlich symmetrisch im Gesicht auf. Bei Männern kann eine Bindegewebs- und Talgdrüsenvermehrung zu einer Knollennase führen. Ein Zusammenhang mit Magen-Darm-Störungen wird vermutet, ist aber noch nicht bewiesen. Der Facharzt behandelt eine Rosacea ähnlich wie eine Akne.

1. Erläutern Sie, warum männliche Jugendliche häufiger von Akne betroffen sind als weibliche.

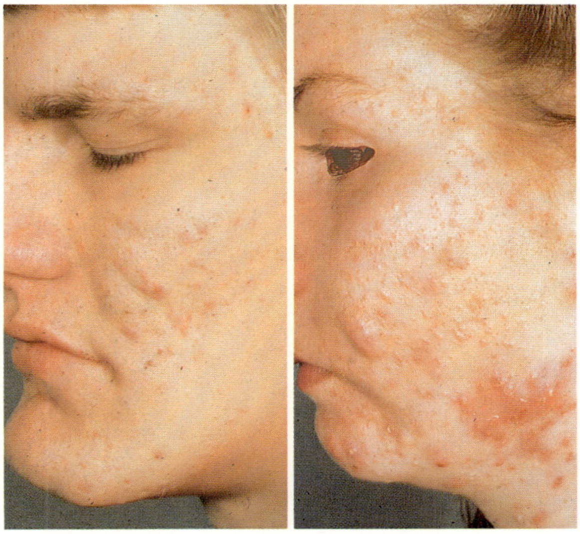

3. Jugendakne mit Pusteln, Papeln und Zysten

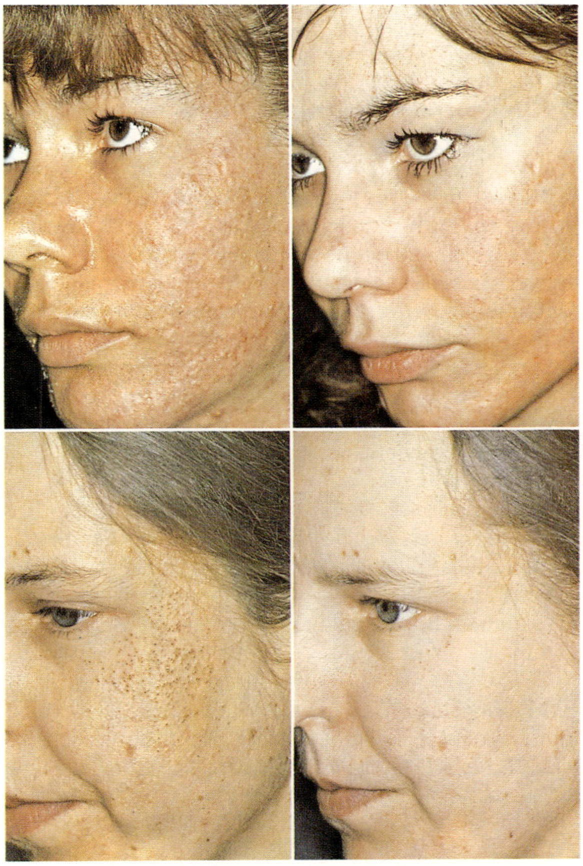

4. Verlauf einer Akne: (oben) vor und nach Behandlung, (unten) Kosmetikakne vor und nach achtwöchiger Behandlung

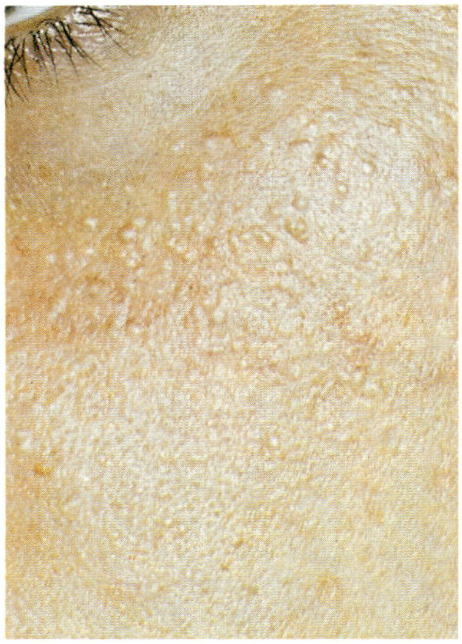

1. Milien

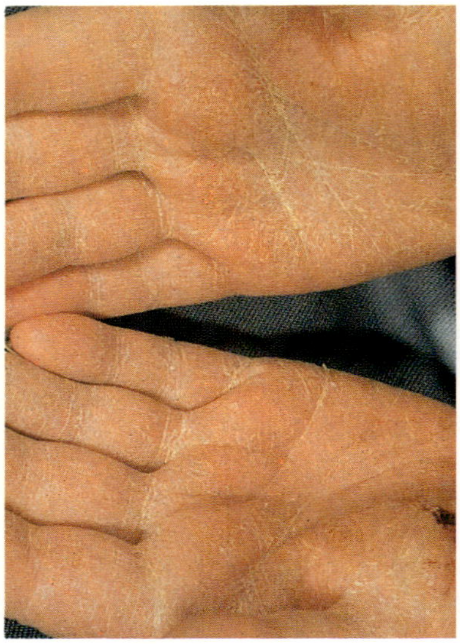

2. Schwielen

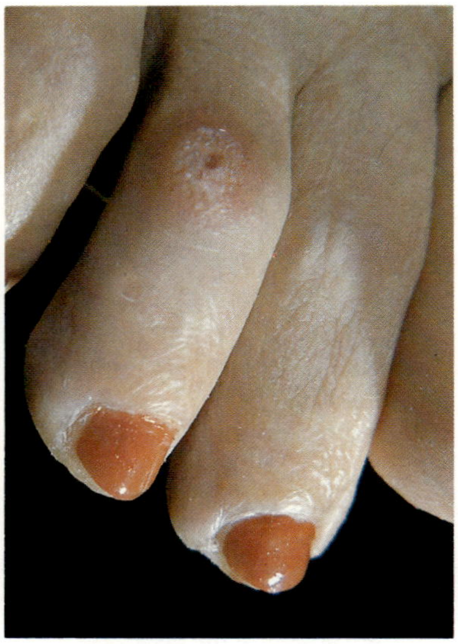

3. Hühneraugen

3.2 Verhornungsstörungen und Gefäßveränderungen

Milien ist der Oberbegriff für Hautgrieß bzw. Grießkörner. Es sind Epidermiszysten, die prallelastisch, weiß bis gelblich und stecknadelkopfgroß sind. Man verwechselt sie leicht mit geschlossenen Komedonen. Da sie anlagebedingt sind, kommen sie immer wieder. Es handelt sich um echte Zysten ohne Öffnung, die bevorzugt in der Augenumgebung vorkommen. Milien können nicht ausgedrückt werden, man muss die Haut leicht anritzen und sie herausheben. Bei sachgemäßem Vorgehen spürt man nichts.

Eine **Schwiele** ist die Reaktion der Haut auf ständige Belastung durch Druck oder Reibung. An der betreffenden Stelle bildet sich durch Verdickung der Hornschicht ein Polster. Man spricht von Hornschwielen. Sie kommen bevorzugt an Fußsohlen und Handtellern vor.

Ein **Hühnerauge** (Klavus) kann sich bilden, wenn eine knochennahe Hautstelle ständig Druck ausgesetzt ist, wie z. B. eine Fußzehe in einem engen Schuh. Es handelt sich um eine schmerzhafte Hornschichtverdickung, die sich in die Tiefe weiterentwickelt.

Warzen werden durch Viren verursacht. Es handelt sich um Bindegewebswucherungen, die mit einer Hornschichtverdickung überzogen sind. Der feste Hautauswuchs hat eine zerklüftete Oberfläche. Warzen finden sich oft an Druckstellen des Fußes oder der Hand, besonders an falsch belasteten Stellen und über Knochenvorsprüngen. In solchen Fällen sind sie leicht mit Hühneraugen zu verwechseln.
Die Gefahr der Selbstansteckung durch Kratzen ist bei allen Warzen recht groß. Man vermutet, dass das Immunsystem die Warzenviren besiegen kann. Dann setzt eine Spontanheilung ein.
Der erste Schritt zur Behandlung einer Warze ist das Beheben der Druckstelle, der Einsatz von hornerweichenden Präparaten und das vorsichtige Entfernen des Hornmantels.

Erweiterungen der feinsten Blutgefäße bezeichnet man als **Äderchenzeichnung** (Tele-angi-ekta-sien). Sie schimmern rötlich bis bläulich durch die Haut. Meist treten sie symmetrisch angeordnet im Gesicht der Altershaut auf. Aber bereits bei Kleinkindern kann diese vererbbare Neigung zu Gefäßschwäche sichtbar werden. Ein Arzt kann in manchen Fällen die betroffenen Blutgefäße veröden (verkochen).

Die **Spinnmale** sind von den einfachen Äderchenzeichnungen zu unterscheiden. Sie treten meist im Gesicht auf und sind als stecknadelgroße, leicht erhabene, rote Knötchen mit feinen strahlenförmigen Gefäßreisern zu erkennen. Sie können harmlose Hautveränderungen, aber auch das Anzeichen einer Lebererkrankung sein.

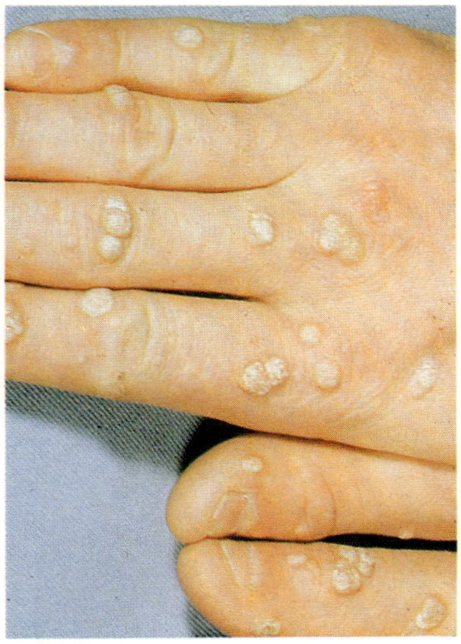

4. Warzen

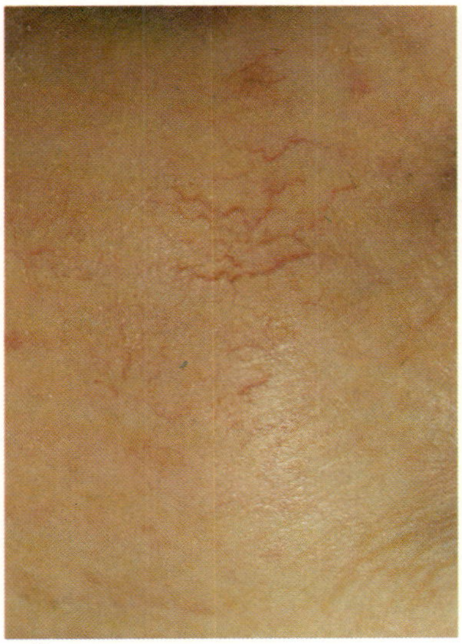

5. Äderchenzeichnung

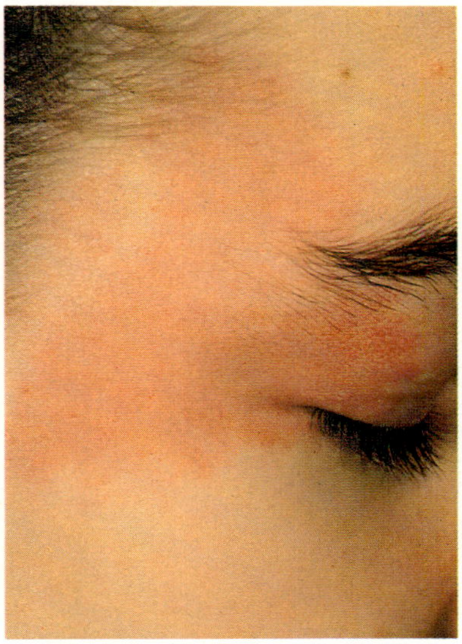

6. Feuermal

Feuermale sind eben in der Haut liegende, hellrote bis violette, meist zackig begrenzte Flecken. Es handelt sich hierbei um Blutgefäßveränderungen, die bereits beim Ungeborenen entstehen.
Das Feuermal kann in zwei Formen auftreten. Die harmlose Form ist ein zentraler Fleck im Nacken oder auf der Stirn von Kleinkindern und Neugeborenen („Storchenbiss"), der sich von selbst zurückbildet. Tritt ein Feuermal an anderen Stellen auf, können die Betroffenen zusätzlich an Krämpfen, an Fehlbildungen des Auges oder Missbildungen der Knochen leiden.
Kosmetisch kann man Feuermale mit wasserfester, sehr gut abdeckender Spezialschminke unsichtbar machen. Kleine Feuermale können operativ entfernt werden.

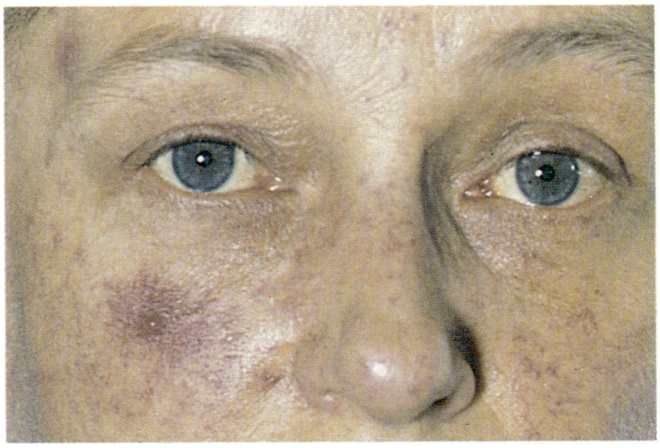

7. Spinnmal

Beim **Blutschwamm** wölbt sich die Haut an der betroffenen Stelle, da sich in tiefer liegenden Hautschichten Blutgefäße vergrößert haben. Erweiterungen im feineren Blutgefäßnetz führen zur rötlich-violetten Färbung des Blutschwammes.
Die meisten Blutschwämme entwickeln sich erst nach der Geburt und wachsen bis zum 14. Lebensmonat. Dann setzt eine Rückbildung ein, die bis zum 4. oder 5. Lebensjahr dauert. Bilden sich aus Blutschwämmen größere Gefäßsäcke, so ist dies ein erstes Zeichen der Rückbildung.

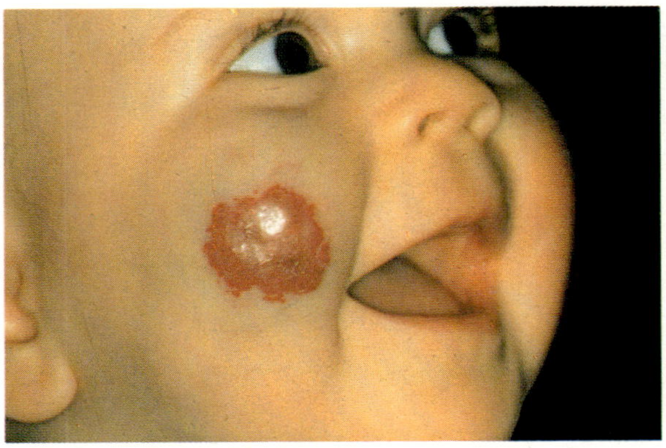

8. Blutschwamm

1. Nennen Sie drei Beispiele für Verhornungsstörungen und drei Beispiele für Gefäßveränderungen.

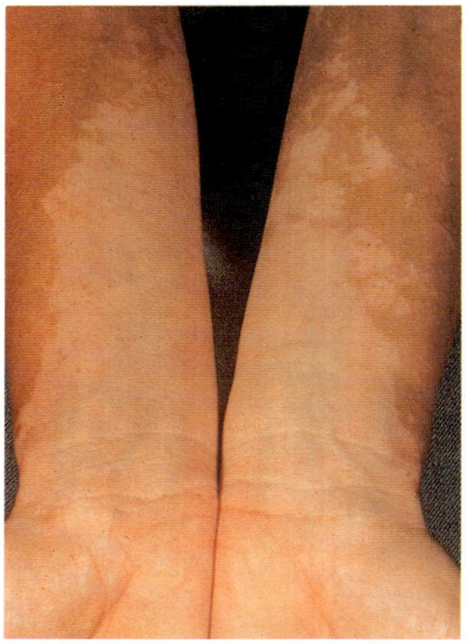

1. Vitiligo

2. Sommersprossen

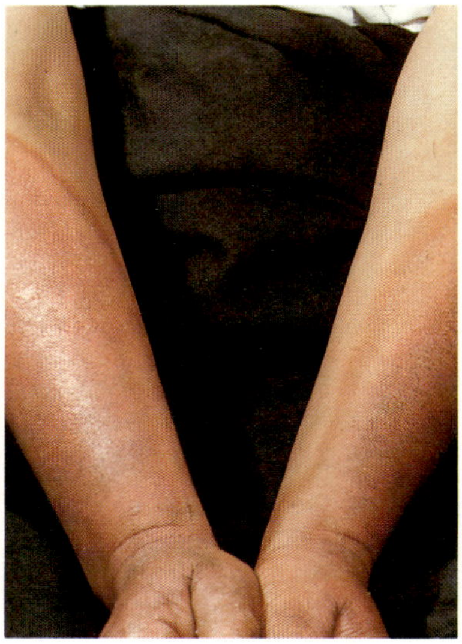

3. Berloque-Dermatitis

4. Leberflecken

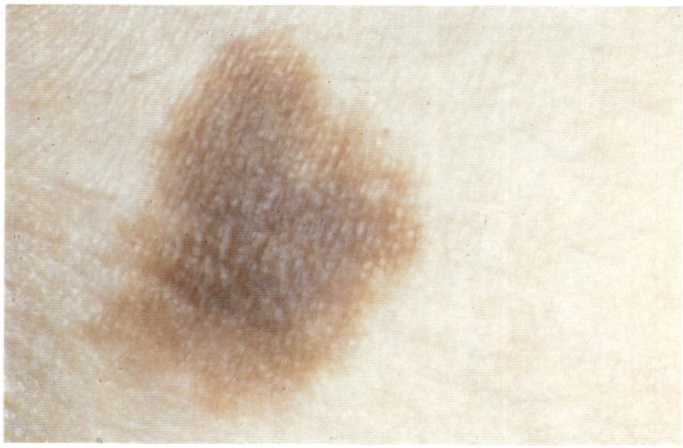

5. Muttermal

3.3 Pigment- und Zellveränderungen

Albinismus ist gekennzeichnet durch farblose Haut, pigmentloses weißes Haar und rötlich schimmernde Regenbogenhaut der Augen. Es handelt sich um eine erbliche Stoffwechselstörung, die dadurch entsteht, dass das Enzym Tyrosinase fehlt. Deshalb sind die Melanocyten nicht in der Lage, Melanin zu bilden.

Vitiligo (Weißfleckenkrankheit) ist ein stellenweiser Pigmentmangel, der im Gesicht, an Hals und Händen oftmals symmetrisch auftritt. Auch die Haare können betroffen sein. Die hellen Stellen sind empfindlich gegen UV-Strahlen. Die Flecken kann man mit einem wasserfesten, gut deckenden Make-up unsichtbar machen.

Sommersprossen sind erblich bedingte, fleckige Pigmentanhäufungen in den Basalzellen. Meist sind sie im Gesicht oder an den Armen symmetrisch angeordnet. UV-Strahlen lassen Sommersprossen hervortreten.

Milchkaffeeflecken sind hellbraune, rundliche oder unregelmäßige Hautflecken, die einzeln oder mehrfach bereits vor oder kurz nach der Geburt entstehen.

Berloque-Dermatitis tritt auf, wenn aus Bergamotteöl durch UV-Strahlung ein giftiger Stoff entsteht. Bergamotteöl ist ein Inhaltsstoff in manchen Duftwässern. Die bräunlichen Flecken können über mehrere Jahre sichtbar bleiben.

Hormonell verursachte **Pigmentanhäufungen** führen zu kleinen bräunlichen Flecken. Sie können bei der Schwangerschaft, bei Einnahme der Anti-Baby-Pille oder in höherem Lebensalter (Altersfleck) auftreten.

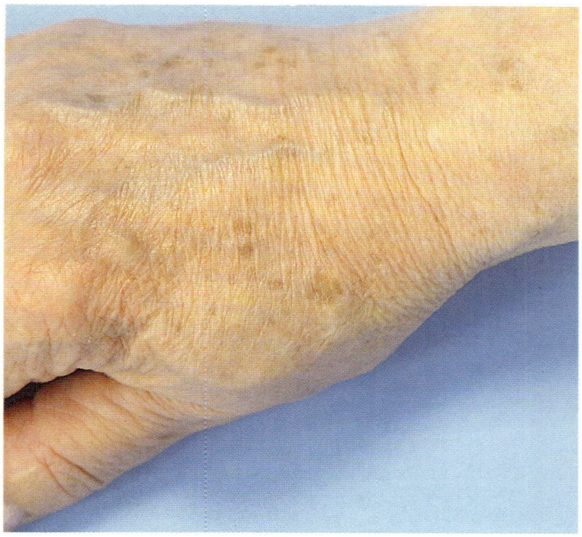

6. Hormonell verursachte Altersflecke

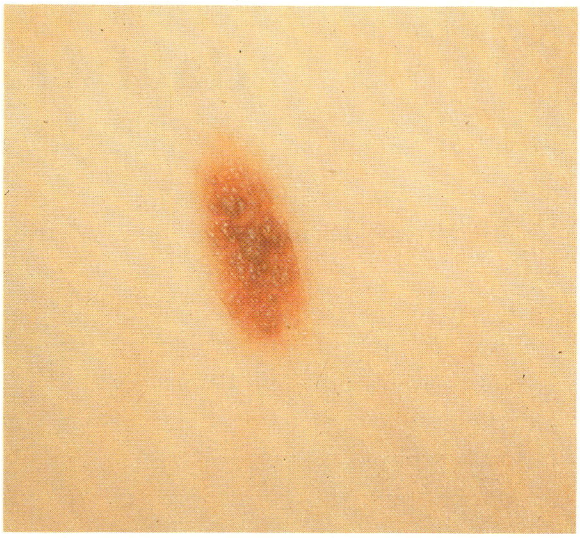

7. Gutartige Zell- und Pigmentveränderung

Zellveränderungen können flach oder erhöht in der Hautoberfläche liegen, Muttermale, Leberflecken, Linsenflecken oder Tierfellnaevi sind harmlose Zellveränderungen zusammen mit Pigmentveränderungen. Die **pigmentierten Male** (Pigmentzellnaevi) sollten jedoch beachtet werden. Denn jedes Pigmentmal kann zum schwarzen Hautkrebs entarten.

Schwarzer Krebs (malignes Melanom). Er wächst zuerst langsam und flächenhaft, danach in die Tiefe. Der Fleck wird deutlich dunkler und sein Rand ist ungleichmäßig.

Je früher der schwarze Krebs erkannt wird, desto größer sind die Chancen, ihn durch eine kleine Hautoperation zu entfernen. Je weiter der Krebs entwickelt ist, desto größer ist die Wahrscheinlichkeit der Tochtergeschwüre und desto geringer ist die Möglichkeit der Heilung.

Zur Erkennung gibt es Anhaltspunkte, aber nur ein Arzt kann beurteilen, ob es sich um einen Krebs handelt:

- Nach dem 35. Lebensjahr entsteht ein neues Pigmentmal.
- Nach jahrelangem Stillstand wächst plötzlich ein vorhandenes Pigmentmal.
- Es hebt sich immer deutlicher von anderen Malen ab.
- Am häufigsten tritt es am Unterschenkel der Frau und am Rücken des Mannes auf.

Nicht in jedem Fall sind Tumore bösartig. Die von Melanocyten ausgehenden, braun bis blauschwarzen Veränderungen können **gutartige Melanome** sein.

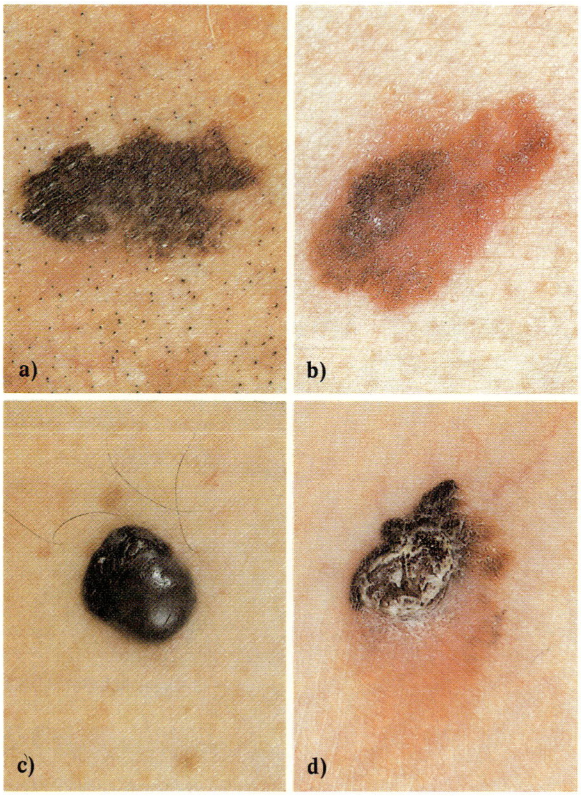

8. Malignes Melanom. a), b) frühe Entwicklungsstadien, c), d) späte Entwicklungsstadien

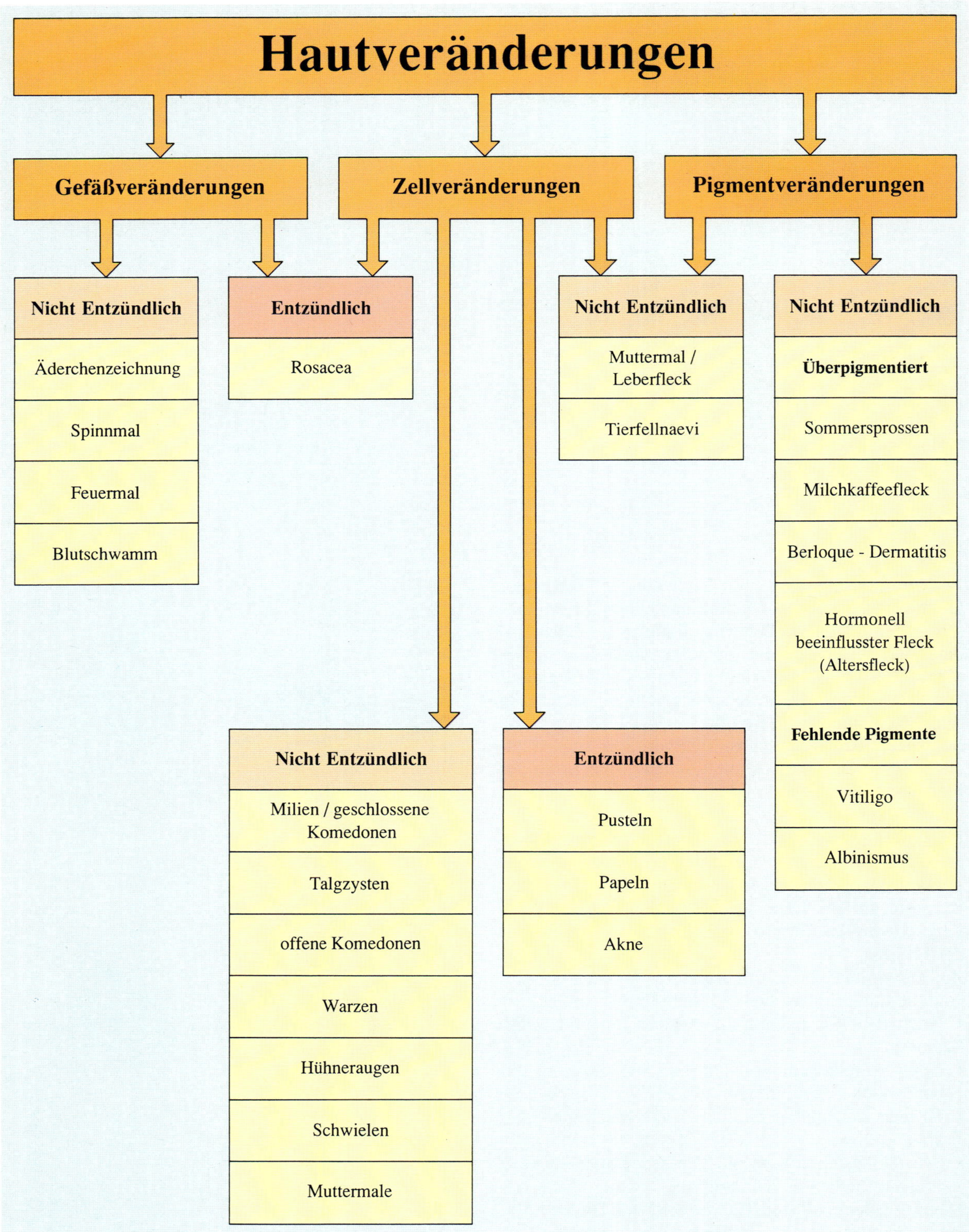

1. Hautveränderungen im Überblick

Wissen Sie Bescheid?

1. Nennen Sie die Merkmale, die das Hautrelief ergeben. Beschreiben Sie die Hautoberfläche.
2. Nennen Sie Formen der Hautfelder.
3. Erläutern Sie, warum die jugendliche Haut eine nur schwache Felderung hat.
4. Beschreiben Sie die Aufgaben der Hautleisten an Fingerkuppen, Handflächen und Fußsohlen.
5. Ist das Muster aus Bogen, Schleifen, Linien und Wirbeln bei eineiigen Zwillingen gleich?
6. In welcher Richtung verlaufen die Spaltlinien im Gesicht?
7. Nennen Sie drei Gewebeschichten der Hautdecke.
8. Benennen Sie die fünf einzelnen Schichten der Oberhaut von außen nach innen.
9. In welche beiden Gruppen werden die fünf Schichten der Oberhaut eingeteilt?
10. Wie viele Zelllagen hat die Basalzellenschicht?
11. Ist die Basalzellenschicht wasserarm oder wasserreich?
12. In welcher Zellschicht teilen sich die Zellen und bilden neue Tochterzellen?
13. Wie lange braucht eine neu gebildete Zelle, bis sie alle Schichten der Oberhaut durchwandert hat und als Hornschüppchen abgestoßen wird?
14. Beschreiben Sie, warum Stachelzellen Druck- und Zugbelastungen elastisch nachgeben.
15. Beschreiben Sie die Veränderungen einer Stachelzelle, die zur Körnerzelle geworden ist.
16. Welche Form haben Hornzellen, machen Sie eine Skizze.
17. Erläutern Sie die Bildung von Hornhaut und Schwielen.
18. Wie entstehen Hautschuppen?
19. Beschreiben Sie, wie Oberhaut und Lederhaut miteinander verbunden sind.
20. Wie heißen die zapfenartigen Verbindungen zwischen Ober- und Lederhaut?
21. Beschreiben Sie die beiden Zonen der Lederhaut.
22. Erläutern Sie, wie Tonus und Turgor entstehen.
23. Beschreiben Sie den Aufbau der Unterhaut.
24. Wodurch unterscheiden sich Bau- und Depotfett der Unterhaut?
25. Auf welche Weise gelangen Nährstoffe an die Basalzellen?
26. Wie heißt der farblose bis gelbliche Säftestrom, der die Zellen umspült.
27. Erläutern Sie die Aufgaben der Lymphe.
28. Nennen Sie die Zusammensetzung des Blutes.
29. Beschreiben Sie die Aufgaben des Blutes.
30. Wie oft fließt die gesamte Blutmenge täglich durch den Körper?
31. Warum ist die Haut ein Sinnesorgan?
32. Wie kann der Mensch schwache Luftströmungen wahrnehmen?
33. Wie viel Schweiß gibt ein Erwachsener pro Tag ohne größere Anstrengung ab?
34. Wie regelt der Körper seine Hauttemperatur?
35. Nennen Sie die Schweißdrüsenarten.
36. Nennen Sie je drei Unterscheidungsmerkmale der Schweißdrüsenarten.
37. In welchen Körperpartien sind besonders viele ekkrine Schweißdrüsen vorhanden?
38. Welche Inhaltsstoffe enthält ekkriner Schweiß?
39. Erklären Sie den Namen Duftdrüsen.
40. Beschreiben Sie, wie der Eigengeruch der Haut entsteht.
41. Nennen Sie Ursachen für den unangenehmen Schweißgeruch.
42. Nennen Sie Inhaltsstoffe von apokrinem Schweiß.
43. In welchen Körperpartien befinden sich apokrine Schweißdrüsen?
44. Beschreiben Sie den Aufbau der Talgdrüsen.
45. Welche Inhaltsstoffe enthält Talg?
46. Welche Aufgabe hat der Hauttalg?
47. Erläutern Sie die Aufgaben des Säureschutzmantels der Haut.
48. Beschreiben Sie die Talgproduktion von Geburt bis ins Alter.
49. Wo befinden sich besonders viele und große Talgdrüsen am Körper?
50. Was versteht man unter dem Talgspiegel der Haut?
51. Nennen Sie Faktoren, die die natürliche Hautfarbe beeinflussen.
52. Beschreiben Sie die Bildung von Melanin.
53. Wo befinden sich die Melanocyten?
54. Welcher Begriff wird zur Beschreibung von Pigmentmangel verwendet?
55. Erklären Sie, wie sich der Körper selbst vor UV-Strahlung schützt.
56. Erläutern Sie, wie die Haut den Körper vor eindringenden Stoffen schützt.
57. Warum trocknet trockene Haut durch häufigen Wasserkontakt noch mehr aus?
58. Welchen pH-Wert hat die Hautoberfläche?
59. Welche Aufgabe haben Langerhans-Zellen?
60. Erklären Sie die farblichen Veränderungen der Haut bei Kälte und Wärme.
61. Beschreiben Sie die Bildung eines Komedos.
62. Wie sollte die Haut auf eine Komedonenentfernung vorbereitet werden?
63. Beschreiben Sie die Entstehung von Akne.
64. Welche Maßnahmen kann man jungen Menschen mit Akne zur täglichen Reinigung und Pflege empfehlen?

Pflege der Haut

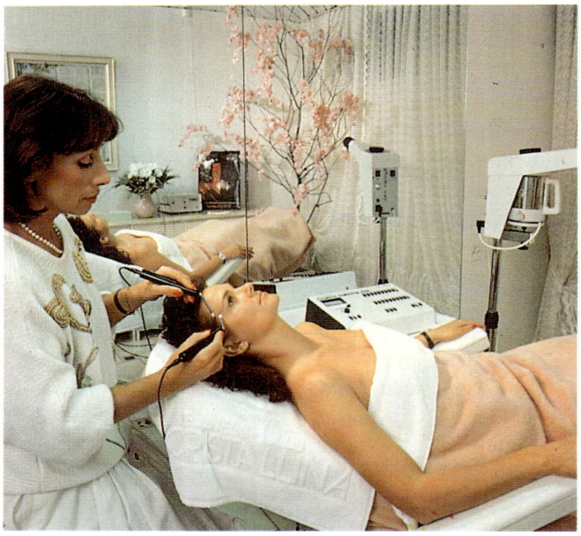

1. Keine Pflegemaßnahme ohne Hautdiagnose!

1 Eine Hautdiagnose ist unerlässlich

Gepflegtes Aussehen ist das Ergebnis einer regelmäßigen und wohl überlegten Hautpflege. Während bisher überwiegend Frauen kosmetische Behandlungen in Anspruch nahmen, lassen sich heute immer mehr Männer kosmetisch behandeln. Für sie ist es selbstverständlich, neben reinigenden auch pflegende Präparate mit angenehmen Duftkomponenten anzuwenden.

Zu Beginn einer jeden kosmetischen Beratung steht die Hautbeurteilung. Um in der Praxis diese durchführen und einen Pflegeplan aufstellen zu können, sind Fachkenntnisse über den Aufbau der Haut und ihre Aufgaben für den Menschen wichtig. Ein flüchtiger Blick über das Gesicht reicht weder für eine Verkaufsberatung noch für eine kosmetische Behandlung. Die Kunden sollten möglichst so bestellt werden, dass sie die Möglichkeit haben, ihre Haut zwei Stunden vor diesem Termin nach ihren üblichen Gewohnheiten zu reinigen und ohne Make-up zur Hautbeurteilung zu kommen.

Das Beratungsgespräch beginnt mit einer gezielten Befragung. Betrachtung und Untersuchung der Haut schließen sich an.
Mithilfe einer Kartei oder eines Computers werden die Ergebnisse gesammelt und ein entsprechender Pflegeplan aufgestellt. Durch diese Aufzeichnungen über einen längeren Zeitraum ist es möglich, Veränderungen des Hautbildes zu erkennen.

Persönliche Daten können Kunden auch selbst auf der Karteikarte eintragen. Die übrigen Fragen sollten gemeinsam besprochen werden. Voraussetzung hierfür ist eine vertrauensvolle Atmosphäre, die nur mit Einfühlungsvermögen erreicht werden kann.

Manche Antworten der Kunden geben Anlass, auf bestimmte Gewohnheiten näher einzugehen. Die Frage nach dem Wohlbefinden hilft bestimmte Hauterscheinungsbilder zu erklären:

- Die Gesichtshaut eines gestressten, hektischen Menschen kann mit verstärkter Durchblutung, Schweißabsonderung und rötlichen Flecken reagieren. Durch eine beruhigende Atmosphäre und ruhige Behandlungsmethoden wird eine entspannte Situation herbeigeführt.

- Die Haut abgespannter, müder Kunden sieht oft fahl aus und die Hautspannung ist vermindert. Hier kann durch belebende Präparate und Behandlungsmethoden, wie zum Beispiel Wechselkompressen oder Muskelturnen (Reizstrombehandlungen), das Erscheinungsbild verbessert werden.

- Sportlich nicht oder wenig Aktiven kann der Hinweis gegeben werden, dass sich sportliche Betätigung positiv auf die Haut auswirkt. Kunden, die häufig Sport treiben, legen oft Wert auf ein dezentes Make-up, das den sportlichen Aktivitäten standhält, wie zum Beispiel wasserfeste Präparate.

Name, Vorname	Anschrift ....
Telefon	Beruf............... Geb.-Dat.: ....
Zur persönlichen Situation?	
• Momentanes Wohlbefinden?	ausgeglichen/entspannt * gestresst/hektisch * abgespannt/müde
• Sportliche Aktivitäten?	nie * selten * oft
• Sonnengewohnheiten?	Solarium * natürliche Sonne
• Hautunverträglichkeiten/Allergien?	Modeschmuck * Heuschnupfen
• Schwangerschaft?	besteht * gerade entbunden * nein
• Metallteile im Körper	Spirale * Herzschrittmacher * Zahnplomben * Knochenschrauben
Anwendung pflegender Kosmetik:	**Anwendung dekorativer Kosmetik:**
• Reinigung: womit, wie oft?	• Schminkgewohnheiten?
• Seifenverträglichkeit?	• Maniküre?
• Pflege: womit, wie?	• Enthaarung?

2. Fragen zur Hautdiagnose

• Aufschlussreich ist es, zu wissen, in welchem Maße Kunden ihre Haut der Sonne oder künstlichen UV-Strahlen (Sonnenstudio) aussetzen. Übermäßige Bestrahlung führt zu Schäden, die selbst durch aufwendige Pflege nicht repariert werden können.

• Unverträglichkeiten und Allergien beim Kunden bestimmen die Behandlung und Auswahl der Präparate.

• Schwangere oder Frauen kurz nach der Entbindung unterliegen natürlichen Hormonveränderungen, die meist auf der Haut sichtbar werden.

• Für die apparative Kosmetik und Strombehandlung ist es wichtig zu wissen, ob Metallteile, zum Beispiel „Spirale", Herzschrittmacher, Zahnplomben und Knochenschrauben im Körper vorhanden sind.

• Aus dem Gespräch über pflegende und dekorative Kosmetik erfährt die Fachkraft, ob ein Kunde den Umgang mit kosmetischen Präparaten sicher beherrscht oder auf eine intensivere Beratung angewiesen ist.

• Fragen nach den Reinigungsgewohnheiten stehen in engem Zusammenhang mit beruflichen Tätigkeiten und sportlichen Aktivitäten. Außerdem kennen viele Kunden weder den Unterschied noch die Vor- und Nachteile von Seifen und Syndets.

1. Was verstehen Sie unter einer guten Verkaufsberatung?

• Ob die Gesichtsbehaarung als störend empfunden wird, ist eine persönliche Frage. Man sollte hierbei mit dem nötigen Feingefühl vorgehen. Die Kundin wird bei Bedarf selbst nach Enthaarungsmöglichkeiten fragen.

Die Kundenantworten ermöglichen eine Einschätzung, ob ein Hautzustand den Umständen entsprechend normal oder unnormal erscheint. Sie geben mit der anschließenden Hautuntersuchung einen genaueren Eindruck vom Hauttyp.

Die Beratung sollte im Sinne der **Ganzheitskosmetik** erfolgen. Nicht nur die pflegende und dekorative Kosmetik, sondern auch Hinweise zu Ernährung und Bewegung gehören zur Körperpflege.

Kunden, die bei der Beratung den Eindruck gewinnen, dass es vorwiegend um den Verkauf von Präparaten geht, werden auf längere Sicht keine zufriedenen Kunden sein. Der beratende Aspekt muss daher beim Kundengespräch im Vordergrund bleiben.

2. Führen Sie ein Beratungsgespräch (Rollenspiel). Legen Sie eine Kundenkartei handschriftlich oder mit dem Computer an.

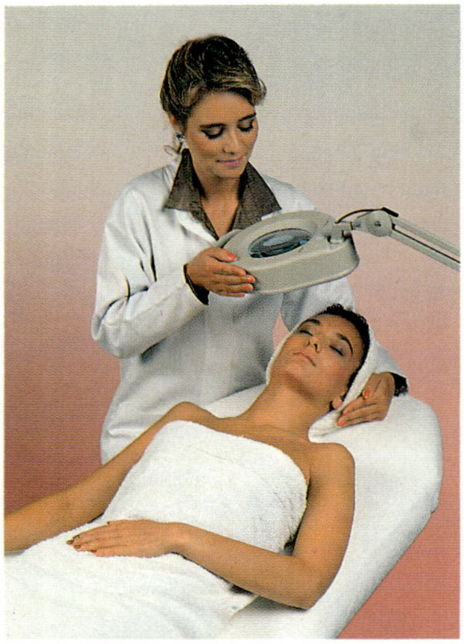

1. Lupenleuchte

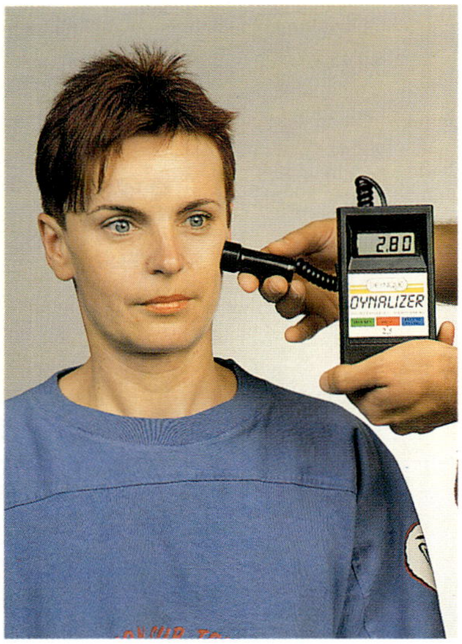

2. Hautfeuchtigkeitsmessgerät

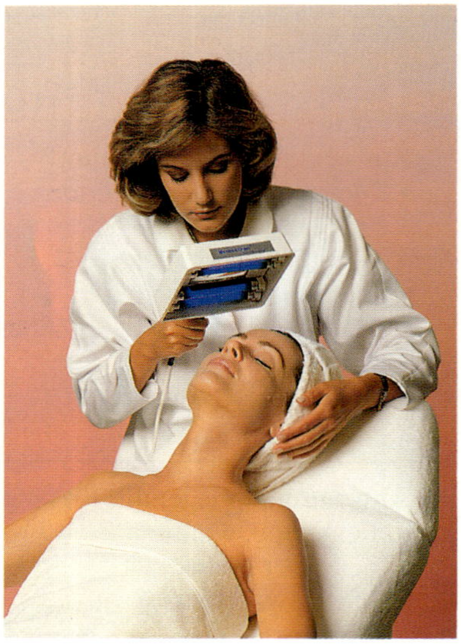

3. Woodlampe

1.1 Untersuchung der Haut

Im Anschluss an das Informationsgespräch bittet man die Kunden – nach Ausziehen der Straßenschuhe und eventuell hochgeschlossener Oberbekleidung – auf der Behandlungsliege Platz zunehmen. Je nach Wunsch werden sie mit einem Tuch oder einer wärmenden Decke zugedeckt. Ein Stirnband schützt das Kopfhaar.

Die **Lupenleuchte** gehört zur Standardeinrichtung jeder Kosmetikkabine. Hierdurch erkennt man alle Einzelheiten der Haut, besonders Hautveränderungen und unterschiedliche Porengrößen.

Hautfeuchtigkeitsmessgeräte verschiedener Bauart reagieren auf die elektrische Leitfähigkeit der Haut. Je trockener der untersuchte Bereich ist, desto schlechter wird der Strom geleitet.

Die **Hautschreibung** (Dermographismus) gibt Anhaltspunkte über die Empfindlichkeit der Haut auf mechanische Reize. Mithilfe eines Plastikspatels wird ein Kreuz auf Wange und Stirn „geschrieben" und die Hautreaktion beobachtet.
Die Methode ist umstritten, da die Hautreaktion vom vegetativen Nervensystem abhängig ist. Außerdem wird nicht immer mit dem gleichen Schreibdruck gearbeitet. Bilden sich deutliche Quaddeln aus, spricht dies für eine besondere Empfindlichkeit und Neigung zu allergischen Hautreaktionen oder Nesselausschlag.

Die **Elastizitäts- und Spannungsprüfung** der Haut erfolgt unterhalb des Auges. Durch Verschieben der Haut in Richtung Nasenwurzel oder leichtes Abheben entsteht eine Falte, die sich mehr oder weniger schnell zurückbildet. Je älter die Haut ist, desto mehr lassen Tonus und Turgor nach und die Hautfalte bleibt einige Zeit deutlich sichtbar.

Die **Durchblutung** der Haut ist mit kosmetischen Methoden nicht objektiv messbar. Dies ist auch nicht erforderlich, da selbst blasse Haut nach heutigem Stand der Forschung ständig ausreichend durchblutet ist.

Mithilfe der **Woodlampe** lassen sich trockene und fettende Hautbezirke unterscheiden. Die Haut wird in einem abgedunkelten Raum durch die eingebaute Lupe der Wood-Lampe betrachtet. Im fluoreszierenden Schwarzlicht erscheint:

normale Haut	= bläulich-weiß
feuchtigkeitsarme Zonen	= hellviolett
talggefüllte Poren	= orange
starke Verhornung	= weißlich
Pigmentierungen	= braun

1. Führen Sie die beschriebenen Untersuchungsmöglichkeiten der Haut bei Kolleginnen durch und vergleichen Sie die Ergebnisse mit den Angaben in Bild 4. Legen Sie eine Kundenkartei handschriftlich oder mit dem Computer an.

Schweißproduktion	vermehrt	vermehrt	normal	vermindert
Kopf- und Körperhaut	stark fettende Kopf- und Körperhaut	Kopfhaar fettet im Ansatz, trockene, spröde Spitzen	normal fettend	trockene Kopf- und Körperhaut
Emulsionstyp	W/O dünnflüssig	W/O dickflüssig	Übergang von W/O zu O/W	O/W (mit Wasser abwaschbar, Spannungsgefühl)
Porengröße	große Poren im Gesicht, Dekolletee und Rücken	große Poren in der seborrhöischen T-Zone, Wangen normal bis feinporig	normale bis feine Poren, auch in der seborr. T-Zone	feinporig in allen Gesichtspartien
Hautglanz	fettig glänzend	Feuchtigkeitsglanz in der T-Zone	matt glänzend	glanzlos
Hautveränderungen	neigt zu Unreinheiten	fettige Schuppen, in T-Zone Neigung zu Unreinheiten	keine Unreinheiten	trockene Schuppen
Ergebnis	**Seborrhoe oleosa** (fettende Haut)	**Seborrhoe sicca** (Mischhaut)	**normale Haut**	**Sebostase** (trockene Haut)

4. Hauttypen des Menschen, vereinfachte Übersicht

1.2 Hauttypen und Hautzustände sind zu unterscheiden

Die Art des Fettmantels der Haut ist vererbbar. Die Menge des produzierten Talgs und seine Verteilung auf der Haut (Spreitwirkung) sind also anlagebedingt. Sie werden aber auch durch Ernährungsgewohnheiten sowie Alkohol- und Nikotingenuss beeinflusst. Die vermehrte Talgproduktion führt zum **Hauttyp** der fettenden Haut, der Seborrhoe (Sebum=Talg). Die verminderte Talgproduktion führt zur trockenen Haut, der Sebostase. In die Beurteilung der Gesichtshaut sollte auch die Kopfhaut und eventuell die übrige Körperhaut mit einbezogen werden.

Sebostase. Menschen mit verminderter Talgproduktion klagen oft über trockene Haare und trockene Körperhaut. Ihre Haut neigt auch zu Schuppenbildung und fleckförmigen Rötungen. Der Hauttalg ist vom Emulsionstyp O/W. Dies bedeutet, er lässt sich bereits mit Wasser abspülen und es entsteht ein Spannungsgefühl auf der Haut. Das Porenbild ist in allen Gesichtshautbezirken feinporig, selbst im Nasen- und Kinnbereich.

Normale Haut. Sie ist durch einen reinen Teint mit feinen Poren, die sich im Nasen- und Kinnbereich etwas vergrößern, gekennzeichnet. Talg- und Schweißproduktion sind normal. Das bedeutet, dass die Gesichtshaut weder vermehrt glänzt noch spannt.

Seborrhoe. Hier liegt eine vermehrte Talg- und Schweißproduktion vor. Der Hauttalg ist vom Emulsionstyp W/O.
Bei der **Seborrhoe oleosa** ist in allen Bezirken der Hauttalg dünnflüssig und das Porenbild vergrößert. Die Haut erscheint grob.
Die meistverbreitete andere Erscheinungsform, die **Seborrhoe sicca,** weist Hauttalg von festerer Beschaffenheit auf. Das Porenbild ist in der seborrhoeischen T-Zone, das sind Stirn-, Nasen- und Kinnbereich, vergrößert. Hier zeigt die Haut vermehrten Fettfeuchtigkeitsglanz und die Neigung zu Hautunreinheiten und fettiger Schuppenbildung. Der Wangenbereich ist feinporig und normal trocken. Die Haare fetten besonders am Ansatz schnell nach, wobei die Spitzen eher trocken und spröde sind.
Neben den Hauttypen, die sich im Laufe des Lebens nicht ändern, unterscheidet man **Hautzustände.** In der Pubertät ist die Talgproduktion normalerweise erhöht; mit zunehmendem Alter ist sie vermindert. Somit kann eine Seborrhoe im Alter trockener werden, aber nicht in eine Sebostase wechseln. Man spricht in diesem Fall vom Hautzustand einer **anspruchsvollen Haut** (Altershaut). Die **Aknehaut** ist ein Hautzustand, der zum Beispiel in der Pubertät als Jugendakne auftreten kann.

2. Ermitteln Sie die Hauttypen Ihrer Mitschüler und Mitschülerinnen. Berechnen Sie die prozentuale Verteilung der unterschiedlichen Hauttypen und Hautzustände.

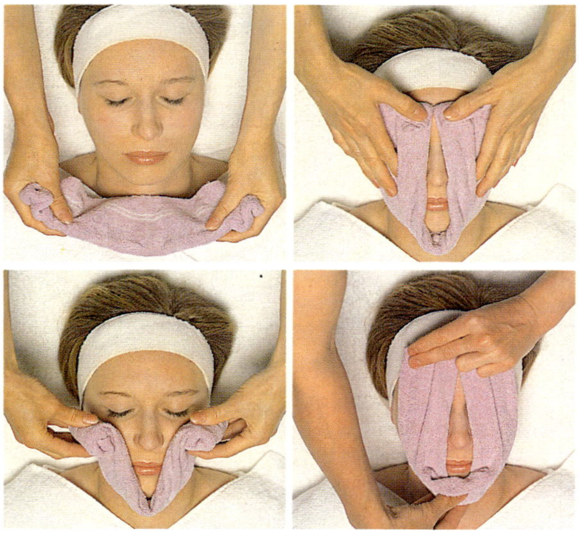

1. Legen einer Gesichtskompresse

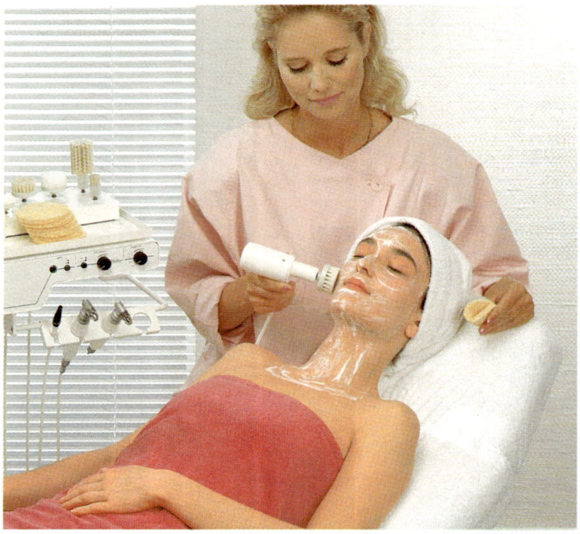

2. Rotierende Naturhaarbürste

2 Kosmetische Reinigung der Gesichtshaut

Jede kosmetische Behandlung beginnt mit einer Reinigung der Haut, selbst wenn zuvor keine kosmetischen Präparate aufgetragen wurden.
Die Hautreinigung dient neben der Entfernung von Schmutz und schädlichen Keimen in besonderem Maße dem Wohlbefinden.

Wasser ist zum Waschen da, aber Wasser allein kann nur Schweiß und andere wasserlösliche Verschmutzungen beseitigen. Fette und fettlösliche Verschmutzungen benötigen fettlösende Stoffe.

Reinigungsmilch bewirkt eine besonders milde Reinigung von trockener und empfindlicher Haut. Hierbei handelt es sich um eine Emulsion vom Typ O/W. Das flüssige Präparat lässt sich gut auf der Haut verteilen und mit Wasser abspülen oder, wie in der Kosmetikkabine, mit feuchtwarmen Kompressen entfernen. Die Fettphase der Emulsion enthält rückfettende Substanzen, sodass die Haut bei der Reinigung nicht so stark entfettet wird. Zügiges Arbeiten verhindert unnötiges Eindringen der Reinigungsmilch in die Haut.

Seife ist das noch immer am häufigsten verwendete Reinigungsmittel. Der Nachteil aller Seifen ist ihre Alkalität und die damit verbundene Hautquellung und Austrocknung. Eine normale, gesunde Haut ist jedoch in der Lage, die Alkalität durch ihr eigenes Puffersystem unwirksam zu machen. Der zweite Nachteil ist die Bildung unlöslicher Kalkseife in hartem Wasser.

Syndets bilden mit hartem Wasser keine Kalkseife. Sie reinigen wesentlich intensiver und entziehen der Oberhaut Fett und Feuchtigkeit. Manche enthalten daher auch einen hohen Anteil an Rückfettungsmitteln.

Wasserfreie, öl- oder fetthaltige Reinigungspräparate wirken besonders hautschonend, wie zum Beispiel weiße Vaseline, die als Theaterschminke bekannt ist. Da ein Teil des Präparats als fettiger Film auf der Haut zurückbleibt, wird eine Nachreinigung erforderlich.

Hydrophiles Öl, aus Öl und einem Emulgator gemischt, ergibt ein sehr mildes Reinigungspräparat. Die Substanz eignet sich besonders als Dusch- und Badepräparat. Auf der nassen Haut emulgiert das Öl, wird milchig und lässt sich mit Wasser abspülen.

Peelingpräparate enthalten Schleifkörper zur mechanischen Entfernung der oberen, abgestorbenen Hornschüppchen. Manche enthalten auch Enzyme, die die Hornschüppchen anlösen, sodass sie abradiert werden. Die Haut fühlt sich nach einem Peeling besonders glatt an.

Augen-Make-up-Entferner können Reinigungscremes vom Emulsionstyp W/O sein. Andere bestehen aus milden, schleimhautverträglichen Tensidlösungen oder gelförmigen Zubereitungen.

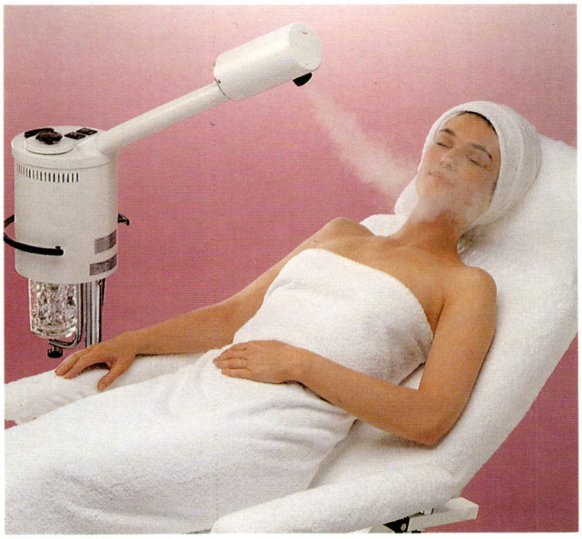

3. Bedampfen der Haut

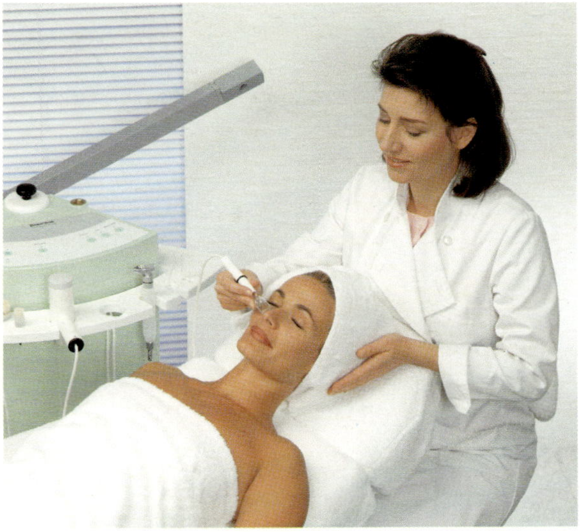

4. Absaugen von Talgpfropfen

Kleine, rotierende Naturhaarbürsten verwendet man zur Unterstützung der Reinigungswirkung. Die unzähligen Haarspitzen, deren Durchmesser kleiner als der einer Porenöffnung ist, bürsten Schmutzteilchen auch aus den Porenvertiefungen und mischen sie mit der Reinigungsemulsion.
In Verbindung mit einem Peelingpräparat kann man stark verhornte Haut auf diese Weise nass schleifen.

Zur **Nachreinigung** der Gesichtshaut verwendet man Gesichtswasser mit unterschiedlich hohem Alkoholanteil, je nach Hauttyp. Trockene Haut benötigt ein Gesichtswasser ohne oder mit geringem Alkoholanteil bis zu ca. 15 %. Bis 3 % Alkoholanteil gelten Gesichtswässer als alkoholfrei. Je fettender die Haut ist, desto höher kann der Alkoholanteil sein. Jugendliche Aknehaut wird mit 40 %igem Gesichtswasser nachgereinigt. Hier verwendet man nicht nur Ethanol, sondern wegen der stärker entfettenden und desinfizierenden Wirkung Isopropanol. Das Gesichtswasser wird auf ein Wattepad gegeben und das Gesicht mit Streichgriffen nachgereinigt.

Durch **Bedampfen** der Haut mit Wasserdampf erreicht man eine gesteigerte Durchblutung. Das fördert die Nährstoffzufuhr der Zellen und den Abtransport von Schlacken und Giftstoffen. Die Poren weiten sich nun etwas und es setzt ein leichter Schweißfluss (Transpiration) ein. Zusätzlich kann man an der Austrittsstelle des Wasserdampfs bei manchen Geräten einen Filzring aufsetzen, der mit ätherischen Ölen getränkt ist. Je nach Öl wirken die ausströmenden Dämpfe zum Beispiel beruhigend (Baldrianöl), anregend (Rosmarinöl), entzündungshemmend (Kamillenöl) oder positiv auf die Atemwege (Eukalyptusöl).

Anschließend werden die Augenbrauen gezupft und eventuell störende Gesichtsbehaarung entfernt.

Um **Komedonen** zu entfernen, wird der Hornpfropf des erweichten Komedos durch sachgemäßes Drücken mit den papierumwickelten Fingerspitzen herausgelöst. Spezielle Geräte können erweichte Komedonen absaugen, ohne umliegendes Gewebe zu beschädigen.

Milien haben keine Öffnung. Hier muss man die obere, abgestorbene Zelllage mit einem sterilen Messerchen (Lanzette) oder einer Einweg-Kanüle anritzen und die Milie als winzige Hornkugel herausheben. Danach wird die Stelle desinfiziert. Bei sachgemäßer Behandlung spüren Kunden nichts.

1. Führen Sie ein Verkaufsgespräch. Nennen Sie Vor- und Nachteile der genannten Präparate.

2. Überprüfen Sie Ihre gewohnten Gesichtshaut-Reinigungsmethoden und -präparate in Bezug auf Ihren Hauttyp und -zustand.

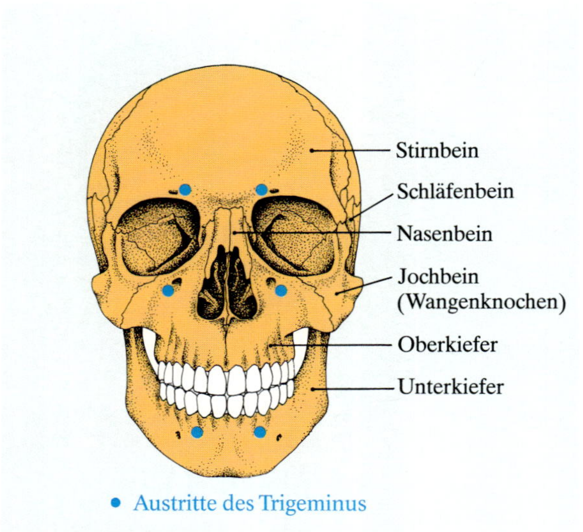

1. Knochen des Kopfes

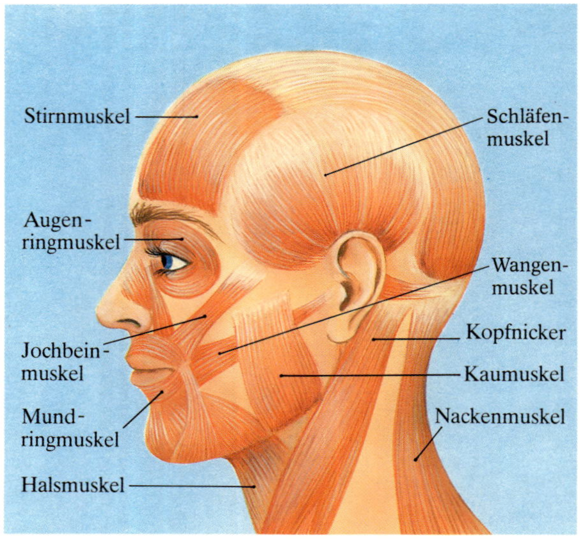

2. Muskeln des Kopfes

3 Kosmetische Gesichtsmassage

Die kosmetische Massage ist nicht mit einer medizinischen Massage gleichzusetzen. Masseure behandeln nach Anweisung von Ärzten erkrankte Körperbereiche. Die kosmetische Massage unterstützt und fördert die gesunde Haut in ihren Funktionen.
Kunden, die einmal eine fachgerechte kosmetische Massage erlebt haben, erinnern sich sicherlich gern an das wohltuende Gefühl.

Je nach Art der Massagegriffe erreicht man verschiedene **Wirkungen** auf die Haut und die darunter liegende Muskulatur:

- Unterstützung der Reinigung: Talgdrüsen werden zum Teil entleert.
- Unterstützung der Blut- und Lymphstromzirkulation: Der Stoffwechsel wird angeregt.
- Verbesserung der Elastizität: Durch leichten Druckreiz dehnen sich die Fasern in der Lederhaut und ziehen sich wieder zusammen, die mimische Muskulatur wird trainiert.
- Psychische Wirkung: Durch Reizung sensibler Nervenendigungen entsteht Anregung und Beruhigung.

Unsachgemäße Massage kann durch langes, kräftiges Reiben oder Streichen zu roten Flecken führen. Zerren und Überdehnen lässt elastische Fasern reißen. Durch eine falsche Massagerichtung kann es zu einem vertieften Faltenrelief kommen.

Voraussetzungen zur Durchführung einer kosmetischen Massage sind: Ein ruhiger, abgeschlossener Raum, eine bequeme Behandlungsliege und die Bereitschaft der Kundin sich völlig zu entspannen. Die Massagegriffe sollten in einem ruhigen, gleichmäßigen Arbeitsrhythmus und einer sinnvollen Reihenfolge entlang der **Spaltlinien** ausgeführt werden.

Massagemittel verbessern die Gleitwirkung der Hände auf der Haut. Massageöle enthalten neben echten Ölen auch Mineralöle, die nicht in die Haut eindringen und dadurch einen öligen Gleitfilm auf der Haut entstehen lassen. Massagecremes sind Emulsionen vom Typ W/O. Sie ziehen nur langsam ein und geben der Hautpartie ein Wärmegefühl. Sie enthalten zusätzlich verschiedene Wirkstoffe, wie das entzündungshemmende Azulen, mehrfach ungesättigte Fettsäuren der pflanzlichen Öle oder Allantoin aus Weizenkeimen oder Rosskastanien, gegen spröde, trockene und rissige Haut. Vitamin E soll durchblutungsfördernd wirken und verzögert das Ranzigwerden der echten Fette (natürlicher Konservierungsstoff).

Streichmassage (Effleurage). Sie wird mit der flachen Hand, bei Platzmangel mit Mittel- und Ringfinger ausgeführt. Die Streichmassage wirkt beruhigend und unterstützend auf Blut- und Lymphabfluss; immer zu Beginn und am Ende der Massage.

1. Ist es möglich, Falten und Fettpolster durch Massage zu beseitigen? Begründen Sie Ihre Antwort.

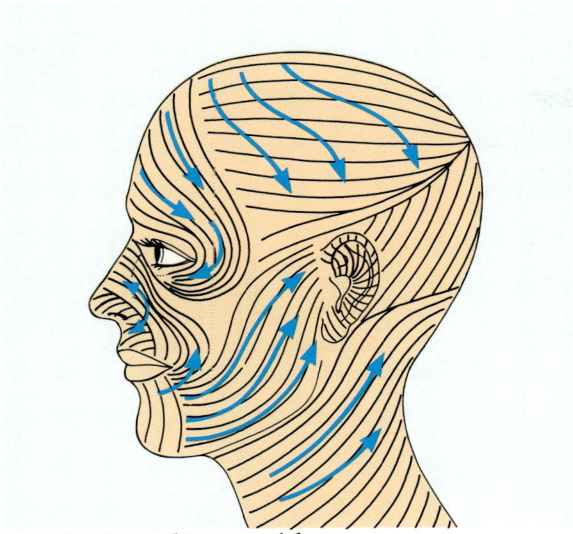

3. Spaltlinien und Massagerichtung

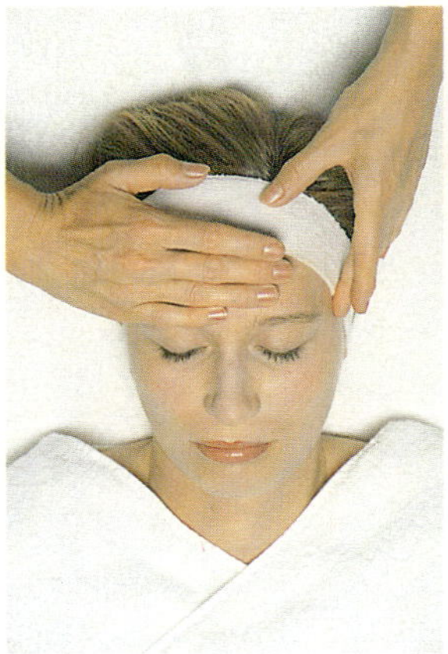

Streichmassage der Stirnfläche

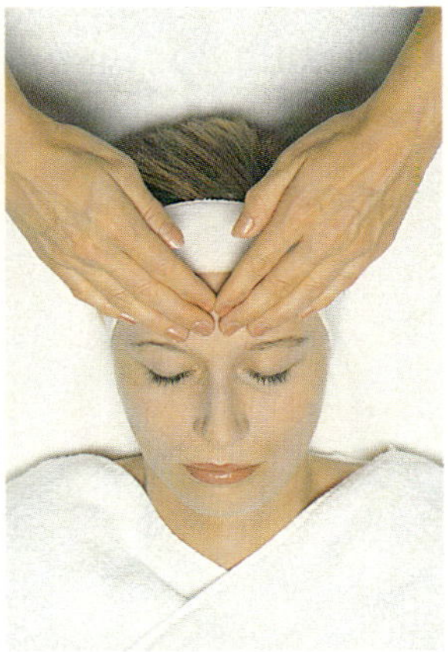

Reibungsmassage auf der Stirn

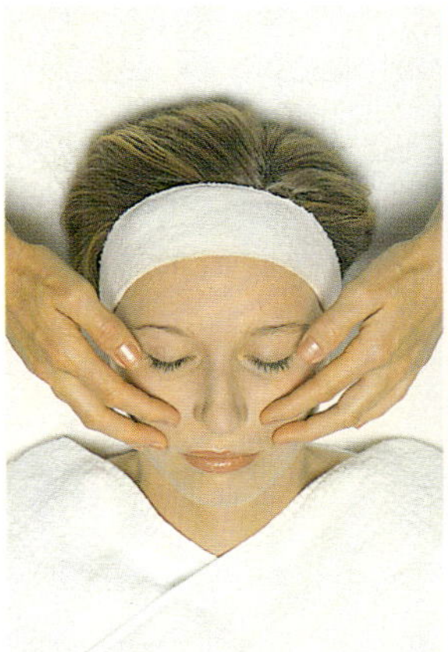

Bindegewebsmassage im Wangenbereich

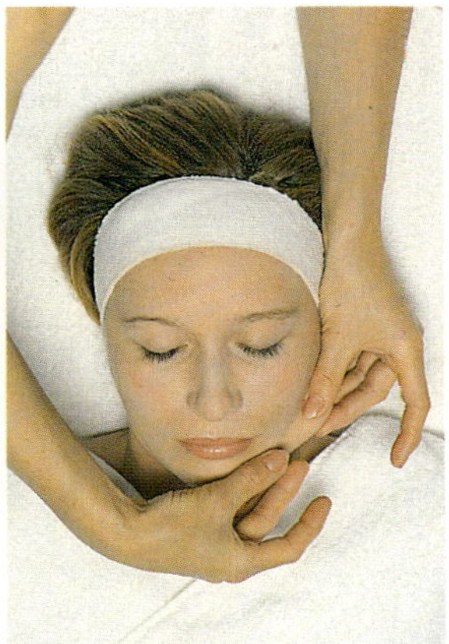

Knetmassage am Kinn

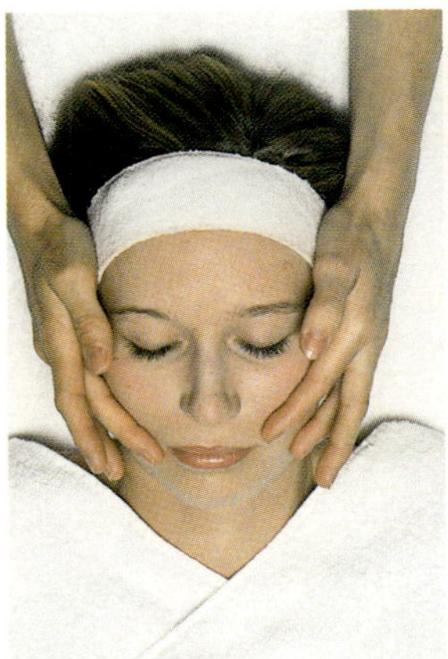

Klopfmassage auf den Wangen

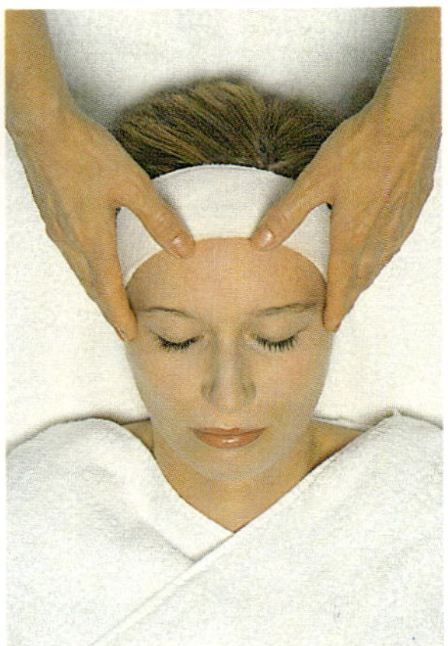

Nervenpunktmassage an der Schläfe

4. Auswahl von Massagearten

Reibungsmassage (Friktionsmassage). Mit aufgesetzten Fingerkuppen werden kreisend reibende Bewegungen ausgeführt. Wirkt durchblutungsfördernd, anregend, lockert Muskelverspannungen sowie Komedonen.

Bindegewebsmassage. Mit erhöhtem Druck verschiebt man die Oberhaut über dem Bindegewebe. Die Fingerkuppen gleiten kaum auf der Haut. Bei Ortswechsel werden die Fingerkuppen deutlich abgehoben.

Knet- und Walkmassage (Petrissage). Daumen und Zeigefinger heben die Haut und Muskulatur ab und kneten. Die tiefgreifende, lockernde Massage wirkt entkrampfend und stoffwechselanregend.

Klopfmasssage (Tapotement). Leichtes Trommeln mit den flach aufgelegten Fingern. Wirkt anregend auf die Nervenendigungen und trainiert die Elastizität der Haut.

Saug- und Druckmassage. Weiches, flaches Auflegen der Hände mit langsamer Druckzunahme. Druck halten und wieder langsame Druckabnahme. Dabei die Zeitintervalle verändern.

Nervenpunktmassage. Durch den Druck mit den Fingerspitzen auf Nervenaustrittspunkte folgt ein Nervenreiz und eine Belebung des betreffenden Hautbezirkes.

Massagegeräte erleichtern die besonders anstrengende Vibrationsmassage. Die Stärke dieser Massageart kann durch unterschiedlich schnelle Schwingungen und Druck auf die Haut verändert werden.

Beispiel für eine Gesichtsmassage

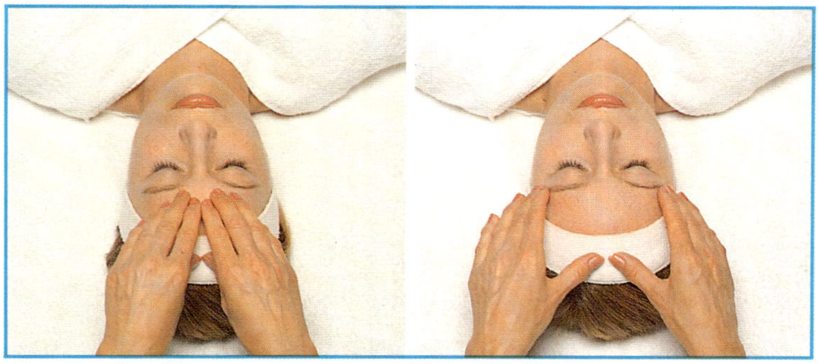

1. Ausstreichen der Stirn, von der Mitte nach außen

2. Großer Gesichtsausstreichgriff

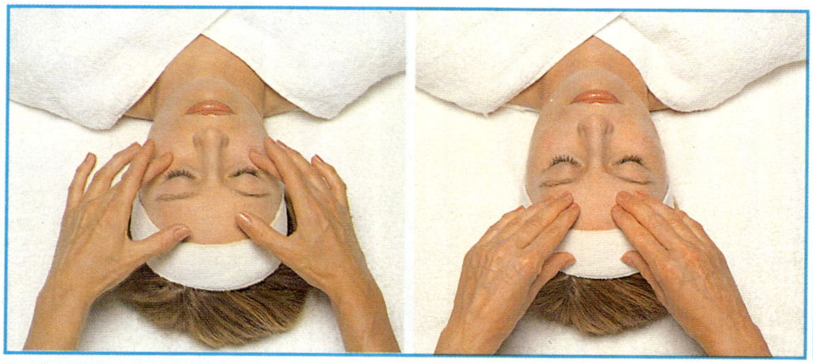

3. Großer Augenkreis

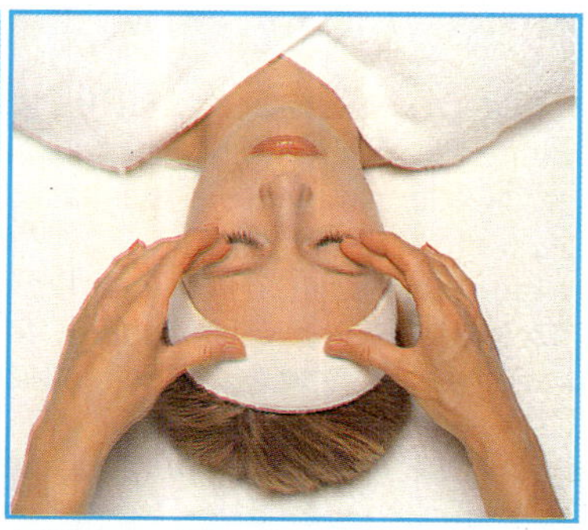

4. Kleiner Augenkreis

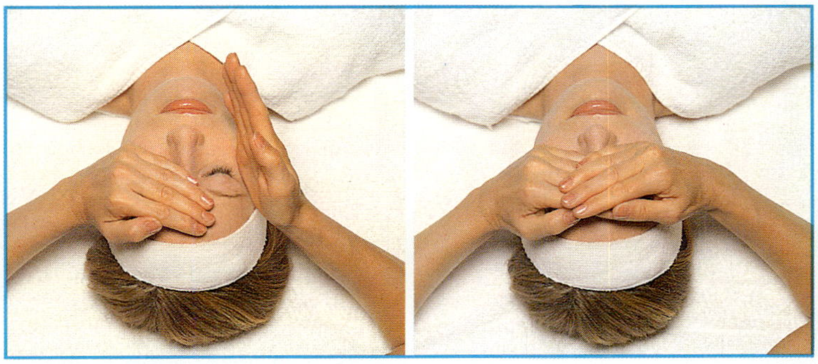

5. Augen abdecken

6. Bindegewebsmassage

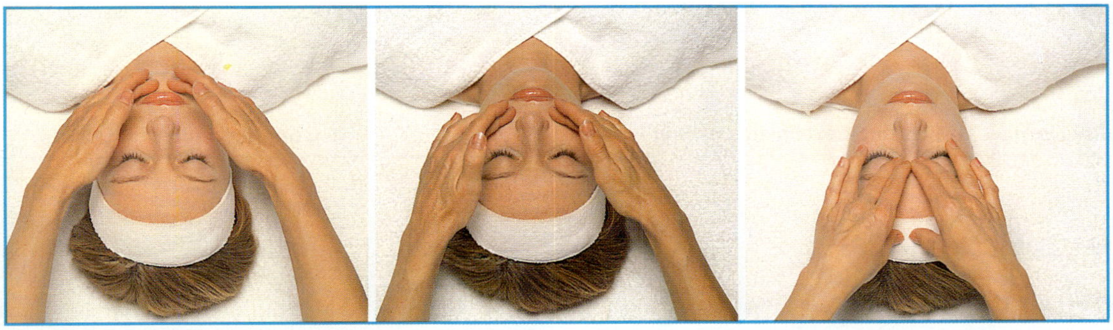

7. Friktion der Kinnrolle und der Nase

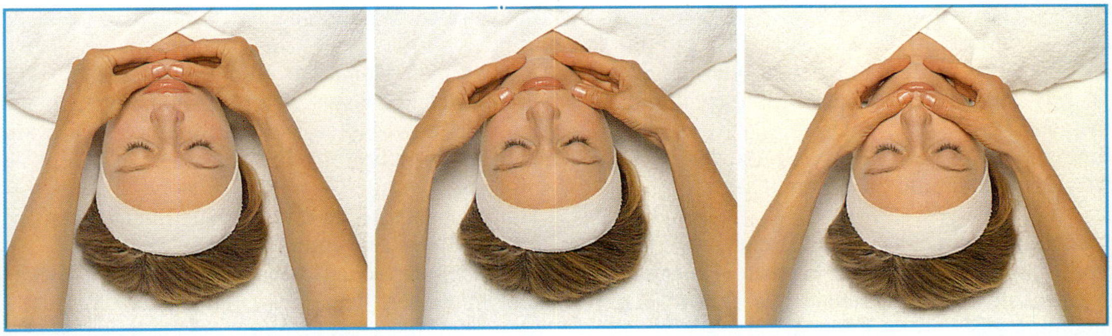

8. Ausstreichen des Mundringmuskels

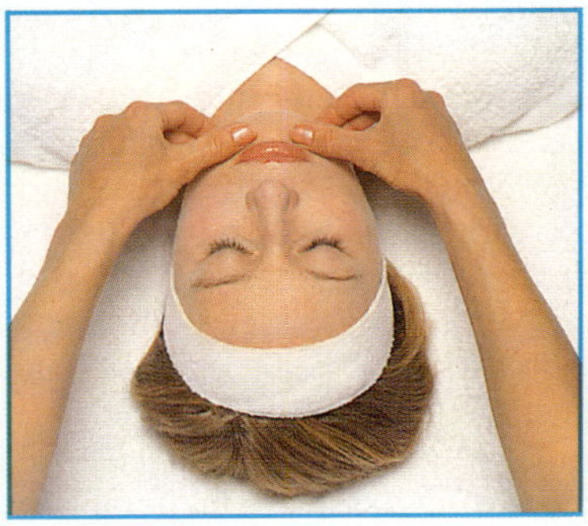

9. Kinnfriktion

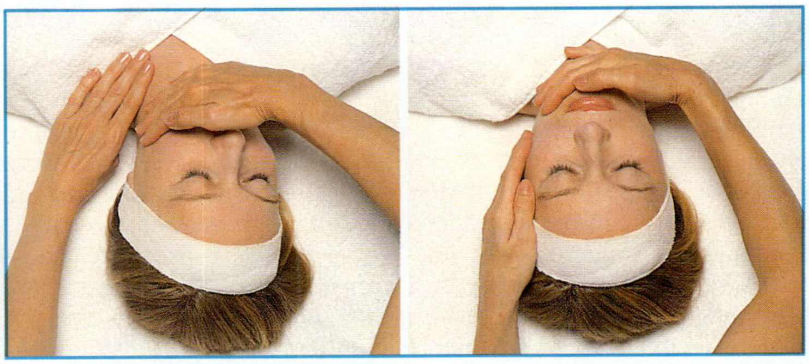

10. Ausstreichen von Kinn und Hals

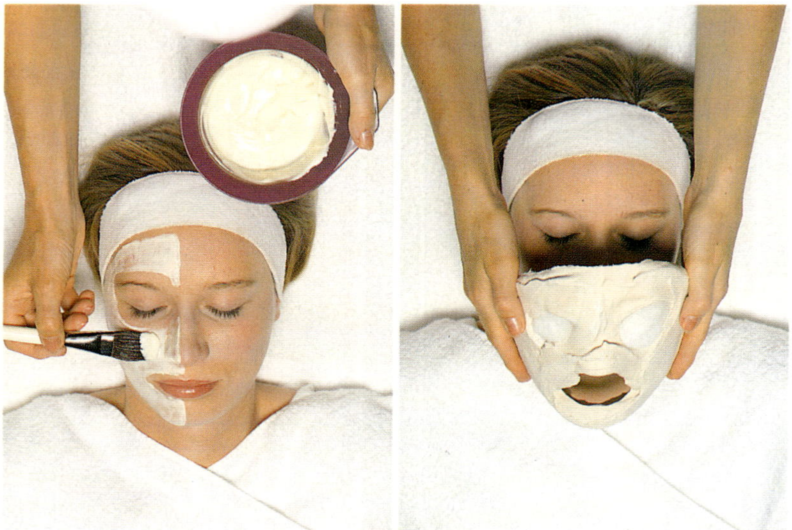

1. Auftragen einer Gesichtsmaske, abnehmen einer Gipsmaske

Fettphase:
2,5 g Emulgator (z. B. Tegomuls 90S),
6 g natürliches Pflanzenöl
(z. B. Mandelöl)
2 g Konsistenzgeber
(z. B. Kakaobutter)
unter Rühren auf 80 °C erhitzen

Wasserphase:
30 g destilliertes Wasser abkochen

Zubereitung:
Beide Phasen auf 70 °C abkühlen und das Wasser vorsichtig in die Fettphase einrühren. Weiterrühren, bis die Creme auf ca. 30 °C abgekühlt ist.
Um die Creme etwas zu konservieren 4–8 Tropfen Konservierungsstoff (z. B. Heliozimt K) und Duft- und Farbstoff nach Belieben zugeben.
Fleißiges Rühren gibt eine geschmeidige Konsistenz!

2. Grundrezeptur – Tagescreme

4 Hautpflegemittel

Masken und Packungen werden in der Praxis nicht klar gegeneinander abgegrenzt oder lassen sich nicht eindeutig einer Gruppe zuordnen. Hier nehmen wir folgende Unterscheidung vor:
Masken: Die Masse wird fest, lässt sich nur durch Wasser erweichen, als Film abziehen oder als Schale im Ganzen abnehmen; Masken schließen die Hautoberfläche ab.
Packungen: Die Masse bleibt weich und geschmeidig; sie trocknet nicht an und bleibt durchlässig.

Im Handel sind Cremepackungen (Emulsionen, Gele), Puderpackungen, filmbildende Masken (Kunstharze), Schalenmasken (Gipsmodellagen), Enzymmasken (Peelingpräparate) und Packungen, die fettende Stoffe enthalten. Sie haben unterschiedliche Wirkungen:
Erfrischend, kühlend, beruhigend, adstringierend, hautspannend, hautglättend oder durchblutungsfördernd, hauterweichend, hautschälend, wärmend, quellend und tiefenreinigend.
Anwendung: Entsprechend ihrer Wirkung werden hauterweichende Masken und Packungen vor dem Entfernen von Komedonen und Milien aufgetragen. Danach benutzt man beruhigende Wirkstoffe, um Hautrötungen zu mildern. Pflegende und feuchtigkeitsspendende Packungen können vor oder nach der Massage aufgetragen werden, adstringierende und hautglättende zum Abschluss einer pflegenden Behandlung. Alle Präparate werden entweder mit dem Pinsel oder den Fingerspitzen aufgetragen. Augenpartie, Nasen- und Mundöffnung bleiben dabei ausgespart. Augenlider werden mit feuchten Kompressen abgedeckt. Packungen kann man durch Bedampfen mit warmem Wassernebel feuchthalten.

Mit warmen Kompressentüchern oder auch kleinen Schwämmchen lassen sich O/W-Präparate abnehmen. Filmbildende Masken werden abgezogen und erstarrte Schalen vorsichtig abgehoben.

Hautcremes sind zu unterscheiden nach ihren Eigenschaften bzw. Anwendungszeitpunkten.
Tagescremes dienen dem Schutz der Haut nach der morgendlichen Reinigung. Als Tagesschutz oder Make-up-Grundlage sollte eine Tagescreme keinen Glanz verursachen, sondern matt und stumpf sein. Dies gelingt, wenn das Präparat schnell einzieht. Diese Eigenschaft erreicht man mit Emulsionen vom Typ O/W. Neben dem Emulgator, der Fett- und Wasserphase, enthalten Tagescremes wasserbindende Stoffe wie Sorbit, Glycerin oder Kollagen. Durch ihr Vermögen, Wasser zu binden, wirken sie quellend auf die Hornschicht und lassen die Haut glatter erscheinen.
Wassergehalt und Verdickungsmittel bestimmen die Konsistenz des Präparates, das heißt, ob es sich um eine Creme oder eine Milch handelt.
Spezialcremes enthalten je nach ihrer Aufgabe zusätzliche Wirkstoffe, wie zum Beispiel entzündungshemmende Kamillenextrakte und desinfizierende Schwefelverbindungen.

Name	Wirkung
Allantoin	wundheilend, beruhigend
Aloe vera	feuchtigkeitsbindend, wundheilend
Arnika	antiseptisch, entzündungslindernd
Azulen	entzündungslindernd, beruhigend
Bisabolol	antiseptisch, entzündungshemmend
Brennnessel	durchblutungsfördernd
Hamamelis	desinfizierend, adstringierend
Melisse	antibakteriell, beruhigend
Schafgarbe	bakterienhemmend, wundheilend

3. Wirkung von Kräutern und Extrakten

Liposome

Ähnlich dem Bau eines Tensidmoleküls besitzen sie einen wasser- und einen fettfreundlichen Teil. In Wasser lagern sie sich zu doppelwandigen, sehr kleinen Kugeln zusammen. Da sie dem Aufbau der menschlichen Zellwand ähnlich sind, können sie mit ihr verschmelzen und verbessern ihre Elastizität.
Trägt eine solche Liposomenkugel in ihrem Inneren eine weitere Substanz, wird sie zum Transporteur und schleust den Stoff tief in die Zelle ein. Dann werden Liposome zu Medikamenten. In der Kosmetik ist dies durch Gesetz nicht zulässig. In der Kosmetik werden Liposome dazu benutzt, den Feuchtigkeitsgehalt der Haut zu erhöhen.

Nachtcremes sollen der Haut über Nacht Wirkstoffe zuführen. Sie werden nach der abendlichen Reinigung auf die Haut aufgetragen. Das langsame Einziehen, den wärmenden Effekt und den Glanz auf der Haut verursacht der Emulsionstyp W/O.
Nachtcremes enthalten echte Fette und echte Öle, Mineralfette und -öle, Vitamine, pflanzeneigene Hormone und andere spezielle Wirkstoffe, wie Kollagen und Elastin. Vitamin A glättet die Haut und macht sie geschmeidig. Vitamin E verhindert das Ranzigwerden echter Fette und echter Öle und ist ein natürlicher Konservierungsstoff.
Wissenschaftlich umstritten sind das Eindringvermögen und die regenerierende Wirkung der Eiweißstoffe Kollagen und Elastin auf die Lederhaut. Nachweisen kann man ihre Fähigkeit, Wasser zu binden. Ebenso umstritten ist die äußere Anwendung von Enzymen zur Zellreparatur nach übermäßiger UV-Bestrahlung.

Je nach Hauttyp und -zustand wählt man den Fettgehalt der Tages- und Nachtcreme. So kann es sein, dass der Haut im Sommer auch nachts eine feuchtigkeitsspendende Tagescreme aufgetragen wird und im Winter tagsüber eine leicht fettende Nachtcreme. Das Ergebnis der Hautbeurteilung bestimmt die Präparatewahl.

Wirkstoffkonzentrate werden in kleinen Mengen (Ampullen) hoch konzentriert angeboten. Unter Masken und Packungen oder unter der Creme werden sie als Kur über ca. drei Wochen verwendet. Tropfenweise kann man zum Beispiel feuchtigkeitsbindende Stoffe gezielt auf bedürftige Hautpartien auftragen.

Alle beschriebenen Präparate, die eine Wasserphase enthalten, müssen konserviert sein. Ansonsten kann die Wasserphase bereits einige Stunden nach Herstellung mit Bakterien und Keimen verunreinigt sein. Das pflegende Präparat wird somit zum Verursacher von Hauterkrankungen. Öle werden nicht von Keimen befallen. Ihnen werden Antioxidationsmittel zugesetzt, um das Ranzigwerden zu verhindern.

Kräuter und Pflanzenextrakte zur Pflege von Haut und Haar wurden bereits im Altertum verwendet. Diese natürlichen Stoffe, mit denen man die verschiedensten Wirkungen erzielen kann, werden auch heute noch in Hautcremes, Gesichtspackungen und -wässern, Haarpackungen und -wässern, Badezusätzen usw. eingesetzt.

1. Nennen Sie Aspekte, die bei der Auswahl von Hautpflegemitteln zu berücksichtigen sind.

Berechnung der wöchentlichen Stromkosten für Föne und Hauben

Elektrische Geräte nehmen Strom auf und setzen ihn um in Wärme, Licht, Bewegung usw. Gemessen wird die Stromaufnahme eines Gerätes in Watt (1000 W = 1 kW). Die Stromaufnahme während einer Stunde Betriebszeit wird in Kilowattstunde (kWh) berechnet. Beispiele aus einem Friseursalon:
3 Föne à 1200 Watt (= 1,2 kW), Betriebszeit je Gerät pro Woche 30 Stunden
5 Hauben à 1,5 kWh, Betriebszeit je Gerät pro Woche 20 Stunden:
Das Elektrizitätswerk stellt den Strom zu einem Arbeitspreis von 0,25 DM je kWh zur Verfügung. Dazu gibt es eine Grundgebühr, die in diesem Beispiel vernachlässigt wird. Hinzu kommen 16 % Mehrwertsteuer.

Anzahl der Geräte × Stromaufnahme × Betriebszeit × Arbeitspreis + Mehrwertsteuer

Föne	3 × 1,2 kWh × 30 Stunden × 0,25 DM	= 27,00 DM
Hauben	5 × 1,5 kWh × 20 Stunden × 0,25 DM	= 37,50 DM
		64,50 DM
Mehrwertsteuer 16 %		10,32 DM
wöchentliche Stromkosten		**74,82 DM**

5 Apparative Kosmetik, Methoden und Wirkungen

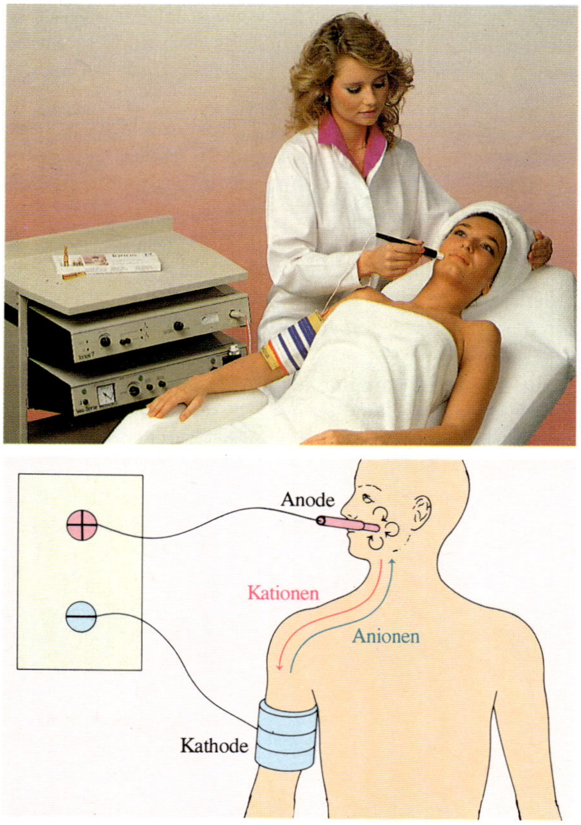

1. Iontophoresegerät und Funktionsschema

Neben dem Einsatz von elektrisch betriebenen Geräten (Vibrationsmassage) werden in der Kosmetik auch die direkten Wirkungen des elektrischen Stroms auf die Haut bei Pflegemaßnahmen genutzt. Dabei sind die Sicherheitsvorschriften der Gerätehersteller unbedingt zu beachten.

Die **Iontophorese** ist eine wichtige Methode, um spezielle Wirkstoffe in die Haut einzuschleusen. Die Vorgänge hierbei sind vergleichbar mit den Reaktionen bei einer Elektrolyse.
Zur Durchführung der Iontophorese wird eine Elektrode als Kathode am Oberarm fest angelegt. Die Anode wird als Arbeitselektrode frei bewegt, wenn das verwendete Präparat kationische Wirkstoffe enthält. Ein Zellstofftuch wird dazu mit einer Lösung des Präparats getränkt und um die Arbeitselektrode gewickelt.
Von der positiven Anode wandern nun wie bei der Elektrolyse die positiven Kationen in Richtung der negativen Kathode. Für diese Behandlungsmethode ist ein Gleichstrom erforderlich, damit der Strom nur in eine Richtung fließt. Je nach „Kribbelempfindung" der Kunden wird die Stromstärke reguliert.

1. Begründen Sie die Verwendung von Gleichstrom bei der Iontophorese.

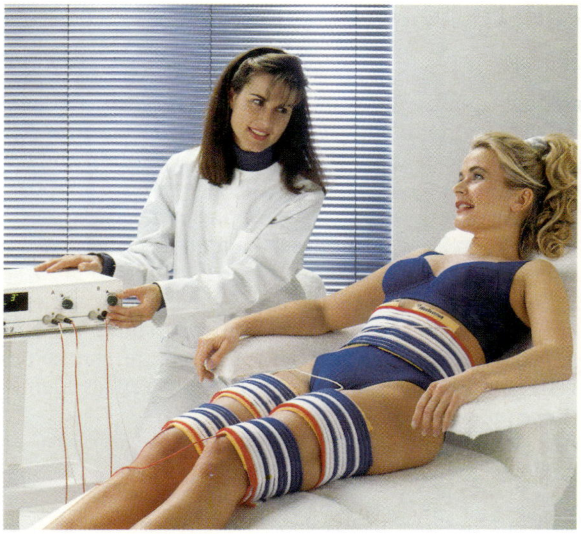

2. Reizstrombehandlung (Interferenzstrom)

3. Haarentfernung durch Epilation

Als Ergänzung zur manuellen Massage werden auch Massagegeräte verwendet, die einen **Reizstrom** erzeugen. Dieser wirkt auf Nerven und Muskeln, sodass die Muskelbewegung aktiviert wird. Eine mögliche Wirkung des Reizstroms ist auch die Beschleunigung des Stoffwechsels. Die Reizstrommassage arbeitet entweder mit Impulsstrom oder Interferenzstrom.

Beim **Impulsstromgerät** wird zwischen zwei Elektroden ein Gleichstrom angelegt, der im regelmäßigen Rhythmus unterbrochen wird. Die Elektroden müssen gut angefeuchtet sein, damit der elektrische Strom auf das Blutgefäß- und Lymphgefäßsystem wirken kann.

Werden zwei Stromkreise mit jeweils zwei Elektroden an den Körper angelegt und ein Wechselstrom geschaltet, so überschneiden sich die elektrischen Ströme im Körper. Man spricht von **Interferenzstrom.** Es wird bei dieser Methode mit rhythmisch verändertem Wechselstrom gearbeitet; dabei können Wirkungen erzielt werden, die mehr beruhigend, entspannend wirken, und solche, die eine stärkere Reizstromwirkung haben und so die Muskulatur kräftigen und die Durchblutung steigern sollen.
Die regelmäßige Anwendung von Reizströmen soll einen Trainingseffekt auf die Muskulatur ausüben; allerdings sind die Wirkungen einer regelmäßigen sportlichen und gymnastischen Betätigung weitaus wirkungsvoller.

Ein weiteres Beispiel für die direkten Wirkungen des elektrischen Stroms ist die dauerhafte Haarentfernung, die **Epilation.** Bei dieser Methode ist eine äußerst sorgfältige Arbeitsweise erforderlich, die während einer speziellen Ausbildung eingeübt werden muss. Geübte Klinikkosmetikerinnen wenden diese Methode erfolgreich bei erblicher Überbehaarung im Gesicht an.

Bei der **Pinzettenepilation** wird eine Pinzette als Elektrode geschaltet. Damit wird das Haar gefasst und der Strom bis zur Haarwurzel geleitet. Zur Erhöhung der Leitfähigkeit des Haares wird dies mit einem speziellen Präparat behandelt. Diese schmerzfreie Methode ist nicht erfolgreich, wenn die Haarpapille nicht ganz zerstört wird. Auch wenn die Haarpapille sich in einer Wachstumsphase befindet, die keine ausreichende Verbindung mehr mit dem Haar ermöglicht, gelingt die Epilation nicht.

Bei der zeitaufwendigen **Nadelepilation** wird eine sehr feine, an der Nadelspitze nicht isolierte Nadel bis zur Haarpapille eingeführt. Anschließend wird durch Strom die Nadelspitze überhitzt und somit die Papille verödet. Das Haar lässt sich mit einer Pinzette herausziehen. Da die Trefferquote bei Einführung der Nadelspitze in den Haarfollikel niemals 100 % beträgt, wachsen auch bei dieser Epilationsmethode einige Haare wieder nach.

2. Nennen Sie mögliche Alternativen zur Haarentfernung mit elektrischem Strom.

Kontraindikationen

Eine Hautdiagnose kann auch zu dem Ergebnis führen, einem Kunden von einer kosmetischen Behandlung, zumindest vorübergehend, abzuraten oder bestimmte Bereiche des Gesichtes, Halses oder Dekolletees mit besonderer Vorsicht zu behandeln.
Neben Hautveränderungen und Hauterkrankungen müssen Erkrankungen, Operationen und Verletzungen der Augen, der Nase oder des Mundes berücksichtigt werden.

Durch eine einfühlsame Befragung der Kunden müssen diese Punkte herausgearbeitet werden um in einem persönlichen Behandlungsplan darauf eingehen zu können. Gegebenenfalls muss eine Zurückstellung der kosmetischen Behandlung bis zur vollständigen Heilung in Betracht gezogen werden oder es kann nach Rücksprache mit dem behandelnden Arzt eine individuelle kosmetische Behandlung durchgeführt werden.

Bei folgenden Befunden sollte genau geprüft werden, ob eine kosmetische Behandlung durchzuführen ist:

- frische Operationen
- Knochenbrüche
- Prellungen, Quetschungen
- Bindehautentzündung
- Verbrennungen
- Entzündungen des Kiefers oder der Zähne
- Schwellungen
- Entzündungen der Haut
- Hautausschläge, Blasenbildung
- schwere Form der Akne

1. Eine Kundin meldet sich telefonisch zu einer Hautpflegebehandlung an. Sie bittet um einen baldigen Termin, da sie einen Hautausschlag im Gesicht hat und den gerne verdecken würde. Führen Sie das Gespräch mit der Kundin. Was würden Sie fragen, welche Lösungsmöglichkeiten würden Sie vorschlagen?

Fallstudien

1. Nach einem Autounfall hat Ihre Kundin eine gut verheilte Narbe im Wangenbereich. Ihr Arzt hat für die Nachbehandlung zu einer Bindegewebsmassage geraten. Nun möchte sie von Ihnen eine individuelle Gesichtsmassage haben und Massagegriffe gezeigt bekommen, die sie zu Hause selbst anwenden kann.
Wie würden Sie die Kundin behandeln?

2. Ihre Freundin hat ein Akne-Präparat ausprobiert. Ihre Gesichtshaut schält sich und zeigt starke Rötungen. Ihrer Meinung nach hat Ihre Freundin gar keine richtige Akne, sondern nur ein paar wenige kleine Hautunreinheiten.
Was würden Sie ihr jetzt und zukünftig für ihre Gesichtspflege raten?

3. Ihre Chefin möchte eine Kosmetikecke im Salon einrichten und bittet Sie, Vorschläge hinsichtlich der Ausstattung und der Gestaltung zu machen.
Informieren Sie sich anhand von Büchern, Zeitschriften, Prospekten, anderen Kosmetiksalons, auf Fachmessen und anderem. Zeichnen Sie Ihren Vorschlag oder fertigen Sie ein Modell an. Spielen Sie eine Szene, in der Sie Ihren Vorschlag vorstellen und Mitschüler eine
a) nur positiv argumentierende
b) nur negativ argumentierende
c) kritisch, konstruktive Chefin darstellen.

Erstellen Sie im Team ein Werbekonzept zur Eröffnung der Kosmetikecke.
Entwerfen Sie mit dem Computer Handzettel, Visitenkarten, Diagnoseblätter, eine Kundenkartei und alles, was Sie an schriftlichen Vordrucken benötigen.

4. Welche beruflichen Möglichkeiten haben Sie nach der Gesellenprüfung im kosmetischen Bereich zu arbeiten?
Informieren Sie sich z. B. bei der Berufsberatung, beim Arbeitsamt und bei Kosmetikfirmen.

Wissen Sie Bescheid?

1. Welchen Zweck hat eine Kundenberatung bei der Hautbeurteilung?
2. Erklären Sie, warum eine Haut nicht unmittelbar vor einer Hautbeurteilung gereinigt werden darf.
3. Wozu sammelt man alle Ergebnisse der Hautbeurteilung eines Kunden auf einer Karteikarte oder im Computer?
4. Wozu benutzt man eine Lupenleuchte?
5. Wie lässt sich die Hautfeuchtigkeit objektiv messen?
6. Erläutern Sie den Begriff Dermographismus.
7. Erklären Sie, warum die Hautschreibung eine umstrittene Methode ist.
8. Wie kann man die Elastizität und Spannung der Haut prüfen?
9. Erklären Sie die Begriffe Tonus und Turgor.
10. Welche unterschiedlichen Hautmerkmale lassen sich mit der Woodlampe feststellen?
11. Beschreiben Sie das Erscheinungsbild der

    a) Seborrhoe oleosa, b) Seborrhoe sicca,

    c) Sebostase und d) der normalen Haut.
12. Nennen Sie verschiedene Reinigungspräparate und ihre Anwendung.
13. Warum lassen sich hydrophile Öle mit Wasser abwaschen?
14. Welche Peelingpräparate können bei empfindlicher Haut verwendet werden?
15. Beschreiben Sie die apparative Hautreinigung.
16. Welche Rolle spielt der Alkoholanteil des Gesichtswassers bei der Nachreinigung?
17. Bei welchem Hautzustand kann man isopropanolhaltiges Gesichtswasser verwenden?
18. Wozu wird die Gesichtshaut bedampft?
19. Welche Hautveränderungen dürfen kosmetisch entfernt werden?
20. Wie kann man Milien entfernen?
21. Unterscheiden Sie die kosmetische Massage von der medizinischen.
22. Welche Wirkungen hat die kosmetische Massage?
23. Spielt die Richtung der Massagegriffe eine Rolle? Begründen Sie ihre Antwort.
24. Wozu verwendet man Massagemittel?
25. Handelt es sich bei Massageölen um echte Öle oder Mineralöle? Begründen Sie ihre Antwort.
26. Welche Massagearten werden bei einer kosmetischen Massage im Gesicht angewandt?
27. Beschreiben Sie die charakteristischen Ausführungsmerkmale der Massagearten.
28. Beschreiben Sie die unterschiedlichen Wirkungen der verschiedenen Massagearten.
29. Welche Masken und Packungen unterscheidet man nach ihrer Wirkung?
30. Zu welchem Zeitpunkt einer kosmetischen Behandlung werden hauterweichende und hornlösende Packungen eingesetzt?
31. Wann sind Masken und Packungen mit adstringierenden und hautglättenden Wirkstoffen aufzutragen?
32. Aus welchen Bestandteilen setzen sich Cremes zusammen?
33. Begründen Sie die unterschiedlichen Emulsionstypen bei Tages- und Nachtcremes.
34. Wann ist die Konservierung kosmetischer Präparate unbedingt erforderlich?
35. Wieso können Liposome recht tief in die Haut eindringen?
36. Wie wirken sich eingelagerte Liposomen auf die Zellwand der Haut aus?
37. Beschreiben Sie die Iontophorese.
38. Welche Effekte können bei der Anwendung von Reizstrombehandlungen erzielt werden?
39. *Berechnen Sie die monatlichen Stromkosten eines Salons mit folgenden Geräten und Betriebszeiten: 30 Lampen à 100 W (= 0,1 kWh), monatliche Betriebszeit 200 Stunden; 4 Föne à 1,2 kWh, monatliche Betriebszeit 90 Stunden; 4 Trockenhauben à 1,5 kWh, monatliche Betriebszeit 80 Stunden; 1 Waschmaschine mit 2 kWh und 1 Trockner mit 3,5 kWh; monatliche Betriebszeit jeweils 40 Stunden. Der Arbeitspreis liegt bei 0,25 DM, die Mehrwertsteuer bei 15 %.*
40. *Welche jährlichen Stromkosten entstehen durch 20 Lampen à 100 Watt (0,1 kWh) bei einer Betriebszeit von 2500 Stunden im Jahr? Wie viel Geld lässt sich einsparen, wenn statt der 100-Watt-Lampen gleichhelle Energiesparlampen mit 20 Watt (0,02 kWh) benutzt werden? (Der Arbeitspreis liegt bei 0,30 DM.)*

Maniküre, Hand- und Nagelpflege

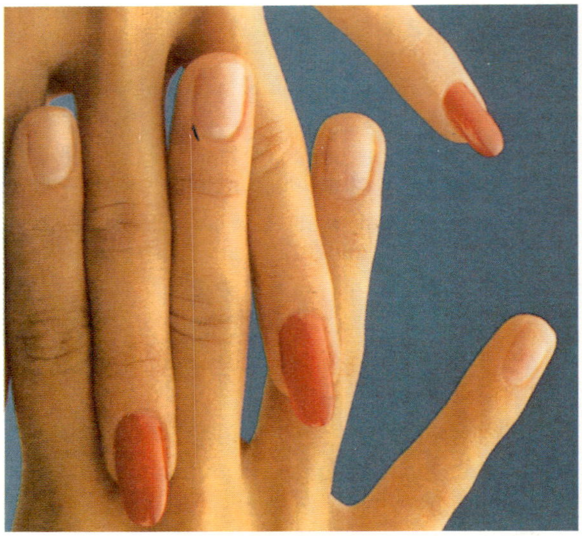

1. Hand- und Nagelpflege – kein Luxus

1 Bedeutung der Fingernägel und der Handpflege

Die Nägel bilden zusammen mit den Fingern eine Einheit, die das wichtigste Tast- und Greiforgan des Menschen ist. Fehlen Fingernägel, so ist die Greiffähigkeit wesentlich beeinträchtigt: Einen feinen Gegenstand, z. B. eine Stecknadel, ohne die Hilfe der Fingernägel anzuheben, ist sehr schwierig. Die zahllosen Tätigkeiten, die die Hände täglich ausüben, wären ohne die Fingernägel häufig schmerzhaft. Sie schützen die empfindlichen Fingerkuppen, die von Nerven und Blutgefäßen durchzogen sind.

Die Nägel haben für uns Menschen auch eine schmückende Funktion. Die Formung und die farbliche Gestaltung der Nägel gehören zur Kosmetik, wie z. B. das Erstellen eines Make-up, und bestimmen ebenso das Gesamterscheinungsbild des Menschen. Dabei ist die Gestaltung der Fingernägel auch Ausdruck des persönlichen Geschmacks. Jedoch reichen dekorative kosmetische Behandlungen der Fingernägel nicht aus. Schön geformte und lackierte Nägel wirken nur in Verbindung mit gepflegten Händen. Die Haut der Hände und die Fingernägel benötigen besondere Pflege, weil sie häufiger und intensiver schädlichen Belastungen ausgesetzt sind als andere Hautbezirke bzw. Anhangsgebilde der Haut.
Jede Maniküre im Friseursalon beginnt immer mit einem Beratungsgespräch, bei dem u. a. die Nägel und Hände bzw. Finger der Kunden beurteilt werden. Die Nägel müssen dabei auf Schäden oder Veränderungen untersucht werden, denn diese entscheiden über die Durchführung einer Maniküre. Die natürlichen Formen der Nägel, Finger und Hände sind mitbestimmend für die angestrebte Formung und farbliche Gestaltung der Nägel.

Viele Menschen haben Probleme mit weichen, brüchigen oder verformten Nägeln. Die Nägel können daher nicht so lange wachsen wie gewünscht. Durch eine Nagelmodellage können Fingernägel künstlich verlängert und verstärkt werden. Unebenheiten in der Nagelplatte können ausgeglichen werden.

Vor der **Durchführung** einer Maniküre werden die notwendigen Werkzeuge, Materialien und Präparate bereitgestellt. Alle Werkzeuge, die Verletzungen verursachen können, müssen desinfiziert sein. Schon beim ersten Arbeitsschritt, dem Entlacken der Fingernägel, wird die eigene Kleidung durch ein Handtuch geschützt. Die Finger der Kunden werden z. B. beim Nagelfeilen und Lackieren mit einer Serviette angefasst. Man greift den einzelnen Finger mit Mittelfinger und Daumen; der Zeigefinger unterstützt dabei den zu behandelnden Finger.

1. Vergleichen Sie die Nagel- und Fingerformen verschiedener Personen.

2. Stellen Sie eine Liste von Geräten für die Maniküre zusammen.

2. Verzierung natürlicher Nägel

3. Beispiele für die Dekoration künstlicher Nägel

Nagelmodellage und Nageldesign

Zur **Verlängerung des Nagels** wird ein Kunststoffnagel, Tip genannt, auf den natürlichen Nagel geklebt. Zur Auswahl stehen vorgefertigte Kunststoffspitzen in vielen verschiedenen Formen sowie Längen und Spitzen, die auf die gewünschte Länge gefeilt werden können. Dann wird auf Naturnagel und Tip ein Kunststofffilm aufgebracht, der aushärten muss. Der so verlängerte Nagel ist glänzend und durchscheinend, er ist in der Regel elastischer und härter als ein gesunder Naturnagel.

Das Problem bei der Nagelverlängerung besteht darin, dass die verwendeten Kunststoffkleber nicht ohne weiteres und nicht dauerhaft auf dem Naturnagel haften.

Es sind viele Materialien und Verfahren entwickelt worden, um einen Kunststoff auszuhärten und haltbar mit dem Naturnagel zu verbinden. Fiberglas, Acryl, synthetische Seiden und andere Stoffe werden in Ein- oder Zweikomponenten-Systemen verwendet, um Nägel künstlich zu verlängern. Immer häufiger wird die Lichthärtungsmethode eingesetzt, wobei Kunststoffe durch UVA-Licht ausgehärtet werden.

Mit den beschriebenen Stoffen und Verfahren lassen sich ebenfalls **Nagelplatten verstärken** und Unebenheiten ausgleichen.
Zur künstlichen Nagelverlängerung sollten Methoden vermieden werden, bei denen die Struktur der Naturnägel durch aggressive chemische Vorbehandlungen, wie Anätzen oder starkes Entfetten, verändert werden. Ebenso muss sichergestellt sein, dass der Naturnagel unter dem Kunstnagel ohne Schädigung, z. B. Pilzbefall, weiterwachsen kann.

Zum **Design der Nägel,** also zum farbigen und schmuckvollen Gestalten von Natur- und Kunstnägeln, gibt es ein sehr großes Angebot an Materialien und Hilfsmitteln. Strasssteinchen und -motive, Federn, Bänder usw. können die Nägel kunstvoll verzieren. Aufklebbare Bilder, Glitterpulver, farbige Streifen, vergoldete Motive usw. sollen Nägel fantasievoll schmücken.
Die Verzierungen werden auf den lackierten Nagel gesetzt und geklebt und anschließend mit einem Klarlack überzogen.
Auch fertig dekorierte Kunstnägel, Goldnägel und Nägel mit Edelsteinen werden angeboten. Sie sind zum Teil von Nageldesignern entworfen und in Handarbeit angefertigt worden.

3. Informieren Sie sich über die Kosten einer Nagelverlängerung in einem „Nagelstudio“.

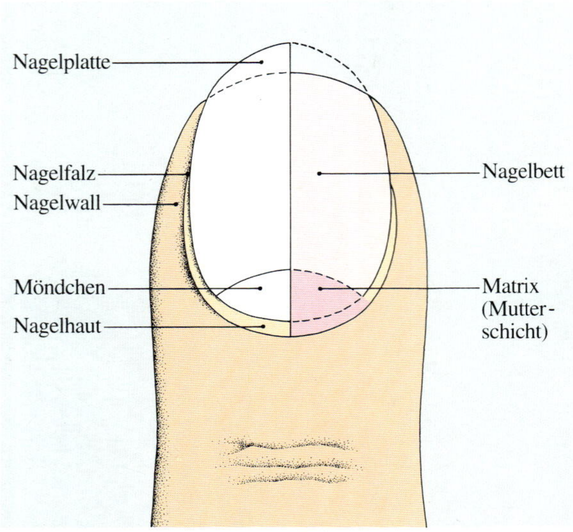

1. Aufsicht auf einen Fingernagel

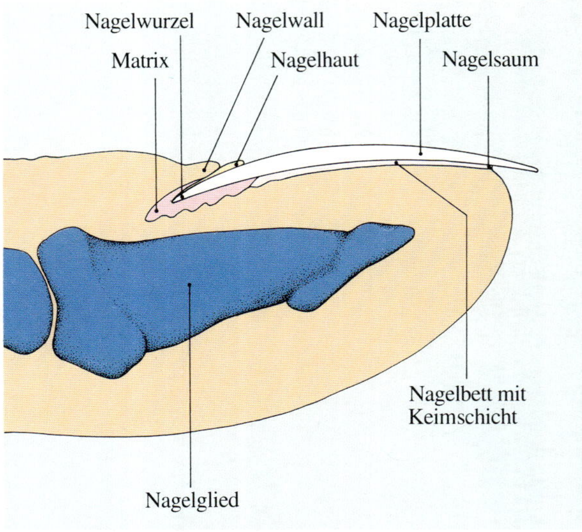

2. Fingerkuppe (Schema)

2 Bau und Wachstum der Fingernägel

Erst wenn der Aufbau und die Vorgänge beim Wachstum der Fingernägel bekannt sind, lässt sich fachgerecht beurteilen, wie eine vollständige Maniküre mit großer Sorgfalt durchgeführt werden muss. Schon kleinste Fehler bei der Behandlung können zu schmerzhaften Verletzungen oder sogar zu Wachstumsstörungen am behandelten Nagel führen.

Die feste **Nagelplatte** besteht aus mehreren Schichten verhornter Zellen, die fest miteinander verkittet und durchscheinend sind. Sie ist zu den Seiten gewölbt und in die Haut des dritten Fingergliedes eingebettet. Die Einsenkung der Nagelplatte in die Haut wird als **Nagelfalz** bezeichnet. Der Hautbereich des Fingergliedes, der den Nagelfalz umgibt und gewölbt ist, heißt **Nagelwall.**

Der untere, halbmondförmige Teil der Nagelplatte, der weiß schimmert, wird **Möndchen** genannt. Auf dem Möndchen und teilweise auf den seitlichen Rändern der Nagelplatte befindet sich die **Nagelhaut.** Sie verhindert, dass Fremdstoffe und Krankheitserreger zur Wurzel des Nagels vordringen können.

Unter den sichtbaren Bestandteilen des Nagels liegen die Teile, die für das Wachstum des Nagels verantwortlich sind. Die Nagelplatte ist fest mit dem **Nagelbett** verhaftet und überdeckt dieses. Die oberste Schicht des Nagelbettes, die **Keimschicht,** ist von Blutgefäßen durchzogen und verleiht dem Nagel das rötlich schimmernde Aussehen. Die Keimschicht beeinflusst das Dickenwachstum der Nagelplatte. Eine Nagelplatte kann etwa 0,3 mm bis höchstens 1 mm dick werden.

Der hintere Teil der Nagelplatte, der durch die Haut des dritten Fingergliedes verdeckt ist, wird allgemein als **Nagelwurzel** bezeichnet. Unter der Nagelwurzel befindet sich die **Mutterschicht,** auch **Matrix** genannt. Die Matrix reicht von der Nagelwurzel bis in den Bereich unterhalb des Möndchens und geht dort zum Nagelbett über. In der Matrix werden ständig neue Zellen gebildet und nach vorn geschoben, wobei die Zellen immer stärker verhornen. Die Mutterschicht ist also dafür zuständig, dass die Nagelplatte pro Woche etwa 0,8 mm in die Länge wächst. Wird die Matrix zerstört, so wächst der Nagel nicht mehr nach und fällt schließlich ab.

Die Zehennägel des Menschen wachsen langsamer als die Fingernägel. Während sich ein gesamter Fingernagel in fünf bis sechs Monaten erneuert, bildet sich ein Zehnagel in sieben bis zwölf Monaten neu.

1. Vergleichen Sie die Vorgänge beim Wachstum der Nägel mit dem Wachstum von Haut und Haaren.

2. Erläutern Sie die Bedeutung von Keim- und Mutterschicht für das Nagelwachstum.

3 Nagelschäden und Nagelanomalien

Veränderungen am Nagel und Nagelbett gibt es in verschiedensten Formen. Ursache dafür können sein: mangelhafte Ernährung, Stoffwechselerkrankungen sowie Verletzungen.
Nagelveränderungen treten auch häufig bei Friseuren auf, wenn die Fingernägel oft und über längere Zeiträume mit Dauerwellflüssigkeiten, Waschmitteln oder entfettend wirkenden Stoffen in Berührung kommen. Insofern sollen Friseure den direkten Kontakt mit diesen Präparaten vermeiden, da sonst die Nägel weich, spröde oder brüchig werden können.

Niednägel. Von Niednägeln spricht man, wenn sich teilweise losgelöste Hautteilchen aus dem Nagelwall erheben. Ursache können fehlerhafte Maniküren oder andere Verletzungen des Nagelwalls sein.
Längsrillen. Sie sind bei vielen Nägeln vorhanden. Mit zunehmendem Alter nimmt die Ausprägung der Rillen auf dem Nagel zu.
Querrillen. Wachstumsstörungen des Nagels als Folgeerscheinung von schweren Krankheiten führen zu quer verlaufenden Rillen in der Nagelplatte. Querrillen können auch nach Verletzungen der Nagelwurzel, z.B. durch Fehler während einer Maniküre, entstehen.
Einsenkungen in der Nagelplatte. Sie können als Begleiterscheinung von kreisrundem Haarausfall oder Schuppenflechte auftreten.
Weiße Flecken in den Nägeln. Wird die Nagelwurzel verletzt, können nach einiger Zeit weiße, runde oder längliche Flecken im Nagel sichtbar werden. Auch Nieren- oder Lebererkrankungen können diese Nagelveränderung auslösen.
Infektionen des Nagelwalls. Bei Verletzungen im Bereich des Nagelwalls können Krankheitserreger in die Haut eindringen und eine schmerzhafte Entzündung des Nagelwalls auslösen. Der Nagelwall ist gerötet und geschwollen, häufig vereitert. Eine Maniküre darf nicht durchgeführt werden.
Pilzbefall der Nägel (Nagelmykosen). Sind Nägel von Pilzen befallen, verfärben sie sich meist gelblich oder weiß. In fortgeschrittenem Stadium sind die Nägel verdickt und Hornschichten blättern ab. Bei Pilzbefall dürfen Friseure wegen der Übertragungsgefahr keine Handpflege durchführen.
Malignes Melanom im Nagelbereich. Wenn sich der schwarze Krebs im Bereich des Nagelbettes oder der Nagelmatrix entwickelt, entstehen streifenförmige Schwarzfärbungen in der Nagelplatte.

3. Untersuchen Sie Fingernägel auf Schäden und Anomalien.

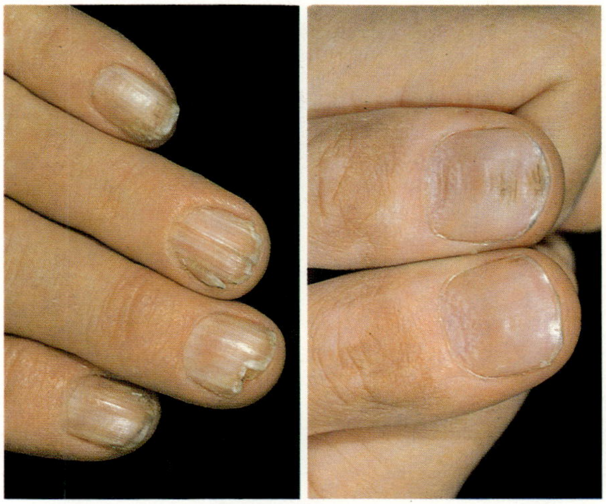

3. Längs- und Querrillen im Nagel

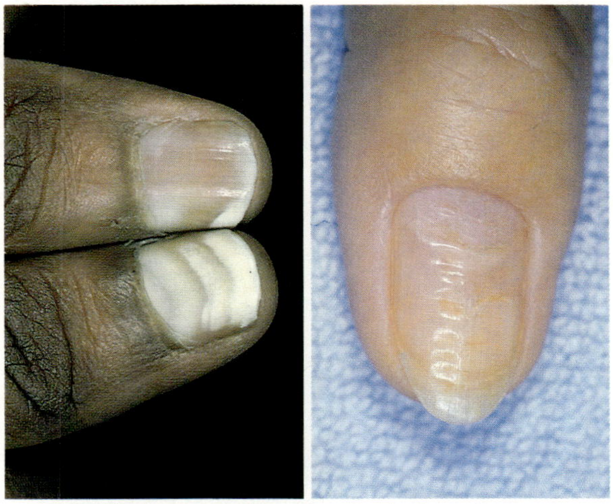

4. Weiße Flecken und Einsenkungen im Nagel

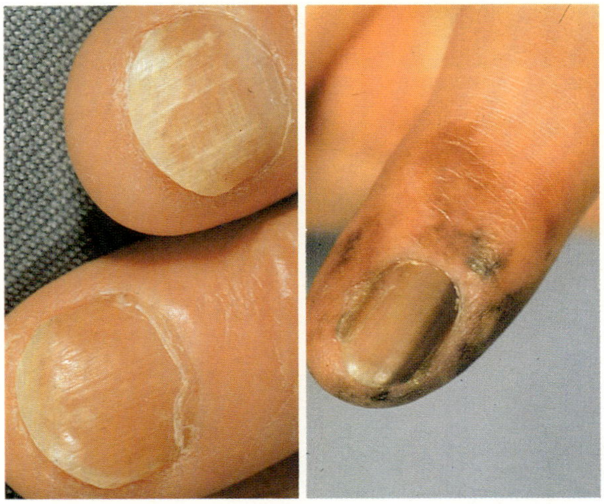

5. Nagelmykose und malignes Melanom im Nagelbereich

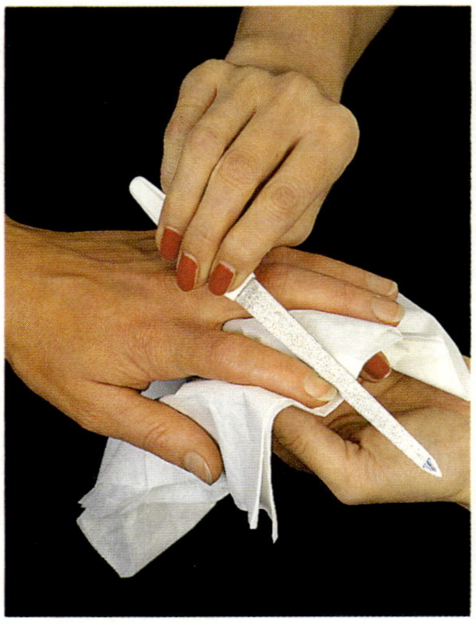

1. Haltung der Finger und der Nagelfeile

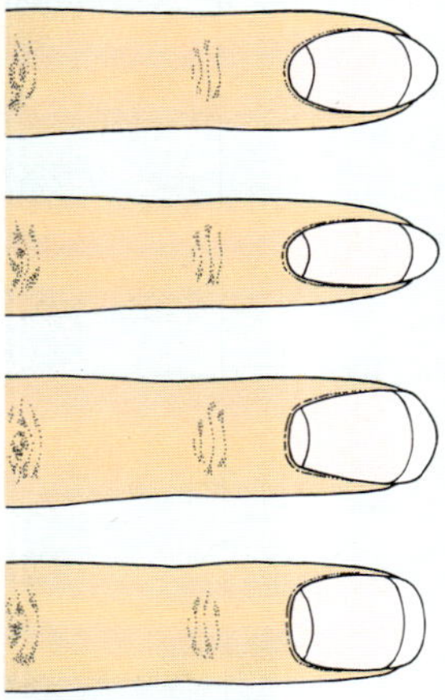

2. Häufig vorkommende Nagelformen

Lösungsmittel
wie Butanol, Butylacetat oder Aceton lösen den Lack, sodass dieser entfernt werden kann.

Rückfettende Stoffe
wie pflanzliche Öle und Lanolin sollen die entfettende Wirkung des Lösungsmittels auf den Nagel abschwächen.

3. Inhaltsstoffe von Nagellack-entfernern

4 Pflege des Fingernagels

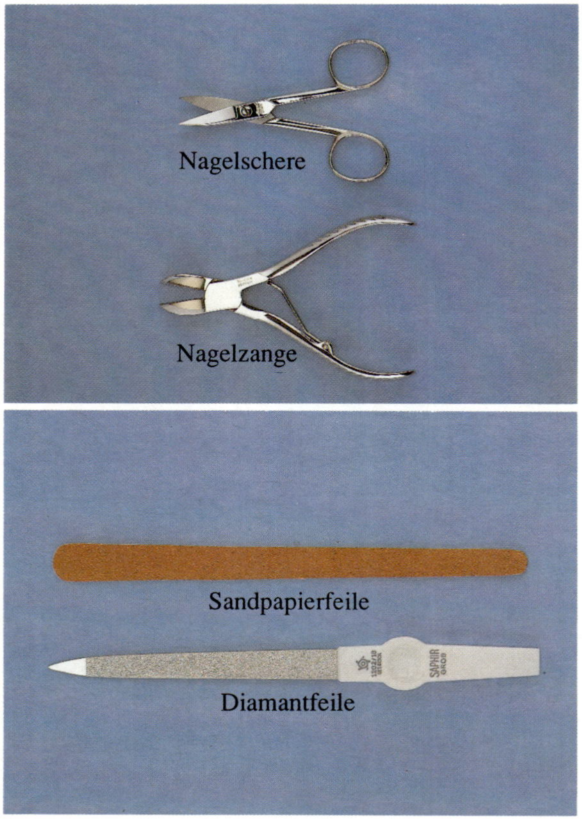

4. Werkzeuge zum Kürzen und Formen der Nägel

4.1 Entlacken, Kürzen und Formen

Zum Nagellackentfernen werden Wattepads mit dem Entferner beträufelt und in drehenden Bewegungen vom Möndchen zur Nagelspitze gezogen. Die Watte soll häufig gewechselt werden, um den Nagellack leicht und vollständig entfernen zu können.
Zum Kürzen und groben Vorformen verwendet man je nach Härte und Dicke der Nägel Nagelscheren oder Nagelzangen. Zur feineren Formveränderung werden die Nägel gefeilt. Dazu benutzt man Diamantfeilen und Sandpapierfeilen verschiedener Feinheitsgrade.
Die Feile liegt dabei auf Daumen und kleinem Finger, während Zeige-, Mittel- und Ringfinger die Feile von oben halten. Sie wird etwas schräg unter der Nagelplatte angesetzt und in langen Zügen jeweils nur in einer Richtung von den Ecken zur Nagelspitze geführt. Die Nagelecken müssen weich und rund ausgefeilt werden. Mit einer feinen Sandpapierfeile werden abschließend die scharfen Kanten abgerundet. Dazu wird die Feile in kurzen, drehenden Zügen von oben nach unten über die Nagelkante geführt.
Bei den Nägeln gelten häufig ovale, spitze Formen als Ideal. Es ist jedoch nicht sinnvoll, jede Nagelform diesem Ideal anzugleichen.

1. Begründen Sie, warum die Watte beim Entfernen des Nagellacks vom Möndchen zur Nagelspitze hingezogen wird.

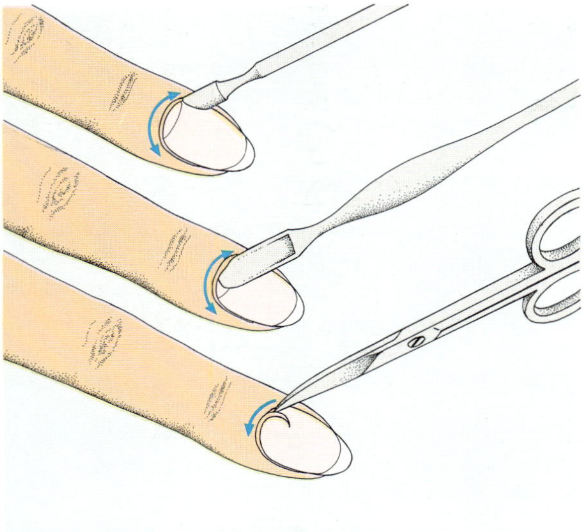

5. Radieren, Anheben und Schneiden

Inhaltsstoffe	Aufgaben
Natron- bzw. Kalilauge (in Konzentrationen bis höchstens 5 %)	Diese stark alkalisch reagierenden Stoffe greifen die Nagelhaut so stark an, dass sie leicht abradiert werden kann
Feuchthaltemittel, z. B. Glycerin	Es verhindert das Austrocknen des Präparats
Trägermasse (O/W-Emulsion bzw. Gelbildner)	Sie gibt dem Präparat die entsprechende Konsistenz

6. Inhaltsstoffe von Nagelhautentfernern

4.2 Behandlung der Nagelhaut

Bei einer fachgerechten Hand- und Nagelpflege wird auch die Nagelhaut besonders gepflegt.
Zunächst werden die Finger in das **Nagelbad** getaucht. Es besteht aus warmem Wasser, einer waschaktiven Substanz und Wasserstoffperoxid, das etwa 1 %ig in der Lösung vorliegt. Das Nagelbad reinigt, desinfiziert, bleicht und erweicht die Nagelhaut.
Nach dem Abtrocknen kann Nagelhautentferner aufgetragen werden. Nach kurzer Einwirkzeit wird das Nagelhäutchen mit einem Holzstäbchen oder „Pferdefüßchen“ zurückgeschoben bzw. wegradiert. Die Reste des Nagelhautentferners müssen gründlich abgespült werden. Die folgende Säurespülung neutralisiert und adstringiert.
Das **Schneiden** zum Entfernen der Nagelhaut erfordert besondere Vorsicht, weil kleinste Fehler zu schmerzhaften Wunden führen können. Nach dem Auftragen einer fettreichen Creme auf die Nagelhaut wird diese mit einem Heber vorsichtig von der Nagelplatte gelöst. Die Nagelhaut wird geschnitten ohne die Schere abzusetzen. Die Nagelplatte kann anschließend mit dem „Pferdefüßchen“ geglättet werden. Noch hervorstehende, verhornte Hautteilchen können vorsichtig mit der Hautzange abgezupft werden.
Zum Abschluss werden Nagelöle oder -cremes aufgetragen, die die Nagelhaut geschmeidig machen.

2. Erstellen Sie eine Liste von Manikürpräparaten.

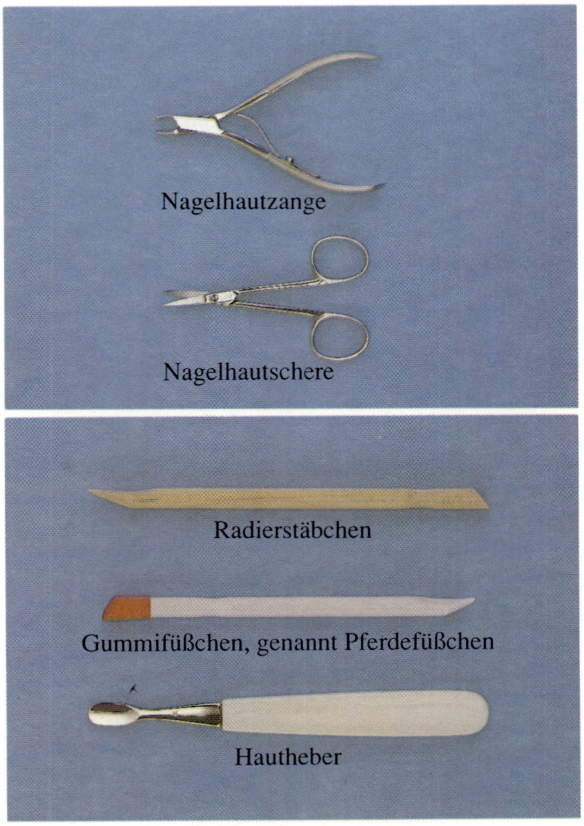

7. Werkzeuge zur Behandlung der Nagelhaut

Pigmente und Farbstoffe. Sie sind die farbgebenden Inhaltsstoffe im Nagellack. In Transparentlacken sind nur lösliche Farbstoffe in ganz geringen Konzentrationen enthalten. In Decklacken (Cremelacken) sind etwa 3–5 % Pigmente und teilweise Farbstoffe enthalten. Perlnagellacke besitzen außerdem Pigmente mit Perlglanzeffekt, wie Fischsilber oder Glimmer.
Filmbildende Inhaltsstoffe. Sie sind die Grundlage des Lacks und gewährleisten den überdeckenden Film auf dem Nagel.
Harze. Sie verstärken die Haftfähigkeit und den Glanz des Lackfilms.
Weichmacher. Sie verbessern die Elastizität und Geschmeidigkeit des Lackfilms.
Lösungsmittel, z. B. Butanol, Aceton. In ihnen sind die Inhaltsstoffe des Nagels gelöst. Sie sind entscheidend für die Trocknungszeit.
Thixotropiermittel. Diese Inhaltsstoffe ermöglichen, dass der Nagellack nach dem Schütteln leicht verstrichen werden kann. Sie verlangsamen das Absetzen der Pigmente im Nagellack.

1. Inhaltsstoffe von Nagellacken

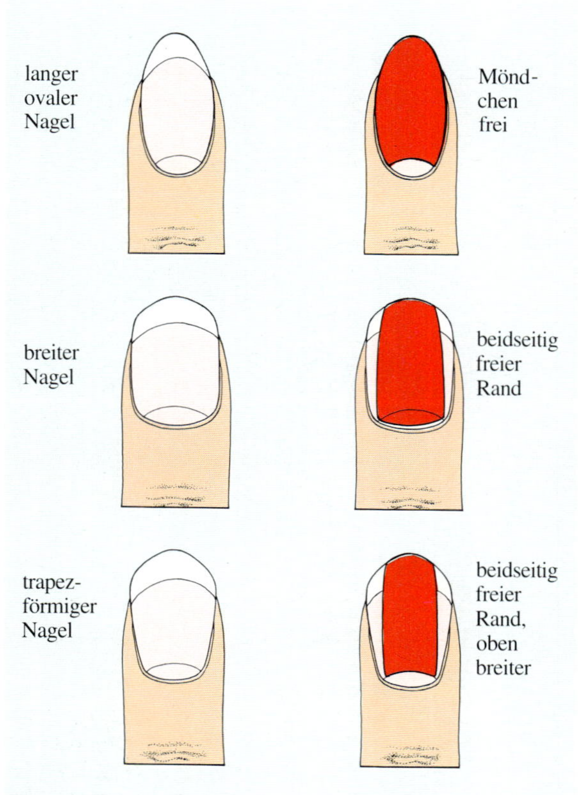

2. Einfluss der Lackierung auf die Wirkung der Nagelform

4.3 Lacken und Polieren der Nägel

Zum **Lackieren** der fettfreien Nägel werden die Finger wie beim Feilen gehalten. Die Nägel werden zunächst mit einer dünnen Lackschicht bedeckt. Dazu wird der Pinsel jeweils etwas unterhalb der Mitte der Nagelplatte aufgesetzt, bis zum Möndchen bzw. zur Nagelhaut geschoben und dann in einem Zug zur Nagelspitze hin durchgezogen.
Damit die Lackierung gleichmäßig wird und haltbar bleibt, trägt man eine zweite dünne Schicht Nagellack auf, wenn die erste vollständig durchgetrocknet ist. Bei fehlerhaften Lackierungen sollte nicht ausgebessert, sondern vollständig neu lackiert werden.

Decklacke überziehen die Nägel mit einer undurchsichtigen farbigen Schicht. Wenn man Decklacke verwendet, kann die Form der Lackierung die Wirkung ungünstigerer Nagelformen verbessern.
Farblose Transparentlacke werden häufig als **Unterlacke** eingesetzt. Sie können Unebenheiten in der Nagelplatte ausgleichen, die Nagelplatte härten und sie vor Verfärbungen durch Decklacke schützen.
Das **Polieren** der Nagelplatte wird hauptsächlich bei der Maniküre an Herren durchgeführt. Die Nägel werden gründlich mit einem Zellstofftuch abgerieben, sodass sie matt glänzen.

1. Nennen Sie Anforderungen, die ein guter Nagellack erfüllen muss.

Beispiel für eine Handmassage

Die Handmassage wird im Anschluss an die Pflege des Fingernagels durchgeführt. Auf die Hand wird Massageöl oder Handcreme aufgetragen.

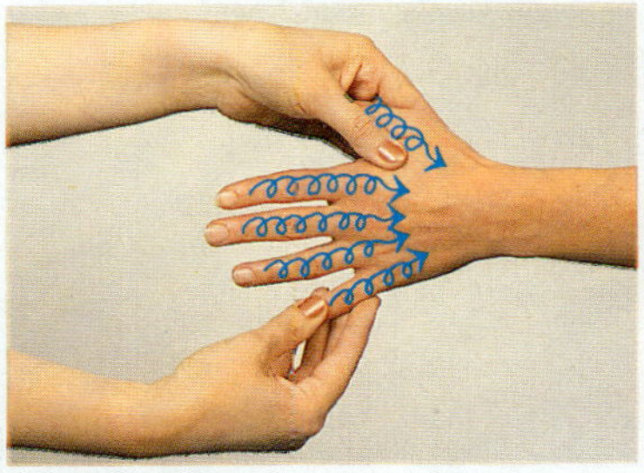

1. Fingerfriktion

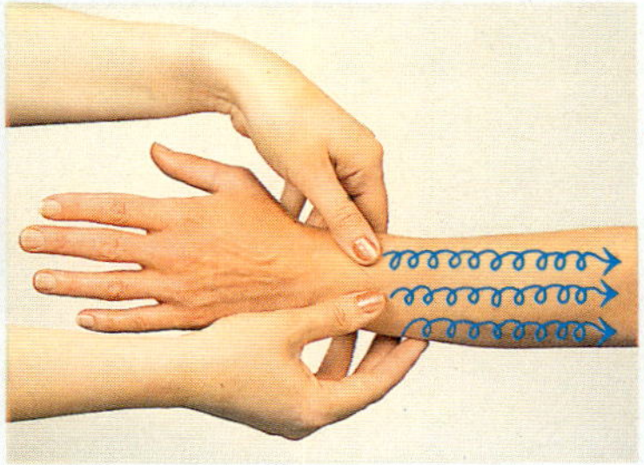

2. Unterarmfriktion

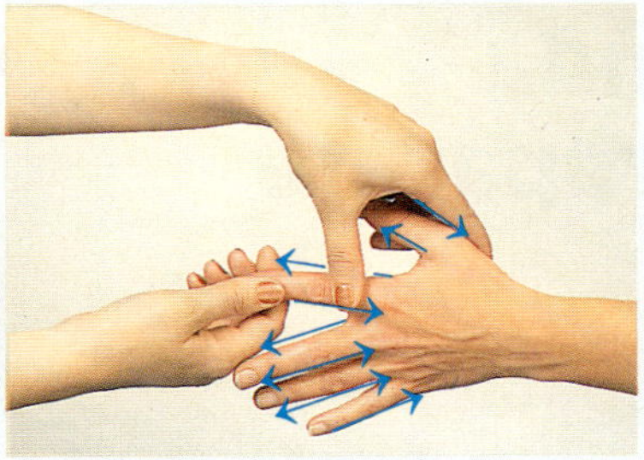

3. Finger ausstreichen

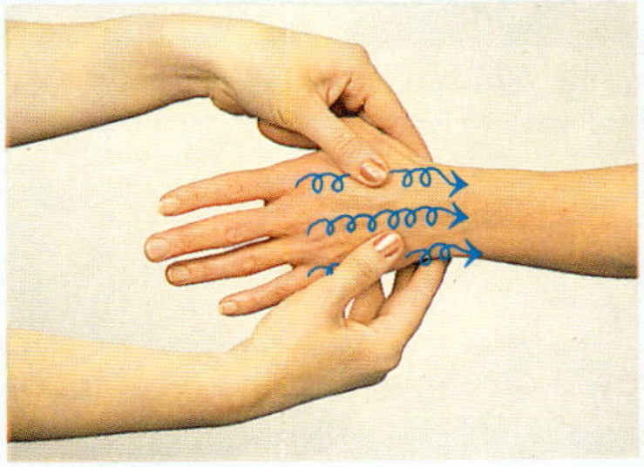

4. Mittelhandfriktion

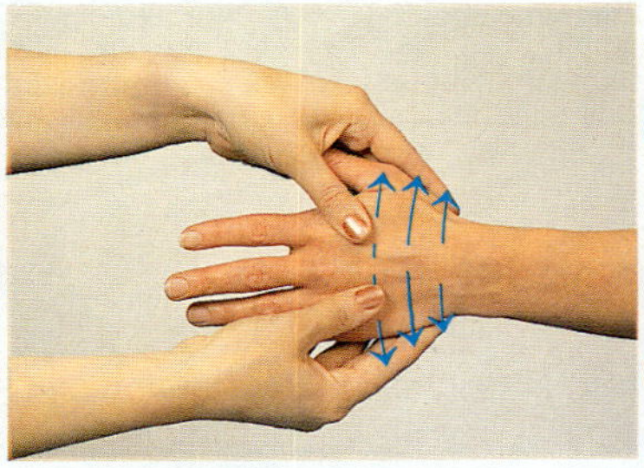

5. Kneten der Handkanten

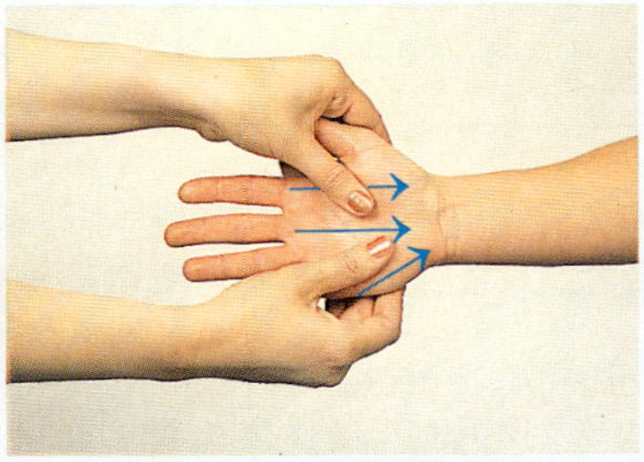

6. Ausstreichen, Innenhand

Wissen Sie Bescheid?

1. Nennen und erläutern Sie die Funktionen der Fingernägel.
2. Nennen Sie die wesentlichen Arbeitsgänge zur künstlichen Verlängerung eines Fingernagels.
3. Beschreiben Sie den Aufbau eines Fingernagels.
4. Zeichnen Sie ein Schema der Fingerkuppe, das die Lage der Nagelwurzel, der Matrix und des Nagelbettes mit der Keimschicht verdeutlicht.
5. Geben Sie die Dicke der Nagelplatte an.
6. Nennen und erläutern Sie 8 Nagelschäden bzw. Nagelanomalien.
7. Bei welchen Nagelschäden bzw. Nagelanomalien darf keine Maniküre durchgeführt werden?
8. Beschreiben Sie in Stichworten den Arbeitsablauf einer Maniküre.
9. Nennen Sie Werkzeuge zum Kürzen und Formen der Nägel.
10. Beschreiben Sie die Vorgehensweise beim Formen der Nägel und die Haltung der Nagelfeile.
11. Nennen Sie die Zusammensetzung des Nagelbades.
12. Beschreiben Sie zwei Methoden zur Entfernung der Nagelhaut.
13. Nennen Sie die Inhaltsstoffe von Nagellack- und Nagelhautentfernern.
14. Beschreiben Sie die Vorgehensweise beim Lackieren eines Fingernagels.
15. Nennen Sie die Inhaltsstoffe von Nagellacken.
16. Welche Aufgaben haben Thixotropiermittel in Nagellacken?
17. Eine Laufkundin wünscht eine Maniküre. Bei der Nageldiagnose stellen Sie fest, dass die Kundin recht kurze, breite Finger und Fingernägel hat. Formulieren Sie Beratungshinweise für das Formen und Lackieren ihrer Fingernägel.

Dekorative Kosmetik, Techniken und Präparate

1. Frisur und Make-up gehören zusammen

1 Dekorative Kosmetik – was ist das?

Dekorieren bedeutet Ausschmücken und Verschönern. Die Kunst des Schminkens besteht heute vor allem darin, die Eigenarten eines Gesichtes zu erkennen, seine Schönheit hervorzuheben und kleine Unebenheiten zu kaschieren. Dies war nicht immer so.

In Urgesellschaften diente die Bemalung von Gesicht und Körper zur Unterstützung ritueller Handlungen sowie zur Abschreckung von Feinden und von bösen Geistern. Während des Barocks und im Rokoko griffen Männer und Frauen beherzt zu Puderquaste und Schönheitspflästerchen. Dem Schönheitsideal dieser Epochen entsprach eine blasse Haut. Um diese zu erzielen, schreckte man selbst vor der Anwendung hochgiftiger Stoffe nicht zurück. So wurden Gesichtspuder zum Teil aus Blei- und Quecksilberverbindungen hergestellt.

Im Zeitalter der Industrialisierung wurde Schminken weitgehend zum Privileg der Frauen. Ein „echter Mann" hatte in dieser Zeit nach Tabak, Leder und Schweiß zu riechen. Der Gebrauch von Parfüm oder gar Puder war für Männer dieser Zeit undenkbar.

Die Auffassung, dass Herrenkosmetik mehr sein kann als Rasierwasser, setzt sich wohl nur sehr langsam durch. Inzwischen werden in Kosmetikbüchern, Zeitschriften und Werbematerialien auch Fotos junger Männer gezeigt – mit aufgelegter Gurkenmaske oder auch mit Lockenwicklern im Haar. Auch Cremes zur Gesichtspflege sowie die Anwendung von Deodorantien und Parfümen werden wohl immer selbstverständlicher.

Die kosmetischen Präparate, die heute zum Schminken verwendet werden, können neben einer pflegenden auch eine schützende Aufgabe übernehmen.
Zu den dekorativen Kosmetika gehören die verschiedenen Gesichts-Make-up-Präparate wie Puder, Rouge, Abdeckstift und Teintgrundierung (Make-up).
Zur Hervorhebung der Augenpartie werden Wimperntusche (Mascara), Lidschatten und Augenbrauenstifte verwendet.
Für den Mund kommen Lippenstift, Konturenstifte und Lipgloss in Frage.

Bei der Anwendung der Präparate zur dekorativen Kosmetik spielt neben dem persönlichen Geschmack die Moderichtung eine große Rolle. Ein Vergleich der Schminkstile zeigt dies sehr deutlich.

1. Warum ist die Verwendung von Make-up heute vorwiegend ein Privileg der Frauen?

2. Diskutieren Sie die Anwendung von Make-up-Präparaten bei Männern.

3. Sehen Sie sich die Abbildungen auf S. 133 an. Wovon ist die Gestaltung eines Make-up abhängig?

Indianer mit Kriegsbemalung

Mann im Rokoko

Gepflegter Mann 1999

Empfehlungen 1999

Trend?

Frau a. d. Renaissance

Frau a. d. 60er Jahren

Gepflegte Frau 1999

2. Haargestaltung und dekorative Kosmetik im Wandel der Zeiten

1. Make-up für alle Gelegenheiten

2. Make-up für besondere Anlässe

3. Make-up unterstreicht die Persönlichkeit

2 Schminken – nie ohne Beratung

Auf die Gestaltung des Make-up nehmen vielerlei Faktoren Einfluss, so z. B. der Typ der Kundin, ihr Alter und ihre Gesichtsform. Aber auch die Farbe der Kleidung, die Tageszeit und Beleuchtung spielen eine Rolle. Deshalb geht der Erstellung eines jeden Make-up eine individuelle Beratung voraus.

- Zunächst sollte ermittelt werden, wie sich die Kundin selbst schminkt. Aus ihrer Vorliebe für bestimmte Farben und Techniken lassen sich erste Anhaltspunkte für konkrete Vorschläge gewinnen. Der Anlass, zu dem die Kundin geschminkt sein will, wird die Wahl des Make-up mitentscheiden.

- Allgemein darf gesagt werden, dass ein „kleines Tages-Make-up" eher farbneutral gehalten werden kann und sanfte Farben bevorzugt, während kräftigere Farben für den Abend angebracht sind. Stark kontrastierende Farbübergänge wirken bei Tageslicht meist unnatürlich.

- Bei blonden, hellhäutigen Typen zeigen helle Pastellfarben Wirkung, die für dunkle Typen wiederum zu fade und blass sind. Kräftigere Farben sind hier vorteilhaft.

- Auch das Alter einer Kundin beeinflusst die Wahl der Farben sowie die Gestaltung. Eine ältere Dame wäre mit grellen, schreienden Farben wohl kaum zufrieden. Dezentes Schminken ist angeraten.

- Sehr ratsam ist es, sich nach der Kleidung, die die Kundin tragen wird, zu erkundigen. Die Schminkfarben sollten mit den Farben der Kleidung und der Haare harmonieren.

Es bleibt anzumerken, dass die hier genannten Gesichtspunkte nur **Empfehlungen** sein können.

Die Friseurin oder der Friseur muss in der Lage sein, zu beraten und sinnvolle Vorschläge für die Gestaltung eines Make-up zu machen.
Während der Beratung bietet sich die Gelegenheit, die Kundin über geeignete Präparate und deren Anwendung zu Hause zu informieren. Es ist dabei nur von Vorteil, Kenntnisse über die Inhaltsstoffe und Eigenschaften der Präparate zu besitzen; so können Fragen der Kunden zu Vor- und Nachteilen bestimmter Präparate und deren Anwendung ausführlich und begründet beantwortet werden.
Aus dem Beratungsgespräch kann sich ein Verkaufsgespräch entwickeln. Eine vorsichtige, taktvolle und fachlich korrekte Beratung muss daher selbstverständlich sein. Es darf nicht der Eindruck entstehen, dass die Präparate den Kunden aufgedrängt werden.

1. Stellen Sie Fragen zusammen, die Sie der Kundin vor einer Erstellung des Make-up stellen.

2. Nehmen Sie Stellung zu den Schlagzeilen der Pressemeldungen in Abbildung 4.

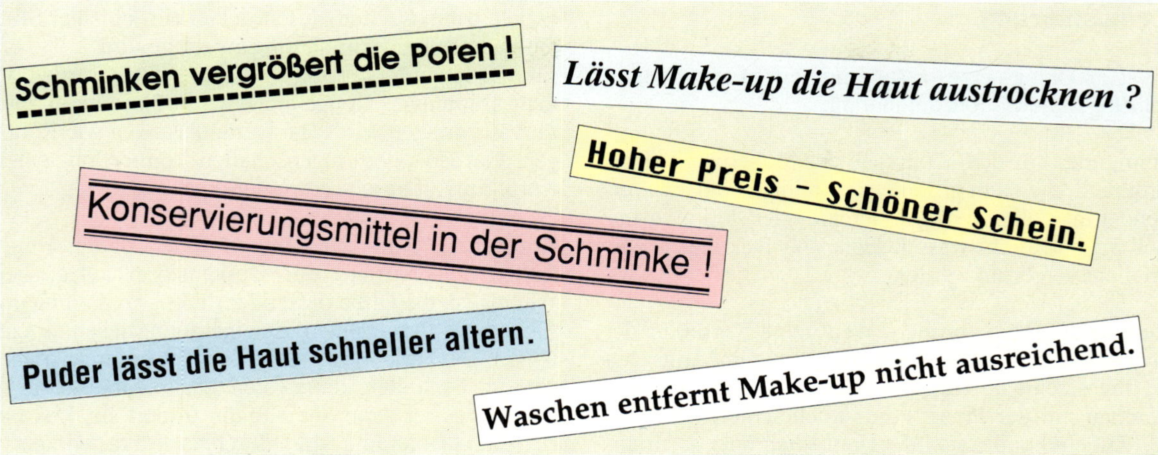

4. Pressemeldungen

Schadet Schminke der Haut?

Der Wunsch, schön zu sein, ist so alt wie die Menschheit selbst. Die äußere Erscheinung eines Menschen ist oft Ausdruck seines Denkens und Empfindens. Kosmetische Präparate sind daher von hoher Bedeutung für die Persönlichkeit. Gut auszusehen und sich auch so zu fühlen, unterstützt das Selbstbewusstsein und das Gefühl der Attraktivität.

Die Werbung untermauert dieses Verlangen mit Models, die schöne und wohlgeformte Gesichter besitzen. Die Verwendung des Produktes soll das Angleichen an ein Vorbild in greifbare Nähe rücken. Make-up-Präparate erfreuen sich aus diesem Grunde großer Beliebtheit, obwohl sie aus dermatologischer Sicht nicht immer unbedenklich sind.

So werden die im Präparat enthaltenen Pigmente durch die Emulgatoren in die Öffnungen der Oberhaut und in die Haarfollikel eingeschleust. Dort können sie Hautreizungen verursachen.

Da fetthaltige Präparate einen gewissen Abdeckeffekt besitzen, kommt es zu einer Quellung der Hornschicht.

Trockenpuder sollen an der Hautoberfläche liegen bleiben. Sie können allerdings den Wasserhaushalt der Haut stark verändern, da sie selbst Wasser aufnehmen oder weil sie die Hautoberfläche vergrößern und damit die Wasserabgabe aus der Haut steigern.

Die Frage, ob regelmäßiges Schminken porenvergrößernd wirkt, wird von den Dermatologen bejaht. Bringt man eine Kombination von Fett- und Puderstoffen auf die Haut sowie in die Follikel und füllt sie damit aus, erzeugt man künstliche Komedonen. Damit ist eine Porenerweiterung nicht mehr auszuschließen.

Fraglich ist auch, ob das Make-up durch einfaches Waschen wieder von der Haut zu entfernen ist. Erkenntnisse der Dermatologen weisen darauf hin, dass z. B. Zinkoxid und Titandioxid ziemlich tief in die Hornschicht eindringen können. Auch andere Make-up-Pigmente tun dies. Wenn sie hautfarben sind, kommt noch hinzu, dass man sie nicht sieht. Gerade deshalb muss die Haut gründlich gereinigt werden.

Auch dekorative Kosmetika enthalten Konservierungsmittel wie fast alle kosmetischen Produkte. Deren Unbedenklichkeit wird vom Hersteller geprüft, ihre Konzentration möglichst gering gehalten. Trotzdem sind sie in vielen Fällen der Anlass für Unverträglichkeitsreaktionen der Haut.

Kritisch für die Haut kann auch die Parfümierung der Produkte sein. Parfüme werden nur zugesetzt, um den kosmetischen Mitteln einen angenehmen Duft zu verleihen; manchmal haben sie eine Signalfunktion. Für eine empfindliche Haut sollten Präparate verwendet werden, die möglichst wenig Duftstoffe enthalten.

3 Das Gesichts-Make-up

3.1 Ausführung

Die Erstellung eines Make-up erfordert mehrere Schritte, in bewährter Reihenfolge.

Reinigung. Vor dem Auftragen des Make-up ist es erforderlich, die Haut gründlich zu reinigen. Hierzu verwendet man eine Reinigungscreme oder -lotion, eventuell auch Gesichtswasser. Hals und Dekolletee dürfen nicht vergessen werden.

Formen der Augenbrauen. Wenn eine Korrektur der Augenbrauen nötig ist, sollte sie vor dem Auftragen der Tagescreme durchgeführt werden; danach sind die Härchen mit der Pinzette nur noch schlecht zu greifen. Zudem könnte sich die Haut röten oder sogar anschwellen. Gezupft wird nur am unteren Brauenrand, bei zugewachsenen Brauen auch über der Nasenwurzel. Dabei spannt man die Haut mit dem Zeige- und Mittelfinger der linken Hand und zieht mit der Pinzette die Härchen in Wuchsrichtung heraus.
Die Augenbrauen sollten am inneren Augenwinkel beginnen und in einem schwungvollen Bogen etwas über den äußeren Augenwinkel hinaus verlaufen. Der höchste Punkt sollte über der Augenmitte liegen.

Auftragen der Make-up-Unterlage. Bei trockener und normaler Haut wird eine Feuchtigkeitscreme als Unterlage aufgelegt. Dies ist bei fettiger Haut oder bei Verwendung einer getönten Tagescreme nicht notwendig.

Auflegen der Teintgrundierung. Die Teintgrundierung, oft auch als Make-up bezeichnet, ist die Basis des Gesamt-Make-up und muss sorgfältig ausgewählt werden. Man sollte sich für eine Farbe entscheiden, die der natürlichen Hauttönung nahe kommt.
Man tupft die Grundierung auf Stirn, Nase, Wangen und Kinn und verteilt sie von innen nach außen über das gesamte Gesicht bis hin zum Hals. Die Augenlider dürfen nicht vergessen werden.
Trägt man die Grundierung auch auf die Lippen auf, so füllt sie die feinen Lippenfältchen aus und der Lippenstift lässt sich gleichmäßiger auftragen. Es muss darauf geachtet werden, dass sich keine Ränder am Haaransatz sowie Hals und Ohren zeigen. Aus hygienischen Gründen sollte das Make-up mit dem Spatel, niemals mit den Fingern aus dem Vorrat entnommen werden.

Korrekturen. Dunkle Make-up-Farben lassen Gesichtspartien zurücktreten, helle Farben heben sie hervor. Eine zu breite Nase kann optisch scheinbar verkleinert werden, indem auf die Nasenflügel ein Make-up aufgetragen wird, das etwas dunkler ist als die Teintgrundierung. Der Nasenrücken tritt dadurch heller hervor und wirkt schmaler. Der gleiche Effekt wird erzielt, wenn auf den Nasenrücken ein schmaler Streifen hellerer Teintgrundierung aufgelegt wird.
Eine zu lange Nase kann optisch verkürzt werden, indem bräunliches Rouge am unteren Nasenrand sparsam aufgetragen wird. Hautveränderungen wie Rötungen, Narben oder Augenschatten können mit einem Korrekturstift kaschiert werden.

Rougieren. Nun wird creme- oder puderförmiges Rouge entsprechend der Gesichtsform aufgetragen. Wichtig ist, die Farbe passend zu Teintgrundierung und Lippenstift auszuwählen. Zu einem sehr hellen, porzellanfarbigen Make-up kann blutrotes Rouge übertrieben wirken. Es sollten keine roten Bäckchen geschminkt werden, es sei denn, die Kundin fordert sie. Das Gesicht soll lebhaft und frisch durch das Rouge wirken.

Als **„ideale Gesichtsform"** gilt das **ovale Gesicht.** Andere Gesichtsformen können durch Frisur und Make-up dieser Form angenähert werden.

- Rechteckige Gesichtsform. Diese wird leicht dreieckig (mit der Spitze nach unten) geschminkt. Man verteilt dazu etwas Rouge von der Mitte der Wangenknochen (Jochbeingegend) in Richtung der Ohren. Das Kinn erhält links und rechts zwei Tupfer Rouge, um die Konturen abzurunden. Die Augen können mit einer leichten Aufwärtstendenz geschminkt werden.
- Quadratische Gesichtsform. Diese wirkt breiter als die rechteckige. Es kommt darauf an, sie länger erscheinen zu lassen. Das Rouge wird von der Mitte der Wange in spitzer Form zur Schläfe hin verteilt. Die kräftige Kieferpartie wird seitlich durch dunkles Rouge (dunkler Puder) abschattiert, um das Gesicht optisch schmaler wirken zu lassen. Die Augenbrauen sollten im Ansatz breit sein und zur Schläfe hin möglichst mit aufwärtigem Schwung schmaler werden.
- Dreieckige Gesichtsform. Das spitze Kinn wirkt breiter, wenn es einen leichten Querstrich mit dunklem Puder oder Rouge erhält. Um den oberen Teil des Gesichtes etwas schmaler erscheinen zu lassen, wird das Rouge unterhalb des Jochbeines aufgetragen und in Richtung der Ohren verteilt.
- Runde Gesichtsform. Um diese ovaler erscheinen zu lassen, wird das Rouge in Dreiecksform von der Schläfe ausgehend über die Wangenmitte zu den Kieferknochen hin aufgetragen.

Pudern. Um eine matte Hautoberfläche und eine bessere Haftung des Make-up zu erreichen, wird das Gesicht abgepudert. Das Oberlid muss einbezogen werden, damit sich der Lidschatten leichter verteilen lässt.

1. Gesichtsformen lassen sich verändern

1. „Jedes Make-up endet an dem Tag, an dem es angefertigt wurde.“ Worauf ist deshalb die Kundin unbedingt hinzuweisen?

2. Tragen Sie auf dem Handrücken verschiedenfarbige Teintgrundierungen auf. Probieren Sie aus, welche Rougetöne am besten zu den Grundierungen passen.

1. Präparate für das Gesichts-Make-up

3.2 Grundierungspräparate und Rouges

Zur Teintgrundierung verwendet man Puder in loser und kompakter Form sowie Pudercremes, die auch als Make-up bezeichnet werden.

Puder. Diese sollen unschädlich sein, die Haut nicht reizen, gut haften, gut abdecken, nicht glänzen und vor allem haltbar sein. Kein Puderinhaltsstoff ist allein in der Lage, alle geforderten Eigenschaften zu erfüllen. Durch Kombination mehrerer Grundstoffe lassen sich jedoch geeignete Puder herstellen.
Der Anteil an Farbpigmenten beträgt etwa 5 bis 10 %. Daneben enthalten Puder meist einen Parfümzusatz von etwa 0,6%. Obwohl die Puderpigmente der Haut nur geringe Fettmengen entziehen, hat sich eine Fettung der Puder als nützlich erwiesen. Gefettete Puder haften besser und erzeugen auf der Haut mehr Glätte. Eingesetzt werden Öle, Vaseline und Wachse.
Um die Puder vor bakteriellem Verderb zu schützen, werden Konservierungsmittel zugesetzt.
Feuchtigkeitsbindende Stoffe wie Sorbit oder Glycerin sollen verhindern, dass der Haut durch den Puder Feuchtigkeit entzogen wird.

Kompaktpuder. Die Grundstoffe für Kompaktpuder sind im Prinzip mit denen der losen Puder identisch, nur werden hier Beigaben von Bindemitteln notwendig. Die Puderbestandteile werden gemischt, gesiebt und anschließend zu Pudersteinen gepresst.

Pudercremes (Make-up). Es gibt wasserfreie und wasserhaltige, also emulsionsartige Produkte.
Die wasserfreien Produkte ähneln in ihrem Aufbau den Lippenstiften; vorzugsweise werden sie auch in Stiftform oder Tiegel gegossen. Die Stifte bestehen aus einer Fett-Wachs-Schmelze. Das Wachs bildet ein Gerüst, ähnlich den Bienenwaben. In seinen Zellen ist der Farbstoff fein verteilt. Wird nun das Präparat aufgetragen, so werden die Wachszellen durch den Druck zerstört und der Inhalt freigesetzt.
Die wasserhaltigen Produkte sind Emulsionen, in die Puder eingearbeitet wurden. Der Puderanteil ist bei den getönten Tagescremes deutlich niedriger als beim flüssigen Make-up. Um ein Absetzen der Puderbestandteile zu verhindern und um die Emulsion zu stabilisieren, werden Verdickungsmittel hinzugefügt. Der Farbpigmentanteil ist unterschiedlich und liegt bei 5 bis 10 %.

Rouges. Sie werden als Fettschminken, Emulsionen, loser Puder oder Kompaktpuder hergestellt.
Die Fettschminken sind den Lippenstiften ähnlich, jedoch weniger farbkräftig und weicher. Der Farbpigmentanteil beträgt zwischen 5 und 12 %.
Die Creme-Rouges bestehen aus einer Cremegrundlage und etwa 15 % Farbpigmenten. Lose Puderrouges und Kompakts sind wie oben beschrieben aufgebaut.

1. Erläutern Sie Unterschiede im Aufbau von Grundierungspräparaten.

2. Verschiedene Farbmittel: Farbpigmente und Perlglanzpigmente

Grundstoffe	Talkum	Es verleiht dem Puder Glätte, besitzt aber nur geringe Deckkraft.
	Kaolin	Es besitzt eine gute Deckkraft und ein gutes Aufnahmevermögen für Schweiß und Hautfett. Aus diesem Grunde wirkt es glanzabdeckend. In Kompaktpudern ist es bis zu 50 % enthalten und wirkt hier als Bindemittel.
	Calcium- und Magnesium-carbonat	Sie besitzen ein gutes Aufsaugvermögen für Wasser und Fettstoffe, Magnesium-carbonat gibt der Haut eine pfirsichartige Samtigkeit. Da es die Duftstoffe gut bindet, werden diese bei der Herstellung der Puder in Magnesiumcarbonat eingearbeitet.
	Zink- und Titandioxid	Sie besitzen die beste Deckkraft und das beste Haftvermögen. Die Deckkraft des Titandioxids ist fünfmal stärker als die des Zinkoxids. Letzteres besitzt dafür eine entzündungshemmende Wirkung.
	Salze org. Säuren (Stearate, Laurate)	Diese Verbindungen besitzen eine gute Deckkraft und ein gutes Haftvermögen, was für das Auftragen des Puders wichtig ist. Sie verleihen dem Puder einen Matteffekt.
	Stärke	Sie verleiht der Haut eine gewisse Samtigkeit. Stärke wird aber leicht von Schimmelpilzen befallen. Außerdem quillt sie unter Wasseraufnahme und kann so eine Porenvergrößerung bewirken.
Farbpigmente	Ocker	Ocker ist ein Verwitterungsprodukt eisenhaltiger Feldspate, dessen Färbung durch Eisen- und Manganoxide hervorgerufen wird.
	Terra di Siena	Dieses Pigment besteht vorwiegend aus Eisenoxidhydrat. Durch Brennprozesse werden Farben von Dunkelrot bis Braun erhalten.
	Roter Bolus	Diese Tonart besitzt einen hohen Eisengehalt. Ziegelrote Sorten geben mit Weißpigmenten rötliche Pastelltöne.
	Umbra	Umbra ist ein leicht abfärbender Eisenocker mit Braunkohle.
	Eisenoxidhydrate und Eisenoxide	Diese synthetisch hergestellten Pigmente werden in den Farben Gelb, Rot, Braun und Schwarz erhalten.
Zusatzstoffe	Fette und Wachse	Sie dienen als Bindemittel in Kompaktpudern. Daneben fetten sie die Puder, verbessern so das Haftvermögen und erzeugen auf der Haut mehr Glätte. Bei Stiftformulierungen bilden sie das Fett-Wachs-Gerüst.

3. Eigenschaften der Inhaltsstoffe von Make-up-Präparaten

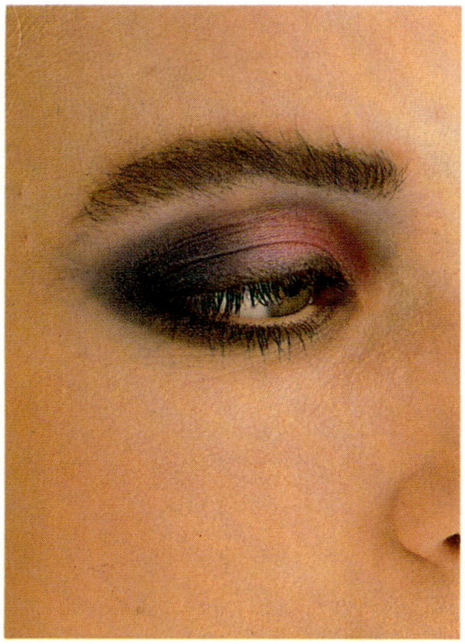

1. Wirkung des Augen-Make-up

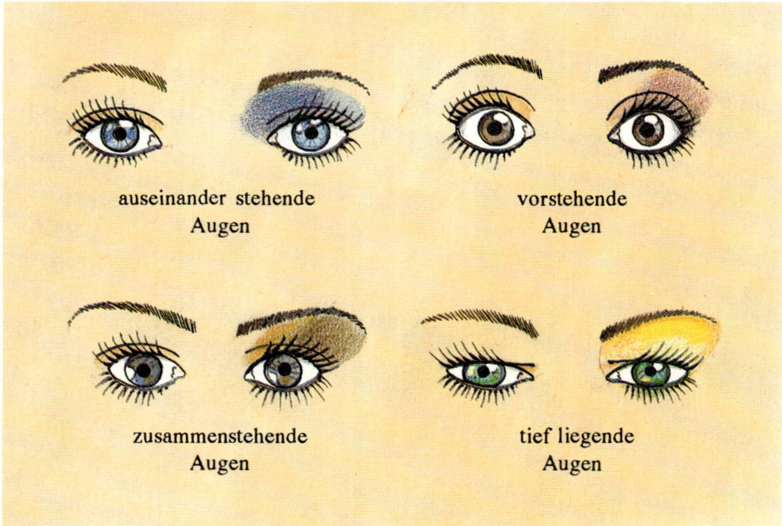

2. Das Make-up beeinflusst die Augenstellung

4. Das Augen-Make-up

4.1 Ausführung

Zweck dieses Make-up ist es meist, die Augen strahlender und größer erscheinen zu lassen. Man verwendet hierzu Lidschatten, Kajalstifte, Wimperntusche und eventuell Augenbrauenstifte.
Die Wahl der Lidschattenfarbe hängt sowohl von der Farbe der Augen als auch von der Form der Augenpartie ab. Daneben spielt natürlich auch die jeweilige Moderichtung eine große Rolle. Farblich passend zu den Augen und zur Kleidung sind heute Farbkombinationen in Gold, Silber, Rosa, Orange, Pink oder Naturtönen möglich.
Die Grundregel, die Farbe umso heller zu wählen, je kleiner das Auge ist, hat noch immer Gültigkeit.

Auflegen des Lidschattens. Man kann mit dem Lidschatten nicht nur das Auge betonen, sondern auch die Augenpartie korrigieren. Um den Abstand zwischen eng zusammenliegenden Augen optisch zu vergrößern, trägt man hellen Lidschatten am inneren Augenwinkel auf. Dunkle Lidschatten schminkt man bis über den äußeren Augenwinkel hinaus. Weit auseinander stehende Augen korrigiert man durch dunklen Lidschatten in den inneren Augenwinkeln.
Kleine Augen wirken größer, wenn heller Lidschatten um das gesamte Auge verteilt wird. Tief liegende Augen werden durch hellen Lidschatten optisch hervorgeholt. Durch dunkle Lidschatten werden hervorstehende Augen kaschiert.

Behandlung der Wimpern. Einen spärlichen Wimpernwuchs lässt der Kajalstift, am äußeren Wimpernrand aufgetragen, voller erscheinen. Er wird farblich passend zur Augen- oder Wimpernfarbe ausgewählt.
Die Wimpern werden bis in die Spitze mit Mascara sehr sorgfältig getuscht. Neben schwarzem Mascara gibt es heute eine Vielzahl weiterer Farbtöne. Die Farbe des Mascara richtet sich nach der Wimpernfarbe und dem gewünschten Effekt. Bei einem betont dezenten Make-up wird man harte Kontraste meiden.
Wichtig ist es, nach dem Auftragen von Mascara die Wimpern zu bürsten, um ein Zusammenkleben zu verhindern. Künstliche Wimpern werden meist für ein Abend-Make-up verwendet.

Behandlung der Augenbrauen. Sind die Augenbrauen zu schmal, erscheinen sie durch zarte Striche mit einem Augenbrauenstift, die man zwischen die einzelnen Härchen setzt, voller. Ob ein brauner, grauer oder schwarzer Stift verwendet wird, ist von der Augenbrauenfarbe abhängig. Es muss bedacht werden, dass die Korrektur unsichtbar bleiben soll.
Eine mehrere Wochen anhaltende Färbung von Augenbrauen und Wimpern lässt sich, falls unbedingt erforderlich, mit speziellen Oxidationsfärbemitteln erzielen. Die Konzentration von H_2O_2 ist sehr niedrig anzusetzen, da sonst die Hornhaut des Auges geschädigt werden kann.

1. Probieren Sie die unterschiedliche Wirkung von hellen und dunklen Lidschattenfarben aus.

3. Lidschatten und Mascara

Farbpigmente	Farbwirkung
Eisenoxid	schwarz
Ultramarin	blau
Chromoxid	grün
Terra di Siena	braun
Ruß	schwarz
Titandioxid, Zinkoxid	weiß, vermischt mit Farbpigmenten ergeben sie Pastelltöne
Perlglanz-pigmente	Glimmer werden mit Titandioxid beschichtet und erzeugen so Perlglanzeffekte. Die Farbe hängt von der Dicke der Titandioxidschicht ab.

4. Pigmente und ihre Farbwirkung

4.2 Präparate

Lidschatten sind als Cremes, Fettschminken oder Kompaktpuder in vielen Farben erhältlich. In ihrer Zusammensetzung unterscheiden sie sich nicht wesentlich von den schon beschriebenen Gesichtspudern.

Mascara sind als wasserfeste oder wasserlösliche Wimperntuschen erhältlich, wobei die ersteren haltbarer, aber auch schwieriger zu entfernen sind.
Wasserfeste Mascara bestehen aus einer alkoholischen Lösung eines Filmbildners, in der die Pigmente fein verteilt sind. Nach Verdunsten des Alkohols bildet sich ein Film auf den Wimpern.
Relativ wasserbeständig sind auch die Präparate auf Öl-Basis.
Wasserlösliche Produkte sind Dispersionen von Pigmenten in einem Gel. Daneben werden sie aber auch als O/W-Emulsionen hergestellt.

Augenbrauen- und Lidschattenstifte bestehen aus einer Fett-Wachs-Schmelze, in der die betreffenden Farbstoffe dispergiert sind. Kajal-Stifte, auch Khol-Stifte genannt, werden aus Gemischen von Ölen oder Harzen mit bunten Pigmenten hergestellt. Sie sind in allen Farben erhältlich.

2. Würden Sie für ein Tages-Make-up immer Lidschatten verwenden? Beschreiben Sie eine Alternative zur Betonung der Augen.

5. Sorgfältiges Tuschen der Wimpern verhindert den Fliegenbeineffekt

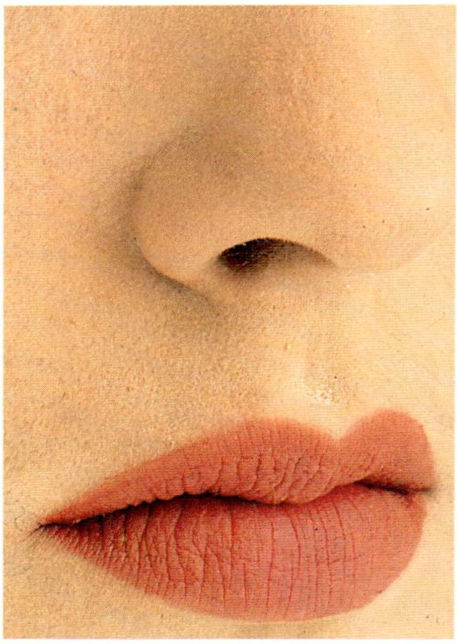

1. Wirkung des Lippen-Make-up

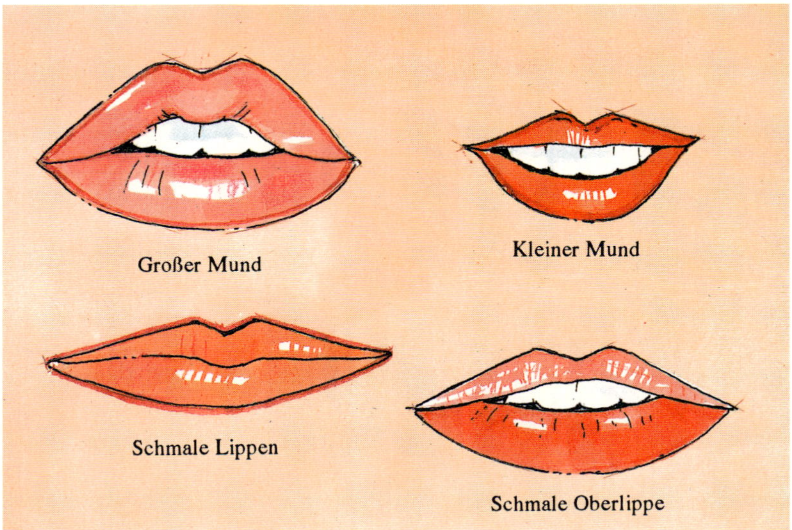

2. Das Make-up beeinflusst die Lippenform

5 Das Lippen-Make-up

5.1 Ausführung

Die Form- und Farbgestaltung der Lippen ist sowohl von der Mode als auch vom persönlichen Geschmack der Kundin abhängig.
Wichtig ist es, dass im Salon aus hygienischen Gründen ein Lippenstift keinesfalls direkt auf die Lippen aufgetragen wird, wenn er nicht Eigentum der Kundin ist. Man streicht eine geringe Menge vom Lippenstift mit einem Spatel ab und trägt die Farbe mit einem Lippenpinsel auf, der nach der Behandlung in reinem Alkohol gereinigt werden muss. Der Lippen- und Konturenstift sollte in den Besitz der Kundin übergehen.

Festlegen der Lippenkonturen. Vor dem Auftragen der eigentlichen Farben werden die Lippenkonturen festgelegt. Man verwendet hierzu einen weichen Konturenstift, der einen Ton dunkler als der eigentliche Lippenstift ist. Eine gewisse Korrektur ist nun möglich. Volle Lippen wirken schmaler, wenn die Konturenlinie am inneren Lippenrand gezogen wird.
Ein am äußeren Lippenrand angelegter Strich lässt schmale Lippen breiter erscheinen. Helle, leuchtende Lippenstiftfarben unterstreichen diesen Effekt.
Bei einem zu breiten Mund werden die Mundwinkel mit einem hautfarbenen Abdeckstift behandelt und eine kleinere Lippenform eingezeichnet.

Auftragen von Lippenstift. Nun werden die Lippen bis in die Konturlinie hinein mit Lippenstift ausgemalt. Um die Haltbarkeit der Lippenschminke zu verbessern, werden die Lippen leicht auf ein Lippenpapier gepresst. Anschließend wird nochmals Lippenstift aufgetragen.

Auftragen von Lipgloss. Wünscht die Kundin stark glänzende Lippen, so kann Lipgloss über dem Lippenstift aufgebracht werden.
Farbloser oder farbiger Lipgloss lässt sich auch ohne Lippenstift auftragen, wenn von der Kundin nur eine sanfte Betonung der Lippen gewünscht wird.

Auftragen von Lippenlack. Eine besonders haltbare Färbung der Lippen lässt sich durch die Verwendung von Lippenlack erzielen. Diese Präparate werden mit dem Pinsel aufgetragen; es gibt sie aber auch in Kugelschreiberform.
Der auf den Lippen sehr beständige Film hat allerdings den Nachteil, die Lippen schnell auszutrocknen. Der Vorteil des Präparats ist aber, dass sich sehr klare Konturen zeichnen lassen.

1. Nennen Sie Faktoren, die die Wahl der Lippenstiftfarbe beeinflussen.

2. Beschreiben Sie, wie man ungleiche Lippenbreiten (schmale Oberlippe, breite Unterlippe) korrigieren kann.

Für alle Kosmetika, die in der EU vertrieben werden, ist die Deklaration der Inhaltsstoffe Pflicht. Für sie wird die INCI (**I**nternational **N**omenclature **C**osmetic **I**ngredients) verwendet. Allergiker können so erkennen, ob das Allergen in der Creme enthalten ist, ganz gleich in welchem Land der EU sie sie gekauft haben.
Die Inhaltsstoffe sind auf der Außenpackung in abnehmender Reihenfolge ihrer Konzentration angegeben.
Inhaltsstoffe in einer Konzentration unter einem Prozent sind in untergeordneter Reihenfolge im Anschluss an die anderen Ingredientien angeführt, ebenso wie die Farbstoffe, die sich daran anschließen.
Inhaltsstoffe, die geheim gehalten werden sollen, werden nach Antrag an die zuständige Behörde von der Auflistung ausgenommen. Der Antrag gilt fünf Jahre und muss dann wieder gestellt werden.

3. Die Kosmetikverordnung

5.2 Präparate

Lippenstifte. Sie sind neben Handcremes die am meisten verwendeten Kosmetika. Ein guter Lippenstift soll haltbar sein, sich über einen großen Temperaturbereich nicht verändern und sich ohne zu schmieren leicht auftragen lassen. Er soll den Lippen Farbe und Glanz verleihen, gut haften sowie wasserbeständig und dennoch leicht zu entfernen sein.
Zudem muss ein Lippenstift ungiftig und nicht hautreizend sein. Er soll die Lippenhaut glatt und geschmeidig machen, darf sie nicht austrocknen. Sein Geschmack und sein Geruch müssen angenehm sein. Auch sein Aussehen soll entsprechend sein; der Stift soll glänzen, darf nicht schwitzen oder Ausblühungen aufweisen.
Diese Eigenschaften erreicht man durch Rezepturen, die eine Vielzahl von Inhaltsstoffen aufweisen.

Lipgloss-Präparate. Da diese Präparate einen hohen Ölanteil besitzen, verleihen sie den Lippen besonderen Glanz. Der Farbstoff- bzw. Pigmentanteil ist oft geringer als bei Lippenstiften.

Lippenpflegestifte. Dies sind Lippenstiftformulierungen ohne oder mit nur sehr geringem Farbstoffanteil. Dafür werden ihnen häufig pflegende Substanzen wie Kamillenöl oder Panthenol zugesetzt. Auch Lichtschutzmittel können ihnen zugefügt sein.

Inhaltsstoffe/INCI	Eigenschaften/Aufgaben
Öle und Wachse	
Bienenwachs (Bees wax)	– verantwortlich für die Bruchfestigkeit des Stiftes – begünstigt die Haftfestigkeit der Pigmente
Carnaubawachs, Candelillawachs (Carnauba, Candelilla cera)	– gutes Ölbindevermögen – erhöht den Schmelzpunkt des Stiftes
Cetyllactat (Cetyllactate)	– schmilzt bei Körpertemperatur – gibt dem Stift einen Softeffekt
Paraffine (Paraffin)	– wirken Ölausscheidungen entgegen – ergeben temperaturbeständige Stifte
Ricinusöl (Castor oil)	– verleiht dem Film auf den Lippen Zähigkeit und verhindert so Schmieren und Auslaufen;
Cetylalkohol (Cetylalcohol)	– wirkt Haut erweichend und pflegend;
Silikonöle (Silicones)	– dienen als Gleitmittel und Glänzer;
Lanolin (Lanolin cera)	– bewirkt eine gute Haftung – pflegt die Lippen
Farbgebende Mittel	
Farbstoffe	– färben die Lippenhaut dauerhaft an – „kussechte" Lippenstifte enthalten Eosinfarbstoffe
Pigmente z. B. CI77489 CI77891	– bleiben fein verteilt auf den Lippen – Eisenoxide (gelb, rot) – Titandioxid (weiß) – Fischsilber (silbern) – Perlglanzpigmente – Farblacke
Pflegende Mittel	
Kamillenöl, Panthenol	– soll Lippen pflegen
Lichtschutzsubstanz UV-Filter, Titandioxid	– verhindern Sonnenbrand
Parfüme (Parfum)	– überdecken den fettigen Geruch – dürfen nicht unangenehm schmecken
Konservierungsmittel	
Vitamin E (Tocopherol)	– verhindert Ranzigwerden

4. Inhaltsstoffe von Lippenstiften (INCI)

1. Für einen besonderen Tag ein dauerhaftes Make-up

2. Kaschieren von Hautproblemen

6 Das Camouflage-Make-up

Ein besonders gut deckendes und auch dauerhaftes Schminkpräparat ist das Camouflage-Make-up. Camouflage bedeutet Tarnen oder Kaschieren. Mithilfe eines solchen Präparates können Anomalien wie Feuermale, Teleangiektasien (Äderchenerweiterung) oder Pigmentflecken weniger sichtbar gemacht werden. Das fachgerechte Auflegen eines solchen Make-up kann zum Wohlbefinden beitragen, da solche Hautveränderungen für die betreffende Person meist eine starke psychische Belastung bedeuten.

Die Camouflagetechnik eignet sich aber nicht nur zum Abdecken von Hautanomalien: der Einsatz ist bei vielen Gelegenheiten möglich:
Da das Präparat wisch- und wasserfest ist, können die Konturen selbst durch Schweiß nicht verlaufen. Aus diesem Grunde wird das Präparat auch als Bühnen-Make-up verwendet. Ebenso lässt sich ein dauerhaftes Faschings-Make-up auf diese Weise erzielen.
Durch den hohen Lichtschutzfaktor (LSF 8) wird das Make-up zum Sun-Blocker.
Camouflage-Make-up ist kein reines Gesichts-Make-up, sondern kann für den ganzen Körper verwendet werden. So können Tätowierungen, aber auch erweiterte Äderchen und eventuell Krampfadern wasserfest überdeckt werden.

Die Erstellung eines fachlich korrekten Camouflage-Make-up gliedert sich in vier in der Praxis gut erprobte Schritte:

Vorbehandlung. Zunächst wird auf die gereinigte Haut eine Tagescreme als Make-up-Grundlage aufgetragen.

Auflegen. Mithilfe eines Schwammes oder mit den Fingern wird nun die Make-up-Creme aufgebracht. Zunächst werden farbliche Veränderungen weiß abgedeckt, danach grundiert man etwas heller als die Hauteigenfarbe. Dabei ist darauf zu achten, dass das Make-up sanft ausläuft und keine Ränder sichtbar sind.

Schattieren. Um einen natürlichen Gesichtsausdruck zu erreichen, wird das schattenlose, grundierte Gesicht mithilfe verschiedener Beige-, Braun- und Rottöne modelliert.

Fixieren. Ein besonderer Fixier-Puder macht das Make-up wisch- und wasserfest. Er wird mit einer Puderquaste großzügig aufgetragen und muss fünf bis zehn Minuten einwirken. Der überschüssige Puder wird nun mit einer Bürste vorsichtig entfernt. Abtupfen mit einem feuchten Schwamm oder einer feuchten Kompresse lässt den Puder weniger stumpf erscheinen. Fixierspray ist besonders geeignet, um das Make-up auf dem Körper haftfest zu machen.

1. Diskutieren Sie, ob und in welchen Fällen die tägliche Anwendung des Camouflage-Make-up sinnvoll ist.

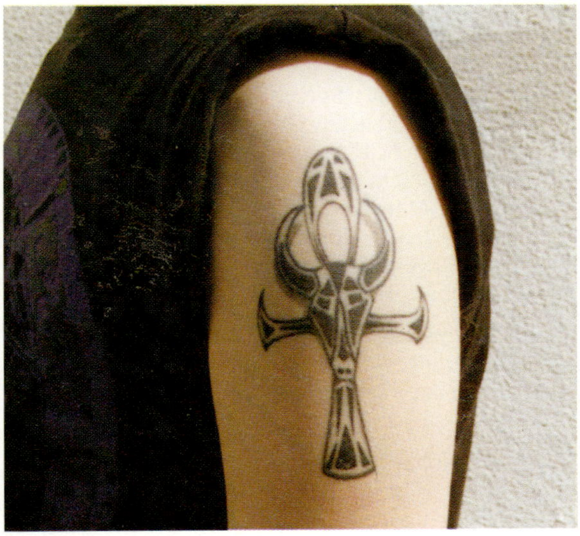

3. Tätowierung

4. Piercing

7 Tätowierung – ein permanentes Make-up

Kaum eine Körperstelle ist mehr davor sicher, dekoriert oder durchstochen zu werden.

Tätowierungen. Tattoos, wie Tätowierungen auch genannt werden, sind Ausdruck eines bestimmten Lebensgefühls. Seefahrer ließen sich ihre Liebste auf die Brust zeichnen, Rocker brachten mit Totenkopf- und Schlangentattoos ihre gesellschaftsverachtende Haltung zum Ausdruck. Heute gilt es als ausgefallen und schick, sich kleine Schmetterlinge oder Blumen auf Dekolletee, Bauch oder Oberschenkel tätowieren zu lassen.
Auch tätowierte Lidstriche oder Lippenumrandungen, die allerdings nicht sehr lange halten, werden gewünscht.

Oberstes Gebot bei der Ausführung von Tätowierungen ist Sauberkeit. Denn ist die Nadel nicht steril, können Infektionen die Folge sein.

Durch zahlreiche Nadelstiche wird auf der Haut zunächst ein Muster entworfen. Anschließend werden unlösliche Pigmente und Pulver wie Ruß, Tusche, Zinnober, Asche oder Berliner Blau eingerieben. Beim Heilungsprozess werden die Stoffe in der Haut eingeschlossen. Werden lösliche Farbstoffe verwendet, verblassen die Tätowierungen nach einiger Zeit.

Um Tätowierungen ganz zu entfernen, sind Methoden notwendig, die die oberste Hautschicht abtragen. Die Haut wird entweder mit Speisesalz abgeschliffen oder auch abgefräst. Eine Narbenbildung ist selbst beim Einsatz von Laserstrahlen nicht auszuschließen.

Piercing. Auch Piercing ist längst kein Vergnügen für Randgruppen mehr. Ohrränder werden mit einer Vielzahl von Ringen versehen; Augenbraue, Nasenflügel, Lippe, Zunge und Bauchnabel werden mit Steckern verschiedenster Form geschmückt.

Wichtig ist auch bei dieser Prozedur die Hygiene. Denn wer sich bei einem solchen Eingriff nicht mit lebensgefährlichen Krankheiten anstecken will, sollte sich das Piercing-Studio genau ansehen.

Anschließend müssen die Wunden gepflegt werden. Je empfindlicher und intimer die gepiercte Stelle, desto länger dauert das Verheilen. Am Bauchnabel z.B. muss die kleine Wunde sechs bis neun Monate mit desinfizierenden und heilungsfördernden Tinkturen umsorgt werden.

Entzündet sich die Wunde oder schwillt sie an, ist sofort der Gang zum Arzt zu empfehlen.

Werden die Sticker entfernt, kann das Loch nach Jahren wieder zuwachsen.

1. Schwitzen ist gesund

Sprays für Umweltbewusste

Als Treibgase für Sprays werden Propan und Butan verwendet. Im Gegensatz zu den früher eingesetzten FCKWs schädigen sie zwar nicht die Ozonschicht, doch sind auch sie umweltgefährdend. Man macht diese Gase unter anderem für den Treibhauseffekt verantwortlich. Preisgünstiger und umweltbewusster ist es, Sprays ohne Treibgas zu verwenden.

Die Pumpsprays sind daran zu erkennen, dass bei einer noch nicht angebrochenen Flasche erst bei zweimaligem Druck auf den Sprühknopf der Wirkstoff entweicht.

Der scheinbar höhere Preis erklärt sich aus der größeren Wirkstoffmenge. Diese Sprays sind auch weitaus sparsamer im Gebrauch.

8 Deodorantien wirken unterschiedlich

Schwitzen ist ein natürlicher Vorgang. Dabei versucht der Körper, sich durch Schweißbildung eine Abkühlung zu verschaffen. Der natürlich entstehende Körpergeruch wird jedoch von den meisten Mitmenschen als unangenehm empfunden.

Die **Wirkung** der **Deodorantien** kann auf verschiedene Arten erreicht werden:

- Bakterizide Mittel sollen die Mirkoorganismen unschädlich machen, die für die Zersetzung von Schweiß und den dadurch entstehenden Körpergeruch verantwortlich sind. Sie können allerdings auch die Hautflora angreifen, die vor Infektionen schützt und die Haut gegen schädliche Keime widerstandsfähig macht.
- Bakteriostatische Mittel hemmen nur die Bakterienkulturen am Wachstum, die für die Schweißzersetzung verantwortlich sind.
- Enzymblocker unterbinden die Wirkung der schweißzersetzenden Enzyme, ohne die Bakterien zu schädigen, von denen sie gebildet werden.
- Geruchsüberdeckende Mittel sind z.B. Parfüme. Sie bauen den Körpergeruch als fettig-schweißige Nuance ein und überdecken ihn auf diese Weise.
- Geruchsabsorber binden den Geruch, sind aber nicht gegen Bakterien wirksam.

Antitranspirantien. Sie enthalten Mittel, die ein Zusammenziehen der Schweißdrüsen bewirken und dadurch die Schweißabsonderung vermindern. Mit diesen Präparaten werden Schweißreduzierungen von 20 bis 60 % erreicht. Die volle Wirkung ist nicht sofort, sondern erst nach mehrtägigem Gebrauch gegeben. Antitranspirantien sollten allerdings nur einmal pro Tag verwendet werden. Außerdem dürfen sie nur auf die gesunde, ausgeruhte Haut nach kalten Waschungen gebracht werden. Niemals aber – und das gilt für alle Deos – auf die erhitzte, verschwitzte oder gereizte Haut (z. B. nach einer Haarentfernung).

Deo-Sprays sind Lösungen von Wirkstoffen in Wasser und Alkohol. Antitranspirantien werden als Trockensprays frei von Wasser und meist auch von Alkohol formuliert. Sie enthalten neben Aluminiumhydroxidverbindungen, die adstringierend wirken, auch antibakterielle Wirkstoffe. Die Wirkstoffe sind in Öl und Treibgas aufgeschlämmt.

Die als alkoholfrei bezeichneten Deos enthalten kein Ethanol, sondern glycerinähnliche Verbindungen. Sie sind daher etwas hautverträglicher.

Puder-Sprays enthalten neben den Wirkstoffen der Deo-Sprays noch Talkum, Stärke oder Zinkstearat.

Deo-Roller werden entweder als Gele mit Verdickungsmitteln oder als Öl/Wasser-Emulsion formuliert. **Deo-Stifte** enthalten Seife (Natriumstearat), die in Verbindung mit Glykolen oder Glycerin transparente Stifte ergibt.

Deo-Cremes sind Öl/Wasser-Emulsionen auf der Grundlage von Stearinsäure und Glycerinmonostearaten. Sie enthalten keinen Alkohol und sind für empfindliche Haut geeignet.

1. Diskutieren Sie die Vor- und Nachteile bei der Anwendung von Deodorantien.

Rasur	Haare werden stumpf abgeschnitten und wachsen als Stumpf nach. Daher erscheint der Haarwuchs dichter als zuvor.
Zupfen	Da jedes einzelne Härchen gepackt werden muss, empfiehlt sich diese Art der Haarentfernung nur bei Augenbrauen. Für die Entfernung des „Damenbartes" zu schmerzhaft.
Wachs	Gut geeignet zum Enthaaren größerer Körperflächen. Warmes Wachs wird z.B. auf Arme und Beine aufgetragen. Nach dem Erkalten wird es in einem Zug entfernt. Die Haut wird empfindlich und sollte mit einer lindernden Creme nachbehandelt werden. Diese Art der Enthaarung kann schmerzhaft sein. Die Haare wachsen fein mit einer Haarspitze nach.
Chemische Präparate	Die Haarentfernung ist etwas länger anhaltend als bei der Rasur. Haare wachsen fein nach. Die Mittel greifen auch die Haut an. Empfindlichkeitstest durchführen!
Epilation (Elektrokoagulation)	Die Epiliernadel wird in den Haarfollikel bis zur Papille eingeführt, welche durch Gleichstrom dauerhaft zerstört wird. Wird die Haarpapille nicht erreicht, wachsen die Haare nach. Trifft die Nadel ins Gewebe, sind Verbrennungen möglich. Wird nur bei starker Gesichtsbehaarung angewandt. Mit Pinzettenelektroden ist ebenfalls eine dauerhafte Enthaarung möglich.

1. Mögliche Techniken der Haarentfernung

9 Enthaarungsmittel – mechanische und chemische Methoden

Haarentfernung ist sowohl mit mechanischen (Rasur, Wachs) wie auch mit chemischen Mitteln möglich. Die Haarentfernung mit diesen Mitteln wird auch als **Depilation** bezeichnet. Eine dauerhafte Haarentfernung ist mit Gleichstrom und der Epiliernadel möglich, man spricht von einer **Epilation.**

Die chemischen Präparate erweichen und zerstören die Haare, sodass sie nach der Anwendungszeit mit einem Spatel abgenommen werden können. Sie dürfen nur auf die gesunde Haut aufgebracht werden und nicht mit den Augen oder Schleimhäuten in Berührung kommen. Für die Haarentfernung auf der Gesichtshaut sind diese Mittel nicht geeignet.

Am besten ist es, vor der Anwendung einer **Verträglichkeitstest** in der Armbeuge der Kundin vorzunehmen. Rötet sich die Haut nach kurzer Zeit, sollte das Präparat nicht verwendet werden.

- Die Creme wird mit dem Spatel auf die Haut aufgetragen. Die Haare müssen gut bedeckt sein.
- Nach etwa 3 bis 10 Minuten kräuseln sich die Haare. Sie können mit dem Spatel oder dem Wattebausch entfernt werden.
- Nach der Enthaarung werden Reste des Präparates mit reichlich Wasser, dem etwas Zitronensaft zugesetzt wurde, aber ohne Seife entfernt.
- Anschließend sollte die Haut mit einer fettreichen Emulsion eingecremt werden.
- Alkoholhaltige Deos oder Parfüms sollten bis zu 12 Stunden lang nicht verwendet werden. Auch eine intensive Sonnenbestrahlung ist zu vermeiden.

Enthaarungsmittel sind als Cremes, Pulver, Flüssigkeiten, Gels oder Aerosolschaum im Handel. Allen Mitteln ist gemeinsam, dass sie sowohl die Haare als auch die Haut angreifen. Denn Haar- und Hautkeratin sind chemisch ähnlich aufgebaut. Um die Haut weitgehend zu schonen, sollte die angegebene Einwirkzeit auf jeden Fall eingehalten werden.

Basis der **oxidierenden Enthaarungsmittel** ist eine alkalische Wasserstoffperoxidlösung. Die Mischung muss vor der Verwendung frisch zubereitet werden. Wasserstoffperoxid ist in der Lage, das Haarkeratin oxidativ zu zersetzen. Entsprechende Präparate eignen sich auch zum Entfernen von Haaren auf der Oberlippe.

Reduzierende Enthaarungsmittel enthalten entweder 2 bis 4% Thioglykolsäure oder deren Salze. Bei einem pH-Wert von 9 wird Thioglykolsäure als Dauerwellmittel verwendet. Im stärker alkalischen Bereich (pH-Wert 10 bis 12) wirkt sie depilierend!

Zur besseren Benetzbarkeit und zum leichteren Abwaschen nach der Einwirkung werden den Enthaarungsmitteln Tenside zugesetzt. Verdickungsmittel sollen ein Herabtropfen des Präparates vermeiden.

Parfümöle sollen den Eigengeruch des Präparates überdecken, was jedoch nur unvollständig gelingt.

1. Nennen Sie Methoden der nicht dauerhaften Haarentfernung. Mit welchem Begriff bezeichnet man diese Methoden?

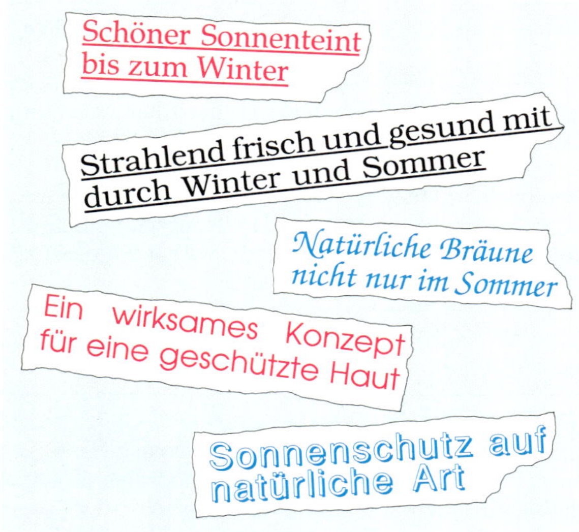

1. Was die Werbung verspricht

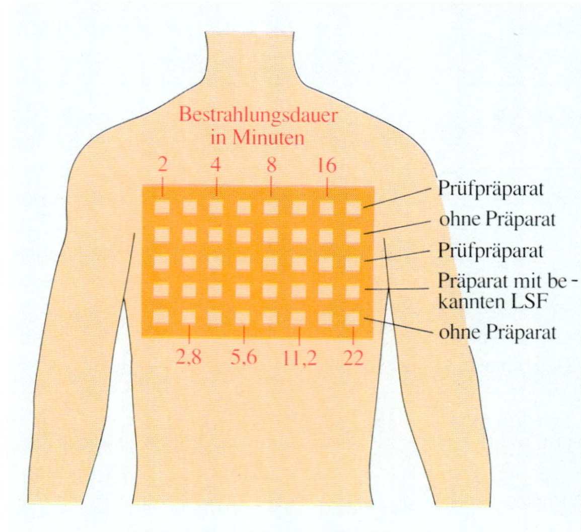

2. Ermittlung des Lichtschutzfaktors

10 Sonnenschutzmittel richtig angewendet

Die Aufgabe der Sonnenschutzmittel ist es, die Haut vor den schädlichen UV-Strahlen zu schützen. Besonders an der See, im Schnee oder im Hochgebirge, wo die Strahlung sehr intensiv ist, sollte man Rötungen und Verbrennungen der Haut sorgfältig vorbeugen.
Lichtschutzmittel enthalten Stoffe, die die schädlichen UVB-Strahlen herausfiltern. Für UVA-Strahlen sind die meisten Mittel durchlässig, um die direkte Pigmentierung zu begünstigen. Manche Sonnenschutzmittel filtern sowohl die UVA- als auch die UVB-Strahlen heraus. Neben lichtfilternden Substanzen enthalten einige Präparate auch feine Puderpartikel, die die Sonnenstrahlung reflektieren.
Eine ohne Sonnenbrand erzielte Bräune ist stets haltbarer. Wichtig für die Wirksamkeit der Lichtschutzmittel ist, dass sie spätestens eine halbe Stunde vor dem Sonnenbad aufgetragen werden.
Körperpartien, die besonders empfindlich sind, wie Nase, Augenlider, Stirn und Lippen, sollten mit einem Mittel, das einen hohen LSF hat, geschützt werden. Sind die Partien bereits gerötet, sollten Sonnenstrahlen gemieden oder Sun-Blocker angewendet werden. Diese sind als Stifte (Leuchtstifte) erhältlich.

Wie gut ein Präparat schützt, ist von seinem **Lichtschutzfaktor** (LSF) abhängig. Diese Zahl gibt den Faktor an, der die Zeit bis zur Hautrötung (Erythemschwelle) verlängert.
Bekommt man bei ungeschützter Haut nach 10 Minuten einen Sonnenbrand, so kann man nach Auftragen eines Sonnenschutzmittels mit dem Faktor 5 bis zu 50 Minuten in der Sonne bleiben. Dann sollte aber ein schattiger Ort aufgesucht werden.
Um den Lichtschutzfaktor zu ermitteln, werden Personen mit normaler Lichtreaktion der Haut getestet. Auf den Rücken der Versuchsperson wird ein großes Pflaster geklebt, das in Prüffelder unterteilt ist.
Die waagerecht untereinander liegenden Reihen werden mit dem zu prüfenden Präparat bzw. mit einem Präparat mit bekanntem LSF behandelt. Kontrollreihen ohne Präparat bleiben frei.
Die untereinander liegenden Felder werden nun reihenweise verschieden lange mit sonnenähnlichem Licht bestrahlt. Die Bewertung der Haut erfolgt nach 24 Stunden. Hat sich bei der geschützten Haut nach 10 Minuten ein Sonnenbrand gebildet, bei der ungeschützten Haut nach fünf Minuten, so ergibt sich ein Schutzfaktor von LSF2 (10 Min. : 5 Min. = 2).

Sonnenschutzpräparate werden im Handel als Emulsionen, Öle, Schaumcremes, Gele, Sprays und Fettstifte angeboten.
Sonnenmilch, eine O/W-Emulsion, lässt sich gut auf der Haut verteilen, ist aber mit Wasser leicht abwaschbar. In ihrem Aufbau ähnelt sie den üblichen Tagescremes. Die W/O-Emulsionen sind wasserfest.
Sonnenöle sind Gemische verschiedener Öle mit Lichtschutzfiltern und Duftstoffen. Verwendet werden sowohl Mineral- als auch pflanzliche Öle. Die öligen Präparate werden auch als Sprays angeboten.

3. Präparate mit Lichtschutzfaktorangabe

Besteht bereits ein leichter Sonnenbrand, sollte auf keinen Fall ein Sonnenschutzöl verwendet werden. Durch den entstehenden Wärmestau können sich die Schmerzen vergrößern.

Sonnenschutzgele sind wässrige Lösungen von Lichtschutzmitteln und Gelbildnern mit oder ohne Alkohol. Sie werden durch Wasser oder Schweiß leicht von der Haut entfernt.

Sonnenschutzstifte sind wie Lippenstifte aufgebaut. Sie schützen die Haut meistens vor UVA- und UVB-Strahlen.

After-Sun-Präparate sollen die Haut nach dem Sonnenbaden kühlen und pflegen. Diese Mittel enthalten Glycerin oder Kollagen gegen Austrocknung sowie die entzündungshemmenden Stoffe von Aloe vera, Bisabolol oder Panthenol.

Depigmentierungsmittel. Sommersprossen können mit so genannten Bleichcremes aufgehellt werden. Diese Cremes enthalten Mittel, die die Bildung des Melanins hemmen. Da das Melanin nur in alkalischer Umgebung in der Haut entsteht, kann man mit Gurken- oder Zitronensaft, die sauer sind, eine gewisse Wirkung erzielen. Die früher verwendeten Mittel, die zum einen durch Oxidation das Melanin farblos machten, zum anderen die Melanozyten zerstören, sind heute wegen ihrer Giftigkeit nicht mehr zugelassen.

Selbstbräunungsmittel – eine Alternative?

Diese Präparate enthalten als Hauptwirkstoff Dihydroxiaceton, kurz DHA genannt.

Wird die Haut vor dem Eincremen nicht sorgfältig gereinigt, reagieren Talg- und Schweißreste mit dem DHA. Braune Pünktchen entstehen, die wie Komedonen aussehen.

Der Eindruck einer trockeneren Haut wird dadurch hervorgerufen, dass durch die oberflächliche Bräunung die Abschuppung der Haut sichtbar wird.

Die Selbstbräunungscreme wird gleichmäßig auf der Haut verrieben. Die Hände müssen nach Anwendung sorgfältig gewaschen werden. Die Augenbrauen können mit einem feuchten Wattestäbchen, Haaransätze mit einem feuchten Tuch abgetupft werden.

Die bräunende Substanz kann innerhalb einer halben Stunde noch abgewaschen werden, danach ist sie nur noch durch abschleifend wirkende Materialien wie Seesand-Mandelkleie oder Bimsstein zu entfernen.

Im Gegensatz zur Sonne lassen Selbstbräunungscremes die Haut nicht vorzeitig altern. Zu bedenken ist, dass auch Materialien wie Leder, Wolle, Seide, Nylon oder Perlon dauerhaft eingefärbt werden. Während des Auftragens des Mittels und bis zu 12 Stunden danach sollte man deshalb Kleidung aus Baumwolle tragen.

Die erreichte Bräune schützt nicht vor dem Sonnenbrand. Da der erreichte Farbton meist gelblich ausfällt, wird einigen Präparaten zur Verbesserung des Farbtons Walnussextrakt zugesetzt.

Die Präparate sind meist flüssige bis cremeförmige Emulsionen vom Typ Öl in Wasser. Die Emulsionen dürfen nicht sofort in die Haut einziehen, da eine gleichmäßige Verteilung notwendig ist. Alle 2 bis 3 Tage sollte die Anwendung wiederholt werden.

1. „Selbstbräunungsmittel trocknen die Haut aus.“ Nehmen Sie zu dieser Aussage Stellung.

2. Schlagen Sie Sonnenschutzmittel für den Urlaub an der See und in den Bergen vor. Begründen Sie die Auswahl.

Schminken – was ist zu beachten?

Kontraindikationen
Stellt man bei der Kundin Probleme oder gar Krankheiten der Gesichtshaut fest, muss auf das Make-up verzichtet werden. Hautkrankheiten können Bläschenausschlag, Ekzeme, Entzündungen oder Akne sein. Auch bei noch nicht verheilten Narben, Hautabschürfungen oder Blutergüssen darf kein Make-up aufgelegt werden. Eine Bindehautentzündung schließt Augen-Make-up aus. Fragen Sie die Kundin auch, ob sie gegen bestimmte Inhaltsstoffe von Kosmetika allergisch ist. In diesem Fall kontrollieren Sie die Liste der Inhaltsstoffe ihrer Präparate, die auf den Produkten angegeben sein muss, um eine Gefährdung der Kundin auszuschließen.
Bevor Sie mit dem Make-up beginnen, stellen Sie auf einem Tisch oder Wagen die benötigten Materialien zusammen. Benutzen Sie einen Kosmetik-Koffer, so achten Sie darauf, dass dieser stets tadellos sauber ist.
Zupfen Sie die Augenbrauen, so ist es möglich, dass Sie mit der Körperflüssigkeit der Kundin in Berührung kommen. Es ist deshalb empfehlenswert, gut sitzende Schutzhandschuhe zu tragen. Die verwendete Pinzette muss desinfiziert sein, eine zweite Pinzette sollte in einem mit Desinfektionsmittel gefüllten Becher zur Verfügung stehen, falls die erste zu Boden fällt.
Die für das Schminken notwendigen Mengen an Make-up, Lippenstift, Rouge und Lidschatten werden mit einem Spatel entnommen und auf eine Schminkpalette oder ein Glasplättchen gebracht. Beides muss vorher desinfiziert werden. So wird verhindert, dass durch gebrauchte Applikatoren Krankheitserreger in die Präparate geschleust werden. Mascara wird mit Einmalapplikatoren aufgetragen.

Pflege der Instrumente
Metallgeräte: Pinzetten und Metallspatel werden in ein Desinfektionsbad gegeben und in einer desinfizierten Box aufbewahrt. Vor der Verwendung sollten sie mit einem Desinfektionsmittel abgerieben werden.

Pinsel: Bürstchen und Pinsel werden nach jeder Benutzung desinfiziert. Sie werden in einer warmen Reinigungslösung ausgewaschen und mit klarem Wasser gründlich ausgespült. Nach dem Trocknen werden sie kurz in Alkohol oder einen speziellen Alkoholreiniger getaucht und wiederum getrocknet.

Schaumstoffapplikatoren und Make-up-Schwämmchen werden in einer warmen Reinigungsmittellösung gereinigt, dann mit viel klarem Wasser ausgespült. Anschließend werden sie in eine Desinfektionsmittellösung gelegt und ausgedrückt. Nach dem Trocknen sollten sie in einer Desinfektionsbox aufbewahrt werden.

Die Make-up-Kundenkarte
Jede neue Kundin wird in einer Kundenkartei erfasst. Persönliche Daten sowie verwendete Produkte werden aufgeschrieben und dienen als Grundlage für weitere Behandlungen. So könnte eine Kundenkarteikarte aussehen:

Name der Kundin/des Kunden: ....
Datum: ....
Name der Kosmetikerin: ....

Hauttyp/- farbe: ....
Hautprobleme: ....
Augenfarbe: ....
Haarfarbe: ....
Allergien: ....

Verwendete Produkte, Hersteller:
Art des Make-ups/Anlass: ....
Farbe der Kleidung, Accessoires: ....
Feuchtigkeitscreme: ....
Reinigungsmittel: ....
Make-up-Grundierung: ....
:
Besonderheiten/Anmerkungen: ....

Wenn Ihr Kunde zu Allergien neigt, sollten Sie neue Produkte zunächst an der Unterseite des Unterarms testen. Wenn es zu Hautirritationen kommt, fallen sie hier weniger auf.

1. Warum ist es wichtig, Ihre Überlegungen für ein Make-up der Kundin vorher genau zu beschreiben?

2. Welche Vorteile hat es für Sie und für Ihre Kundin, wenn Sie sich am Ende der kosmetischen Behandlung noch etwas Zeit nehmen, um das Ergebnis mit der Kundin zu besprechen?

Wissen Sie Bescheid?

1. Nennen Sie Faktoren, die die Gestaltung eines Make-up beeinflussen.
2. Zählen Sie Unterschiede auf, in denen sich ein „kleines Tages-Make-up“ von einem „Abend-Make-up“ unterscheidet.
3. Nennen Sie Farbtöne, die sie bei einem
   a) blonden, helläugigen Typ
   b) rotblonden Typ verwenden würden.
   Begründen Sie Ihre Meinung.
4. Nennen Sie die einzelnen Schritte bei der Erstellung eines Make-up.
5. Begründen Sie genau, warum das Make-up (die Teintgrundierung) niemals mit den Fingern aus dem Töpfchen entnommen werden darf.
6. Nennen Sie Möglichkeiten, ein breites Gesicht optisch zu verbessern.
7. Nennen Sie eine Möglichkeit, die ideale Augenbrauenlänge zu ermitteln.
8. Beschreiben Sie eine Möglichkeit, eine breite Nase optisch kleiner wirken zu lassen.
9. Zählen Sie die Bestandteile von Pudercremes auf. Worin unterscheiden sich die einzelnen Produkte?
10. Die zu frühe oder die häufige Verwendung von Pudercremes bewirkt auf die Dauer eine Porenvergrößerung. Nennen Sie die Gründe hierfür.
11. Nennen Sie Faktoren, die bei der farblichen Wahl des Lidschattens eine Rolle spielen.
12. Erläutern Sie die Vor- und Nachteile, die ein Lidschattenpuder gegenüber einer Lidschattencreme besitzt.
13. Wasserfeste Mascara bewirken oft ein brennendes Gefühl am Augenrand. Begründen Sie.
14. Nennen Sie Vor- und Nachteile von wasserfesten Mascara gegenüber wasserlöslichen Mascara.
15. Der Lippenstift ist ein Gemisch aus vielen Inhaltsstoffen. Nennen Sie einige und zählen Sie deren Eigenschaften auf.
16. Nennen Sie die Inhaltsstoffe, aus denen Lipgloss besteht.
17. Begründen Sie den Einsatz des Weißpigments Titandioxid als Lichtschutzmittel in Lippenstiften.
18. Erläutern Sie, wie ein Tattoo gemacht wird.
19. Beschreiben Sie Möglichkeiten, Tätowierungen wieder zu entfernen.
20. Nennen Sie gesundheitliche Probleme, die beim Tätowieren oder Piercing auftreten können.
21. Beschreiben Sie die verschiedenen Arten von Wirkstoffen, die Deodorantien zugesetzt werden.
22. Nennen Sie Deo-Präparate, die Sie Kunden mit empfindlicher Haut empfehlen können.
23. Begründen Sie, warum ein Pumpspray günstiger ist als ein Treibgasspray.
24. Um besonders schnell braun zu werden, verzichten manche Menschen vollständig auf Sonnenschutzmittel. Diskutieren Sie dieses Verhalten.
25. Begründen Sie, warum die Verwendung von Sonnenschutzmitteln heute sehr wichtig ist.
26. Wie ermittelt die Industrie den Lichtschutzfaktor und was sagt er aus?
27. Diskutieren Sie die Vor- und Nachteile von Selbstbräunungsmitteln.
28. Die mit Selbstbräunungsmitteln erzielte Hautfärbung wird vom Hauttyp mitbestimmt. Nennen Sie Möglichkeiten, eine „gelbe“ Hautfärbung „braun“ erscheinen zu lassen.
29. Erläutern Sie die Wirkung von Depigmentierungsmitteln.
30. Unterscheiden Sie die Begriffe Epilation und Depilation.
31. Erklären Sie den Begriff „Elektrokoagulation“.
32. Nennen Sie Vor- und Nachteile der Rasur bei der Haarentfernung.
33. Nennen Sie Methoden, einen Damenbart zu entfernen.
34. Erläutern Sie, warum Augenbrauenhärchen nicht mit chemischen Depilatorien entfernt werden dürfen.
35. Nennen Sie die Verhaltensmaßnahmen, die nach einer chemischen Haarentfernung getroffen werden sollten und begründen Sie sie.

Grundlagen der Chemie zur Körperpflege

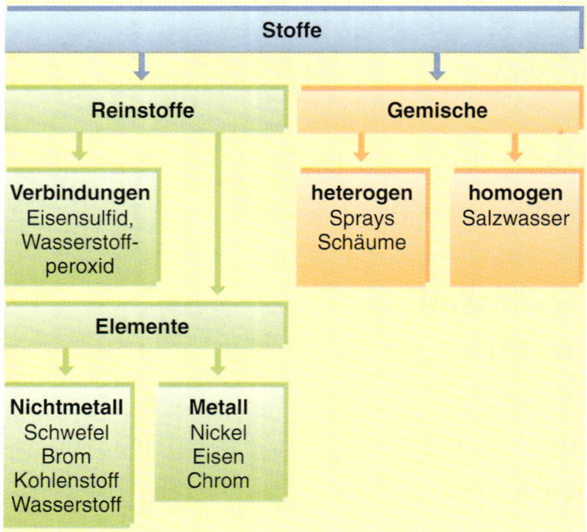

1. Stoffe lassen sich einteilen

1 Einteilung von Stoffen

Liest man auf den Verpackungen von Festigern, Haarkurmitteln und Hautreinigungsmilch die Produktbeschreibungen, so können Begriffe wie Emulsion, Suspension oder Lösung entdeckt werden.
Es handelt sich um Stoffgemische, die in einer bestimmten Zustandsform vorliegen. Die Bestandteile eines Stoffgemisches, die man mit dem Auge unterscheiden kann, werden **Phasen** genannt. Das Mikroskop ist ein Hilfsmittel zur Unterscheidung verschiedener Phasen.

Stoffgemische, die aus verschiedenen Phasen bestehen, werden als uneinheitlich oder **heterogen** bezeichnet. Ist nur eine Phase erkennbar, so bezeichnet man das Stoffgemisch als einheitlich oder **homogen.**

Betrachten wir eine Probe von Reinigungsmilch unter dem Mikroskop, sehen wir im Wasser schwimmende Fetttröpfchen. Da Reinigungsmilch aus einer Fett- und einer Wasserphase zusammengesetzt ist, handelt es sich hierbei um einen heterogenen Stoff.
Uneinheitliche Stoffe, die aus zwei flüssigen Phasen bestehen, nennt man **Emulsionen.** Weitere Beispiele für Emulsionen, die in der Friseurpraxis verwendet werden, sind Hautcremes, Cremehaarkuren und Oxidationshaarfarben.

Sind, wie z.B. in Nagellacken, feste Stoffe in flüssigen Stoffen verteilt, so bezeichnet man dieses uneinheitliche Stoffgemisch als **Suspension.**

Blondierpulver und Teintpuder sind Stoffgemische, in denen zwei feste Phasen unterscheidbar sind. Solche heterogenen Stoffgemische werden als **Gemenge** bezeichnet.

Ein **Aerosol** ist ein uneinheitlicher Stoff, dessen eine Phase gasförmig und dessen andere Phase entweder fest oder flüssig ist. Beispiele für Aerosole aus der Friseurpraxis sind Haarspray, Deospray und Schaumdauerwellmittel.

Sieht man sich die Probe einer Fönlotion unter dem Mikroskop an, sind keine unterschiedlichen Phasen zu erkennen: Die Fönlotion ist ein einheitlicher (homogener) Stoff. Destilliert man Fönlotion, so bleibt im Destillierkolben eine zähe Masse zurück. Es handelt sich hierbei um einen Kunstharzrückstand, der von den anderen leicht verdampfenden Inhaltsstoffen wie Wasser und Alkohol getrennt wurde. Kunstharze hinterlassen auf dem getrockneten Haar einen dünnen Film, der das Haar stützt. In Fönlotionen sind Kunstharze in einem Lösungsmittel (Wasser-Alkohol-Gemisch) gelöst. Einheitliche, homogene Mischungen verschiedener Stoffe bezeichnet man als **Lösungen.**

Gele sind gallertartige Stoffgemische. In einem Gel bilden die Teilchen des Gelbildners ein netz- oder wabenartiges Geflecht, in das eine Lösung eingelagert ist. Haargele und Geldauerwellen sind Präparatebeispiele aus der Friseurpraxis.

Beispiele	Trennverfahren
Sand reinigen	Sieben
Schmutzwasser reinigen	Filtrieren
Gold waschen	Schlämmen
Milch entrahmen	Zentrifugieren
Salzwasser entsalzen	Eindampfen
Wein brennen	Destillieren
Kaffee kochen	Extrahieren
Küchendünste entfernen	Adsorbieren

2. Eine Auswahl von Trennverfahren

Aus einheitlichen und auch aus uneinheitlichen Stoffgemischen können durch geeignete **Trennverfahren** die einzelnen Bestandteil eines Gemisches zurückgewonnen werden.

Destilliertes Wasser ist ein Bestandteil von Fönlotionen. Wird mit destilliertem Wasser ein weiteres Trennverfahren durchgeführt, stellt man fest, dass darin keine anderen Stoffe enthalten sind.
Destilliertes Wasser ist also ein **Reinstoff,** d.h. ein Stoff, der nur aus gleichartigen Stoffteilchen, nämlich Wasserteilchen besteht. Weitere Reinstoffe sind zum Beispiel Kochsalz, Eisen, Schwefel, Wasserstoff, Sauerstoff, Stickstoff, Wasserstoffperoxid.

1. Versuch: Mikroskopieren Sie Proben von Reinigungsmilch und Fönlotionen. Notieren Sie Ihre Beobachtungen.

2. Versuch: Lösen Sie etwas Kochsalz in wenig Wasser auf. Erhitzen Sie die Kochsalzlösung in einer Porzellanschale über einem Bunsenbrenner, bis das Wasser verdampft ist. Notieren Sie Ihre Beobachtungen.

3. Versuch: Destillieren Sie etwa 40 ml Fönlotion! Notieren Sie Ihre Beobachtungen.

Aggregatzustände

Stoffe können in den drei Zuständen fest – flüssig – gasförmig auftreten. Diese Erscheinungsformen nennt man Aggregatzustände.
Aus Erfahrung kennen Sie die drei Aggregatzustände des Wassers: Reines Wasser ist bei normalem Luftdruck unterhalb seines Schmelzpunktes von 0 °C fest (Eis), oberhalb seines Siedepunktes von 100 °C gasförmig (Wasserdampf).
Erwärmt man einen festen Stoff, so schmilzt er, wenn sein Schmelzpunkt erreicht ist; er geht in den flüssigen Aggregatzustand über. Kühlt ein flüssiger Stoff ab, wird er wieder fest, er erstarrt. Erhitzt man aber den flüssigen Stoff weiter, so verdampft er, wenn sein Siedepunkt erreicht ist: der Stoff wird gasförmig. Kühlt man den nun gasförmigen Stoff wieder ab, kondensiert er, d.h., er wird wieder flüssig. An einigen Stoffen lässt sich anschaulich zeigen, dass sie beim Erwärmen direkt in den gasförmigen Zustand übergehen, sie sublimieren. Kühlt der gasförmige Stoff wieder ab, so geht er wieder in den festen Aggregatzustand über, d.h., er resublimiert.

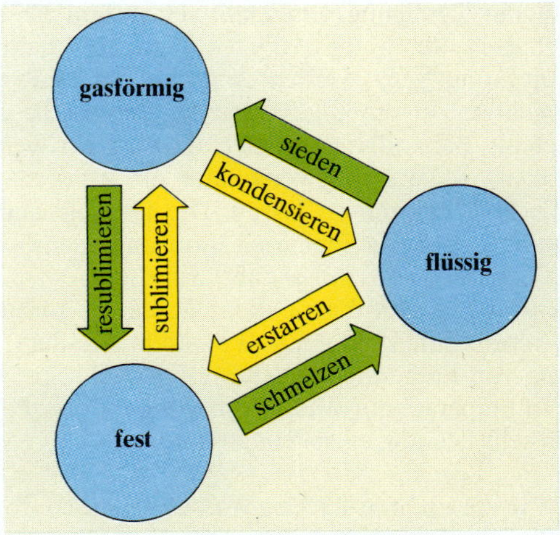

3. Aggregatzustände und ihre Übergänge

4. Versuch: Einige Iodkristalle werden in ein Becherglas gegeben. Bedecken Sie das Becherglas mit einem Uhrglas, auf dem sich etwas kaltes Wasser befindet. Erhitzen Sie (Abzug) die Iodkristalle schwach. Notieren Sie Ihre Beobachtungen.

5. Entscheiden Sie, ob festes Wasser sublimieren kann. Begründen Sie.

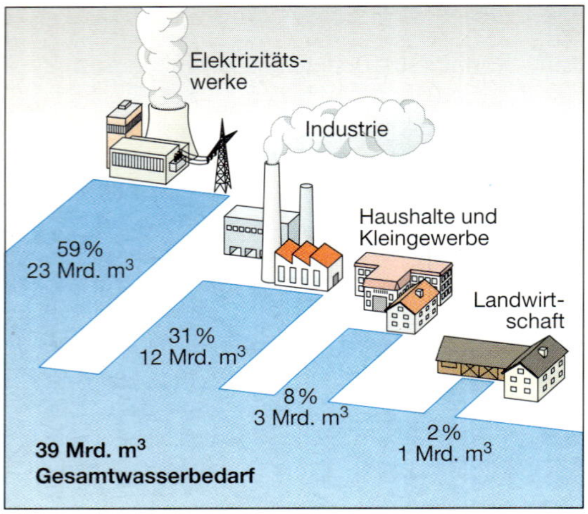

1. Wasserverbrauch und Wasserbedarf in der Bundesrepublik Deutschland

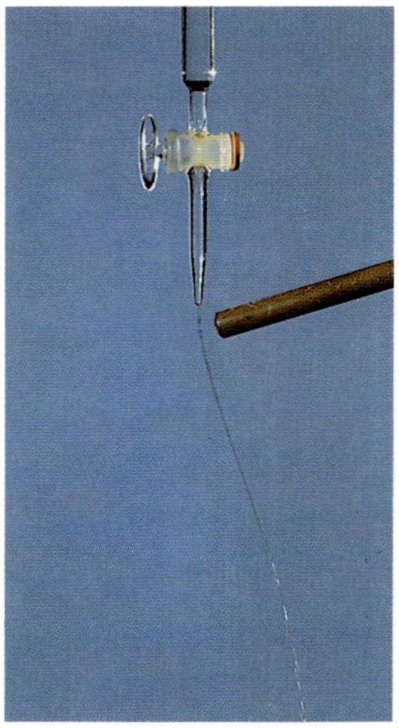

2. Ablenkung eines Wasserstrahls

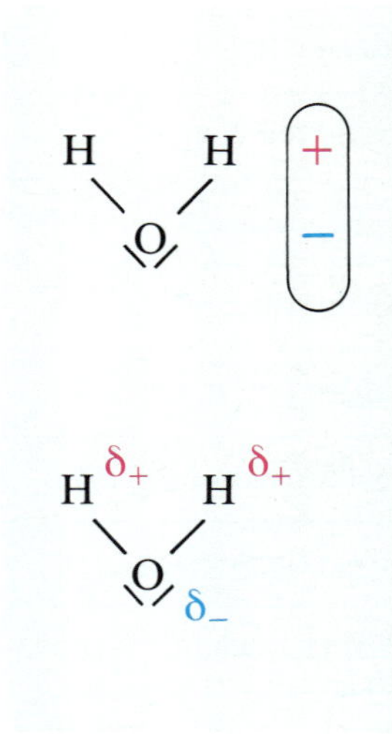

3. Aufbau des Wassermoleküls

2 Das Wasser, ein kostbarer Rohstoff

Wasser wird im Friseursalon vielseitig und in großen Mengen verwendet. Es ist ein unersetzliches Hilfsmittel bei der Reinigung von Haut, Haar und Friseurwerkzeugen. Temporäre, d.h. kürzerfristig haltbare Haarumformungen werden mithilfe des Wassers durchgeführt. In der pflegenden Hautkosmetik wird Wasser als Behandlungsmittel eingesetzt. So werden beispielsweise Vapozone verwendet, um Wasserdampf auf die Haut wirken zu lassen. Die für kosmetische Behandlungen unverzichtbaren Emulsionen enthalten neben Fettstoffen das Wasser als Grundstoff.
Der kosmetischen Industrie dient Wasser als Lösungs- bzw. Verdünnungsmittel für Wirkstoffe bei der Herstellung von Präparaten. Auch die Friseure selbst verdünnen Präparate mit Wasser, um Wirkstoffkonzentrationen selbstständig einstellen zu können.

In den letzten Jahren hat der Wasserverbrauch in den Friseursalons ständig zugenommen. Dies führt gleichzeitig zu größeren Mengen an Abwasser, das in Klärwerken gereinigt werden muss. Da Wasser ein knapp werdender Rohstoff ist, sollten die Möglichkeiten von **Wassereinsparungen** in jedem Friseursalon geprüft und möglichst auch umgesetzt werden.

1. Versuch: Laden Sie einen Hartgummistab (Glasstab) durch Reiben mit einem Wolllappen elektrisch auf. Halten Sie den Stab nahe an einen Wasserstrahl, der aus einer Bürette fließt. Notieren Sie die Beobachtungen. Deuten Sie diese über den chemischen Aufbau des Wassers.

Chemischer Aufbau. Die Verbindung Wasser ist aus Molekülen aufgebaut, die jeweils aus 2 Wasserstoffatomen und einem Sauerstoffatom bestehen.
In einem Wassermolekül sind die beiden Wasserstoffatome mit einem Sauerstoffatom winkelförmig verknüpft. Die gemeinsamen Elektronenpaare zwischen den Wasserstoffatomen und dem Sauerstoffatom sind mehr zum Sauerstoffatom hin verschoben. Sauerstoff übt eine größere Anziehungskraft auf Bindungselektronen aus als Wasserstoff.
Dadurch besteht am Sauerstoffatom ein Überschuss an Elektronen und damit ein Überschuss an negativer Ladung. An den Wasserstoffatomen sind weniger Elektronen als im ungebundenen Zustand, d.h., es besteht ein Überschuss an positiver Ladung.

Ein Wassermolekül hat demnach einen positiven und einen negativen Pol. Solche Moleküle werden **Dipole** genannt. Die Polarisierung wird mit δ+ und δ- gekennzeichnet. Der besondere Aufbau des Wassermoleküls ist Ursache für die Eigenschaften, die seine Nutzung im Friseursalon ermöglichen.
Eine Atombindung, in der eine Ladungsverschiebung vorliegt, wird als **polare Elektronenpaarbindung** bezeichnet. Bindungen, in denen die Bindungselektronen etwa gleichstark von den beteiligten Atomen angezogen werden, nennt man dagegen **unpolare Elektronenpaarbindungen.** Solche unpolaren Bindungen liegen beispielsweise in Wasserstoffmolekülen und Chlormolekülen vor.

4. Wasser perlt ab

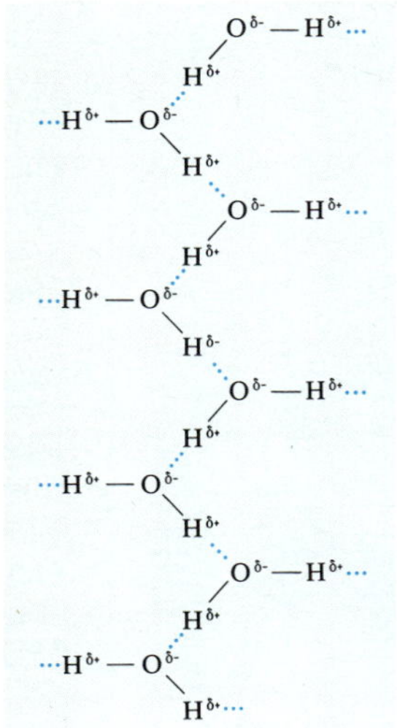

5. Wasserstoffbrücken

	Härte-bereich	°d
	1 weich	0-7
	2 mittel-hart	7-14
	3 hart	14-21
	4 sehr hart	>21

6. Bestimmung der Wasserhärte mit Teststäbchen

Oberflächenspannung des Wassers. Legt man eine Rasierklinge flach auf das Wasser, stellt man fest, dass die Rasierklinge auf dem Wasser schwimmt. Die Oberflächenspannung (Grenzflächenspannung) des Wassers bewirkt, dass das Metallstück nicht untergeht.

Ursache für die Oberflächenspannung sind spezielle Bindungskräfte zwischen den einzelnen Wassermolekülen: Ein positiv polarisiertes Wasserstoffatom des einen Moleküls wird vom negativ polarisierten Sauerstoffatom eines benachbarten Wassermoleküls angezogen. Diese Bindungen zwischen den Wassermolekülen nennt man **Wasserstoffbrückenbindungen.**

Die Oberflächenspannung des Wassers erschwert die Arbeit des Friseurs. Beispielsweise perlen Wasser oder wässrige Lösungen vom Haar ab und benetzen es nicht genügend. Erst durch den Zusatz von speziellen Stoffen, den Tensiden, wird die Oberflächenspannung des Wassers herabgesetzt. So bewirken Tenside in Dauerwellmitteln, dass die aufgewickelten Haare möglichst optimal mit den Wirkstoffen benetzt werden.

2. Versuch: Füllen Sie ein Becherglas bis zum Rand mit Wasser. Lassen Sie einige Münzen vorsichtig in das gefüllte Becherglas gleiten.
Geben Sie nun auf die Wasseroberfläche 1 bis 2 Tropfen eines Spülmittels, nachdem sich ein nur flacher Berg über dem Becherrand gebildet hat. Erklären Sie die Beobachtungen.

Wasserhärte. Das Leitungswasser enthält je nach Herkunft unterschiedliche Mengen an gelösten Stoffen. Dabei sind vor allem die Stoffe Magnesium- und Calciumsulfat für die bleibende bzw. permanente Wasserhärte verantwortlich.
Die Stoffe Magnesium- und Calciumhydrogencarbonat bilden die vorübergehende bzw. temporäre Wasserhärte. Diese wird vorübergehend genannt, weil sie durch Kochen des Wassers leicht beseitigt werden kann; dabei setzt sich Calciumcarbonat als Kesselstein in Boilern, Kesseln, Heizstäben usw. ab und beeinträchtigt die Leistungsfähigkeit der Elektrogeräte.

In Deutschland wird die Wasserhärte häufig in deutschen Härtegraden (°d) angegeben. Die Gesamthärte einer Wasserportion kann mit Teststäbchen gemessen werden.
Um Wasser zu enthärten, fängt man in Ionenaustauschern die für die Wasserhärte verantwortlichen Ionen ab und ersetzt sie durch andere. Auch durch die Zugabe bestimmter Chemikalien, z. B. Polyphosphaten oder Zeolithen, kann Wasser enthärtet werden.

3. Versuch: Bestimmen Sie mit Härteteststäbchen die Gesamthärte Ihres Leitungswassers. Vergleichen Sie.

4. Erläutern Sie, wie die für die Wasserhärte verantwortlichen Stoffe in das Leitungswasser gelangen.

5. Beschreiben Sie den Kreislauf des Wassers.

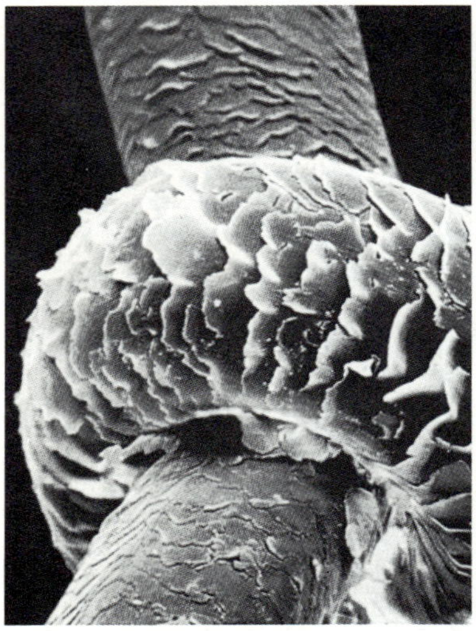

1. REM-Aufnahme eines mit alkalischer Lösung behandelten Haares

2. REM-Aufnahme eines mit saurer Lösung nachbehandelten Haares

Säuren
– Fixierungen – Wasserstoffperoxidpräparate – Haar- und Kopfhautwässer – Spülungen – Gesichtswässer – Haarkuren
Basen
– alkalische Dauerwellflüssigkeiten – Blondierpräparate – Oxidationshaarfarben – Nagelhautentferner – Haarentfernungspräparate

3. Verwendung von Säuren und Basen in der Friseurpraxis

3 Säuren und Basen

Das Aufquellen des Haares ist Voraussetzung dafür, dass Wirkstoffe in das Haar eindringen können. Deshalb enthalten manche haarkosmetischen Präparate wie Blondiermittel, Oxidationshaarfarben und alkalische Dauerwellflüssigkeiten schwache Basen.
Starke Basen werden in Haarentfernungspräparaten und Nagelhautentfernern eingesetzt.

Da gequollenes Haar in seiner Struktur verändert ist, glanzlos aussieht und leichter durch äußere Einflüsse geschädigt werden kann, muss man es abschließend **adstringieren.** Ähnliches gilt für die Haut, wobei die Unterstützung des Säureschutzmantels besonders wichtig erscheint. Deshalb enthalten Präparate, die nach haar- und hautquellenden Behandlungen eingesetzt werden, schwache Säuren. In Haarspülungen, Haarpackungen, Fixierungen, Haar- und Gesichtswässern sind organische Säuren wie Zitronensäure enthalten.
Ferner werden Säuren zur Stabilisierung in Wasserstoffperoxidpräparaten eingesetzt.

In konzentrierter Form zerstören starke Säuren und Basen Haut und Haare. Sie lösen die Haarsubstanz auf und verätzen die Haut.

1. Versuch: Nehmen Sie jeweils wenig der folgenden Präparate mit etwas Wasser auf und prüfen Sie dann mit Lackmuspapier: Fixierung, Dauerwellflüssigkeit, Oxidationshaarfarbe, Haarwasser, Nagelhautentferner, Gesichtswasser.

Schwache Basen wirken aufquellend. Sie greifen die Haarsubstanz derart an, dass mehrfach mit schwachen Basen behandelte Haare porös und glanzlos sind. Reißfestigkeit und Elastizität der Haare sind beeinträchtigt. Die Haut der Kunden ist vor dem Einwirken von Basen durch spezielle Vorbehandlungen – auftragen einer Schutzlotion auf die Kopfhaut oder Schutzcreme auf die Gesichtshaut – zu schützen. Da Friseure häufig mit basischen Präparaten arbeiten, sollen sie direkten Hautkontakt mit diesen Mitteln durch Tragen von Schutzhandschuhen vermeiden.

Schwache Säuren adstringieren, d. h. entquellen Haut und Haare nach aufquellend wirkenden Behandlungen. Die schwachen Säuren können den Säureschutzmantel der Haut erneuern bzw. in seiner Wirkung unterstützen.

2. Erstellen Sie eine Tabelle, in der links die Präparate mit Basen und rechts die Präparate mit Säuren zur neutralisierenden Behandlung stehen.

3. Versuch: Betrachten Sie ein trockenes Haar durch das Mikroskop. Legen Sie das Haar anschließend 1 Minute in eine ammoniakalische Lösung und betrachten Sie das feuchte Haar dann durch das Mikroskop. Beschreiben Sie die Beobachtungen.

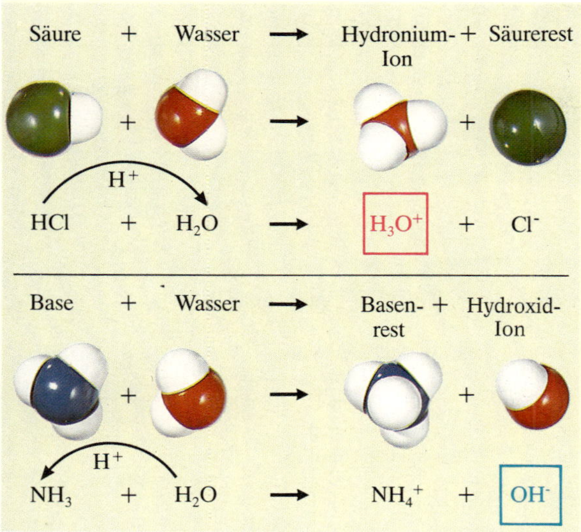

4. Chemische Eigenschaften von Säuren und Basen

Starke Säuren	Starke Basen
Salzsäure (HCl) Salpetersäure (HNO_3) Schwefelsäure (H_2SO_4)	Natronlauge bzw. Natriumhydroxid (NaOH) Kalilauge bzw. Kaliumhydroxid (KOH)
Schwache Säuren	**Schwache Basen**
Schwefelwasserstoff (H_2S) Organische Säuren, z.B. Essigsäure, Stearinsäure, Thioglykolsäure	Ammoniakwasser $NH_3 \times H_2O$ bzw. Ammoniak (NH_3)

5. Säuren und Basen unterschiedlicher Stärke

Chemische Eigenschaften. Säuren enthalten in ihren Molekülen positiv polarisierte Wasserstoffatome. In Wasser zerfallen Säuren in die Wasserstoffionen (H^+-Ionen) und einen negativ geladenen Säurerest.
Das H^+-Ion wird auch als **Proton** bezeichnet und ist frei nicht existenzfähig. Es wird von dem Reaktionspartner Wasser aufgenommen.
Säuren sind also Protonenspender. Bei der Reaktion mit Wasser entstehen H_3O^+-Ionen, **Hydronium-Ionen** genannt. Sie sind für die saure Reaktion einer Lösung verantwortlich. Um saure Lösungen herzustellen, können z.B. Nichtmetalloxide in Wasser gelöst werden.
Basen dagegen nehmen Protonen auf. Sie sind Protonenempfänger. Mit Wasser als Reaktionspartner entstehen OH^--Ionen, **Hydroxid-Ionen** genannt. Sie verursachen die alkalische Reaktion einer Lösung.
Diese Reaktion zeigen auch die **Laugen.** Die Hydroxid-Ionen werden hier z.B. durch Reaktion von Alkali- und Erdalkalimetallen mit Wasser gebildet. So entsteht Natronlauge, wenn Natrium in Wasser gegeben wird.
Säuren und Basen kann man mit **Indikatoren** nachweisen. Indikatoren sind Stoffe, die durch farbliche Reaktion anzeigen, ob ein Stoff sauer oder alkalisch reagiert. **Lackmus** ist ein Indikator, der sich durch Säuren rot und durch Basen blau färbt. Der Indikator **Phenolphtalein** ist in saurer Lösung farblos, in alkalischer Lösung karminrot.

4. Erläutern Sie, welche Aufgaben Säuren in After-Shave-Präparaten haben.

Stärke von Säuren und Basen. Will man die Stärke verschiedener Säuren und verschiedener Basen jeweils untereinander vergleichen, muss man sich stets auf denselben Reaktionspartner beziehen. Als Bezugssystem hat man Wasser gewählt.

Starke Säuren reagieren nahezu vollständig mit Wasser. So geben z.B. alle Salpetersäure-Moleküle ihre H^+-Ionen an Wasser ab.

Schwefelwasserstoff ist ein übel riechendes und sehr giftiges Gas. Löst man es in Wasser, geben nur wenige Schwefelwasserstoff-Moleküle H^+-Ionen an Wasser ab. Man sagt deshalb: Schwefelwasserstoff ist eine **schwache Säure.** Der größte Teil der gelösten Säure liegt nach wie vor in Form von Schwefelwasserstoff-Molekülen vor.
Ammoniak ist ebenfalls ein übel riechendes Gas. Der typische Geruch des Ammoniaks wird z.B. beim Auftragen von alkalischen Dauerwellmitteln wahrgenommen. Leitet man es in Wasser ein, nehmen nur wenig Ammoniak-Moleküle H^+-Ionen von Wasser auf. Ammoniak ist also eine **schwache Base.** In einer Ammoniak-Lösung, Ammoniakwasser oder Salmiakgeist genannt, liegen nur wenige OH^--Ionen neben sehr vielen Ammoniak-Molekülen vor.

Starke Basen, wie Natriumhydroxid, dagegen reagieren nahezu vollständig mit Wasser, d.h., fast alle Teilchen bilden OH^--Ionen.

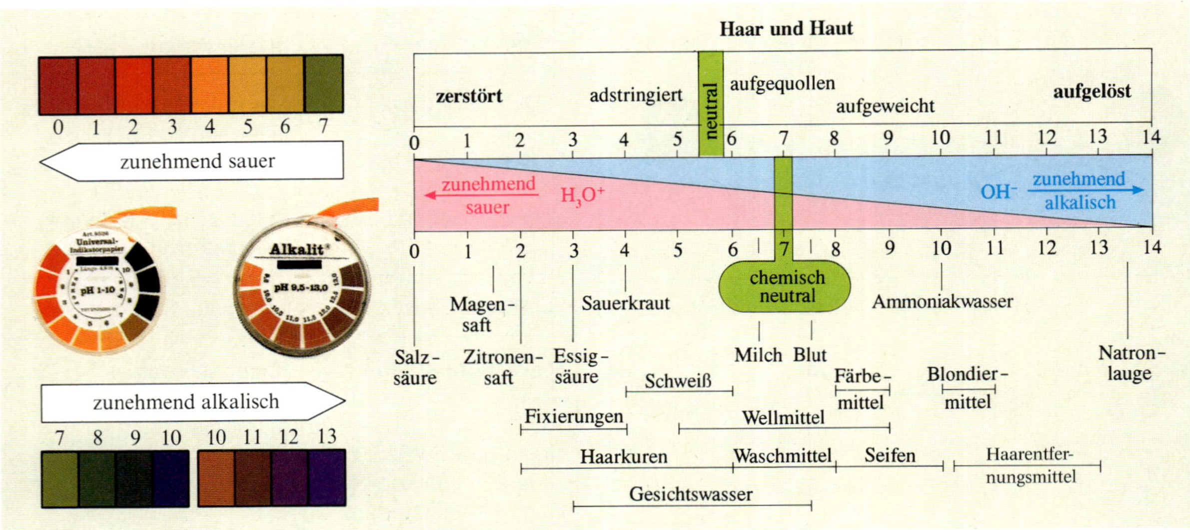

1. pH-Wert-Skala und das Verhältnis von Hydronium- und Hydroxid-Ionen

4 Friseurpräparate – wie sauer oder wie alkalisch reagieren sie?

Wie sauer bzw. alkalisch ein Friseurpräparat ist, lässt sich durch eine pH-Wert-Bestimmung ermitteln. Bei sauren Lösungen ist der pH-Wert kleiner als 7. Reines Wasser ist neutral, es hat den pH-Wert 7. In alkalischen Lösungen ist der pH-Wert größer als 7.

Messen wir den pH-Wert auf einer unbehandelten Hautoberfläche, so erhalten wir Werte von ca. 5–6. Deshalb versucht man z. B. hautpflegende Friseurpräparate auf diesen pH-Wertebereich einzustellen.
Präparate mit höherem pH-Wert wie alkalische Dauerwellflüssigkeiten oder Blondiercremes wirken aufquellend. Extrem stark alkalische Produkte, z. B. Haarentfernungscremes, mit einem pH-Wert von ca. 12 haben bei entsprechender Einwirkzeit eine zerstörende Wirkung auf Haut und Haar.
Kosmetische Präparate mit kleinerem pH-Wert als 5, wie Gesichtswässer und Säurespülungen, wirken adstringierend. Substanzen mit einem pH-Wert von ungefähr 0–1 dürfen wegen ihrer zerstörenden Wirkung nicht mit Haut und Haar in Kontakt kommen.

Verdünnt man Friseurpräparate mit Wasser, ändert sich der pH-Wert: Jedoch erst bei einer Verdünnung von 1:10 ändert sich der pH-Wert um eine ganze Zahl, bei einer Verdünnung von 1:100 um 2 pH-Wert-Einheiten.

Der genaue pH-Wert wird mit Universalindikatoren oder mit elektrischen Messgeräten, pH-Meter genannt, bestimmt. Während Universalindikatoren den pH-Wert meistens in ganzen Zahlen oder in halben pH-Wert-Einheiten angeben, messen pH-Meter noch wesentlich genauer.
Für die pH-Wert-Messungen an Friseurpräparaten verwendet man meist Universalindikatorpapier oder -stäbchen. Liegt das zu bestimmende Präparat nicht in Form einer Lösung vor, wird die Probe mit wenig Wasser verrührt und anschließend wird der Indikator kurz eingetaucht.
Präparate, die gefärbt sind, verfälschen auch die Messwerte mit Universalindikatoren. Um dies zu verhindern, wird das Indikatorpapier nur auf der einen Seite mit dem zu untersuchenden Präparat benetzt.

1. Versuch: Bestimmen Sie die pH-Werte der Dauerwell-, Blondier- und Oxidationshaarfärbemittel Ihres Salons. Messen Sie die pH-Werte von Haarkuren, Gesichtswässern, Fixierungen und Shampoolösungen. Tragen Sie die Ergebnisse Ihrer Messungen in die pH-Wert-Skala ein.

2. Versuch: Geben Sie jeweils 10 ml einer stark alkalischen Dauerwellflüssigkeit in 5 Reagenzgläser. Verdünnen Sie die 1. Probe mit 10 ml, die 2. mit 20 ml, die 3. mit 50 ml, die 4. mit 100 ml Wasser. Bestimmen Sie anschließend die pH-Werte der 5 Lösungen.

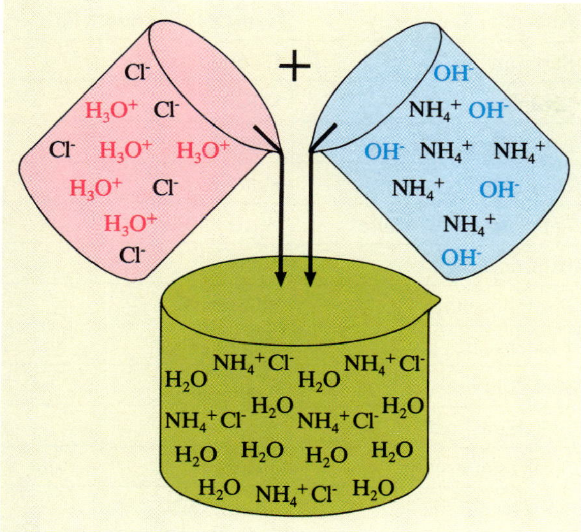

2. Schema zur Neutralisation

Neutralisationen in der Friseurpraxis. Bei den Behandlungen muss der Friseur häufig alkalisch reagierende Präparate durch saure Produkte neutralisieren. So werden nach Blondierungen oder Färbungen die im Haar verbliebenen Alkalien durch Haarkuren oder Sauerspülungen unwirksam gemacht; alkalisch reagierende Dauerwellflüssigkeiten werden durch Fixierungen neutralisiert.
Damit sich Wasserstoffperoxidpräparate nicht frühzeitig zersetzen, werden ihnen **Stabilisierungssäuren** zugefügt. Der Friseur neutralisiert diese Säuren, wenn er die Wasserstoffperoxidpräparate mit alkalisch reagierenden Stoffen mischt.

Säuren und Basen können in einem Verhältnis zusammengegeben werden, sodass die entstehende Lösung weder sauer noch alkalisch, sondern neutral reagiert. Bei einer solchen Neutralisation reagieren die Hydronium-Ionen und die Hydroxid-Ionen zu Wassermolekülen; die Säurerest-Ionen und die Baserest-Ionen verbleiben unverändert in der Lösung und scheiden sich direkt oder beim Eindampfen als Salz ab: Eine Säure reagiert mit einer Base zu **Salz** und Wasser.

Der pH-Wert

In einem Liter Wasser befinden sich rund ein zehnmillionstel Gramm H^+-Ionen oder anders ausgedrückt 10^{-7} g H^+-Ionen. Über die Umrechnung mit einer mathematischen Funktion wird aus 10^{-7} die ganze Zahl 7. So berechnet sich der pH-Wert des Wassers.
Fügt man dem Wasser eine Säure hinzu, vergrößert sich der Anteil der H^+-Ionen; der pH-Wert sinkt. Gibt man zum Wasser eine Base, wird der Anteil der H^+-Ionen geringer; der pH-Wert steigt auf Werte über 7. Der Einfachheit halber soll hier unberücksichtigt bleiben, dass sich H^+-Ionen mit Wassermolekülen zu H_3O^+-Ionen vereinigen.

$$1 \text{ g bzw. } 10^{0} \text{ g } H^+\text{-Ionen} \triangleq \text{pH}\,0$$
$$\tfrac{1}{10} \text{ g bzw. } 10^{-1} \text{ g } H^+\text{-Ionen} \triangleq \text{pH}\,1$$
$$\tfrac{1}{1\,000\,000} \text{ g bzw. } 10^{-6} \text{ g } H^+\text{-Ionen} \triangleq \text{pH}\,6$$
$$\tfrac{1}{10\,000\,000} \text{ g bzw. } 10^{-7} \text{ g } H^+\text{-Ionen} \triangleq \text{pH}\,7$$
$$\tfrac{1}{100\,000\,000} \text{ g bzw. } 10^{-8} \text{ g } H^+\text{-Ionen} \triangleq \text{pH}\,8$$
$$\tfrac{1}{100\,000\,000\,000\,000} \text{ g bzw. } 10^{-14} \text{ g } H^+\text{-Ionen} \triangleq \text{pH}\,14$$

Wie wirken Puffer?

Tropft man eine Säure oder eine Lauge in Wasser, ändert sich der pH-Wert schlagartig. Dies kann verhindert werden, indem man dem Wasser einen Puffer hinzusetzt. Dieser bewirkt, dass der pH-Wert trotz Zusatz von Säuren oder Basen weitgehend konstant bleibt.
Die puffernden Präparate im Friseursalon, z.B. Phosphat-Puffer oder Ammonium-Puffer, sind so beschaffen, dass sie sowohl Hydronium als auch Hydroxid-Ionen abfangen können; die Pufferfähigkeit solcher Stoffe ist aber begrenzt. Ammonium-Puffer können beispielsweise den Blondierpulvern zugesetzt sein, um den pH-Wert der Präparate im alkalischen Bereich konstant zu halten.
Sauer eingestellte Puffer können als Inhaltsstoffe von Hautcremes eingesetzt sein, um den Säureschutzmantel der Haut zu unterstützen.

3. Versuch: Tropfen Sie zu 20 ml stark verdünntem Ammoniakwasser etwas Phenolphtalein. Versetzen Sie mit verdünnter Salzsäure bis zum Farbumschlag. Welche Reaktion hat stattgefunden?

4. Versuch: Geben Sie zu 10 ml einer verdünnten Natronlauge tropfenweise so viel verdünnte Salzsäure, bis etwa der pH-Wert 7 erreicht ist. Dampfen Sie die Lösung anschließend in einer Abdampfschale ein.

Salz	Verwendung in der Praxis
Alaun (Kaliumaluminiumsulfat)	als adstringierender Stoff in Gesichtswässern; in Blutstillern; in Fußdesodorantien
Aluminiumchlorid	in Antitranspirantien und Desodorantien, Fußpudern
Aluminiumsilikate	in farblichen Dekorationsmitteln für die Haut
Aluminiumsulfat	in Antitranspirantien und Desodorantien, Pre- and After-shave-Präparaten
Ammoniumchlorid	als Bestandteil von Puffern
Ammoniumsalze (quartäre)	als Tensid in Haarpflegepräparaten
Ammoniumthioglykolat	als Reduktionsmittel in alkal. Dauerwellflüssigkeiten
Bleiacetat	in Metallsalzfarben
Calciumcarbonat	als Pudergrundstoff, als Schleifmittel in Zahnpasten
Calciumphosphate und -sulfate	als Schleifmittel in Zahnpasten
Calciumthioglykolat	als Reduktionsmittel in chem. Enthaarungsmitteln
Magnesiumcarbonat	als Pudergrundstoff, Poliermittel in Zahnpasten
Magnesiumstearat	als Pudergrundstoff
Magnesiumsulfat	in Badesalzen
Natriumbromat	als Oxidationsmittel in Bromat-Fixierungen
Natriumcarbonat	in Badesalzen, Handreinigungspulvern
Natriumchlorid	in Badesalzen, Zahnpasten; als Verdickungsmittel, z.B. in Shampoos
Natriumfluorid	als Wirkstoff gegen Karies in Zahnpasten
Natriumsulfat	in Badesalzen
Natriumsulfit	als Antioxidationsmittel in Oxidationshaarfarben
Natriumthioglykolat	als Reduktionsmittel in chem. Enthaarungsmitteln
Natriumthiosulfat	als Reduktionsmittel in reduktiven Abzugsmitteln
Peroxodisulfate	als Blondierverstärker
Selendisulfid	in Antischuppenpräparaten
Silbersalze	früher in Metallsalzfarben
Zinkstearat	als Pudergrundstoff
Zinksulfat	in Nagelhärtern
Zinnfluorid	als Wirkstoff gegen Karies in Zahnputzmitteln

1. Verwendung von Salzen

Name der Säure	Name des Säurerest-Ions
Salzsäure	Chlorid
Schwefelsäure	Sulfat
Schweflige Säure	Sulfit
Schwefelwasserstoffsäure	Sulfid
Peroxodischwefelsäure	Peroxodisulfat
Salpetersäure	Nitrat
Phosphorsäure	Phosphat
Kohlensäure	Carbonat
Kieselsäuren	Silikate
Essigsäure	Acetat
Stearinsäure	Stearat
Thioglykolsäure	Thioglykolat

2. Benennung von Säurerest-Ionen

5 Salze – Ausgangsstoffe für viele Präparate

Die Salze der Thioglykolsäure sind Stoffe, die die Haarstruktur wesentlich verändern. Während Lösungen des Ammoniumthioglykolats zur dauerhaften Formveränderung der Haare verwendet werden, ist vor allem Calciumthioglykolat Hauptbestandteil von Enthaarungspräparaten.

Sauer reagierende Salze werden u.a. in Präparaten eingesetzt, die adstringierend auf Haut und Haar wirken sollen. Alkalisch reagierende Salze sind häufig Inhaltsstoffe von aufquellend wirkenden Produkten.

Calcium- und Magnesiumcarbonat sowie die Calcium- und Zinksalze der organischen Stearinsäure sind wichtige Pudergrundstoffe.

Aluminiumsalze werden als wesentliche Wirkstoffe in Antitranspirantien und desodorierenden Präparaten eingesetzt.

Natriumchlorid ist ein häufig eingesetztes Verdickungsmittel, das den Präparaten eine festere Konsistenz geben soll.

Silbersalze werden in Ausnahmefällen heute noch zur farblichen Veränderung von Haaren verwendet. Jedoch dürfen Haare, die mit Metallsalzfarben gefärbt sind, nicht mit wasserstoffperoxidhaltigen Präparaten behandelt werden.

1. Benennen Sie die Salze, die durch folgende Neutralisationsreaktionen hergestellt werden können:
a) Natronlauge mit Schwefelsäure,
b) Ammoniakwasser mit Thioglykolsäure.

Komplexbildende Stoffe

Bei der Herstellung von Kosmetika und Waschmitteln sind Verunreinigungen durch Metall-Ionen oft nicht auszuschließen. Diese können unerwünschte Reaktionen bei der Anwendung des Präparates hervorrufen. Durch Zusatz von Komplexbildnern gelingt es, die Metall-Ionen zu binden und unschädlich zu machen. So erreicht man z.B., dass die Haltbarkeit von Präparaten erhöht wird.
Waschmittel enthalten zur Wasserenthärtung Komplexbildner. Diese fangen die für die Wasserhärte verantwortlichen Metall-Ionen ab. Lange Zeit haben Polyphosphate die größte Rolle gespielt. Da sie nur unvollständig aus dem Abwasser entfernt werden können und die Gewässer belasten, ist ihr Einsatz eingeschränkt worden.

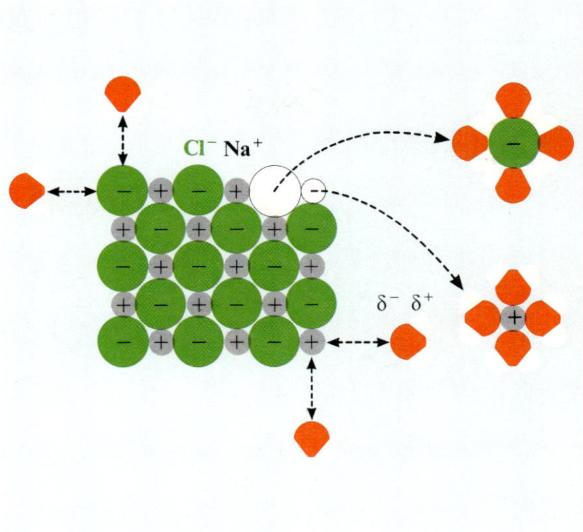

3. Hydratisierung von NaCl

Herstellung und Benennung. Bei der Neutralisation von Natronlauge mit Salzsäure entsteht Wasser, in dem Na^+-Ionen und Cl^--Ionen vorliegen. Wenn das Wasser verdampft wird, bleiben die Ionen zurück und lagern sich zu weißen Kristallen zusammen: Natriumchlorid, auch Kochsalz genannt, ist entstanden.
Es gibt eine Vielzahl von Stoffen, die ähnlich wie das Kochsalz aus Ionen aufgebaut sind. In Anlehnung an diesen Namen fasst man derartige Verbindungen zur Klasse der **Salze** zusammen. Salze sind Stoffe, die aus Kationen, meist Metall-Ionen, und Anionen, den Säurerest-Ionen aufgebaut sind.

Die Benennung der Salze ergibt sich aus den Namen der Stoffe, die an der Salzbildung beteiligt sind. Der Name des Kations wird dem Namen des Säurerest-Ions vorangestellt. Das Kation NH_4^+, das durch Anlagerung eines H^+-Ions an ein Ammoniak-Molekül entsteht, wird als Ammonium-Ion bezeichnet. Insofern heißt das Salz, das bei der Neutralisation von Ammoniak mit Thioglykolsäure entsteht, Ammoniumthioglykolat.

Salze können nicht nur durch Neutralisation hergestellt werden. Sie entstehen auch, wenn man z.B. ein Metall mit einem Nichtmetall oder ein Metall bzw. ein Metalloxid mit einer Säure reagieren lässt. So lässt sich Natriumchlorid auch durch eine Reaktion der Elemente Natrium und Chlor herstellen.
Wirkt die Salzsäure auf das Metall Magnesium ein, so entsteht das Salz Magnesiumchlorid.

Reaktion von Salzen in Wasser. Im festen Zustand liegen Salze als Ionenkristalle mit positiv geladenen und negativ geladenen Ionen vor. Die Ionen ziehen sich aufgrund ihrer gegensätzlichen elektrischen Ladung an und bilden einen geordneten Kristall. Beim Lösen eines Natriumchloridkristalls werden die elektrischen Anziehungskräfte zwischen den Ionen im Kristall überwunden; es treten Anziehungskräfte zwischen den Ionen und den Wasserdipolen auf. Die Ionen werden dadurch aus dem Kristallverband herausgelöst und vollständig von Wasser-Molekülen umgeben. Diese Anlagerung von Wasser-Molekülen an die Ionen nennt man **Hydratation** oder Hydratisierung.

Salze reagieren beim Lösen in Wasser entweder sauer, neutral oder basisch. Natriumchlorid reagiert beim Lösen in Wasser neutral, weil es das Salz einer starken Base (NaOH) und einer starken Säure (HCl) ist. Die Lösung vom Salz einer starken Säure und einer schwachen Base reagiert sauer. Das Salz einer starken Base und einer schwachen Säure reagiert beim Lösen in Wasser alkalisch.

2. Versuch: Lösen Sie jeweils eine Spatelspitze Ammoniumchlorid, Natriumcarbonat und Natriumsulfat in Wasser. Bestimmen Sie mit Universalindikatorlösung, ob die Proben sauer, neutral oder basisch reagieren. Deuten Sie die Beobachtungen.

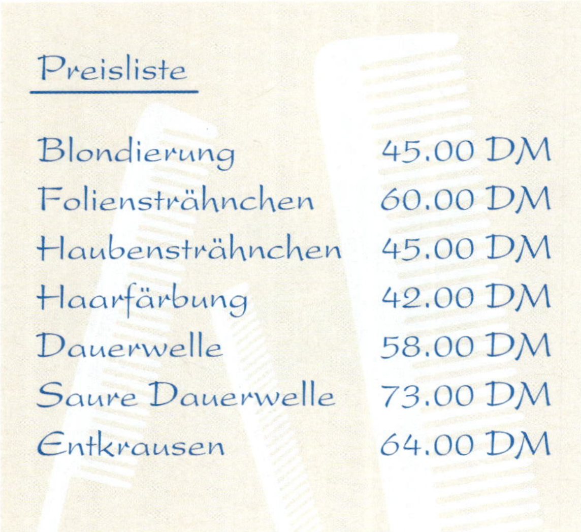

1. Redoxreaktionen, die der Friseur durchführt

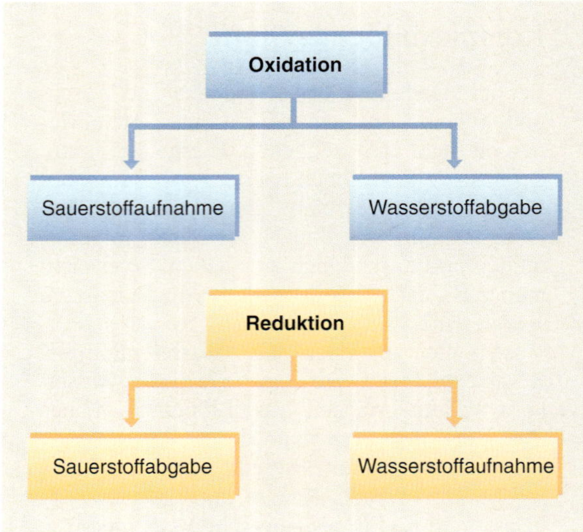

2. Oxidation und Reduktion im Vergleich

6 Redoxreaktionen, die der Friseur durchführt

Täglich werden im Friseursalon viele Oxidationen und Reduktionen durchgeführt. So ist eine schonende, **dauerhafte Haarumformung** nur möglich, weil Oxidations- und Reduktionsprozesse im Haar kontrolliert ablaufen. Hierbei werden durch Thioglykolsäure oder deren Salze Schwefelatome im Haar reduziert. Dadurch werden Bindungen zwischen den Schwefelatomen gelöst, d. h. Schwefelbrücken geöffnet. Durch ein Fixiermittel werden diese Schwefelatome oxidiert, wodurch neue Schwefelbrücken gebildet werden können. Das Haar wird in seiner neuen Form gefestigt.

Bei **Blondierungen** werden Pigmente des Haares durch Wasserstoffperoxid und andere Inhaltsstoffe der Blondiermasse oxidiert. Dieser Vorgang bewirkt, dass das Haar heller wird. Während einer Oxidationshaarfärbung werden Pigmente des Haares und Farbstoffe der Farbcreme oxidiert.

Zur Korrektur von unerwünschten Färbeergebnissen können zwei Verfahren gewählt werden, die auch wieder auf Oxidations- und Reduktionsvorgängen im Haar beruhen.
Störende Behaarung kann durch entsprechende Enthaarungsmittel aufgrund von Oxidations- und Reduktionsreaktionen entfernt werden.

Chemische Vorgänge. Erhitzt man einen Kupferstreifen bis zur Rotglut, färbt sich das Blech anschließend schwarz. Das Kupfer hat mit dem Sauerstoff der Luft reagiert. Es hat sich eine schwarze Schicht auf Kupferoxid gebildet.
Reaktionen, bei denen ein Stoff Sauerstoff aufnimmt, werden als **Oxidationen** bezeichnet. Die entstehenden Verbindungen heißen Oxide.

Wird ein heißes, oxidiertes Kupferblech in Ethanol getaucht, so verschwindet die schwarze Kupferoxidschicht wieder. Dem Kupferoxid ist Sauerstoff entzogen worden; aus Kupferoxid ist Kupfer entstanden. Reaktionen, bei denen ein Stoff Sauerstoff abgibt, werden als **Reduktionen** bezeichnet.

Erhitzt man ein Gemisch aus Kupferoxid und Eisen, so glüht es nach kurzer Zeit auf. In dem wieder erkalteten Produkt lässt sich neben schwarzem Eisenoxid metallisches Kupfer nachweisen. Kupferoxid hat also Sauerstoff an Eisen abgegeben.
Reduktion und Oxidation sind bei diesem Versuch gleichzeitig abgelaufen. Man spricht daher zusammenfassend von einer **Redoxreaktion**. In diesem Begriff erkennt man Bestandteile der Wörter **Red**uktion und **Ox**idation.

1. Versuch: Mischen Sie schwarzes Kupferoxid und Eisenpulver im Massenverhältnis 7:4 unter dem Abzug. Geben Sie das Gemenge unter dem Abzug in ein schwer schmelzbares Reagenzglas und erhitzen Sie es bis zum Aufglühen. Schütten Sie den Inhalt nach dem Abkühlen auf Papier. Notieren und deuten Sie die Beobachtungen.

Oxidationsvorgang	Reduktionsvorgang
Blondierung Pigmente des Haares werden oxidiert, das bedeutet aufgehellt	Wasserstoffperoxid wird reduziert
Oxidationshaarfärbung Pigmente des Haares und Farbstoffvorstufen der Farbcreme werden oxidiert	Wasserstoffperoxid wird reduziert
reduktiver Farbabzug Sulfite des Abzugsmittels werden oxidiert	Farbstoffe eines Haarfärbepräparates werden reduziert, d. h. farblos
Einwirken der Dauerwellflüssigkeit Thioglykolsäure bzw. Ammoniumthioglykolat bzw. Thioglykolsäureester werden oxidiert	Schwefelbrücken des Keratins werden reduziert, das bedeutet aufgebrochen

3. Redoxreaktionen aus der Friseurpraxis

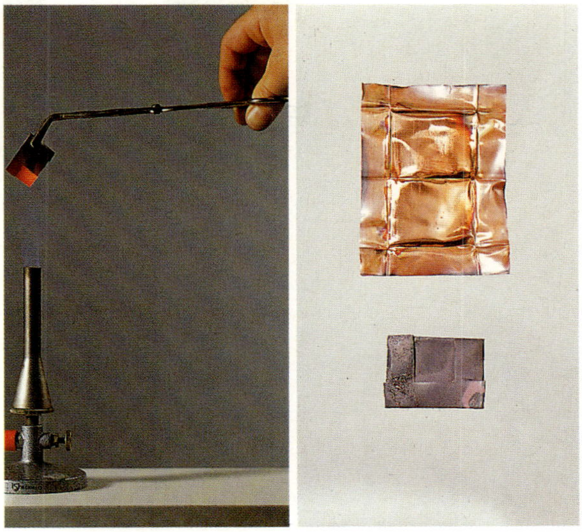

4. Erhitzen von Kupferblech

Der Stoff, der in einer Redoxreaktion als Sauerstoffspender auftritt, wird **Oxidationsmittel** genannt. Ein wichtiges Oxidationsmittel im Friseurbereich ist **Wasserstoffperoxid.**
Der Stoff, der in einer Redoxreaktion den Sauerstoff aufnimmt, nennt man **Reduktionsmittel,** ein solches ist die **Thioglykolsäure.**
Einigen Friseurpräparaten, z. B. den Oxidationshaarfärbemitteln und den Seifen, sind Stoffe zugesetzt, die eine unerwünschte Oxidation der Produkte verhindern sollen. Diese Stoffe nennt man **Antioxidantien.**

Der Begriff Redoxreaktion wird nicht nur zur Beschreibung von Reaktionen verwendet, bei denen Sauerstoff von einem Reaktionspartner zum anderen übergeht. Auch Reaktionen, bei denen Wasserstoff von einem zum anderen Stoff übertragen wird, bezeichnet man als Redoxreaktion.
Nimmt ein Stoff Wasserstoff auf, so wird er reduziert; der Stoff, der Wasserstoff abgibt, wird oxidiert. Demzufolge können Oxidationsmittel Wasserstoff aufnehmen und Reduktionsmittel Wasserstoff abgeben.
Die Thioglykolsäure und deren Salze sind bedeutende Reduktionsmittel für die Friseurpraxis. Wegen ihrer reduzierenden Eigenschaften sind sie wesentliche Inhaltsstoffe, z. B. von alkalischen Dauerwellmitteln.

2. Beschreiben Sie das Einwirken eines Fixiermittels auf das Haar als einen Redoxvorgang.

Redoxreaktionen als Elektronenübertragung

Bei den typischen Redoxreaktionen zur Bildung von Metalloxiden lässt sich zeigen, dass Elektronen übertragen werden. So geben z. B. bei der Reaktion zwischen Kupferoxid und Eisen die Eisenatome Elektronen ab und die Kupferionen des Kupferoxids nehmen Elektronen auf.

Elektronenübertragungen treten aber auch bei vielen Reaktionen auf, an denen Sauerstoff als Reaktionspartner nicht beteiligt ist. Man verwendet deshalb heute den Redoxbegriff viel allgemeiner und versteht unter **Oxidation** eine **Elektronenabgabe** und unter **Reduktion** eine **Elektronenaufnahme.** Das Oxidationsmittel nimmt Elektronen auf, das Reduktionsmittel gibt Elektronen ab. Hierbei wird besonders deutlich, dass Oxidation und Reduktion immer gemeinsam auftreten.

Die umfassendste Definition des Redoxbegriffes gilt auch für die Reaktionen, an denen Moleküle beteiligt sind. Man stellt sich dabei modellhaft vor, die Verbindungen seien aus Ionen aufgebaut und es würden Elektronen übertragen.

1. „Wasserstoffperoxidblondine“

1. Versuch: (Schutzhandschuhe tragen!) Nehmen Sie 5 dunkelblonde Haarsträhnen. 4 Strähnen sollen in Wasserstoffperoxidlösungen unterschiedlicher Konzentration gelegt werden.
Verwenden sie dazu 6%ige, 9%ige, 12%ige und 18%ige Wasserstoffperoxidlösungen, die mit Ammoniakwasser auf den pH-Wert 9 alkalisiert wurden.
Nach der Einwirkzeit von 30 Minuten werden die Strähnen abgespült und getrocknet. Die fünfte Strähne bleibt als Vergleichssträhne unbehandelt.
a) Vergleichen Sie die Farben der 4 Strähnen.
b) Spannen Sie jeweils 5 Haare jeder Strähne einzeln in ein Haardehngerät ein. Messen und berechnen Sie, um wie viel Prozent der Einspannlänge sich jedes Haar dehnen lässt, bis es reißt. Bilden Sie aus den Messungen einen Mittelwert für jede Haarsträhne.
Fassen Sie Ihre Ergebnisse in einer Tabelle zusammen! Erläutern Sie die Versuchsergebnisse.

2. Versuch: Messen Sie den pH-Wert von verschiedenen Wasserstoffperoxidlösungen in Ihrem Salon.

7 Wasserstoffperoxid – das Oxidationsmittel des Friseurs

Wasserstoffperoxid ist das Oxidationsmittel, das im Friseurbereich am häufigsten eingesetzt wird.
Es wird den **Blondierpräparaten** zugemischt, um das natürliche Pigment des Haares zu oxidieren. Dadurch wird das Haar aufgehellt.

Wasserstoffperoxid wird auch als ein Inhaltsstoff von **Aufhellungsfestigern** eingesetzt. Es hellt dabei das natürliche Pigment des Haares auf. Da das Oxidationsmittel im Haar verbleibt, läuft der Oxidationsvorgang am Pigment über einen längeren Zeitraum ab. Man spricht von einer schleichenden Oxidation, die den Aufhellungsgrad unkontrollierbar macht.

Den **Oxidationsfarben** wird ebenso Wasserstoffperoxid zugemischt. Es sollen durch Oxidationsreaktionen die Farbstoffe entwickelt werden, die dem Haar die gewünschte Farbe verleihen.

Wasserstoffperoxid ist in den meisten **Fixiermitteln** enthalten. Hier hat es die Aufgabe, die für die dauerhafte Umformung des Haares notwendigen Schwefelbrücken wieder zusammenfügen.

Bei Verwendung oxidierender **Enthaarungsmittel** wird eine alkalische Wasserstoffperoxidlösung zubereitet. Durch die Lösung wird das Haarkeratin allmählich zersetzt.
Als **Desinfektionsmittel** wird Wasserstoffperoxid dem Nagelbad bei der Maniküre zugesetzt.

Wirkungen auf Haar und Haut. Wasserstoffperoxid bleicht Haare und Haut. Je höher die Konzentration des Wasserstoffperoxids ist, desto stärker ist die oxidierende Wirkung.
Wasserstoffperoxid, das zur farblichen Veränderung von Haaren im Friseursalon meist alkalisiert wird, greift allerdings auch die Haarsubstanz an. Dehnbarkeit, Elastizität und Festigkeit von Haaren, die mit Wasserstoffperoxid behandelt wurden, sind vermindert. Dabei ist der Schädigungsgrad umso größer, je höher die Konzentration des verwendeten Wasserstoffperoxidpräparats war und je öfter das Präparat auf das Haar einwirkte. Demnach sind Haare, die mit diesem Stoff behandelt wurden, besonders vorsichtig durchzukämmen, zu bürsten, zu fönen usw.

Wasserstoffperoxid schädigt auch die Haut. Gelangt das Präparat an die Haut, färbt sich die Hautoberfläche weiß und man spürt ein Brennen. Mit steigender Konzentration verstärkt sich die ätzende Wirkung von Wasserstoffperoxid auf die Haut. Insofern ist jeder Hautkontakt mit Wasserstoffperoxid zu vermeiden. Dies gilt nicht nur für die Haut der Kunden, die noch relativ selten damit in Berührung kommen. Der tägliche Umgang erfordert besonderen Schutz der Haut vor dem Kontakt mit Wasserstoffperoxid.

3. Stellen Sie die Eigenschaften von H_2O_2 und die entsprechenden Verwendungsmöglichkeiten für die Praxis in einer Tabelle zusammen.

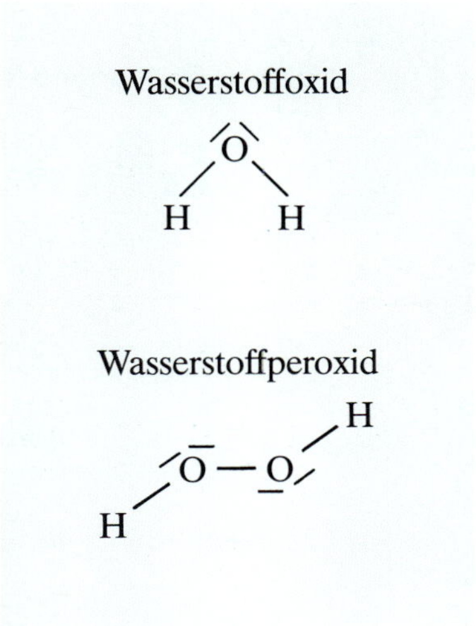

2. Chemischer Aufbau von Wasser und Wasserstoffperoxid

3. Nachweis von Wasserstoffperoxid mit Titanylsulfat

Chemische Eigenschaften. Die Verbindung Wasserstoffperoxid ist wie Wasser aus den Elementen Wasserstoff und Sauerstoff aufgebaut. Jedoch sind in einem Wasserstoffperoxid-Molekül zwei Sauerstoffatome miteinander verbunden; an jedes Sauerstoffatom ist ein Wasserstoffatom gebunden. Die Summenformel von Wasserstoffperoxid ist also H_2O_2.

Allgemein werden Verbindungen, in denen zwei Sauerstoffatome durch eine Einfachbindung direkt miteinander verbunden sind, **Peroxide** genannt.

Wasserstoffperoxid ist eine farblose Flüssigkeit, die nur schwach sauer reagiert; die Verbindung ist in jedem Verhältnis mit Wasser mischbar.

Wasserstoffperoxid ist eine relativ instabile Verbindung. Sie neigt dazu, in Wasser und Sauerstoff zu zerfallen. Bestimmte Stoffe, z.B. fein verteilte Edelmetalle, Schwermetallsalze und -oxide, Staubteilchen, Ruß und alkalisch reagierende Stoffe beschleunigen den Zerfall stark. Die genannten Substanzen werden bei der Reaktion selbst nicht verbraucht.

Stoffe, die eine chemische Reaktion beschleunigen und dabei selbst nicht bleibend verändert werden, heißen **Katalysatoren.** Sie ermöglichen nur durch ihre Gegenwart chemische Reaktionen, die ohne Katalysatoren nicht oder nur sehr langsam ablaufen würden. Es gibt heute für bestimmte Reaktionen spezifische Katalysatoren. Den chemischen Vorgang nennt man **Katalyse.** Kommen die erwähnten Katalysatoren mit Wasserstoffperoxid in Kontakt, kann sich stürmisch Sauerstoff entwickeln.

Aufgrund seiner oxidierenden Wirkung wird Wasserstoffperoxid häufig in den Friseursalons eingesetzt. Bei der Verwendung muss immer berücksichtigt werden, dass sich Wasserstoffperoxid katalytisch zersetzen kann. So dürfen Haare, die mit Metallsalzfarben gefärbt sind, nicht mit Wasserstoffperoxidpräparaten in Berührung kommen. Bei Kontakt mit einem dieser Präparate kommt es unter Wärmeentwicklung zu einer heftigen Reaktion, die leicht zu starken Verletzungen führen kann. Deshalb dürfen mit Metallsalzen behandelte Haare nicht blondiert, dauergewellt oder mit Oxidationshaarfarben gefärbt werden.

Wegen seiner Oxidationswirkung kann Wasserstoffperoxid auch als **Desinfektionsmittel** eingesetzt werden. So werden Bakterien schon durch ca. 2%iges Wasserstoffperoxid oxidativ unwirksam gemacht.

Nachweis von Wasserstoffperoxid. Wasserstoffperoxid lässt sich mit wässriger **Titanylsulfatlösung** nachweisen. Bei Anwesenheit von Wasserstoffperoxid färbt sich die farblose Titanylsulfatlösung gelb bis orange. Diese Nachweisreaktion gelingt selbst dann noch, wenn Wasserstoffperoxid nur in geringen Konzentrationen vorliegt.

Neben der Lösung kann man auch Titanylsulfatpapier verwenden. Mit einem Streifen dieses Indikatorpapieres können leicht Wasserstoffperoxidreste am feuchten Haar nachgewiesen werden.

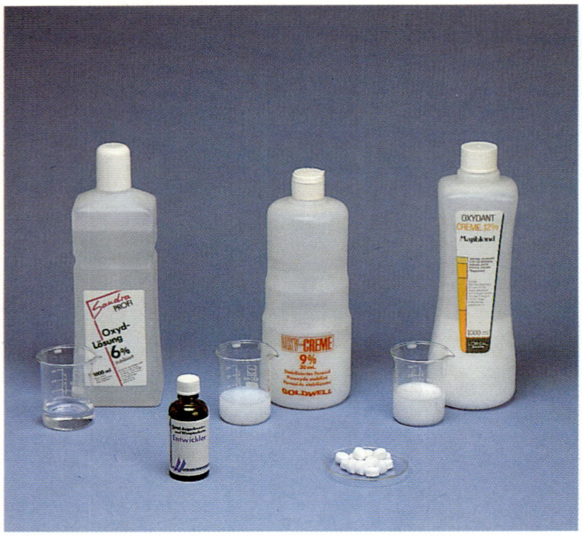

1. Handelsformen von Wasserstoffperoxidpräparaten

2. Falsche und gefährliche Lagerung von H_2O_2

Handelsformen. Wasserstoffperoxidprodukte werden in flüssiger, creme- und gelförmiger Konsistenz sowie in Tablettenform an die Friseursalons geliefert. Die Tablettenform ist nur noch selten zu finden. In ihr ist Wasserstoffperoxid an festen Harnstoff angelagert, das Anlagerungsprodukt ist zu Tabletten gepresst.

Flüssige und creme- bzw. gelförmige Produkte werden mit 3%iger, 6%iger, 9%iger, 12%iger und 18%iger Wasserstoffperoxidkonzentration für den Friseurbereich angeboten.
Bei den flüssigen Präparaten dient Wasser als Verdünnungsmittel. In den creme- bzw. gelförmigen Produkten ist Wasserstoffperoxid in einer Öl-in-Wasser-Emulsion bzw. in einem Gel gelöst. Die Herstellung ist schwierig, da die Präparate ihre Konsistenz über einen längeren Zeitraum beibehalten müssen.

Da Wasserstoffperoxid relativ instabil ist und durch Kontakt mit bestimmten Stoffen zerfällt, sind den Präparaten **Stabilisatoren** zugesetzt. Diese Stoffe verzögern den Zerfall in Wasser und Sauerstoff und erlauben eine längere Lagerung der Wasserstoffperoxidpräparate. Als Stabilisatoren können z.B. Phosphorsäure und Weinsäure eingesetzt werden.

Neben den Stabilisierungssäuren sind in Wasserstoffperoxidprodukten auch Tenside enthalten. Durch die Tenside können z.B. Haare besser und gleichmäßiger mit dem Behandlungsmittel benetzt werden.

Lagerung. Wasserstoffperoxidprodukte müssen kühl gelagert werden. Sie sind vor Sonneneinstrahlung zu schützen, weil Licht und Wärme den Zerfall von Wasserstoffperoxid beschleunigen. Wasserstoffperoxidflaschen sind stets zu verschließen. Jedoch muss der Sauerstoff, der sich beim Zerfall bildet, entweichen können. Andernfalls können die Kunststoffflaschen aufblähen und platzen.
Wasserstoffperoxid darf bei der Lagerung nicht mit Stoffen, die seinen Zerfall beschleunigen, in Berührung kommen. Demzufolge müssen die Präparate staubfrei aufbewahrt werden.
Präparate, die Wasserstoffperoxid enthalten, dürfen nicht in Metallbechern und -schalen aufbewahrt oder verarbeitet werden.

Der Inhalt angebrochener Wasserstoffperoxidflaschen ist möglichst schnell zu verbrauchen. Aus Vorratsflaschen ausgegossenes Wasserstoffperoxid soll nicht wieder in die Flasche zurückgegossen werden.
Der Inhalt bereits aufgeblähter Wasserstoffperoxidflaschen darf nicht mehr verwendet werden, weil die angegebene Wasserstoffperoxidkonzentration nicht mehr stimmt. Wasserstoffperoxidprodukte in Tablettenform müssen trocken gelagert werden, weil sie die Wirkung verlieren, wenn sie feucht werden.
Werden im Umgang mit Wasserstoffperoxid Fehler gemacht, führen die Behandlungen mit diesem Präparat zu unerwünschten Ergebnissen. Weit gefährlicher können die gesundheitlichen Schäden sein.

Oxidations- und Reduktionsmittel in Friseurpräparaten

Statt des Wasserstoffperoxids werden in einigen Friseurpräparaten andere Stoffe als Oxidationsmittel verwendet.

In Fixierungen von sauren Dauerwellpräparaten sind häufig Bromate, meist Natriumbromat oder Kaliumbromat, als Oxidationsmittel enthalten. Da **Bromatfixierungen** haltbarer sind als Fixierungen mit Wasserstoffperoxid, werden sie häufig für Heimdauerwellpräparate verwendet.

Die Anlagerungsverbindung von Wasserstoffperoxid an **Harnstoff** wird ebenfalls als oxidierender Stoff in Fixierungen eingesetzt. Die Verbindung dient auch gelegentlich als Oxidationsmittel zur Entwicklung von Oxidationshaarfarben.

Peroxodisulfate werden als Inhaltsstoffe von Blondierpulvern verwendet. Die bleichende Wirkung dieser Oxidationsmittel ist geringer als die des Wasserstoffperoxids. Sie verstärken aber die aufhellende Wirkung des beigemischten Wasserstoffperoxids.
Die im Friseurhandel erhältlichen Blondierverstärker, die als gesonderte Komponenten mit den Blondiercremes und -gelen vermischt werden können, enthalten ebenfalls Peroxodisulfate.

Neben der Thioglykolsäure und deren Salzen werden in der Friseurpraxis weitere Reduktionsmittel benötigt.

In sauren Dauerwellflüssigkeiten waren als Reduktionsmittel **Thioglykolsäureester** enthalten. Dies sind Verbindungen, die aus Thioglykolsäure und Alkoholen hergestellt sind. Wegen der sehr allergisierenden Wirkung werden Thioglykolsäureester nicht mehr verwendet.

Um Oxidationshaarfärbungen zu korrigieren bzw. zu entfärben, werden im Friseurhandel **reduktive Abzugmittel** angeboten. Diese Präparate bestehen aus zwei Komponenten, dem Reduktionsmittel und einer Säure. Als Reduktionsmittel dienen Natriumsulfit, Natriumthiosulfat oder ähnliche Verbindungen, die vor dem Auftragen auf das Haar mit der Säure gemischt werden.

1. Im Umgang mit Wasserstoffperoxid werden sehr häufig Fehler gemacht:
a) Im Lager findet eine Friseurin eine Wasserstoffperoxidflasche, die wie ein Ballon aufgebläht ist. Man rät ihr, die Flasche gleich zu öffnen, damit das Gas entweichen kann. Danach müsse die Flasche als Erste aufgebraucht werden.
b) Kurz vor Feierabend kam noch eine Färbekundin. Der Friseur hatte es eilig und stellte die offene Wasserstoffperoxidflasche auf einem Bord über einem Heizkörper ab.
c) Für eine Blondierung will eine Friseurin 12%iges Wasserstoffperoxid verdünnen. Nachdem sie das Mischungsverhältnis errechnet hat, misst sie mit einem Metallmessbecher genau die Mengen ab. Sie hat sich jedoch verschätzt und zu viel Wasserstoffperoxid ausgegossen. Den Überschuss schüttet sie wieder in die Flasche zurück.
Erläutern Sie die Fehler, die hier geschildert sind, und deren Folgen.

2. Versuch: Geben Sie jeweils einige Tropfen einer wässrigen Titanylsulfatlösung zu den folgenden Präparaten: 6%ige Wasserstoffperoxidlösung, 0,6%ige Wasserstoffperoxidlösung, Dauerwellfixierung, Aufhellungsfestiger, farblose Fönlotion. Notieren Sie Ihre Beobachtungen.

3. Versuch: (Schutzhandschuhe!) Blondieren Sie zwei mittelbraune Haarsträhnen mit Blondierpulver und Wasserstoffperoxid. Spülen Sie nach der Einwirkzeit das Blondiermittel von der ersten Strähne in ein paar Sekunden, von der zweiten Strähne länger und gründlicher ab. Testen Sie mit Titanylsulfatpapier an beiden feuchten Strähnen. Diskutieren Sie das Versuchsergebnis.

4. Versuch: (Schutzhandschuhe tragen!) Binden Sie hellblonde Haare zu einer Strähne zusammen. Durchfeuchten Sie die Haare mit einer wässrigen Silbernitratlösung und trocknen Sie die Haarsträhne. Wiederholen Sie das Durchfeuchten und Trocknen mehrmals. Legen Sie die Haarsträhne anschließend in eine Kunststoffschale und übergießen Sie die Strähne mit einer 9%igen Wasserstoffperoxidlösung. Notieren Sie Ihre Beobachtungen. Deuten Sie die Beobachtung. Welche Folgerungen ergeben sich aus den Versuchsergebnissen für die Berufspraxis?

5. Formulieren Sie das Reaktionsschema für die Zersetzung von Wasserstoffperoxid.

6. Versuch: (Schutzbrille!) Geben Sie jeweils 10 ml 9%iges Wasserstoffperoxid in vier Messzylinder. Fügen Sie zu drei Lösungen wenig Shampoo hinzu. In die shampoofreie Lösung wird zunächst 5 ml Ammoniakwasser und eine Kupfermünze gegeben; dann halten Sie einen glimmenden Holzspan in das Gefäß über die Lösung. Lassen Sie anschließend in den zweiten Messzylinder eine Kupfermünze gleiten. Geben Sie in den dritten Messzylinder 5 ml Ammoniakwasser und in den vierten eine Spatelspitze Staub. Notieren Sie Ihre Beobachtungen. Deuten Sie die Beobachtungen.

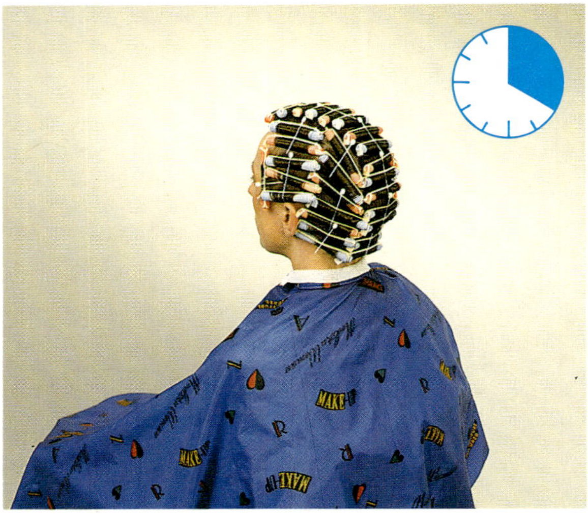

1. Einwirkzeit einer Dauerwellflüssigkeit ohne äußere Wärmezufuhr

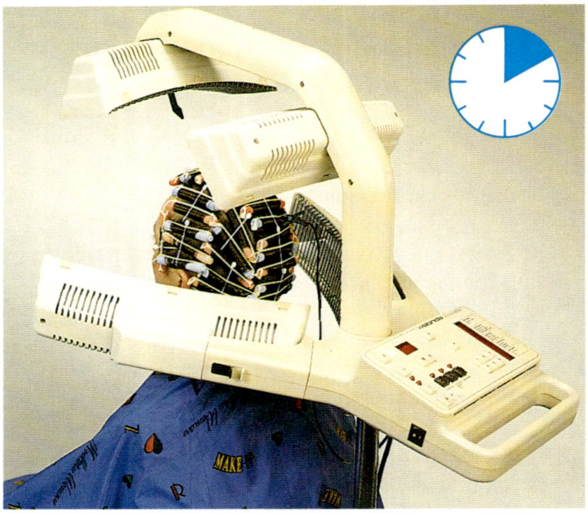

2. Einwirkzeit einer Dauerwellflüssigkeit mit äußerer Wärmezufuhr

8 Beschleunigung chemischer Reaktionen im Friseursalon

Chemische Reaktionen verlaufen unterschiedlich schnell. So ist das Rosten von Eisen an der Luft ein langsamer Oxidationsvorgang. Würde man aber die Reaktion bei höheren Temperaturen durchführen, so würde das Eisen viel schneller rosten.

In der Friseurpraxis nutzen Sie auch den Einfluss der **Temperatur**, um chemische Reaktionen am Haar, z.B. bei der Dauerwelle zu beschleunigen. Das bedeutet, dass sich die Einwirkzeiten der entsprechenden Präparate verkürzen.
Die Temperatur kann auf verschiedene Weise erhöht werden: Die Körperwärme des Kunden wird verstärkt ausgenutzt, indem das Haar mit einer Kunststoffhaube oder Ähnlichem abgedeckt wird. Andererseits ist es durch äußere Wärmezufuhr mittels Rotlichthaube möglich, die Temperatur während der Einwirkzeit zu erhöhen. Die Gebrauchsanweisungen der Präparate informieren über die Form und die Zeit, in der das Produkt einwirken soll.

Um sich vorzustellen, warum die Reaktionsgeschwindigkeit durch Temperaturerhöhung steigt, geht man von folgenden Annahmen aus: Die Teilchen eines Stoffes werden als starre Kugeln angesehen, die sich mit steigender Temperatur immer schneller bewegen. Damit Teilchen miteinander reagieren können, müssen sie zusammenstoßen. Je häufiger Zusammenstöße stattfinden, desto schneller läuft eine chemische Reaktion ab.

Mithilfe dieses Modells wird auch deutlich, dass die **Konzentration** der Teilchen die Reaktionsgeschwindigkeit beeinflusst: Je mehr reaktionsfähige Teilchen in einer Stoffmenge vorhanden sind, desto häufiger stoßen diese Teilchen zusammen.
Durch Erhöhung der Wasserstoffperoxidkonzentration kann bei Blondierungen die Einwirkzeit verkürzt werden bzw. der Aufhellungsgrad gesteigert werden. Bei Oxidationshaarfärbungen wird die Oxidation der natürlichen Haarpigmente ebenfalls durch die Wasserstoffperoxidkonzentration gesteuert.
In Dauerwellpräparaten sind die Konzentrationen der Stoffe, die die Umformung bewirken, vom Hersteller auf unterschiedliche Haarqualitäten eingestellt: Um poröses Haar mit einem alkalischen Dauerwellprodukt umzuformen, genügt eine geringere Basenkonzentration als bei der dauerhaften Umformung eines ungeschädigten, kräftigen Haares in der gleichen Einwirkzeit.

Neben Temperatur und Konzentration gibt es eine weitere Möglichkeit, die Geschwindigkeit der Reaktion zu beeinflussen: den Einsatz von **Katalysatoren.** Dies sind Verbindungen, die in einem Präparat die Aufgabe haben können, die Reaktionsgeschwindigkeit zu steuern. Katalysatoren können sich im Friseursalon aber auch ungünstig auf die Haltbarkeit der Wasserstoffperoxidpräparate auswirken. Wasserstoffperoxid zerfällt schneller, wenn es mit Metallen, Metallsalzen und -oxiden, Ruß, Staub und Alkalien in Kontakt kommt.

Wissen Sie Bescheid?

1. Nennen Sie jeweils drei homogene und heterogene Stoffe, die im Körperpflegebereich verwendet werden.
2. Unterscheiden Sie zwischen Emulsion, Suspension, Gemenge und Aerosol u.a. mithilfe von Beispielen.
3. Definieren Sie den Begriff Lösung.
4. Erläutern Sie die Aufgaben, die das Wasser in der Friseurpraxis erfüllt.
5. Beschreiben Sie den chemischen Aufbau des Wassers.
6. Erklären Sie den Begriff Dipol.
7. Erläutern Sie die Ursache für die Oberflächenspannung des Wassers.
8. Erläutern Sie den Begriff Wasserstoffbrückenbindung mit einer Skizze.
9. Nennen Sie die Stoffe, die die temporäre und permanente Wasserhärte hervorrufen.
10. Geben Sie die Nachteile von hartem Wasser an.
11. Nennen Sie die Methoden, durch die man Wasser enthärten kann.
12. Beschreiben Sie die Wirkungen von Säuren und Basen auf Haut und Haar.
13. Nennen Sie jeweils fünf Friseurpräparate, in denen Säuren bzw. Basen enthalten sind.
14. Beschreiben Sie die chemischen Eigenschaften von Säuren und Basen.
15. Definieren Sie den Begriff Indikator und geben Sie zwei Beispiele.
16. Unterscheiden Sie zwischen starken und schwachen Säuren bzw. Basen.
17. Welche Informationen liefert der pH-Wert?
18. Zeichnen Sie die pH-Wert-Skala. Ordnen Sie ihr den sauren, neutralen und alkalischen Bereich zu.
19. Nennen Sie drei Methoden, um den pH-Wert einer Lösung zu bestimmen.
20. Beschreiben Sie Neutralisationen, die in der Friseurpraxis durchgeführt werden.
21. Erläutern Sie den Begriff Pufferung.
22. Nennen Sie drei Salze, die häufig in Friseurpräparaten verwendet werden.
23. Erläutern Sie die Begriffe Oxidation, Reduktion und Redoxreaktion.
24. Nennen Sie jeweils ein wichtiges Oxidationsmittel und Reduktionsmittel für die Friseurpraxis.
25. Erläutern Sie die chemischen Eigenschaften von Oxidations- und Reduktionsmitteln.
26. Geben Sie drei Beispiele für Redoxreaktionen im Friseursalon. Beschreiben Sie dazu jeweils den Oxidations- und Reduktionsvorgang.
27. Beschreiben Sie die Verwendungsmöglichkeiten für Wasserstoffperoxid in der Friseurpraxis.
28. Geben Sie die Wirkungen von Wasserstoffperoxid auf Haut und Haar an.
29. Beschreiben Sie den chemischen Aufbau von Wasserstoffperoxid.
30. Welche Eigenschaften hat Wasserstoffperoxid?
31. Definieren Sie den Begriff Katalysator.
32. Nennen Sie Katalysatoren für den Zerfall von Wasserstoffperoxid.
33. In welche Stoffe zerfällt Wasserstoffperoxid?
34. Nennen Sie den Stoff, mit dem Wasserstoffperoxid nachgewiesen werden kann.
35. In welchen Formen ist Wasserstoffperoxid im Friseurhandel vorhanden?
36. Geben Sie die Inhaltsstoffe von Wasserstoffperoxidpräparaten an.
37. Zählen Sie die Grundsätze für den Umgang mit Wasserstoffperoxid auf.
38. Beschreiben Sie drei Möglichkeiten, durch die man chemische Vorgänge im Friseursalon beschleunigen kann.
39. Sie bedienen eine neue Kundin, die zur Dauerwelle angemeldet ist. Als Sie der Kundin die Haare waschen wollen, zeigt diese sich sehr überrascht: Die Kundin merkt in einem kritischen Ton an, dass Sie bereits beim Anfeuchten der Haare mit Wasser Schutzhandschuhe tragen.
    Erklären Sie der Kundin, warum Sie jetzt schon mit Schutzhandschuhen arbeiten.
40. Ihre Chefin drückt ihre Verwunderung darüber aus, dass sie eine aufgeblähte und teilweise rissige Wasserstoffperoxid-Flasche zur Seite stellen und nicht mehr zum Anrühren eines Blondierbreis verwenden.
    Begründen Sie Ihr Verhalten.

Organische Stoffe – Basis der Präparate

Name	Präparate
Mineralöle (Weißöl, Vaselinöl)	Lippenschutzpräparate, Lippenstifte, Hautschutzpräparate, Massagecremes, Massageöle, Reinigungsemulsionen, Reinigungsöle
Mineralfette (Vaseline)	Abschminke, Frisiercremes, Hautcremes, Hautschutzpräparate, Massagecremes, Lippenstifte
Mineralwachse (Ceresin, Ozokerit)	Deostifte, Enthaarungswachs, Lippenschutzstifte, Lippenstifte, Paraffinmasken

1. Verwendung von Mineralölen, -fetten und -wachsen in der Friseurpraxis

1 Kohlenwasserstoffe in der Friseurpraxis

Organische Chemie – was ist das?

Zur Zeit sind mehr als 4 Millionen Verbindungen bekannt, an deren Aufbau das Element Kohlenstoff beteiligt ist. Alle übrigen Elemente bilden nur etwa 150000 Verbindungen. Mit Ausnahme der Kohlenstoffoxide, der Kohlensäure und der Blausäure sowie der Salze der genannten Säuren bilden die Kohlenstoffverbindungen den Bereich der organischen Chemie.

Am Aufbau von organischen Stoffen sind neben Kohlenstoff und Wasserstoff oft auch die Elemente Sauerstoff oder Stickstoff und zum Teil Schwefel, Phosphor oder die Halogene beteiligt.

Schon die große Anzahl von organischen Verbindungen lässt erkennen, welchen Stellenwert die Kohlenstoffverbindungen in unserem Leben haben. So bestehen auch wichtige Friseurpräparate aus organischen Stoffen. Beispiele dafür sind Haarfärbemittel, Dauerwell- und Pflegepräparate. In ihnen sind Kohlenstoffverbindungen als entscheidende Wirkstoffe enthalten.

Die Verbindungen aus Kohlenstoff und Wasserstoff werden Kohlenwasserstoffe genannt. Die in Friseurpräparaten verwendeten Kohlenwasserstoffe sind von flüssiger, halbfester oder fester Konsistenz. Dementsprechend bezeichnet man sie als Mineralöle, Mineralfette oder Mineralwachse; sie heißen als Stoffgruppe auch **Paraffine.**
Paraffine werden häufig in Präparaten eingesetzt, die eine Schutzwirkung für Haut oder Haare gegen äußere Einflüsse haben sollen. Diese Verbindungen dringen nicht in die Haut ein, sondern bilden einen wasserabweisenden, glänzenden Schutzfilm auf der Hautoberfläche und machen sie gleitfähig.
Kohlenwasserstoffe sind mischbar mit Fetten und Ölen, aber nicht mit Wasser. Reinigungsmittel, mit denen man Fettstoffe von der Haut entfernen will, enthalten deshalb häufig Mineralfette bzw. -öle.
Paraffine sind unbegrenzt haltbar, da sie nicht durch Bakterien, Sauerstoff oder ähnliche Einflüsse zersetzt werden; sie werden nicht ranzig.
In der Kosmetik werden Paraffine auch deshalb häufig verwendet, weil man durch die Kombination verschiedener Mineralöle, -fette und -wachse für nahezu jeden Anwendungszweck die gewünschte Konsistenz der Präparate erzielen kann.
Verschiedene Paraffine lassen sich so miteinander kombinieren, dass das Gemisch fest ist, sich aber schon unter leichtem Druck verflüssigt. Daher können Paraffine gut als Trägersubstanz in Deostiften, Lippenstiften usw. eingesetzt werden.

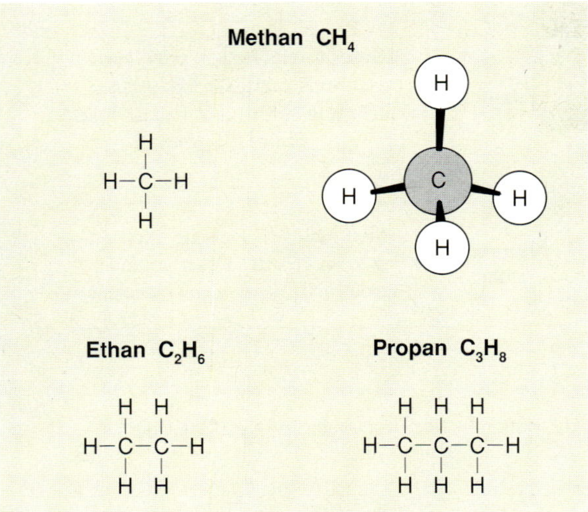

2. Die ersten Verbindungen der homologen Reihe der Alkane

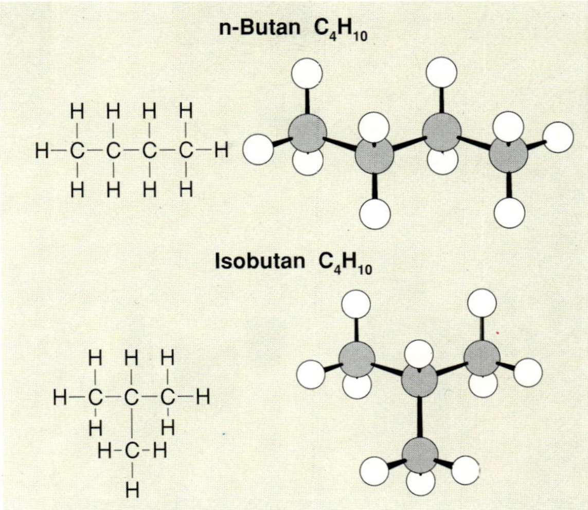

3. Die Isomere von C_4H_{10}

Chemischer Aufbau. Kohlenstoffatome und Wasserstoffatome gehen miteinander Elektronenpaarbindungen ein. Ein C-Atom besitzt vier Außenelektronen, ein H-Atom hat ein Außenelektron. Entsprechend bindet ein C-Atom vier H-Atome. Diese einfachste Verbindung zwischen Kohlenstoff und Wasserstoff hat also die Summenformel CH_4. Die Verbindung heißt **Methan.**
Verbinden sich zwei C-Atome durch eine Elektronenpaarbindung, so können noch sechs H-Atome gebunden werden. Die Summenformel lautet dann C_2H_6. Die Verbindung heißt **Ethan.**

Wenn die Kohlenstoffkette schrittweise verlängert wird, dann entsteht eine Reihe von Verbindungen, die sich jeweils durch eine zusätzliche CH_2-Gruppe unterscheiden. Man nennt eine solche Reihe von Verbindungen eine **homologe Reihe.** Die hier beschriebenen Kohlenwasserstoffe werden als **Alkane** bezeichnet. In Alkanmolekülen ist jedes Kohlenstoffatom durch ein gemeinsames Elektronenpaar mit seinem Nachbaratom verbunden; der Chemiker sagt, die C-Atome von Alkanen sind durch **Einfachbindungen** miteinander verknüpft.

Die Alkane, deren Moleküle aus 1 bis 4 C-Atomen bestehen, sind bei Raumtemperatur gasförmig. Die folgenden Alkane bis zu einer Anzahl von 16 C-Atomen sind bei Raumtemperatur flüssig. Alkane, deren Moleküle mehr als 16 C-Atome enthalten, sind fest.

Mineralöle, -fette und -wachse sind Gemische von Alkanen. So sind die in der Kosmetik verwendeten Mineralöle Gemische aus dünn- bis dickflüssigen Alkanen. Sie werden durch aufwendige Destillationsverfahren aus Erdöl gewonnen.

Isomere. Die ersten drei Verbindungen der homologen Reihe der Alkane können jeweils nur eine Strukturformel haben. Für die Verbindung mit der Summenformel C_4H_{10} können jedoch zwei Strukturformeln angegeben werden. Sind vier C-Atome zu einer Kohlenstoffkette verbunden, so spricht man von n-Butan. Bilden drei C-Atome eine Kette und das vierte C-Atom zweigt vom mittleren C-Atom ab, so nennt man diese Verbindung iso-Butan.
Die Tatsache, dass in einer Verbindung mit gleicher Summenformel die Atome unterschiedlich angeordnet werden können, wird **Isomerie** genannt. Verbindungen mit gleicher Summenformel, aber unterschiedlichen Strukturformeln heißen Isomere.

1. Versuch: Geben Sie etwas Mineralöl auf den einen und etwas Olivenöl auf den anderen Handrücken. Verreiben Sie die Öle leicht auf der Haut. Notieren Sie ihre Beobachtungen.

2. Stellen Sie die Summenformel und die Strukturformel für ein Alkanmolekül mit 6 C-Atomen auf.

3. Zeichnen Sie drei isomere Alkane, die die Summenformel C_5H_{12} haben.

1. Präparate, die Alkohole enthalten

Ethanol	Gesichts- und Rasierwässer, Haar- und Kopfhautwässer, Haarfestiger, Parfüms, Eau de Parfüms, Eau de Toilettes, Eau de Colognes
Isopropanol	Medizinisch-biologische Kopfhautwässer, Gesichtswässer gegen fettende Haut, Haarfestiger, Haarsprays
Butanol	Nagellacke, Nagellackentferner

2. Verwendung von Ethanol, Isopropanol und Butanol in der Kosmetik

2 Alkohole für kosmetische Präparate

Der Trinkalkohol Ethanol, der bekannteste Alkohol, ist nur ein Beispiel für die Stoffgruppe der Alkohole. Es gibt die verschiedensten Alkoholarten; hier werden die für die Körperpflege wichtigsten Alkohole vorgestellt.

Alkohole dienen als **Lösungsmittel** für Wirkstoffe, die in der Haar- und Hautkosmetik benötigt werden und in Wasser nicht bzw. schlecht löslich sind. Fette, Kunstharze, Parfümöle und Farbstoffe lösen sich in Alkoholen.
Wegen ihres Fettlösevermögens können Alkohole auch als Reinigungsmittel verwendet werden. Sie sind in der Lage, z.B. Fettverschmutzungen von der Haut oder von Haaren abzulösen.
Als **Desinfektionsmittel** bieten die Alkohole vielfältige Einsatzmöglichkeiten in der Kosmetik.
Viele in der Kosmetik verwendeten Alkohole fördern die Durchblutung der behandelten Hautpartien und wirken erfrischend. Man spürt dabei eine Verdunstungskälte, denn beim Verdunsten der Alkohole wird der Haut Wärme entzogen.
Der Alkohol **Ethanol** ist ein für die Kosmetik sehr wichtiger Stoff. Er ist enthalten in Haarfestigern, Gesichts- und Rasierwässern, Haar- und Kopfhautwässern; Ethanol ist Bestandteil von Parfüms, Eau de Parfüms, Eau de Toilettes und Eau de Colognes.
Als desinfizierender Stoff erreicht Ethanol seine beste Wirkung, wenn er als 70 %ige Lösung angewendet wird. Ein Präparat, das mehr als 15 % Ethanol enthält, muss nicht mithilfe zusätzlicher Stoffe konserviert werden.

Ein ungenießbarer Alkohol mit typischem Geruch ist **Isopropanol.** Dieser wirkt stärker desinfizierend und fettlösend als Ethanol. Deshalb bevorzugt man für Gesichtswässer gegen fettende Haut und in medizinisch-biologischen Kopfhautwässern Isopropanol. Ferner ist dieser Alkohol in einigen Haarfestigern und Haarsprays enthalten. Isopropanol erreicht seine beste desinfizierende Wirkung als 50 %ige Lösung. Kosmetische Produkte, die mindestens 10 % Isopropanol enthalten, müssen keine weiteren Konservierungsmittel enthalten.

Der Alkohol **Butanol** wird als Lösungsmittel in Nagellacken und Nagellackentfernern verwendet, da er Farbstoffe und Lacke löst.

Methanol ist ein Alkohol, der in der Kosmetik nicht eingesetzt werden darf; er ist stark giftig.

1. Versuch: Gießen Sie etwas Ethanol in zwei Reagenzgläser und etwas Butanol in zwei andere Reagenzgläser. Geben Sie jeweils etwas Wasser in ein Reagenzglas mit Ethanol und in ein Reagenzglas mit Butanol. Schütteln Sie. Geben Sie zu anderen Ethanol- und Butanolportion jeweils etwas Olivenöl und schütteln Sie.
Notieren Sie Ihre Beobachtungen.

2. Erläutern Sie, welche Aufgaben Ethanol, Isopropanol und Butanol in den Friseurpräparaten erfüllen.

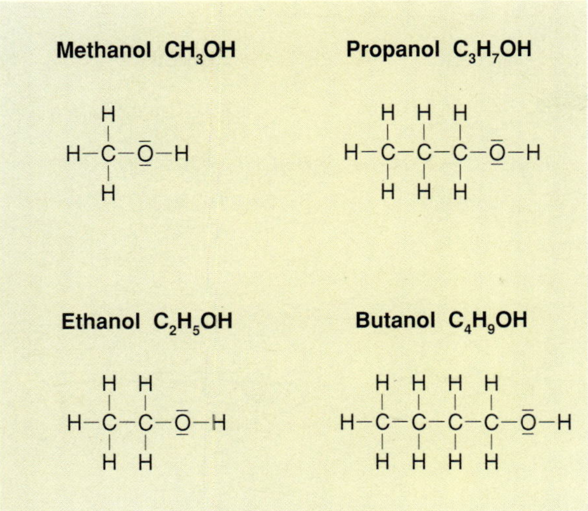

3. Die ersten Verbindungen der homologen Reihe der Alkanole

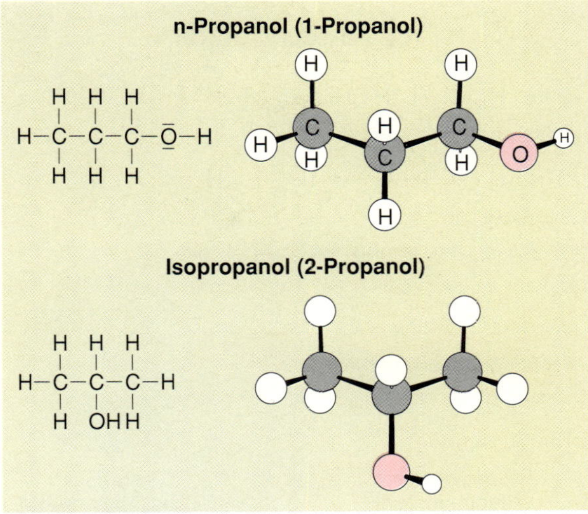

4. Die Isomere von C_3H_7OH

Chemischer Aufbau. Die bisher erwähnten Alkohole können von den Alkanen abgeleitet werden. Ethanol hat die Summenformel C_2H_5OH. Das Ethanol-Molekül unterscheidet sich vom Ethan-Molekül dadurch, dass ein H-Atom durch eine OH-Gruppe ausgetauscht wurde.
Dieser Austausch eines Wasserstoffatoms gegen eine OH-Gruppe kann auch bei den anderen Kohlenwasserstoffen, beginnend beim Methan-Molekül, erfolgen.

Die Namen der Alkohole werden gebildet, indem man die Endung -ol an den Namen des entsprechenden Alkans anhängt. Alkohole, die sich derart von den Alkanen ableiten, bilden die **homologe Reihe** der **Alkanole.**

Alkohole enthalten alle die OH-Gruppe in ihren Molekülen. Diese Atomgruppe wird als **Hydroxylgruppe** bezeichnet.
Sie ist verantwortlich für die Eigenschaften der Alkohole. Atomgruppierungen, die Eigenschaften von organischen Stoffgruppen bestimmen, werden als **funktionelle Gruppen** bezeichnet.

Die Hydroxylgruppe ist die funktionelle Gruppe der Alkohole. Sie ist verantwortlich dafür, dass z. B. Ethanol sehr gut löslich ist in Wasser: Aufgrund ihrer Polarität werden über die OH-Gruppen Wasserstoffbrückenbindungen zwischen Alkohol- und Wassermolekülen geknüpft; man sagt, die Hydroxylgruppe ist wasserliebend **(hydrophil).**

Je länger die Kohlenwasserstoffkette in Alkohol-Molekülen ist, desto mehr geht der Einfluss der Hydroxylgruppe zurück. Dagegen nimmt der Einfluss der Kohlenwasserstoffkette zu. Sie ist wasserabweisend (hydrophob). Dies erklärt, dass Butanol in Wasser schlecht löslich ist. Dagegen ist Butanol mit Olivenöl mischbar. Dies liegt an seiner längeren fettfreundlichen **(lipophilen)** Kohlenwasserstoffkette.

Isomere. Wie bei den Alkanen tritt auch bei den Alkanolen Isomerie auf. So können für den Alkohol mit der Summenformel C_3H_7OH zwei Isomere angegeben werden: 1-Propanol hat die OH-Gruppe an einem äußeren C-Atom; bei dem anderen Isomeren befindet sich die OH-Gruppe am zweiten bzw. mittleren C-Atom. 2-Propanol wird auch als **Isopropanol** bezeichnet. Für 1-Propanol und Isopropanol gilt dasselbe wie für alle anderen isomeren Verbindungen: Es sind unterschiedliche Stoffe mit unterschiedlichen Eigenschaften.

3. Erläutern Sie die Unterschiede zwischen der Hydroxidgruppe der Basen und der Hydroxylgruppe der Alkohole.

4. Erklären Sie die Begriffe „hydrophil", „hydrophob", „lipophil" und „lipophob".

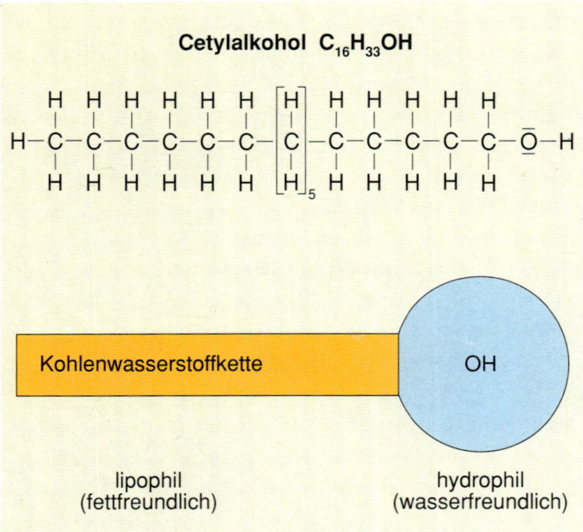

1. Chemischer Aufbau eines Fettalkohols

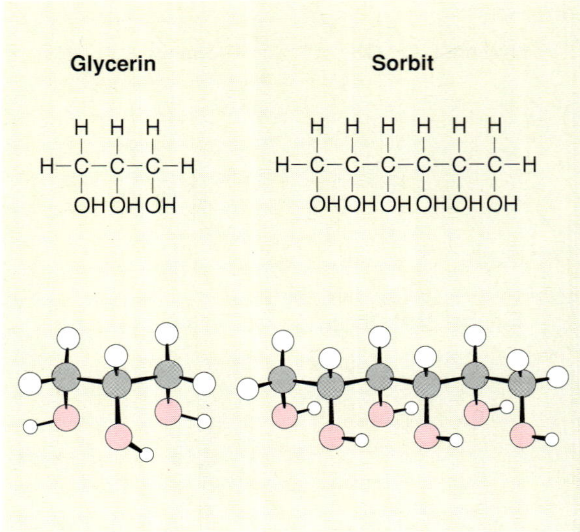

2. Chemischer Aufbau von Glycerin und Sorbit

Fettalkohole. Alkohole, deren Moleküle eine Kohlenwasserstoffkette mit 10 bis 20 C-Atomen enthalten, werden als Fettalkohole bezeichnet. Der Name weist darauf hin, dass diese Alkohole aus natürlichen Fetten und Ölen gewonnen werden können.
Wie bei den Alkanen hängt die Zähflüssigkeit der Alkanole von der Länge der Kohlenwasserstoffkette ab: Bis zu einer Kettenlänge von 12 C-Atomen sind sie flüssig, die längerkettigen Alkohole sind feste, wachsartige Substanzen.

Da ein Fettalkoholmolekül aus einem lipophilen und einem hydrophilen Teil besteht, können Fettalkohole zwischen den sonst nicht mischbaren Stoffen Öl und Wasser vermitteln. Dies kann man sich modellhaft so vorstellen: Der lipophile Molekülteil lagert sich an Öltröpfchen, der hydrophile Teil an Wassertröpfchen an. So kann eine feine, beständige Verteilung zwischen Öl und Wasser erfolgen. Stoffe, die eine innige Mischung zwischen Öl und Wasser ermöglichen und stabilisieren, werden **Emulgatoren** genannt.

Wegen ihrer fettenden Eigenschaften werden Fettalkohole in Cremes, Haarkuren und Make-up-Präparaten verwendet; sie unterstützen hierbei die Wirkung spezieller Emulgatoren. Ferner dienen sie als Rohstoffe für die Herstellung von waschaktiven Substanzen. Ein wichtiger Fettalkohol für Körperpflegepräparate ist **Cetylalkohol,** der im natürlichen Walrat enthalten ist und auch oft als Konsistenzgeber verwendet wird.

Mehrwertige Alkohole. Enthält ein Alkohol mehr als eine Hydroxylgruppe pro Molekül, handelt es sich um einen mehrwertigen Alkohol.
Glycerin ist ein dreiwertiger Alkohol. Diese sirupartige, klare Flüssigkeit schmeckt süßlich. Die drei Hydroxylgruppen der Glycerinmoleküle bewirken, dass die Flüssigkeit hygroskopisch ist. Als Zusatz in Hautcremes, Rasiercremes, Rasierwässern, Gesichtswässern usw. kann Glycerin die Haut feucht und geschmeidig halten. Wegen seiner wasseranziehenden Eigenschaft (Hygroskopizität) verwendet man es in Zahnpasten, Cremes und anderen Präparaten, die vor dem Austrocknen geschützt werden müssen.
Sorbit, ein fester Stoff, ist dem Glycerin in seinen Eigenschaften verwandt und wird ähnlich verwendet. Seine Hygroskopizität ist allerdings geringer. Sorbit ist ein sechswertiger Alkohol.

1. Stellen Sie eine Liste von Präparaten Ihres Salons zusammen, die Fettalkohole und/oder mehrwertige Alkohole enthalten.

2. Begründen Sie, warum Sorbit besser löslich ist in Wasser als der entsprechende einwertige Alkohol mit sechs Kohlenstoffatomen im Molekül.

3. Glykol ist ein zweiwertiger Alkohol, der sich vom Ethan ableiten lässt. Zeichnen Sie die Strukturformel des Glykolmoleküls.

Grenzwerte für Formaldehyd

Im Haushalt finden wir Formaldehyd überall: im Haushaltsreiniger und Weichspüler, in Kosmetika und Seifen, in Deodorants, Shampoos und Haarsprays, in Kleidung und in Möbeln. Auch im Zigarettenrauch ist Formaldehyd enthalten; schon mit drei Zigaretten wird in einem normalen Raum der empfohlene Grenzwert für Formaldehyd überschritten.

1977 wurden zulässige Höchstwerte für Formaldehyd festgelegt: als Konservierungsstoff (0,2 %), in Mundpflegemittel (0,1 %), in Nagelhärtern als Wirkstoff (5,0 %). Kosmetika, die mehr als 0,05 % Formaldehyd enthalten, müssen den Warnhinweis tragen: „Enthält Formaldehyd".

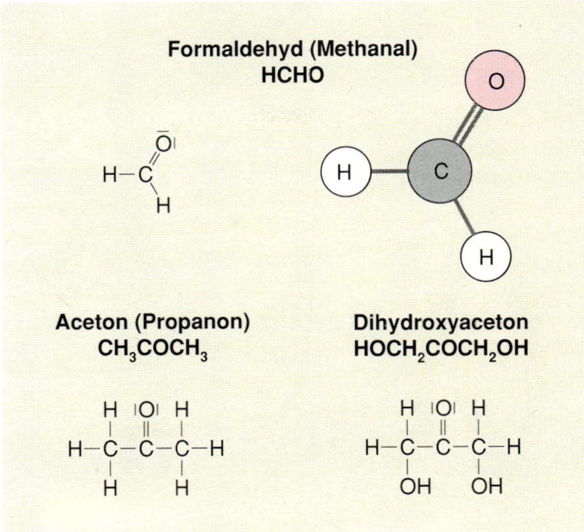

3. Beispiele für Strukturformeln

3 Aldehyde und Ketone – Oxidationsprodukte der Alkohole

Formaldehyd. Auf Präparaten findet man den warnenden Hinweis: „Enthält Formaldehyd". Formaldehyd ist ein Gas und löst sich gut in Wasser. Die 35 %igen bis 40 %igen Lösungen von Formaldehyd in Wasser heißen **Formalin.**
Formaldehydlösungen werden als Desinfektionsmittel von Werkzeugen und als Konservierungsmittel von Haar- und Hautpflegepräparaten verwendet. Da Formaldehyd keratinhärtend wirkt, kann es als Bestandteil von Nagelhärtern eingesetzt werden.

Die schweißhemmende Wirkung von Formaldehyd macht sich die kosmetische Industrie bei der Herstellung von Deodorantien und Fußpudern zunutze. Jedoch ist bei der Verwendung von Formaldehyd für kosmetische Produkte zu berücksichtigen, dass der Stoff **gesundheitsschädlich** ist. Daher wurden zulässige Höchstwerte für den Formaldehydgehalt von kosmetischen Präparaten festgelegt.

Formaldehyd, auch als Methanal bezeichnet, ist ein Beispiel für die organische Stoffgruppe der **Aldehyde.** Diese werden auch **Alkanale** genannt. Sie sind wichtige Rohstoffe für die Duftstoffindustrie: Viele Aldehyde werden wegen ihres angenehmen Duftes synthetisch hergestellt oder aus natürlichen Riechstoffen isoliert.
Formaldehyd kann man durch Oxidation von Methanol herstellen. Wird ein heißes, oxidiertes Kupferblech in Methanol eingetaucht, verschwindet die schwarze Kupferoxidschicht. Kupferoxid ist zu Kupfer reduziert, Methanolmolekülen sind Wasserstoffatome entzogen worden.

Aceton. Da Aceton ein gutes Lösungsmittel für Lacke ist, wird es in Nagellacken und als Nagellackentferner eingesetzt. Der Gebrauch von acetonhaltigen Nagellackentfernern ist jedoch problematisch, weil Aceton ebenfalls ein sehr gutes Fettlösevermögen besitzt. Die Haut und auch die Nägel werden durch Aceton stark entfettet.

Oxidiert man Alkanole mit einer mittelständigen Hydroxylgruppe, erhält man Verbindungen, die als **Ketone** bzw. **Alkanone** bezeichnet werden. Bei der Oxidation von Isopropanol entsteht Aceton, auch Propanon genannt.

Ein Abkömmling des Acetons ist **Dihydroxyaceton** (DHA). Ersetzt man am ersten und dritten C-Atom des Acetonmoleküls je ein H-Atom durch eine Hydroxylgruppe, erhält man die Strukturformel des Dihydroxyacetons.
Dihydroxyaceton färbt die Hornschicht bräunlich an und wird daher in Selbstbräunungsmitteln verwendet.

4. Begründen Sie mithilfe der Strukturformeln von Formaldehyd und Aceton, warum Aldehyde und Ketone als Oxidationsprodukte der Alkohole bezeichnet werden.

1. Organische Säuren in Alltag und Umwelt

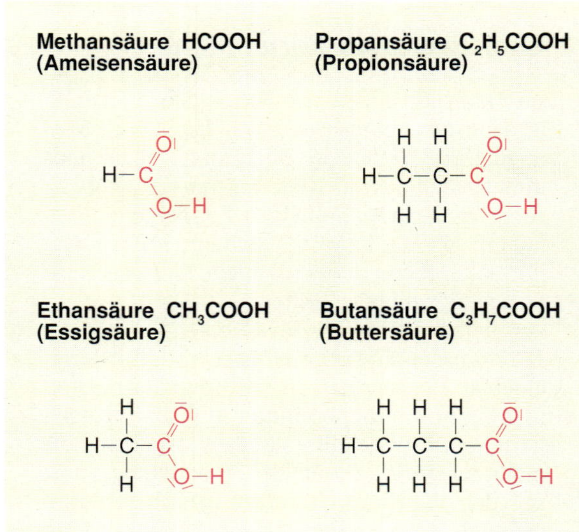

2. Die ersten 4 Homologen der organischen Säuren

4 Organische Säuren in Friseurpräparaten

Viele organische Säuren sind uns mit ihrem Namen auch im alltäglichen Leben bekannt. Sei es die Zitronensäure oder die Weinsäure zum Entkalken von Kaffeemaschinen.

Zitronensäure, Milchsäure und **Weinsäure** werden wegen ihrer neutralisierenden und adstringierenden Wirkung für saure Nachbehandlungsmittel verwendet. Es sind *schwache Säuren.*
Palmitin- und **Stearinsäure** verteilen sich sehr gut auf Haut und Haar, dringen in die Haut ein und hinterlassen dabei keinen Fettfilm. Da sie außerdem gut verträglich sind, wird vor allem ihr Gemisch vielfach als Grundstoff in Haut- und Haarpflegeemulsionen verwendet.
Die **Salicylsäure** wird wegen ihrer keratolytischen (hornlösenden) und antiseborrhoeischen Wirkung bei kosmetischen Behandlungen der Haut eingesetzt. Die **Thioglykolsäure** ermöglicht durch ihre reduzierende Wirkung die dauerhafte Umformung des Haares. Die **Aminosäuren** sind die Bausteine der Eiweißstoffe, aus denen Haut und Haar aufgebaut sind.

Die **Linol-** und die **Linolensäure** sind Beispiele für Stoffe, die unserem Körper mit der Nahrung zugeführt werden müssen. Sie sind lebensnotwendig, können vom menschlichen Organismus aber nicht selbstständig hergestellt werden. Deshalb bezeichnet man sie auch als **essenzielle Fettsäuren.** Ihre Wirksamkeit bei äußerer Anwendung in Kosmetika ist nicht eindeutig geklärt.

Chemischer Aufbau. Durch Oxidation von Alkanalen entstehen **Alkansäuren.** Die Moleküle der Alkansäuren enthalten die COOH-Gruppe, die als **Carboxylgruppe** bezeichnet wird. Die ersten Glieder der homologen Reihe sind für Friseurpräparate von geringerer Bedeutung.
Vom chemischen Aufbau lässt sich aber leicht der Molekülbau der **Fettsäuren** Palmitin- und Stearinsäure ableiten. Diese Fettsäuremoleküle besitzen eine Kohlenwasserstoffkette von 15 bzw. 17 C-Atomen.
Bei den Molekülen der Linol- und der Linolensäure sind nicht alle C-Atome der Kohlenwasserstoffkette vollständig mit H-Atomen abgesättigt. Es sind auch C-Atome vorhanden, die durch zwei Elektronenpaare mit einem anderen Kohlenstoffatom verbunden sind. Eine Bindung, bei der zwei Atome durch zwei gemeinsame Elektronenpaare verbunden sind, nennt man **Doppelbindung.** Weil die C-Atome der Doppelbindung nicht mit der größtmöglichen Anzahl an H-Atomen verknüpft sein können, bezeichnet man diese Moleküle als ungesättigt: Linol- und Linolensäure sind **ungesättigte Fettsäuren.**

Alle hier genannten Verbindungen gehören zur Gruppe der organischen Säuren, weil aus ihren Molekülen ein Wasserstoffteilchen der COOH-Gruppe als H^+-Ion abgespalten werden kann.

1. Informieren Sie sich, welche Nahrungsmittel essenzielle Fettsäuren enthalten.

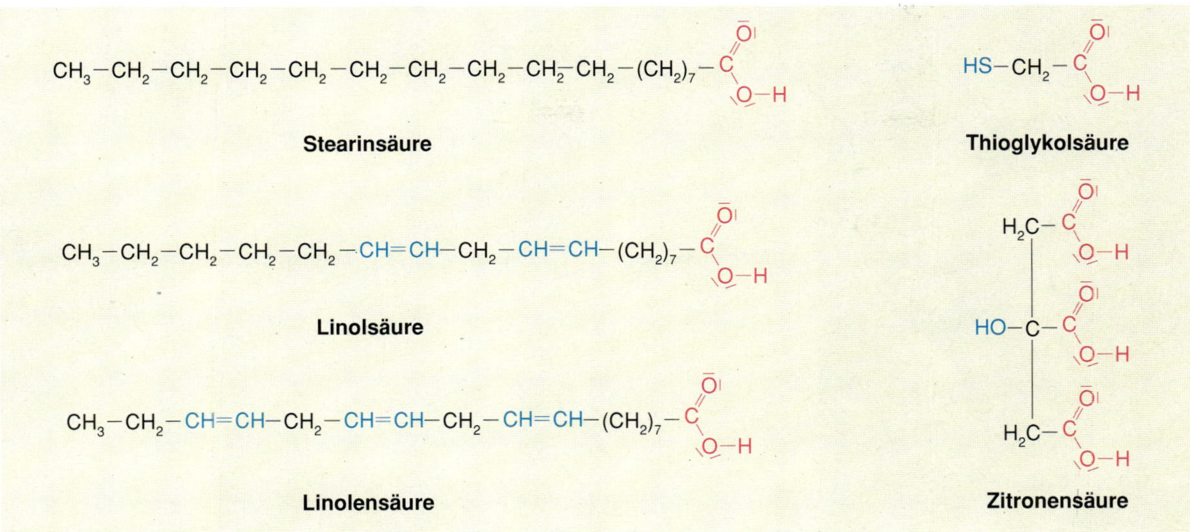

3. Vereinfachte Strukturformeln wichtiger organischer Säuren

Name	Eigenschaften/Wirkungen	Verwendung in Präparaten
Zitronensäure Milchsäure Weinsäure	neutralisierend; adstringierend; verstärken die Wirkung von Antioxidantien	Säurespülungen, Haarkuren; Cremes; Shampoos; Gesichtspackungen; Gesichts- und Rasierwässer; Fixierungen
Palmitinsäure Stearinsäure (im Gemisch: Stearin)	hautneutral; nicht fettend; nicht hautglättend; hinterlassen keinen Fettfilm auf der Haut; mattierender Effekt; gut verträglich; breiten sich gut in einem dünnen Film auf der Hautoberfläche aus; emulgierende Wirkung	Grundstoffe in Haut- und Haarpflegeemulsionen; Rohstoffe für Herstellung von Emulgatoren und Seifen
Linolsäure Linolensäure	oxidationsempfindlich, d. h. werden leicht ranzig; sollen einen positiven Einfluss bei der Pflege von trockener, spröder, rissiger Haut und brüchigen Nägeln haben; sollen eine günstige Wirkung bei Sonnenbrand und Wundbehandlungen haben	Fett- bzw. Ölphase für Hautcremes; Gesichtspackungen und Haarkuren
Salicylsäure	keratolytisch, antiseptisch, konservierend; zeigt antiseborrhoeische Wirkung	Kopfhautwässer; Präparate für Aknebehandlung; Hühneraugen- und Fußschweißmittel
Thioglykolsäure	giftige, stark riechende Flüssigkeit; ermöglicht durch reduzierende Wirkung die dauerhafte Umformung des Haares; in hoher Konzentration haarzerstörend	Dauerwellflüssigkeiten; Haarentfernungspräparate

4. Eigenschaften, Wirkungen und Verwendung organischer Säuren in Friseurpräparaten

1. Ester in Früchten

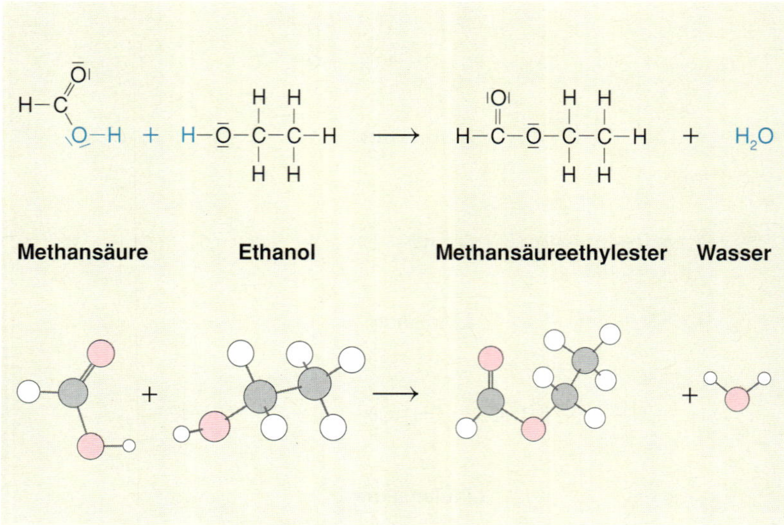

2. Reaktionsschema für die Bildung eines Esters

5 Ester – Verbindungen aus Säuren und Alkoholen

Ester können in kosmetischen Präparaten als **Duftstoffe** eingesetzt werden. Sie kommen in vielen Früchten vor und werden auch als Aromastoffe künstlich hergestellt. Ethansäurepentylester riecht nach Birne, Butansäureethylester nach Ananas, Buttersäuremethylester riecht nach Apfel. Durch Kombination verschiedener Ester können vielfältige Duftvariationen für Haar- und Hautpflegemittel, z. B. für Shampoos erzeugt werden.

Ester werden daneben als **Lösungsmittel** für Lacke und Kunstharze verwendet. So dient Ethansäurebutylester als Lösungsmittel in Nagellacken und Nagellackentfernern und wird dort häufig in Verbindung mit Butanol eingesetzt.

Für die Friseurpraxis waren Ester der Thioglykolsäure wichtige **Reduktionsmittel.** Die Monoglycerinester und Monoglykolester der Thioglykolsäure, die als Reduktionsmittel in sauren Dauerwellen eingesetzt wurden, führten leicht zu Kontaktallergien. Heute sind esterfreie, saure Dauerwellen auf dem Markt.

Auch Fette und Wachse, die in Haut- und Haarpflegepräparaten verwendet werden, sind Ester.

1. Versuch: (Schutzbrille tragen!) In einem Reagenzglas werden 2 ml des Alkohols Pentanol, 2 ml Ethansäure und 2 ml konz. Schwefelsäure vorsichtig erhitzt. Wonach riecht das Reaktionsprodukt?

Chemischer Aufbau. Lässt man ein Gemisch einer organischen Säure und eines Alkohols längere Zeit stehen, so verändert sich der Geruch der Flüssigkeit. Es hat sich ein neuer Stoff gebildet. Die Reaktion zwischen Säure- und Alkoholmolekül erfolgt unter Abspaltung eines Wassermoleküls. Der durch diese Reaktion gebildete Stoff wird als Ester bezeichnet. Die Reaktion wird **Veresterung** genannt.
Den Namen des Esters bildet man, indem die Namen der Säure und der Kohlenwasserstoffkette des Alkohols mit der Endsilbe -yl aneinander gereiht werden; dann wird die Bezeichnung -ester hinzugefügt. Aus Methansäure und Ethanol entsteht dann Methansäureethylester.

Neben Estern der organischen Säuren gibt es auch Ester anorganischer Säuren. Für den Körperpflegebereich sind Schwefelsäure- und Phosphorsäureester wichtig.

Ester lassen sich in Gegenwart von Wasser oder Basen wieder in Säure und Alkohol zerlegen. Diese Spaltung wird als **Verseifung** bezeichnet. Der Begriff weist darauf hin, dass aus Estern unter bestimmten Reaktionsbedingungen Seife hergestellt werden kann.

2. Fassen Sie Hautschutzmaßnahmen zusammen.

3. Geben Sie das Reaktionsschema für die Veresterung eines Glycerinmoleküls mit drei Fettsäuremolekülen an.

Pflanzliche Fette	Tierische Fette
Avocadoöl	Knochenfett
Erdnussöl	Lebertran
Kakaobutter	Nerzöl
Kokosfett	Rinderfett
Mandelöl	Rindertalg
Olivenöl	Schweinefett
Rizinusöl	
Sonnenblumenöl	
Weizenkeimöl	

3. Beispiele für pflanzliche und tierische Fette

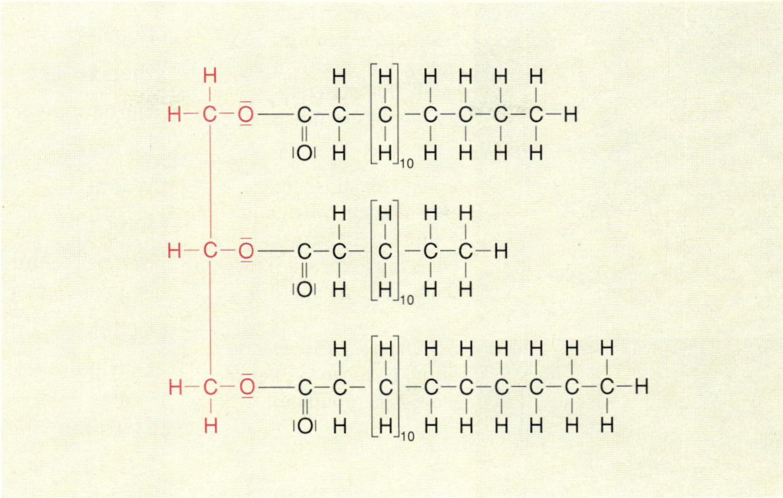

4. Chemischer Aufbau eines Fettmoleküls

6 Pflanzliche und tierische Fette, wichtige Rohstoffe

Obwohl pflanzliche und tierische Fette wasserunlöslich sind, zeigen sie sich gegenüber der Haut nicht so abweisend wie beispielsweise Mineralfette; sie dringen leichter in den Haarfollikel und wahrscheinlich auch in die obersten Schichten der Epidermis ein. Insofern eignen sich vor allem die pflanzlichen und tierischen Öle (Öle sind flüssige Fette) für geschmeidig machende, kosmetische Präparate aller Art. Sie sind hautfreundlich, weil sie in ihren Eigenschaften den Hautfetten sehr nahe kommen.

Die **etherischen Öle** sind leicht verdunstende Stoffe. Beim Verdampfen entwickeln sie intensive Gerüche. Wegen ihres angenehmen Dufts werden die etherischen Öle zum Parfümieren von Körperpflegepräparaten eingesetzt.

Die pflanzlichen und tierischen Fette werden leicht ranzig. Durch chemische Reaktionen kann man sie jedoch in Abkömmlinge (Derivate) umwandeln, die längere Zeit beständig sind. Diese Derivate werden als hydrierte oder **gehärtete Fette** bezeichnet. Wegen ihrer größeren Haltbarkeit haben sie an Bedeutung für die Kosmetik gewonnen, obwohl sie kosmetisch weniger wirksam sind als die Ausgangsstoffe.

Durch längere Haltbarkeit zeichnen sich ebenfalls Fette aus, die in ihrer chemischen Zusammensetzung den pflanzlichen und tierischen Fetten sehr ähnlich sind, aber synthetisch hergestellt werden.

Chemischer Aufbau. Die Fette gehören zu einer Gruppe von Verbindungen, die unter dem Sammelbegriff **Lipide** zusammengefasst werden.
Die Fette sind Verbindungen aus dem dreiwertigen Alkohol Glycerin und Fettsäuren wie z. B. Stearinsäure oder Linolsäure. Als Verbindungen eines Alkohols mit Säuren sind die Fette somit Ester, genauer gesagt **Fettsäureglycerinester.** Da jedes Glycerinmolekül mit drei Fettsäuremolekülen verbunden ist, bezeichnet man die Fette auch als **Triglyceride.**

In Fetten sind hauptsächlich organische Säuren mit 12, 14, 16 bzw. 18 C-Atomen gebunden. Weil an ein Glycerinmolekül verschiedene gesättigte und ungesättigte Fettsäuremoleküle gebunden sein können, gibt es eine Vielzahl verschiedener Fette. Dass die natürlichen Fette leicht ranzig werden, liegt an ihrem Gehalt an ungesättigten Fettsäuren. Durch Anlagerung von Wasserstoffatomen (Hydrierung) überführt man sie in gesättigte Verbindungen.

Viele natürliche Fette, z. B. Weizenkeimöl, Lebertran sollen eine besonders vorteilhafte Wirkung auf die Haut haben. Sie enthalten neben den oben beschriebenen Verbindungen zusätzlich Vitamine und andere Wirkstoffe. Den hydrierten und synthetisch hergestellten Fetten fehlen diese Begleitstoffe.

4. Überprüfen Sie, welche Fette in den Cremes enthalten sind, die Sie verwenden.

Verwenden Sie zum Händewaschen nur lauwarmes Wasser und milde, rückfettende Reinigungsprodukte.

Spülen Sie die Hände sorgfältig mit Wasser ab. Benutzen Sie keine Nagelbürste. Sanft abtrocknen.

Schützen Sie Ihre Hände durch häufigen Gebrauch von Pflegeprodukten.

1. **Fettende und fettähnliche Stoffe als Pflegemittel für Friseure**

Wachse	Fettalkohole
Bienenwachs Carnaubawachs Lanolin Walrat Jojobaöl Myristinsäure-isopropylester Cetiol Cetylpalmitat	Cetylalkohol Stearylalkohol im Gemisch mit Cetylalkohol als Lanettewachs O bezeichnet Myristinalkohol (Lanettewachs K)
Steroide	**Phospholipoide**
z. B. Cholesterin	z. B. Lecithin

2. **Einteilung wichtiger fettähnlicher Stoffe**

7 Fettähnliche Stoffe in der Kosmetik

Neben den Fetten gibt es eine Reihe von fettähnlichen Stoffen, auch **Lipoide** genannt, die für Friseurpräparate von Bedeutung sind.

Wachse. Pflanzliche und tierische Wachse sind Naturprodukte, deren Hauptbestandteile Ester aus Fettsäuren und meist einwertigen Fettalkoholen sind. Daneben enthalten diese Wachse freie Fettsäuren und Fettalkohole sowie längerkettige Kohlenwasserstoffe.
Die Wachse sind z. B. in Hautcremes, Haarkuren, Frisiercremes, Lippenstiften und vielen Make-up-Präparaten zu finden. Gemische von Wachsen werden als Enthaarungswachs bei kosmetischen Behandlungen verwendet.

Walrat, Jojobaöl, Bienenwachs und Carnaubawachs sind wichtige Vertreter der Wachse. Sie haben wegen der enthaltenen Fettsäuren und Fettalkohole einen stärker hydrophilen Charakter als die Fette. Daher werden sie von der Haut schneller aufgenommen.

Dies gilt insbesondere für das **Walrat,** das in der Schädelhöhle des Pottwals vorkommt, und für **Jojobaöl.** Wegen des drohenden Aussterbens der Pottwale wird Walrat immer mehr durch das von seinen Eigenschaften sehr ähnliche Jojobaöl ersetzt. Dieses stammt aus dem nussartigen Samen der Wüstenpflanze Jojoba.
Bienenwachs und **Carnaubawachs,** das aus den Blättern der brasilianischen Carnaubapalme gewonnen wird, sind festere Wachse. Sie werden häufig eingesetzt, um kosmetischen Präparaten eine feste Konsistenz zu geben.

Flüssigere Wachse werden durch Veresterung von Fettsäuren mit einwertigen, kurzkettigen Alkoholen synthetisch hergestellt. So wird beispielsweise **Myristinsäureisopropylester** in vielen Hautpflegepräparaten mit hohem Fettgehalt eingesetzt. Es breitet sich in einer dünnen Schicht leicht auf der Haut aus, dringt gut in sie ein und hinterlässt keinen klebrigen Film auf der Haut.

Eine besondere Stellung unter den natürlichen Wachsen nimmt das **Lanolin** ein. Es ist das gereinigte Wollfett der Schafe. Neben dem Fettsäureanteil besteht es zu einem hohen Prozentsatz aus Verbindungen, deren Moleküle freie Hydroxyl-Gruppen haben. Deshalb kann wasserfreies Lanolin bis zu 150 % seines eigenen Gewichtes an Wasser aufnehmen. Es wird vielfach in Kosmetika eingesetzt, weil es außerdem die Haut glättet und geschmeidig macht. Lanolin soll in seiner Wirkung – von allen natürlichen Grundstoffen – dem menschlichen Hautfett am nächsten kommen.
Dieses Wollwachs hat aber auch Nachteile: Es verbreitet einen unangenehmen Duft und bildet einen zähen, klebrigen Film auf der Haut.
Da Schafe mit Mitteln besprüht werden, die eine Ausbreitung von Insekten in der Schafwolle verhindern sollen, kann auch das Lanolin mit Spuren von giftigen Insektiziden verschmutzt sein. Dies kann zu Hautreizungen führen.

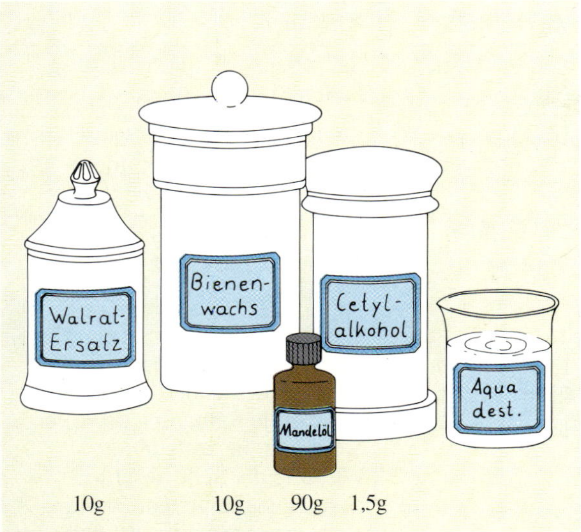

3. Zutaten für eine Hautcreme

Silicone

Die Silicone sind eine weitere wichtige Gruppe von kosmetischen Rohstoffen, die eine fettende Wirkung auf Oberflächen haben. Es handelt sich hierbei um Siliciumverbindungen, die sehr beständig sind und in ihrer Wirkung den Mineralfetten und -ölen ähnlich sind. Sie haben eine niedrige Oberflächenspannung; daher lassen sich siliconhaltige Präparate leicht auf Haut und Haar verteilen. Silicone haben eine wasserabstoßende Wirkung. Deshalb eignen sie sich besonders für Hautschutzpräparate. Sie werden von der Haut reizlos vertragen. Im Gegensatz zu Mineralfetten und -ölen bewirken Silicone auf der Haut keine Wärmestauungen, weil sie ein gutes Wärmeleitvermögen besitzen.

Wachs- und Fettalkohole. Um die nachteiligen Eigenschaften des Lanolins zu beseitigen, isoliert man aus dem Wollwachs die Fettalkohole. Man bezeichnet diese Alkohole als Wachsalkohole. Sie sind beliebte Grundstoffe für Kosmetika, da sie neutraler riechen, keinen klebrigen Film auf der Haut bilden und eine emulgierende Wirkung haben. Die Wachsalkohole machen die Haut weich, glatt und geschmeidig und geben Fettgemischen eine festere Konsistenz.

Cholesterin. Cholesterin ist ebenfalls im Lanolin enthalten und ähnelt in seinen Eigenschaften und Wirkungen den Wachsalkoholen. Es wird häufig als Trägersubstanz für viele fettlösliche Stoffe verwendet, die in die Haut von außen hineintransportiert werden sollen. Einige Wissenschaftler sind nach Tierversuchen der Meinung, dass Cholesterin den Haarwuchs stimuliert. Deshalb wird es in einigen Haarpräparaten und Kopfhautwässern verwendet. Chemisch gesehen gehört Cholesterin zur Gruppe der Steroide.

Lecithin. Lecithin hat emulgierende Wirkung und als Zusatz in Fettcremes erhöht es die Netzfähigkeit der Fettmasse. Als Inhaltsstoff von Seifen schwächt Lecithin die entfettende Wirkung der Seife ab; es wird ferner als haar- und hautschonender Zusatz in Shampoos eingesetzt. Lecithin gehört zur Gruppe der Phospholipoide. In Lecithinmolekülen ist Glycerin mit zwei Molekülen Fettsäure und einem Phosphorsäureabkömmling verbunden.

4. Cholesterinablagerung in Blutgefäßen

1. Wählen Sie aus den Präparaten Ihres Salons Haar- und Hautpflegepräparate aus. Lesen Sie die Verbraucherinformationen über die ausgewählten Produkte. Notieren Sie die Namen der pflanzlichen und tierischen Fette und der fettähnlichen Stoffe, die in den jeweiligen Präparaten enthalten sind.

2. Fertigen Sie eine Tabelle an, in der die Eigenschaften/Wirkungen und die Verwendung der verschiedenen Lipoide zusammengefasst sind.

3. Geben Sie durch jeweils eine Strukturformel den prinzipiellen chemischen Aufbau eines Wachsalkohols und eines Wachses an.

1. Seifensieder – Stich von 1698

Zusatzstoffe	Aufgaben
Antioxidantien	Sie sollen verhindern, dass Seifen ranzig werden.
Deodorantien	Schweißzersetzende Bakterien sollen vernichtet und Gerüche gebunden werden.
Farbstoffe und Parfümöle	Sie sollen der Seife eine ansprechende Farbe verleihen und einen angenehmen Duft bewirken.
Überfettungsmittel	Lanolin, Wachsalkohole, Lecithin u.a. sollen eine schonende Reinigung bewirken. Sie sollen die entfettende Wirkung der Seife abschwächen bzw. rückfettend wirken.

2. Häufig verwendete Zuatzstoffe in Seifen

8 Seifen – salzige Reinigungsmittel

Seife war schon den Ägyptern im Altertum bekannt. Zu Zeiten Caesars gewann man Seifen durch Kochen von Rindertalg mit Pottasche. Im Mittelalter waren die Produktionsmengen von Seifen aufgrund der geringen hygienischen Bedürfnisse zunächst gering. Dies änderte sich schlagartig im 19. Jahrhundert. Heute liegt die Weltproduktion an Seifen bei etwa 10 Millionen Tonnen im Jahr. Die Verfahren zur Herstellung von Seife haben sich im Laufe der Jahrtausende kaum geändert.

Herstellung. Seifen entstehen, wenn Fette in alkalischer Lösung gekocht werden. Als Fette verwendet man meist Kokos- oder Schweinefett. Sie reagieren zu Glycerin und Seifen. Wird Fett in Natronlauge oder Sodalösung (Natriumcarbonatlösung) erhitzt, erhält man **Kernseife** (Natriumsalze der Fettsäuren). Die Reaktion mit Pottasche (Kaliumcarbonat) oder Kalilauge liefert die **Schmierseife** (Kaliumsalze der Fettsäuren). Um nach dem Erhitzen die Seife vom Glycerin zu trennen, gibt man gesättigte Kochsalzlösung in den Seifensud. An der Oberfläche scheidet sich der **Seifenkern** ab, darunter liegt die **Unterlauge.** Der Seifenkern wird weiterverarbeitet, gegebenenfalls mit Zusatzstoffen versetzt. Seifen kann man auch durch Neutralisation von Fettsäuren mit Natron- bzw. Kalilauge erhalten.

1. Versuch: Geben Sie 1 g Natriumcarbonat in 30 ml Wasser und erhitzen Sie die Lösung im Wasserbad. Fügen Sie dann 5 g Palmitinsäure hinzu und erwärmen Sie etwa 15 min unter gelegentlichem Umrühren.

Eigenschaften. Seifen werden zur Reinigung eingesetzt, wobei heute vor allem die Körperwäsche im Vordergrund steht. Reines Wasser zeigt schlechte Wascheigenschaften, weil die Benetzung des Waschgutes durch die hohe Oberflächenspannung des Wassers verhindert wird. Hinzu kommt, dass fetthaltige Verschmutzungen das Wasser abstoßen. Durch Seife wird die Oberflächenspannung des Wassers herabgesetzt; auch Fettverschmutzungen können benetzt und gelöst werden. Dieser Effekt lässt sich mit dem Aufbau des Seifen-Anions erklären. Als Fettsäure-Rest hat es mit der COO^--Gruppe einen hydrophilen Teil, während die lange Kohlenwasserstoffkette hydrophob bzw. lipophil ist.

Als Salze starker Basen und schwacher Säuren reagieren Seifenlösungen **alkalisch.** Dies wirkt sich auf Haut und Haare aus: Sie werden durch Seifenlösungen aufgequollen; außerdem wird der Säureschutzmantel der Haut durch Behandlungen mit Seife beeinträchtigt. Bei gesunder Haut reicht die Alkalineutralisationsfähigkeit der Haut jedoch aus, um den Säureschutzmantel innerhalb kurzer Zeit wiederherzustellen.

In hartem Wasser reagieren die für die Waschwirkung entscheidenden Fettsäure-Anionen mit den Calcium- und Magnesium-Ionen des harten Wassers zu schwer löslichen Salzen, den **Kalkseifen.** Diese lagern sich als Grauschleier auf dem Waschgut ab; ein Teil der Seife ist nutzlos verbraucht.

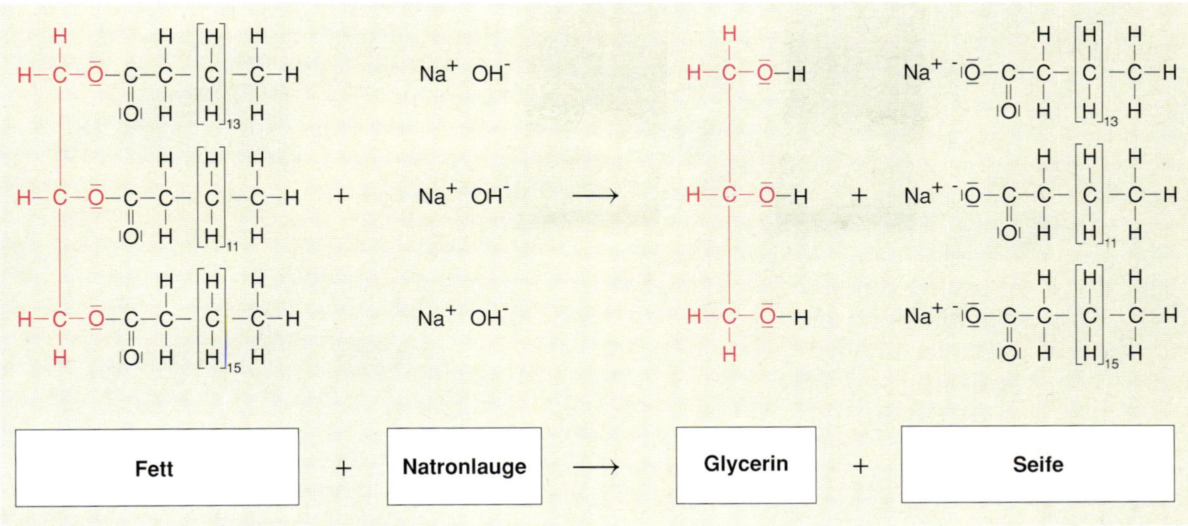

3. Reaktionsschema für die Verseifung eines Fettes

Name	Inhaltsstoffe
1. Haushaltsseifen	Die klassischen Seifenprodukte, die man nur noch selten zur Körperpflege benutzt.
– Kernseifen	Feste Natriumseifen, ohne Zusätze.
– Schmierseifen	Streichfähige Kaliumseifen
2. Feinseifen (Toilettenseifen)	Die heute üblichen Seifen zur Körperreinigung. Sie enthalten Zusatzstoffe.
– Cremeseifen	Reich an Überfettungsmitteln
– Deoseifen	Durch den hohen Gehalt an Deodorantien kann die desodorierende Wirkung einige Stunden anhalten.
– Kinderseifen bzw. Babyseifen	Milder, hautschonender und nur sehr schwach parfümiert; enthalten spezielle hautpflegende Zusätze, wie z. B. Azulen.
– Transparentseifen (Glycerinseifen)	Durchscheinende Feinseifen; enthalten viel Glycerin als feuchtigkeitsbindenden Zusatz.

Name	Inhaltsstoffe
3. Rasiermittel	
– Rasierseifen	Sind Gemische aus Natrium- und Kaliumseifen; enthalten Glycerin.
– Rasiercremes	Sind meist Kaliumseifen mit Überfettungsmitteln und Glycerin.
– Rasierschäume	Entsprechen in ihrer Zusammensetzung den Rasiercremes; zusätzlich enthalten sie Treibmittel.
4. Flüssigseifen	Sind Kaliumsalze kurzkettiger Fettsäuren, denen Überfettungsmittel und Parfümöle zugesetzt sind.
5. Medizinische Seifen	Enthalten desinfizierende Zusätze, wie z. B. Teer, Schwefel, Schwefelverbindungen und spezielle Heilmittel.

4. Seifen und ihre speziellen Inhaltsstoffe

2. Versuch: Schutzbrille! 10 g Bratfett werden geschmolzen und vorsichtig mit 20 ml 20%iger Natronlauge versetzt. Die Lösung soll 5 min schwach sieden und ständig umgerührt werden. Nach dem Erkalten gibt man 100 ml gesättigte NaCl-Lösung zu, rührt um und schöpft die Seife ab.

3. Versuch: Geben Sie etwas Seifenlösung in drei Reagenzgläser. Versetzen Sie die eine Probe mit Kalkwasser, die andere mit Leitungswasser und die dritte mit destilliertem Wasser. Notieren Sie Ihre Beobachtungen. Deuten Sie diese Beobachtungen.

1. Waschen ohne Seife

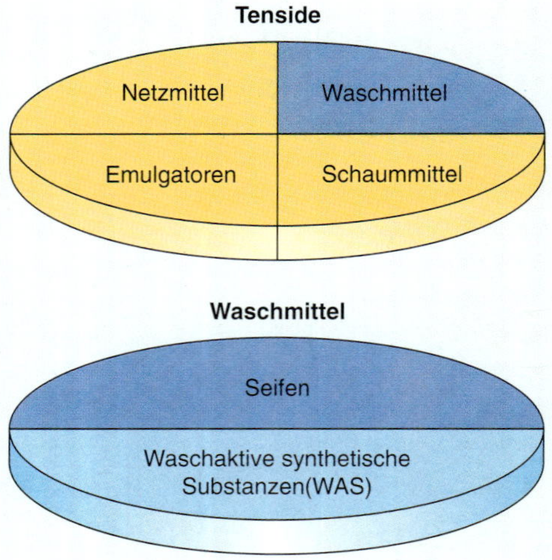

2. Einteilung von Tensiden und Waschmitteln

9 Tenside werden vielfältig verwendet

Die Einteilung der Vielzahl von Tensiden kann nach verschiedenen Gesichtspunkten erfolgen. Für die Kosmetik bietet sich vor allem eine Einteilung nach den Aufgaben an, die Tenside in den Präparaten erfüllen sollen. Die Wirkungen der Tenside in Produkten wie Haar- und Hautreinigungsmitteln, Rasierwässern, Dauerwellflüssigkeiten, Haarkuren, Hautcremes überschneiden und ergänzen sich dabei zum Teil.

Tenside sind **grenzflächenaktive Stoffe.** Als Grenzfläche bezeichnet man die Berührungszonen verschiedener Phasen. Tenside reichern sich an der Grenzfläche an und beeinflussen das Verhalten der Phasen zueinander.
In sehr vielen kosmetischen Präparaten haben Tenside die Aufgabe, als **Netzmittel** zu wirken. Wasser benetzt aufgrund seiner Oberflächenspannung Haut und Haare nur schlecht. Durch Zugabe eines Tensids wird die Oberflächenspannung des Wassers herabgesetzt. So bewirken Tenside z. B. in Dauerwellflüssigkeiten, dass die Oberflächen der aufgewickelten Haare von dieser wässrigen Lösung gleichmäßig benetzt werden.

Tenside wirken als **Emulgatoren.** Schüttelt man ein Gemisch aus wenig Öl und Wasser in Gegenwart eines Tensids, bildet sich eine milchig-trübe Emulsion, die über einen längeren Zeitraum beständig bleibt.
Ohne Tensidzusatz würden sich Öl und Wasser schnell entmischen. Insofern werden Tenside in Emulsionen wie z. B. Hautcremes und Haarpackungen verwendet.

In kosmetischen Produkten werden Tenside eingesetzt, um als **Schaummittel** zu wirken. Wird eine wässrige Lösung mit Luft vermischt, so bildet sich durch das Tensid eine Vielzahl von kleinen relativ beständigen Luftbläschen. Die Bildung von Schäumen mithilfe von Tensiden ist vor allem bei Anwendung von Schaumdauerwellen, Schaumfixierungen und schaumförmigen Haarpackungen wichtig.

Tenside werden auch als **Waschmittel** verwendet. Hier spielen die Seifen eine besondere Rolle bei der Hautreinigung. Haare werden nicht mehr mit Seifen, sondern mit synthetischen Tensiden, **w**asch**a**ktive **s**ynthetische Substanzen **(WAS)** genannt, gereinigt. Diese sind die wesentlichen Inhaltsstoffe der Shampoos. Auch zur Gesichtshautreinigung werden häufig WAS eingesetzt. Zum einen als flüssige und feste Waschlösungen bzw. -stücke, die **Syndets** genannt werden, zum anderen als Inhaltsstoffe von **Reinigungsemulsionen.**

Seifen sind in der Regel umweltfreundlicher als viele WAS. Diese können in Verbindung mit ihren Zusatzstoffen und Nebenprodukten, die bei der Herstellung anfallen, zu erheblichen Umweltproblemen führen.
In den letzten Jahren sind immer mehr hautverträgliche Tenside hergestellt worden. Dennoch müssen Friseure ihre Haut sorgfältig schützen, weil der Kontakt mit hautreizenden Produkten häufig ist. Die tensidhaltigen Präparate, mit denen Friseurinnen täglich mehrmals arbeiten, steigern die Hautempfindlichkeit.

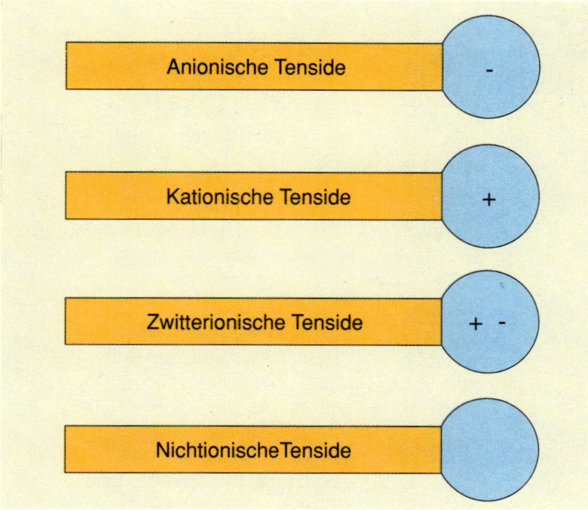

3. Chemischer Aufbau von Tensiden

Seifen	Waschaktive Substanzen
• reagieren alkalisch	• reagieren schwach sauer bis neutral
• werden durch Säuren unwirksam, bilden mit hartem Wasser Kalkseife	• werden durch Säuren und hartes Wasser in ihrer Wirkung nicht abgeschwächt
• beeinträchtigen bei gesunder Haut kurzzeitig den Säureschutzmantel	• beeinflussen nicht die Alkalineutralisationsfähigkeit der Haut
• entfetten die Haut weniger als WAS; allergische Hautreaktionen werden weniger häufig beobachtet als bei WAS	• Die austrocknende Wirkung kann auch durch den Zusatz rückfettender Stoffe nicht wesentlich eingeschränkt werden.

4. Vergleich von Seifen und waschaktiven synthetischen Substanzen

Chemischer Aufbau. Alle Tenside bestehen aus einer langen, unpolaren Kohlenwasserstoffkette und einer polaren Endgruppe.

Anionische Tenside haben eine negativ geladene Endgruppe, bei den Seifen ist dies die COO^--Gruppe. Die Waschkraft der Seifen wird übertroffen z. B. durch Tenside, an deren Kohlenwasserstoffkette das Sulfat-Ion als geladene Endgruppe hängt. Diese Tenside werden **Alkylsulfate** genannt. Ein wichtiges Beispiel ist Laurylsulfat, das einerseits sehr preiswert und waschwirksam ist, andererseits aber aggressiv und entfettend wirkt.
Die anionischen Tenside werden vor allem in vielen Shampoos, Dusch- und Badepräparaten verwendet.

Kationische Tenside besitzen eine positiv geladene Endgruppe. Eine wichtige Eigenschaft dieser Tenside ist ihre Fähigkeit, sich an negativ geladene Oberflächen anzulagern. Da am chemischen Aufbau der Haarsubstanz negativ geladene Molekülteile beteiligt sind, können kationische Tenside gut auf das Haar aufziehen und die elektrostatische Aufladung (das Fliegen) der Haare verhindern. Wichtige Vertreter dieser Tenside sind **quartäre Ammoniumsalze** (Quats), die in Shampoos und Haarpackungen eingesetzt werden.
Weil die quartären Ammoniumsalzverbindungen gut auf das Haar aufziehen, führen sie gleichzeitig zu einer Glättung des Haares. Die Verbindungen verbessern somit den Haarglanz und die Kämmbarkeit des Haares.

Zwitterionische Tenside besitzen sowohl eine kationische als auch eine anionische Endgruppe und werden auch als Amphotenside bezeichnet. Sie sind teurer, aber hautfreundlicher und schleimhautverträglicher. Daher verwendet man sie z. B. in Kindershampoos, die nicht in den Augen brennen dürfen, und in einigen Badezusätzen.

Nichtionische Tenside sind grenzflächenaktive Verbindungen, deren polare Endgruppe nicht geladen ist. Sie zeichnen sich durch gute Waschwirkung schon bei geringer Konzentration und niedriger Temperatur aus. Sie sind relativ teure Tenside, die in Haar- und Hautreinigungsmitteln und als Emulgatoren eingesetzt werden.

1. Versuch: Tragen Sie auf zwei Objektträger jeweils einen dünnen Fettfilm auf. Geben Sie auf den einen Objektträger einen Tropfen Wasser und auf den anderen einen Tropfen wässriger Tensidlösung. Notieren Sie die Beobachtungen. Deuten Sie diese.

2. Versuch: Prüfen Sie die pH-Werte von Syndet-Stücken, Shampoos, Dusch- und Badepräparaten.

4. Versuch: Versetzen Sie jeweils eine verdünnte, klare Shampoo-Lösung mit dest. Wasser und mit hartem Wasser. Notieren Sie Ihre Beobachtungen. Deuten Sie diese und vergleichen Sie mit dem Verhalten von Seifen in hartem Wasser.

1. Lavendelfeld

Grün	Gräser, Wiesen, Blätter
Blumig	Rose, Flieder, Maiglöckchen, Jasmin
Aldehydisch	frischer Geruch, z. B. nach Orangenschale, aber auch blumig
Orientalisch	schwerer, süßer, balsamischer Duft
Krautig-würzig	Moos (Chypre), Farn (Fougere), Holz (z. B. Sandelholz), Tabak

2. Einteilung von Duftstoffen

10 Duftstoffe – eine unendliche Vielfalt

Die meisten Duftstoffe werden aus Pflanzen gewonnen. Die **pflanzlichen Riechstoffe** können eingeteilt werden in die **Harze** und die **etherischen Öle.** Die Harze und die Balsame, das sind flüssige Harze, sind Absonderungen von Nadelhölzern. Etherische Öle werden aus Wurzeln, Rinden, Blättern, Früchten, Blüten und Samen von Pflanzen gewonnen. Viele pflanzliche Riechstoffe sind sehr teuer, denn man benötigt große Pflanzenmengen zur Gewinnung.

In der Duftstoffindustrie werden nur wenige tierische **Riechstoffe** verarbeitet. **Ambra** ist ein krankhaftes Darmausscheidungsprodukt des Pottwals. **Moschus, Zibet** und **Castoreum** sind Drüsensekrete einer asiatischen Hirschart, der Zibetkatze bzw. des Bibers. In konzentrierter Form riechen alle tierischen Duftstoffe sehr süßlich bzw. herb und unangenehm. Auch die tierischen Riechstoffe sind wegen der aufwendigen Gewinnung und ihrer Seltenheit sehr teuer.

Synthetische Duftstoffe haben immer mehr an Bedeutung gewonnen. Es ist heutzutage möglich, eine Vielzahl von natürlichen Düften und Fantasie-Gerüchen im Reagenzglas entstehen zu lassen. Durch Herstellen von angenehm duftenden organischen Verbindungen stehen vergleichsweise preiswerte Riechstoffe zur Verfügung.
Nach ihrer jeweiligen Duftrichtung werden die Riechstoffe in **Geruchsnoten** eingeteilt. So unterscheidet man z. B. blumige von holzigen Geruchsnoten.

Duftstoffe sind Reinstoffe oder Stoffgemische, die einen mehr oder weniger starken Geruch haben. Zusammengesetzte Duftstoffgemische werden **Parfümöle** genannt.
Duftstoffe bzw. Parfümöle haben die Aufgabe, Menschen angenehm duften zu lassen. Zu diesem Zweck werden sie als Bestandteile von Parfüms oder ähnlichen Produkten auf die Haut aufgetragen. Dabei ist zu berücksichtigen, dass ein und dasselbe Duftstoffpräparat bei Kontakt mit der Haut verschiedener Personen nie denselben Duft verbreitet.

Duftstoffe werden auch eingesetzt, um zunächst einmal einem Friseurpräparat einen angenehmen Duft zu verleihen. Wenn der Geruch nicht nur angenehm, sondern auch charakteristisch ist für ein Produkt, erfüllen die Riechstoffe eine zweite, verkaufsfördernde Aufgabe: Der Duft wird zur Visitenkarte des Präparats, d. h. der Kunde verbindet gedanklich den Geruch mit dem Produkt und dessen Eigenschaften.
Parfümöle werden ferner verwendet, um den üblen Geruch von Friseurpräparaten, z. B. alkalische Dauerwellflüssigkeiten abzuschwächen.

Die Wirkung der Duftstoffe bleibt jedoch nicht auf unseren Geruchssinn beschränkt. Vor allem die etherischen Öle werden immer häufiger verwendet, um Organfunktionen von Menschen zu beeinflussen; bei äußerer Anwendung können etherische Öle Reaktionen in Organen auslösen.

Bezeichnung	Essenz in %	Alkohol in %	Wasser in %
Parfum	bis 20	bis 80	10–12
Eau de Parfum	8–10	80	10–12
Eau de Toilette (gleiche Duftrichtung wie Parfum gleichen Namens)	5–8	70–80	12–25
Eau de Toilette fraîche (nicht vom Parfum abgeleitet, sondern als selbstständiger Duft entwickelt)	3–5	ca. 80	15–18
Eau de Cologne	3–5	70–85	10–27
Echt Kölnisch Wasser	2–4	70–90	6–28
Herren Eau de Toilette	3–5	ca. 80	15–18
Aftershave	1–2,5	ca. 40–50	40–45

3. Zusammensetzung von Duftstoffpräparaten

Komposition von Parfümölen. Parfümpräparate sind aus vielen Duftstoffen zusammengestellt, d.h. komponiert. Die einzelnen Riechstoffe verbreiten ihre Düfte unterschiedlich schnell. Die Duftentwicklung kann man in drei Phasen einteilen, die sich überschneiden.

Die nach dem Auftragen auf die Haut zuerst wahrnehmbaren Düfte bilden die **Kopfnote,** auch Spitze, Angeruch oder Tête genannt. Hierfür verwendet man meist Citrus-Noten oder Grün-Noten, die fruchtartig und frisch wirken.
Die **Mittelnote,** auch als Herznote, Typengeruch oder Bouquet bezeichnet, besteht aus mäßig flüchtigen Riechstoffen. Es werden häufig Blumen-Noten und fruchtige Noten eingesetzt.
Die **Basisnote,** auch Nachgeruch bzw. Fond genannt, entwickelt ihren Duft als letzte der drei Phasen. Hierbei spielen vor allem Duftstoffe eine Rolle, die kaum flüchtig und stark haftend sind.
Stoffe, die das schnelle Verflüchtigen von Duftstoffpräparaten verhindern, werden **Fixateure** genannt. Als Fixateure werden meist tierische Riechstoffe, Harze und bestimmte etherische Öle eingesetzt.
Die Duftstoffpräparate haben unterschiedliche Duftstoffgehalte und enthalten hauptsächlich Ethanol als Lösungsmittel.

1. Versuchen Sie die Kopf-, Herz- und Basisnote eines Parfüms wahrzunehmen. Beschreiben Sie die Düfte, die das Präparat während der drei Phasen entwickelt.

Gewinnung etherischer Öle

Wasserdampfdestillation. In einem Gefäß wird durch Sieden Wasserdampf erzeugt. Der Wasserdampf wird in ein Gefäß eingeleitet, in dem sich Pflanzenteile und fast siedendes Wasser befinden. Die etherischen Öle und Wasser verdampfen. Dieser Dampf wird abgekühlt und das Destillat wird in einer Vorlage aufgefangen. Da etherische Öle nicht wasserlöslich sind, setzen sie sich an der Oberfläche des Destillats ab.

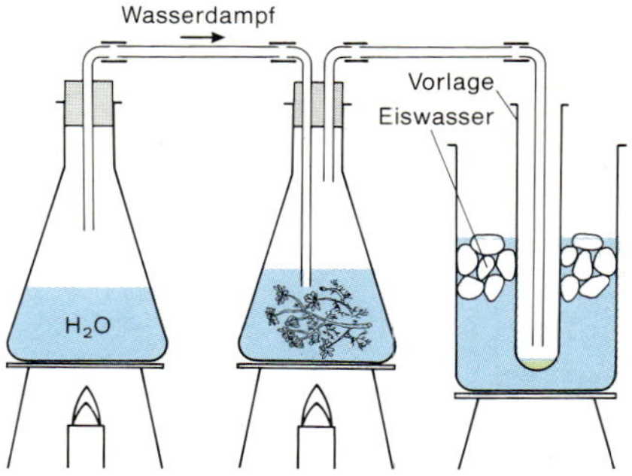

Extraktion. Die Phase, die die etherischen Öle enthält, wird mit einem leicht flüchtigen Lösungsmittel wie z.B. Ether in einem Scheidetrichter geschüttelt. Bei sorgfältigem Ausschütteln reichert sich der Duftstoff immer stärker im Lösungsmittel an. Die Lösungsmittelphase wird abgetrennt und nach dem Verflüchtigen des Lösungsmittels bleibt der Riechstoff zurück.

Enfleurage. Zur Gewinnung der Duftstoffe werden z.B. die Blüten einer Pflanze auf einer mit Fett beschichteten Oberfläche ausgebreitet. Das Fett zieht die etherischen Öle aus den Blüten heraus. Die Riechstoffe werden anschließend durch Extraktion aus dem Fett herausgelöst.

1. Höhlenmalerei, Lascaux

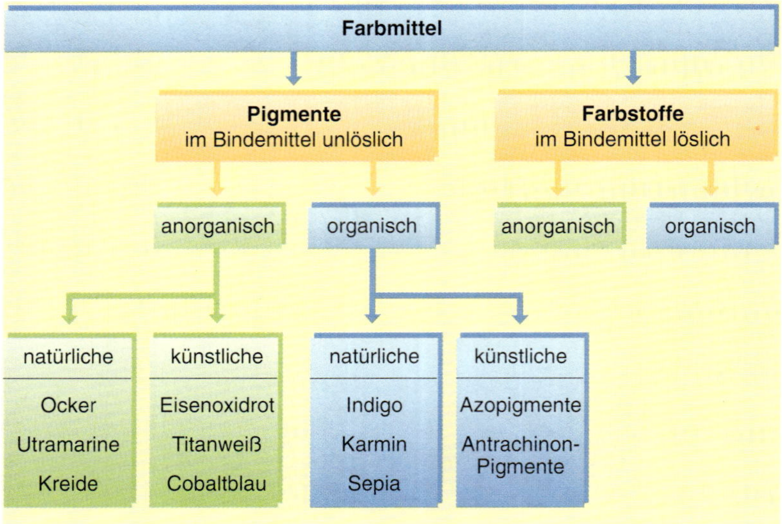

2. Einteilung der Farbmittel

11 Farbmittel für die Friseurpraxis

Die Verwendung von Farbmitteln zum Schminken lässt sich an archäologischen Funden bis in die Steinzeit zurückverfolgen; Haare sind mittels farbiger Substanzen schon im Altertum gefärbt worden. Alle farbgebenden Stoffe werden unter dem Sammelbegriff Farbmittel zusammengefasst. Dabei unterscheidet man zwischen Pigmenten und Farbstoffen.

Pigmente sind Farbmittel, die in den Präparaten in Form sehr kleiner, fester Teilchen vorliegen. Durch die Vielzahl von anorganischen und organischen Pigmenten steht eine breite Farbpalette zur Verfügung.
Pigmente werden in dekorativen kosmetischen Präparaten wie Puder, Rouge, Pudercreme, Lidschattenpräparat, Lippenstift, Nagellack verwendet. Häufig werden in Lidschatten und Nagellacken zusätzlich natürliche und synthetische **Glanzpigmente** eingesetzt. Ein Beispiel ist das natürliche Fischsilber in Perllacken.

Eine besondere Stellung unter den Pigmenten nimmt das **Titandioxid** ein. Als Weißpigment setzt man es Pudern, Cremes, Zahnpasten, Haarspülungen usw. zu. Es gibt kaum einen weiß gefärbten oder hell getönten Gegenstand in unserer Umgebung, der kein Titanoxid enthält. Titanoxid, das zu einem feinen Pulver verrieben und in einen Farbträger eingearbeitet wird, besitzt eine hohe Deckkraft. Es ist ungiftig und ist auch im Lebensmittelgesetz zugelassen. Der jährliche Verbrauch an Titandioxid liegt weltweit bei 2,5 Millionen Tonnen.

Farbstoffe sind Farbmittel, die in Lösungsmitteln löslich sind. Sie werden verwendet für dekorative kosmetische Präparate wie Lippenstift und Nagellacke und für farbverändernde Haarbehandlungsmittel. Außerdem werden Farbstoffe eingesetzt, um Friseurpräparate, z. B. Haarwässern, ein angenehmeres Aussehen zu verleihen.
Zur farblichen Veränderung von Haaren werden schon seit langer Zeit **natürliche Farbstoffe** genutzt. Pflanzliche Farbmittel wie Henna und Reng färben Haare, ohne die Haarstruktur zu verschlechtern. Die getrockneten Blätter eines tropischen Strauches werden gemahlen und ergeben das grünliche Hennapulver, das nach Heu riecht. Um Reng herzustellen, werden die Blätter des Indigogewächses getrocknet und pulverisiert.

Die im Friseursalon hauptsächlich verwendeten Haarfärbepräparate enthalten **Fertigfarbstoffe** und/oder **Oxidationsfarbstoffe.**
Bei den Direktfarbstoffen, auch als Fertigfarbstoffe bezeichnet, ziehen fertige Farbstoffe auf das Haar auf und färben dieses an. Fertigfarbstoffe sind die farbgebenden Mittel der so genannten Tönungsmittel.
Oxidationsfärbemittel enthalten Farbstoffvorstufen, die erst unter Einwirkung eines Oxidationsmittels zu Farbstoffen oxidiert werden. Den Oxidationsfarben sind **Kupplungskomponenten** beigefügt. Diese Stoffe färben allein die Haare nicht an, bilden aber bei der Reaktion mit oxidierten Farbstoffvorstufen die farbgebenden Verbindungen.

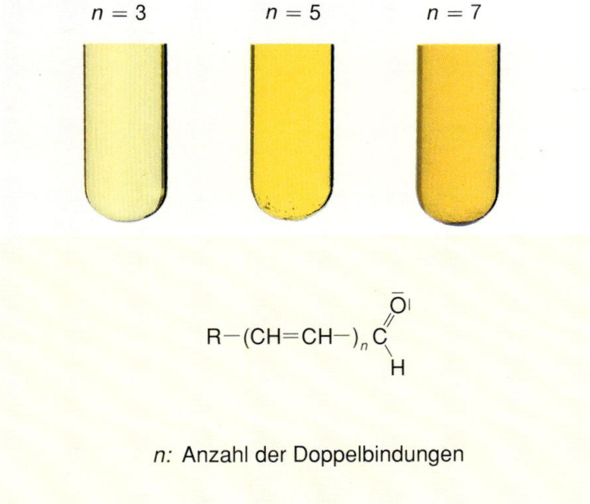

3. Zusammenhang zwischen Farbigkeit und Struktur organischer Verbindungen

Chemischer Aufbau. Organische Verbindungen sind farbig, wenn sie Farben des sichtbaren Lichtes absorbieren, d.h. verschlucken.

Vergleicht man die Strukturformeln verschiedener Farbstoffe, so zeigt sich, dass die Farbstoff-Moleküle immer mehrere Doppel- und/oder Dreifachbindungen enthalten. Dabei sind Einfachbindungen und beispielsweise Doppelbindungen abwechselnd angeordnet. Durch diese Anordnung und andere Effekte sind bestimmte Elektronen der Mehrfachbindungen nicht mehr auf den Raum zwischen zwei Atomen festgelegt: Diese Elektronen sind locker über das Molekül verteilt; man sagt, sie sind delokalisiert.
Solche Elektronen werden schon durch die Energie des sichtbaren Lichts angeregt, ihren Aufenthaltsort zu verändern. Absorbieren Stoffe einige Strahlen des Lichts, so erscheinen die Stoffe farbig: Die nicht absorbierten Strahlen werden auf unser Auge zurückgeworfen (reflektiert).

1. Entwickeln Sie ein Experiment, mit dem Sie überprüfen können, ob ein Haarfärbepräparat Oxidationsfarbstoffe enthält.

2. Versuch: Stellen Sie eine Auswahl von Haarfärbepräparaten zusammen. Überprüfen Sie, ob diese Präparate Oxidationsfarbstoffe enthalten. Beschreiben Sie Ihre Beobachtungen.

Aromaten in Friseurpräparaten

Der Begriff Aromaten weist auf Stoffe hin, die durch ihren besonderen Geruch auffallen. Der Chemiker versteht unter Aromaten die Verbindung **Benzol** und Verbindungen, die sich vom Benzol ableiten.
Die Struktur des Benzolmoleküls blieb den Chemikern lange Zeit ein Rätsel. Analytische Untersuchungen ergaben, dass ein Benzolmolekül aus sechs Kohlenstoff- und sechs Wasserstoffatomen besteht.
Da es im Benzolmolekül keine Einfach- und Doppelbindungen gibt, sondern sechs gleiche C/C-Bindungen, wurde ein neues Struktursymbol geschaffen. Ein Sechseck mit einem Kreis.

Benzolverbindungen sind wichtige Inhaltsstoffe von Friseurpräparaten. **Phenole** und die **Benzoesäure** werden als Desinfektions- bzw. Konservierungsstoffe eingesetzt. Auch in Duftstoffen werden aromatische Verbindungen verwendet. Die für den Friseur sehr nützliche **Salicylsäure** ist ein Aromat.
Als Farbstoffvorstufen in Oxidationshaarfarben werden **Paraphenylendiamin** bzw. **Paratoluylendiamin** verwendet.
Resorcin ist ein Beispiel für Aromaten, die als Kupplungskomponenten in Oxidationshaarfärbemitteln eingesetzt werden. Ferner dienen Benzolderivate als direktziehende Farbstoffe.

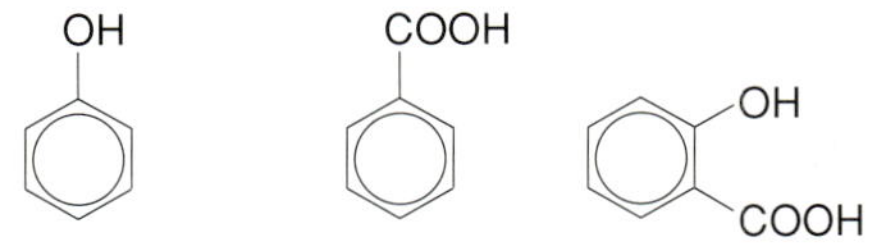

Phenol — Benzoesäure — Salicylsäure

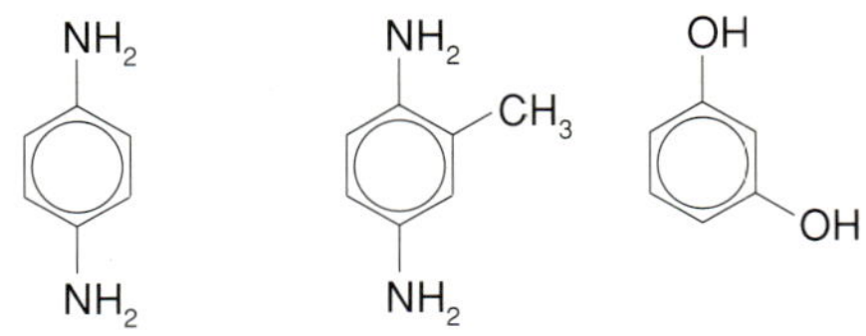

Paraphenylendiamin — Paratoluylendiamin — Resorcin

1. Ein Modell vom Proteingerüst der Haare

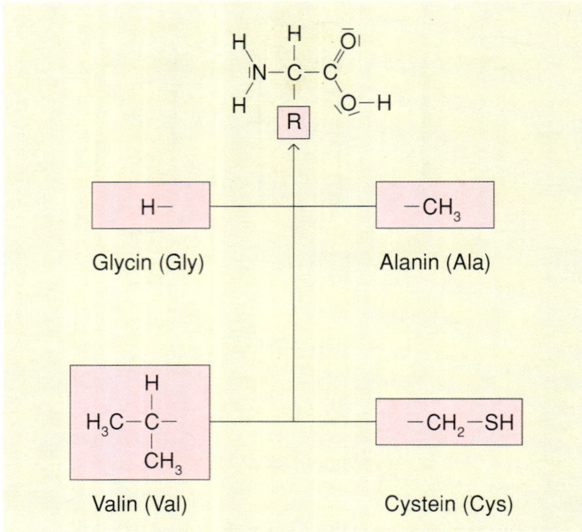

2. Aminosäuren unterscheiden sich im organischen Rest

12 Eiweißstoffe – Baustoffe der Haare

Wenn im alltäglichen Sprachgebrauch von Eiweiß die Rede ist, denkt man zunächst an das Hühnerei. Der Begriff Eiweiß bezeichnet aber eine ganze Stoffklasse, deren Verbindungen sehr ähnlich aufgebaut sind.
Eiweiße, auch Proteine genannt, sind wichtige **Nährstoffe** für Menschen und zugleich sind sie wesentliche **Baustoffe** unseres Körpers. So bestehen Haar und Haut zum größten Teil aus Proteinen.

Der Friseur beeinflusst vor allem bei Haarumformungen die Struktur von Proteinen.
Ihm stehen auch Proteine als Inhaltsstoffe von Haar- und Hautpflegemitteln zur Verfügung. Sie sollen eine günstige Wirkung auf Haar und Haut der Kunden haben. Beispielsweise soll das Protein **Kollagen** die Hautelastizität steigern, die Hautfeuchtigkeit erhöhen und den Turgor verbessern. Ob Proteine bei äußerer Anwendung tatsächlich die erhofften Wirkungen haben, ist umstritten.

Kollagen ist das Protein, das im Bindegewebe der menschlichen Haut am meisten vorhanden ist. Weil es Wasser aufnehmen kann, ist die jugendliche Haut glatt und straff. Erst mit zunehmendem Alter nimmt die Fähigkeit des Kollagens in der Haut ab, Wasser zu binden. Die Haut wird daher schlaffer und faltiger.
Ein anderes Protein der menschlichen Haut ist das Elastin. Wie der Name schon andeutet, ist es für die Elastizität der Haut zuständig. Mit zunehmendem Alter wird die Funktion der Elastinfasern beeinträchtigt.

Aminosäuren. Das Haar besteht zum größten Teil aus dem **Keratin.** Dieses Protein ist eine Verbindung von Wasserstoff, Sauerstoff, Stickstoff, Kohlenstoff und Schwefel.

Die sehr großen Keratinmoleküle lassen sich durch geeignete chemische Verfahren in die kleineren Aminosäuren spalten. Sie sind die Bausteine aller Proteine.

In natürlichen Proteinen finden sich ca. 20 verschiedene **Aminosäuren.** Diese zeigen einen einheitlichen Bauplan: An ein zentrales C-Atom sind eine Amino-Gruppe, eine Carboxyl-Gruppe, ein Wasserstoff-Atom und ein organischer Rest gebunden. Die einzelnen Aminosäuren unterscheiden sich nur im Bau des organischen Restes.

In den Proteinen sind verschiedene Aminosäuren durch **Peptidbindung** miteinander verknüpft. Dabei haben sich die Carboxyl-Gruppe einer Aminosäure und die Amino-Gruppe einer anderen unter Wasserabspaltung verbunden. So entsteht aus zwei Aminosäuren ein **Dipeptid,** die Verknüpfung nennt man Peptidbindung.
Aus vielen Aminosäuren bildet sich ein **Polypeptid** (poly: viel). Sehr große Polypeptide werden Proteine genannt; dazu gehören auch die Haare.

1. Listen Sie Präparate Ihres Salons auf, die Proteine enthalten.

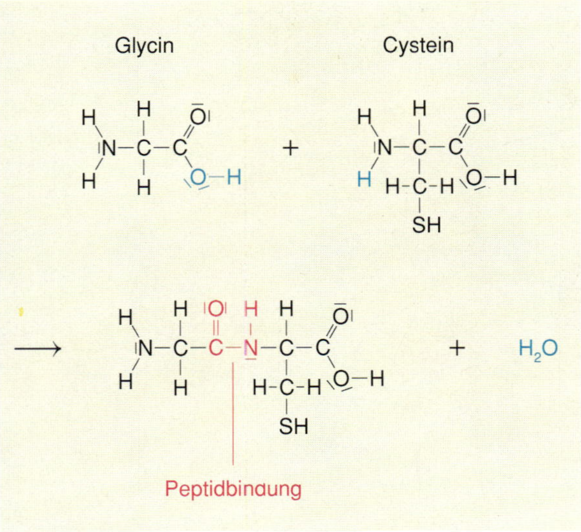

3. Peptidbindung zwischen Glycin und Cystein

Aufbau des Haares. Die Reihenfolge der Aminosäuren in der Peptidkette wird als Aminosäuresequenz bezeichnet. Die Anzahl der gebundenen Aminosäuren beträgt in den meisten Proteinen über 100, wobei 20 verschiedene Aminosäuren beteiligt sein können. Dadurch ergibt sich eine unvorstellbar große Zahl von möglichen Sequenzen. Außerdem können die Peptidketten noch räumlich unterschiedlich angeordnet sein. Im faserigen Bestandteil des menschlichen Haares – dem **gerichteten Keratin** – sind die Polypeptidketten schraubenförmig gewunden. Diese Anordnung einer Aminosäurekette nennt man **α-Helix.** Neuere Untersuchungen weisen darauf hin, dass jeweils zwei solcher α-Helices zu einer Einheit umeinander gewunden sind. Zwei dieser Einheiten bilden eine **Protofibrille.** Acht Protofibrillen bilden eine **Mikrofibrille.** Hunderte dieser Mikrofibrillen bilden zusammen eine **Makrofibrille.**

Jedoch ist nicht das gesamte Keratin in solchen Strukturen geordnet. Ein Teil, der sich in Schuppenschicht und Faserschicht befindet, ist so genanntes **ungerichtetes Keratin.** Man spricht von der Kittsubstanz. Sie liegt zwischen den Schüppchen der Cuticula und den Fibrillen.

Bis heute ist der chemische Aufbau des Haares nicht bis ins letzte Detail geklärt.

2. Formulieren Sie ein Reaktionsschema für die Bildung des Tripeptids aus den Aminosäuren Alanin, Valin und Glycin.

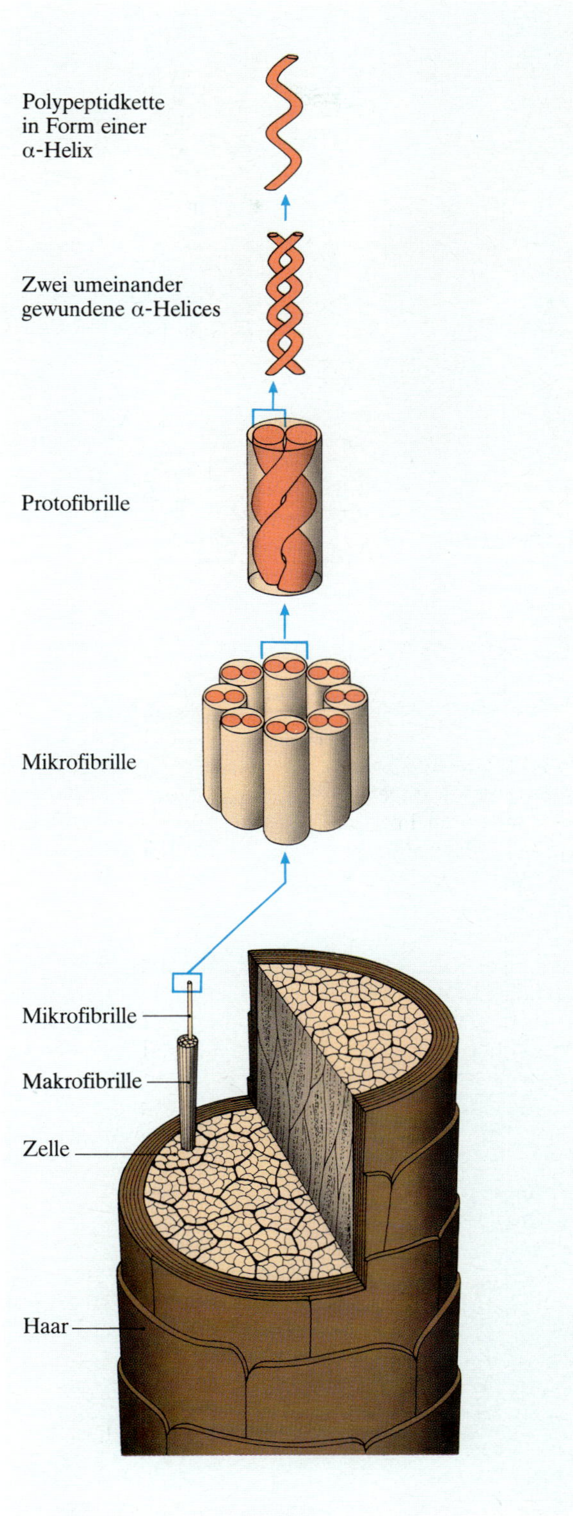

4. Die faserige Struktur des Haares

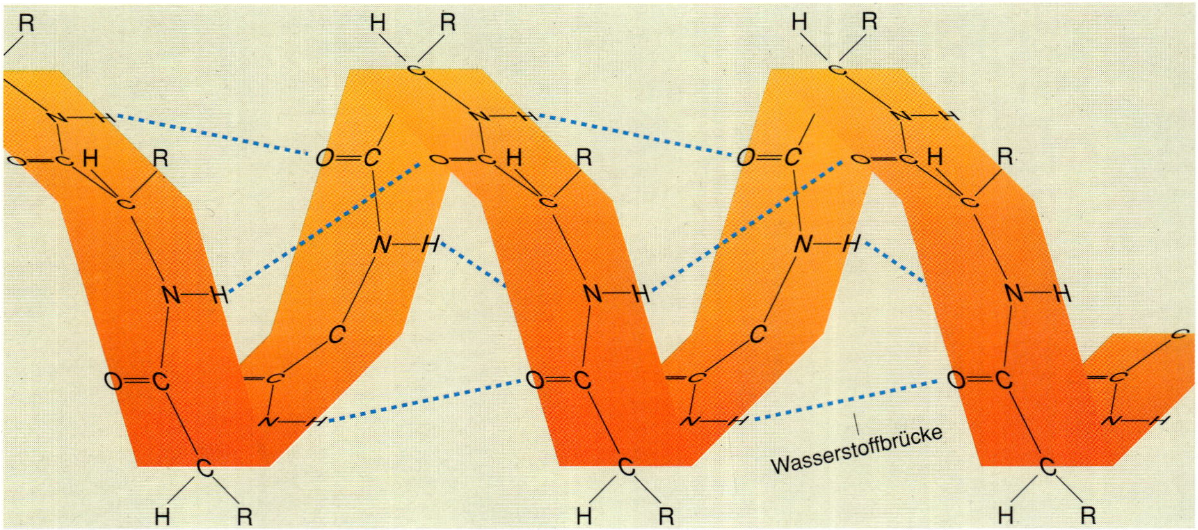

1. Die α-Helix

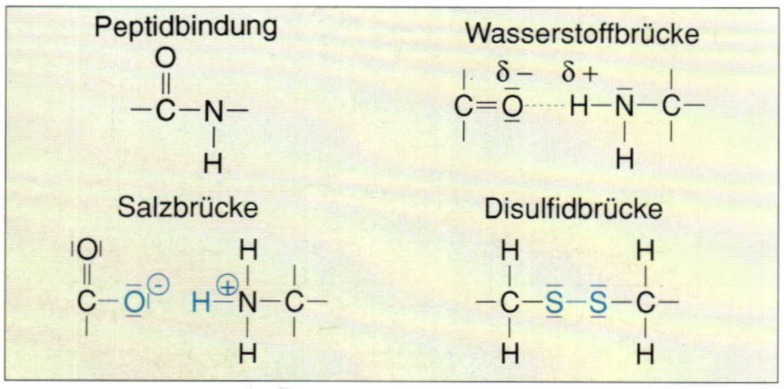

2. Die Keratinbrücken

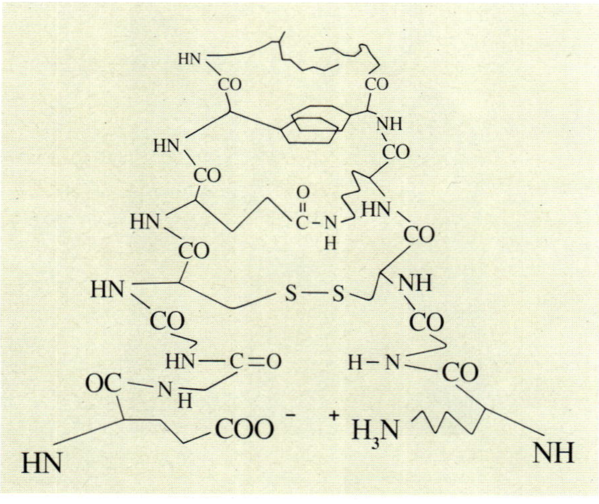

3. Mögliche Keratinbrücken (Schema)

Keratinbrücken. In jedem Protein bestehen neben den normalen Atombindungen weitere Bindungskräfte. Man unterscheidet hier vier solcher Vernetzungsarten bzw. Keratinbrücken:
Zwischen den Sauerstoffatomen der Peptid-Gruppen und den Wasserstoffatomen der Amino-Gruppen können sich **Wasserstoffbrückenbindungen** ausbilden.

Peptidbindungen befinden sich innerhalb einer und zwischen den Peptidketten.

Es existieren **Ionenbindungen (Salzbrücken),** weil jeweils ein Wasserstoffion von einer Carboxyl-Gruppe abgegeben und einer Amino-Gruppe aufgenommen werden kann und so geladene Teilchen entstehen. Die Salzbrücken sind stabiler als die Wasserstoffbrücken.

Zwischen Cysteinbestandteilen der Aminosäureketten können sich auch **Disulfidbrücken (Cystinbrücken)** bilden. Untersuchungen ergaben, dass sich mehr als die Hälfte aller Disulfidbrücken im ungerichteten Keratin befinden. Die Disulfidbrücken sind die stabilsten.

Die Keratinbrücken sind sowohl innerhalb als auch zwischen den faserigen und den ungerichteten Keratinbestandteilen vorhanden. Sie können durch bestimmte Stoffe gebrochen und wieder verknüpft werden. Das Lösen und neue Verknüpfen der verschiedenen Keratinbrücken im Haar ist der wesentliche chemische Vorgang bei Haarumformungen im Friseursalon.

Wissen Sie Bescheid?

1. Beschreiben Sie die Wirkungen von Paraffinen auf die Haut.
2. Nennen Sie fünf Präparate, in denen Paraffine enthalten sind.
3. Beschreiben Sie den chemischen Aufbau von Alkanen.
4. Geben Sie die ersten 4 Verbindungen der homologen Reihe der Alkane mit Namen, Summenformeln und Strukturformel an.
5. Nennen Sie die Eigenschaften und Verwendungsmöglichkeiten von Ethanol, Isopropanol und Butanol.
6. Beurteilen Sie die Löslichkeit von Ethanol und Butanol in Wasser. Begründen Sie Ihr Urteil.
7. Benennen Sie die funktionelle Gruppe der Alkohole.
8. Beschreiben Sie den chemischen Aufbau von Fettalkoholen.
9. Nennen Sie die Verwendungsmöglichkeiten für Fettalkohole in der Kosmetik.
10. Beschreiben Sie den chemischen Aufbau mehrwertiger Alkohole.
11. Nennen Sie die Eigenschaften von Glycerin.
12. Zählen Sie die Präparate auf, in denen Glycerin enthalten ist.
13. Nennen Sie die Eigenschaften und Verwendungsmöglichkeiten von Formaldehyd.
14. Was versteht man unter Formalin?
15. Geben Sie an, wozu Aceton in der Kosmetik verwendet wird.
16. Beschreiben Sie die Wirkung von Dihydroxyaceton auf die Haut.
17. Nennen Sie die Eigenschaften und Wirkungen von Zitronensäure, Weinsäure und Milchsäure.
18. Beschreiben Sie die Eigenschaften von Palmitin- und Stearinsäure.
19. Was versteht man unter Stearin?
20. Nennen Sie die Aufgaben, die Linol- und Linolensäure in der Kosmetik erfüllen.
21. Erläutern Sie die Begriffe essenzielle Fettsäure und ungesättigte Fettsäure.
22. Geben Sie die Eigenschaften der Salicylsäure an und nennen Sie Verwendungsmöglichkeiten.
23. Beschreiben Sie, wozu Ester im Friseurbereich verwendet werden.
24. Beschreiben Sie die Eigenschaften von Fetten.
25. Erläutern Sie den Begriff gehärtete Fette.
26. Unterscheiden Sie verschiedene Arten von Lipoiden, die in der Kosmetik eingesetzt werden.
27. Nennen Sie vier Beispiele für Wachse und geben Sie die kosmetischen Verwendungsmöglichkeiten für Wachse an.
28. Beschreiben Sie Herkunft und Eigenschaften von Lanolin.
29. Geben Sie Eigenschaften von Cholesterin und Lecithin an.
30. Beschreiben Sie die Wirkung von Siliconen auf die Haut.
31. Schildern Sie ein Verfahren zur Seifenherstellung.
32. Unterscheiden Sie zwischen Kernseife und Schmierseife bezüglich der Ausgangsstoffe für die Seifenherstellung.
33. Erklären Sie die alkalische Reaktion von Seifen beim Lösen in Wasser.
34. Wie entstehen Kalkseifen?
35. Nennen Sie Zusatzstoffe für Seifen und deren Aufgaben.
36. Zählen Sie die verschiedenen Seifenarten auf.
37. Beschreiben Sie die Aufgaben, die Tenside im Körperpflegebereich erfüllen.
38. Stellen Sie die Eigenschaften und Wirkungen von Seifen und WAS vergleichend gegenüber.
39. Beschreiben Sie den Aufbau der verschiedenen Tensidarten.
40. Erläutern Sie die Begriffe Kopfnote, Mittelnote und Basisnote eines Parfüms.
41. Nennen Sie drei Verfahren zu Gewinnung von pflanzlichen Duftstoffen und beschreiben Sie die Verfahren.
42. Zeigen Sie Verwendungsmöglichkeiten für Pigmente in der Kosmetik auf.
43. Unterteilen Sie die organischen Farbstoffe, die zur Färbung von Haaren eingesetzt werden.
44. Erklären Sie die Bedeutung von Proteinen für den Friseur.
45. Beschreiben Sie den chemischen Aufbau des Haares unter Verwendung der Begriffe Aminosäuren, Protein, gerichtetes und ungerichtetes Keratin, α-Helix.
46. Benennen Sie die Keratinbrücken.
47. Die Gesellin Frau Piel wundert sich, dass sich die beiden Auszubildenden Petra und Jörg sehr eifrig mit der organischen Chemie auseinander setzen.
    Erklären Sie der Gesellin, warum das wichtig ist.
48. Ein junger Kunde erzählt Ihnen, dass die Schleimhäute seines Kleinkindes sehr empfindlich auf viele Seifen und Shampoos reagieren.
    Stellen Sie Beratungshinweise darüber zusammen, welche Inhaltsstoffe Seifen und Shampoos für Kleinkinder enthalten bzw. nicht enthalten sollten.

Haarkultur, seit zehntausend Jahren

1. Venus von Willendorf, etwa 15 000 Jahre alt

Wie verfügen heute über eine Computertechnik, die uns in die Lage versetzt, Frisuren auszuprobieren, ohne dabei die Haare zu verändern. Die Aufgaben des Friseurs der Zukunft werden dabei immer anspruchsvoller. Es ist nicht mehr nur die handwerkliche Arbeit gefordert. Die inneren Wünsche der Kundschaft müssen erkannt und kreativ umgesetzt werden, um die ideale Frisur zu erstellen.
Die Kundenwünsche bewegen sich zwischen der Anpassung an Modetrends und dem Wunsch nach Individualität. Die Vielfalt der gewünschten Haarkreationen nimmt dadurch ständig zu, die Anforderungen an den Friseur wachsen in gleichem Maße.

Die Frisur ist ein wichtiges Merkmal für die Einschätzung anderer Menschen. Mit der Haartracht teilt man auch etwas über seine Persönlichkeit mit. Im übertragenen Sinne kann man sagen: Das Haar ist die Flagge unserer Seele.

Alle historischen Frisuren waren Lebensausdruck ihrer Zeit; sie waren das zu Locken und Flechten gestaltete Schmuckbedürfnis der Menschen. Dieses ästhetische Grundbedürfnis ist ein zeitloses menschliches Vergnügen – ohne Endpunkt.
Lernt man, die Haartracht richtig zu verstehen, dann sagt sie zugleich viel über die politischen und religiösen Einflüsse der jeweiligen Zeit aus. Ebenfalls lassen sich die Zeiten des Niedergangs und der Blüte des Bader- bzw. Friseurhandwerks nachvollziehen.

Die Geschichte der Haarkultur, die sog. **Stilkunde,** ist ein Steinbruch von Ideen. Der künftige Gestaltungsreichtum wird aus einer Kombinationsvielfalt bekannter und neuer Formen entstehen. Und es ist anzunehmen, dass auch die Haarfarben in Zukunft eine bisher nicht gekannte Vielfalt erreichen. Anzeichen dafür bieten Irokesen- und Punkfrisuren als möglicher Vorgeschmack einer vielgestaltigen Haarkultur.

Die Auseinandersetzungen mit der Geschichte der Haarkultur bedeutet ein Blättern im Fotoalbum der Modegeschichte. Dabei wird deutlich, wie sich Mode und technische Möglichkeiten gegenseitig beeinflussen.

Der Friseur kann aus der Kulturgeschichte des Haares neue Ideen für die Frisurengestaltung entwickeln. Eine so gesteigerte Kreativität fördert auch den sozialen Stellenwert des Friseurhandwerks.
Die Aufmerksamkeit soll zunächst dem 20. Jahrhundert gelten, der Zeit zwischen und nach den zwei Weltkriegen. Hier ist die Distanz nicht so groß wie zur Antike, dennoch erscheint uns schon vieles fremd; unsere Mode entdeckt gerade diese Zeiten neu.

1. Wählen Sie aus den Abbildungen der Seiten 196 bis 199 Frisuren, die Bezüge zur heutigen Mode erkennen lassen. Begründen Sie die Auswahl.

Blick in die Geschichte

2. Haarkamm, Jungsteinzeit

3. Röm. Rasiermesser, 500 v. Chr.

4. Haararbeit aus dem 19. Jahrhundert

5. Frisierstuhl für Kinder, 1950

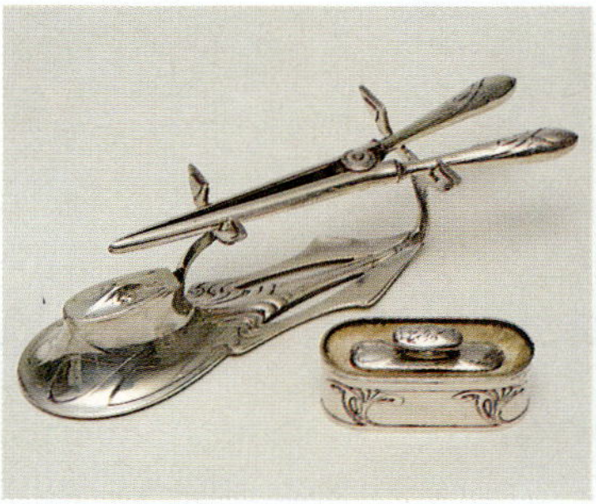

6. Brennschere, 1900, Spiritusheizung

7. Onduliereisen, 1925, Gasheizung

8. Rasierbecken, 16. Jh.

9. Puderzerstäuber, 1725

10. Barttasse, 19. Jh.

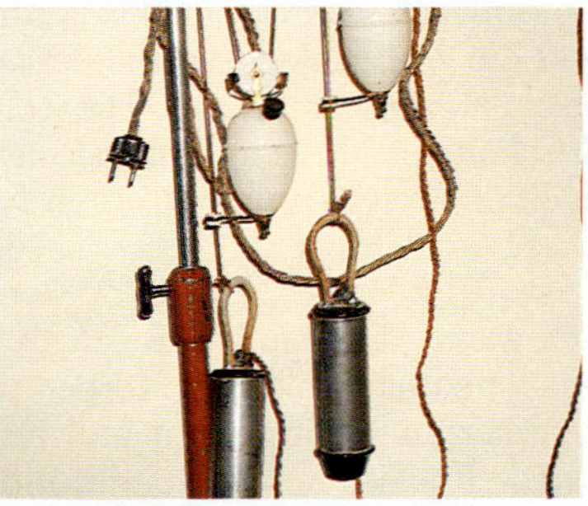

11. Heißwellgerät, 1910

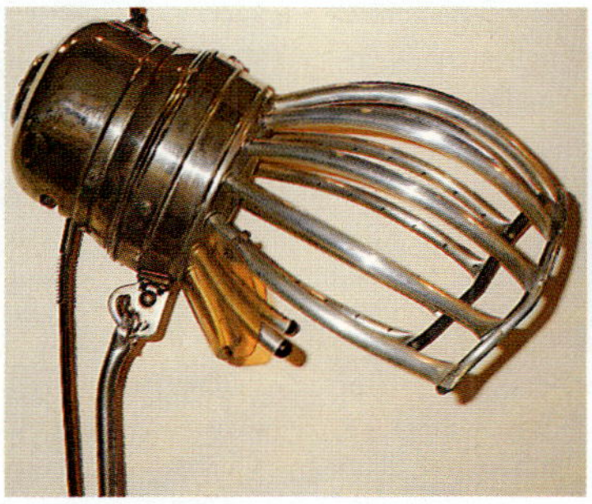

12. Röhrenhaube

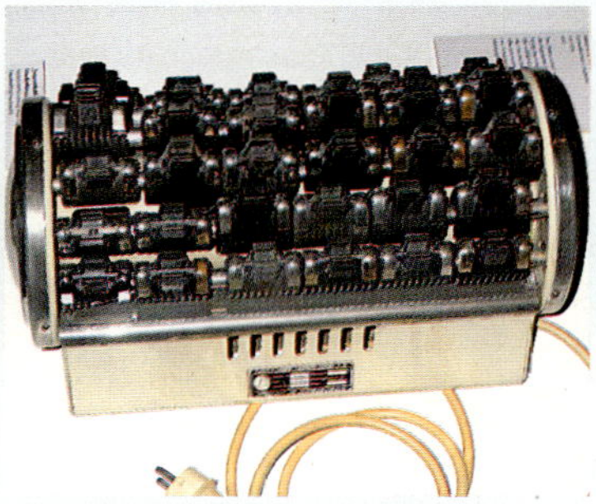

13. Thermwellgerät, 1960

1. Ondulierte Langhaarfrisuren, Paris 1910

2. Bubikopffrisur

1 Das 20. Jahrhundert – Revolution der Haarkultur

1.1 Vom Bubikopf zum Militärhaarschnitt

Der Anfang des 20. Jahrhunderts bringt einen Einschnitt in Mode und Haarkultur. Unter dem katastrophalen Erbe des I. Weltkrieges findet in allen gesellschaftlichen Bereichen eine allgemeine Besinnung auf neue Lebensziele statt.

Dies führt dazu, dass auch die herkömmliche Haar- und Kleidermode in Frage gestellt wird. Zwei Entwicklungen fallen besonders auf:
Zum einen werden die Rocklängen verkürzt und zum anderen, und viel spektakulärer, schneiden sich einige Damen die langen Haare ab.
Kurz geschnittene Haare bei Frauen galten bis dahin in unserem Kulturkreis als Zeichen der Entehrung. In den zwanziger Jahren wird der **Bubikopf** zum Kennzeichen der Mutigsten und zum Zeichen der Moderne schlechthin. Diese fast revolutionäre Veränderung verschafft dem Friseurhandwerk eine kulturelle Auffrischung.
Das Bild vom Barbier, der Bärte rasierte und Zähne zog, und das teils anrüchige Image des Baders verlieren endgültig ihre alten Bezüge.

Nach 1918 wird die Frisur zu einem Glaubensbekenntnis für und gegen das Neue. Der Friseur hat es nicht leicht, diese Anforderungen im gleichen Schritttempo zu befriedigen. Bei manchen mag der Wandel im Friseurhandwerk auch zu Existenzängsten geführt haben.

Im Herrenfach bedrohen die aus den USA kommenden „Rasierhobel“, Vorläufer der Nassrasierer, das für den Friseur wichtige Rasiergeschäft. Im Damenfach, in dem man bis dahin gute Umsätze mit der **Ondulation** machte, ist nun die Rede von einem neuen Verfahren, mit dem die Haare dauerhaft umgeformt werden können. Man befürchtet, die Dauerwelle wird die Ondulation und damit den Damenfriseur überflüssig machen.

Unsere heutigen Vorstellungen von Haardesign haben ihren Ursprung in der Befreiung von „alten Zöpfen“, der Erfindung neuer Techniken sowie dem neuen Verständnis und Umgang mit dem Kopf. Es ist dies auch ein großer Verdienst mutiger Frauen in den zwanziger und dreißiger Jahren.

Die „goldenen Zwanziger“ beschreiben allerdings mehr die Illusion als die Wirklichkeit einer lebensbejahenden Phase zwischen zwei Weltkriegen. Die Zeit ist geprägt durch wirtschaftliche Krisen, Arbeitslosigkeit und Inflation. Der Alltag vieler Frauen ist durch harte Arbeit gezeichnet.

Im Kontrast dazu steht das modische Ideal der **Garçonne.** Ihr knabenhafter schlanker Körper wird zum Modetyp, der leger auf Sportplätzen und Rennbahnen kokettiert. Die Rocklänge wechselt im Rhythmus einer Fieberkurve. Die große Garderobe bleibt jedoch mondän und lang. Tages- und Berufskleider

3. Olympiarolle

Minimal-Tarif
für Herrenbedienung.
Giltig vom 1. April 1913.

Rasieren	15 Pfg.
Frisieren	10 „
Rasieren und Frisieren	20 „
Haarschneiden, Scheitel oder kurz	25 „
Bartschneiden	20 „
Kopfwaschen je nach Art des Kopfwassers	15 bis 20 „
Haarschneiden für Kinder unter 14 Jahren	20 „
Rasier-Abonnements 12 Nrn.	1.50 Mk.
„ „ mit Frisieren	2.00 „

Jeder weitere Anspruch wird besonders berechnet.

NB. Sonntags kommt auf Haarschneiden ein Zuschlag von 10 Pf.

4. Der Minimaltarif

5. Militärhaarschnitt

unterscheiden sich stark von den Abendkleidern. Die Alltagskleidung für Büro und Geschäft ist spartanisch schlicht wie der Bubikopf.
Der Bubikopf wird zum Symbol moderner Haarkultur, so wie die Dampfmaschine ein Zeichen für die industrielle Revolution darstellt.

Zu Schrittmachern der neuen Frisierkunst werden Entwicklungen der Chemie und Neuerungen im Handwerklichen. Das Ergebnis ist der Modefrisiersalon mit Schneiden, Waschen, Legen, Färben und Fönen.
Ein Vorreiter des Neuen war Marcel **Grateau** mit seiner schon 1872 gezeigten Ondulationswelle.
Auf die Ondulation will der feminine Frauen-Typ zur Freude der Friseure auch beim Bubikopf nicht verzichten. Auch die Dauerwelle entwickelt sich bald zu einem einträglichen Geschäft für die Masse der Friseure. Pioniere auf diesem Gebiet sind Karl Ludwig **Nessler** und Joseph **Mayer.**

Eine Industrie der Haarkosmetik beginnt sich zu entwickeln. Den Kern der Frisierkunst bilden die stützende Dauerwelle und der formgebende Haarschnitt.

Als 1933 die Nationalsozialisten an die Macht kommen, erlebt auch die Mode einen tragischen Rückschlag. Schulterriemen, Stiefel und Hemden in brauner und schwarzer Einförmigkeit kennzeichnen den kulturellen Abstieg.

Die Damenfrisuren der dreißiger Jahre sind ein betont femininer Gegenzug zur Zeit der Stiefel und Schulterriemen. Sie stehen auch im Kontrast zu dem eher an Uniform erinnernden Kostüm mit aufgesetzten Taschen. Romantische und barocke Lockenformen drücken das Bedürfnis nach Weichheit und Eleganz aus. Selbst weiblicher Charme kann jedoch das züchtig-strenge Erscheinungsbild der Mode dieser Zeit nicht mildern. Auch die sportlich benannte **Olympiarolle** kann sich nicht am Stil der vorangegangenen zwanziger Jahre messen.

Bäuerinnen, Arbeiter- und Handwerksfrauen beschränken sich auf einfache Kämm- und Flechtfrisuren. Aufwendige Frisierkunst gibt es für sie bestenfalls zur Abrundung der Brautausstattung.
Für den Mann wird aus dem traditionellen Topfschnitt der schnittigere Offiziers- oder **Militärschnitt:** kurz, kahl und pflegeleicht.
Kleine Stutzerbärtchen im Führerlook gelten schon als Modeanspruch.
Die in den Konzentrationslagern praktizierte Kahlrasur der Gefangenen dient vor allem zur Entwürdigung der Menschen, wird aber offiziell mit dem Schutz vor Ungeziefer begründet.

1. Erläutern Sie, wie in dem beschriebenen Zeitabschnitt die gesellschaftlichen und politischen Verhältnisse die Mode beeinflussen.

1. Messerschnitt

2. Brigitte Bardot

3. Elvis Presley

1.2 Vom Messerformschnitt zur Punkermode

Der Zweite Weltkrieg hatte Hunger und Entbehrungen für die allermeisten Menschen gebracht. Viele Männer waren getötet oder befanden sich in Gefangenschaft. Ihre gesellschaftliche Rolle übernahmen vorübergehend Frauen.

Da erscheint es wie ein Wunder, als aus Resten grüngrauer Uniformstoffe, die mit einigen farblichen Akzenten belebt werden, eine erste Nachkriegsmode entsteht. Dazu kommt der Zauber des einfachen Glockenrockes, die Jugendfrische der Frisuren und ein Hauch von Eleganz mit Handschuhen und Taschen.

Deutschland wird aufgeteilt. Im Westen beginnt in den fünfziger Jahren das Wirtschaftswunder. Man spricht von einer Fresswelle. Heimatfilme werden zu Kassenschlagern.

Die Jugendlichen suchen ihr eigenes Lebensgefühl. Während sich die gepflegte Dame an den Frisurenvorschlägen des Friseurhandwerks orientiert und Georg **Hardy** mit dem **Messerhaarschnitt** nicht nur den Herrensalon revolutioniert, hat die Jugend ihre eigenen Vorbilder: Elvis Presley macht mit seiner Tolle Frisurenmode; James Dean verkörpert das Lebensgefühl des von seinen satten Eltern unverstandenen Rebellen. Die jungen Frauen tragen ihr Haar lang und glatt, wie Brigitte Bardot. Die Jeansmode findet immer mehr Anhänger. Der Motorroller wird zum Ziel der Wünsche vieler Heranwachsender und auch zum Symbol für Freiheit und Unabhängigkeit.

In den frühen sechziger Jahren schockieren die **Pilzköpfe der Beatles** und der Minirock die braven Bürger. Herrenfriseure fürchten Umsatzrückgänge wegen der langen Haare. Bisher ging man nach den üblichen Maßstäben etwa alle zwei Wochen zum Friseur.

Die Befürchtungen bestätigen sich, weil es vielen Friseuren nicht gelingt, sich auf die neue Mode und die veränderten Kundenwünsche einzustellen. Deshalb gehen viele junge Männer gar nicht mehr zum Friseur. Auch konservative Kunden wechseln schließlich zum **Rundschnitt** und kommen seltener.
Die Chance, dem Kunden ein verbessertes Leistungsangebot zu bieten, nutzen nur wenige Friseure. Viele Salons müssen schließen.

Mitte der sechziger Jahre werden im Damensalon **Haarteile** zur Betonung des Hinterkopfes sehr beliebt. Bald kommen auch **Perücken als Zweitfrisur** in Mode. Im Kontrast dazu stehen die langen Haare revoltierender Studentinnen und Studenten sowie die aus den USA kommende **Hippiemode.** Haare werden wieder zum Symbol des Aufbegehrens gegen die bürgerliche Ordnung. Künstlerisch umgesetzt wird dieser Protest 1968 im Musical Hair.

4. Die Beatles, 1964

5. Cocktailfrisur, 1962

6. Punkerin, 1987

In den siebziger und achtziger Jahren wird die Mode zunehmend schnelllebiger. Modeschöpfer und Trendsetter im Alltagsbild beeinflussen sich gegenseitig. Das Bild wird immer vielfältiger.
Weder **Punks** noch **Popper** schaffen den Durchbruch zu einem vorherrschenden Leitbild, aber beide beeinflussen die etablierte Mode nachhaltig und setzen eigenständige Trends.

Im Zuge einer breiten Nostalgiebewegung sucht man wieder einmal nach Vorbildern aus der Vergangenheit. Bei der Einrichtung werden Antiquitäten mit modernen High-Tech- und Designer-Möbeln kombiniert. Hochwertige Einzelstücke stehen neben preiswerten Großserien-Möbeln.

Auch der Friseurmarkt in den achtziger Jahren ist vielfältiger geworden: Neben den traditionellen Kleinbetrieben haben sich **Friseurketten** etabliert. Hinzu kommen Salons, die ihre Leistungen in einem einheitlichen System unter einem eingeführten Markennamen anbieten. Bei diesen so genannten **Franchising-Systemen** behält der einzelne Friseur-Unternehmer seine Selbstständigkeit, ordnet seinen Salon aber in ein gemeinsames Konzept ein. Dem Kunden soll dies eine stets gleich gute „Marken"-Qualität sichern und damit die Marktchancen der angeschlossenen Salons verbessern.

Heute kann jeder für sich selbst die Entscheidung für oder gegen eine Moderichtung treffen. Wir können gleiche Kleider tragen, aber die Gestaltung unserer Frisur ist ein unverwechselbarer Ausdruck von Persönlichkeit.
Jedes Individuum ringt gleichzeitig um Anpassung und Eigenständigkeit. Man sucht fortwährend nach einer Frisur, die allen Anlässen gerecht wird und den Kopf nicht zu einem modischen Perückenständer herabwürdigt.

Der Friseurberuf erfordert daher technisches und handwerkliches Geschick und er muss sich an ästhetischen Maßstäben orientieren, die sich aus den Wünschen des Einzelnen und den Erfordernissen seiner Umwelt ergeben.

Fortbestehen werden auch in Zukunft die Lust an der Haarmode und die Signalfunktion von Haut und Haar. Der Umgang damit ist ein höchst anspruchsvoller Auftrag an die Friseure.

1. Sammeln Sie Abbildungen, die die derzeitig aktuellen Trends in der Mode veranschaulichen.

2. Erörtern Sie, welche Gründe zu der Vielfalt der derzeitigen Mode geführt haben könnten.

1. Nofret und Rahotep, um 2580 v. Chr.

2. Ägyptisches Ehepaar, um 1250 v. Chr.

2 Ursprung unserer Haarkultur – das Altertum

2.1 Die Glattrasur im alten Ägypten (3000–300 v. Chr.)

Sesshaft werden, Tierhaltung, Ackerbau und Metallverarbeitung, das sind die Schritte, die die antiken Hochkulturen begründen. Sie geschehen fast zeitgleich im ägyptischen Niltal, in China am Hoangho, im Zweistromland (Irak) und am Indus.
Die Erwirtschaftung von Nahrungsüberschüssen ermöglicht Arbeitsteilung. Spezialisten können sich herausbilden. Das Zusammenleben ist durch Regeln, Gesetze und religiöse Sitten geordnet.

Das ästhetische Empfinden der Menschen ist darauf gerichtet, sich von der ungeordneten Vielfalt der Natur abzugrenzen. Dies kommt beim Weben und Flechten durch die Regelmäßigkeit und Gleichmäßigkeit der Muster zum Ausdruck. In der Mode ersetzt das textile Gewebe Produkte der Natur, wie Felle und Leder. In der Haarkultur entspricht dem die **künstliche Perücke,** die nach strengen Regeln geflochten wird.
Im allgemeinen Verständnis dieser Völker ist das Haar ein Restbestand des tierischen Fells. Die Priester als geistige Elite erscheinen vor dem Gottkönig in totaler **Glattrasur** von Kopf und Körper.
Die Kenntnisse auf dem Gebiet der Naturkunde fließen in die Haar- und Körperpflege ein, sie fördern einen Reichtum an Salben, Duftstoffen und kosmetischen Mixturen, der vom feinsten Lidschatten bis zum Großangebot an Einbalsamierungsmitteln reicht.

Die spezielle Haarpflege der Herrschaftsschicht gewinnt auch für das Volk zunehmend an Interesse. **Rasiermesser** aus Bronze, erhitzbare **Tonwickel** und Haarfette aus organischen und mineralischen Mitteln finden weithin Verbreitung. **Balsamkegel** aus Fetten und duftenden Ölen werden dabei auf dem Oberkopf getragen. In der Wärme zerfließen sie und geben dem Haar Glanz und einen angenehmen Duft. Henna und Indigo sind als Haarfärbemittel bekannt.
Selbst Perücken gehören für einfache Leute zum Alltag, allerdings aus billigem Ziegenhaar oder Pflanzenfasern. Der pilzkopfartige **Pagenkopf** ist dabei der anerkannte Grundschnitt.

Rangunterschiede werden über die Qualität der Materialien und symbolische Herrschaftszeichen vermittelt. So trägt die Königin ebenso wie der König den aus Fremdhaar geflochtenen **Kinnbart** als zeremonielles Statussymbol. Zu weihevollen Anlässen verdeckt der Pharao das Haupthaar mit der Königshaube, dem **Klaft.**
Darüber hinaus werden Rangunterschiede an der Feinheit der Gewebe und an der Länge der Kleidung festgemacht. Je weniger der Einzelne zur körperlichen Arbeit verpflichtet ist, umso enger und körperverhüllender ist die Kleidung, wobei fast durchsichtige Materialien verwendet werden.
Der haarverdeckende Klaft wird von nachfolgenden Kulturen aufgenommen und zu Kronen, Hauben und Hüten weiterentwickelt.

3. Frauenköpfe, griechisch, 3. Jh. v. Chr.

4. Kopf des Zeus, 500 v. Chr.

2.2 Die Eleganz gepflegter Lässigkeit – Haarkultur in der griechischen Antike (1500–150 v. Chr.)

Die Kultur der Griechen, die wir auch als klassische Antike bezeichnen, ist entstanden aus dem mehrfachen Überlagern und Verschmelzen verschiedener Kulturen.
Handwerkskunst der Metallverarbeitung und Töpferei, Geldwirtschaft und ein weltoffener Handel sind die Basis für ein politisches System, das bereits demokratische Grundregeln kennt.
Die Gleichheit im politischen und kulturellen Bereich findet ihren Ausgleich in einem Streben des Einzelnen nach dem **idealen Maß.** Der Gestaltungsdrang und das Streben nach Wohlgeformtheit haben in der griechischen Antike zu Maßstäben geführt, die sich bis in unsere Tage erhalten haben.

Kosmetik und **Hygiene** sind griechische Begriffe, die Ausdruck einer lebensbejahenden Einstellung zum Körper sind. Pflege und Abhärtung bilden Erziehungsziele, wie das Ideal der Einheit von Körper und Geist.

Zum Alltag gehören das Wechselbad, die Massage, das Einölen und Salben von Haut und Haaren. Das Naturhaar wird in Wellen gelegt oder gekräuselt, mit **Korkenzieherlocken** oder **Haarknoten** kombiniert. Entscheidend ist die **ästhetische Harmonie** von Frisur und Kleidung, von Kopf und Körper, von Rang und Alter.

Die notwendigen Mittel dafür sind Stirn- und Haarbänder, Kämme, Spangen und Nadel, Haarnetze und Lockenwickler, die aus einem erhitzbaren Hohlrohr, dem **Calamistrum,** bestehen.
In der **archaischen Zeit** (1500–500 v. Chr.) tragen die Frauen das Haar glatt oder gewellt. Entweder ist es offen oder in einer Art Haarbeutel im Nacken zusammengenommen. Männer haben langes Haupthaar und Bärte.
In der **klassischen Zeit** (500–300 v. Chr.) wird das Haar der Frauen am Hinterkopf zu einem Knoten aufgesteckt. Diademe zieren das wellige Haar. Bei den Männern entwickeln sich unterschiedliche Haartrachten, je nach Stand und Tätigkeit: Sportler und Soldaten tragen ihr Haar kurz und sind glatt rasiert. Gelehrte und Dichter werden mit langem Kopf- und Barthaar dargestellt. Modejünglinge in den Städten zeigen sehr viel Eitelkeit beim Frisieren ihres halblangen, gekrausten Haares.
In der **hellenistischen Zeit** (300–150 v. Chr.) entstehen unter orientalischem Einfluss kunstvolle Frisuren mit Knoten und Schleifen.

1. Vergleichen Sie die in Bild 3 dargestellten Damenfrisuren. Suchen Sie Unterschiede und Gemeinsamkeiten.

2. Suchen Sie in Bildbänden und Lexika nach weiteren Abbildungen und Informationen zur Zeit der Ägypter und Griechen.

1. Gaius Julius Cäsar, 100–44 v. Chr.

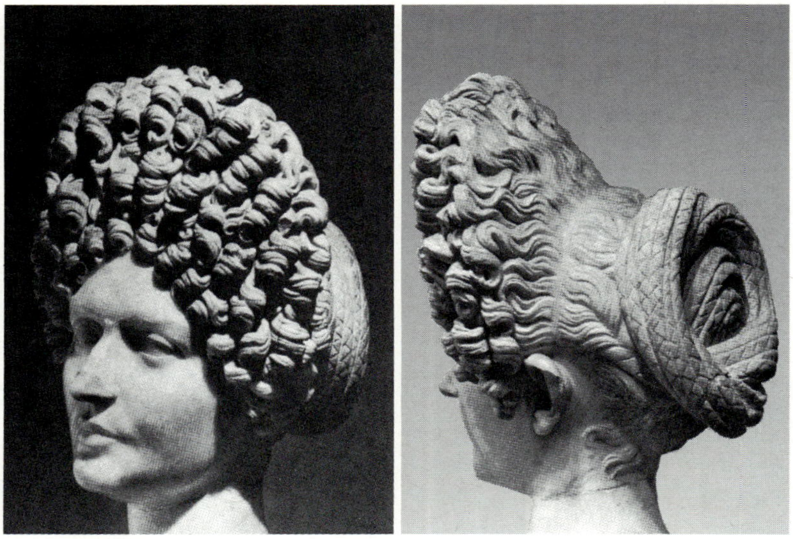

2. Tituskopf der Julia, Vorderseite und Rückseite

2.3 Frisierkunst ohne Grenzen – Die römische Antike (500 v.–500 n. Chr.)

Das Römische Weltreich ist aus militärischen und diplomatischen Siegen entstanden. Nach der gewaltsamen Unterordnung der entwickelten Kultur der Etrusker im nördlichen Teil der italienischen Halbinsel wird der mächtige Handelsrivale Karthago, der das westliche Mittelmeer beherrscht, vernichtet. 146 v. Chr. schließlich fällt als letzter starker griechischer Stadtstaat Korinth.
Auf dem Höhepunkt des Römischen Weltreichs reicht das von den Römern eroberte Gebiet von Britannien bis zum Euphrat und von der nördlichen Schwarzmeerküste bis zum Nil.

Die römische Kunst dient der Repräsentation des Staatswesens. Dies zeigt sich auch in der Ingenieurskunst, die neben Wasserleitungssystemen und Thermalbädern auch Amphietheater und Triumphbögen geschaffen hat.

Die als Kriegsbeute nach Rom fließenden Schätze erzeugen Überfluss und ein Übermaß an Wünschen. Der gehobene Anspruch in der Körperpflege kommt zum Ausdruck durch das Baden in Ziegen- oder Eselsmilch, die Anwendung von Ölen und Salben, Schminken und Massagen. Sklaven für alle Tätigkeiten stehen zur Verfügung. Haarkünstler aus Griechenland und Ägypten werden bevorzugt.

Haartrachten folgen einander in einem fast unersättlichen Wechsel der Formen aus Locken, Flechten, Knoten und Spiralen. Ein typisches Beispiel ist die **Lockenkranzfrisur** der Julia, Tochter des Kaisers Titus. Die Frisuren unterscheiden sich nach Jahres- oder Tageszeiten, nach Anlass und Laune.

Zur **Farbveränderung** wird dunkles Haar mit allen erreichbaren Mitteln aufgehellt, mit beizenden Seifen behandelt und in der Sonne gebleicht. Hoch im Kurs steht das blonde Haar der Germanen, dies wird entweder zu Perücken verarbeitet oder in das Haar der Römerin eingeflochten. Henna ermöglicht rötlich blonde Töne, mit Goldstaubpuder wird die fertige Frisur bestäubt.
Feinste **Haarnetze,** fantasiereicher Haarschmuck aus Edelmetallen, Elfenbein, Perlen, aber auch aus Blüten und Rankenpflanzen stehen als Beiwerk zur Verfügung. Die technischen Möglichkeiten des **Brenneisens** werden verfeinert, ebenso wie die Technik des Rasierens mit eisernen Klingen.
Die wohlhabende Römerin schreckt auch vor dem schmerzhaften Auszupfen der Körperhaare nicht zurück. Der Umgang mit Puder, Lippenstift und Schminke ist ein alltägliches Ritual, das mehrere Stunden in Anspruch nimmt.

Kultureller und politischer Verfall sowie der Druck anstürmender Reitervölker lassen das römische Imperium 395 in ein Ost- und Westreich zerbrechen.

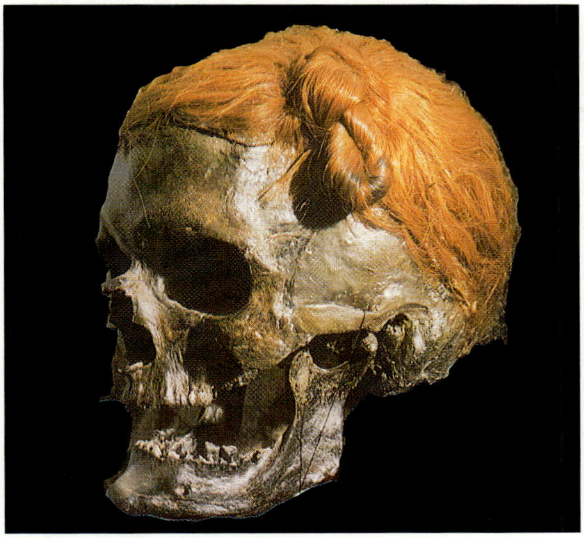

3. Kopf einer Moorleiche, 1. Jh. n. Chr.

4. Germanische Familie

2.4 Suebenknoten und Bärte – Stammesfrisuren der Germanen (etwa 1500 v.–900 n. Chr.)

Die Urheimat der Germanen liegt in den westlichen Gebieten des Ostseebeckens. Von dort breiten sie sich um 1500 v. Chr. in Richtung Westen, Süden und Osten aus und entwickeln dabei eine gemeinsame Kultur. Es bilden sich die Völkergruppen der Nordgermanen (Skandinavier), Westgermanen (u. a. Angeln und Sachsen) und Ostgermanen (u. a. Burgunden, Goten, Wandalen).

Die Germanen leben in kleinen Gehöften und Dörfern. Sie betreiben Ackerbau und Viehzucht und gehen auf die Jagd. Ihre Holzhäuser beherbergen Menschen und Tiere oft unter einem Dach.

Schon früh findet Karawanenhandel mit dem Mittelmeerraum statt. Dadurch kommt es zu kulturellem Austausch mit den Römern.

80 v. Chr. erwähnen römische Geschichtsschreiber den Begriff „Germanen" zum ersten Mal. Um die Mitte des letzten vorchristlichen Jahrhunderts rückt der germanische Stamm der Sueben nach Gallien vor, wird aber von Cäsar zurückgedrängt. Vergeblich bleibt der Versuch des Kaisers Augustus, das rechtsrheinische Germanien zu erobern. In der Varusschlacht (9 n. Chr.) werden die Römer geschlagen. Fortan bilden der Rhein, der den Römern als Schutzwall errichtete Limes und die Donau die Grenze zwischen Römern und Germanen.

Das Vordringen der Hunnen nach Westen löst 375 die Völkerwanderung aus. In ihrem Zuge stoßen germanische Stämme im Westen über den Rhein, im Süden bis Spanien und Afrika vor. Darüber zerbricht das römische Weltreich.

Schriftliche Überlieferungen über die Germanen stammen von römischen Geschichtsschreibern, Abbildungen von Germanen findet man an römischen Siegessäulen. Auch von Leichenfunden im Moor kennt man die Kleidung der Germanen: Gewänder aus Wolle und Leinen und geschnürte Sandalen.

Ihr Haar ist blond, zuweilen rötlich. Langes Haar gilt bei den meisten als Zeichen der Freiheit. Je nach Zugehörigkeit zu einem der Stämme tragen die Männer ihr Haar zu Zöpfen geflochten oder lassen es offen herabhängen. Kennzeichen der nördlichen Stämme ist der gedrehte **Suebenknoten,** der seitlich getragen wird.

Römische Bildhauer stellen die Germanen mit langen Schnurr- und Kinnbärten dar. Die Frauen tragen ihr langes Haar offen oder zu einem **Haarkranz** geflochten, manchmal auch von einem Netz oder Tuch gehalten.

Zur Reinigung von Haut und Haaren benutzt man **Seife.** Mit **Butter** werden die Haare geschmeidig gemacht.

Vor dem Kampf geben sich die Männer ein Furcht erregendes Aussehen, indem sie ihre Haare rot färben, dazu wird Seife mit Erdfarben (Ocker) gemischt und auf das Haar aufgetragen.

1. Verkündigungsengel mit Papillotenfrisur, 1235, Bamberg

2. Uta von Ballenstedt mit Gebende, um 1260, Naumburger Dom

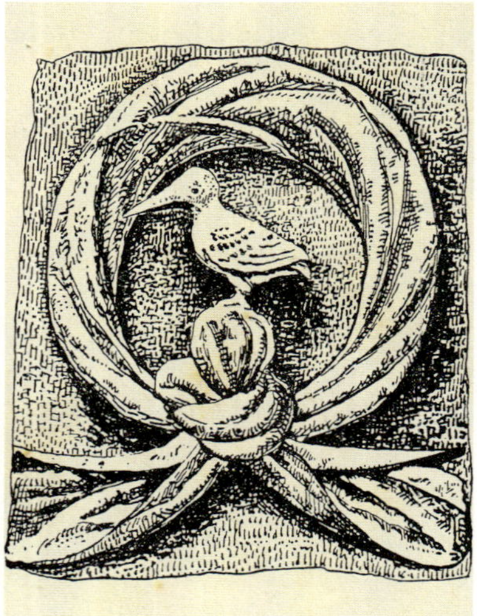

3. Zunftwappen der Bader, 1406, Prag

3 Haarmode vom Mittelalter zum Rokoko

4. Blick in eine Badestube

3.1 Das Haar unter der Haube – Die Haarkunst in der Romanik und Gotik (900–1450)

In Romanik und Gotik entwickeln sich neben dem kulturell hoch entfalteten Klosterleben die Städte als neue Zentren.

Kriegerische Kreuzzüge, die das Heilige Land aus den Händen der Mohammedaner befreien sollen, bringen orientalische Einflüsse nach Mitteleuropa: prächtige Farben und Speisen, Gewürze und kostbare Stoffe sowie eine bis dahin nicht gekannte **Badekultur.**

Die Belebung der europäischen Entwicklung zeigt sich an den Städten. Hier werden die Spezialisten aus der ländlichen Umgebung auf ein Zentrum konzentriert, das politisch, wirtschaftlich und kulturell durch Handwerk und Handel erblüht. Zugleich ermöglicht das vitale Eigenleben der Städte die Förderung von Kunst und Wissenschaft und das Entstehen von Kathedralen und Universitäten. Alle Handwerker verfeinern ihre Produkte und Techniken in einem Maße, dass die traditionelle bäuerliche Selbstgenügsamkeit und Selbstständigkeit weitgehend verloren geht. Sie schließen sich zusammen zu Interessengemeinschaften, den **Zünften.**

Auch das Haareschneiden und -pflegen überlässt man zunehmend Spezialisten, den **Badern** und **Barbieren.** In den Badestuben, den Wirkungsstätten der Bader, wird auch der gesellige Alltag genossen. Das Angebot

5. Junge Frau, 1450

6. Hörnerhaube und Hennin

reicht von einfachen Badefreuden, dem Schneiden und Pflegen von Nägeln, Haut und Haaren über Zahnbehandlung bis hin zu Spiel, Gesang und Speisen.
Während die Bader ihr Handwerk nur in den Badestuben ausüben, suchen die Barbiere ihre Kunden auch zu Hause auf. Ihr Leistungsangebot schließt neben dem Haarescheren ebenfalls die niedere Wundmedizin ein. Sie versorgen Knochenbrüche und Verrenkungen oder lassen zur Ader.

Mit dem Brenneisen werden auch Männerhaare gelockt. In dieser Zeit entsteht die **Papillotiertechnik.** Zöpfe werden als Schmuckform vom Mann getragen. Langes Männerhaar ist jedoch ein Vorrecht des Adels. Bauern und Knechte tragen ihr Haar etwa in Pagenkopflänge, oft auch Bärte. Gegen Ende des 14. Jahrhunderts tragen nur noch ältere Männer Bärte, als Zeichen der Würde oder des Standes.

Der Einfluss der Kirche auf das alltägliche Leben der Menschen ist groß. So regeln kirchliche Tugendvorschriften die Kleidung und auch die Frisuren.
Dass dadurch sogar kreative Impulse gesetzt werden können, zeigt das Beispiel der weiblichen Kopfbedeckungen. Als verheiratete Frauen ihr Haar während des Gottesdienstes und später auch auf der Straße verhüllen müssen, entwickelt sich eine regelrechte **Hutkultur.** Während die Sittenwächter durch ein schamhaftes Bedecken des Haupthaares die Männer vor den Reizen der Frauen zu schützen hoffen, entwickeln diese viel Fantasie bei der Gestaltung von Hauben und Hüten. Beeindruckende Beispiele sind **Hennin** (der verschleierte Zuckerhut) und die **Hörnerhaube.** Das Stirnhaar wird rasiert.

Das unverheiratete Mädchen darf sein Haar weiterhin geflochten oder auch offen zeigen. Bis heute hat sich daher der Begriff „unter die Haube kommen“ für die Heirat erhalten.

Die Länge und Dichte des Haares hat bei Frauen wie Männern auch symbolische Bedeutung. Sie gilt als Zeichen für Lebenskraft.
Langes gelocktes Haar, möglichst goldblond, wird angestrebt. Die geringste Wertschätzung genießt rotes Haar. Es reicht manchmal als einziger Beweis, um eine Frau als Hexe zu verurteilen.
1406 gibt Kaiser Wenzel (ältester Sohn Kaiser Karl IV.) den Badern einen Freibrief, ein Zunftwappen und erklärt sie für frei. Das Wappen zeigt eine Aderlassbinde und einen Vogel. Die Aderlassbinde ist ein Arbeitsgerät. Der Vogel soll symbolisieren, wie leicht man sich nach dem Aderlass fühlt.
Spötter behaupten, der Vogel stehe für die „Geschwätzigkeit“ der Friseure.

1. Überlegen Sie, welche Menschen noch heute Kopfbedeckungen tragen, deren Form aus dieser Zeit stammt.

1. Simonetta Vespucci, 15. Jh., S. Boticelli

2. B. Schellenberg, 1504, Burgkmair d. Ä.

3. H. Schellenberg, 1505, Burgkmair d. Ä.

3.2 Wiederentdeckung der Haarpracht – Haarmoden der Renaissance (1450–1600)

Ist das Streben der Menschen in Romanik und Gotik auf das Leben im Jenseits gerichtet, so wendet man sich in der Renaissance (frz. Wiedergeburt) dem Diesseits zu. Ausgehend von Italien werden alte Denkweisen der griechischen und römischen Antike mit neuem Leben erfüllt. Die Veränderungen zeigen sich bei der Kirche in der Reformation.

Auf der Suche nach einem neuen Weltbild erblühen die Naturwissenschaften. Die Vorstellung von der Kugelgestalt der Erde setzt sich endgültig durch. Die Renaissance wird zu einer Zeit der Entdeckungen und Erfindungen. Die Entdeckung Amerikas und des Seewegs nach Indien verändern nicht nur die Landkarten, sie führen auch zum Entstehen der Kolonien und des Welthandels einschließlich des Handels mit Sklaven.
Entdeckungs- und Handelsfahrten müssen finanziert werden, das Bankgewerbe blüht auf. Gutenbergs Buchdruck mit beweglichen Lettern ermöglicht erstmals die Verbreitung von Schriften in großen Auflagen.

In dieser Zeit des Umbruchs sucht man nach einer Lebensphilosophie im Einklang von Mensch, Natur und Religion. Eine tatkräftige und sinnliche Weltbezogenheit rückt wieder in den Mittelpunkt. Der Mensch wird zum Maß aller Dinge. Symmetrie, Harmonie und Proportion sind die Schlüsselwörter.

In der Mode spiegelt sich dies in der natürlichen Behandlung der Körperlichkeit von Busen bis zur Taille wider. Reize werden dezent präsentiert, die Figur betont. Fast alle heute üblichen **Volkstrachten** gehen auf die Mode der Renaissance zurück.

Das Ablegen der züchtigen Hauben und das Öffnen der Haare dokumentiert die stärkste Befreiung im Selbstverständnis des Menschen. Modische Anleihen liefert die **Antike.** Mittelscheitel und Haarknoten sind griechisches Erbe; die Locken- und Zopffrisuren gehören zum Erfahrungsschatz der Römerinnen.
Dabei wird das Bewahrenswerte keinesfalls vergessen. So gibt es prächtige Hauben für die Alltagsmode ebenso wie für besondere Anlässe.
Auch das Wellen und Kräuseln, das Einflechten fremder Haare und das Tragen von **Perücken** gehört zur Haarmode. Erlesenes Beiwerk wie Perlen, Goldnetze und Schleier dürfen ergänzend in die Haargestaltung einbezogen werden.

Blondes und rötliches Haar steht nun hoch im Kurs und wird mit gesponnenem Gold verglichen. Dem Ideal des hellblonden Haares versucht man durch **Bleichen** und Färben näher zu kommen. Rötliche Töne erzielt man durch Färben mit **Hennabrei**. Als besonders attraktiv gilt bei den Frauen das Rasieren der **Stirnhaare,** um eine hohe gewölbte Stirn zu erzielen. Auch das etwa einen Zentimeter breite Ausrasieren des Scheitels kommt in Mode.

4. Bia de'Medici, 1542, Bronzino

5. Eleonore von Österreich, 1536, J. Seisenegger

6. Katharina Fürlegerin, 15. Jh., A. Dürer

Die Haartracht der Männer ist vom Kaiser bis zum Bauern der scheitellose **Pagenkopf** in seiner kurzen Version als **Kolbe.** Dafür bilden die Bärte auserlesene Spielformen nach Rang und Stand, Alter und Beruf.

Hatten die Badestuben die Pestepidemien des Mittelalters überstanden, so bringt die sich ausbreitende Syphilis nun den Niedergang. Als einen Ort möglicher Ansteckung meidet man nun die Badestuben.

Unter den politischen und religiösen Einflüssen, die gegen 1540 mit der Gegenreformation von Spanien ausgehen, geht der weltoffene Geist der Renaissance verloren.
Abkehr vom Weltlichen, Askese und Körperfeindlichkeit zeigen ihre Wirkung auch in der Mode. Die Haare werden streng nach oben gekämmt, geknotet und toupiert, wenn auch Perlenschmuck und Locken die Strenge etwas mildern.
Der Kopf liegt gewissermaßen präsentiert auf einem weißen Teller, dem **Mühlsteinkragen,** der nur eine bescheidene Bewegungsfreiheit zulässt und Kopf und Körper symbolisch voneinander trennt.

1. Gemäde aus der Renaissance zeigen z.T. in übertriebener Fülle das Haar der Personen. Nennen Sie mögliche Gründe, die den Maler veranlasst haben, so zu malen.

7. Simon G. of Cornwall, 15. Jh., Holbein d. J.

8. Infantin Isabella Clara Eugenia von Spanien, 1599, Juan Pantoja de la Cruz

1. Perückenmacher

2. Ludwig XIV., Sonnenkönig

3. Kratzer und Flohfallen

3.3 Die Blütezeit der Perückenfrisur beginnt – Haarmoden im Barock (1618–1715)

Die Zeit des Barock wird mit dem Dreißigjährigen Krieg eingeleitet und endet mit dem Tode Ludwigs XIV., des Mannes, der zum Sinnbild dieser Epoche geworden ist.
Der Dreißigjährige Krieg terrorisiert die Bevölkerung, lässt Kultur und Sitten verwildern und verwüstet weite Landstriche. In Anbetracht der Schrecken des Krieges wenden sich die Menschen dem täglichen Überlebenskampf zu und versuchen, die wenigen Vergnügungen, die jetzt und heute erreichbar sind, zu genießen.

Im Kontrast zum raubeinigen **Landsknechtstyp** entsteht an den Höfen Englands und Frankreichs das Ideal des **Kavaliers.** Ihn zeichnet gutes Benehmen aus, man erkennt ihn an Bärtchen und gelocktem Haar.

Spanien verliert zunehmend an Macht und damit an Einfluss auf die Mode. Das Schwarz der Gegenreformation weicht unübersehbar kräftigen Farben. Die Frauen bei Hof tragen ihr Haar offener, sie zeigen wieder Dekolletee.

In der 2. Hälfte des 17. Jahrhunderts wird **Ludwig der XIV.** für die europäischen Fürstenhäuser zum Vorbild der absolutistischen Herrschaftsform. Bezeichnend ist sein Ausspruch: „L'état c'est moi." (Der Staat bin ich.) Er herrscht über ein Weltreich mit Kolonien jenseits des Atlantiks. Weil in seinem Reich die Sonne nie untergeht, bezeichnet er sich selbst als Sonnenkönig.

An der Löwenmähne des Königs der Tiere orientiert sich seine Frisur, die durch eine **Allongeperücke** möglich wird. Ursprünglich stammt sie von seinem Vorgänger Ludwig XIII., der frühzeitig kahl geworden war. Die sich nun entfaltende Perückenkultur prägt zwei Jahrhunderte. Perückenmacher und Modistinnen genießen bald das Ansehen von Künstlern.

Die absolute Stellung Ludwig XIV. zeigt sich auch gegenüber der Königin. Sie muss ihrem Mann eine große Zahl von Maitressen zugestehen, die er nach seinen zeitweiligen Wunsch- und Schönheitsidealen auswählt. Entsprechend ist die Rolle der Frau in dieser Zeit als „Lust- und Jagdobjekt" der Salons. Die tägliche Gestaltung – Ankleiden, Schminken und Frisieren – gerät zu einem bühnenreifen Schauspiel, zu dessen Aufführung Akteure, Zuschauer, Garderobiere und Requisiteure beitragen.

Bei all dem kommt die Hygiene zu kurz. Die Körperpflege beschränkt sich aufs Pudern, Parfümieren und Bürsten bzw. Kämmen. Wasser fürchtet man als Krankheitsüberträger. Es werden sogar Badeverbote erlassen. Gegen den Befall von Ungeziefer gibt es **Kratzer** und **Flohfallen** aus Porzellan, die im Dekolletee getragen werden.

4. **Frisur à la Garcette**

5. **Zwinger in Dresden, Baustil des Barock**

Eine verbreitete Damenfrisur des **Frühbarock** bis etwa 1680 ist die **Frisur à la Garcette.** Stirnfransen, die das Gesicht einrahmen, geben dieser Frisur den Namen. Der Vorder- und Oberkopf ist flach gehalten, ein vorderer Quer- oder Rundscheitel teilt das Haar. Die üppigen Seitenpartien entstehen aus Korkenzieherlocken. Das übrige Haar wird in einem Knoten zusammengefasst.

Als „Erfinderin" der Hochfrisuren des **Spätbarock** um 1680 gilt die Herzogin von Fontange. Sicherlich bildet ihre aus gesteiften Spitzen und künstlichem Haar geformte **Frisur à la Fontange** einen Höhepunkt barocker Modepracht. Dazu trägt man reich verzierte Reifröcke und ein weit ausgeschnittenes Mieder.
Auch die Männer schätzen kostbare Kleidung. Über Weste und Kniehose trägt man einen prächtigen Knöpfrock. Abgerundet wird das Bild durch Seidenstrümpfe und hochhackige Schuhe.

Nach seinem Tode hinterlässt Ludwig XIV. einen erst fünfjährigen Thronfolger. Bis 1723 übernimmt Philipp von Orléans die Regierungsgeschäfte. Der pompöse Stil wird durch grazilere Formen abgelöst.

1. *Beschreiben Sie die Frisur à la Garcette.*

2. *Beschreiben Sie die Frisur à la Fontange.*

6. **Frisur à la Fontange**

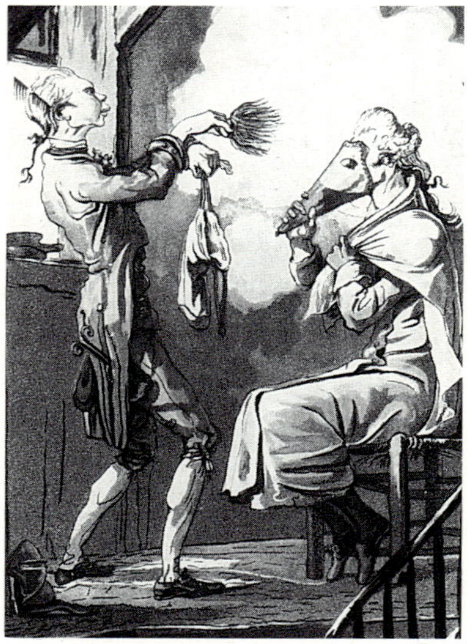

1. Puderszene, 1768

2. Maria Lesczynska, 1730

3. Madame Pompadour, 1758

3.4 Turmbauten auf den Köpfen der Damen – Haarmoden im Rokoko (1715–1789)

Nach dem Tode des Sonnenkönigs beginnt das Zeitalter des Rokoko, das mit der Französischen Revolution sein jähes Ende finden wird.

Im Frührokoko, vor und während der ersten Regierungsjahre des jungen Königs Ludwig XV., trägt die Damenwelt **leichte Puderfrisuren.**
Zunächst wird einfach das Haar aus der Stirn gekämmt und am Hinterkopf zum Chignon hochgebunden. Man genießt die Lockerung der höfischen Etikette unter der Regentschaft des Philipp von Orléans. Schäferspiele, bei denen man sich als Bäuerin oder Hirte verkleidet, sind beliebt und drücken die Sehnsucht nach einer ländlichen Idylle aus.

Als Ludwig XV. die Regierung 1723 übernimmt, hält der Trend zu kleinen, leichten Frisuren an. Bald wird seine Gemahlin, **Maria Leszcynska,** ebenso zum modischen Vorbild wie seine einflussreiche Geliebte, die **Marquise de Pompadour.**
Das Ideal ist ein möglichst graziles Erscheinungsbild. Zu Wespentaillen kontrastieren weite Reifröcke mit Polstern und künstlichen Hüften. Weiten bis zu 4 m machen normale Türen unpassierbar.

Auch die Männer im Rokoko erscheinen zierlich. Sie haben die schweren Allonge-Perücken abgelegt und tragen nun die wesentlich bequemeren **Beutelperücken.** Diese sind weit weniger Statussymbol als ihre Vorgänger. Ihr geringerer Preis macht sie auch für das Bürgertum erschwinglich, den Stand, der zunehmend an Einfluss gewinnt.

Das Bestäuben der Frisuren mit weißem Puder wird zu einem Bedürfnis für Frauen und Männer. Man verwendet für einfache Puder Weizenmehl, höheren Ansprüchen genügt Bohnen- oder Stärkemehl.
Das Puder wird in mehreren Schichten zum Teil im Wechsel mit Pomade aufgebracht. Das Gesicht schützt man durch eine Maske. Überschüssiger Puder wird mit einem Messerchen abgetragen. Trotz des großen Aufwandes bröckelt das Mehl langsam ab und die Prozedur muss täglich wiederholt werden.
Der Verbrauch eines einfachen Soldaten wird mit etwa einem Pfund Mehl wöchentlich angegeben. Das Pudern bedeutet einen unsinnigen Verbrauch an Nahrungsmitteln, unter deren Knappheit das einfache Volk ohnehin zu leiden hat. Die Gegensätze zwischen dem ausschweifenden Leben bei Hofe und der Armut breiter Bevölkerungskreise werden immer offensichtlicher.

Auch für die Hygiene ist das Pudern eher ein Rückschritt. Noch immer scheut man das Wasser. Schwarze Schönheitspflästerchen (Mouches) verbergen die Ausbrüche mangelnder Körperpflege und der sich bei Hofe ausbreitenden Geschlechtskrankheiten.

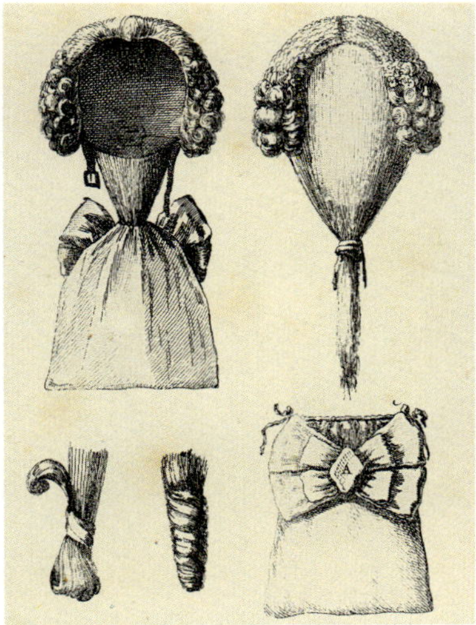

4. Beutelperücke, 1768, Diderots Encyclopédie

5. Marie Antoinette, 1780, Vigée-Lebrun

6. Juliane zu Schaumburg-Lippe, 1780, H. Tischbein

Im **Hochrokoko,** etwa ab 1750, nimmt die Höhe der Frisuren beträchtlich zu. Ein Beispiel dafür ist die Puderfrisur der **Marie Antoinette,** der Gattin Ludwig XVI.
Es entsteht ein Wettstreit mit immer neuen turmhohen Aufbauten aus Draht, künstlichem Haar, Schleifen, Pudern und diversen Zutaten.

Im **Spätrokoko** werden die Frisuren wieder kleiner und fast bürgerlich. Mit Häubchen, Federn, Bändern, Blumen oder Spitzen erscheinen sie leicht und lieblich. Ein Beispiel ist die Rosenkranzfrisur der **Prinzessin Lamballe.**

Die **Innung der Barbiers-Perruquiers-Beigneurs** (Barbiere, Perückenmacher, Bader) gibt für 1767 in Frankreich 850 Meister an. Dazu kommen noch die zahlenmäßig nicht erfassten Lehrlinge und Gesellen. Die Ausbildung dauert vier Jahre: ein Jahr am Heimatort und drei weitere Jahre auf Wanderschaft. Die Arbeit umfasst die Bedienung von Kunden sowie das Herstellen, Pflegen und Frisieren der Perücken.
Der Handel mit Haaren ist ein bedeutender Wirtschaftszweig. Begehrt ist langes, evtl. naturgewelltes Haar, möglichst in Silberweiß oder Blond. Man ist in der Lage, glattes Haar durch Kochen in alkalischer Lösung zu kräuseln. Um bessere Haltbarkeit der Perücken zu erzielen, wird auch Pferdehaar beigemischt.

1. Beschreiben Sie die Frisuren in Bild 3, 5 und 7

7. Rosenkranzfrisur der Prinzessin Lamballe, 1789

8. Perückenköpfe, 18. Jahrhundert

1. Madame Trudaine, 1792, J.-L. David

2. Heinrike Dannecker, 1802, gekleidet in den Farben der Tricolore, G. Schick

3. Madame Verninac, 1799, Frisur im Stil einer antiken Statue, J.-L. David

4 Haarmode – Französische Revolution bis zur Jahrhundertwende

4.1 Der Revolutionsschnitt à la Titus – Von der Revolutionszeit zum Empire (1789–1815)

Revolutionszeit. Der immer deutlicher werdende Widerspruch zwischen dem ausschweifenden Lebensstil bei Hofe und der Armut der Bauern und Arbeiter sowie den hohen Steuerlasten der Bürger führt 1789 zur Französischen Revolution. „Freiheit, Gleichheit, Brüderlichkeit" heißt die Parole.

Kniehosen, gepuderte Perücken und Zöpfe werden als Symbole der alten Zeit durch die Revolution beseitigt. Auf ihrem Höhepunkt genügt bereits das Tragen der alten Adelsmode, um als Feind der Revolution mit dem Fallbeil hingerichtet zu werden.

Die Revolutionäre tragen die **Sansculottentracht,** die mit langen weiten Hosen und offenem Hemd der Matrosenkleidung ähnelt. Sie schmücken sich mit der blau-weiß-roten Kokarde. Diese Farben der Revolution spiegeln sich auch in der Gestaltung der Stoffe und in der Kombination von Kleidungsstücken wider.
Die Haarkultur der Revolutionszeit setzt der überfeinerten Künstlichkeit der Rokokoperücken den **natürlichen Haarwuchs** entgegen, der zottelig und ungepflegt erscheint. Vom Wirbel her wird frisiert – entweder in der natürlichen Wuchsform oder mithilfe von Brenneisen zu künstlicher Lockenpracht. Haarbeutel und Mützen mit Kokarde ergänzen die Frisur. Auch Männer tragen ihr Haar zottelig halblang, dazu die phrygische Mütze, Kennzeichen freigelassener Sklaven im alten Rom.
Der Drang zu mehr Natürlichkeit führt auch dazu, dass bei der Körperpflege wieder mehr Wert auf Sauberkeit gelegt wird.

Direktorium. Nach den blutigen Jahren der Revolution übernimmt 1795 ein fünfköpfiges Direktorium die Regierungsgewalt.
Als der revolutionäre Druck nachlässt, gibt es ein überzogenes **Modespektakel,** bei dem vor allem junge Leute das Revolutionsgehabe verspotten. In liederlicher Aufmachung knöpfen sie die Kleider schief, tragen übergroße Westen und Jacken und bauschen die Halstücher zu kropfähnlichen Gebilden auf. Der Zierdegen wird durch einen Knüppel ersetzt. Dazu trägt man **wirres, langes Haar.**
Doch ist diese Mode nicht von Dauer, antike Vorbilder setzen sich durch: Frisuren nach altgriechischer Art werden ebenso beliebt wie die halblange Frisur des römischen Kaisers **Titus.** Modebewusste Herren tragen dazu **Koteletten.**

Konsulatszeit. Dem Direktorium gelingt es nicht, die politischen Verhältnisse dauerhaft zu stabilisieren. 1799 lässt sich der siegreiche General Napoleon zum Ersten Konsul ernennen. Die Ausrichtung der Mode nach **antiken Vorbildern** setzt sich fort. Die ersten Damen tragen auch wieder **Perücken.**

4. Napoleon Bonaparte, J.-L. David

5. Die glückliche Familie, 1795/1800, Ausschnitt, M. Gérard

Empire. Napoleon und sein Anhang sorgen für ein neues Staatsbewusstsein, das sich auch in einer luxuriöseren Kleidung zeigt. Festgewänder gehören wieder zur Grundausstattung und mit der Kaiserkrönung von 1804 erlebt die Welt einen neuen Moderausch mit Protz und Pomp. Eine neue Herrschaftsschicht etabliert sich.

Die Männermode wird von den militärischen Uniformen bestimmt oder sie bleibt im zivilen Bereich am englischen Vorbild orientiert. Zum meist dunklen, zweireihig geknöpften Frack wird eine lange, helle Steghose getragen. Hochgestellte Hemdkragen und übertrieben geknotete Halstücher und Krawatten zieren die Kleidung des Mannes. Als Kopfbedeckung trägt man einen vergrößerten Zweispitz oder die modische Neuerung, den **Zylinder.** Handschuhe, Taschenuhren und Spazierstöckchen ergänzen das modische Beiwerk des Mannes.

Mit dem wachsenden Selbstverständnis der Empirezeit entfalten sich die Frisuren nach **altgriechischen und orientalischen Vorbildern.** Der erwünschten antiken Blässe wird mit weißer Schminke nachgeholfen. Zum weiblichen Kopfschmuck zählen antike Zierkämme, Seidenbänder, Hüte oder Hauben mit Federn oder Spitzentuff. Beliebt sind aber auch eng um den Kopf gebundene Turbane. Daneben gibt es praktische Alltagsfrisuren.

1. Erörtern Sie, in welchem Verhältnis Politik und Mode in dieser Zeit stehen.

6. Hülsenbecksche Kinder, 1805, P.O. Runge

7. Königin Hortense von Holland, Anfang 19. Jh.

1. Der arme Poet, Carl Spitzweg

2. Junge Dame am Toilettentisch, 1840, F.G. Waldmüller

4.2 Schillerlocken und Flechtwerk – Biedermeier (1815–1848)

Die Zeit nach Napoleon bringt ein unnachgiebiges Tauziehen zwischen Reformern und solchen Kräften, die die vorrevolutionären Verhältnisse wiederherstellen wollen. Die industrielle Entwicklung raubt vielen durch ihr Tempo den Atem und beängstigt insbesondere die kleinen Handwerker und Bauern, denen die **industrielle Revolution** wirtschaftliche Unsicherheit und Arbeitslosigkeit bringt.

Der brave Bürger wendet sich wegen dieser Spannungen von der Politik ab und sucht im Privatleben Ersatz für verloren gegangene Illusionen.
So erscheint das Biedermeier aus heutiger Sicht im Glanz besinnlicher Ruhe und Harmonie, wie sie die Bilder des Malers Spitzweg ausdrücken.

Kultur und Mode sind die vorherrschenden Themen in den bürgerlichen Salons. Frauen mit Geist und Charme begründen neue Denk- und Lebensweisen. Zwar gewinnt die Frau noch nicht die volle Gleichberechtigung, aber sie ist nicht mehr nur in der Rolle des Lustobjekts. Die Ideen der Romantik prägen das gesamte Leben.

Die romantische Grundeinstellung dieser Zeit spiegelt sich auch in der Haarkultur. Im ersten Jahrzehnt nach 1820 entfalten sich blumenkorb-ähnliche Frisuren. Die Vorderkopfpartie wird in der Strenge von **Mittel- und Dreiecksscheiteln** gestaltet, während die Seitenpartien mit künstlichen **Lockentuffs** verziert werden. Als Krönung vollendet ein kunstvoller **Schlupfen** das Gesamtbild. Diese aufgesteckten Schlupfen bestehen aus geflochtenen oder pomadisierten Haarschleifen, die von Schildpattkämmen gestützt und mit Blütenbeiwerk veredelt werden. Eingeflochtene Bänder aus Seide ergänzen die kunstvolle Komposition.

Nach 1835 nimmt die Höhe dieser Haaraufbauten wieder ab. Neben Frisuren mit T-förmigen, Y-förmigen und V-förmigen Scheiteln sind solche mit Mittelscheitel beliebt. Das Haupthaar wird von der Kopfmitte aus bis in die Höhe der Ohren flach und glatt gelegt und dann zu zwei traubenförmigen Lockenpartien auf die Seiten frisiert.
Beliebt werden künstliche Tuffs aus Korkenzieherlocken. Diese aufwendig geflochtenen oder gedrehten Haarteile werden entsprechend der Tageszeit oder dem gesellschaftlichen Anlass mehr oder weniger üppig angelegt. Die Alltagsfrisuren haben eine strenge Grundform, die mit geflochtenen **Ohrschnecken** und einem flach gedrehten **Knoten** am Hinterkopf abgerundet wird.

Die Männerfrisur bleibt ohne nennenswerte Veränderung. Das mittellange Haar wird locker wie im Empire getragen oder bei anspruchsvolleren Wünschen leicht gelockt. Die Koteletten entwickeln sich zu **Backen-**

3. Freifrau von Bernus, 1838, Ph. Veit

4. Frau von Rhomberg, 1864

5. Mutter und Tochter, 1840

bärten. Zusätzlich tragen manche Männer ein kleines Kinn- oder Schnurrbärtchen. Erst später prägen auch Mittel- und Seitenscheitel das männliche Erscheinungsbild.

Die Oberbekleidung der Frauen betont die Schultern mit üppigen Keulenärmeln. In großen Mengen industriell hergestellte Stoffe ermöglichen eine Mode der Stofffülle. Die Taille wird an ihrer natürlichen Stelle zur Wespentaille geschnürt. Typisch wird der mit Blumen und Bändern geschmückte Schutenhut. Zu weißen Baumwoll- oder Seidenstrümpfen gehört der absatzlose Ballettschuh.

Die Kleidung des Mannes orientiert sich dagegen zunehmend an der Zweckmäßigkeit. Er bevorzugt gedeckte Farben und Stoffe.
Ein Hauptbekleidungsstück wird der Leibrock – für festliche Anlässe in der veredelten Form des **Fracks.** Dazu trägt man lange Röhrenhosen, die Pantalons. Abgerundet wird das Erscheinungsbild durch den Zylinder. Besonderen Schmuck und Farbigkeit leistet sich der Mann nur noch bei Hemd und Weste.

6. Familie Tillmann, 1832, Simon Meister

1. Beschreiben Sie die Frisuren der Mitglieder der Familie Tillmann, Vergleichen Sie mit der heute aktuellen Mode!

2. Welche der Scheitelformen sind in den Bildern 3, 4, 5 und 6 zu sehen?

1. Kaiserin Eugénie mit ihren Hofdamen, Winterhalter, 1855

2. Elisabeth von Österreich (Sisi), Winterhalter, 1865

4.3 Postichekreationen im Rausch der Vergangenheit – Vom Historismus zum Jugendstil (1848–1914)

Unzufriedenheit mit den sozialen und wirtschaftlichen Verhältnissen führt 1848 in Frankreich zu Aufständen unter Arbeitern und Studenten. In Deutschland und Österreich kommt es zu den sog. Märzunruhen.
Die erste Deutsche Nationalversammlung tritt in der Frankfurter Paulskirche zusammen. Es kommt zu einem Dreiklassenwahlrecht, das die ärmeren Schichten noch immer benachteiligt.

In Frankreich können sich die alten gesellschaftlichen Kräfte noch einmal festigen; **Napoleon III.** wird zum Kaiser gewählt. In der Mitte der Fünfziger Jahre wird Europa wieder von Kaisern und Königen regiert.
Neben dem Erbadel entsteht der so genannte **Geldadel.** Reiche Fabrikanten profitieren von der industriellen Entwicklung und können sich einen aufwendigen Lebensstil leisten. Der Mittelstand versucht modisch nachzueifern, so gut es geht.
Arbeiterinnen und Arbeiter bleiben von der Mode weitgehend ausgeschlossen. Die Frauen tragen ihr langes Haar am Hinterkopf zu einem einfachen **Dutt** zusammengenommen, darüber ein Kopftuch. Männer schützen das Haar durch eine einfache Mütze.
Zum Zentrum der Mode wird neben Paris in zunehmendem Maße Wien. Verbreitet werden die Ideen, die Anleihen bei fast allen vorangegangenen Stilepochen

3. Berliner Schuhmacherfamilie, Hosemann, 1845

4. Gerät zum Haartrocknen

sind, durch Modejournale. Wegen ihrer geschichtlichen Vorbilder bezeichnet man diese Mode als Historismus. Die Zeit zwischen 1848 und 1870 wird auch 2. Empire oder 2. Rokoko genannt.

Einen großen Stellenwert bekommen die **Bärte.** Besonders in Verbindung mit langem Haar gelten sie als Erkennungszeichen der Umstürzler und Demokraten. Das hatte schon 1846 zu einem Bartverbot für preußische Referendare und Postbeamte geführt. Später machen Wilhelm I. und Napoleon III. den Bart hoffähig. Allerdings unterscheidet sich der gestutzte und gezwirbelte Bart der beiden Kaiser doch sehr von den wilden Bärten der Revoluzzer.

In der Damenmode wird **Kaiserin Eugénie,** die Frau Napoleon III., zum Vorbild. Ein flach gehaltener Vorderkopf mit Mittelscheitel und betonte Seitenpartien, manchmal noch mit Stocklocken, lassen die Nähe des Biedermeier erkennen. Das Haar wird im Nacken zu einem tief sitzenden Chignon zusammengeführt.
Die Kaiserin **Elisabeth von Österreich** erregt Aufsehen mit ihren vollen langen Haar. Um 1865 trägt sie es mit kurzem Mittelscheitel, leicht betontem Oberkopf und einer bis in den Nacken reichenden Flechtpartie.
Die Freude an der Haarfülle kommt vor allem bei Abendfrisuren zum Ausdruck. Zöpfe, Ringellocken und auch größere Haarteile helfen, die natürlichen Voraussetzungen zu verbessern. Ein reger Handel mit Haaren und Haararbeiten entsteht.

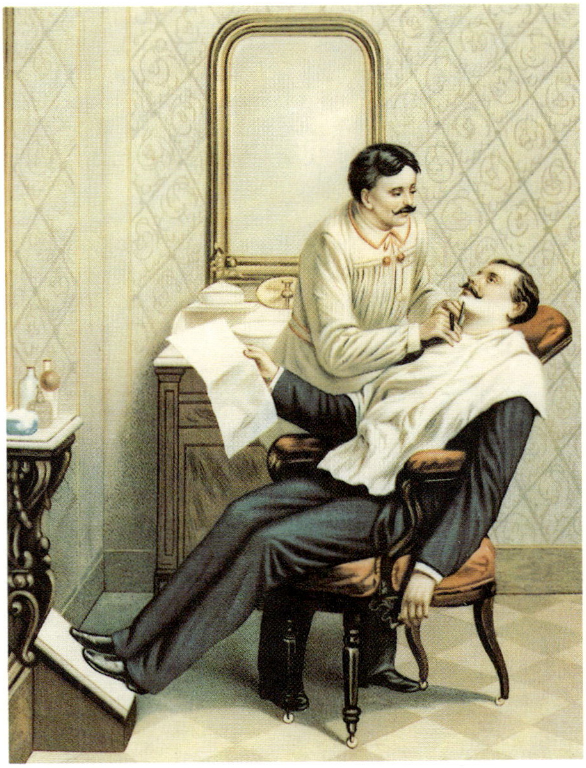
5. Rasierszene, 1880

1. Beschreiben Sie die Damenfrisuren in Bild 1.

1. Frisur von Delot, Paris, 1893

2. Reformfrisur, 1914

3. Taschenspiegel, Jugendstil

Neue Möglichkeiten der Frisurengestaltung eröffnet 1872 Marcel Grateau mit der **Ondulation.** Um das ondulierte Haar zur Schau stellen zu können, eignen sich besonders **Einschlagfrisuren.** Das Haar wird dazu am Hinterkopf über eine Unterlage aus Haar oder Wollkrepp festgesteckt, die gewellte Oberfläche der Frisur kommt so zur Wirkung.

Auch bei den Möglichkeiten zur Farbveränderung der Haare gibt es eine wichtige Neuerung: Man setzt nun **Wasserstoffperoxidlösung,** die man mit Salmiakgeist alkalisiert, zur Aufhellung ein.

Die Kleidermode nach 1848 ist ein romantischer Vorbeimarsch historischer Mode in alter Pracht. Selbst die modischen Folterinstrumente der Vergangenheit – Korsett und Reifrock – werden in technisch verbesserten Formen wieder zu Ehren gebracht.
Einen Einschnitt bringt um 1890 die **Gründerzeit.** Auf der Suche nach einer neuen Formensprache, die funktionell und gleichzeitig schön sein soll, entwickelt sich der **Jugendstil.**

Die bürgerlichen Frisuren haben einen schmalen, zum Hinterkopf gestreckten Aufbau. Das Eigenhaar wird unter einem gewellten Haarteil, dem **Verhüller,** zusammengenommen. Hinzu kommen Feder- und Blütenschmuck.
Im Kontrast dazu steht die schlicht-funktionelle Alltagsfrisur. Bei ihr wird das lange Haar einfach über dem Oberkopf verknotet. Aus der Grundform dieser Frisur entsteht die **Reformfrisur.** Allerdings wird bei dieser das Haar onduliert. Im Zuge dieser Mode verschwinden künstliche Haarteile bald ganz von den Köpfen, man empfindet sie als unnatürlichen Ballast.

Auch in der Kleidermode finden einschneidende Veränderungen statt: Mit dem englischen Schneiderkostüm beginnt eine Welle der Demokratisierung und der Annäherung zwischen weiblicher und männlicher Mode. Damit wird der Gleichheitsanspruch in Beruf, Familie und Gesellschaft betont.

Als dann noch die Brutalität des **1. Weltkriegs** auch bürgerliche Ehefrauen zu schwerer Fabrikarbeit und zum Pflegedienst an Schwerverwundeten zwingt, fallen die letzten zwei Tabus einer langen Modegeschichte: Die Röcke werden verkürzt und die langen Haare abgeschnitten, zunächst zu einer Art **Pagenkopf,** später folgt der **Bubikopf,** der weniger Volumen hat und im Nacken kurz angeschnitten ist.

1. Vergleichen Sie die Frisuren in Bild 1 und 2. Nennen Sie die Unterschiede.

Frisuren anderer Kulturkreise

Die Kulturgeschichte des Haares zeigte unseren mitteleuropäischen Kulturkreis und die ihn begründenden Kulturen. Es darf aber nicht übersehen werden, dass auch außerhalb Europas eine Haarkultur vorhanden war und ist. Unsere heute aktuellen Frisuren sind auch durch solche Einflüsse geprägt.

4. Filzfrisur, Karibik

5. Kraushaar, Niger

6. Sumofrisur, Japan

Wissen Sie Bescheid?

1. Erläutern Sie, welche Bedeutung die Stilkunde für den Friseurberuf haben kann.
2. Beschreiben Sie, welche Auswirkungen das Aufkommen der Bubikopffrisur auf das Friseurhandwerk hatte.
3. Nennen Sie die technischen Veränderungen im Friseurberuf zu Beginn des 20. Jahrhunderts.
4. Beschreiben Sie die Olympiarolle.
5. Vergleichen Sie den typischen Messerhaarschnitt mit der Pilzkopffrisur der Beatles.
6. Nennen Sie die Voraussetzungen für die ersten Hochkulturen.
7. Beschreiben Sie Frisuren und Körperpflege der Ägypter.
8. Was versteht man unter einem Calamistrum?
9. Unterscheiden Sie griechische Frisuren der archaischen, klassischen und hellenistischen Zeit.
10. Nennen Sie die Voraussetzungen für das Entstehen der Zünfte.
11. Wann etwa entstanden die ersten Baderzünfte?
12. Beschreiben Sie die Frisur der Uta von Ballenstedt.
13. Beschreiben Sie Hörnerhaube und Hennin.
14. Welche Veränderungen im Weltbild der Menschen brachte die Renaissance?
15. Beschreiben Sie die Frisuren der Renaissance.
16. Nennen Sie die Techniken der Frisurengestaltung, die in der Renaissance zum Einsatz kamen.
17. Beschreiben Sie Frisur und Kleidung Ludwig XIV.
18. Nennen Sie die Maßnahmen zur Körperpflege und Hygiene im Barock.
19. Beschreiben Sie die Garcettefrisur und die Frisur à la Fontange.
20. Beschreiben Sie die Herrenfrisuren im Rokoko.
21. Beschreiben Sie die Situation der Barbiere, Perückenmacher und Bader im Spätrokoko.
22. Vergleichen Sie das Leben am französischen Hof im Rokoko mit dem der Bevölkerung.
23. Erläutern Sie, welche Auswirkungen die Französische Revolution auf die Mode hatte.
24. Beschreiben Sie die Veränderungen der Mode in Direktorium, Konsulatszeit und Empire.
25. Beschreiben Sie die Frisuren der Damen und Herren im Biedermeier.
26. Erläutern Sie die Rolle der Bärte im Zeitalter des Historismus.
27. Beschreiben Sie die Frisuren der Kaiserin Eugénie von Frankreich und der Kaiserin Elisabeth von Österreich.
28. Erläutern Sie, wie die Marcel-Ondulation die Mode beeinflusste.
29. Beschreiben Sie Reform-Frisur und Bubikopf.
30. Überlegen Sie, mit welchen Techniken und Hilfsmitteln die drei oben abgebildeten Frisuren gestaltet werden. Welche davon werden auch in unserem Kulturkreis eingesetzt?

Haargestaltung mit Formen und Farben

1. Formen und Farben – Extrembeispiel

1 Elemente der Frisurengestaltung

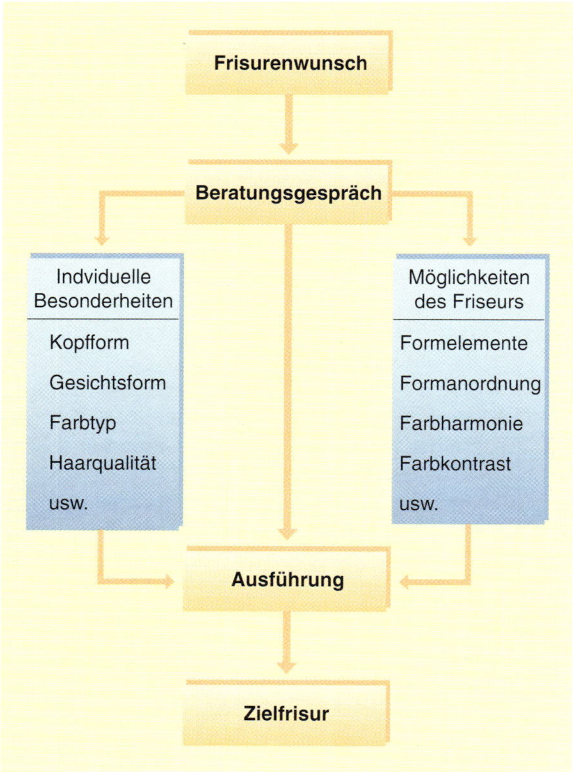

2. Beratung, Planung und Ausführung einer Frisur

Kreativität und Geschmack sind die Voraussetzung für eine erfolgreiche Frisurengestaltung. Kreativität lässt sich fördern, Geschmack kann geschult werden. Grundsätze der Form- und Farbgestaltung sind erlernbar.
Die Verständigung mit den Kunden über die angestrebte Zielfrisur bildet die Voraussetzung der anschließenden Arbeit. Während eines einfühlsamen Beratungsgespräches muss man versuchen den Frisurenwunsch, die individuellen Besonderheiten der Person und die Gestaltungsmöglichkeiten miteinander in Einklang zu bringen. Die drei wesentlichen Elemente jeder Haargestaltung sind **Formen, Farben** und **Materialien.**
Bei der Frisurengestaltung ist das Haar das Material im engeren Sinn.
Bei der Formgestaltung werden die verschiedensten Formelemente, ihre möglichen Anordnungen und Wirkungen genutzt.
Bei der Farbgestaltung geht es in erster Linie um die Wirkung und das Zusammenspiel der Farben. Voraussetzung einer Frisurengestaltung ist, gestalterische Elemente in Frisuren zu erkennen und ihre Wirkungen erklären zu können. Dies ist die Grundlage um gestalterische Mittel gezielt und kreativ anzuwenden.
Frisurengestaltung lässt sich mit dem Computer simulieren. Dies ermöglicht es, die Wirkung von verschiedenen Haarfarben und Frisurenformen auf Gesichtsform und -ausdruck zu vergleichen und zu bewerten.

1. Welche Frisur passt Ihrer Meinung nach am besten zur Kundin in Abbildung 3? Begründen Sie die Wahl.

3. Computersimulation

2. Vergleichen Sie die verschiedenen Frisuren:
Hinweis: Decken Sie beim Vergleich die anderen Bilder ab. Haben Sie Zugriff auf einen Frisuren-Computer, so erstellen Sie selbst Beispiele und bewerten Sie die Wirkung.

- *Wie wirken sich die unterschiedlichen Haarfarben der Beispiele b und c auf Gesichtsform und -ausdruck aus?*
- *Wie wirkt sich Farb- und Ponygestaltung der Beispiele d, e und f aus?*
- *Wie wirken sich die unterschiedlichen Haarlängen der Beispiele c, f und i aus?*
- *Wie wirken sich die unterschiedlichen Frisurenumrisse der Beispiele a, d und g bzw. g, h und i aus?*

1. Exakter, geradliniger Haarschnitt

2. Wellenfrisur

3. Lockenfrisur

2 Formgestaltung

2.1 Linien in der Frisur

Die Wirkung einer Frisur wird unter anderem durch ihre Linien hervorgerufen.
Betrachtet man zunächst nur die Linienführung des einzelnen Haares, so fällt auf, dass in verschiedenen Formelementen der Frisur unterschiedliche Linien vorhanden sind:
Bei glattem Haar handelt es sich um eine gerade Linie. Bei Wellen ist die Linie gebogen und bei Locken schließt sich die Linie zu einem Kreis.
In jeder Frisur gibt es außerdem Umriss- und Kammführungslinien. Umrisslinien begrenzen die Frisur, Kammführungslinien gliedern sie in verschiedene Flächen oder unterbrechen Flächen. Unterbrochene Flächen wirken unruhig, große Flächen hingegen strahlen Ruhe aus und unterstreichen die Haarfarbe. Die Wirkung der Linien ist von ihrer Form abhängig.
Gerade Linien wirken in der Regel sachlich, kühl und oft streng. Sie bedeuten für die Flächen der Frisur Abgrenzung oder Untergliederung. Beispiele dafür sind der Scheitel, exakt geschnittene Konturen oder die quer zur Frisurenfläche verlaufenden Wellenkanten. Glatt frisierte Partien mit gerader, paralleler Linienführung wirken in der Frisur ruhig, schlicht und flächig. Die so genannten geometrischen Haarschnitte (z. B. der Garçonne-Haarschnitt) beeindrucken durch strenge, schnörkellose Eleganz.
Zwei gerade Linien, die spitz aufeinander zulaufen, bilden gemeinsam einen Pfeil. Weil das Auge unwillkürlich der Pfeilrichtung folgt, kann man mit diesem Mittel auf bestimmte Stellen hinweisen oder von ihnen ablenken. Eine Pfeilspitze als Abschluss lässt Flächen bzw. Körper schmaler bzw. schlanker erscheinen.
Gebogene Linien wirken meistens weich, harmonisch und anschmiegend. Beispiele dafür sind Wellenbögen in einer Frisur, die Konturenlinien beim Rundschnitt und beim Pagenkopf. Werden Flächen oder Körper durch einen Rundbogen begrenzt, erscheinen sie breiter bzw. dicker.
Ein weiteres Beispiel einer gebogenen Linie ist die Kreislinie der Locken. Die Kreisform wirkt besonders schwungvoll. Sie ist eine weiche Linienform.
Geknickte Linien. Ein wichtiges Beispiel ist die Zick-Zack-Linie, die unter anderem in unregelmäßiger Form in Fransenfrisuren als Konturenlinie vorkommt. Fransige Konturen schaffen weiche, fließende Übergänge, können aber auch als zackige Abgrenzungen zwischen Gesicht und Frisur empfunden werden. Ob die Zick-Zack-Linie weich oder hart erscheint, hängt von der Form der Zacken ab und ob sie einen farblichen Kontrast zum Gesicht bildet.
Eine Kurzhaarfrisur mit unterschiedlichen Haarlängen, bei der die Haare nach oben streben, ergibt eine gezackte Umrisslinie. Dies erzeugt Dynamik, Unruhe, aber auch interessante Spannung.

1. Suchen Sie Beispiele für gerade, gebogene und geknickte Linien in den Frisurenbeispielen dieser Seite.

4. Umrisslinien einer Frisur: Drei verschiedene Ansichten verdeutlichen den Gesamteindruck

Umrisslinien. Der Haarschnitt ist die Grundlage jeder Frisurengestaltung. Er bestimmt im Wesentlichen die Profil- und Umrisslinien.

Betrachtet man z. B. das Gesicht von der Seite, erkennt man das Profil bzw. die **Profillinie.** Durch den gezielten Einsatz von bestimmten Frisurenelementen kann die Profillinie beeinflusst werden, z. B. durch einen fülligen Pony oder durch Volumen am Oberkopf.
Die Kopf- bzw. Gesichtsform wird durch den **inneren** und **äußeren Umriss** der Frisur beeinflusst. Der innere Umriss der Frisur wird durch die Kontur bzw. die Konturenlinie zum Gesicht begrenzt. Als Kontur bezeichnet man die Grenze zwischen dem Kopfhaar und dem Gesicht bzw. dem Nacken und den Seiten. Die innere Umrisslinie verläuft je nach Länge und Schnitttechnik von exakt und gerade bis weich und fransig.
Der äußere Umriss ergibt sich aus der Begrenzung der Frisur nach außen. Die Erscheinung des äußeren Umrisses wird auch **Silhouette** genannt (Schattenumriss).

2. Bestimmen Sie den inneren und äußeren Umriss der Frisuren 1 bis 4. Legen Sie zu diesem Zweck transparentes Papier auf die Frisurenbilder und zeichnen Sie die entsprechenden Umrisslinien nach.

3. Viele Frisurenfotos zeigen die Frisur nur von vorne. Welche Schwierigkeiten ergeben sich daraus für die Beratung? Nennen Sie Möglichkeiten, damit umzugehen.

Geometrische Formelemente

Der **Punkt** ist das einfachste Formelement. Er bedeutet Konzentration auf das Wesentliche. Setzt sich der Punkt in Bewegung, entsteht eine **Linie.**

Die **Fläche** hat zwei Dimensionen: Länge und Breite. Die Umrisslinie bestimmt die Form der Fläche. Diese kann rund oder eckig sein, regelmäßig oder unregelmäßig. Die Flächen in der Frisur sind meist unregelmäßig.

Die **Körper** haben drei Dimensionen: Länge, Breite und Höhe. Die räumlichen Grundfiguren sind entweder runde oder eckige Körper. Für die Frisurenberatung ist es wichtig, zu berücksichtigen, dass Frisuren, Kopf und Gestalt des Menschen räumliche Gebilde sind.

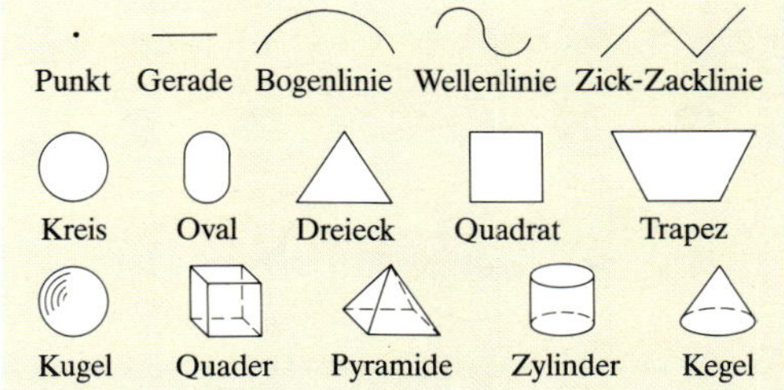

1. Eindrücke von Gesichtsformen: eckig, oval, rund

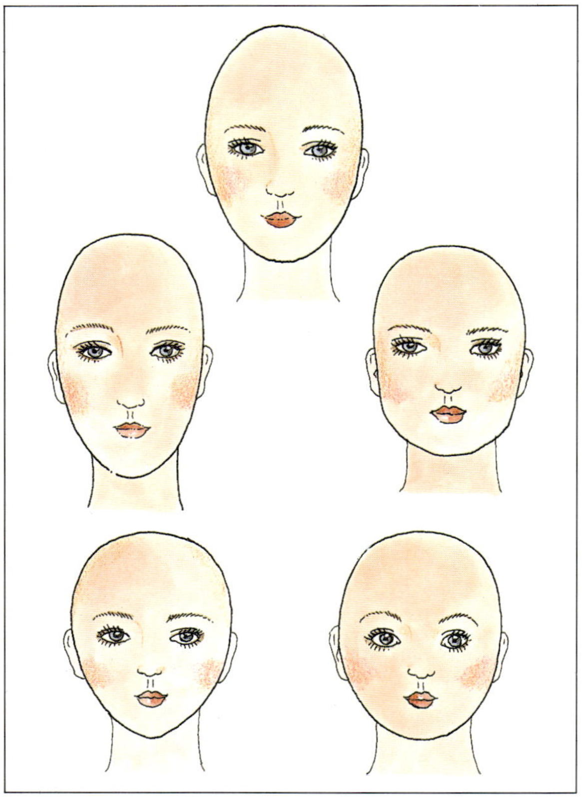

2. Typische Gesichtsformen. Die ovale Gesichtsform wird als „Ideal“ bezeichnet

2.2 Frisuren beeinflussen die Gesichtsform

Bei der Frisurenberatung muss die räumliche Ausdehnung der Frisur in Beziehung zur Kopf- und Körpergröße des Menschen berücksichtigt werden. Durch die Frisur werden Gesichts- und Kopfform beeinflusst.

Wichtig ist hier zuerst die Frage, welche Zielsetzung man mit der Frisurengestaltung verfolgt: Soll die persönliche Note, die individuelle Eigenart, betont werden? Oder müssen bestimmte Abweichungen verdeckt (kaschiert) werden? Oft sieht z.B. ein markant eckiges Gesicht sehr interessant aus, sodass es nicht durch eine entsprechende Frisurenform kaschiert werden muss.

Um die Frisurenberatung zu erleichtern teilt man die Gesichts- bzw. Kopfform in **fünf Grundtypen** ein. Dazu zählen die runde, die längliche, die eckige, die dreieckige und schließlich die ovale Gesichtsform. Es handelt sich hierbei um Extremformen, die in dieser reinen Form nur selten vorkommen. Mischformen mit der einen oder anderen Ausprägung überwiegen in der Praxis.

Die ovale Gesichtsform gilt zur Zeit als Schönheitsideal, d.h. als das, was von der Mehrheit der Menschen gegenwärtig als schön empfunden wird. Das war nicht immer so. Das Ideal vor etwa 200 Jahren war die runde Gesichtsform.

3. Frisuren können den Gesichtsumriss einengen, verkürzen, erweitern oder verlängern

In den Fällen, in denen man die Gesichtsform optisch verändern möchte, besteht die Möglichkeit dieses mit der Variation von innerem und äußerem Umriss der Frisur zu erreichen.

Veränderungen des inneren Umrisses können beispielsweise sein: Verkürzen, Einengen und Erweitern. Die jeweilige Veränderung bewirkt, dass die Gesichtsfläche entweder kürzer und breiter, kleiner und schmaler oder länger erscheint.
Veränderungen des äußeren Umrisses können z. B. sein: Erhöhen, Verbreitern oder Schmalhalten. Die jeweilige Maßnahme lässt den Kopf länger, kürzer, breiter oder schmaler erscheinen.

Durch die gezielte **Kombination** des inneren und äußeren Frisurenumrisses kann von der Gesichtsfläche so viel wie notwendig gezeigt oder verdeckt werden. Der Kopf kann kleiner, größer, schmaler oder breiter erscheinen. Doch stellt sich die Frage, ob es überhaupt sinnvoll ist, alle Gesichter an eine ovale oder andere bestimmte Gesichtsform anzupassen.
Notwendig ist die Erkenntnis der genannten Möglichkeiten, um bei bestimmten Kundenwünschen oder innerhalb der Beratung gezielte gestalterische Vorschläge machen zu können.

1. Beschreiben Sie, welche Variationen von innerem und äußerem Umriss in Bild 3 vorliegen, um die typischen Gesichtsformen der Idealform anzunähern.

4. Gesichtsformen lassen sich der ovalen Gesichtsform annähern

1. Ludwig XIV. vor und mit der Garderobe

2. Symmetrische Frisuren

3. Asymmetrische Frisuren

2.3 Formen lassen sich unterschiedlich anordnen

Proportionen. Menge, Volumen und Anordnung von Formelementen spielen für die Frisurenwirkung eine große Rolle. Das Größenverhältnis der einzelnen Teile zueinander und zum Ganzen nennt man Proportion. Bei der Frisurengestaltung muss darauf geachtet werden, wo und wie man beispielsweise eng anliegend oder volumig frisierte Partien platziert. Haarvolumen und Menge sollen zur Kopfgröße und der Gesamterscheinung des Menschen passen.

Der Vergleich von Schönheitsidealen aus vergangenen Jahrzehnten und Jahrhunderten zeigt, dass sich die Ansichten über gute Proportionen beim Menschen im Laufe der Zeit ändern. In Kunst und Natur gilt der so genannte **goldene Schnitt** als besonders harmonisch und ausgewogen. Er bedeutet eine Teilung von Linien, Flächen oder Körpern im Verhältnis von ca. 1,6 zu 1.

Für die Frisurengestaltung gibt es eine Reihe möglicher Formanordnungen. Durch den gezielten Einsatz kann man Proportionen verändern bzw. verbessern.
Symmetrie und Asymmetrie. Sind bei einer Frisur rechts und links eines gedachten oder tatsächlichen Mittelscheitels die gleichen Frisurenelemente in gleicher Weise angeordnet, so spricht man von einer Symmetrie.
Meist erscheinen asymmetrische Frisuren interessanter, auffälliger und origineller. Asymmetrie bedeutet eine ungleiche Anordnung von Frisurenelementen rechts und links einer gedachten Mittellinie. Ein Seitenscheitel oder unterschiedliche Haarlängen erzeugen Asymmetrie.
Jede Frisur lässt sich danach einteilen, ob sie symmetrisch oder asymmetrisch aufgebaut ist.

Symmetrische Frisuren können brav, angepasst und eintönig wirken, aber auch Harmonie oder Exaktheit ausstrahlen. Die Wirkung hängt letztlich vom Zusammenspiel der Frisurenform, Haarfarbe und Gesamterscheinung ab. Von Natur aus sind weder Kopf noch Haarwuchs symmetrisch. Schon ein ausgeprägter Wirbel kann eine streng symmetrische Frisur verhindern.

Asymmetrische Frisuren lassen sich dadurch gestalten, dass man auf einer Frisurenseite einen **Schwerpunkt** schafft. Wichtigstes Merkmal eines Schwerpunktes ist die Haarfülle im Vergleich zum Rest der Frisur. Ein Schwerpunkt in der Frisur erzeugt Spannung und lenkt die Aufmerksamkeit auf sich. Platziert man den Schwerpunkt in der Mitte einer symmetrischen Frisur (z. B. Haarknoten am Oberkopf), so kann die Wirkung auch ruhig und bieder sein.

Kontraste. Der Kontrast entsteht auch durch den Gegensatz zwischen Formen oder in der Anordnung von Formelementen. Kontraste in einer Frisur sind z. B.:
- glattes und lockiges Haar (Formkontrast)
- aufstrebende und tiefstrebende Haare (Richtungskontrast)
- kurzes und langes Haar (Längenkontrast)
- große und kleine Frisurenelemente (Größenkontrast)

Kontraste in der Frisur sind wichtige Stilmittel um Frisuren interessanter und spannender zu gestalten. Man kann durch Kontraste einer an sich gleichförmig wirkenden symmetrischen Frisur zusätzliche Spannung verleihen. Asymmetrische Frisuren enthalten ohnehin immer mindestens einen Kontrast. Mit Kontrasten kann man in einer Frisur auch experimentieren. Schwächere Kontraste, z. B. glatt und leicht gewellt, sind zunächst weniger auffallend, können jedoch eine große Wirkung entfalten.

Reihung. Eine Formanordnung, in der sich bestimmte Formelemente in regelmäßigem Abstand wiederholen, nennt man Reihung. In der Frisurengestaltung findet man die regelmäßige Reihung relativ selten, da sie leicht einen langweiligen Eindruck erweckt. Beispiel für eine Reihung ist die regelmäßige Anordnung gleich großer Locken (Lockenkranz). Es gibt allerdings auch Möglichkeiten mit einer Reihung interessante Effekte zu erzielen. Die asymmetrische Reihung von Stirnfransen ist dafür ein Beispiel.

Rhythmus und Steigerung. Im Gegensatz zur Reihung entsteht der Rhythmus, wenn durch Wiederholung von Gleichem, z. B. Wellenbögen, ein fließender Bewegungsablauf entsteht. Bei einer Wellenfrisur sind die Wellenbögen gegenläufig aneinander gereiht, sodass das Auge einer weichen, harmonischen Bewegung folgt. Der Rhythmus erscheint sanft und geschmeidig. Ist der Rhythmus stark gestört, so erscheint die Frisur wild und unordentlich.
Wenn z. B. bei einer Wellenfrisur die Wellenbögen zunehmend kleiner und größer werden, spricht man von einer Steigerung. Steigerung bedeutet allgemein eine Anordnung von gleichen Formelementen, die immer größer bzw. immer kleiner werden. Diese Formstruktur ist bei Frisuren relativ selten anzutreffen.

1. Unterscheiden Sie die Frisuren dieser Seite in symmetrische und asymmetrische Frisuren.

2. Ermitteln Sie alle weiteren Formanordnungen in den hier gezeigten Frisuren.

3. Welche der im Text genannten Kontraste können Sie in den Frisuren von Mitschülerinnen entdecken?

4. Kontraste in einer Frisur

5. Gleichmäßige Stirnfransen, Reihung in der Frisur

6. Gestörte Ordnung einer Wellenfrisur

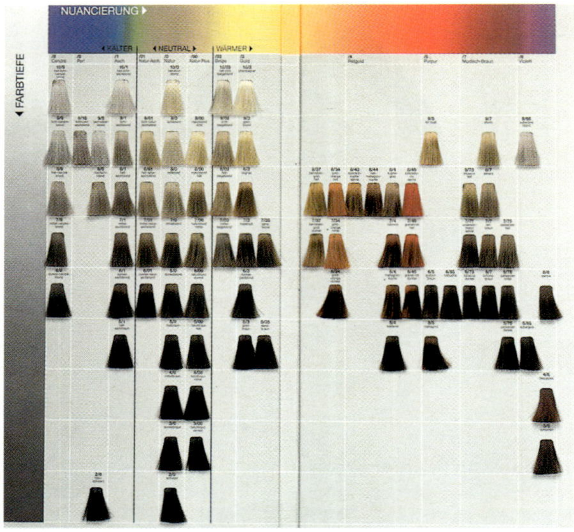

1. Farbkarte im Friseurhandwerk

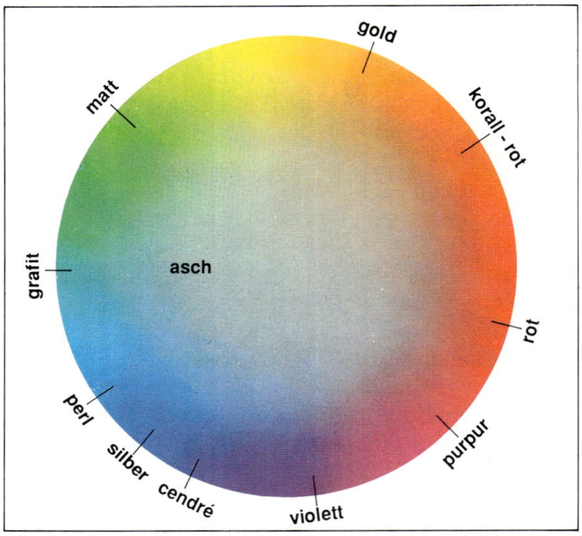

2. Farbrichtungskreis

3 Farbgestaltung

3.1 Ordnung der Haarfarben

Die verwirrende Vielfalt von Farben und Farbbezeichnungen macht es schwierig, eine Farbe eindeutig zu beschreiben. Bei der Bezeichnung Rot kann das Rot der Kirsche, ein warmes Rot in Richtung Orange oder ein kühles Rot in Richtung Violett gemeint sein. Will man Farben gezielt einsetzen, benötigt man ein sinnvolles und verständliches Farbordnungssystem.

Im Friseurhandwerk wird die **Farbkarte** verwendet. Sie ist speziell auf den Haarfärbebereich abgestimmt. Man benutzt sie für die Bestimmung der Ausgangsfarbe und die Wahl des Farbmittels. Die Farbbezeichnungen sind für den Laien unverständlich, da hier relativ feine Unterschiede erfasst werden. Außerdem sind die Farbbezeichnungen je nach Hersteller unterschiedlich. Einheitlich ist die Unterscheidung von Haarfarben in Farbtiefe und Farbrichtung.

Farbtiefe. Sie bedeutet die Helligkeitsabstufung in der Naturhaarfarbenreihe von Weißblond über Blond- und Braunabstufungen bis Schwarz. Die Farbtöne der Farbtiefenabstufung heißen z. B. Hell-, Mittel- und Dunkelblond oder Hell-, Mittel- und Dunkelbraun.

Farbrichtung. Sie bedeutet die jeweilige Farbnuancierung der Haarfarbe. Die Farbrichtungen der Farbkarte heißen z. B. Asch (Grau), Matt (Grün), Gold (Gelb), Rotgold (Orange), Rot, Silber (Violett) und Perl (Blau).

Jede Haarfarbe lässt sich einer Farbtiefe und einer Farbrichtung zuordnen. Die Haarfarbe Hellaschblond zum Beispiel bedeutet die Farbtiefe Hellblond und die Farbrichtung Asch.
Die Farbkarte der Haarfarben besteht im Wesentlichen aus Blond- und Brauntönen. Diese Farbtöne kommen im Farbkreis jedoch nicht vor.

Der Farbkreis. Er ist ein allgemeines Ordnungsschema von Farben. Er geht von den drei **Grundfarben** Gelb, Rot und Blau aus. Durch die Mischung von Gelb und Rot entsteht Orange, aus Rot und Blau ein Violett und aus Blau und Gelb ein Grün. Die drei gemischten Farben nennt man **Mischfarben 1. Ordnung.** Die genannten sechs Farben ergeben den sechsteiligen Farbkreis. Werden jeweils die Nachbarfarben des sechsteiligen Farbkreises miteinander gemischt, so erhält man die **Mischfarben 2. Ordnung.** Diese kann man im zwölfteiligen Farbkreis anordnen. Die Farben des zwölfteiligen Farbkreises sind so genannte **Klarfarben,** das bedeutet, ihre Leuchtkraft ist nicht getrübt.

Komplementärfarben (Gegenfarben) liegen sich im Farbkreis gegenüber. Werden sie gemischt, so trüben sie sich gegenseitig in ihrer Farbigkeit. Bei einem entsprechenden Mischungsverhältnis entsteht ein Grauton. Diesen Effekt wendet man z. B. bei einer Farbkorrektur von zu gelb geratenen Strähnen an. Durch eine Silber- bzw. Violetttönung wird die gelbe Farbintensität abgeschwächt.

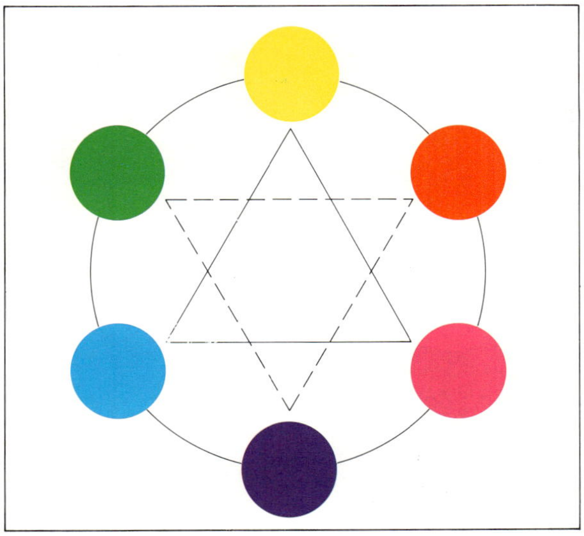

3. **Sechsteiliger Farbkreis**

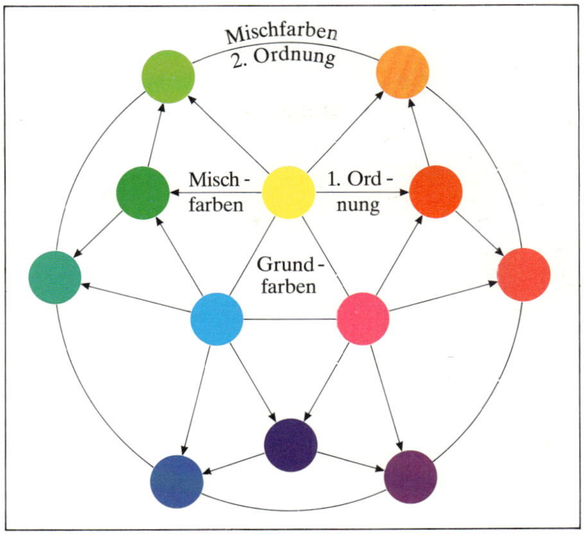

4. **Zwölfteiliger Farbkreis**

Die Erscheinung der natürlichen Haarfarbe ist schwer aus den Zusammenhängen des Farbkreises abzuleiten. Es handelt sich bei den natürlichen Haarfarben um **Trüb-** und **Pastellfarben.** Trübfarben sind aus Klarfarben entstanden, denen man Grau oder Schwarz beigemischt hat. Sie wirken bräunlich oder dunkelgrau. Pastellfarben sind Farben, denen Weiß beigemischt wurde, z. B. Rosa. Sie erscheinen blass und hell.

Blond- und Brauntöne. Grundlage für diese Töne ist ein Gelborange- bzw. ein Rotorange-Anteil. Dieser wird bei der natürlichen Haarfarbe durch das Phäomelanin hervorgerufen. Durch das Eumelanin, dem dunkleren Grau-Braun-Anteil der Haarpigmente, entsteht eine Trübung. Bei ergrautem Haar kommt durch den Weißanteil der unpigmentierten Haare eine Pastellwirkung hinzu. Das menschliche Auge kann nicht jedes einzelne weiße Haar wahrnehmen. Wenn verschiedene farbliche Eindrücke vom Betrachter als einheitliche Farbe wahrgenommen werden, spricht man von **optischer Mischung.** Der Gesamteindruck einer Naturhaarfarbe ist immer das Ergebnis einer optischen Mischung, da fast jedem Menschen eine Vielzahl verschiedener Haarfarben nebeneinander vorliegt.

1. Mischen Sie aus den drei Grundfarben (Tempera- oder Wasserfarben) den sechs-, den zwölfteiligen Farbkreis und verschiedene Brauntöne.

2. Nennen Sie Komplementärfarbenpaare aus dem sechsteiligen Farbkreis.

5. **Naturhaarfarben menschlichen Haares**

Trübung von Gelborange

Trübung von Rotorange

6. **Getrübte Farben und Pastelltöne**

1. Komplementärkontrast: grüne Augen, rote Haare

2. Hell-Dunkel-Kontrast: zwischen Gesicht und Haarfarbe

3. Hell-Dunkel-Kontrast im Haar

Warm-Kalt-Kontrast (Farb-an-sich-Kontrast)

Komplementärkontrast

Simultankontrast (Bunt-Unbunt-Kontrast)

4. Wichtige Farbkontraste

3.2 Farben haben verschiedene Wirkungen

Farbkontraste sind sehr starke Ausdrucksmittel in der Farbgestaltung. Die Haare wirken dadurch bewegt, Mund und Augen können betont werden. Wir unterscheiden zwischen verschiedenen Kontrasten:

Komplementärkontrast. Betrachtet man konzentriert etwa 30 Sekunden lang z. B. eine orangefarbene Fläche, erscheint die komplementäre Farbe Blau als Nachbild. Rote Haare und grüne Augen sind ein Beispiel für diesen Kontrast.

Simultankontrast. Ein graues Farbfeld wirkt in roter Umgebung grünlich. Die komplementäre Farbe erscheint also gleichzeitig (simultan) zur tatsächlich vorhandenen Farbe. Bei rotem Haar kann daher ein sehr heller Teint leicht grünlich wirken.

Klar-Trüb-Kontrast. Eine Klarfarbe kontrastiert mit der getrübten Haarfarbe.

Hell-Dunkel-Kontrast. Am stärksten ist dieser Kontrast zwischen den Farben Violett und Gelb. Innerhalb einer Frisur kann der Hell-Dunkel-Kontrast mit einer Zwei-Stufen-Färbung erzielt werden.

Warm-Kalt-Kontrast. Die Farben Grün bis Blau wirken kalt, Gelborange bis Rot warm. Der Einsatz des Kontrastes von warmen und kalten Farben sollte unter der Berücksichtigung des Kundentyps erfolgen.

Mit weiteren Farbkontrasten, z. B. **Farb-an-sich-** und **Bunt-unbunt-Kontrast,** lassen sich ebenfalls interessante und attraktive Effekte erzielen.

5. **Ton-in-Ton-Harmonie von Haar-, Augen-, Make-up- und Kleidungsfarbe**

6. **Harmonie von Haar-, Teint-, Make-up- und Kleidungsfarbe**

Farbkombinationen, die möglichst ähnliche Farbtonwerte enthalten, werden als **farbharmonisch** empfunden. Dies gilt für alle Pastelltöne. Ton-in-Ton-Strähnen sind ein weiters Beispiel. Komplementäre Farben passen ebenfalls sehr gut zueinander, weil sie sich in ihrer Gegensätzlichkeit ergänzen. Das Auge fordert förmlich die komplementäre Farbe, wenn es einen Farbreiz erhält, wie die Erscheinung des komplementären Nachbildes zeigt. Kühle Farben wirken untereinander ebenso harmonisch wie warme Farben.
Farben lassen sich jedoch auch mit verschiedenen Verfahren harmonisieren:

Vermittlung. Man kann zwei Farben miteinander vermitteln, indem man eine dritte Farbe hinzunimmt, die Anteile beider enthält.

Verzahnung. Unterschiedliche Farben haben einen gemeinsamen Überschneidungsbereich. So kann man mit fransigen Frisuren eine dunkle Haarfarbe mit einer hellen Teintfarbe harmonisieren.

Verwerfung. Sie besteht darin, dass bestimmte Farbanteile, z. B. der Haarfarbe, in Kleidung und Accessoires wieder erscheinen.

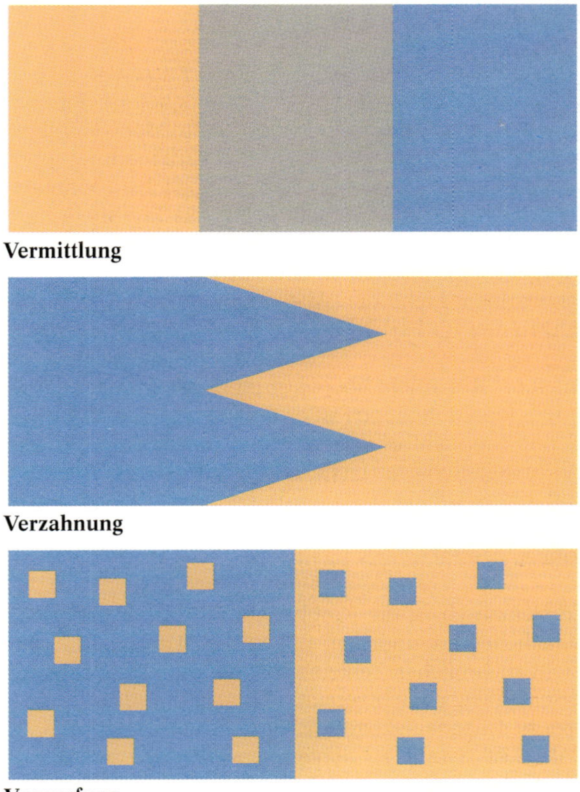

7. **Möglichkeiten der Farbharmonisierung**

1. Gestalten Sie ein weißes, in der Mitte geteiltes Blatt unter dem Thema: Kontrast und Harmonie farbig.
2. Beschreiben Sie in den Bildbeispielen der Seiten 230 und 231, wo entweder Stilmittel des Farbkontrasts oder der Farbharmonisierung eingesetzt werden.
3. Geben Sie Möglichkeiten zum Einsatz des Stilmittels Kontrast auf dem mittleren Bild oben an.

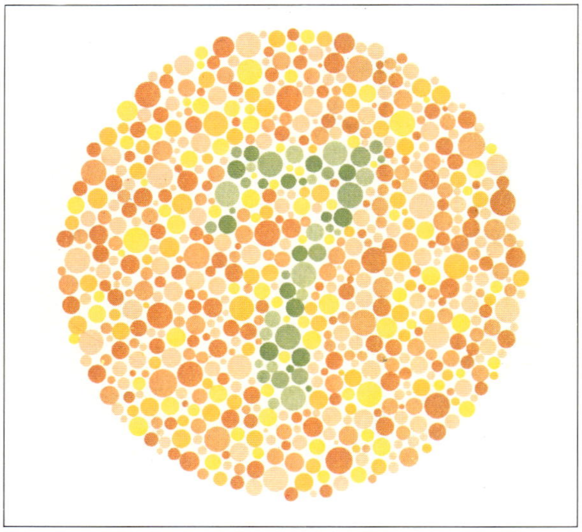

1. Testbild für Rot-Grün-Blindheit

2. Haarglanz durch Sonnenlicht

3.3 Ohne Licht keine Haarfarbe

Das Sprichwort „Bei Nacht sind alle Katzen grau“ besagt, dass es bei Dunkelheit nicht möglich ist, Farben zu erkennen. Je nach den Lichtverhältnissen verändert sich der Farbeindruck. Bei der Farbberatung und Farbbestimmung müssen daher möglichst optimale Lichtbedingungen vorliegen. Selbst das **Tageslicht** bietet nicht immer die gleichen Bedingungen. In der Morgensonne erscheinen die Farben meist kälter als im warmen Licht der Abendsonne. Die Fotografen nutzen dies für Farbbestimmungen auf ihren Bildern.

Auch bei **Kunstlicht** überwiegt oft ein bestimmter Farbanteil. Bei Glühlampen ist es der orangefarbene Anteil. Neonröhren gibt es wahlweise mit blaustichigem oder mit orangestichigem Licht. Die Kombination von blau- und orangestichigen Neonröhren ergibt in etwa das Tageslicht zur Mittagszeit. Halogenlampen erzeugen nahezu neutral weißes Licht.

Problematisch ist die Kombination aus Tageslicht und künstlichen Lichtquellen. Ein solches **Mischlicht** kann leicht zu farblichen Fehleinschätzungen führen. Die unterschiedlichen Lichtverhältnisse im Friseurladen können zu Ungenauigkeiten bei der Farbberatung führen. Daher ist darauf zu achten, dass die Auswahl von Haarfarben entweder bei Tageslicht oder bei neutralem Kunstlicht erfolgt. Es ist daher sinnvoll, bestimmte Plätze im Salon für die Farbberatung zu reservieren.

Lichtstrahlung, die im spitzen Winkel auf die farblose Schuppenschicht fällt, wird ähnlich wie bei einem Spiegel reflektiert. Dieser Effekt lässt das Haar glänzen. Der Glanz des Haares ist demnach umso stärker, je gesünder und anliegender die Schuppenschicht des Haares ist.
Die Lichtstrahlung, die im stumpfen oder rechten Winkel auf das Haar trifft, gelangt zu den Farbpigmenten des Haares. Bei bestimmten Lichtverhältnissen kann die Lichtstrahlung an den Rändern der Schuppenschicht zerlegt werden. Dies erzeugt einen schimmernden Glanz.

Glanz und Schimmer des Haares werden zusätzlich durch goldene und rötliche Farbnuancen gefördert, beispielsweise durch feine Strähnen oder Farbtonspülungen.
Schmutziges, ungepflegtes und strukturgeschädigtes Haar erscheint stumpf und glanzlos, weil ein Teil des auftreffenden Lichtes verschluckt oder zerstreut wird. Für den Haarglanz ist daher regelmäßige Haarpflege notwendig.

1. Aus welchem Grund sollten Farbberatungen möglichst bei Tageslicht vorgenommen werden?

2. Begründen Sie, weshalb ungepflegtes, schmutziges Haar, abgesehen vom Fettglanz, nicht glänzt.

Licht und Farbe physikalisch betrachtet

Ein Regenbogen lässt sich beobachten, weil das Sonnenlicht von Regentropfen abgelenkt wird. Da diese Ablenkung für Licht unterschiedlich ist, wird das Sonnenlicht in seine Farbanteile zerlegt. Das Phänomen Regenbogen zeigt, dass alle Farben im Sonnenlicht schon enthalten sind. Das bedeutet auch, dass es ohne Licht keine Farben gibt.

Fällt Licht auf gefärbtes Haar, werden bestimmte Farbanteile an der Oberfläche verschluckt. Die restlichen Farbanteile werden reflektiert. Ein Teil der reflektierten Lichtstrahlung trifft auf die Netzhaut unserer Augen. Man vermutet, dass es im Auge drei Typen von Zapfen gibt, die für das Farbensehen verantwortlich sind. Eine Sorte reagiert auf die rote, eine auf die grüne und eine auf die blaue Lichtstrahlung. Das Sehen im eigentlichen Sinn findet nicht im Auge, sondern im Sehzentrum des Gehirns statt. Im Sehzentrum des Gehirns werden Nervenimpulse, die von den Zapfen ausgesandt werden, zu einem farbigen Bild zusammengesetzt: Wir sehen dann farbige Haare.

Additive Farbmischung. Die Mischung von farbigem Licht nennt man additive Farbmischung. Immer mehr Licht erzeugt zunehmend mehr Helligkeit. Lichtfarben addieren sich gemeinsam im richtigen Mischungsverhältnis zu weißem Licht. Die Grundfarben der additiven Farbmischung sind entsprechend zu den farbempfindlichen Zapfen des Auges: Rotorange, Grün und Blauviolett. Das Farbfernsehen beruht auf dem Prinzip der additiven Farbmischung.

Subtraktive Farbmischung. Die Mischung von Körperfarben, z. B. Wasserfarben, nennt man subtraktive Farbmischung. Durch die Zugabe weiterer Farbpigmente wird immer mehr Licht herausgefiltert. Das Mischungsergebnis wird zunehmend dunkler. Die Grundfarben der subtraktiven Farbmischung sind entsprechend zu den Grundfarben des sechsteiligen Farbkreises: Gelb, Rot und Blau. Das Haarfärben erfolgt nach dem Prinzip der subtraktiven Farbmischung.

3. Erläutern Sie den Unterschied von additiver und subtraktiver Farbmischung.

4. Wann erscheint Ihnen ein Gegenstand schwarz und wann weiß?

3. Farbspektrum im Regenbogen

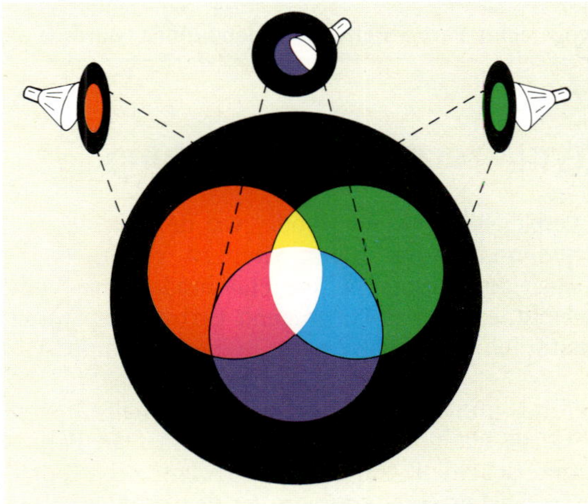

4. Additive Farbmischung – Lichtfarben

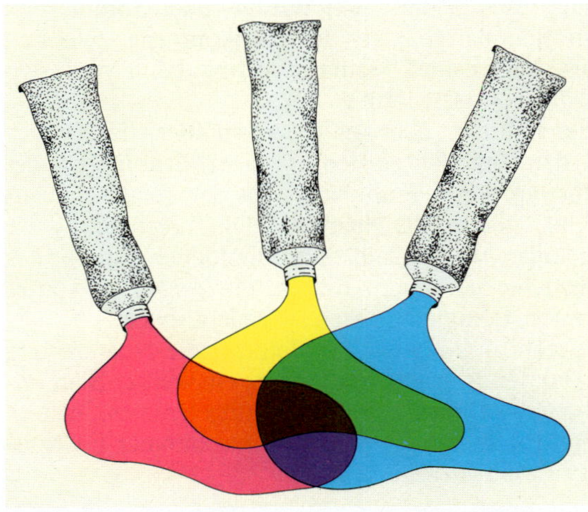

5. Subtraktive Farbmischung – Körperfarben

1. Typgerechte Farbgestaltung für den kühlen, warmen und gemischten Farbtyp

4 Typgerechte Farbberatung

Im Vergleich zur Kleidermode, wo der Einsatz von Formen und Farben kaum Grenzen kennt, ist die Mehrheit der Kunden bei der Haarmode konservativ. Das heißt, es werden vorwiegend Farben ausgewählt, die natürlich wirken, besonders in der Herrenmode.

Aufgrund individueller, natürlicher Farbeigenheiten von Haar-, Haut- und Augenfarbe kann man Farbtypen unterscheiden. Gängig ist hierzulande die Einteilung in die **Jahreszeitentypen.** Ist der Hautteint eher kühl bläulich, bläulich rosa oder blassgelblich, dann handelt es sich um einen **Winter-** oder **Sommertyp.** Beim Sommertyp sind die Farbkontraste zwischen Haar-, Augen- und Teintfarbe gering, beim Wintertyp sind die Kontraste kräftig.
Ist der Hautteint eher golden, warm oder elfenbeinfarben, dann handelt es sich um einen **Frühlings-** oder **Herbsttyp.** Beim Frühlingstyp ist der Teint sehr zart und hell, ebenso die Haarfarbe. Die Augen sind grün, blau oder wasserblau. Die dunkleren Haare des Herbsttyps schimmern rötlich, die Augen sind grün bis braun. Sommersprossen sind nicht selten.
Eine recht unkomplizierte Methode die Nuancierung des Hautteints festzustellen ist es, ein weißes Blatt Papier an die Innenfläche des Handgelenks zu halten. Bei gutem Tageslicht ist der Teintschimmer im Kontrast zu weiß gut zu erkennen.

Bei der **Farbberatung** kann durch Anhalten von Farbtüchern an das Gesicht der Farbtyp ermittelt werden. Farben, die zum Teint passen, lassen das Gesicht weicher erscheinen und Falten und Hautunreinheiten zurücktreten. Außerdem erfährt der Kunde zugleich etwas über die zu ihm passenden Kosmetik- und Kleidungsfarben. Zu den wichtigsten Regeln der (Haar-) Farbberatung zählen:

- Den Kunden durch offene Fragen beteiligen.
- Bei Sommer- und Wintertypen eher aschige, bläuliche und silbrige Nuancen wählen; weiße Haare müssen nicht unbedingt gefärbt werden.
- Bei Frühlings- und Herbsttypen eher goldene, rotgoldene und rötliche Nuancen wählen; weiße Haare sollten gefärbt werden.
- Dunkel zu dunklen, hell zu hellen Farben, d. h. Make-up und Haarfarbe sollten nicht zu weit von der Haut- und Haarfarbe entfernt sein.
- Zur Augenfarbe passende, harmonische bzw. komplementäre Farbtöne auswählen.
- Warm zu warmen und kühl zu kühlen Farben.

An dieser letzten Regel wird deutlich, wie vorsichtig man mit strengen Typisierungen umgehen muss. Kühle blaue Augen z.B. werden zusammen mit einer warmen, braunen Haarfarbe oft als attraktiv empfunden. Die eigentliche Kunst einer Beratung besteht letztlich darin, dem Menschen zu helfen das Individuelle seiner Person auszudrücken.

1. Sammeln Sie Informationsmaterial zur Farbberatung.

Analyse von Form und Farbe

Formelemente und Formanordnungen: Die Frisur enthält eine klare Linienführung. Das Haar ist glatt, am Oberkopf ohne Volumen und in Fallrichtung frisiert. Ein Seitenscheitel teilt die Frisur in zwei ungleiche Hälften. Diese Asymmetrie wird durch einen Richtungskontrast und den Ohrring noch verstärkt. Die kleine Seite ist nach hinten, die große nach unten frisiert und fällt zum Gesicht. Die Formen wirken natürlich und sachlich.
Gesichtsform: Die eher runde Gesichtsform erscheint durch die teilweise freie Stirn, den schmalen äußeren Umriss und durch die über die Wange herabfallenden Haare gestreckt.
Farbgestaltung: Vermutlich handelt es sich hier um einen Frühlingstyp. Die warme Farbe Orange bildet sowohl für die Haarfarbe als auch für das Make-up den Grundton und steht im Kontrast zur kühlen sachlichen Linienführung. Das Make-up ist passend zum blassen Teint der Kundin hell gehalten. Die Betonung einer harmonischen Lippenform wird durch einen dunkleren Orangeton erzielt. Das Orange der Haarfarbe findet sich im Ohrring wieder (Verwerfung). Durch die komplementäre Farbwirkung zum Orange kommen die blauen Augen deutlich zur Geltung. Neben diesem Komplementärkontrast spielt der Warm-Kalt-Kontrast bei der Wirkung der Augen eine Rolle.

1. Erklären Sie, weshalb es sich vermutlich um einen Frühlingstyp handelt. Welcher Farbtyp käme noch infrage?

2. Analysieren Sie in gleicher Weise Abb. 1, Seite 230 und Abb. 6, Seite 231.

Wissen Sie Bescheid?

1. Nennen Sie Beispiele für gerade, gebogene und geknickte Linien in der Frisur.
2. Welche Wirkungen werden einer geraden Linie nachgesagt?
3. Welche Wirkung hat eine Pfeillinie auf den Betrachter?
4. Unterscheiden Sie den inneren von dem äußeren Umriss der Frisur.
5. Was versteht man unter dem Profil?
6. Welches sind die fünf Grundtypen von Kopf- bzw. Gesichtsformen?
7. Nennen Sie die Gesichtsform, die als ideal gilt.
8. Beschreiben Sie die Möglichkeiten das Gesicht länger (breiter/schmaler) erscheinen zu lassen.
9. Erläutern Sie, was man unter dem Begriff Proportion versteht.
10. Nennen und erläutern Sie vier verschiedene Formanordnungen in der Frisur.
11. Was versteht man unter der Schwerpunktbildung in der Frisur? Nennen bzw. zeichnen Sie Beispiele.
12. Erläutern Sie den Unterschied von Symmetrie und Asymmetrie.
13. Was versteht man unter den Begriffen Farbtiefe und Farbrichtung?
14. Erstellen Sie eine Skizze der Friseurfarbkarte.
15. Welche Farben bilden den sechsteiligen Farbkreis?
16. Nennen Sie die drei komplementären Farbenpaare aus dem sechsteiligen Farbkreis.
17. Erläutern Sie den Unterschied zwischen Klar- und Trübfarben.
18. Geben Sie Beispiele an, wie man Braun- und Blondtöne mischen kann.
19. Was bedeutet der Begriff optische Mischung? Erklären Sie damit den Ausdruck: graues Haar.
20. Nennen Sie vier Farbkontraste und erläutern Sie diese an jeweils einem Beispiel.
21. Zeigen Sie Farbkontraste an Beispielen der gegenwärtigen Haarfarbenmode.
22. Nennen und erläutern Sie drei Verfahren Farben miteinander zu harmonisieren.
23. Wann gelten Farben in der Regel als harmonisch?
24. Erklären Sie, weshalb Farben bei unterschiedlicher Beleuchtung verschieden aussehen.
25. Erklären Sie, weshalb wir Gegenstände und Haare sehen können.
26. Erläutern Sie die Begriffe additive Farbmischung und subtraktive Farbmischung.
27. Nennen Sie Bezeichnungen und Merkmale unterschiedlicher Farbtypen.
28. Erklären Sie ein Verfahren, mit dem Sie Farbtypen erkennen und unterscheiden können.

Formveränderungen, Techniken und Werkzeuge

1. Haarschnitt mit modischem Finish

Das Schneiden und Formen der Haare zu einer Frisur zählt zu den reizvollsten und gleichzeitig verantwortungsvollsten Tätigkeiten des Friseurs. Es bedeutet einen massiven Eingriff in das Aussehen eines Menschen, das ein Teil seiner Persönlichkeit ist. Ein schlechter Haarschnitt führt nicht nur zu Unzufriedenheit, er wird manchmal sogar als Körperverletzung empfunden.

Ein Haarschnitt ist die Grundlage für jede Frisur und weder durch eine ansprechende Haarfarbe noch durch geschickte Stylingtechniken zu ersetzen. Der Plan dazu erwächst aus der Zusammenarbeit von Friseur und Kunden bei einer umfassenden Beratung.

Handwerkliche **Arbeitstechniken,** besonders wenn es um so komplexe Tätigkeiten wie das Haareschneiden geht, kann man nicht allein aus einem Buch lernen. Texte und Bilder können aber eine Hilfe sein eine korrekte Fachsprache zu erlernen und Tätigkeiten, die man in der Praxis beobachtet hat, systematisch einzuordnen. Ein umfassendes fachliches Können beinhaltet auch traditionelle Arbeitstechniken, die wegen der aktuellen Mode vielleicht vorübergehend weniger gefragt sind. Ein Beispiel dafür ist das Schneiden von Übergängen. In den siebziger Jahren war diese Technik nur noch von wenigen, meist älteren Herren gefragt. Als die Mode sich änderte und selbst ein modischer Damenhaarschnitt nicht mehr ohne fließende Konturen auskam, war diese Technik wieder unverzichtbar.

Für die Erstellung eines Haarschnittes sind Fachkenntnisse ebenso Voraussetzung wie geeignetes **Werkzeug.** Um es richtig anzuwenden, muss man als Friseur die Funktionsweise kennen. Die Kenntnisse über die Materialien ermöglichen eine fachkundige Pflege und Behandlung der wertvollen Werkzeuge.
Schlechtes Material und schlechte Verarbeitung können zu Haarschäden führen, die man auch mit aufwendigen Pflegemaßnahmen kaum beseitigen kann.
Eine stumpfe Schere oder ein gratiger Kamm können Mitverursacher von Haarspliss und beschädigten Haaroberflächen sein. Beides lässt sich durch fachkundige Werkzeugpflege vermeiden.

Kämme und Bürsten sind Arbeitsmittel des Friseurs, aber auch **Verkaufsartikel.** Kunden wählen den Friseur oft ganz bewusst für die Beratung aus; sie erwarten fachliche und sichere Beratung durch ihn.

1. Nennen Sie Gründe dafür, dass man einen schlechten Haarschnitt wirklich als Körperverletzung bezeichnen kann.

2. Untersuchen Sie das Werkzeug an Ihrem Arbeitsplatz auf mögliche Quellen für Haarschädigungen.

3. Informieren Sie sich in den Betriebsanleitungen über die Pflege der Haarschneidemaschinen.

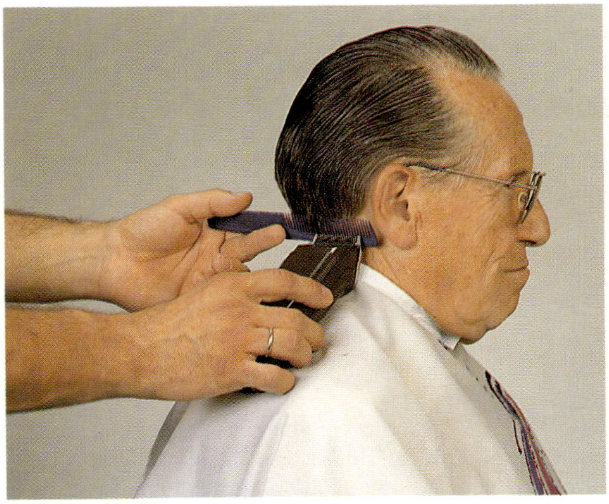

2. Übergangsschneiden mit der Maschine

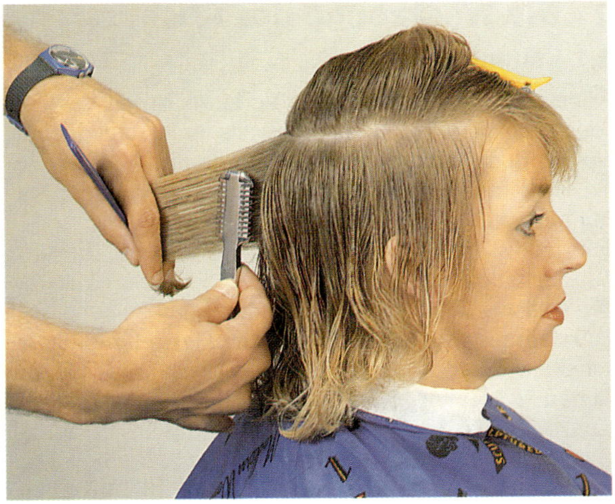

3. Effilation mit dem Modellierer

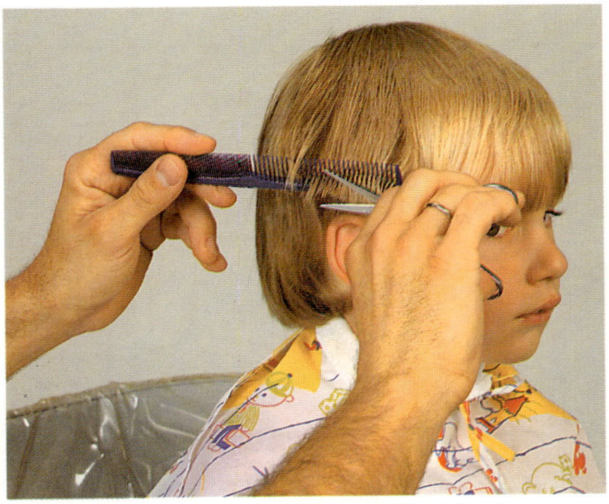

4. Übergangsschneiden mit der Haarschneideschere

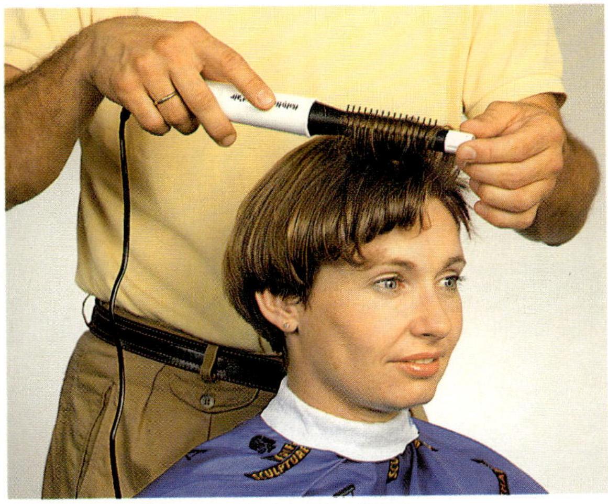

5. Arbeit mit der Warmlufttrockenbürste

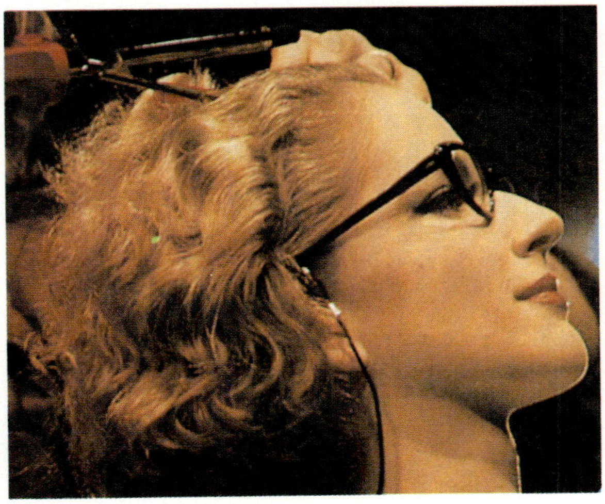

6. Einsatz des Frisierstabs

7. Kunstvoll geflochtenes Haar

1 Die Werkzeuge des Friseurs

1.1 Kämme

Kämme sind **Werkzeug** und **Verkaufsartikel** des Friseurs zugleich. Nach ihrer jeweils unterschiedlichen Verwendung richten sich die Form und die Größe. Friseurkämme werden meist aus Hartgummi oder Nylon hergestellt, seltener aus Metall.
Für Luxuskämme wird manchmal Elfenbein (Elefant) oder Schildpatt (Schildkröte) verwendet. Beide Materialien sind aus Gründen des Artenschutzes abzulehnen.
Herstellung von Kämmen. Bei der Herstellung unterscheidet man drei unterschiedliche Verfahren: Bei **gesägten Kämmen** werden die Zähne mit winzigen Kreissägen in den Rohling eingesägt und abschließend glatt poliert. Bei diesem aufwendigen Verfahren entstehen hochwertige Kämme mit glatten Innenflächen, die das Haar nicht verletzen.
Gepresste oder auch im **Spritzgussverfahren** hergestellte Kämme sind nur dann geeignet, wenn die durch die Herstellungsverfahren bedingten scharfen Grate sorgfältig entfernt und abpoliert wurden. Dies ist bei billigen Kämmen häufig nicht der Fall. Auch Metallkämme genügen kaum den Anforderungen eines guten Kammes.
Kammpflege. Kämme müssen frei von sichtbaren Verschmutzungen sein. Haarreste oder Verkrustungen von Festigern und Färbemitteln führen bei Kunden zu Ablehnung bis hin zu Ekel. Darüber hinaus müssen Kämme hygienisch einwandfrei sein. Dies erreicht man durch die Reinigung mit handelsüblichen Desinfektionsmitteln.
Alle Kämme unterliegen dem Verschleiß. Häufige Benutzung führt zur Bildung von Riefen mit scharfen Graten. Solche Kämme sollten nicht mehr verwendet werden.

1. Vergleichen Sie Material, Herstellungsverfahren und Preise der Kämme in Ihrem Salon.

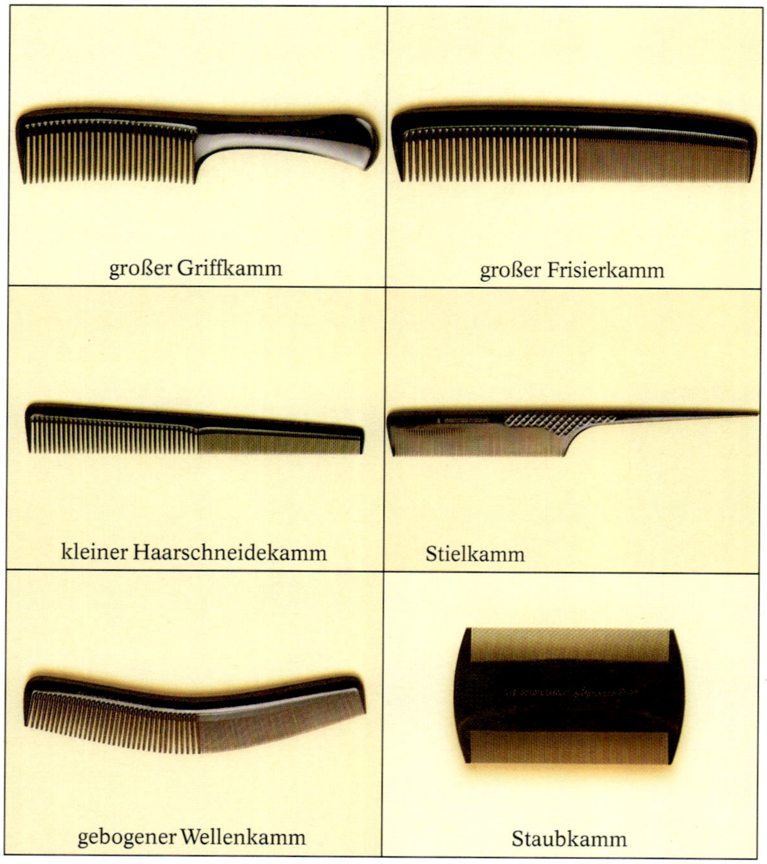

2. Einige Kämme des Friseurs

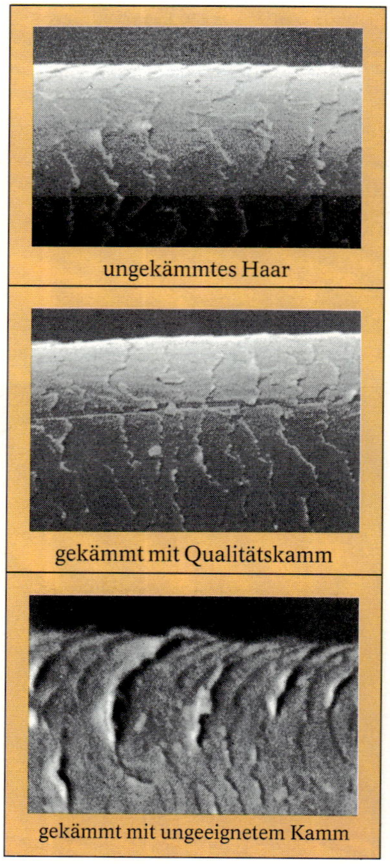

3. Kämmspuren am Haar

1.2 Bürsten

Ob zum Durchbürsten vor der Haarwäsche, zum Einbürsten der Frisur vor der Toupage oder beim Fönen: Je nach Anwendung kommen unterschiedliche Bürsten zum Einsatz.

Herstellung von Bürsten. Bei der Herstellung unterscheidet man zwischen dem Bürstenkörper und dem Einzugsmaterial (Borsten). Die Bürstenkörper sind meist aus Holz oder Kunststoff gefertigt, als Einzugsmaterial eignen sich Tierhaare, Schweineborsten oder Rosshaar. Häufig verwendet man auch Kunstfasern, seltener Draht.
Während man früher den Tierhaaren wegen besserer Qualität eindeutig den Vorzug gab, sind heute auch hochwertige Kunstfasern im Handel. Drahtborsten werden in einen Gummikörper eingelassen. Um Beschädigungen der Haare durch die Enden der Draht- und Kunstfaserborsten auszuschließen, versieht man die Borstenspitzen häufig mit aufgeschmolzenen Kunststoffkügelchen.
Ziel ist es, Bürsten herzustellen, die haarschonend, haltbar und pflegeleicht sind und ihrem Verwendungszweck entsprechen. So müssen Fönbürsten besonders hitzebeständig und luftdurchlässig sein.

Bürstenpflege. Bürsten müssen ebenso wie andere Arbeitsgeräte des Friseurs optisch sauber sein. Die gründliche hygienische Reinigung ist bei den meisten Bürsten mit handelsüblichen Präparaten problemlos möglich.
Empfindlich gegen starke Reinigungsmittel reagieren Naturborsten und Bürstenkörper aus Holz. Man sollte sie nach der Reinigung gründlich mit klarem Wasser abspülen und mit der Borstenseite nach unten trocknen.

2. Unterscheiden Sie die in Ihrem Salon verwendeten Bürsten im Hinblick auf Material und Verwendung.

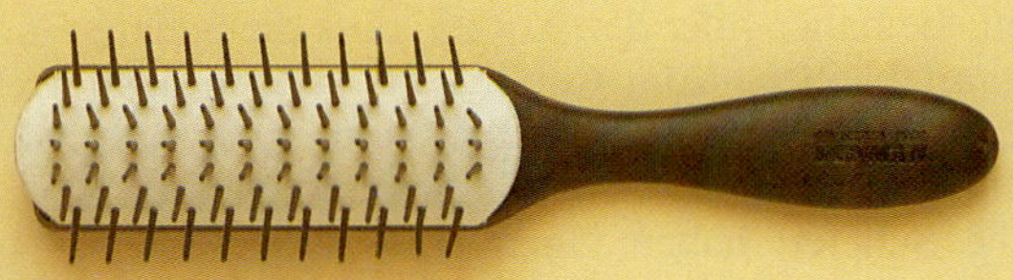

Fönbürste, Kunststoffborsten in massivem Gummikörper

Frisierbürste, Kunststoffborsten in hohlem Gummikörper

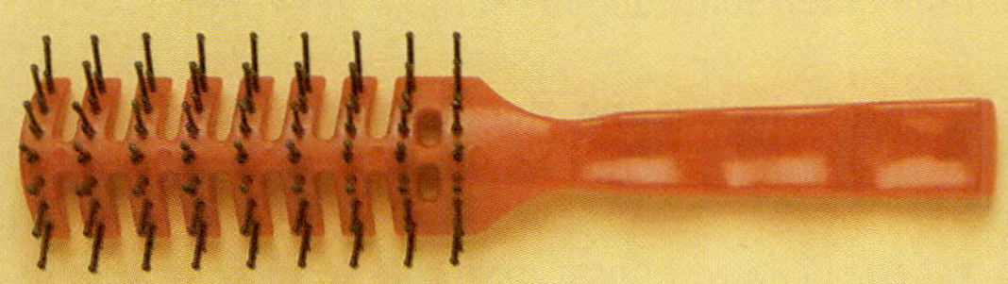

Fönbürste, Kunststoff, Skelettform

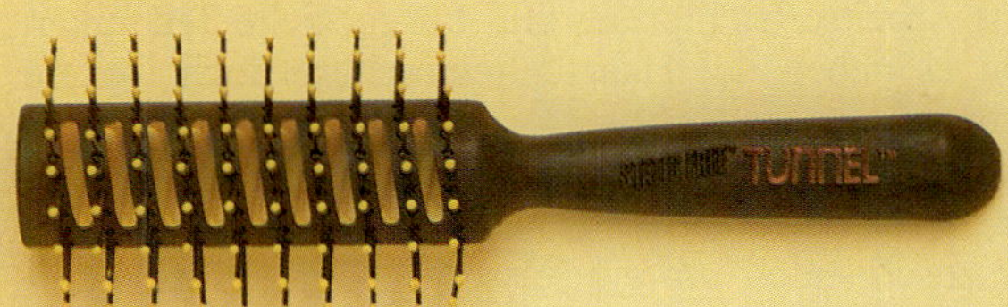

Fönbürste, Kunststoff, Tunnelform

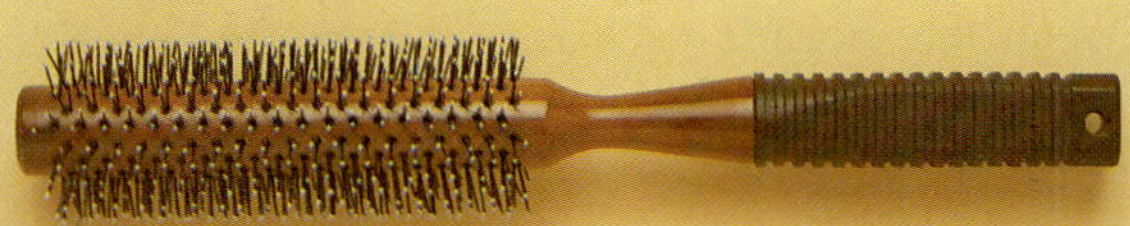

Fönbürste, rund, Drahtborsten in Kunststoffkörper

Fönbürste, rund, Naturborsten in Holzkörper

4. Einige Bürsten des Friseurs

Sicherheitshinweise für den Umgang mit Schneidegeräten

- Schneidegeräte nicht in Taschen aufbewahren, das ist unhygienisch und gefährlich.
- Schneidegeräte nur in geschlossenem Zustand ablegen, beim Zugreifen droht sonst Verletzungsgefahr.
- keine abgeschnittenen Haare auf dem Boden herumliegen lassen, Rutschgefahr.
- Vorsicht beim Wechseln von Klingen.
- Benutzen Sie keine Haarschneidemaschinen, deren Schneideköpfe abgebrochene Zähne haben, Sie könnten Ihre Kunden verletzen.
- Benutzen Sie nur scharfes Werkzeug, um Spliss vorzubeugen.
- Vorsicht bei plötzlichen Kundenbewegungen, besonders Kinder neigen dazu.
- Reinigen Sie die Werkzeuge nach der Benutzung und bewahren Sie sie an einem sicheren Ort auf.

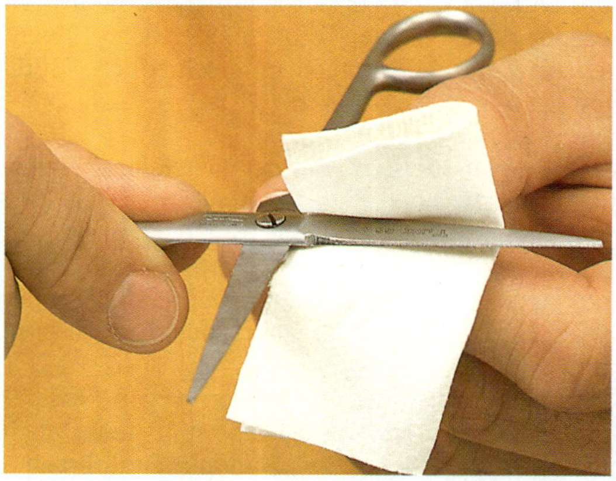

1. Die richtige Haltung bei der Reinigung der Schere verhindert Verletzungen und schont die Schneiden.

1.3 Schneidegeräte

Im einfachsten Fall reicht eine **Haarschneideschere** aus. Mit ihr kann man an den Konturen oder über die Finger stumpf schneiden, über den Kamm Übergänge arbeiten oder durch schleifende Effilation einen besonders weichen Fall des Haares erzielen.
Jeder Fehlschnitt ist jedoch deutlich sichtbar, „Löcher" und „Treppen" können die Folge einer noch nicht ganz perfekten Schneidetechnik sein.

Zur Arbeitserleichterung und für spezielle Techniken gibt es neben der Haarschneideschere noch weitere Scheren:
Die einseitig gezahnte **Modellierschere** schneidet nur einen Teil der erfassten Haare ab. Man muss zwar öfter zuschneiden um ein Passée zu kürzen, ein Fehlschnitt bleibt aber unauffälliger.
Über zwei gezahnte Schneiden verfügt die **Effilierschere,** die noch weniger Haare abschneidet als die Modellierschere.
Mit unterschiedlichen Zahnungen sind so genannte **Pointcut-Scheren** im Handel.

Herstellung von Scheren. Friseurscheren werden aus rostfreiem Spezialstahl hergestellt. Scherenstahl enthält als Beimischungen unter anderem Chrom und Nickel. Diese Zusätze sind problematisch, weil sie Allergien auslösen können. Abhilfe sollen Scherenringe aus Kunststoff oder besondere Oberflächenbehandlungen der Scheren schaffen. Schneiden aus Keramik findet man zur Zeit noch bei wenigen Scherenmodellen; sie haben aber den Vorteil, dass die Scheren lange scharf bleiben. Vom Rohling bis zum fertigen Werkzeug sind bei hochwertigen Scheren über einhundertfünfzig verschiedene Arbeitsgänge notwendig.
Alle Scheren haben einen **Gangschliff.** Dies ist die Spannung zwischen den beiden Scherenblättern, die dafür sorgt, dass die Schneiden bei jedem Schließwinkel dicht aufeinander liegen. Nur so ist ein glatter Schnitt möglich. Bei manchen Scheren lässt sich die Spannung mithilfe einer Schraube im Schloss verstellen.

Pflege und Reinigung der Scheren. Zur Reinigung kann man die Schere mit einem Tuch abreiben, das mit einem handelsüblichen Desinfektionsmittel getränkt ist. Dabei umfasst man die Schneiden von ihrer Rückseite her, um Verletzungen vorzubeugen.
Das Scherenschloss benötigt meist Öl, damit es leichtgängig bleibt und nicht vorzeitig verschleißt. Wenige Tropfen, regelmäßig aufgetragen, können die Funktionsfähigkeit einer Schere wesentlich verbessern.
Wenn ihre Schärfe nachlässt, müssen die Schneiden fachgerecht nachgeschliffen werden.

1. Betrachten Sie die Schneiden einer Friseurschere unter der Lupe. Vergleichen Sie sie mit einer Haushaltsschere.

2. Vergleichen Sie das Schnittbild der unterschiedlichen Friseurscheren.

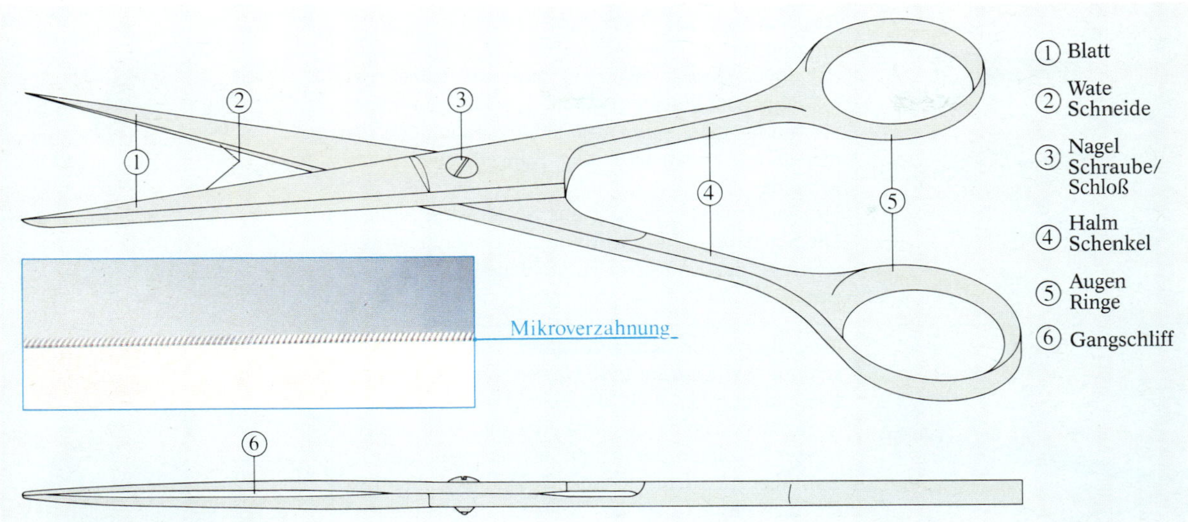

2. Die Teile einer Friseurschere

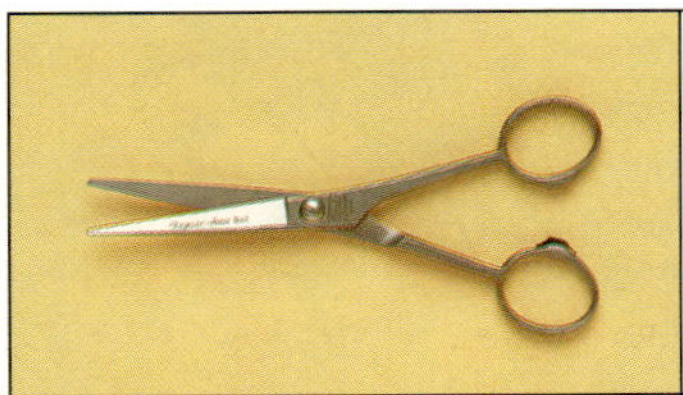	**Haarschneideschere.** Die Schneiden sind glatt oder mikrofein gezahnt. Alle Haare, die zwischen die Schneiden kommen, werden abgeschnitten. Variationen sind nur durch die Schneidetechnik möglich. Dadurch ist die Haarschneideschere universell verwendbar.	
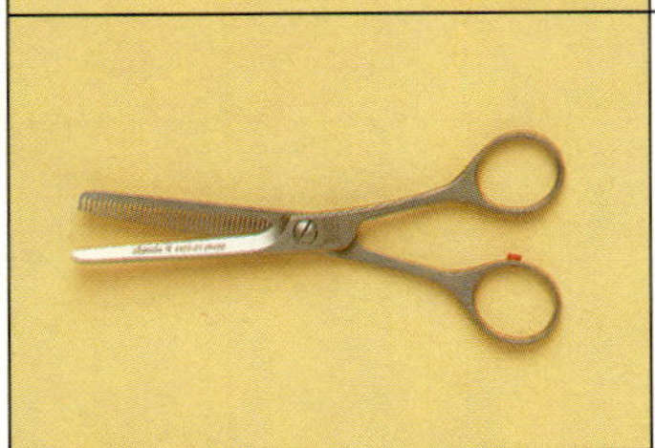	**Modellierschere.** Eine Schneide ist gezahnt, wodurch nur etwa 50 % der erfassten Haare abgeschnitten werden. Sie ist besonders für das Schneiden von Übergängen geeignet. Die eine Hand nimmt dazu die Haare mit dem Kamm auf, die andere hält die ungezahnte Seite der Modellierschere waagerecht und öffnet und schließt die gezahnte Seite.	
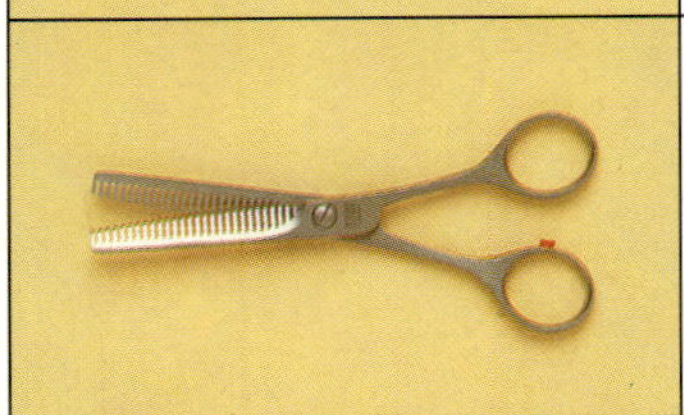	**Effilierschere.** Beide Schneiden sind gezahnt. Je nach Abstand der Zahnung werden etwa 30 % der erfassten Haare abgeschnitten. Die Effilierschere eignet sich zum Ausdünnen eines allzu dichten Haarschopfes. Man kämmt dazu eine Strähne auf und schneidet schräg von oben hinein.	
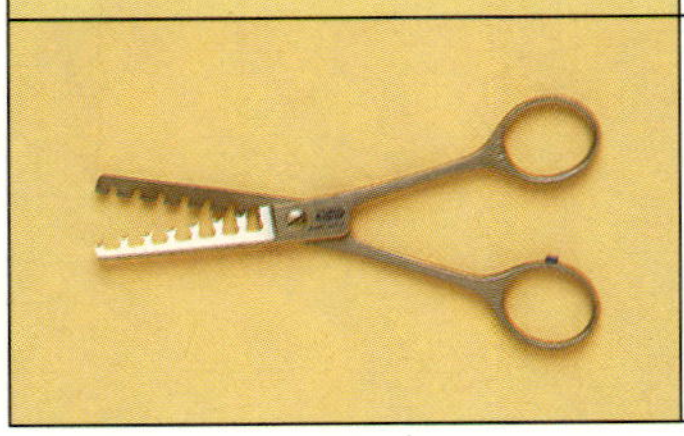	**Pointcut-Scheren.** Ihre Schneiden sind so konstruiert, dass sie deutlich erkennbare Lücken in das erfasste Haar schneiden. Beim Pointen entstehen kleine Büschel kürzerer Haare, die der Frisur Stand geben. Die Spitzen erhalten einen strähnigen Fall.	

3. Scheren des Friseurs und ihre Verwendung

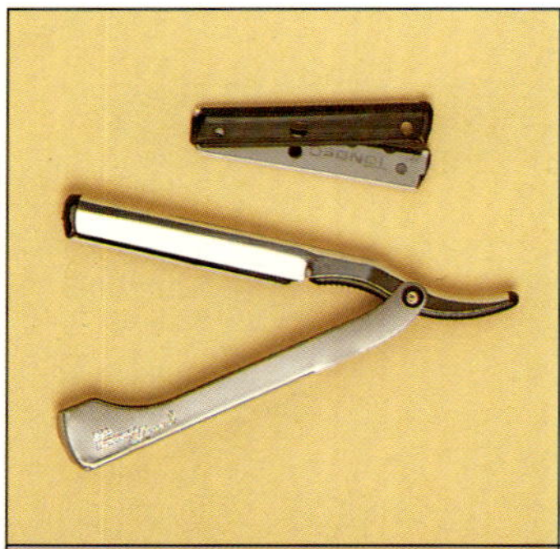

Rasiermesser. Zur Rasur, zum Säubern der Konturen und für den Messerhaarschnitt verwendet man das Rasiermesser. Während man die früher gebräuchlichen Messer regelmäßig schärfen musste, verwendet man heute fast ausschließlich Rasiermesser mit auswechselbaren Klingen, auch Sifter genannt.
Ein Rasiermesser besteht aus Schale und Klinge. Die Schale dient als Griff und zur sicheren Aufbewahrung der Klinge im zusammengeklappten Rasiermesser.

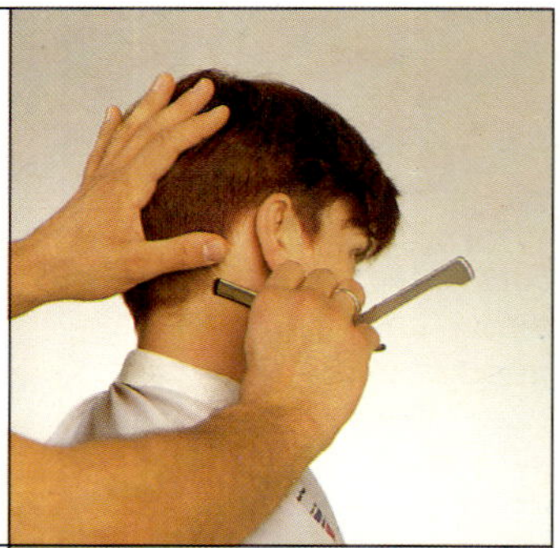

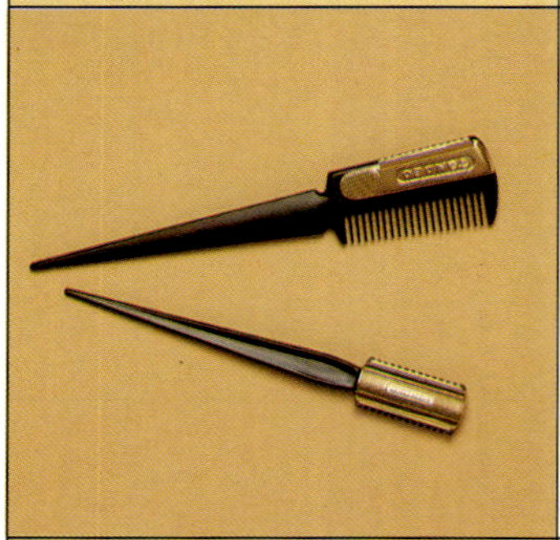

Modellierer und Schneidekamm. Für Messerhaarschnitte bei Damen und Herren verwendet man neben dem Sifter auch Modellierer und so genannte Schneidekämme. Beide Geräte sind vom Rasiermesser abgeleitet. Sie haben auswechselbare Klingen, über die nichtschneidende Zähne greifen um die Schnittwirkung der Klingen herabzusetzen. Ähnlich wirken Rasiermesser mit einem entsprechenden Aufsatzteil. Schneidekämme haben eine nichtschneidende Seite, die als Kamm das Abteilen erleichtert.

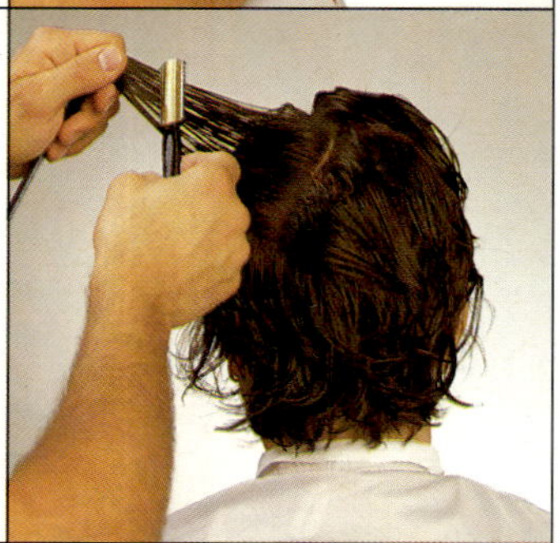

Kleine Haarschneidemaschine. Sie dient zum Ausrasieren und Konturenschneiden. Der Schnittabstand zur Kopfhaut beträgt nur 1/20 mm oder weniger. Wegen der besseren Handlichkeit haben sich kabellose Maschinen mit Akku bewährt. Alle Haarschneidemaschinen haben als Schneidekopf eine feststehende Grundplatte und darüber eine bewegliche Platte, beide mit angeschliffenen feinen Schneidezähnchen. Der Schnittabstand richtet sich nach der Stärke der Grundplatte.

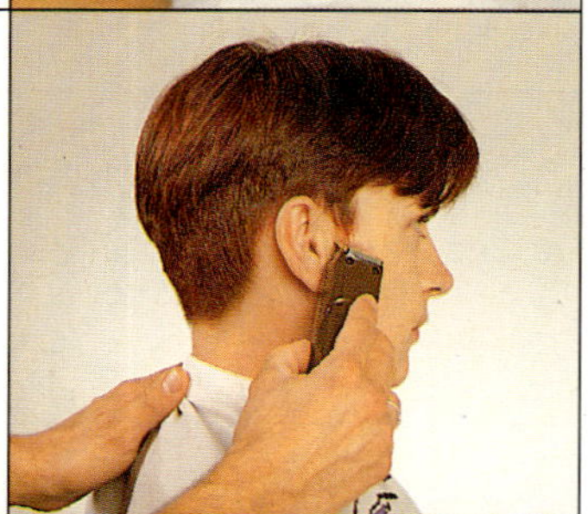

Große Haarschneidemaschine mit verstellbarem Schneidekopf. Diese Maschine eignet sich auch zum Schneiden von Übergängen. Der Schnittabstand lässt sich stufenlos verstellen, je nach Modell etwa im Bereich von 1/20 mm bis zu 3 mm. Solche Maschinen werden mit Kabel oder netzunabhängig (Akku) angeboten. Zur Pflege müssen die Schneideköpfe aller Haarschneidemaschinen saubergehalten und regelmäßig geölt werden.

Große Haarschneidemaschine mit Aufsteckköpfen. Die Verwendung einer solchen Maschine entspricht der einer Maschine mit stufenlos verstellbarem Kopf. Die unterschiedlichen Schnittabstände erreicht man durch das Auswechseln der Schneideköpfe. So genannte **Schnitthöhenaufsteckkämme** sind Distanzstücke, die auf die Grundplatte des Schneidekopfes gesteckt werden. Sie ermöglichen mit Schnittabständen von z. B. 12 mm das rationelle Erstellen von Kurzhaarschnitten.

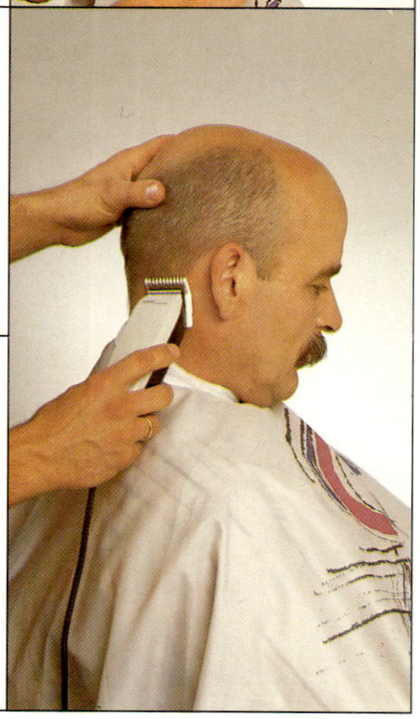

1. Messer und Haarschneidemaschinen

2 Haareschneiden

2.1 Haarschneideberatung

Ein guter Haarschnitt ist selten das geniale Meisterwerk einer einzelnen Person, sondern er entsteht aus der gelungenen Kommunikation zwischen Kunden und Friseuren. Das setzt voraus, dass die vorhandenen Möglichkeiten mit den individuellen Wünschen sowie allgemeinen gestalterischen Grundsätzen in Einklang gebracht werden.
Kommt keine erfolgreiche Kommunikation zustande, so kann es passieren, dass man an den Wünschen der Kunden vorbei arbeitet. Trotz eines technisch perfekten Haarschnitts wird der Kunde unzufrieden bleiben. Kommunikativ geschulte Friseurinnen und Friseure wählen bei der Haarschneideberatung ein angemessenes Sprachniveau. Sie achten gezielt auf die Selbstoffenbarung sowie versteckte Appelle. Auf der Beziehungsebene nehmen sie die Rückmeldungen der Kunden war, erkennen Zustimmung und eventuell noch vorhandene Zweifel.
Gesten unterstützen die verbalen Erklärungen und helfen Missverständnisse etwa in Bezug auf Länge und Fülle der Haare zu vermeiden.

In der Praxis kann dies folgendermaßen geschehen:
- Schon beim ersten Kontakt achtet man auf Größe und Statur der Kundin bzw. des Kunden.
- Kopf- und Gesichtsform erkennt man am besten, wenn die Haare nass und glatt angekämmt sind.
- Mit den Händen zeigt man den Verlauf der späteren Konturen.
- Durch Anschieben der Haare gibt man einen Eindruck von der späteren Verteilung der Haarfülle.
- In einer auf den Kunden ausgerichteten Sprache wird die vorgeschlagene Frisur erklärt.

Neben den Wünschen der Kunden spielen auch die Pflegegewohnheiten eine Rolle. Kundinnen und Kunden, die im Umgang mit ihren Haaren wenig Geschick zeigen, werden mit einem kompliziert zu pflegenden Haarschnitt schnell überfordert.

Allgemeine gestalterische Grundsätze bilden den Hintergrund bei der Verteilung der Proportionen. Die Größe der Frisur sollte immer im Einklang mit der Größe von Gesicht und Kopf sowie des Körpers stehen. Sehr große Menschen erscheinen z. B. nur selten mit einer sehr kleinen Frisur besonders vorteilhaft.

2. Schon beim ersten Kontakt kann man Größe und Statur der Kundin einschätzen

3. Glatt anliegendes Haar verdeutlicht die Kopf- und Gesichtsform

4. Mit den Händen können Haarlänge und -fülle veranschaulicht werden

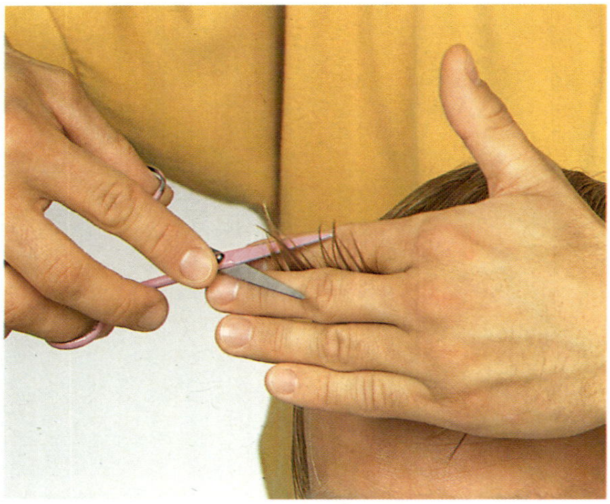

1. Stumpfschnitt quer zur Fallrichtung

2. Stumpfschnitt längs zur Fallrichtung

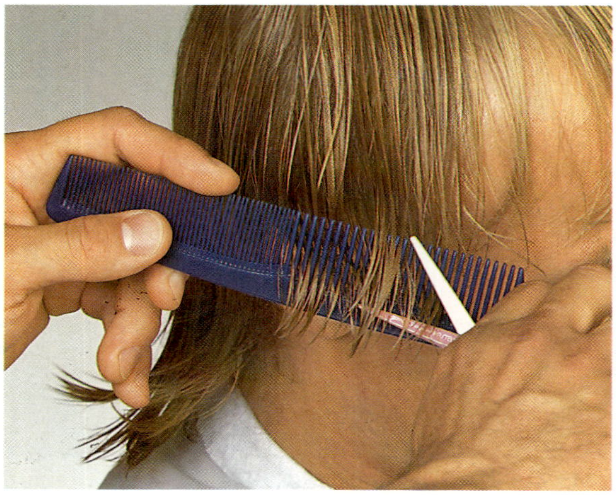

3. Stumpfschnitt über den Kamm

2.2 Grundtechniken

Der Haarschnitt beginnt mit dem **Abteilen der Haare.**

- Bei kurzem Haar genügt es, die Haare zur Seite zu kämmen, längeres Haar wird mit Klammern festgesteckt.
- Ein wichtiger Gesichtspunkt beim Schneiden von Haaren ist die Fallrichtung. Man kann quer oder längs zur Fallrichtung schneiden. Dabei kämmt man die Haare auf und hält sie zwischen Zeige- und Mittelfinger der einen Hand. Die andere Hand führt die Schere. Dünnes Abteilen ermöglicht exaktes Schneiden.
- Ob man die Haare in der Hand oder über die Finger schneidet, hängt davon ab, an welcher Stelle des Kopfes geschnitten wird, aber auch davon, wie man es gewohnt ist.

Stumpfschnitt quer zur Fallrichtung. Mit dieser Technik legt man zum Beispiel die Konturen fest. Die Haarfülle bleibt unverändert, es entsteht eine stumpfe Schnittlinie.

- Eine **Graduierung** ist eine feine Längenabstufung der Spitzen. Sie wird erreicht, indem man beim Schneiden über die Finger die Hand leicht dreht. Eine abgerundete Schnittkante erzielt man, wenn das Deckhaar geringfügig kürzer als das darunter liegende Haar geschnitten wird. Die Stärke der Graduierung bestimmt man durch die Handhaltung und den Winkel zum Kopf.
- Den Stumpfschnitt quer zur Fallrichtung wendet man nicht nur an den Konturen an.
  Beim Ausarbeiten von Übergängen, etwa beim Fassonschnitt, schneidet man quer zur Fallrichtung über den Kamm. Sicherer ist es, hierfür zunächst die Modellierschere zu benutzen, auch wenn das geübte Arbeiten mit der Haarschneidemaschine eleganter erscheint.
  Da jeder Schnitt quer durch den Fall des Haares geht, sind Fehlschnitte deutlich sichtbar.

Stumpfschnitt längs zur Fallrichtung. Mit dieser Technik erzielt man eine Abstufung der Längen. Voraus geht das Festlegen einer Führungslinie, an der sich jeder weitere Schnitt orientiert. Die Haarfülle bleibt unverändert, erscheint aber durch den lockeren Fall größer.

- Um den Schnitt auszuführen kämmt man eine Strähne auf, in der sich Haare befinden, deren Länge bereits auf die Führungslinie abgestimmt ist. An der Länge dieser Haare orientiert sich der Schnitt. Die Haltung der Finger entscheidet, ob die Haare im Verhältnis zur Führungslinie gleich lang, länger oder kürzer werden.

- Hat man die Längen durch Stumpfschnitt quer zur Fallrichtung festgelegt, so erfolgt der Kontrollschnitt längs zur Fallrichtung. Ein Stumpfschnitt wird quer kontrolliert.

Bei **Messerschnitten** werden die Schneidegeräte häufig quer zur Fallrichtung geführt.

Ausdünnen. Es gibt unterschiedliche Techniken, die Haarfülle zu verringern.

- Man kann mit einer Haarschneideschere schleifend effilieren. Dazu nimmt man eine Haarsträhne auf und setzt die geöffnete Schere an der Unterseite an. Die Schere wird nun in Richtung Haarspitzen geführt und dabei langsam geschlossen.
- Beim Ausdünnen mit der Effilierschere schneidet man schräg (diagonal) in die Haarsträhne.
- Auch durch Effilation mit dem Messer oder mit messerähnlichen Schneidegeräten kann man ausdünnen. Man nimmt dazu die Haarsträhne auf und führt das Messer an seiner Unterseite langsam in Richtung Spitzen oder Ansatz.
  Je nachdem, wie steil oder flach man das Messer auf der Haarsträhne aufsetzt, werden mehr oder weniger Haare abgeschnitten.

Die Techniken zum Ausdünnen wendet man auch an, um in weniger volles Haar Stützhaare zu schneiden, die mehr Volumen ermöglichen und so letztlich die Haarfülle größer erscheinen lassen.
Auch zur Toupage benötigt man kürzer geschnittene Stützhaare.

Pointen. Das Pointen ist eine besondere Technik um auszudünnen und Stützhaare zu bekommen. Ziel ist es hier nicht, wie beim Effilieren eine feine Verteilung der kürzeren Haare zu erreichen.

- Man schneidet vielmehr mit der Haarschneideschere oder mit einer Pointcut-Schere kleine Büschel kürzerer Haare.

Das Ergebnis ist ein volumiger Stand am Ansatz und ein leicht strähniger Fall der Haarspitzen. Dies ist z. B. für eine weiche fransige Kontur geeignet.

1. Probieren Sie die Ausführung der beschriebenen Grundtechniken an einer Schneideperücke oder an einem Modell.

2. Vergleichen Sie die Wirkung des Stumpfschnittes quer zur Fallrichtung bei unterschiedlicher Drehung der Hand.

3. Vergleichen Sie die Haarschneidemöglichkeiten mit Scheren, Messern und messerähnlichen Schneidegeräten.

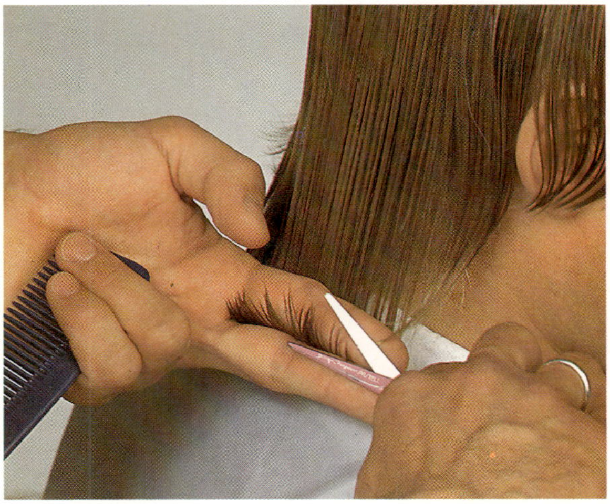

4. Graduieren

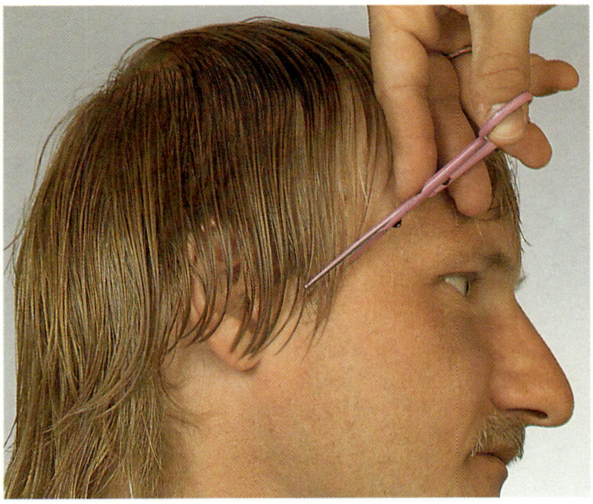

5. Konturenschneiden

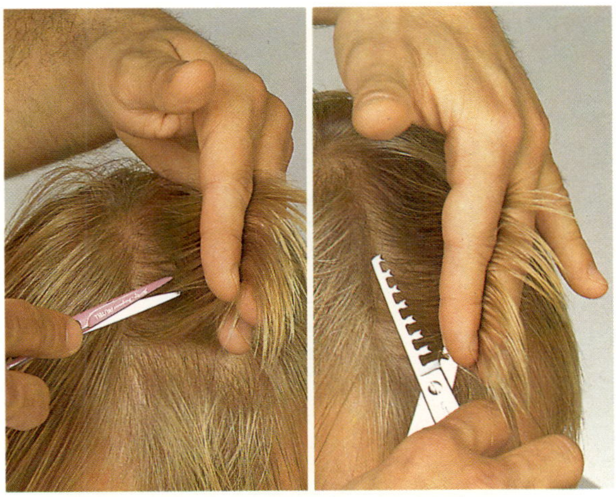

6. Pointen mit Haarschneideschere und Pointcut

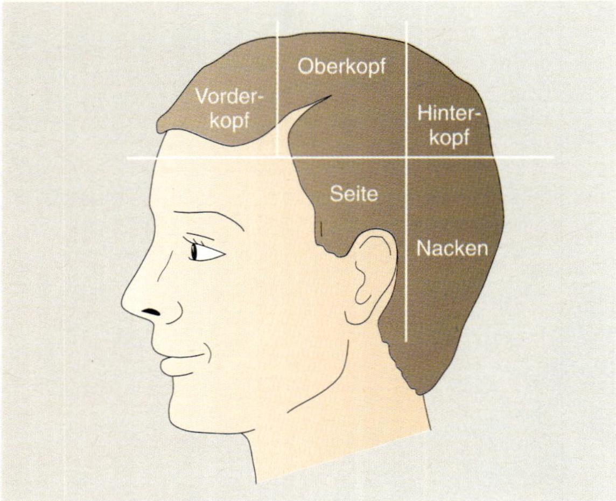

1. Die Einteilung des Kopfes in Sektionen

2. Modell vor dem Haarschnitt

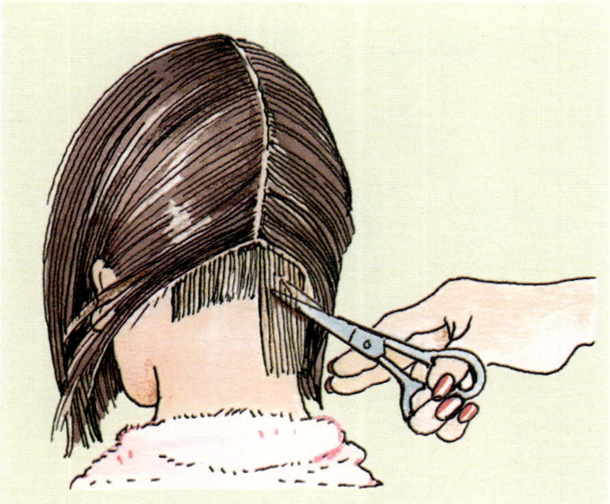

3. Erstellen der Nackenkontur/Führungslinie

Beispiel für einen ungestuften Haarschnitt

Der klassische **Bob** ist ein Beispiel für einen einfachen ungestuften Haarschnitt. Die verwendete Technik kann immer dort zum Einsatz kommen, wo ein Haarschnitt erstellt werden soll, der nicht gestuft ist, bei dem also alle Haare bis zu den Konturen reichen.
Um beim Schneiden die Übersicht zu behalten ist es grundsätzlich sinnvoll, den Kopf in Sektionen einzuteilen.
Meist sind dies Nacken, Hinterkopf, Oberkopf, Vorderkopf und Seiten.
Ein Haarschnitt sollte immer dort begonnen werden, wo die Längen besonders wichtig sind für den Rest der Frisur. Man kürzt die Haare dort auf die gewünschte Länge und verschafft sich auf diese Weise so genannte **Führungslängen** oder auch eine **Führungslinie.**

Beim Bob kommt es vor allem auf die Konturen an. Sie verlaufen klassisch von der Nackenmitte zur Kinnspitze. Deshalb ist es nahe liegend, den Haarschnitt im Nacken zu beginnen.

Nacken. Zunächst wird das Haar durch einen Mittelscheitel über Hinterkopf und Nacken geteilt. Die Haarlängen werden waagerecht zur Seite gekämmt, evtl. festgesteckt. Nur eine schmale Partie entlang der Haargrenze im Nacken, etwa 12–18 mm breit, wird nach unten gekämmt.

Mit dem ersten Schnitt wird sowohl die Länge im Nacken als auch die Führungslinie bestimmt, die für das weitere Vorgehen wichtig ist.
Die Haare werden dazu glatt angekämmt. Den Schnitt führt man von der Mitte aus zu den Seiten, indem mit der Schere mehrere kleine Schnitte gemacht werden. Zusammen ergeben die Schnitte die für den Bob typische leicht bogenförmige Linie, die in der Mitte etwas kürzer ist als an den Seiten.

Für die folgenden Schnitte orientiert man sich an dieser Führungslinie.
Dazu wird eine weitere schmale Partie waagerecht abgeteilt und über das bereits geschnittene Haar gekämmt. Die Führungslinie muss dabei deutlich durchscheinen. Ist dies nicht der Fall, teilt man schmaler ab.
Der folgende Stumpfschnitt quer zur Fallrichtung wird über die Finger ausgeführt. Das Haar wird dazu sauber aufgekämmt und zwischen Zeige- und Mittelfinger erfasst, wobei die Hand auf dem Nacken der Kundin aufliegt. Der Schnitt erfolgt entlang der Führungslinie, indem man wieder mehrere kleine Schnitte macht, die zusammen die gewünschte Bogenlinie von Ohr zu Ohr ergeben.

Entsprechend dieser Vorgehensweise setzt man den Haarschnitt fort. Jede neu abgeteilte Haarpartie sollte immer so dick sein, dass die Führungslinie noch gut zu erkennen ist.
Beim Beikämmen der neuen Haarpartien ist darauf zu achten, dass das Haar nicht zu sehr gestreckt wird. Es könnte sich sonst nach dem Schneiden etwas zusammenziehen und so ein zu kurzes Ergebnis entstehen.
Wenn die Nackensektion fertig gestellt wird, dienen ihre Längen als Führungslinie für die anderen Sektionen.

Hinterkopf. Man geht vor wie im Nacken, indem immer weitere schmale Partien waagerecht abgeteilt und entsprechend der Führungslinie beigeschnitten werden. Mit zunehmender Länge der Haarpartien kommt es immer stärker darauf an, sich am natürlichen Fall des Haares zu orientieren und es nicht übermäßig zu stecken, um sicherzustellen, dass es auch nach dem Trocknen noch in der gewünschten Form liegt und nicht etwa zu kurz ist.

Seiten. Die erste schmale Partie wird waagerecht abgeteilt und die Haarspitzen ebenfalls waagerecht zwischen den Fingern gehalten.
Mit dem Nackenhaar wird eine Verbindung hergestellt, indem der Schnitt so geführt wird, dass sich die Führungslinie in einem Bogen zur Kinnspitze fortsetzt. Beim Schneiden hält man die Haare dicht am Kopf, um keine Graduierung zu erzeugen. Wieder zieht man das Haar zwar glatt, aber nicht zu straff, um eine späteres Heraufschnellen zu vermeiden.
Entsprechend dieser neuen Führungslinie wird der Haarschnitt Partie für Partie fortgesetzt.

Oberkopf. Entsprechend verfährt man am Oberkopf.

Vorderkopf. Hierbei kommt es darauf an, wo sich bei der fertigen Frisur der Scheitel befinden soll. Man legt die Scheitellinie endgültig fest und passt die Länge Partie für Partie der Führungslinie an den Konturen an.
Ob und wie ein Pony gewünscht wird, ist im Beratungsgespräch geklärt worden. Der genaue Konturenverlauf und die Fülle des Ponys werden jetzt festgelegt.
Eine sehr volle Ponypartie erzielt man, indem man verfährt wie im Nacken: Festlegen der Kontur als Führungslinie und Anpassen der folgenden Partien.
Wird ein weicher bis fedriger Pony gewünscht, so schneidet man mit der Schere senkrecht von unten in die Ponypartie. Man schneidet so oft zu, bis Länge und Fülle dem gewünschten Ergebnis entsprechen.

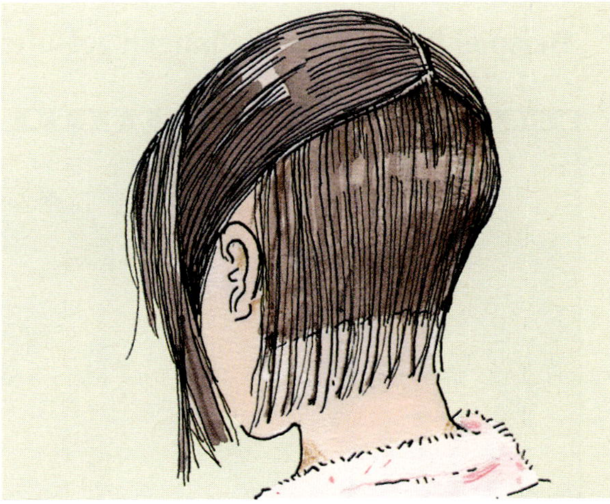

4. Anpassen der folgenden Haarpartien an die Führungslinie

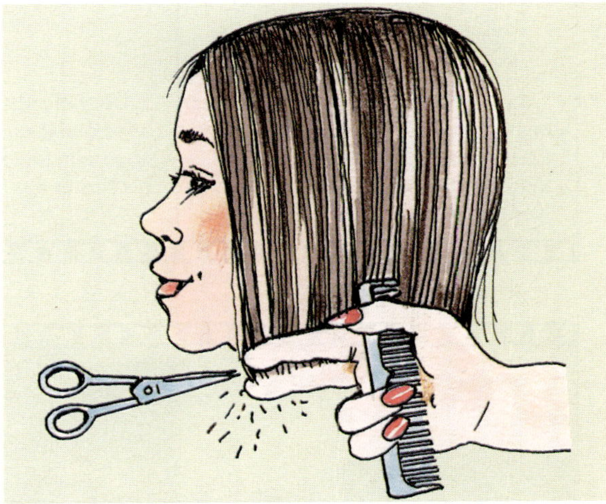

5. Fortsetzung der Führungslinie an den Seiten

6. Fertiger Bob

Beispiel für einen mittellangen gestuften Haarschnitt

1. Profil, Gesichtsform und Stirn bestimmen die individuelle Gestaltung der Frisur (Pony, Scheitel, Betonung bestimmter Kopfpartien).

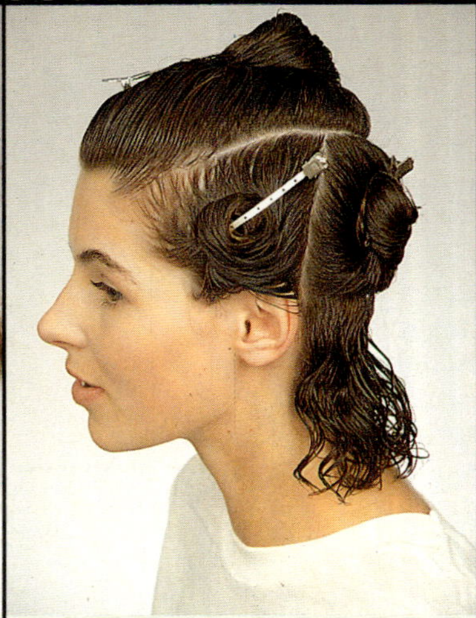

2. Über die Mitte der Augenbrauen wird das Haar am Oberkopf abgeteilt. Die Abteilungslinie wird bis hinter das Ohr gezogen.

3. Oberhalb des Ohres teilt man quer ab. Das Haar wird nach oben zur Abteilungslinie gezogen.

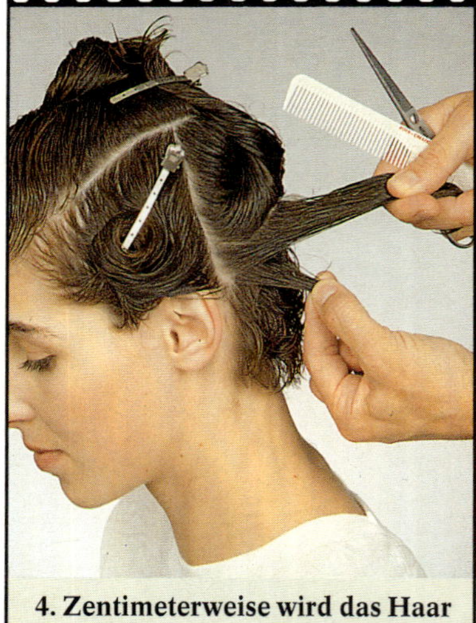

4. Zentimeterweise wird das Haar am Hinterkopf abgeteilt und nun auf das kurze Haar an der Führungslinie zugeschnitten.

5. Partie für Partie erarbeitet man auch den Schnitt am Hinterkopf, immer unter Berücksichtigung der Führungslinie.

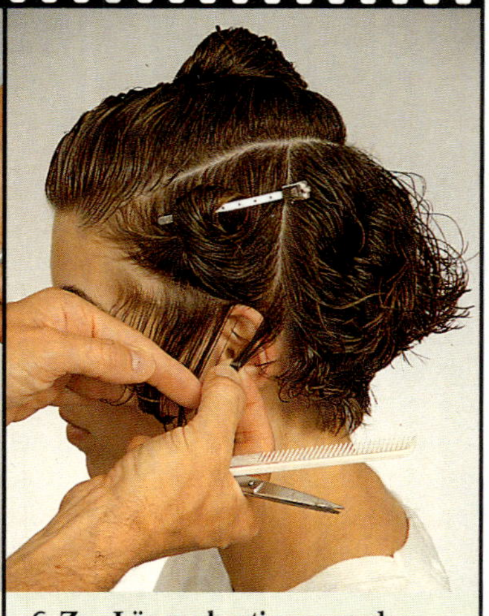

6. Zur Längenbestimmung der Seitenpartien wird diagonal abgeteilt, vom Ohr bis zum Haaransatz. Passéeweise wird das Haar angeglichen an die Führungslinie im Nacken.

7. Auch während der Erstellung des Haarschnitts wird immer wieder das Zusammenspiel von Profil und Kopfform mit der geplanten Frisur geprüft.

8. Festlegung der idealen Führungslinie für die Stirnpartie. Das kurze Haar an der Schläfe wird bestimmend.

9. Oberkopfhaar wird im Wirbelbereich auf die Führungslinie zugeschnitten. Maßgebend sind die fertig geschnittenen Meschen vom Vorder- und Hinterkopf.

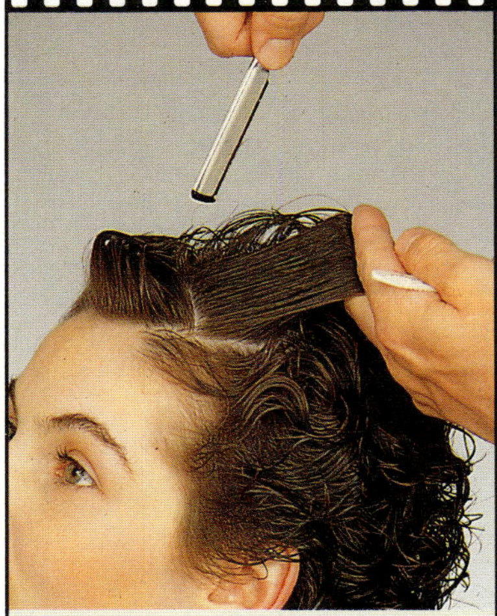

10. Zum Effilieren wird das Messer vertikal angesetzt, also in Längsrichtung des Messers. Dies ergibt Stützhaare mit weichem Fall der Spitzen.

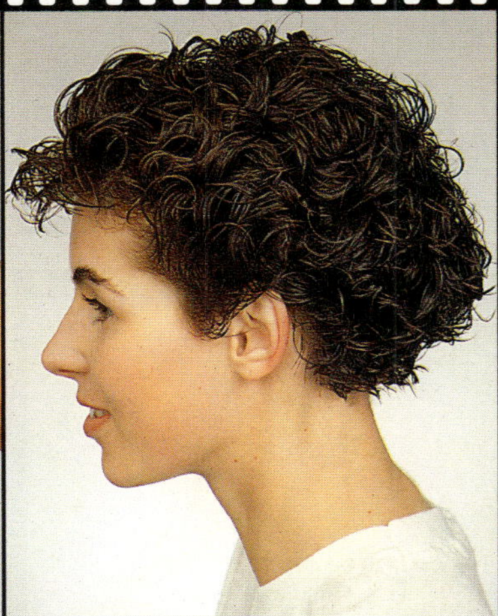

11. Der fertige Schnitt im nassen Zustand. Die Frisur ist deutlich erkennbar.

12. Mit den Fingern wird Volumen erzeugt, um die Dauerwelle nicht zu strecken. Konturen werden mit Kamm und Fön geformt.

Beispiel für einen Kurzhaarschnitt

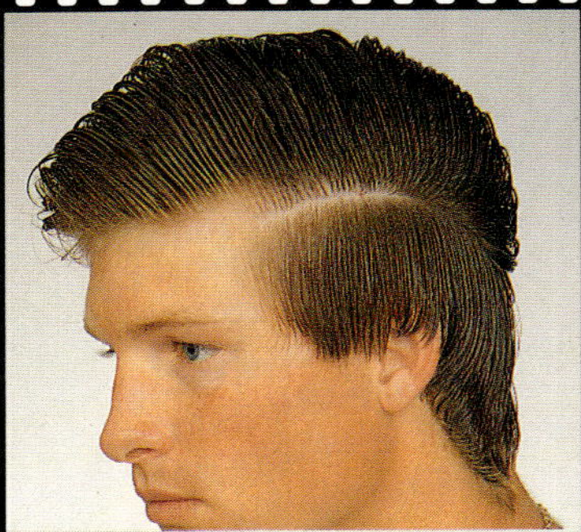

1. Abteilen von der Tampelpartie über dem Ohr bis hin zum Atlasknochen.

2. An der Tampelpartie und über dem Ohr wird das Haar kurz über Kamm und Schere geschnitten.

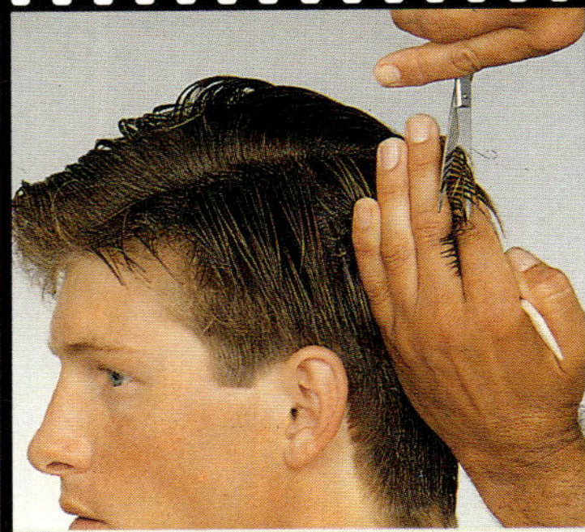

3. Schneiden der Verbindung von den kurzen Seitenpartien zum Oberkopf.

4. Passée für Passée wird das Haar am Hinterkopf angeglichen.

5. Am Oberkopf wird die Führungslinie zur Stirn hin verlängert.

6. Verbindung von der Führungslinie zur Seitenpartie herstellen.

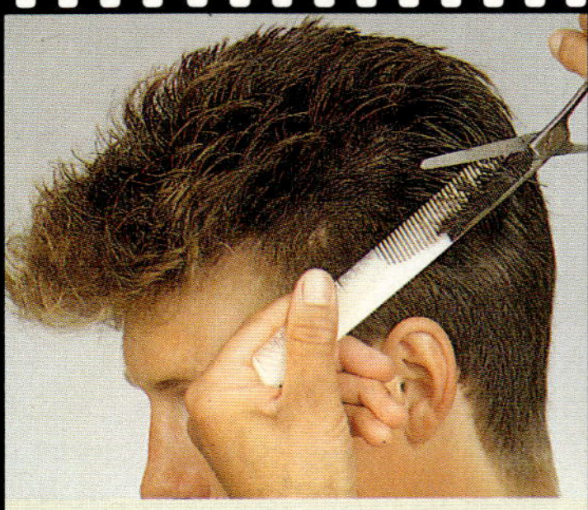

7. Damit Seitenpartien zum Oberkopf hin weich verlaufen, wird die Verbindung mit der Effilierschere geschnitten.

8. Schneiden der Verbindung von den Seiten zu der kurzen Tampelpartie.

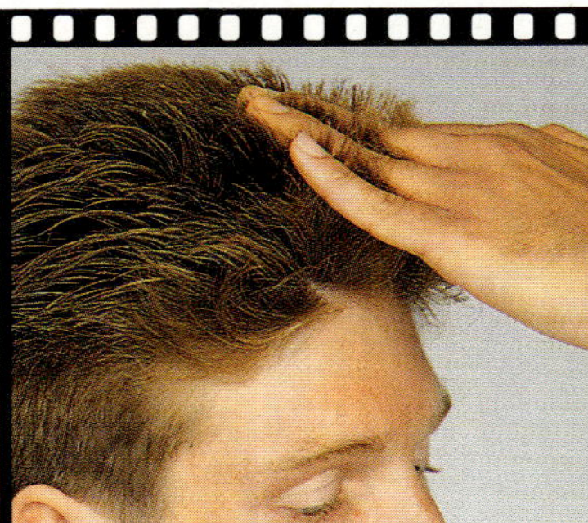

9. Am gesamten Oberkopf wird jetzt die Schnittlänge nochmals genau überprüft.

2.3 Bartformung und Rasur

Bartformung. Lang vorbei sind die Zeiten, als Zar Peter der Große von Russland eine Bartsteuer erließ (1698), um seine männlichen Untertanen von der altmodischen Sitte abzubringen Bärte zu tragen. Das Beispiel zeigt, welche bedeutende Rolle die Bärte in der Vergangenheit immer wieder gespielt haben. Je nach Zeitgeist und persönlichem Standpunkt galt ein Bart als Ausdruck von Rückständigkeit oder als Zeichen besonderen Fortschritts.
Heute kann der modebewusste Mann seine Barttracht je nach persönlichem Geschmack und biologischen Voraussetzungen gestalten.
In Absprache mit dem Kunden werden Länge und Form des Bartes während der Beratung festgelegt. Schon geringe Änderungen der Bartform wirken sich auf das Erscheinungsbild eines Gesichts aus. Es ist auch hier wichtig, nach gestalterischen Gesichtspunkten vorzugehen, ähnlich wie beim Make-up und der Frisurengestaltung. Der Bartschnitt beginnt mit dem Festlegen der Konturen, meist geschieht dies mit der Haarschneidemaschine. Die Länge bestimmt man durch Schneiden über den Kamm mit der Maschine. Zum Schutz der Augen vor abgeschnittenen Haaren sollte dem Kunden eine Serviette angeboten werden.

Rasieren. Früher suchte der gepflegte Herr zum Rasieren den Friseur auf. Die Zahl der Kunden, die eine Rasur wünschen, ist heute gering. Augenbrauenrasieren und Säubern der Konturen verlangen aber immer noch eine sichere Handhabung des Messers.
Wie beim Tennis unterscheidet man zwischen Vorhandgriff und Rückhandgriff. Welchen Griff man anwendet, richtet sich nach der jeweils zu rasierenden Stelle, zum Beispiel linker und rechter Mundwinkel oder auch Augenbrauen.
Entscheidend ist beim Umgang mit dem Rasiermesser der Winkel zwischen Messer und Haut. Ist dieser zu flach oder zu steil, so besteht Verletzungsgefahr. Die Schnitte werden aus dem Handgelenk geführt.
Bei einer Rasur werden die zu behandelnden Partien zunächst sorgfältig eingeschäumt. Dadurch werden die Barthaare etwas gefügiger und die Haut gleitfähig. Reste des Rasierschaums müssen sorgfältig entfernt werden. Da der Rasierschaum alkalisch ist und die Haut quillt, muss nach der Rasur adstringiert werden. Dies geschieht mit einem Aftershave, das außerdem leicht desinfizierende Wirkung hat und angenehm duftet.

1. Üben Sie den abgebildeten Vorhand- und den Rückhandgriff.

2. Welche Wirkung hat ein zu flacher bzw. zu steiler Winkel zwischen Messer und Haut beim Rasieren?

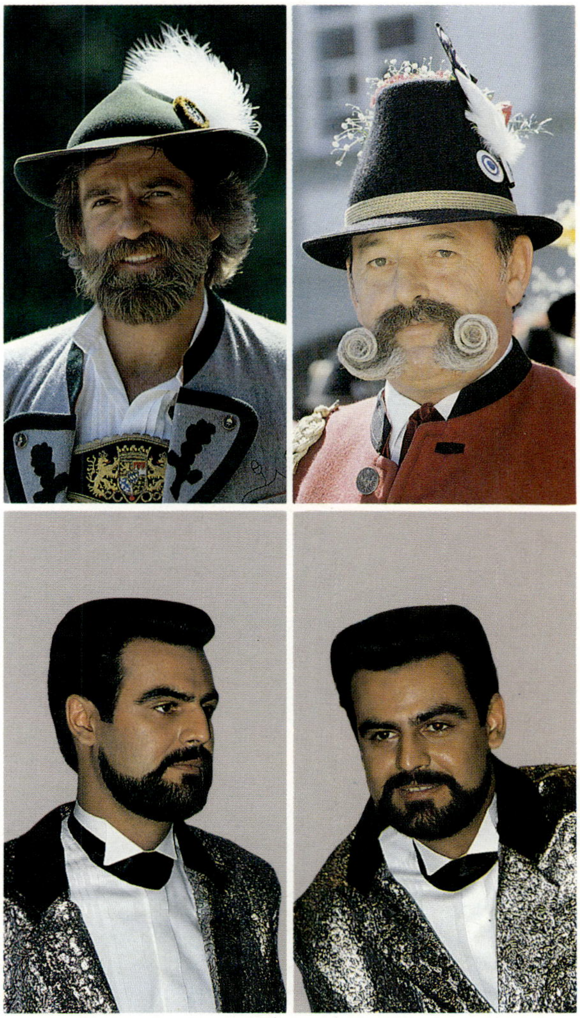

1. Individuelle Bartformen

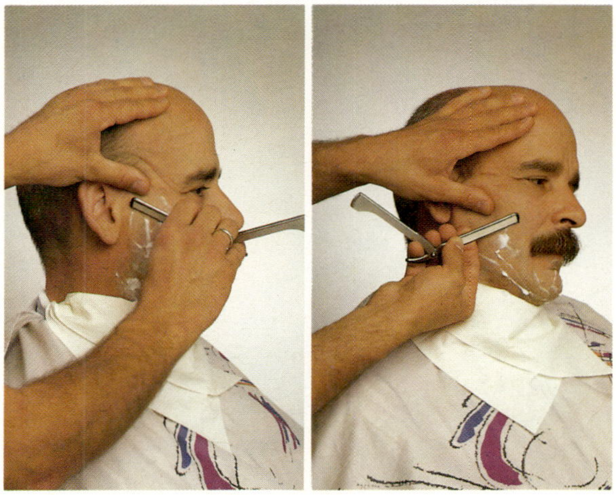

2. Vorhandgriff und Rückhandgriff

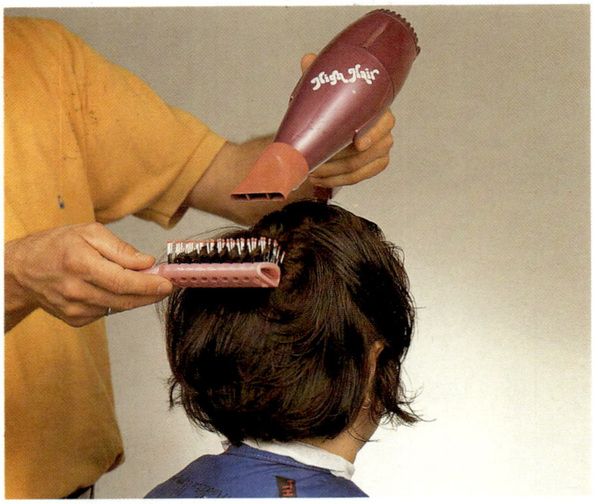

1. Volumenfönen

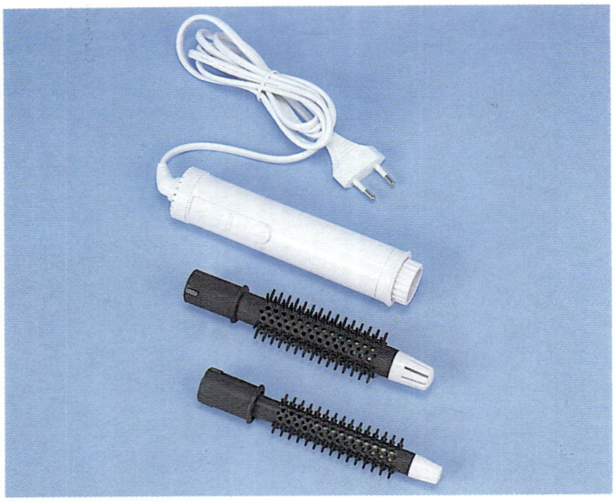

2. Warmlufttrockenbürste

3. Warmlufttrockenbürste im Einsatz

3 Fönen, Wickeln, Wellenlegen

3.1 Fön und Frisierstab

Als in den siebziger Jahren der Trend zu weicheren und natürlicher wirkenden Frisuren immer stärker wurde, setzte sich der Fön gegenüber Volumenwicklung und Trockenhaube durch. Mit der Zeit wurden die Föntechniken immer vielfältiger. Eng verbunden damit ist die Entwicklung bestimmter Bürsten, die die Möglichkeiten der Haarformung weiter verbesserten.
Als Variante des Föns wurden Warmlufttrockenbürsten entwickelt, die unter bestimmten Herstellerbezeichnungen auf dem Markt sind und im Prinzip eine Kombination aus Fön und Bürste sind.

Fön. Wenn man die nötigen Techniken beherrscht, kann man mit dem Fön eine große Vielfalt unterschiedlicher Frisuren erstellen.
Durch die Haarwäsche sind die Haare nass und formbar. Die Wasserstoff- und Salzbrücken sind gelöst. Die warme Luft des Föns lässt das im Haar eingelagerte überschüssige Wasser verdunsten. Neue Wasserstoff- und Salzbrücken bilden sich, und zwar so, dass die neue Form der Frisur gefestigt wird.
Die Bildung der Brücken geschieht erst, wenn das Haar schon fast trocken ist. Deshalb sollten Haare vor dem Fönen immer gut vorgetrocknet werden, um die Fönzeit zu verkürzen und so Zeit und Energie zu sparen. Beim Vortrocknen mit Handtüchern ist jede Reibung der Haare zu vermeiden um die empfindliche Oberfläche der Haare nicht zu beschädigen. Beim Fönen darf das Haar nicht überhitzt werden. Ein durch Wärme geschädigtes Haar lässt sich nicht wieder reparieren. Entsprechend sollen die Kunden für die Heimpflege beraten werden.

Warmlufttrockenbürste. Bei dieser Kombination aus Fön und Bürste strömt die warme Luft aus einem runden Wickelkörper, der mit – manchmal versenkbaren – Stacheln versehen ist um das Haar besser erfassen zu können.

Frisierstab. Locken- und Frisierstäbe wendet man in trockenem Haar an, um z.B. geföntem Haar noch mehr Stand zu geben. Dazu werden die Haarsträhnen um einen elektrisch beheizten Stab gewickelt und erwärmt. Im Gegensatz zur früher üblichen Ondulation ist durch eingebaute Thermostate im Lockenstab die Gefahr der Überhitzung der Haare geringer.
Der Umformungsgang geschieht, indem man die natürlicherweise im Haar vorhandene Feuchtigkeit zum Verdunsten bringt.

Was geschieht im Haar bei einer nicht dauerhaften Umformung?

Bei allen Umformungen der Haare, die nicht von Dauer sind, spielt Wasser die Hauptrolle. Dies gilt auch für trockenes Haar.
Wasser wirkt sich auf die Salz- und die Wasserstoffbrücken im Haar aus. Seine Moleküle lagern sich zwischen die Partner solcher Brücken und können die Brücken schließlich ganz lösen. Außerdem quillt das Haar auf.
Nasses Haar hat deshalb ganz andere Eigenschaften als trockenes. Es lässt sich leichter verformen, z. B. auf einen Dauerwellwickler rollen.
Verändert man die Form der Haare in diesem Zustand und lässt sie in der neuen Form trocknen, so bleibt diese erhalten, bis das Haar wieder angefeuchtet wird.
Auch scheinbar trockenes Haar enthält Wasser, je nach Umgebung etwa 17 %, entsprechend der natürlichen Luftfeuchtigkeit.
Bringt man dieses Wasser durch Wärmezufuhr zum Verdunsten, so bilden sich neue Salz- und Wasserstoffbrücken. Bringt man das Haar dabei in eine bestimmte Form, so wird es durch die neu geschlossenen Brücken in dieser Form fixiert.
Anschließend nimmt es aus der Luft wieder Feuchtigkeit (Wasserdampf) auf. Doch die aufgenommenen Wassermoleküle lagern sich nicht alle wieder an den alten Stellen an, sodass zwar etwas Spannung verloren geht, aber die Formveränderung im Wesentlichen erhalten bleibt.

1. Erwärmen Sie eine trockene Haarsträhne mit einem Frisierstab, über den Sie in ca. 5 cm Abstand einen kalten Spiegel so halten, dass die Spiegelfläche nach unten zeigt. Beobachten Sie die Spiegelfläche.

3.2 Airstyler

Immer wieder haben sich Friseure und ihre Zulieferer Gedanken gemacht, wie man die Techniken zur Frisurenformung der jeweiligen Mode anpassen und gleichzeitig die Arbeit der Friseure erleichtern kann.
Der **Airstyler** ist eine Kombination aus einem Fön, einem Absauggebläse und einem elektrisch drehbaren Wickelkörper, dem Curler. Fön und Curler bilden das so genannte Handgerät, das über einen flexiblen Schlauch mit einem Wagen verbunden ist, in den das Absauggebläse, ähnlich einem Staubsauger, eingebaut ist.
Der Fön des Handgeräts bläst einen Luftstrom auf den Curler. Der Curler enthält viele kleine Öffnungen, durch die die warme Luft abgesogen wird.
Man kann den Airstyler in trockenem und feuchtem Haar verwenden. Beim Arbeiten mit dem Airstyler legt man die Spitzen einer Haarsträhne auf den Curler. Der Luftstrom des Föns und der Sog des Curlers lassen die Haare anliegen. Ein elektrischer Antrieb dreht den Curler, sodass sich die Strähne langsam aufwickelt.
Der Vorteil liegt in einem besonders schnellen Luftdurchsatz, der eine schnelle Trocknung der Haare ermöglicht, ohne die Gefahr der Überhitzung.

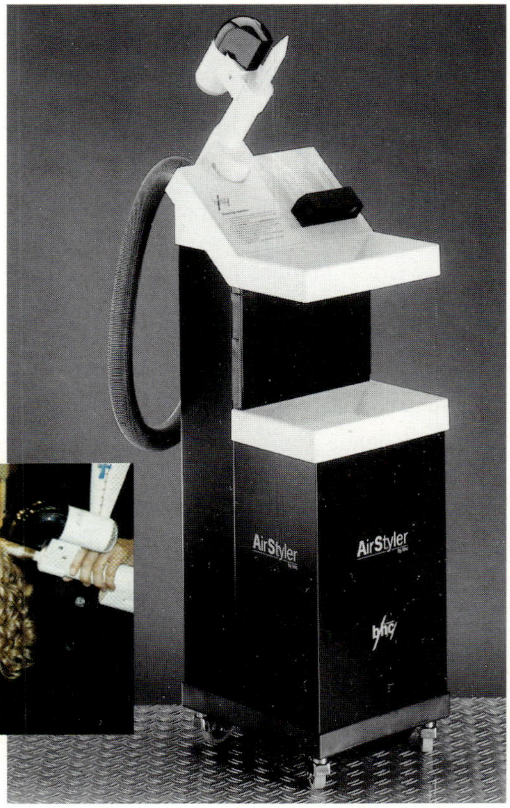

4. Airstyler

1. Papilloten kombiniert mit Lockwelltechnik und Volumenwicklung

2. Volumenwicklung

3. Automatische, feuchtegesteuerte Trockenhaube

3.3 Papilloten, Lockwell, Volumenwicklung

Papilloten. Die Technik, feuchte Haare zu kleinen Schlaufen zu legen und mit einer heißen Zange zu trocknen, stammt aus dem Mittelalter. Um die Haarsträhne vor direktem Kontakt mit der Eisenzange zu schützen, wickelte man die Strähne in Papier. Das Papier gab den Papilloten ihren Namen.

Heute werden Papilloten mit Clips festgeklammert und unter der Trockenhaube getrocknet. Man unterscheidet je nach Ausführung und späterem Volumen liegende und stehende Papilloten.
Liegende Papilloten kommen auch zur Anwendung, wenn das Haar zu kurz ist um Volumenwickler einzusetzen. Stehende Papilloten ermöglichen ein größeres Volumen bei lockigen Frisuren.
Zur **Ausführung** der Papilloten wird eine Haarsträhne abgeteilt, sauber durchgekämmt und um den Finger gelegt. Danach streift man sie vorsichtig ab und befestigt sie mit einem Clip oder einer Haarnadel.
Kämmt man den Ansatz flach, so entsteht eine liegende Papillote. Stehende Papilloten werden am Ansatz steil aufgekämmt.
Je nachdem, in welche Richtung man die Papillote um den Finger legt, entsteht eine Fallrichtung nach links oder rechts.
Um später Wellen in das Haar frisieren zu können, muss die Richtung jeder Reihe der liegenden Papilloten gewechselt werden.

Lockwelltechnik. Diese ist eine Weiterentwicklung des Papillotierens durch G. Kramer (1949). Der Einsatz der Lockwell-Wickler ermöglicht sauberes und exaktes Arbeiten auch bei krausem Haar.
Die **Ausführung** der Lockwelltechnik ist ähnlich wie beim Papillotieren, nur dass die Strähne nicht um den Finger, sondern um den Lockwell-Wickler gedreht wird. Befestigt werden die Wickler, indem die Zacken an ihrem Rand in den Ansatzhaaren verhakt werden.

Volumenwicklung. Neben den Fönen ist der Einsatz der Volumenwicklung heute die verbreitetste Technik. Nicht immer wird die Vielzahl der Wickeltechniken ausgeschöpft. Eine gezielte Wickeltechnik kann das Erstellen der Frisur wesentlich erleichtern und bedeutet auch für die Kundin eine große Hilfe, wenn sie die Frisur zu Hause nachfrisiert.
Zur **Ausführung** der Volumenwicklung werden Haarsträhnen abgeteilt, die nicht dicker und breiter als der Wickler sind. Die Strähne wird aufgekämmt, die Spitzen sauber über den Wickler gelegt und das Haar aufgerollt. Der Winkel, in dem man das Haar aufkämmt, bestimmt das spätere Volumen. So wird man meist am Oberkopf einen steileren Winkel wählen als an Seiten- und Nackenpartien.

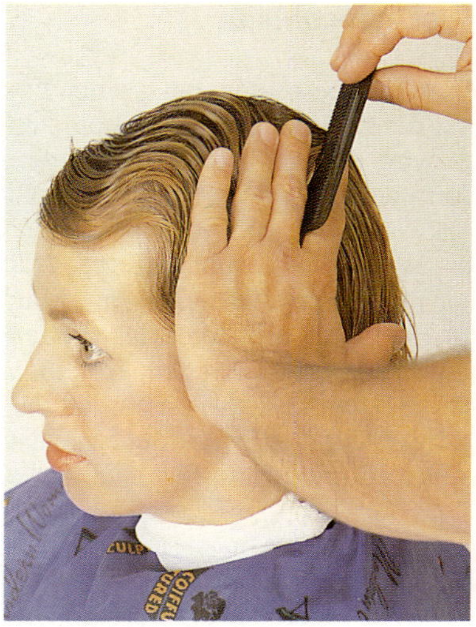

4. Handgelegte Wasserwelle

5. Wellenfrisur

6. Ondulationstechnik

Der **Durchmesser des Wicklers** bestimmt die im getrockneten Haar vorhandene Spannung.
Dünne Wickler ermöglichen feste, engbogig gewellte bis krause Frisuren mit viel Spannung. Dicke Wickler führen zu lockeren, großzügig fallenden Haaren.
Volumenwickler sind in recht unterschiedlichen Ausführungen im Gebrauch. Verwendete man früher Wickler aus Drahtgeflecht mit Borsteneinsätzen, so sind es heute überwiegend Wickler aus Kunststoff. Sie haften gut im Haar ohne es zu beschädigen, sind angenehm auf der Kopfhaut und lassen sich auch problemlos reinigen.
Eine fachmännische **Einlegetechnik** berücksichtigt den natürlichen Fall des Haares und die Fallrichtung der geplanten Frisur. Sie kann eine Kombination von Papillotier- und Lockwelltechnik mit Volumenwicklung sein. Ihre Qualität erkennt man daran, dass die Frisur schon nach dem Durchbürsten zwanglos in Form fällt. Die Zeit, die eine überlegte Einlegetechnik zusätzlich erfordert, spart man beim Frisieren leicht wieder ein. Außerdem ist eine gute Einlegetechnik ein Merkmal für die Professionalität der Friseure.

1. Wählen Sie aus einer Fachzeitung eine Abbildung mit einer Damenfrisur aus.
a) Entwerfen Sie in einer Skizze eine dazu passende Einlegetechnik mit Papilloten, Lockwell- und Volumenwicklung.
b) Führen Sie die Einlegetechnik an Übungskopf oder Modell aus.

3.4 Handgelegte Wasserwellen, Ondulation

Handgelegte Wasserwellen. Sie sind der Schrecken vieler Berufsanfänger. Tatsächlich werden handgelegte Wasserwellen im Salon derzeit kaum nachgefragt. Doch beim Erlernen und Üben dieser Technik gewinnt man Fertigkeiten, die für das Formen der Haare grundlegend sind.
Betrachtet man darüber hinaus die Haarmode, so kann man immer wieder Wellen als wichtiges Formelement erkennen. Die Technik der handgelegten Wasserwelle wird dann häufig beim Ausfrisieren im trockenen Haar eingesetzt.

Zur **Ausführung** einer handgelegten Wasserwelle kämmt man zunächst das Haar durch. Als Kamm eignet sich am besten ein gebogener Wellenkamm.
Dann werden die Haare in die gewünschte Wellenform gekämmt. Zeige- und Mittelfinger halten dabei das Wellental und die Wellenkante des zuletzt geformten Wellenbogens fest.

Ondulation. Das Verfahren geht auf den Franzosen Marcel Grateau (1872) zurück. Mit dem von ihm entwickelten Onduliereisen kann man ausgeprägte Wellen legen oder die Haare von der Spitze her aufwickeln (Wickelondulation).
Die Ondulationstechnik ermöglicht große Sprungkraft im Haar. Sie spielt aber heute keine Rolle mehr.

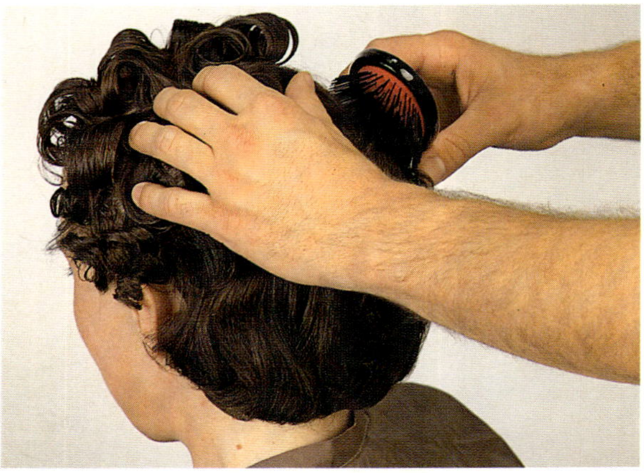

1. Gründliches Einbürsten der Frisur

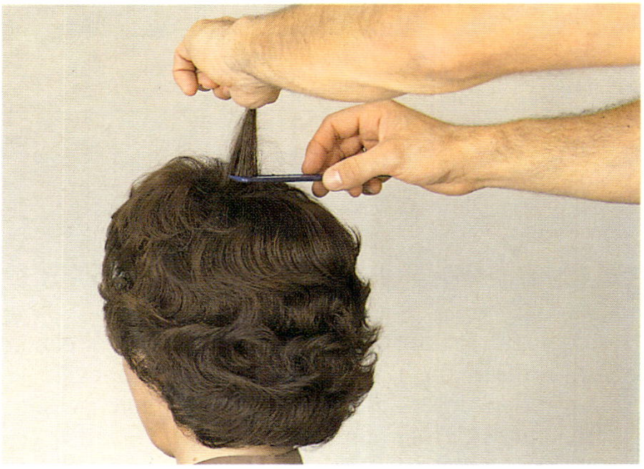

2. Volumengebung durch Toupage

3. Toupierte Frisur

3.5 Frisier- und Flechttechniken

Frisieren. Begonnen wird – besonders nach einer Volumenwicklung – mit dem gründlichen Durchbürsten der Haare. Dadurch wird übermäßige Spannung verringert. Die Grundform der Frisur wird schon deutlich erkennbar.
Hilfsmittel wie Clips, Wasserwellkämmchen oder Nadeln halten das Haar in der gewünschten Form. Man kann nun mit etwas Haarspray arbeiten oder einfach einen Augenblick abwarten, denn nach dem Trocknen unter der Trockenhaube oder mit dem Fön enthält das Haar weniger Feuchtigkeit. Indem es Luftfeuchtigkeit aufnimmt, wird das Haar formbar und fügt sich in die frisierte Form.

Toupieren. Der Wunsch der Kunden nach Frisuren, die wieder mehr Volumen zeigen, kann durch Volumenwicklung und anschließendes Toupieren erfüllt werden.
Das Toupieren, manchmal sagt man auch die Toupage (sprich: Tupaasch), bedeutet, dass Haare in Kopfhautnähe zusammengeschoben werden, um dem darüber liegenden Deckhaar mehr Volumen zu geben. In der Praxis werden Bürstentoupage und Kammtoupage unterschieden.
Wie der Name schon sagt, ist das Arbeitsgerät einmal die Bürste, das andere Mal der Kamm.
Für die Bürstentoupage eignet sich besonders eine etwas längere schmale Bürste. Die Technik wird für lockere Tagesfrisuren eingesetzt. Dazu kämmt man eine Haarsträhne auf, hält sie zwischen Mittel- und Zeigefinger der einen Hand, während die andere Hand die Bürste führt. Diese wird an der Spitze der Strähne angesetzt und mit einer leicht drehenden Bewegung an der Unterseite der Strähne zum Ansatz geschoben. Diesen Vorgang wiederholt man, bis alle Teile der Frisur, die Volumen erhalten sollen, entsprechend bauschig sind. Am Ende wird das toupierte Haar mit Fingern und Bürste zurechtgezupft und leicht überfrisiert. Den letzten Schliff erhält die Frisur mithilfe eines Stielkamms, bevor sie mit etwas Haarspray fixiert wird.
Als **Toupierkämme** verwendet man Stielkämme mit unterschiedlich langen Zähnen. Wie bei der Bürstentoupage werden kleine Haarsträhnen abgeteilt und an der Spitze zwischen Mittel- und Zeigefinger der einen Hand gehalten, während die andere Hand den Kamm führt. Mit dem Kamm wird ein Teil der Haarsträhne zum Ansatz geschoben.
Die Toupage ist dann besonders wirkungsvoll, wenn man immer nur wenige Haare der einzelnen Strähne erfasst, und einzelne der kürzeren Haare anschiebt, diesen Vorgang aber mehrfach wiederholt. Die Oberfläche wird mit einer Bürste glatt gekämmt.

Sollen Wellen geformt werden, so benutzt man wieder den Kamm: Zunächst wird ein Wellental ausgeformt. In dieses Tal legt man den Daumen, um mithilfe des Kamms eine Wellenkante auszuformen.

Finishprodukte. Für das klassische Finish einer toupierten Frisur wird **Haarspray** oder **Haarlack** benutzt. Beide Produkte enthalten als Wirkstoff wasserlösliche Kunstharze. Diese verleihen der Frisur den Halt. Glanz geben verschiedene Öle, vor Luftfeuchtigkeit schützen geringe Mengen von Silikonöl.
Haarwachs macht die Haare modellierbar, geschmeidig und gibt Glanz. Besonders Fönfrisuren erhalten damit den letzten Schliff. Zum Modellieren im Konturenbereich, etwa von Stirnfransen, ist es auch bei klassischen Frisuren bestens geeignet.
Die Produkte enthalten hauptsächlich verschiedene Wachse, z. B. Vaseline oder Bienenwachs, und Emulgatoren, die dabei helfen, die Wachse später wieder aus dem Haar zu entfernen.
Als **Gele** kommen Wet-Look-Gele und Frisiergele zum Einsatz. Während Wet-Look-Gele die Haare nass erscheinen lassen, bleibt die Wirkung von Frisiergelen eher im Verborgenen. Sie wirken wie ein angedickter Haarfestiger, den man durch seine besondere Konsistenz gezielter einsetzen kann.

Flechten. Eine besondere Form der Frisurenformung ist das Flechten. Wenn eine ausreichende Haarlänge zur Verfügung steht, sind der Fantasie und Kreativität kaum Grenzen gesetzt.
Selbst bei verhältnismäßig kurzem Haar kann man durch das Einflechten von Fremdhaar die vorhandenen Möglichkeiten erweitern. Fremdhaar wird aber auch eingeflochten um kreative Farbeffekte zu erzielen. Ebenso bilden eingeflochtene Bänder und Haarschmuck wichtige Accessoires.

Für einen **Bauernzopf** wird das Haar durch zwei von der Stirn zum Nacken durchgezogene Scheitel in drei Partien geteilt. Aus jeder Strähne teilt man weitere kleine Strähnen ab und beginnt mit dem Flechten.
Für den abgebildeten **aufgelegten Bauernzopf** teilt man das Haar durch einen Mittelscheitel und flicht zunächst beide Strähnen getrennt. Erst im Nacken werden sie zusammengeführt.
Vom **Milchmädchenzopf** unterscheidet sich der aufgelegte Bauernzopf durch die Reihenfolge der Flechtstränge beim Verflechten.

1. Probieren Sie die unterschiedlichen Flechttechniken zunächst mit farbigen Bändern.

4. Bauernzopf aus drei Flechtsträngen

5. Aufgelegter Milchmädchenzopf

6. Aufgelegter Milchmädchenzopf kurz vor Fertigstellung

1. Rastazöpfe

3.6 Ethnomode

Auf der Suche nach immer neuen Vorbildern tauchen in unserer Mode auch Frisuren aus weiter entfernten Kulturkreisen, wie z. B. der Karibik, auf. Einige wenige – zum Teil spezialisierte – Salons führen auch solche Frisuren in ihrem Angebot.
Interessant sind neben den Frisuren selbst auch die verwendeten Techniken.

Dread Locks. Es handelt sich dabei um verfilzte Haarsträhnen. Die einzelnen Haarsträhnen werden gezwirbelt, wobei man eine alkalische Lösung in die Haare einmassiert um sie zu quellen.
Am Ende sind die Haare nicht mehr zu entfilzen. Wer seine Dread Locks nicht mehr mag, muss die Haare abschneiden.
Als Friseur sollte man deshalb bei Jugendlichen sichergehen, dass die Eltern mit der Behandlung einverstanden sind.

Rastazöpfe. Viele kleine Zöpfe ergeben zusammen den Rasta-Look. Um die Haarfülle und ggf. die Länge zu erhöhen, werden häufig Kunsthaare mit eingeflochten. Die Enden der Zöpfe kann man mit kleinen Perlen verzieren.
Da es sich beim Flechten um einen immensen Zeitaufwand handelt – man muss sechs bis acht Arbeitsstunden einkalkulieren – kommen entsprechend hohe Preise zustande.

Arbeitsplanung bei Friseurdienstleistungen

Oft merkt man es erst, wenn Probleme auftreten: Erfolgreiches Arbeiten erfordert eine gründliche Planung.
Da ist einmal die Planung von Terminen, die den Kundinnen und Kunden lange Wartezeiten erspart und dem Betrieb ein rationelles Arbeiten durch eine gleichmäßigere Auslastung ermöglicht.
Es ist aber auch die Materialplanung, die dafür sorgt, dass das Material in ausreichender Menge und Qualität sowie zu einem kalkulatorisch vertretbaren Preis vorhanden ist.
Ebenso ist es ein Problem, wenn die Produkte nicht den Qualitätsanforderungen entsprechen und es zu Reklamationen kommt. Aber auch der Einkaufspreis muss stimmen, wenn man eine Behandlung kostendeckend und mit angemessenem Gewinn durchführen will.
Schließlich gehört zu dieser für viele Mitarbeiter im Salon oft gar nicht wahrgenommenen Planung auch die Neuanschaffung, Pflege und Reparatur von Einrichtung, Geräten und Arbeitsmitteln, wie z. B. den Handtüchern.
Planvoll vorgehen muss aber auch jeder einzelne Mitarbeiter. Soll z. B. eine Dauerwelle vorgenommen werden, so ist dies schon bei der Haarwäsche zu berücksichtigen: Es wird mit einem milden Waschmittel möglichst nur einmal durchgeschäumt, ohne die Kopfhaut zu massieren. Ist eine Färbung oder Blondierung geplant, so verzichtet man meist ganz auf eine vorherige Haarwäsche.
Sind spezielle Geräte oder Arbeitsmittel nur in begrenzter Zahl vorhanden, so muss man sich mit den Kollegen einigen, wer zu welchem Zeitpunkt darüber verfügen kann.
Bei der Konzeption des Haarschnitts muss klar sein, wie nachher die Frisur aussehen und wie sie erstellt werden soll: Ist eine Volumenwicklung geplant, so dürfen die Haare nicht zu kurz geschnitten werden. Sollen die Haare später toupiert werden, so muss man innerhalb der Passées kürzere Haare schneiden, die nachher als Stützhaare dienen.
Geschicktes Planen erlaubt es auch Leerlaufzeiten zu vermeiden, indem z. B. Einwirkzeiten für andere Arbeiten genutzt werden.

1. Suchen Sie weitere Beispiele für Arbeitsabläufe im Friseursalon, die eine Planung erfordern.

Fallstudie

Eine neue Kundin betritt Ihren Salon. Sie hat sich zu einem Beratungstermin angemeldet, weil sie gern eine neue Frisur haben würde.

a) Versetzen Sie sich in die Rolle der Beraterin/des Beraters und überlegen Sie, welche Fragen Sie der Kundin stellen wollen und worauf Sie gezielt achten.
b) Überlegen Sie, in welcher Umgebung Sie die Beratung am liebsten durchführen würden.
c) Versuchen Sie sich in die Person der Kundin zu versetzen. Welche Wünsche, Bedürfnisse und möglicherweise Unsicherheiten und Ängste empfinden Sie?

Entwickeln Sie aus den Rahmenvorgaben ein Rollenspiel. Prüfen Sie, ob es zu einer erfolgreichen Kommunikation kommt.

Wissen Sie Bescheid?

1. Nennen Sie vier gebräuchliche Friseurscheren.
2. Unterscheiden Sie die Friseurscheren nach Aussehen und Verwendung.
3. Erklären Sie den Begriff Gangschliff.
4. Beschreiben Sie die Reinigung und Pflege einer Friseurschere.
5. Erläutern Sie, worauf Friseurfachkräfte, wenn diese allergiegefährdet sind, bei der Auswahl von Scheren achten müssen.
6. Erklären Sie die Funktion einer Haarschneidemaschine.
7. Unterscheiden Sie die verschiedenen Arten der Haarschneidemaschinen nach ihrem Bau und den Anwendungsmöglichkeiten.
8. Unterscheiden Sie drei Herstellungsverfahren für Kämme.
9. Nennen Sie ein wichtiges Qualitätsmerkmal für Kämme.
10. Begründen Sie, warum Friseurkämme regelmäßig auf Verschleiß und Beschädigungen kontrolliert werden müssen.
11. Nennen Sie sechs unterschiedliche Friseurkämme mit ihrer Verwendung.
12. Unterscheiden Sie zwischen Stumpfschnitt quer und längs zur Fallrichtung.
13. Unterscheiden Sie die Begriffe Pointen und Effilation.
14. Erklären Sie den Begriff Graduierung.
15. Erläutern Sie, wie man Haarschäden beim Fönen verhindern kann.
16. Erläutern Sie die Vorgänge im Haar bei der Umformung durch Fönen oder Volumenwicklung.
17. Nennen Sie gebräuchliche Materialien, die für die Herstellung von Bürsten Verwendung finden.
18. Zählen Sie auf, worauf bei der Reinigung und Pflege von Bürsten zu achten ist.
19. Erläutern Sie unterschiedliche Einsatzmöglichkeiten für die Papillotiertechniken.
20. Nennen Sie Voraussetzungen, die das Ausfrisieren einer in Volumenwicklung erstellten Frisur erleichtern.
21. Entwerfen Sie für die Frisur auf Seite 234 (Bild 1, links) eine kombinierte Einlegetechnik aus Volumenwicklung mit Papilloten.

Dauerhaft formverändernde Haarbehandlung

1. Dauerwelle für Frau und Mann

1 Zur Geschichte der Dauerwelle

Wer kennt nicht den Ausspruch, dass früher alles besser war. So beharren manchmal ältere Dauerwellkundinnen darauf, dass ihre Dauerwellen in früheren Jahren viel besser und länger haltbar waren. Um dazu Stellung nehmen zu können, muss man sich mit früheren und heutigen Dauerwelltechniken vertraut machen.
Noch zu Beginn des 20. Jahrhunderts hätte jeder Fachkundige den Gedanken an eine dauerhafte Haarumformung als unmöglich abgetan.
Seit dem 18. Jahrhundert kennt man die Möglichkeit, Postichhaar, also Haar für Perücken, dauerhaft zu wellen. Dazu wurde das Haar auf Kraushölzer gewickelt und in einer alkalischen Lösung gekocht, die neben Soda oder Borax etwas Glycerin enthielt. Dass es einmal eine Möglichkeit geben würde, etwas Ähnliches am lebenden Menschen durchzuführen, schien ausgeschlossen.

Bekannt war seit 1872 die **Marcel-Ondulation,** benannt nach ihrem Erfinder, dem französischen Friseur Marcel Grateau. Doch die mit dieser Methode erzeugten Wellen waren nicht sehr dauerhaft. Spätestens bei der nächsten Haarwäsche war die Pracht der Locken und Wellen dahin.

Der deutsche Friseurmeister **Karl Nessler** bemühte sich darum, das Verfahren zum Krausen von Postichhaar so weiterzuentwickeln, dass man es am Kopfhaar anwenden konnte.
1906, Nessler war nach London gegangen und hatte seinen Namen in Charles Nestlé geändert, konnte er der Öffentlichkeit am lebenden Modell dauerhaft umgeformte Haare vorstellen.

Die erste **Heißwelle** wurde von Nessler folgendermaßen durchgeführt:
Er feuchtete eine einzelne Haarpartie mit einer alkalischen Flüssigkeit (wahrscheinlich einer Borax- oder Ammoniaklösung) an. Die Haare wurden nach dem Prinzip der Spiralwicklung um einen senkrecht aufgestellten Metallstab gewickelt. Drumherum kam noch ein Flanellstreifen und dann wurden die Haare mit einer heißen Zange etwa 10 Minuten lang erhitzt.

Das Verfahren von Nessler hatte einige Nachteile:
- Es war langwierig (5 Std.), aufwendig und mühevoll. Die Unfallgefahr war sehr groß.
- Haare und oft auch Kopfhaut wurden stark beansprucht. Eine gezielte Behandlung von individueller Haarqualität und -struktur erfolgte nicht.
- Die Wellung der Haare wirkte gekünstelt. Die Krause wurde bei hoher Luftfeuchtigkeit sichtbar und zerstörte die Frisur. Der Haaransatz (etwa 3–4 cm) blieb ungewellt.

Nesslers Heißwellverfahren stieß bei den Kollegen keineswegs auf ungeteilte Zustimmung. Man fürchtete um die bisherigen Ondulationskunden. Auch schien der Aufwand des Verfahrens unverhältnismäßig hoch.

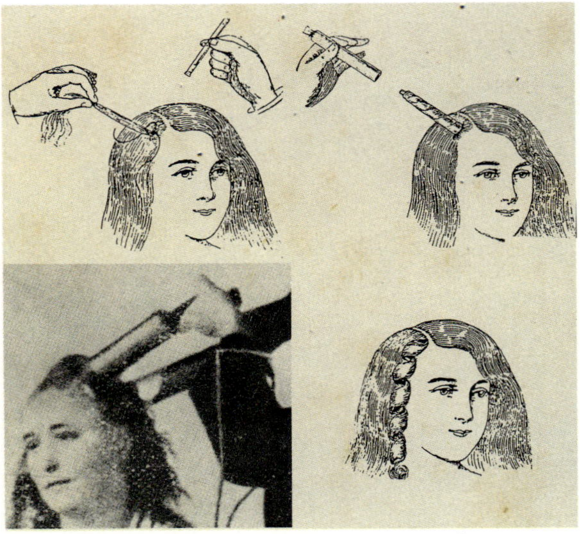

2. Verfahren der Spiralwicklung nach K. Nessler

3. Flachwelltechnik nach J. Mayer

Als mehrere Wickler gleichzeitig beheizt werden konnten, verringerte sich der Zeitaufwand wesentlich. Außerdem wurden Gummimanschetten entwickelt, um die Kopfhaut vor der Hitze zu schützen.

Um 1920 wurde der kurz geschnittene Bubikopf für die Frauen modern. Die **Spiralwicklung** mit den glatt bleibenden Ansätzen erwies sich als weitgehend unbrauchbar. Abhilfe brachte die **Flachwicklung,** die 1924 vom Friseur **Joseph Mayer** vorgestellt wurde. Sie machte die Anwendung der Heißwelle außerdem bequemer. In der Folgezeit wurden die Heizsysteme verbessert und damit auch die Gefahren bei der Anwendung verringert. Während des 2. Weltkrieges kam es in Deutschland zu keinen weiteren Fortschritten in der Dauerwelltechnologie.

Eine Weiterentwicklung bedeutete die Erfindung der **Kaltwelle.** Mit dem neuen Wellmittel war es nun möglich, ohne Wärmezufuhr von außen, Haare dauerhaft umzuformen. Erstmals wurde zum Abschluss des Wellvorgangs ein Fixiermittel eingesetzt. Ab 1948 kam die Kaltwelle in die deutschen Salons. Sie war allerdings wegen der hohen Wirkstoffkonzentration noch stark haarschädigend. Aber die Verbreitung der Dauerwelle war nicht mehr aufzuhalten. In der Zeit des Wirtschaftswunders in der Bundesrepublik Deutschland konnten sich bald alle eine Dauerwelle leisten.
Von nun an änderte sich das grundsätzliche Wirkprinzip bis heute nicht mehr. Aber im Detail wurde ständig verbessert. Zunächst reduzierte man die Wirkstoffkonzentration. Zusätzliche Wärme sollte das Wellergebnis verbessern. Durch immer bessere Abstimmung der Inhaltsstoffe wurde erreicht, dass die Wellung bei hoher Luftfeuchtigkeit nicht mehr so stark krauste. Schließlich wurde es sogar möglich, dauergewelltes Haar zu fönen. Dies war deshalb besonders wichtig, weil in den 60er-Jahren Schnitt- und **Fönfrisuren** modern wurden. Es war die Zeit des englischen Friseurs Vidal Sassoon. Passend zum Minirock gab es das Dauerwellprodukt **Mini Pli.**

Erstmals in den 50er-, später nochmals in den 80er-Jahren wurde die **saure Ester-Dauerwelle** eingeführt. Ihr großer Vorteil war die Haarschonung. Aufgrund der Probleme mit der Hautverträglichkeit verschwand sie beide Male wieder vom Markt. Heute ist sie bei uns nur noch vereinzelt anzutreffen.
Die Präparate und Anwendungstechniken heute ermöglichen bei hoher Haarverträglichkeit nahezu alle modischen Frisurenvarianten. Auch Dauerwellen bei unterschiedlichen Haarstrukturen auf einem Kopf (z. B. bei Strähnen) und eine fast unsichtbare Ansatz- bzw. Volumenwelle sind möglich.

1. Stellen Sie in einem Beratungsgespräch die Vorteile der heutigen Dauerwellverfahren gegenüber früher heraus.

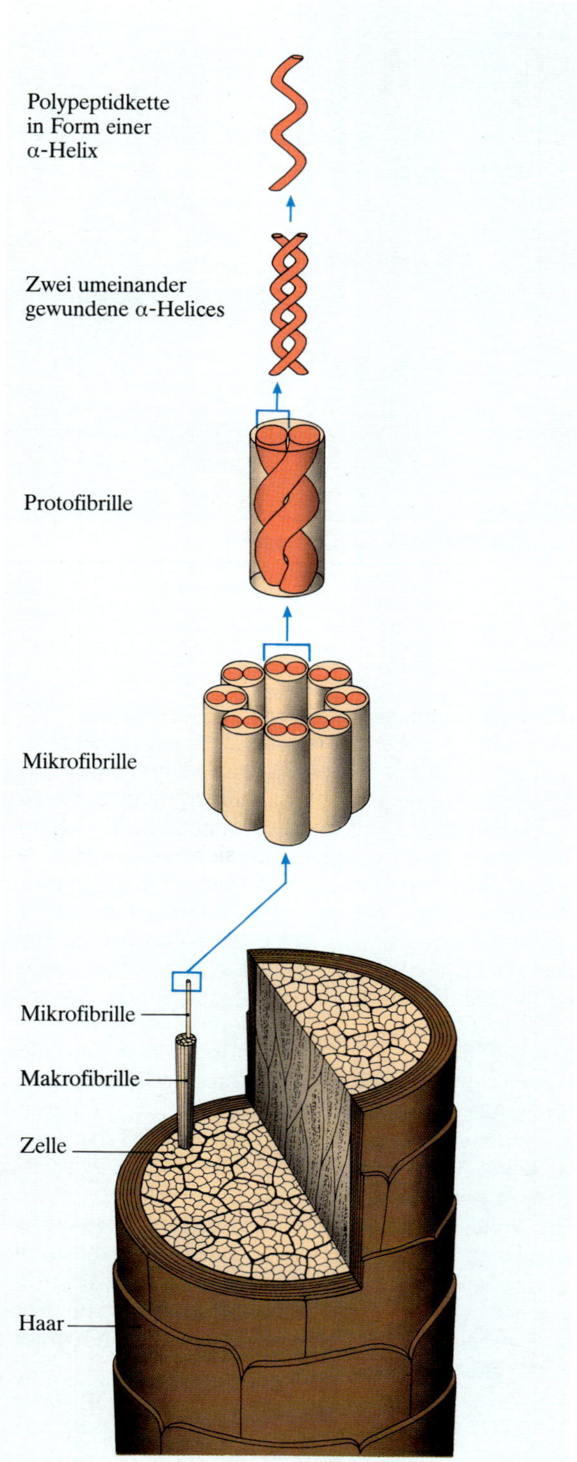

1. Die faserige Struktur des Haares

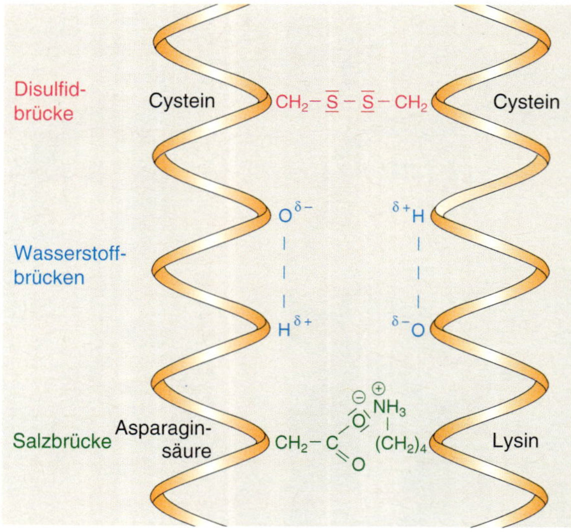

2. Bindungen in und zwischen Peptidketten

2 Dauerhafte Formveränderung – die Vorgänge im Haar

Um die **chemischen Vorgänge** im Haar verstehen zu können, muss man sich zunächst den Feinbau des Haares vergegenwärtigen. In der Faserschicht findet man bei fortschreitender Vergrößerung immer feinere Strukturen. Ist die Protofibrille mit dem Rasterelektronenmikroskop noch sichtbar zu machen, so kann schließlich nur noch der Naturwissenschaftler etwas über die Struktur der spiraligen Aminosäuremoleküle, den so genannten Polypeptidketten, aussagen. Mehrere dieser Polypeptidketten sind durch verschiedene Brückenbindungen miteinander verknüpft.

Wasserstoffbrücken. Sie sind wenig stabil und können bereits durch Wasser gelöst werden. Sie entstehen durch elektromagnetische Wechselwirkung.

Salzbrücken. Sie entstehen durch die Anziehungskraft von positiv und negativ geladenen Aminosäureresten im Haarkeratin. Sie sind stabiler als Wasserstoffbrücken, können durch Wasser, besonders aber durch Laugen gelockert werden.

Insbesondere jedoch die Wasserstoffbrücken verändern sich im Prozess der nicht dauerhaften Haarumformung, der sogenannten Wasserwelle.

Disulfidbrücken. Diese Bindungen zwischen Schwefelatomen treten in den Cystinbestandteilen der Aminosäurestränge auf und zählen zu den stabilsten Bindungen im Haar. Beim Dauerwellprozess werden sie mithilfe eines Reduktionsmittels gelöst.

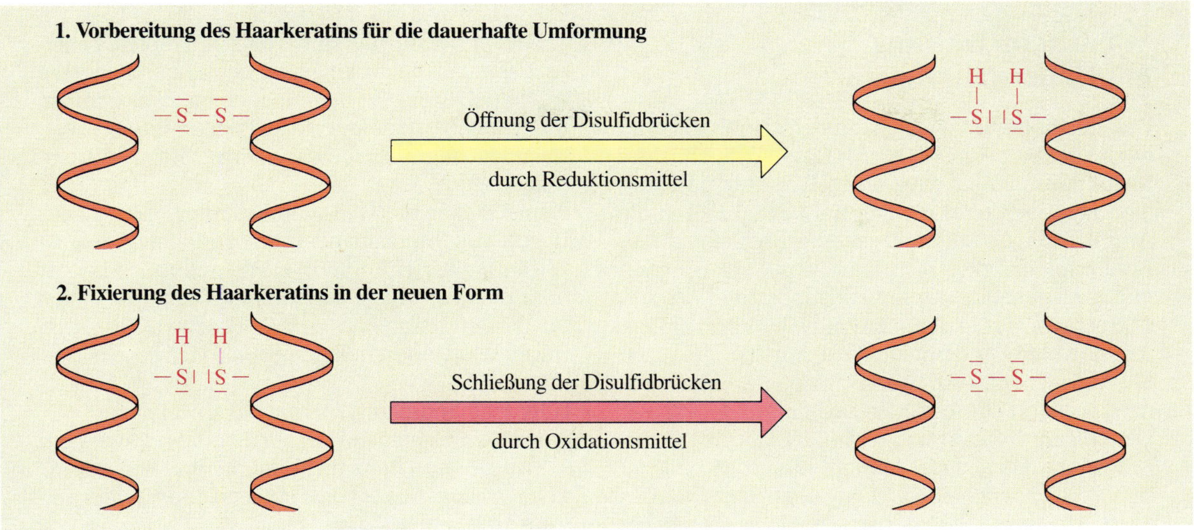

3. Reaktionen an den Disulfidbrücken im Haar während der Dauerwelle (Schema)

Das Prinzip aller Formveränderungen im Haar ist:

- Lösen eines erheblichen Teils der Brücken
- Verformen des Keratins in gewünschter Weise
- Schließen der geöffneten Brücken in neuer Form

Bei den nicht dauerhaften Formveränderungen, die z. B. durch Fönen oder Volumenwicklung erzeugt werden können, bleiben die Disulfidbrücken unverändert. Soll eine Formveränderung dauerhaft sein, so müssen die Disulfidbrücken im Haar verändert werden.

Genau dies ist das Prinzip der heute üblichen Dauerwellverfahren:

- Das aufgewickelte Haar wird mit Wellmittel benetzt. Das Haarkeratin wird weich und formbar, weil ein Teil der Disulfidbrücken nun geöffnet wird.
- Während der Einwirkzeit passt sich das Keratin der neuen Form an bzw. wird neu geformt.
- Nun kann das Wellmittel ausgespült bzw. die Wirksamkeit gestoppt werden.
- Das Haar wird schließlich mit einem Fixiermittel behandelt. Dadurch härtet das Haarkeratin langsam wieder aus. Das Haar ist damit dauerhaft umgeformt.

Je mehr Disulfidbrücken in den Umformungsprozess einbezogen wurden, desto haltbarer ist die Umformung. Allerdings ist auch die Belastung für das Haar dementsprechend größer. Nach der Dauerwelle ist die Zahl der Disulfidbrücken im Haar geringer als vorher. Dadurch wird die Haarstruktur beeinträchtigt.

Was geschieht nun chemisch gesehen?

Auftragen des Wellmittels. Das meist mehr oder weniger alkalische Wellmittel lässt das Haar quellen. Bei sauren Wellmitteln ist die Quellung geringer. Ein **Reduktionsmittel,** meistens Ammoniumthioglykolat, kann Wasserstoff abgeben, der sich an die Schwefelatome der Disulfidbrücken anlagert. Dadurch werden diese Brücken gespalten.

Maximal werden etwa 20 % der Disulfidbrücken in den Dauerwellprozess einbezogen, meistens jedoch weniger. Das Auflösen aller Disulfidbrücken würde die Struktur des Haares zerstören.

Durch Prüfen eines **Probewickels** kann die optimale Einwirkzeit des Wellmittels ermittelt werden. Ist die Wellung des Haars ausgeprägt, kann abgespült werden.

Fixieren. Das Schließen der geöffneten Brücken in der neuen Form geschieht durch einen Oxidationsvorgang. **Oxidationsmittel** ist meistens Wasserstoffperoxid.

Das Oxidationsmittel ist in der Lage Sauerstoff abzuspalten. Dieser verbindet sich, schematisch ausgedrückt, mit den Wasserstoffatomen, die sich zuvor am Schwefel angelagert hatten. Durch diesen Oxidationsvorgang schließen sich freie Schwefelreste zu neuen Disulfidbrücken.

Nachbehandlung. Die sauren Nachbehandlungsmittel führen zu einer Entquellung des Haares. Kationaktive Pflegestoffe und Proteinhydrolysate verbessern die Haarstruktur, weil sie am geschädigten Keratin haften.

1. Erläutern Sie den chemischen Ablauf einer dauerhaften Formveränderung verständlich für eine Kundin.

Vorsicht im Umgang mit Dauerwellpräparaten

Die Inhaltsstoffe von Well- und Fixiermitteln sind hochwirksame Chemikalien. Das gebräuchlichste Reduktionsmittel in alkalischen Wellmitteln ist Ammoniumthioglykolat. Es darf auf keinen Fall in die Augen gelangen oder mit der Augenschleimhaut in Berührung kommen. Das Gleiche gilt für das haut- und schleimhautreizende Oxidationsmittel Wasserstoffperoxid, das in den meisten Fixierungen enthalten ist. Kommt es dennoch dazu, müssen die Augen unverzüglich mit viel Wasser gespült werden. Danach ist sofort ein Arzt aufzusuchen.
Der längere Kontakt mit Wellmittel kann zu Verätzungen auf Haut und Kopfhaut führen. Wichtig ist es, von vornherein so sorgfältig anzufeuchten, dass keine Flüssigkeit herabtropft (zunächst die aufgewickelten Haare nur mit wenigen Tropfen benetzen). Benutzt man, entgegen der Empfehlung der Wellmittelhersteller, dennoch einen Wattestreifen zum „Schutz“ der Haut, so sollte man ihn mit Wasser anfeuchten und die darunterliegende Haut eincremen.
Beim Umgang mit Well- und Fixierflüssigkeit ist das Tragen von Einmalhandschuhen Pflicht (Betriebsanweisung der TRGS 530). Denken Sie auch bei der Kontrolle von Probewickeln und beim Abspülen der Fixierflüssigkeiten daran. Beachten Sie beim Tragen von Handschuhen folgende vier Regeln:

1. Einmalhandschuhe nur einmal anwenden.
2. Vor dem Gebrauch Hände säubern und trocknen.
3. Schutzhandschuhe nicht ununterbrochen tragen.
4. Nach dem Ausziehen Hände säubern, trocknen und eincremen.

3 Dauerwellpräparate bestehen aus Well- und Fixiermittel

3.1 Well- und Fixiermittel

Wellmittel. Bis auf wenige Ausnahmen sind die wesentlichen Inhaltsstoffe in den verschiedenen Präparaten identisch. Unterschiedlich sind Mischungsverhältnisse, pH-Wert-Einstellung und spezielle Zusatzstoffe. Um der Vielfalt der modischen Frisuren und den Bedürfnissen der unterschiedlichen Haarqualitäten gerecht zu werden, ist dieses breite Angebot an Wellmitteln notwendig.

Das **Reduktionsmittel** der alkalisch reagierenden Wellmittel ist **Ammoniumthioglykolat.** Es ist ein Salz, das bei der Reaktion von Thioglykolsäure und Ammoniak entsteht.
Es gibt immer wieder Versuche, auch andere Reduktionsmittel in Wellpräparaten einzusetzen. **Ammoniumsulfit** ist beispielsweise das Reduktionsmittel der geruchsneutralen, aber relativ schwachen Sulfitdauerwelle. Der pH-Wert liegt bei diesen Wellmitteln im Neutralbereich (pH 7).
Besonders im asiatischen Raum hat die Cysteindauerwelle stärkere Bedeutung. Reduktionsmittel ist hier **Cystein,** eine schwefelhaltige Aminosäure, die das Haar auch von Natur aus enthält. Bei europäischem Haar haben Wellmittel mit diesem Reduktionsmittel in der Regel nur eine geringe Wellwirksamkeit.

In allen Wellpräparaten ist ein **Puffersystem** enthalten, das den pH-Wert reguliert, um stets die idealen Bedingungen für die optimale Wellwirksamkeit zu erreichen. Der Ammoniumcarbonat-Ammoniumhydrogencarbonat-Puffer schafft das mild-alkalische Milieu, in dem Ammoniumthioglykolat seine reduzierende Wirkung entfalten kann.

Fixiermittel sind in der Regel flüssige Lösungen oder Schäume (Aerosole). In jedem Fixierpräparat sind **Oxidationsmittel** und auch milde **Säuren** (z. B. Zitronensäure) enthalten. Das wichtigste Oxidationsmittel in Fixierpräparaten ist **Wasserstoffperoxid** in etwa 1- bis 2 %iger Konzentration.
Well- und Fixiermittel sind für jedes Dauerwellpräparat aufeinander abgestimmt und müssen, entsprechend der Anweisungen auf dem Beipackzettel, in Kombination angewendet werden.

Eine Besonderheit stellt die Wimperndauerwelle dar. Die Wellung der Wimpernhaare geschieht ebenfalls in der Abfolge von Well- und Fixiermittel. Sorgfältiges Arbeiten nach Gebrauchsanweisung ist im empfindlichen Augenbereich mit den milden, aufeinander abgestimmten Well- und Fixiergels unbedingt notwendig.

1. Vergleichen Sie die Inhaltsstoffe von Well- und Fixiermitteln. Welche Unterschiede bzw. Ähnlichkeiten fallen Ihnen auf?

2. Vergleichen Sie die Warn- und Anwendungshinweise auf den Beipackzetteln verschiedener Dauerwellpräparate.

Inhaltsstoffe	Wirkung und Hinweise
Reduktionsmittel: Ammoniumthioglykolat, in sauren Dauerwellmitteln: Thioglykolsäureglycerinester	Sie führen zur Auflösung eines Teils der Disulfidbrücken und somit zur Erweichung des Keratins. Reduktionsmittel führen in höheren Konzentrationen zu Entzündungen, im Einzelfall auch zu Kontaktallergien. Besonders Thioglykolsäureglycerinester ist ein starkes Allergen.
Mittel zur pH-Regulierung: z. B. Ammoniumcarbonat und Ammoniumhydrogencarbonat	Der pH-Wert wird so reguliert, dass das Wellmittel möglichst wirksam ist. Bei pH-Werten größer als 6 kommt es außerdem zu mehr oder weniger starker Quellung des Haares.
Pflegestoffe: z. B. Fettalkohole	Sollen während der Einwirkzeit der Dauerwellflüssigkeit schützend wirken. Ihre Wirksamkeit ist allerdings zweifelhaft.
Tenside:	Hier werden in erster Linie Netzmittel eingesetzt, um der Dauerwellflüssigkeit das Eindringen ins Haar zu erleichtern. Bei Schaumdauerwellen werden zusätzlich Schaummittel eingesetzt. Auch Emulgatoren kommen zur Vermittlung des Fettanteiles zum Einsatz. Allerdings ist die Anwendung auch problematisch: Tenside können das Eindringen von Wirkstoffen in die Kopfhaut begünstigen und Bestandteile des Haarkeratins herauslösen.
Duft- bzw. Riechstoffe:	Duftstoffe sollen den Geruch des Präparates überdecken, können aber nur eine geringe Wirkung erzielen, da Ammoniumthioglykolat bzw. Thioglykolsäureglycerinester sehr unangenehm riechen.
Farbstoffe:	Sie dienen dem besseren Aussehen und zur Unterscheidung der vielfältigen Produkte.
Antioxidantien:	Diese sollen die vorzeitige Oxidation des Reduktionsmittels vermeiden und die Lagerfähigkeit des Produktes verbessern.
Lösungsmittel:	Vollentsalztes Wasser dient als Lösungsmittel.

1. Inhaltsstoffe von Dauerwellpräparaten

Inhaltsstoffe	Wirkung und Hinweise
Oxidationsmittel: Wasserstoffperoxid, Natriumbromat	Wasserstoffperoxid (WPO) führt zur Schließung der geöffneten Disulfidbrücken (Fixierung). Meistens wird Wasserstoffperoxid etwa 1- bis 2 %ig eingesetzt. Durch die Stabilisierung haben WPO-Fixierungen niedrige pH-Werte (2,3 bis 3,5). In einigen Fixierpräparaten wird Natriumbromat als Oxidationsmittel verwendet. Es eignet sich für die so genannten Sofortfixierungen und gilt als besonders farbschonend. Man arbeitet mit Konzentrationen von 7 bis 15 % bei neutralem bis schwach saurem pH-Wert.
Säuren: Verdünnte Phosphorsäure, schwache organische Säuren, z. B. Zitronensäure und Weinsäure	Die in der Fixierung eingesetzten Säuren sollen eventuelle Alkalireste neutralisieren, das Haar adstringieren und das Wasserstoffperoxid stabilisieren, also seinen vorzeitigen Zerfall verhindern.
Verdickungsmittel:	Um der Fixierflüssigkeit eine dickere Konsistenz zu verleihen, werden Verdickungsmittel zugesetzt. Das Herablaufen des Präparates soll verhindert werden.
Tenside:	Die Darreichungsform des Präparates, d. h. Schaum-, Emulsions- oder Gelfixierung wird durch die eingesetzten Tenside bzw. Gelbildner mitbestimmt. Schaummittel ermöglichen eine relativ konstante Schaumhaube. Emulgatoren sollen Öl- und Wasserphase miteinander vermitteln.
Duft- bzw. Riechstoffe:	Sie sollen dem Produkt einen angenehmen Geruch verleihen.
Farbstoffe:	Diese dienen der Produktästhetik und der Unterscheidung verschiedener Flüssigkeiten.
Pflegestoffe:	Ihre Aufgabe ist es, dauerwellbedingte Beeinträchtigungen am Haar zu vermindern.
Lösungsmittel:	Vollentsalztes Wasser dient als Lösungsmittel.

2. Inhaltsstoffe von Fixiermitteln

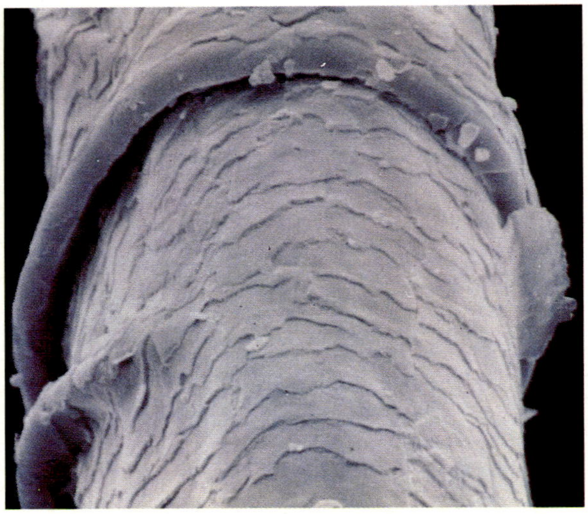

1. Ablösung der Schuppenschicht durch zu schnelle Abfolge von Aufhellung und Dauerwelle

2. Infrarotstrahler

3.2 Arten von Dauerwellpräparaten

Oft kommen Kunden ins Friseurgeschäft und verlangen mit großer Bestimmtheit eine saure Dauerwelle. Meistens wissen sie nicht genau, welche Vor- und Nachteile das von ihnen verlangte Behandlungsverfahren hat und ob es überhaupt für ihren Frisurenwunsch geeignet ist. In solchen Fällen muss die Fähigkeit zur sachgerechten Beratung beim Friseur vorhanden sein. Diese Beratung muss auch berücksichtigen, dass eine zu schnelle Abfolge von Aufhellung und Dauerwellbehandlung des Haars zur Auflösung der Schuppenschicht führen kann.

Wellwirksamkeit und Eignung. Für die Wellwirksamkeit und die Eignung für die jeweilige Haarstruktur sind in erster Linie drei Faktoren entscheidend:
- pH-Wert des Wellmittels
- Konzentration des Reduktionsmittels
- Temperatur am Kopfhaar.

Der **pH-Wert** des Wellmittels wird von einigen Herstellern angegeben. Er kann aber auch mit Indikatorstäbchen bestimmt werden. Dagegen wird die **Konzentration** des Reduktionsmittels vom jeweiligen Hersteller nicht angegeben.
In der Praxis wird zwischen Wellmitteln für schwer wellbares, normales und chemisch vorbehandeltes sowie stark strukturgeschädigtes Haar unterschieden. Nur ausgebildete und informierte Fachkräfte können die richtige Auswahl treffen, nachdem sie eine genaue Haardiagnose vorgenommen haben; also Befragen der Kunden, Betrachten und Befühlen des Haars und vielleicht auch eine Messung der Haarstärke.

Die **Temperatur** am Kopf spielt bei der Dauerwelle eine bedeutsame Rolle.
Bei thermogesteuerten Wellmitteln macht man sich die Tatsache zunutze, dass chemische Reaktionen bei einer Temperaturerhöhung (Wärmezufuhr) schneller ablaufen. Durch eine chemische Reaktion während der Einwirkzeit wird die erforderliche Wärme freigesetzt und beeinflusst so den Ablauf der Dauerwelle.
Eine andere Möglichkeit, das Wellergebnis durch Wärme zu beeinflussen, ist die Zufuhr von Wärme mittels Bestrahlungsgeräten. Oft werden dafür Infrarotstrahler eingesetzt.

1. Erklären Sie, welche Auswirkung sich für die Einwirkzeit der Dauerwellflüssigkeit ergibt, wenn die Temperatur im Salon statt 18 °C etwa 28 °C beträgt.

2. Erläutern Sie die Vorteile bzw. Nachteile verschiedener Dauerwellpräparate im Hinblick auf:
a) Haltbarkeit, *b) Haarschonung,*
c) Auftragstechnik, *d) Hautverträglichkeit.*

Art und Konsistenz	pH-Wert	Merkmale und Hinweise
Alkalische Dauerwelle: Flüssig	bis max. pH 9,0	Es ist eine nachfolgende Wasserwelle nötig. Hohe Luftfeuchtigkeit führt zu starkem Durchkrausen. Die Haarschädigung ist bedeutend.
Mild alkalische Dauerwelle: Flüssig, schaumig, cremig	7,2–8,5	Die meisten der heute eingesetzten Dauerwellmittel gehören zu dieser Produktgruppe. Wellintensität und Haarschonung stehen hier in einem günstigen Verhältnis.
Zwei-Phasen-Dauerwelle: Erste Phase: Flüssigkeit, Zweite Phase: Emulsion.	7,2–8,5	Die Zwei-Phasen-Dauerwellmittel bestehen aus zwei Phasen unterschiedlicher Konsistenz und Alkalität. Nach dem Wickeln erfolgt zunächst das Anfeuchten mit der schwächeren alkalischen Flüssigkeit, die bis in die Spitzen eindringt. Im Anschluss daran werden die Wickel mit einer Dauerwellemulsion stärkerer Alkalität behandelt, die insbesondere auf den Ansatz einwirkt. Empfehlenswert ist diese Dauerwelle bei längerem Haar mit unterschiedlicher Struktur vom Ansatz bis zur Spitze.
Schaumdauerwelle: Schaum	7,2–9	Mit der Schaumdauerwelle kann das Herablaufen der Dauerwellflüssigkeit vermindert werden. Weil das Haar hygroskopisch ist, nimmt es in der Regel genügend Wellpräparat auf.
Thermogesteuerte Dauerwelle: Flüssigkeit, bzw. Schaum.	7,2–8	Die Wärme wird bei der thermogesteuerten Dauerwelle als Beschleunigungsfaktor für den Dauerwellprozess genutzt. Bei einigen Präparaten wird die Wärme durch eine chemische Reaktion, nach Zugabe eines Aktivators, kurz vor dem Anfeuchten erzeugt. Bei anderen Präparaten muss die Wärme von außen zugeführt werden. Die Wirkstoffkonzentration ist in diesen Präparaten etwas erniedrigt.
Sulfitwelle: Flüssig	6,8–7,2	In der Sulfitdauerwelle wirkt Ammoniumsulfit als Reduktionsmittel. Vorteile dieser Dauerwelle sind der neutrale Geruch und die relativ gute Hautverträglichkeit. Fälle von allergischer Sensibilisierung sind bislang nicht bekannt. Nachteile sind die verlängerte Einwirkzeit, eine relativ schwache Umformung und geringere Haltbarkeit.
Saure Dauerwelle: Flüssig	6,5–6,8	Der Vorteil der sauren Dauerwelle liegt in der Haarschonung. Die Gebrauchsanweisung des jeweiligen Präparates muss genau beachtet werden. Heutige saure Dauerwellen enthalten in der Regel nicht mehr das allergieauslösende Thioglykolsäureester. Allerdings hat ihr Marktanteil stark abgenommen.
Volumendauerwelle: Flüssigkeit, Emulsion, Gel	7,2–8,0	Die alkalischen Wellpräparate haben eine relativ niedrige Wirkstoffkonzentration, enthalten jedoch so genannte Eindringhilfen. Durch entsprechende Anwendungstechniken wird Stand am Ansatz und Volumen erreicht. Die Haltbarkeit ist abhängig vom Haarwachstum und beträgt zwischen 4 und 8 Wochen.

3. Arten von Dauerwellpräparaten (Auswahl)

1. Griffprobe bei der Haardiagnose

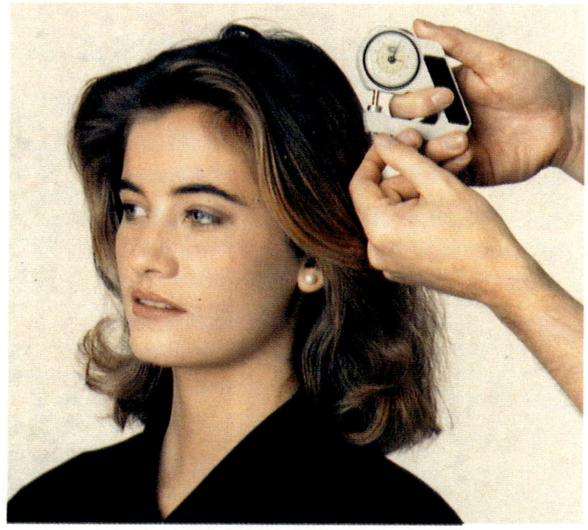

2. Ermittlung des Haarquerschnitts

4 Die Dauerwellbehandlung

4.1 Beratung und Haardiagnose

Die Beratung der Kunden verdient besondere Beachtung, weil es sich bei der Dauerwelle um eine langanhaltende und einschneidende Veränderung des Aussehens und der Eigenschaften der Haare handelt.
Eine sinnvolle Beratung setzt voraus, dass man abschätzen kann, welche Möglichkeiten der Umformung die vorliegende Haarqualität zulässt. Aufschluss darüber gibt die **Haardiagnose.**

Für die Dauerwelle kommt es besonders darauf an, sich Klarheit zu verschaffen über

- Strukturzustand,
- Haarstärke und
- Querschnitt des Haares.

Nach dem **Strukturzustand** des Haars, also ob es strapazierfähig oder eher empfindlich und porös ist, richtet sich die Wahl des Wellmittels. Dabei ist es hilfreich zu wissen, ob und welche chemischen Vorbehandlungen das Haar bereits mitgemacht hat.

Strukturunterschiede, beispielsweise zwischen Haarlängen und -spitzen, können durch ein Vorbehandlungsmittel ausgeglichen werden.

Haarstärke und **-querschnitt** lassen sich durch Messungen mit einem so genannten Haarstärkenmessgerät ermitteln.

Zunächst misst man ein Haar gerade und danach dasselbe Haar in der Schlaufe. Bei einem **runden** Haar ergeben sich zwei annähernd gleiche Messwerte. Liegen diese über 0,05 mm, so kann man davon ausgehen, dass das Haar normal wellbar ist. Dünnere Querschnitte gelten als schwer wellbar. Hier ist es ratsam, die Wicklerstärke 1 bis 2 Größen geringer als bei normalem Haar zu wählen.

Ist der Wert der Schlaufenmessung gegenüber der ersten Messung am geraden Haar um 25 bis 50 % höher, so hat das Haar einen **flachen** Querschnitt. Solche Haare sind schwerer wellbar.
Bei einem Unterschied von über 50 % zwischen beiden Messungen handelt es sich um ein **Bandhaar,** eine Dauerwelle wäre nahezu aussichtslos.

Das Ergebnis der Haardiagnose kann in Einzelfällen dazu führen, der Kundin eher von einer Dauerwellbehandlung abzuraten. Dies trifft insbesondere zu, wenn chemisch vorbehandeltes, stark strukturgeschädigtes Langhaar vorliegt.
Neben diesen hauptsächlich arbeitstechnischen Überlegungen müssen gerade bei der Anfertigung einer Dauerwelle gestalterische und psychologische Aspekte eine Rolle spielen. Bei der Beratung muss auch berücksichtigt werden, ob die angestrebte Frisur in Harmonie zur Persönlichkeit der Kundin steht. Abbildungen, z. B. aus einer Frisurenmappe, ermöglichen eine genauere Vorstellung über die Zielfrisur.

3. Überkraustes Haar durch falsches Wellmittel

Ist es für den Kunden die erste Dauerwellbehandlung, so ist es für ihn von Interesse, was bei der Dauerwelle im Haar vorgeht. Es kann ausreichen, den Arbeitsablauf zu schildern oder aber eine kundenverständliche Darstellung der chemischen Vorgänge im Haar zu geben. Unsicherheiten oder unausgesprochene Ängste sollte man ernst nehmen und in einfühlsamer Weise auf diese eingehen.

Ein wesentlicher Beratungspunkt sind Hinweise zur Pflege des dauergewellten Haares. Hierzu zählen neben Vor- und Nachbehandlungsmitteln bei der Dauerwelle auch die Wahl der Pflegemittel für zu Hause.

Das Ergebnis der Beratung muss ein bestmöglicher Kompromiss zwischen den natürlichen Möglichkeiten, der vorliegenden Haarqualität und dem Frisurenwunsch sein.

1. Führen Sie eine Beratung vor der Dauerwelle in Form eines Rollenspiels für die folgenden Fälle durch.
a) Der Kunde hat feines, dünnes Haar und möchte mehr Fülle ins Haar bekommen.
b) Die Kundin hat stark geschädigtes Langhaar.

2. Stellen Sie eine Sammlung von Fragen der Kunden zum Stichwort Dauerwelle zusammen.
a) Welche Frage wird am häufigsten gestellt?
b) Beantworten Sie die häufigste und zwei weitere Fragen schriftlich.

Entkrausen von Haaren

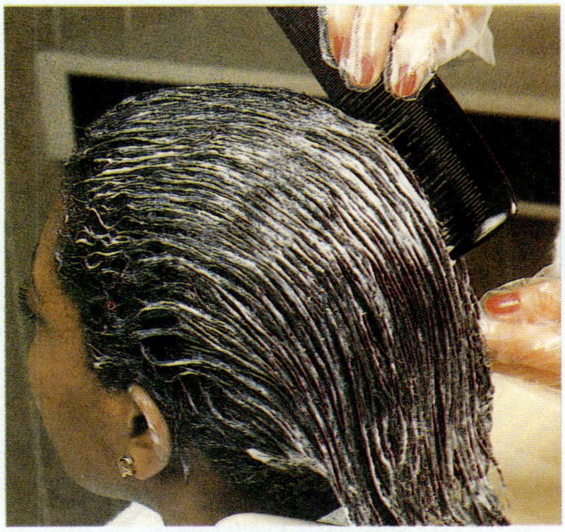

4. Auftragen der Entkrausungscreme auf das Haar

Das Entkrausen von Haaren erfolgt nach dem gleichen Prinzip wie das Erzeugen von Dauerwellen:
Disulfidbrücken werden durch Reduktionsmittel bei hoher Alkalität gelöst. Das Haar wird nicht gewickelt, sondern glatt gekämmt. Die zähe Konsistenz des Präparats unterstützt den Vorgang. Anschließend wird abgespült und wie nach einer Dauerwelle fixiert.

Früher spielte das Entkrausen auf dem afrikanischen Kontinent eine große Rolle. Man eiferte den glatten Haaren der weißen Oberschicht nach.

Die uns zur Verfügung stehenden Wellmittel eignen sich nicht für das Entkrausen von afrikanischem Haar. Auch für naturkrauses europäisches Haar ist ihre Wirkung oft zu schwach und wenig dauerhaft.

Man kann allerdings dauergewelltes Haar mit Wellmittel glätten, sofern es die Haarqualität erlaubt. Dazu kämmt man das Haar während der Einwirkzeit ständig glatt oder wickelt es auf dicke Wickler und verfährt ansonsten wie bei einer normalen Dauerwelle. Um das Haar zu schonen, sollte ein Wellmittel für vorbehandeltes Haar zur Anwendung kommen.

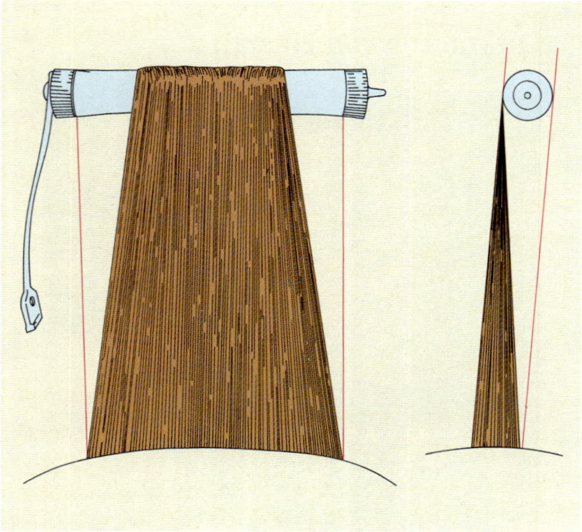

1. Breite und Länge der Passéeabteilung

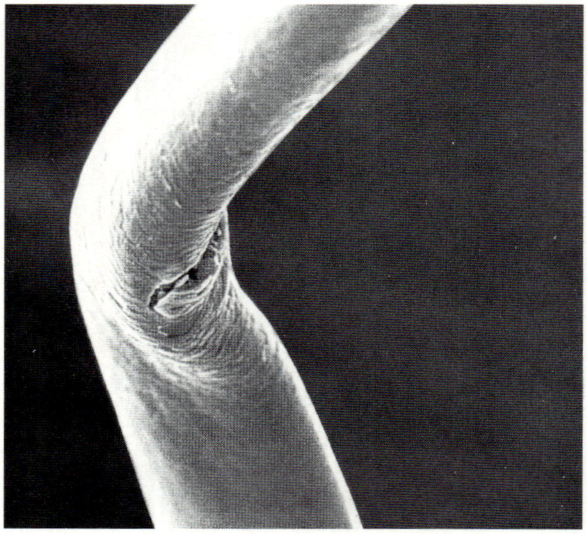

2. Knick durch falsch angesetzten Wickler

4.2 Ausführung der Dauerwelle

Die Dauerwelle ist in eine Reihe von praktisch sinnvollen Arbeitsschritten zu gliedern:

- Die Haarwäsche vor der Dauerwelle sollte äußerst vorsichtig erfolgen, um die Kopfhaut nicht zu stark zu entfetten oder zu reizen.
- Nun folgt das Wickeln, für das viel handwerkliches Können erforderlich ist. Hierbei müssen die natürliche Wuchsrichtung und der gewünschte Frisurenfall berücksichtigt werden.
- Das aufgewickelte Haar wird nun mit dem Wellmittel angefeuchtet. Neben dem sorgfältigen Anfeuchten ist zu beachten, dass während der Einwirkzeit der jeweilige Grad der Umformung anhand mehrerer Probewickel kontrolliert wird. Einige Hersteller geben verbindliche Einwirkzeiten an, die berücksichtigt werden müssen.
- Nachdem die gewünschte Wellung erreicht ist, wird die Dauerwellflüssigkeit durch gründliches Ausspülen entfernt.
- Dann wird die überschüssige Feuchtigkeit vom Haar abgetupft. Dies ist deshalb besonders wichtig, da tropfnasses Haar keine Fixierflüssigkeit aufnehmen könnte.
- Nun erfolgt das sorgfältige, systematische Auftragen der Fixierflüssigkeit. Eine zweite Fixierung erfolgt im Anschluss an das vorsichtige Abwickeln.
- Vor der abschließenden sauren Nachbehandlung muss die Fixierflüssigkeit vollständig aus dem Haar gespült werden.

Ökologische Gesichtspunkte. Der Wasserverbrauch ist wegen des notwendigen gründlichen Ausspülens der Flüssigkeit relativ hoch, kann aber durch Sparperlatoren am Wasserhahn reduziert werden. Bei der Auswahl der Mittel sollte auch auf die Verpackungen geachtet werden, die als Müll getrennt entsorgt werden müssen. Reste von Well- oder Fixiermitteln können gesammelt und an den entsprechenden Stellen der Städte und Gemeinden abgegeben werden.

Dauerwellwickeln. Richtiges Wickeln ist Voraussetzung für ein zufrieden stellendes Dauerwellergebnis. Die wichtigsten Regeln sind:

- Gründliches Durchkämmen der Haarpassées.
- Das Passée sollte nicht breiter als der Wickeldurchmesser sein.
- Das Passée sollte etwas schmaler als die Wicklerlänge sein.
- Verwendung von Spitzenpapier, um die Haarspitzen sauber um den Wickler zu legen.
- Keine Veränderung der Handhaltung des Passées beim Wickeln.
- In der Regel das Haarpassée beim Wickeln im rechten Winkel zur Kopfhaut halten.
- Versetztes Wickeln und Zick-Zack-Abteilung bei feinem und dünnem Haar.
- Gleichmäßiges Wickeln, nicht zu straff und nicht zu locker.
- Haltegummi nicht zu nah am Haaransatz befestigen.

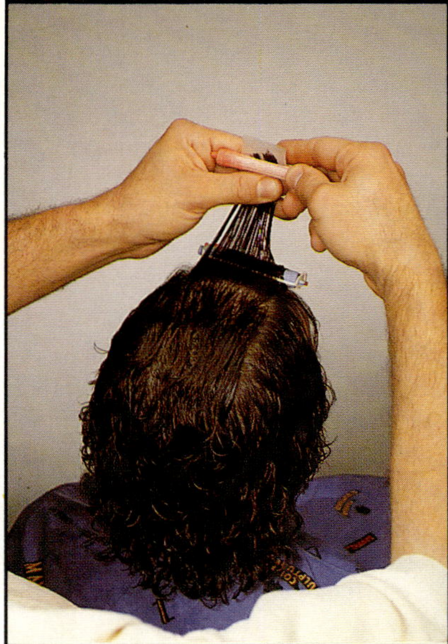

Exaktes Aufwickeln der Haare auf Dauerwellwickler

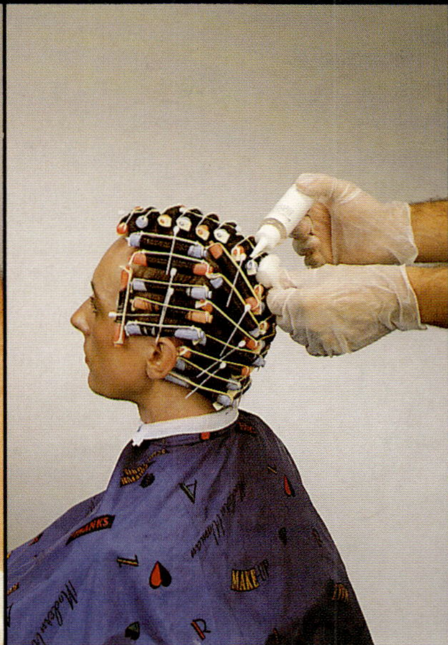

Sorgfältiges Anfeuchten mit Dauerwellflüssigkeit

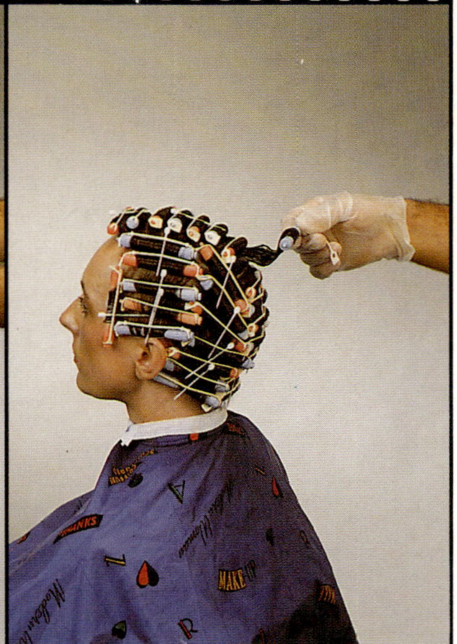

Kontrolle des Umformungszustandes

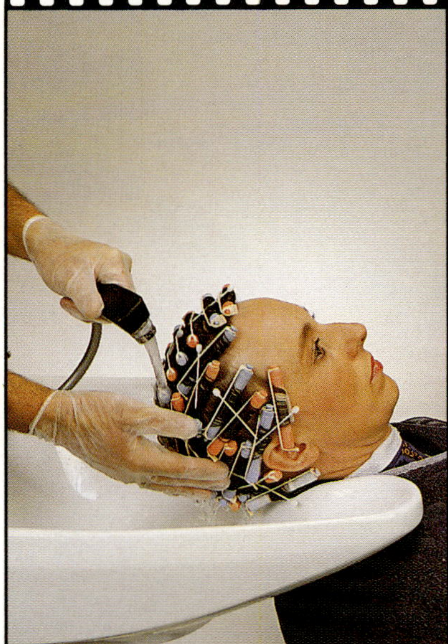

Gründliches Abspülen der Dauerwellflüssigkeit

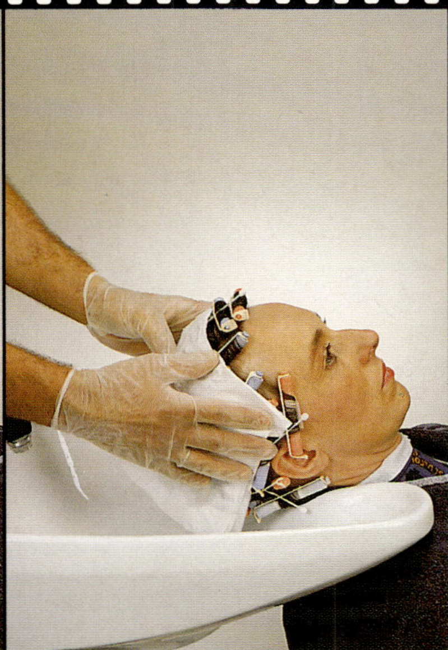

Abtupfen der überschüssigen Feuchtigkeit

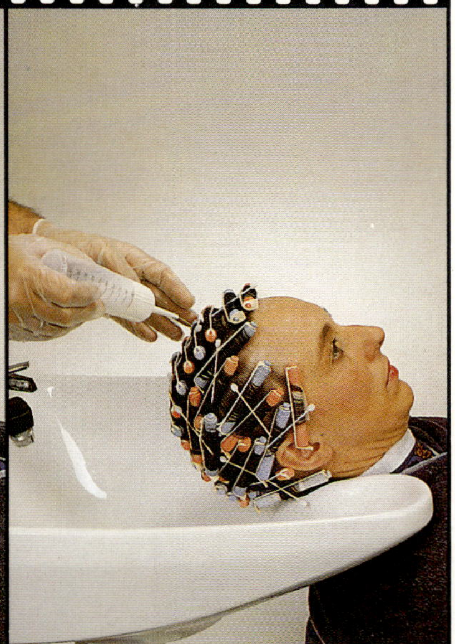

Fixieren, Auftragen der Lösung auf Längen und Spitzen des Haares

3. Ausgewählte Arbeitsschritte bei einer Dauerwelle

Beispiele für Wickeltechniken

1. Klassische Wickeltechnik

2. In-Form-Wickeln

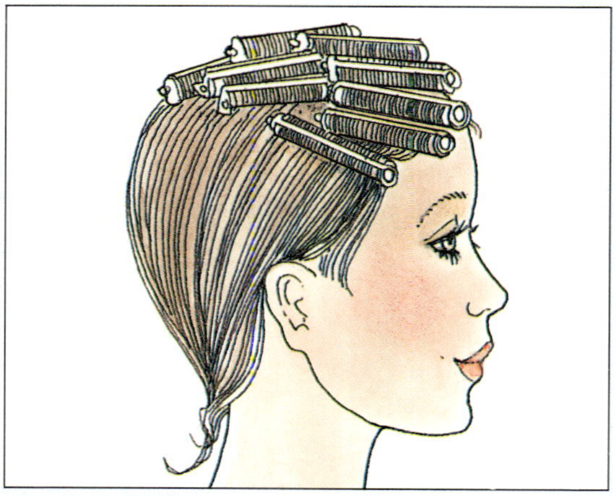

3. Teildauerwelle

Klassische Wickeltechnik
Dieses Verfahren stellt das Grundschema für die Erstellung einer Dauerwelle dar. Heute geht man mehr und mehr dazu über, die Vorderkopfpartie gemäß der Wuchsrichtung nach vorn zu wickeln. Dadurch soll das Abbrechen des Haars am Ansatz vermieden werden.

In-Form-Wickeln
Hierbei versucht man von vornherein der späteren Frisurenlinie gerecht zu werden. Zum Beispiel werden nach hinten fallende Seitenpartien nach hinten gewickelt. Scheitel lassen sich ebenfalls durch gezieltes Wickeln berücksichtigen.

Teildauerwelle
Es soll nur ein bestimmter Teil der Frisur umgeformt werden, z. B. ein lockiger Pony bei ansonsten glattem Haar. Hier gilt zu beachten:
- Wird ein nahtloser Übergang zum nicht gewellten Haar gewünscht, muss die Wicklerstärke jeweils am Abschluss der gewickelten Partie zunehmen.
- Bei diesem Verfahren sollte sichergestellt werden, dass die Haare, die nicht in den Umformungsprozess einbezogen werden sollen, vor dem Wellmittel geschützt sind.

4. Fertig gestellte Teildauerwelle

Spitzen- und Ansatzdauerwelle
Bei der Spitzendauerwelle soll der Ansatz glatt bleiben und nur die Spitzen wellig oder lockig werden (Pyramidenwicklung).
Bei der Ansatzdauerwelle soll Stand in den Ansatz gebracht werden, ohne dass die Spitzen eine Wellung erfahren.

Anordnung der Wickel „auf Lücke“
Es lässt sich eine unerwünschte Scheitelbildung vermeiden. Besonders effektiv ist die Methode im Zusammenhang mit der Zick-Zack-Abteilung. Empfehlenswert insbesondere auch bei feinem und dünnem Haar bzw. bei Dauerwellen für Männer.

Spiralwicklung
Die Flachwicklung hat bei langem Haar den Nachteil, dass durch die vielfache Umdrehung der langen Haarpassées die Wickelstärke zunimmt. Mit Spiralwicklung bleibt die Wellenbogenlänge gleich.

1. Nennen Sie weitere Wickeltechniken, fertigen Sie entsprechende Skizzen an.

2. Erläutern Sie Verfahren und Frisurenergebnis von weiteren Wickeltechniken.

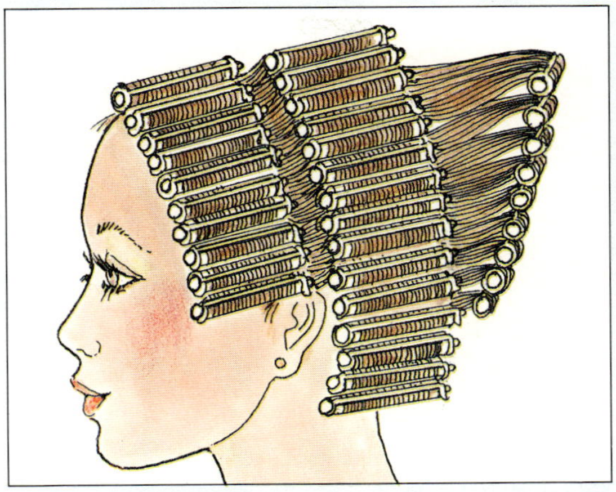

5. Spitzendauerwelle

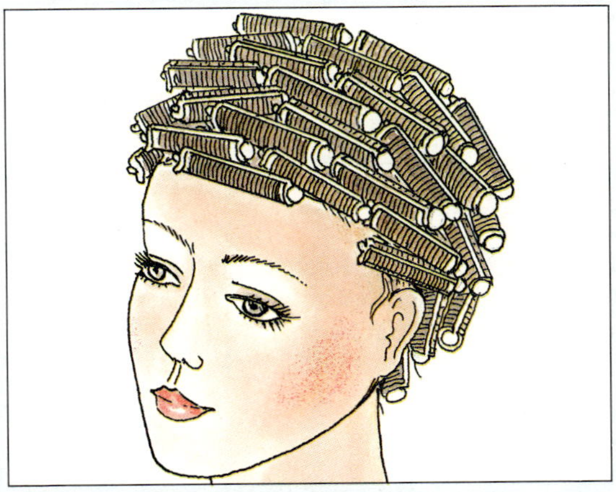

6. Anordnung der Wickel auf Lücke

7. Spiralwicklung

8. Fertig gestellte Spiralwicklung

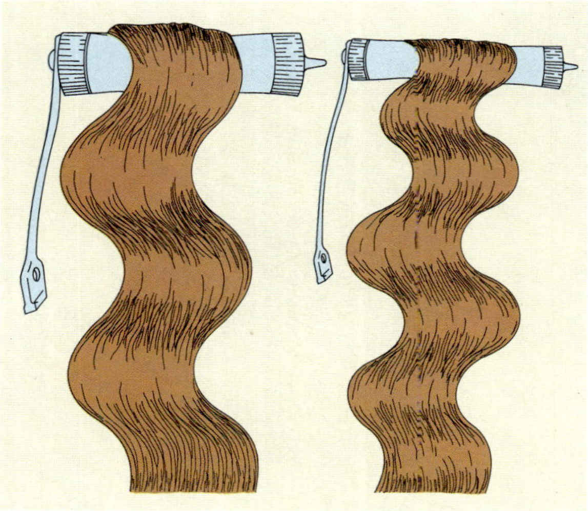

1. Die Wicklerstärke beeinflusst das Wellergebnis

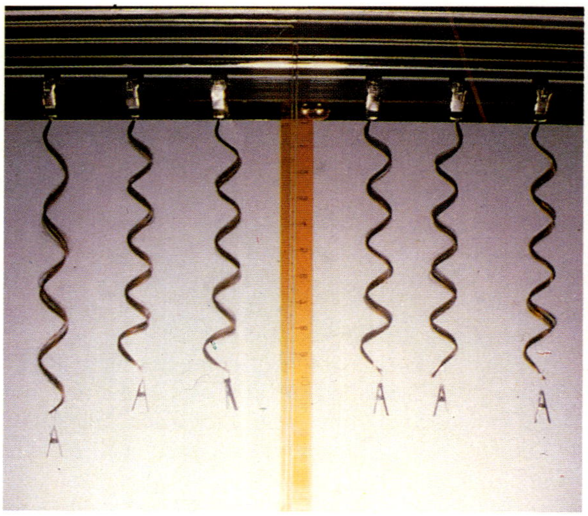

2. Haarsträhnenversuch zum Einfluss der Einwirkzeit auf des Wellergebnis

4.3 Wie lässt sich das Wellergebnis beeinflussen?

Eine Reihe von Voraussetzungen und Einflussfaktoren entscheiden über das Ergebnis einer Dauerwelle. Zu den Voraussetzungen gehören neben der Haarstärke die natürliche Wuchsrichtung und die Haarqualität.

Viele Möglichkeiten stehen zur Verfügung, um durch die Veränderung der **Einflussfaktoren** die Zielfrisur bei größtmöglicher Schonung der Haarqualität zu erreichen:

- Auswahl der Vorbehandlung (z. B. Strukturausgleich)
- Auswahl des Wicklerdurchmessers (starke oder schwache Umformung)
- Auswahl des Wickelschemas
- Art des Dauerwellpräparates (Darreichungsform, Verdünnungsgrad)
- Bemessung der Einwirkzeiten (optimalen Zeitpunkt ermitteln)
- Variationen der Wärmezufuhr (je wärmer desto schneller)
- Auswahl einer Nachbehandlung

Die Einflussfaktoren müssen möglichst optimal auf die Voraussetzungen abgestimmt werden. So ist zum Beispiel bei vorbehandeltem Haar eine entsprechende Dauerwellflüssigkeit zu verwenden. Bei feinem Haar sollte im Zweifelsfalle eine etwas dünnere Wicklerstärke benutzt werden.

Durch Haarsträhnenversuch kann die Entscheidung für die richtige Dauerwellbehandlung sicherer gemacht werden; es ist Folgendes zu beachten:

- Um das Ergebnis beurteilen zu können, müssen Sie eine Vergleichssträhne unter idealen Bedingungen umformen.
- Verändern Sie bei den anderen Strähnen jeweils nur einen Einflussfaktor, alle anderen müssen konstant bleiben. Nur so können Sie wirklich eine Aussage über diese Bedingungen treffen.
- Größe und Ausformung des Wellenbogens, Sprungkraft (Zurückschnellen des glatt gezogenen Haares) und Haarschädigung sind wichtige Merkmale.
- Kennzeichnen Sie die jeweiligen Haarsträhnen.

1. Ermitteln Sie den Einfluss des Wicklerdurchmessers auf die Größe des Wellenbogens (Wellung) und die Sprungkraft der Haarsträhnen. Wählen Sie hierbei drei unterschiedliche Wicklerstärken: kleiner, mittlerer und großer Wicklerdurchmesser. Vergleichen Sie die erzielten Ergebnisse untereinander.
Hinweis: Bei diesen Strähnenversuchen müssen alle anderen Bedingungen gleich bleiben, d. h. gleiche Einwirkzeit, gleiches Haarmaterial, derselbe Wärmeeinfluss, dieselbe Flüssigkeit usw.

2. Eine Kundin mit normaler Haarqualität, ohne chemische Vorbehandlung, möchte eine leichte Dauerwelle („mehr Volumen, aber keine Locken“). Stellen Sie einen Arbeitsplan auf.

Einfluss auf das Wellergebnis durch:	Wirkungen und Hinweise
Vorbehandlung	Eine Vorbehandlung dient dem Ausgleich unterschiedlicher Haarstrukturen. Das gilt z.B. für gesträhntes Haar; auch längeres Haar kann vom Ansatz bis zur Spitze unterschiedlich strukturiert sein. Durch den Strukturausgleich wird ein ausgeglicheneres Wellergebnis bei größtmöglicher Haarschonung erzielt.
Wicklerdurchmesser	Je kleiner der Wicklerdurchmesser gewählt wird, desto stärker ist die Umformung; das bedeutet, der Wellenbogen wird kleiner, die Sprungkraft stärker
Wickelschema	Nach einem System zu wickeln ist sinnvoll. Das Wickeln wird erleichtert, die Gefahr des Haarbruchs vermindert und die Haltbarkeit der angestrebten Frisur unterstützt.
Dauerwellflüssigkeit	Bei der Wahl eines für das Haar zu kräftigen Wellmittels (hoher Anteil an Reduktionsmittel und/oder Alkali) besteht die Gefahr starker Haarschädigung. Die Auswahl des Wellmittels richtet sich in erster Linie nach der Haarstruktur und Haarqualität des Kunden.
Einwirkzeit	Die Einwirkzeit ist vom Grad der Haarschädigung, dem jeweiligen Wellpräparat sowie von der Temperatur abhängig. Hierbei ist die Gebrauchsanweisung zu beachten. Bei zu kurzer Einwirkzeit wird keine ausreichende Wellung erreicht, bei zu langer Einwirkzeit besteht die Gefahr der Haarschädigung. Um den Grad der jeweiligen Wellung zu ermitteln, sollte man von Zeit zu Zeit Probewickel überprüfen. Bei manchen Präparaten kann man während der Einwirkzeit die Wellung vorsichtig modellieren. Beim Entkrausen ist dies die Regel.
Wärmestufe	Gewisse Präparate bedürfen der Unterstützung durch zusätzliche Wärme, um ihre Wellwirksamkeit zu erhöhen. Außerdem kann die Einwirkzeit durch Wärmezufuhr verkürzt werden. Faustregel: Erhöhung der Temperatur um 10 °C ergibt in etwa eine Verdopplung der Reaktionsgeschwindigkeit.
Nachbehandlung	Jeder Dauerwellprozess beeinträchtigt die Haarstruktur mehr oder weniger. Daher muss eine gezielte Nachbehandlung erfolgen. Rückfettung der Haare, Verbesserung der Haarstruktur und eine Neutralisation werden erreicht. Das Haar wird adstringiert und die vorangegangenen chemischen Prozesse werden abgeschlossen.

3. Einflussfaktoren auf das Wellergebnis

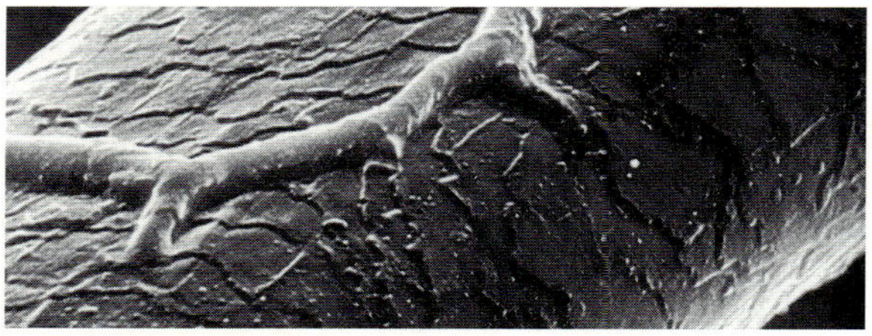

1. Haarschaden durch zu lange Einwirkzeit des Wellpräparats

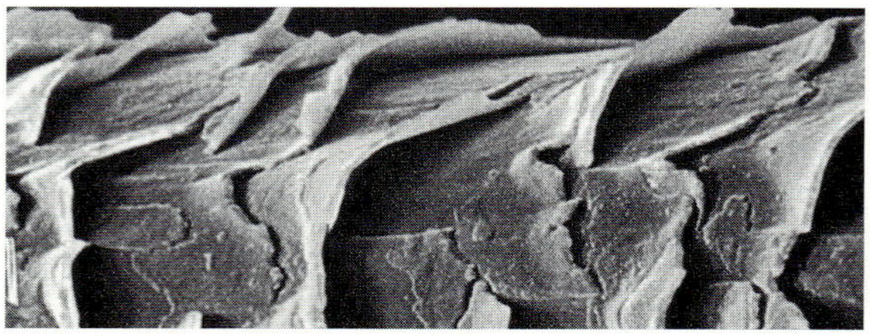

2. Haar nach Einwirkzeit des Wellmittels, vor Fixierung

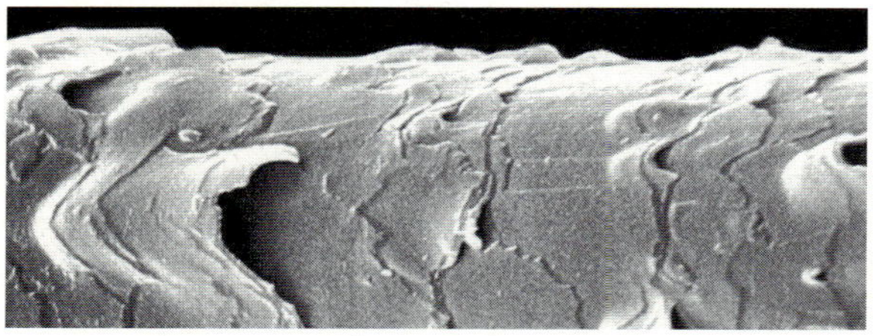

3. Haarschaden durch Überdehnung während des Dauerwellvorgangs

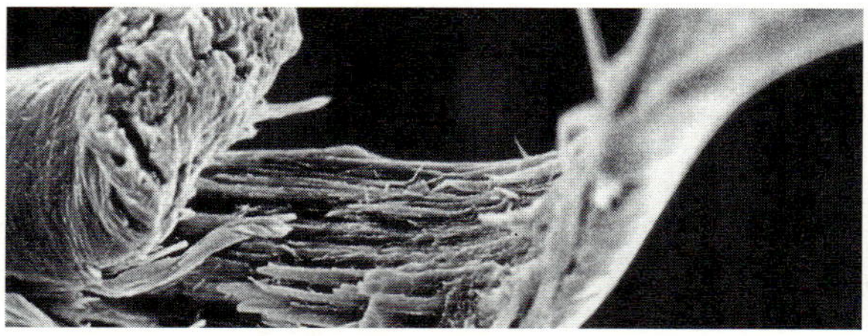

4. Haarbruch als Ergebnis

4.4 Probleme und Fehler bei der Dauerwelle

Das Gelingen der Dauerwelle hängt von verschiedenen Faktoren ab. Die richtige Haardiagnose ist bestimmend für die Auswahl der geeigneten Präparate. Dabei gibt es Problemfälle, die einer besonderen Behandlung bedürfen.

Bandhaar. Dieses Haar ist nur äußerst schwer wellbar. Außerdem hält die Wellung nicht so lange wie bei normalem Haar. Empfehlenswert ist es, eine geringere Wicklerstärke zu nehmen und ein Präparat für schwer wellbares Haar zu verwenden. In extremen Fällen bzw. bei entsprechenden negativen Erfahrungen ist von einer Dauerwelle abzuraten.

Poröses Haar. Die Wellflüssigkeit wird von porösem Haar sehr gut und vollständig aufgesaugt. Die Konzentration des Reduktionsmittels sollte geringer sein. Daher ist unbedingt ein Wellmittel für poröses bzw. stark strukturgeschädigtes Haar einzusetzen. Der Wellvorgang sollte schon nach kurzer Zeit kontrolliert werden.

Unterschiede in der Haarstruktur. Hierbei soll eine spezielle Vorbehandlung durchgeführt werden. Pflegestoffe ziehen bei vorgeschädigtem besser auf als bei ungeschädigtem Haar. Dadurch wird ein gewisser Strukturausgleich geleistet. Außerdem gibt es besondere Wellmittel, wie die Zwei-Phasen-Dauerwelle, für unterschiedliche Haarstrukturen.

Empfindliche Kopfhaut. Die Anwendung aggressiver Wellmittel muss vermieden werden. Bestimmte Kopfhautpräparate, vor der Dauerwelle angewendet, bieten einen gewissen Schutz. Zu vermeiden ist eine intensive Reinigungsmassage mit einem entfettenden Shampoo vor der Dauerwellbehandlung. Auf eine zweite Haarwäsche muss verzichtet werden, um den natürlichen Säure-Lipid-Schutzmantel der Kopfhaut zu schonen. Das Einwirken der Wellflüssigkeit auf entfettete Kopfhaut und Haarfollikel könnte zu Haarbruch am Ansatz und zu Entzündungen führen.

Selbst dem besten Fachmann kann einmal ein Fehler unterlaufen. Dann gilt es zunächst, die Fehlerursache zu ermitteln. Beschränkt sich der Fehler nur auf bestimmte Partien im Haar, ist es ausreichend, an den entsprechenden Stellen eine Teildauerwelle vorzunehmen. Ist der gesamte Kopf betroffen, muss eventuell die gesamte Dauerwelle wiederholt werden. Hierbei ist zu beachten, dass das Haar nun vorbehandelt ist. Bei stark strukturgeschädigtem Haar sollte man von einer Wiederholung absehen und stattdessen einen Haarschnitt und die entsprechende Haarpflege empfehlen.

1. Bei welchen Haaren würden Sie von einer Dauerwellbehandlung abraten? Begründen Sie Ihre Antwort.

2. Nennen Sie mögliche Fehler bei der Dauerwellbehandlung, und beurteilen Sie die Auswirkungen.

5. Überkraustes – strukturgeschädigtes Haar

Ursachen	Maßnahmen
• zu starkes Wellmittel • zu lange Einwirkzeit • viel zu kleine Wicklerstärke • keine Pflegemaßnahmen	Von der erneuten Anwendung eines Wellmittels ist abzuraten. Zu empfehlen ist ein entsprechend kurzer Haarschnitt und erforderliche Pflegemaßnahmen.

6. Wellung im Haar zu schwach

Ursachen	Maßnahmen
• zu locker gewickelt • zu große Wicklerstärke • zu kurze Einwirkzeit • zu schwaches oder zu wenig Wellmittel • nach frischer Dauerwelle das Haar zu straff gezogen • nicht ausreichend fixiert	In den allermeisten Fällen kann die Dauerwelle unter Vermeidung der Fehlerursachen wiederholt werden.

7. Wellung im Haar zu stark

Ursachen	Maßnahmen
• zu kleine Wicklerstärke • zu schmal abgeteilt • Wellmittel zu stark	Möglich sind eine Entkrausung oder eine erneute Dauerwelle mit größerer Wicklerstärke.

8. Gewelltes Haar ist ohne Sprungkraft – überdehnt

Ursachen	Maßnahmen
• zu lange Einwirkzeit • zu straff gewickelt • zu kurz oder nicht nachfixiert • Wellpräparat nicht richtig ausgespült • Feuchtigkeit nicht ausreichend abgetupft	Ist die Dauerwelle noch nicht zu alt (ein bis zwei Tage) und zeigt sich im nassen Haar genügend Wellung, so sollte nochmals fixiert werden. Reicht dies nicht aus, so ist die Dauerwelle zu wiederholen, wenn die Haarstruktur es zulässt.

1. Volumendauerwelle: Volumen und leichte Wellung

Beispiel einer Preisberechnung für eine Dauerwelle

	Materialkosten (Kosten des tatsächlich zu verbrauchenden Materials für die Dienstleistung)	26,40 DM
+	40 % **Materialzuschlag** (Zinsverluste, Lagerungsverluste)	10,56 DM
+	**Personalkosten** (Lohnkosten für den zeitlichen Aufwand der Dienstleistung)	31,50 DM
=	**Einzelkosten**	68,46 DM
+	50 % **Gemeinkosten** (alle Aufwendungen, die notwendig sind um einen Salon zu führen, außer Personal- und Materialkosten)	34,23 DM
=	**Selbstkosten**	102,69 DM
+	25 % **Gewinn** (nach voller Abdeckung aller Kosten verbleibender Überschuss, Reserve des Geschäftes)	25,67 DM
=	**Nettopreis**	128,36 DM
+	16 % **Mehrwertsteuer** (staatlich)	20,54 DM
=	**Bruttoverkaufspreis** (Preis der Dauerwelle)	**148,90 DM**

4.5 Dauerwellen: Vorurteile, Fragen

Der Geruch der Dauerwelle ist häufig noch länger schwefelig. Nicht alles lässt sich durch Ausspülen und Shampoonieren entfernen. Der Kunde kann jedoch beruhigt werden: Spätestens nach zweimal Waschen riecht das Haar wieder normal. Die Bedeutung der Nachbehandlung wird dabei deutlich.
Eine spezielle Haarpflege und Heimbehandlung ist nach jeder Dauerwellbehandlung nötig, weil die Haarstruktur verändert wurde. Shampoo, Kur- und Stylingprodukte sollten auf die entsprechende Dauerwelle abgestimmt sein. Empfehlenswert sind Nachfüllpräparate. Dies verringert den Müllberg und festigt die Beziehung des Kunden zum Salon.
Die Frisurengestaltung ist nach der Dauerwelle anders, weil Form und Struktur des Haares sich geändert haben. Mehr denn je muss auf heißes Fönen und starke mechanische Belastungen durch Kämmen und Bürsten verzichtet werden. Stattdessen sind Methoden, wie Lufttrocknen, Kneten im milden Luftstrom des Föns und schonende Wickelverfahren anzuwenden. Die Kunden sind dankbar für jeden Tipp.
Die Haltbarkeit jeder Dauerwelle ist begrenzt. Es gilt die Faustregel: Je milder das Wellpräparat, desto geringer die Haltbarkeit. Rückstellkräfte im Haar (chemische Bindungen, die nicht verändert wurden) schwächen die Wellung. Selbst stärkste Dauerwellen halten nicht ewig, da das Haar nachwächst.

Teuer oder preiswert? Zunächst erscheint der Preis einer Dauerwelle sehr hoch. Wer aber weiß, welche Faktoren in die Preiskalkulation eingehen, wird feststellen, dass die Friseurpreise gemessen an anderen Handwerksdienstleistungen sogar eher niedrig sind.

Fallstudie

„Deine Frisur sieht ja toll aus, was hast du denn mit deinen Haaren gemacht, gerade erst frisch gefönt, oder?"
„Nein, nein vor einer Woche habe ich mir so eine neue unsichtbare Dauerwelle machen lassen."
„Eine Dauerwelle, sag mal bist du wahnsinnig? Mit dem Kapitel Dauerwelle bin ich fertig. Meine letzte habe ich mir vor vier Jahren machen lassen, die stank noch drei Wochen später nach Chemie!"
„Na ja, aber immer nur glattes Haar tragen wird doch auch mit der Zeit langweilig!"
„Lieber glatt und platt als total kaputt. Was meinst du wie meine Haare ruiniert waren. Keine Frisur hab ich mehr hin gekriegt. Und das war auch noch sündhaft teuer. Sag mal, du sagst unsichtbare Dauerwelle, man sieht nichts und trotzdem kostet es eine Menge, wahrscheinlich hält sie nur vier Wochen?"
„Das stimmt, billig war es wirklich nicht, ich weiß überhaupt nicht wie mein Friseur plötzlich auf 150,00 DM kam. Aber egal, mir gefällt es, ich fühle mich gut."

1. Greifen Sie in das Gespräch an verschiedenen Stellen ein und vertreten Sie ihre Meinung begründet.

Wissen Sie Bescheid?

1. In welchem Jahr hat Karl Nessler zum ersten Mal sein Dauerwellverfahren der Öffentlichkeit vorgestellt?
2. Welche Veränderung führte Joseph Mayer 1924 beim Dauerwellverfahren ein?
3. Wann wurde die erste Kaltwelle entwickelt und in welcher Zeit kam sie in Deutschland auf den Markt?
4. Welche wichtigen chemischen Reaktionen finden beim Wellen und Fixieren statt?
5. Zeichnen Sie den Ablauf der Redoxreaktionen bei der Dauerwelle schematisch auf.
6. Welche chemischen Bindungen des Haarkeratins werden in den Dauerwellprozess einbezogen?
7. Erläutern Sie die Bedeutung der Fixierung für den Dauerwellprozess.
8. Geben Sie Gründe an, weshalb am Ende einer dauerhaften Formveränderung eine saure Nachbehandlung stehen sollte.
9. Erläutern Sie, weshalb man mit Dauerwellpräparaten vorsichtig umgehen muss.
10. Was ist bei der Wimperndauerwelle besonders zu beachten?
11. Nennen Sie die wesentlichen Inhaltsstoffe der Dauerwellmittel und ihre Wirkung.
12. Wie heißt das Reduktionsmittel, das in nahezu allen alkalischen Dauerwellflüssigkeiten eingesetzt wird?
13. Erläutern Sie den Einsatz von Alkalisierungsmitteln in Dauerwellpräparaten.
14. Nennen Sie die wesentlichen Inhaltsstoffe der Fixiermittel und ihre Wirkung.
15. Welche Gruppe von Inhaltsstoffen sollen das Herablaufen der Fixierflüssigkeit vermindern?
16. Welche Aufgaben haben die Säuren in den Fixierpräparaten?
17. Zu welcher großen Gruppe chemischer Wirksubstanzen gehören Netzmittel, Schaummittel und Emulgatoren?
18. In welchen pH-Wert-Bereichen werden Dauerwellen angeboten?
19. Was ist bei der Anwendung von sauren Dauerwellen zu beachten?
20. Bei welcher Haarstruktur bietet ein Zwei-Phasen-Dauerwellpräparat Ausgleichsmöglichkeiten?
21. Was ist eine Volumendauerwelle?
22. Mit welchen Argumenten würden Sie einem männlichen Kunden eine Volumendauerwelle empfehlen?
23. Welche Präparategruppe für Dauerwellen ist heute auf dem Markt führend?
24. Wie verhält sich der pH-Wert einer sauren Dauerwelle zum pH-Wert von Haar und Haut?
25. Nennen Sie mögliche Ergebnisse einer Haardiagnose vor einer Dauerwelle.
26. Beschreiben Sie Möglichkeiten naturkrauses Haar zu glätten. Beurteilen Sie das zu erwartende Ergebnis.
27. Schildern Sie die wesentlichen Stationen des Ablaufs einer Dauerwellbehandlung.
28. Warum sollten die Haare vor der Dauerwelle nur einmal vorsichtig gewaschen werden?
29. Nennen Sie fünf Wickelfehler und deren Auswirkungen.
30. Nennen Sie die wichtigsten Kriterien, die beim Dauerwellwickeln zu beachten sind.
31. In welchen Fällen bietet sich beim Einwickeln der Zick-Zack-Scheitel an?
32. Was versteht man unter einer Teildauerwelle?
33. Begründen Sie die Anwendung einer Ansatzdauerwelle.
34. Aus welchen Gründen greift man bei sehr langem, dünnem Haar auf die Spiralwirkung zurück?
35. Wie kann man einer zu langen Einwirkzeit des Wellmittels vorbeugen?
36. Welche Auswirkungen auf das Dauerwellergebnis sind zu erwarten?
    a) Eine zu kleine Wickelstärke wurde genommen.
    b) Die Einwirkzeit wurde zu kurz gewählt.
37. Welchen Sinn hat die zweite Fixierung nach dem Abwickeln?
38. Begründen Sie, weshalb man direkt nach der Dauerwelle das Haar nicht belasten sollte.
39. Nennen Sie Problemfälle im Hinblick auf Haar und Kopfhaut für eine Dauerwellenbehandlung.
40. Nennen Sie die Haarschäden, die durch den Dauerwellprozess entstehen können.
41. Beschreiben Sie mögliche Ursachen
    a) für überkraustes Haar und
    b) eine zu schwache Wellung.
42. Welche Faktoren bestimmen den Preis einer Dauerwelle?
43. *Berechnen Sie den Preis einer Dauerwelle. Die Materialkosten betragen 12,50 DM, die Personalkosten 24,00 DM. Ansonsten gelten die prozentualen Werte des Beispiels auf S. 278. Aufgrund einer Werbeaktion soll die Dauerwelle um 30 % günstiger angeboten werden.*

Blondieren, Tönen, Färben

1. Farbe, wichtiges Gestaltungsmerkmal einer Frisur

1 Zur Geschichte der Haarfärbung

Catechou, ein Auszug aus dem Holz der Catechou-Akazie. Der Gehalt an Gerbsäure schwankt zwischen 40 und 55 Prozent. Es gibt zwei Arten, doch kommt für unsere Zwecke nur der braune, sog. terra catechou in Betracht. Außer seinem Gehalt an Gerbsäure ist noch sein Farbstoff für uns von Wichtigkeit. Die Abkochung ist rötlichbraun und wird durch Zusatz von Eisen-Vitriol dunkelbraun.

Sumach, auch Schmack genannt, ist das Produkt eines Strauches, der in der asiatischen Türkei und im südlichen Europa wächst. Er wird als ein grobes Pulver aus den gemahlenen Blättern und frischen Zweigen von gelber oder braungrüner Farbe in den Handel gebracht. Gerbstoffgehalt 10–15 Prozent. Der Absud ergibt einen grüngelben Niederschlag, in Verbindung mit Beize einen solchen von grauer Farbe.

Blauholzspäne, auch Campecheholzspäne genannt. Dieselben sind das Produkt eines in Süd- und Mittel-Amerika heimischen Baumes. Die Abkochung ist dunkelrot und wird durch Zusatz von Eisenvitriol blauschwarz.

Blauholzextrakt wird aus Blauholzspänen gewonnen, kommt in flüssiger und auch in fester Form in den Handel. Seine Färbekraft ist sechsmal höher als die der Späne. Die Wirkung der Beize ist dieselbe wie oben.

Krapp. Eine in Frankreich und Holland zu Färbezwecken angebaute Wurzel, kommt gemahlen als braunes Pulver in den Handel und ergibt eine rötliche Abkochung. Durch Zusatz von Beize verwandelt sie sich in eine bräunliche.

Die nachfolgenden Zusammenstellungen von Farbstoffen beziehen sich auf das Nachdunkeln von Naturhaaren. Wir mischen: 10g Catechou, 10g Blauholzextrakt, 10g Krapp, 10g Sumach, 10g Eisenvitriol, 1 Liter Wasser.

Die Wirkung dieser Mischung ist auf helle wie auf dunkle Haare dieselbe, nur mit dem Unterschied, daß sie auf hellerem Haar intensiver erscheint. Es ist dieser Vorgang sehr wichtig für den Färber, da er nicht allein auf die relative Zusammenstellung und Beschaffenheit der Farbstoffe, sondern auch auf die Eigenschaften des Materials Bezug hat.

2. Auszug aus einem alten Fachbuch, 1925

Neben der Formveränderung des Haares, sei es durch Schnitt, Dauerwelle oder Frisieren, stellt die Farbveränderung des Haares ein weiteres kreatives Arbeitsfeld für den Friseur dar.
Bereits die Ägypter beschrieben Mittel gegen das Ergrauen der Haare. Die Römerinnen der Antike versuchten mit allerlei Mitteln die blonde Haarfarbe der Germaninnen zu erlangen. Man kannte damals pflanzliche Farbstoffe und Metallsalzfarben und bleichte das Haar in der Sonne.

Pflanzenfarben erlauben nur eine begrenzte Farbauswahl, überwiegend im Rotbereich. Aufhellungen sind nicht möglich. Die bekannteste Pflanzenfarbe ist das rot färbende Henna aus den Blättern des Hennastrauches.

Metallsalzfarben spielen heute nur eine untergeordnete Rolle. Verwendet wurden früher etwa Blei-, Silber- und Kupfersalze. Die Behandlung metallsalzgefärbter Haare mit den beim Friseur gebräuchlichen Färbemitteln kann zu einer heftigen Zersetzung von Wasserstoffperoxid führen, bei der Wärme freigesetzt wird. Das Haar und die Kopfhaut werden dabei stark geschädigt.
Überliefert sind auch Rezepte, in denen man Pflanzen- und Metallsalzfarben kombinierte. Allen gemeinsam war jedoch eine geringe Nuancenauswahl, unsichere Anwendung und die sehr eingeschränkte Möglichkeit, Aufhellungen vorzunehmen.

3. **Alte Haarfarbenwerbung**

4. **Werbung für Metallsalzfarbe**

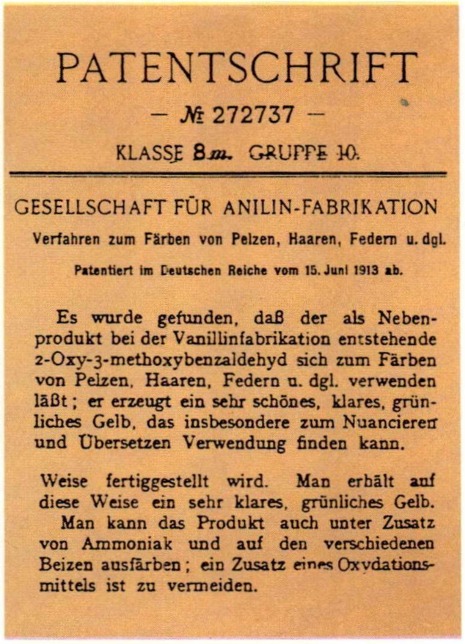

PATENTSCHRIFT

— № 272737 —

KLASSE 8m. GRUPPE 10.

GESELLSCHAFT FÜR ANILIN-FABRIKATION

Verfahren zum Färben von Pelzen, Haaren, Federn u. dgl.

Patentiert im Deutschen Reiche vom 15. Juni 1913 ab.

Es wurde gefunden, daß der als Nebenprodukt bei der Vanillinfabrikation entstehende 2-Oxy-3-methoxybenzaldehyd sich zum Färben von Pelzen, Haaren, Federn u. dgl. verwenden läßt; er erzeugt ein sehr schönes, klares, grünliches Gelb, das insbesondere zum Nuancieren und Übersetzen Verwendung finden kann.

Weise fertiggestellt wird. Man erhält auf diese Weise ein sehr klares, grünliches Gelb.
Man kann das Produkt auch unter Zusatz von Ammoniak und auf den verschiedenen Beizen ausfärben; ein Zusatz eines Oxydationsmittels ist zu vermeiden.

5. **Patentschrift**

Um 1861 entdeckte der Chemiker A.W. von Hoffmann **Paraphenylendiamin**, das durch Oxidation einen unlöslichen dunklen Farbstoff bildet. 1888 erhielt Dr. H. Erdmann ein Patent für ein „Verfahren zum Färben von Haaren und Federn" mit diesem Oxidationsfarbstoff.

In dieser Zeit unternahm man auch die ersten Blondierversuche mit **Wasserstoffperoxid.** Man erkannte, dass die Farbstoffbildung aus Paraphenylendiamin beschleunigt wird, wenn Wasserstoffperoxid als Oxidationsmittel zugesetzt wird. Wegen häufig aufgetretener Hautreizungen wurde Paraphenylendiamin jedoch 1906 für die Haarfärbung verboten.
An seine Stelle trat das chemisch verwandte Paratoluylendiamin, das Basis für eine Vielzahl von flüssigen Oxidationshaarfarben wurde: „Primal", „Eugatol" und „Aureol" waren in der Fachwelt von damals bekannte Produkte. Vorübergehend kamen auch Mittel auf Seifenbasis in den Handel. All diese Mittel erforderten vor allem größte Sorgfalt in der Anwendung und waren auch dann in ihrer Wirkung nicht immer sicher.

Die Unsicherheit wurde dadurch erhöht, dass man Wasserstoffperoxid nur als 30- bis 40 %iges Konzentrat vorrätig hatte. Die tatsächlich vorliegende Konzentration musste entweder mit speziellem Messgerät umständlich ermittelt oder dem Zufall überlassen werden. Heute werden gebrauchsfertige stabilisierte Lösungen eingesetzt. Größere Anwendungssicherheit bekam man erst mit der Einführung von Wasserstoffperoxid in **Tablettenform.**

Einen weiteren Fortschritt bedeutete die Entwicklung von **Cremehaarfarben** auf Emulsionsbasis. 1934 patentiert, kam die erste Cremehaarfarbe mit Verzögerung durch den Zweiten Weltkrieg ab 1949 in die deutschen Salons. Die Emulsionsgrundlage erlaubt das gezielte Auftragen und damit genaueres Arbeiten. Auch erreicht man ein gleichmäßigeres Aufziehen der Farbstoffe. Die damals neuartige Verpackung in Tuben bietet auch heute noch Vorteile: Eine vorzeitige Oxidation durch Luftsauerstoff im teilentleerten Behältnis wird verhindert.

Die Entwicklung und Erprobung immer neuer Farbstoffe hat nicht aufgehört. Zur Zeit geht die Entwicklung in Richtung einer noch besseren Schonung der Haarstruktur und zu verbesserter Hautverträglichkeit. In den heute verwendeten Präparaten unterscheidet man zwei große Gruppen von Farbstoffen: **Fertigfarbstoffe,** die schon zu Beginn der Farbbehandlung in ihrer Farbe erkennbar sind, und **Oxidationsfarbstoffe,** die ihre Farbe erst durch einen Oxidationsprozess erhalten.

1998 kam eine Repigmentierungscreme auf den Markt. Sie soll eine synthetisch hergestellte Vorstufe des natürlichen Melanins enthalten. Durch Luftsauerstoff oxidiert die Vorstufe zum Pigment und gibt den weißen Haaren ihre ursprüngliche Farbe zurück.

1. Lesen Sie den Auszug aus dem Friseurbuch von 1925. Erläutern Sie, welcher Wandel sich im Friseurberuf bis heute vollzogen hat.

1. Die Einwirkzeit steuert das Blondierergebnis

Blondiergranulate enthalten gebundene Puderstoffe, die das Blondiergemisch andicken. Zusätze von gelbildenden Stoffen verbessern die Konsistenz.
Blondieremulsionen können cremeförmig oder dünnflüssig sein. In jedem Fall handelt es sich um eine O/W-Emulsion. Die Ölphase hat hier eine gewisse Schutz- und Pflegewirkung, die man jedoch nicht überschätzen sollte.
Blondiergele haben als Grundlage gelbildende Substanzen.

2. Beschaffenheit von Blondierpräparaten

2 Blondieren – nicht nur Strähnchen sind möglich

2.1 Was geschieht beim Blondieren im Haar?

Die Behandlung des Haares mit Wasserstoffperoxid bot erstmals die Möglichkeit, die natürliche Haarfarbe wirkungsvoll aufzuhellen. In der praktischen Anwendung wurde die Lösung mit Seife angedickt und dabei gleichzeitig alkalisiert. Heute stehen Blondiermittel der verschiedenen Hersteller zur Verfügung.

In den letzten Jahren hat die Einführung neuer wirkungsvoller Mittel zur Hellerfärbung die Technik des Blondierens zurückgedrängt. Dort, wo es eben möglich ist, greift man zu haarschonenderen Färbemitteln. Immer geht das jedoch nicht:
Soll Haar, das dunkler als mittelblond ist, zum ersten Mal aufgehellt werden, müssen häufig die Haarlängen blondiert werden. Für die Ansatzaufhellung reicht dann oft eine Hellerfärbung aus. Auch für helle Strähnen ist noch immer die Blondierung Basis der unterschiedlichsten Techniken.
Als so genannter **oxidativer Abzug** kommt die Blondierung bei der Korrektur zu dunkel geratener Färbungen zum Einsatz. Die **Blondierwäsche** verwendet man ebenfalls zur Farbkorrektur oder zur Belebung der Naturhaarfarbe.

Neben Erfahrung erfordert die verantwortungsbewusste und erfolgreiche Anwendung von Blondiermitteln auch fundierte Kenntnisse über Inhaltsstoffe und Wirkungsweise der verwendeten Mittel.

Der Aufhellungsprozess muss ständig kontrolliert werden. Dabei können Sie feststellen, dass sich die Haarfarbe nicht gleichmäßig von Dunkel nach Hell verändert. Nach einer anfänglich deutlichen Aufhellung stellen sich Nuancierungen im Rot-Orange-Bereich ein, die mit fortschreitender Einwirkzeit in den Gelbbereich übergehen. Je nach Farbtiefe der Ausgangsfarbe kann eine mehr oder minder starke Gelb-Nuancierung im Haar zurückbleiben. Diese ist mit dem Verfahren des Blondierens nicht mehr zu entfernen und erfordert farbliche Nachbehandlungen.

Die unterschiedliche Veränderung von Farbtiefe (hell bis dunkel) und Farbrichtung lässt sich aus dem Zusammenwirken von Eumelanin und Phäomelanin bei der Entstehung der natürlichen Haarfarbe erklären. Eumelanin lässt sich wesentlich leichter als Phäomelanin durch Oxidation zerstören. So bleibt nach dem Abbau des braun-schwarzen Eumelanins zunächst das gelb-orange wirkende Phäomelanin im Haar zurück.

Dadurch, dass das Haar bei der Blondierbehandlung Substanz verliert, verändern sich auch seine Eigenschaften. Die zerstörten Pigmente hinterlassen regelrechte Hohlräume. Auch die Disulfid-Brücken können durch den intensiven Oxidationsvorgang teilweise zerstört werden. Blondiertes Haar ist daher quellfähiger und weniger zerreißfest.
Am Markt findet man eine Vielzahl unterschiedlicher **Blondierpräparate** als Granulat, Emulsion oder Gel.

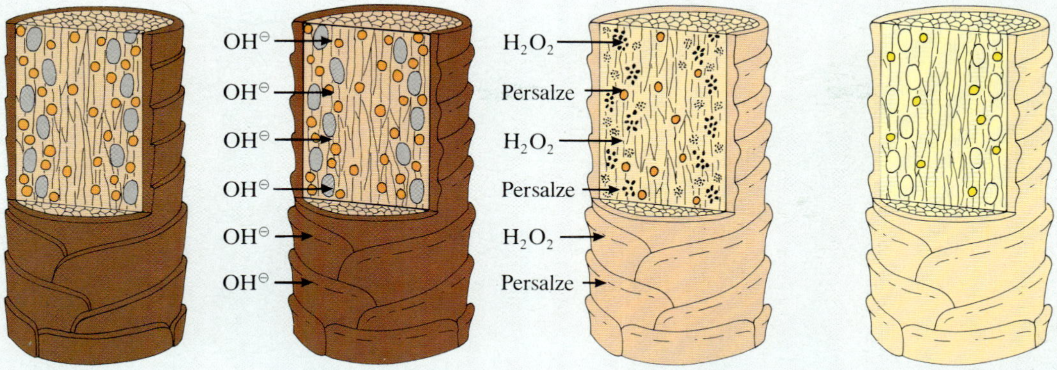

3. Darstellung des Blondiervorgangs (Schema)

Inhaltsstoff	Wirkung	Hinweise
Alkalisierungsmittel z. B. Ammoniakwasser, alkalisch reagierende Salze	quellen das Haar, neutralisieren die Stabilisierungssäure des Wasserstoffperoxids	in allen Präparaten enthalten
Blondierverstärker z. B. Peroxodisulfate	wirken zusammen mit Wasserstoffperoxid, verstärken und verlängern den Aufhellungsprozess	enthalten in Blondierpulvern, in manchen anderen Präparaten kann man sie als sog. Verstärkerpulver zugeben
Trägersubstanzen z. B. Puderstoffe, Emulsion, gelbildende Stoffe	binden die Puderstoffe und verhindern das Einatmen des Blondiermittels, geben dem Präparat seine Konsistenz, verhindern das Herablaufen, markieren behandelte Stellen	richten sich nach dem Typ des jeweiligen Präparates
Netzmittel z. B. nichtionogene Tenside	erleichtern das Benetzen des Haares mit dem Blondiergemisch	in allen Präparaten enthalten
Komplexbildende Stoffe	überführen eventuell vorhandene Metallsalze in unschädliche Verbindungen	in den meisten Präparaten enthalten
Farbstoffzusätze z. B. Blau oder Blauviolett	sollen unerwünschte gelb-orange-Nuancierungen durch Komplementärwirkung überdecken	an der Farbe des Präparates erkennbar, Wirkung meist nicht ausreichend

4. Inhaltsstoffe von Blondierpräparaten

1. Versuch: Beobachten Sie die Veränderung der Haarfarbe bei der Kundin, der Strähnchen blondiert werden, nach 10 min, 20 min und 30 min Einwirkzeit. Erklären Sie, wie es zum Entstehen der unterschiedlichen Nuancierungen kommt.

3. Nennen Sie Anwendungsbeispiele, bei denen man auch heute noch auf die Technik des Blondierens angewiesen ist.

2. Versuch: Bereiten Sie Blondiergemische aus Blondiergranulat und jeweils 6-, 9- und 12-prozentige Wasserstoffperoxidlösung.
Tragen Sie die Gemische auf drei gleichfarbige dunkle Probesträhnchen auf. Vergleichen Sie die Wirkung.

4. Informieren Sie sich über die in ihrem Betrieb verwendeten Blondierpräparate.
Unterscheiden Sie die Präparate nach der Beschaffenheit.

1. Abteilen vor dem Auftrag des Blondiergemischs

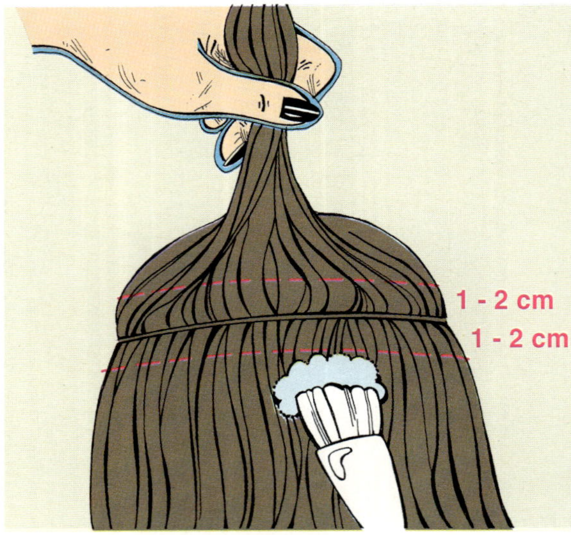

2. Auftragen bei einer Erstblondierung

2.2 Ausführung einer Blondierbehandlung

Eine Blondierbehandlung beginnt mit einer Haarbeurteilung und einer intensiven Kundenberatung. Dies ist besonders wichtig, wenn es sich für den Kunden um eine **Erstblondierung** handelt.
Bevor man sich endgültig für eine Blondierbehandlung entscheidet, ist zu prüfen, ob das gewünschte Farbziel nicht durch ein haarschonenderes Verfahren erreicht werden kann. Die Kunden sollten wissen, dass sich die Haarstruktur durch eine Blondierung fühlbar ändert.

- Die Haarbeurteilung muss zeigen, ob das Haar kräftig und gesund genug ist, um auch nach der Behandlung noch ausreichend stabil zu sein.
- Vor der Blondierbehandlung sollte das Haar nicht gewaschen werden, um den natürlichen Schutz auf der Kopfhaut zu belassen. Zusätzlich kann an den Gesichtskonturen eine Fettcreme aufgetragen werden.
- Das Haar wird gründlich durchgekämmt und abgeteilt. Üblicherweise geschieht dies durch einen Kreuzscheitel oder einen Querscheitel von Ohr zu Ohr.
- Einmalhandschuhe schützen die Hände.
- Blondiermittel und Wasserstoffperoxid werden sorgfältig vermischt gemäß Herstellerangabe.
- Mit dem Auftragen beginnt man am Hinterkopf und arbeitet in Richtung Nacken, um anschließend die Vorderkopfpartie zu behandeln. Bei farblich sehr unterschiedlichen Haaren werden die dunkelsten Partien zuerst behandelt.

Am leichtesten aufhellen lassen sich die noch weniger verhornten Haaransätze und gegebenfalls bei langem Haar poröse Spitzen.
Man spart deshalb beim Auftragen den ansatznahen Bereich, etwa 2 cm, zunächst aus. Hier trägt man das Blondiergemisch erst auf, wenn die Längen schon etwa 2/3 der gewünschten Aufhellung erreicht haben. Sehr poröse Spitzen werden ebenfalls zunächst ausgespart.

Ansatzblondierung. Dabei werden die bereits aufgehellten Haarlängen nicht mehr mit Blondiergemisch behandelt, ansonsten verfährt man wie bei einer Erstblondierung. Ansatzblondierungen sollten regelmäßig erfolgen, da bei Ansatzlängen über 3 cm wie bei einer Erstblondierung verfahren werden muss: Ansatz und Längen müssen beim Auftragen unterschiedlich behandelt werden.

Kontrolle des Blondierungsablaufs. Nach dem Auftragen des Blondiergemischs stellt man eine Zeituhr und kontrolliert regelmäßig das Fortschreiten der Aufhellung. Dies geschieht, indem man das Blondiergemisch mit einem Kammrücken oder -stiel vom Haar wegschiebt. Ist die Zielfarbe noch nicht erreicht, so muss das Haar danach wieder gründlich mit Blondiergemisch abgedeckt werden.
Gleichmäßiges Auflockern der Haare verhindert lokale Wärmestaus. Da Wärme die Aufhellung beschleunigt, wäre ein ungleichmäßiges Farbergebnis die Folge.

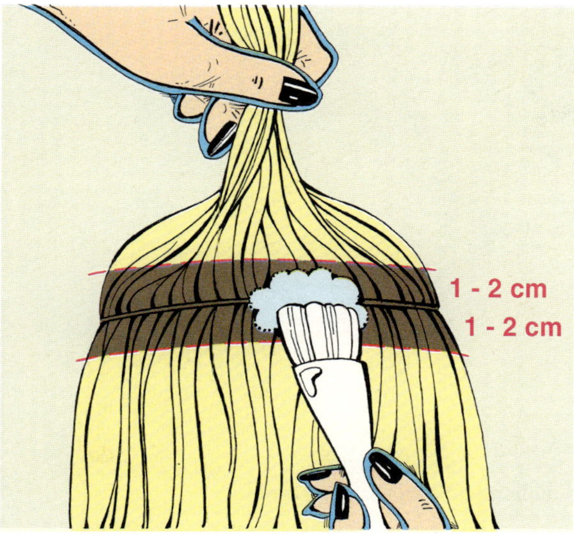

3. Auftragen bei einer Ansatzblondierung

4. Kontrolle des Blondiervorgangs

Nachbehandlung. Diese beginnt mit dem gründlichen Abspülen des Blondiergemisches. Man muss es mit besonderer Sorgfalt ausführen, damit keine Reste von Alkali oder Oxidationsmittel im Haar verbleiben. Es folgt die Haarwäsche mit einem milden Präparat und in jedem Fall eine Sauerspülung zum Neutralisieren und Adstringieren.
In den meisten Fällen ist nach der Blondierbehandlung eine farbliche Weiterbehandlung notwendig. Hierzu kann man Farbfestiger oder Tönungsmittel, in Ausnahmefällen auch Oxidationshaarfärbemittel verwenden.

Einflussgrößen auf das Blondierergebnis. Das Ergebnis einer Blondierbehandlung hängt stark von der vorliegenden Ausgangsfarbe ab. Der höhere Anteil von Phäomelanin in dunklen Haarfarben ist durch Blondieren nur schwer zu beseitigen. Hellere Haarfarben bieten weniger Probleme.
Das Aufhellungsvermögen des Blondiergemischs richtet sich nach der Rezeptur des verwendeten Blondierpräparates und der eingesetzten Wasserstoffperoxid-Konzentration. Eine höhere Konzentration führt zu einer schnelleren Aufhellung, greift aber die Kopfhaut und das Haar stärker an.
Die Erhöhung der Temperatur beschleunigt ebenfalls den Blondiervorgang.
Eine kürzere Einwirkzeit ist aber auch schwerer kontrollierbar: Der Zeitraum, zu den man ein optimales Farbergebnis bei geringstmöglicher Haarschädigung erhält, wird kürzer und damit schwieriger zu ermitteln.

Vorbereitung • Haare vorher nicht waschen • eventuell Schutzcreme auftragen • Haare sorgfältig durchkämmen und abteilen • Blondiermittel und Wasserstoffperoxid abmessen und mischen • Schutzhandschuhe anziehen
Erstblondierung • etwa 2 cm Ansatz aussparen • eventuell stark poröse Spitzen aussparen • erst die Längen behandeln • am Hinterkopf oder bei den dunkelsten Haarpartien mit dem Auftragen beginnen
Ansatzbehandlung • bereits aufgehellte Längen aussparen • bei mehr als 3 cm Ansatz wie bei der Erstblondierung verfahren
Kontrolle • regelmäßig Aufhellungsgrad kontrollieren • zwischendurch Haare auflockern
Nachbehandlung • Haarwäsche mit mildem Shampoo • sorgfältige Säurespülung • farbliche Weiterbehandlung nach Bedarf

5. Blondieren im Überblick

1. Welche Gesichtspunkte sollten bei der Beratung vor einer Erstblondierung beachtet werden?

2. Was ist bei der Kontrolle des Ablaufes der Blondierbehandlung zu beachten?

1. Strähnen mit Folienhaube

4. Foliensträhnen setzen Akzente

2. Alu-Folien-Technik

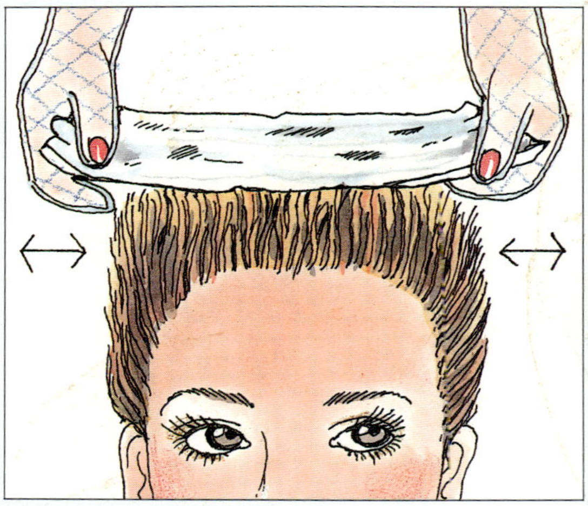

3. Toupiersträhnentechnik

Beispiele für Strähnentechniken

Je nach der gewünschten Farbwirkung kommt eine Vielzahl unterschiedlicher Strähnentechniken zum Einsatz, von denen hier einige beispielhaft genannt werden. Das Verfahren zur Aufhellung der Haare ist fast immer eine Blondierung, möglich ist aber auch eine Hellerfärbung.

Gut bekannt ist die Strähnenblondierung mit der **Folienhaube.** Dafür sollte das Haar kurz bis mittellang sein. Es wird gut durchgekämmt und in die gewünschte Richtung gebracht, bevor die Folienhaube aufgesetzt wird. Folien aus Polyethylen (PE) werden meist doppellagig verwendet. Um eine bessere Anpassung an die Kopfform zu erreichen, wird die Folie mit dem Fön erwärmt. Mit einer Häkelnadel werden die Strähnen herausgezogen. Dabei muss die Folie angedrückt und zwischen den Fingern gespannt werden.

Die **Alu-Folien-Technik** eignet sich besonders für längeres Haar. Die vorgesehenen Partien werden so abgeteilt, dass sie unregelmäßige Konturen haben, und abgeklammert. Die Alu-Folie legt man zum Schutz der übrigen Haare unter die aufzuhellende Strähne. Das Blondiergemisch wird nicht zu üppig aufgetragen, um ein Herausquellen aus der Folie zu vermeiden. Dies hätte helle Flecken im umliegenden Haar zur Folge. Nach dem Auftragen packt man die Strähne in Alu-Folie ein. Bei sehr langem Haar kann es durch den hohen Arbeitsaufwand dazu kommen, dass die zuerst behandelten Strähnen schon deutlich früher abgespült werden müssen.

5. Kammsträhnen beleben die Frisur

6. Eingekämmte Strähnen

7. Dauerwellwickeltechnik, Wickeln

8. Dauerwellwickeltechnik, Auftragen

Die **Toupiersträhnentechnik** dient zur Akzentuierung der Haarspitzen. Das Haar wird dabei kräftig toupiert. Zusätzlich kann man es mit Haarspray festigen. Dann wird eine mehrlagige Alufolie mit Blondiergemisch bestrichen und die Haarspitzen betupft.

Die Führung des Kammes bestimmt den Verlauf der **Kammsträhnen.** Das Haar wird in die spätere Frisurenform gebracht. Man streicht das Blondiergemisch auf einen grobzinkigen Kamm und kämmt es vorsichtig in die Partien ein, die betont werden sollen. Die Strähnen können auch mit einem Pinsel aufgemalt werden.

Die **Dauerwellwickeltechnik** eignet sich besonders gut für langes Haar. Das Haar wird wie bei einer Dauerwelle abgeteilt und aufgewickelt. Bei den letzten Wickel-Umdrehungen dreht man jeweils einen Streifen Alu-Folie mit ein. Das Ende der Folie schlägt man über den Wickel und deckt ihn so ab. Die aufzuhellenden Strähnen werden nicht mitgewickelt.
Die Zwischenräume zwischen den Wickeln werden gegebenfalls mit Watte abgedichtet. Auf die freien Strähnen trägt man das Blondiergemisch auf.

1. Sammeln Sie weitere Strähnentechniken. Machen Sie eigene Vorschläge.

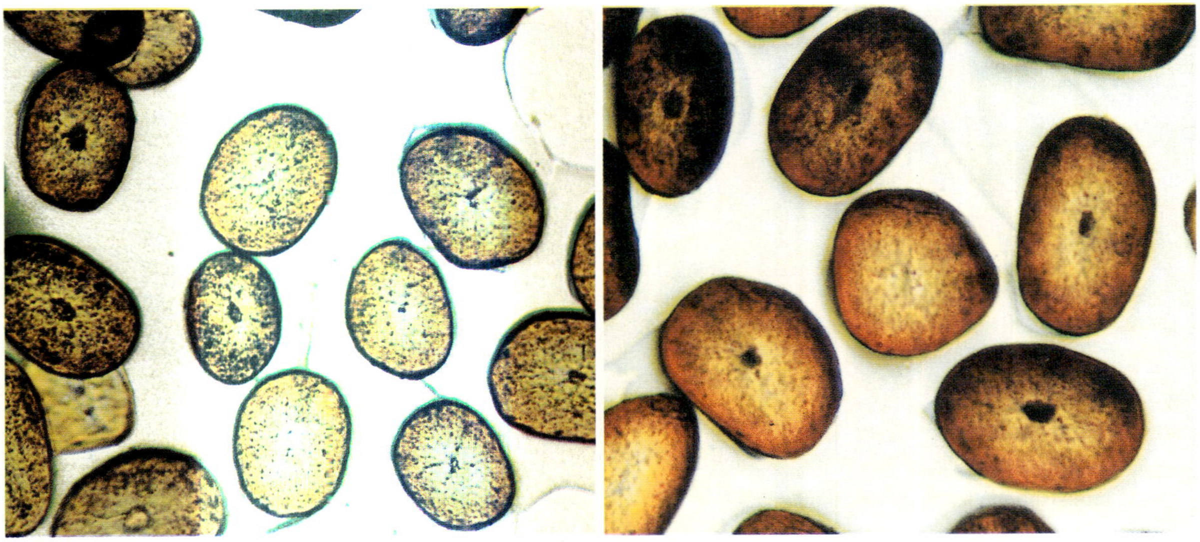

1. Haarquerschnitte: a) mit Tönungsmittel, b) mit Coloration, jeweils im Farbton dunkelblond bzw. rotbraun behandelt

3 Tönen von Haaren

Aus verschiedenen Gründen wird der Begriff „Tönen“ in der Praxis leider nicht immer eindeutig verwendet. Speziell für die Heimbehandlung werden häufig Mittel unter der Bezeichnung „Tönung“ angeboten, die der Friseur als Färbemittel bezeichnen würde.
Wenn hier von **Tönungsmitteln** die Rede ist, so sind Mittel gemeint, bei denen ausschließlich **Fertigfarbstoffe** auf das Haar aufgebracht werden. **Färbemittel** enthalten daneben Stoffe, die erst im Haar durch Oxidation zu Farbstoffen werden.

Tönungsmittel bieten nur eine eingeschränkte Nuancenauswahl. Bei hohem Anteil an unpigmentierten Haaren (Weißanteil) ist ihre abdeckende Wirkung unzureichend.
Trotzdem gibt es viele **Einsatzmöglichkeiten** für Tönungsmittel:

- Eine störende Gelb-Nuancierung bei weißem Haar lässt sich gut mit einem Silberfestiger oder einer entsprechenden tönenden Fönlotion beseitigen.
- Eine Belebung der Haarfarbe kann man haarschonend mit einer Schaumtönung erreichen.
- Ein allmähliches Nachlassen der Farbwirkung kann der Kundin durchaus recht sein, denn sie ist nicht gezwungen, die Behandlung regelmäßig zu wiederholen.
- Geringere Weißanteile lassen sich auch noch mit einer Tönungsemulsion überdecken. Die Kundin kann sich langsam an die regelmäßigen Farbbehandlungen gewöhnen und es steht ihr frei, später zu einer Färbung überzugehen.

Wirkung von Tönungsmitteln. Das Farbergebnis ist außer von der Tönungsmittelart auch vom Farbton des Präparats abhängig. Rote und blauviolette Farbstoffe führen zu intensiven Farbveränderungen. Die Farbstoffmoleküle dieser Nuancierungen haben eine geringe Größe und können deshalb bis in die Faserschicht vordringen.
Fertigfarbstoffe, die Naturtöne ergeben, haben Molekülgröße, die ein Eindringen höchstens bis in die Schuppenschicht ermöglichen. Deshalb ist das Verfahren der Tönung nur bedingt geeignet, um ergraute Haare in ihre ursprüngliche Naturfarbe zu bringen.

Die Forschung nach neuen Farbstoffen hat in den letzten Jahrzehnten deutliche Fortschritte gebracht. Verbessert wurden Deckkraft und Haftung der Farbstoffe am Haar und damit die Haltbarkeit. Hier macht man sich den im Haar vorhandenen Überschuss an negativen Ladungen zu Nutze und verwendet kationische Farbstoffe. Durch die Anziehungskraft zwischen den gegensätzlichen Ladungen haften die Farbstoffe am Haar. Weil viele Haarkurmittel nach dem gleichen Prinzip auf das Haar aufziehen, kann die Anwendung solcher Produkte eine Abschwächung der Wirkung des Tönungsmittels bewirken.

Besonders bei wachsendem Weißanteil sind die Grenzen einer Tönung bald erreicht. Um den Übergang zur Färbung hinauszuzögern, wendet man so genannte **Intensivtönungen,** auch **Colorationen** genannt, an.

Präparategruppe	Verwendung	Wichtige Inhaltsstoffe
Tönungsfestiger, tönende Fönlotionen	leichte Farbkorrekturen bei gleichzeitiger Festigung der Frisur	Fertigfarbstoffe in geringer Konzentration, Kunstharze, Tenside, Wasser und Alkohol als Lösungsmittel
Tonspülungen	Farbkorrekturen, Farbtonauffrischungen	Fertigfarbstoffe, Tenside Wasser als Lösungs- und Verdünnungsmittel
Tönungsshampoos, Schaumtönungen	stärkere Farbkorrekturen, modische Nuancierungen, Auffrischungen bei ausgebleichten, gefärbten Haaren	Fertigfarbstoffe in höherer Konzentration, Tenside als Netzmittel und Schaumbildner, bei Schaumtönungen Treibgas
Tönungsemulsionen	Abdecken von Weißanteilen bis 30 %, kräftige Nuancierungen besonders im Rotbereich, intensive modische Farbeffekte	Konzentrierte intensiv wirkende Fertigfarbstoffe, Tenside häufig Emulsionen als Trägersubstanz

2. Tönungsmittel und ihre Inhaltsstoffe

Nach der bisher erfolgten Begriffsbestimmung gehören diese zu den Färbemitteln, denn die Präparate enthalten Stoffe, die erst durch Oxidation zu Farbstoffen werden. (Die Präparate bestehen aus 2 Komponenten.)

Tönungsfestiger oder **tönende Fönlotionen** sind Produkte mit haarfestigender Wirkung, denen man Fertigfarbstoffe zugesetzt hat. Sie eignen sich zur Farbtonauffrischung und für leichte Korrekturen.

Tonspülungen ermöglichen eine etwas intensivere Farbwirkung. In verdünnter Form können sie häufig auf dem Haar verbleiben, konzentrierte Lösungen werden nach einer Einwirkzeit abgespült.

Schaumtönungsmittel und Tönungsshampoos bilden Schäume als Trägersubstanz für die Fertigfarbstoffe. Der Überschuss an Farbstoffen muss nach einer Einwirkzeit (meist 5 bis 10 min) abgespült werden.

Tönungsmittel auf Emulsionsbasis sind die wirkungsvollsten Präparate unter den Tönungsmitteln. Sie enthalten hohe Konzentrationen intensiv wirkender Farbstoffe von möglichst geringer Molekülgröße. Die Hersteller versprechen das Abdecken von Weißanteilen bis zu 30 %. Solche Tönungsmittel gibt es auch in grellen Effektfarben, die ihre volle Brillanz auf vorblondiertem Haar erzielen. Durch die Blondierung geht dann allerdings der Vorteil der Haarschonung verloren.

Colorationen oder **Intensivtönungsmittel** enthalten Fertigfarbstoffe und Farbstoffbildner. Sie wirken oft im schwach-sauren Bereich. Als Oxidationsmittel wird Wasserstoffperoxid (1–3 %ig) zugefügt.

1. Erläutern Sie die Vor- und Nachteile von Tönungsmitteln gegenüber Färbemitteln.

2. Versuch: Füllen Sie ein Becherglas bis an den Rand mit Wasser. Spannen Sie über die Wasseroberfläche Einmachhaut.
Geben Sie auf die Einmachhaut an eine Stelle einige Kristalle Kaliumpermanganat, an eine andere Stelle Kristallviolett. Notieren und deuten Sie die Beobachtungen.

3. Versuch: Bei Tönungsmitteln handelt es sich fast immer um Gemische verschiedener Farbstoffe. Dies kann man durch das Verfahren der Chromatographie nachweisen:
Sie benötigen dazu ein Becherglas, einen Streifen Chromatographie-Papier und Isopropanol. Füllen Sie das Becherglas etwa 5 mm hoch mit Isopropanol. Geben Sie auf den Papierstreifen einen Tropfen Tönungsmittel. Trocknen Sie ihn mit dem Fön. Stellen Sie danach den Streifen so ins Becherglas, dass das Tönungsmittel nicht direkt benetzt wird.
Beobachten Sie die Auftrennung der Farbstoffanteile.

4. Die Farbstoffe der Tönungsmittel sollen möglichst gleiche technologische Eigenschaften haben.
Welcher Effekt könnte eintreten, wenn z. B. die Haftung eines der verwendeten Farbstoffe schlechter oder besser als die der übrigen wäre?

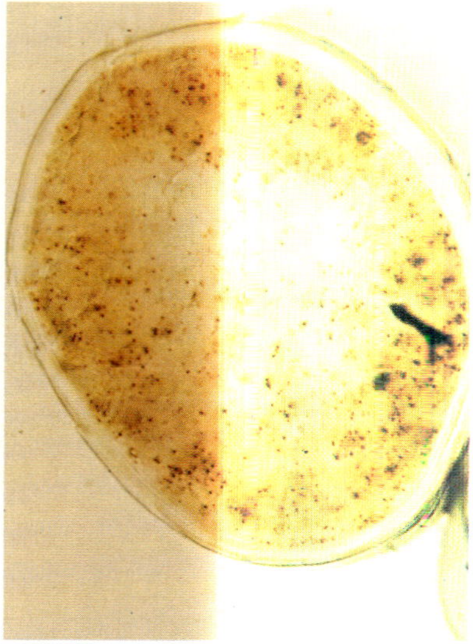

1. Haarquerschnitt, ungefärbt

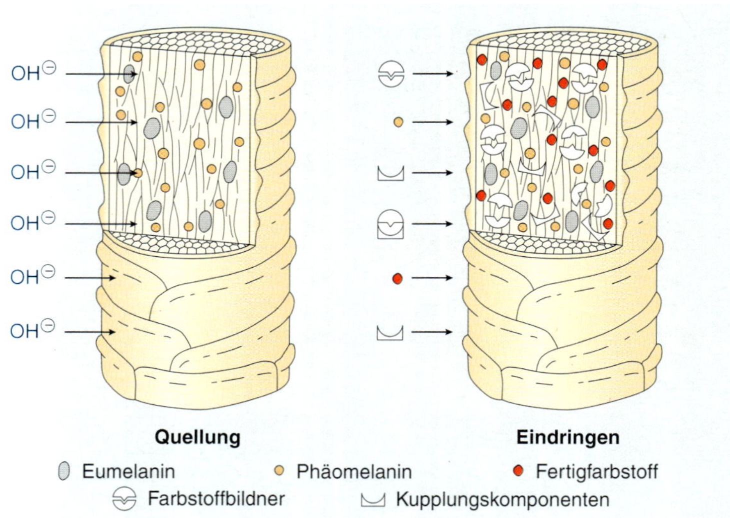

2. Darstellung des Färbevorgangs (Schema)

4 Färben von Haaren

4.1 Was geschieht beim Färben im Haar?

Als Färbemittel werden Produkte bezeichnet, die neben Fertigfarbstoffen auch Stoffe enthalten, die erst im Haar durch Oxidation zu Farbstoffen werden. Solchen Produkten kann man ihre Farbwirkung nicht von vornherein ansehen.
Wenn Sie ein dunkles Tönungsmittel mit einem dunklen Färbemittel vergleichen, können Sie das deutlich erkennen: Das Tönungsmittel ist von Anfang an dunkel, das Färbemittel ist zu Anfang hellbeige, seine Farbe verändert sich während der Anwendung.
Die Einsatzmöglichkeiten der Fertigfarbstoffe sind durch ihre Molekülgröße begrenzt. Sind die Farbstoffmoleküle zu groß, können sie nicht in das Haar eindringen und es nicht ausreichend anfärben.

Deshalb verwendet man in Färbemitteln chemische Vorstufen der gewünschten Farbstoffe, die man **Farbstoffbildner** nennt. Ihre Moleküle sind klein genug, um in das Haar einzudringen. Erst dort bildet sich unter dem Einfluss von Wasserstoffperoxid der Farbstoff. Weil bei dieser chemischen Reaktion die Farbstoffbildner oxidiert werden, spricht man von **Oxidationsfarbstoffen.**

Farbstoffbildner —Oxidation→ Oxidationsfarbstoff

Farbergebnis: Veränderung der Farbtiefe

Mithilfe von Farbstoffbildnern kann man Haare vor allem dunkler färben, eine besondere Nuancierung ist nicht möglich. Hierzu bietet sich die Möglichkeit, Farbstoffbildner mit **Fertigfarbstoffen** zu kombinieren, was in der Praxis auch geschieht. Doch auch hier bleibt die Auswahl der Nuancen eingeschränkt.

Farbstoffbildner + Fertigfarbstoff —Oxidation→ Oxidationsfarbstoff + Fertigfarbstoff

Farbergebnis: Veränderung von Farbtiefe und, in eingeschränktem Maße, Farbrichtung

Ob eine chemische Verbindung farbig ist und welche Farbe sie hat, hängt von ihrem Molekülaufbau ab. Lagert man einem Molekül noch eine oder mehrere Molekülgruppen an, so kann sich dessen Farbe verändern. Diesen Vorgang der Anlagerung bezeichnet man als Kupplungsreaktion. Im Falle der Haarfärbemittel spricht man deshalb von **Kupplungskomponenten,** die der Hersteller zur Nuancierung beimischt. Diese verbinden sich mit den Farbstoffbildnern und verändern deren Farbergebnis.

Farbstoffbildner + Fertigfarbstoff + Kupplungskomponente —Oxidation→ Oxidationsfarbstoff + Fertigfarbstoff

Farbergebnis: Größtmögliche Vielfalt an Farbtiefen und -richtungen

1. Begründen Sie, warum ein Färbegemisch erst kurz vor der Verwendung zuzubereiten und dann zügig zu verarbeiten ist.

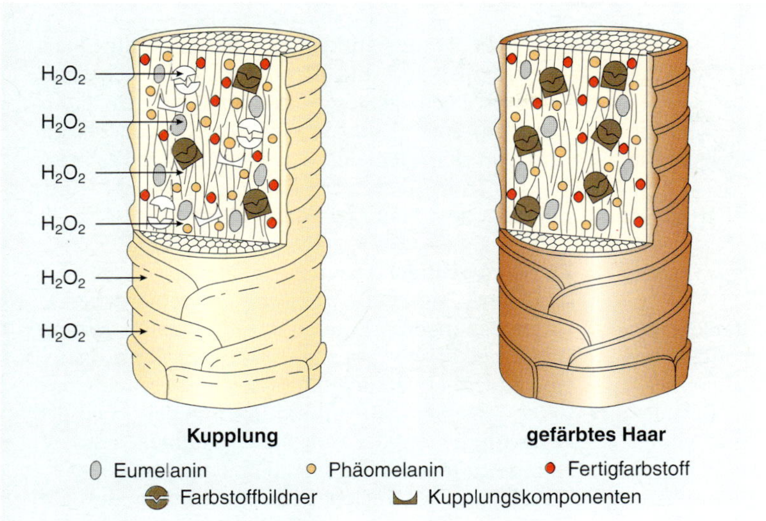

Fortsetzung: Darstellung des Färbevorgangs (Schema)

3. Haarquerschnitt, gefärbt

Bei einer Färbebehandlung werden Fertigfarbstoffe, Farbstoffbildner und Kupplungkomponenten auf das Haar gebracht. Fertigfarbstoffe dringen in das Haar ein und bleiben haften. Farbbildner und Kupplungskomponenten werden im Haar durch Wasserstoffperoxid oxidiert und lagern sich zu größeren Molekülen zusammen.

Die Haltbarkeit von Oxidationsfarbstoffen im Haar kann man durch ihre Molekülgröße erklären, auch ist zu vermuten, dass sich die Oxidationsfarbstoffe mit dem Haarkeratin verbinden.

Von der Blondierung wissen Sie, dass Wasserstoffperoxid Pigmente und Farbstoffe zerstören kann. Das ist bei der Färbebehandlung nicht anders: Neben dem Aufbau der Oxidationsfarbstoffe werden natürliches Pigment und eventuell vorhandene künstliche Farbstoffe zerstört.
Diese Tatsache nutzt man bei Hellerfärbungen, bei denen man mit höheren **Wasserstoffperoxid**-Konzentrationen arbeitet. Dadurch, dass wesentlich mehr Oxidationsmittel im Färbegemisch enthalten ist, als für den Aufbau der Farbstoffe erforderlich, wird die vorhandene Haarfarbe aufgehellt. Durch den Farbstoffgehalt können, im Gegensatz zur Blondierung, gleichzeitig vorhandene weiße Haare eingefärbt und/oder eine modische Nuancierung erzielt werden.

Farbstoffbildner + Kupplungskomponenten + Fertigfarbstoff + Wasserstoffperoxid im Überschuss	Oxidation → von Pigment und Farbstoff	Oxidationsfarbstoff + Fertigfarbstoff + zerstörtes Pigment

Farbergebnis: Aufhellung, Farbausgleich, Nuancierung gleichzeitig

Doch nicht nur bei der Hellerfärbung ist die aufhellende Wirkung des Wasserstoffperoxid von Bedeutung: Bei Ansatzbehandlungen geschieht es sehr leicht, dass auch Färbegemisch auf bereits früher gefärbte Haarpartien gelangt. Die Rezeptur der heute in Friseursalons verwendeten Präparate ist so angelegt, dass auch bei Dunklerfärbungen ein geringer Überschuss an Oxidationsmittel vorhanden ist. Kommt man nun beim Farbauftrag in Bereiche, die bereits bei einer vorhergehenden Behandlung gefärbt wurden, so gleichen einander Zerstörung von vorhandenem und Bildung von neuen Farbstoffen aus. Man spricht vom **Ausgleichsvermögen** der Haarfärbemittel.

2. Versuch: Geben Sie auf eine Glasplatte a) etwas Tönungsmittel (dunkelbraun); b) etwas Färbemittel (dunkelbraun); c) etwa die gleiche Menge Färbegemisch (dunkelbraun, Färbemittel + Wasserstoffperoxid, 6%). Vergleichen Sie nach 10, 20 und 30 min Ober- und Unterseite der drei Proben.

Haarfärbemittel – gesundheitsschädlich?

„Langjähriges Haarefärben gefährlich!“ „Alarmierende Krebsfälle“, „Gefährliche Allergien vom Haarefärben“.
Solche Schlagzeilen kann man gelegentlich in der Presse lesen oder in anderen Medien hören. Verunsicherte Kunden wenden sich an ihren Friseur und erwarten Aufklärung.
Hierbei müssen Sie grundsätzlich unterscheiden zwischen dem Allergierisiko und den möglichen anderen gesundheitlichen Risiken.
Ein **Allergierisiko** besteht in der Tat. Betroffen sind vor allem Friseurinnen und Friseure. Verantwortlich dafür sind in erster Linie die Farbstoffbildner Paratoluylendiamin (PTD) und Paraphenylendiamin (PPD). Beide Stoffe sind seit langem als Allergene bekannt und darum kennzeichnungspflichtig. Schützen kann man sich als Friseur, indem man Hautkontakt mit Färbemitteln vermeidet, also **Handschuhe** trägt. Dies sollte man grundsätzlich tun und nicht erst, wenn sich erste Hautreizungen zeigen. Manchmal ist es dann schon zu spät. Zum Schutz der Kunden/-innen wird von den Herstellern vor der ersten Färbebehandlung ein Allergietest empfohlen. Solche Tests sind aber dem Hautarzt vorbehalten.

Zu **Krebsrisiken** durch Haarefärben gibt es verschiedene, einander teilweise widersprechende Untersuchungen. Eine dänische Untersuchung zeigte bei Friseurinnen ein erhöhtes Krebsrisiko, eine andere Untersuchung in den USA brachte das Brustkrebsrisiko in Verbindung mit den Haarfärbegewohnheiten der betroffenen Frauen. Andere Untersuchungen widersprechen dem.
Was bleibt, ist Unsicherheit. Sie sollten deshalb die Sorgen Ihrer Kunden ernst nehmen und gegebenfalls auf die Möglichkeiten der Farbveränderung mit Pflanzenfarben oder Tönungsmittel hinweisen.

Inhaltsstoff	Erwünschte Wirkung
Farbstoffbildner, z. B. PTD, PPD PTD = Paratoluylendiamin PPD = Paraphenylendiamin	ermöglichen, dass auch unpigmentierte Haare in jeder gewünschten Farbtiefe eingefärbt werden können.
Kupplungskomponenten	erlauben auch eine Nuancierung, machen das Farbergebnis dadurch in seiner Wirkung natürlicher.
Fertigfarbstoffe	ergänzen das mit Farbstoffbildnern und Kupplungskomponenten erzielbare Ergebnis.
Alkalisierungsmittel, z. B. Ammoniakwasser oder Ethanolamin	quellen das Haar, um den Farbstoffen das Eindringen zu erleichtern; neutralisieren die Stabilisierungssäure des Wasserstoffperoxids; einige neuere Produkte wirken im sauren Bereich und kommen ohne Alkalisierungsmittel aus.
Trägermasse, z. B. Emulsionen Gele oder Mischformen aus beiden	geben dem Färbegemisch eine festere Konsistenz; verhindern das Herablaufen und markieren bereits behandelte Stellen.
Netzmittel, Tenside	setzen die Oberflächenspannung herab; erleichtern das Aufziehen aufs Haar.
Duftstoffe	sollen den störenden Ammoniakgeruch überdecken.

1. Inhaltsstoffe von Haarfärbemitteln

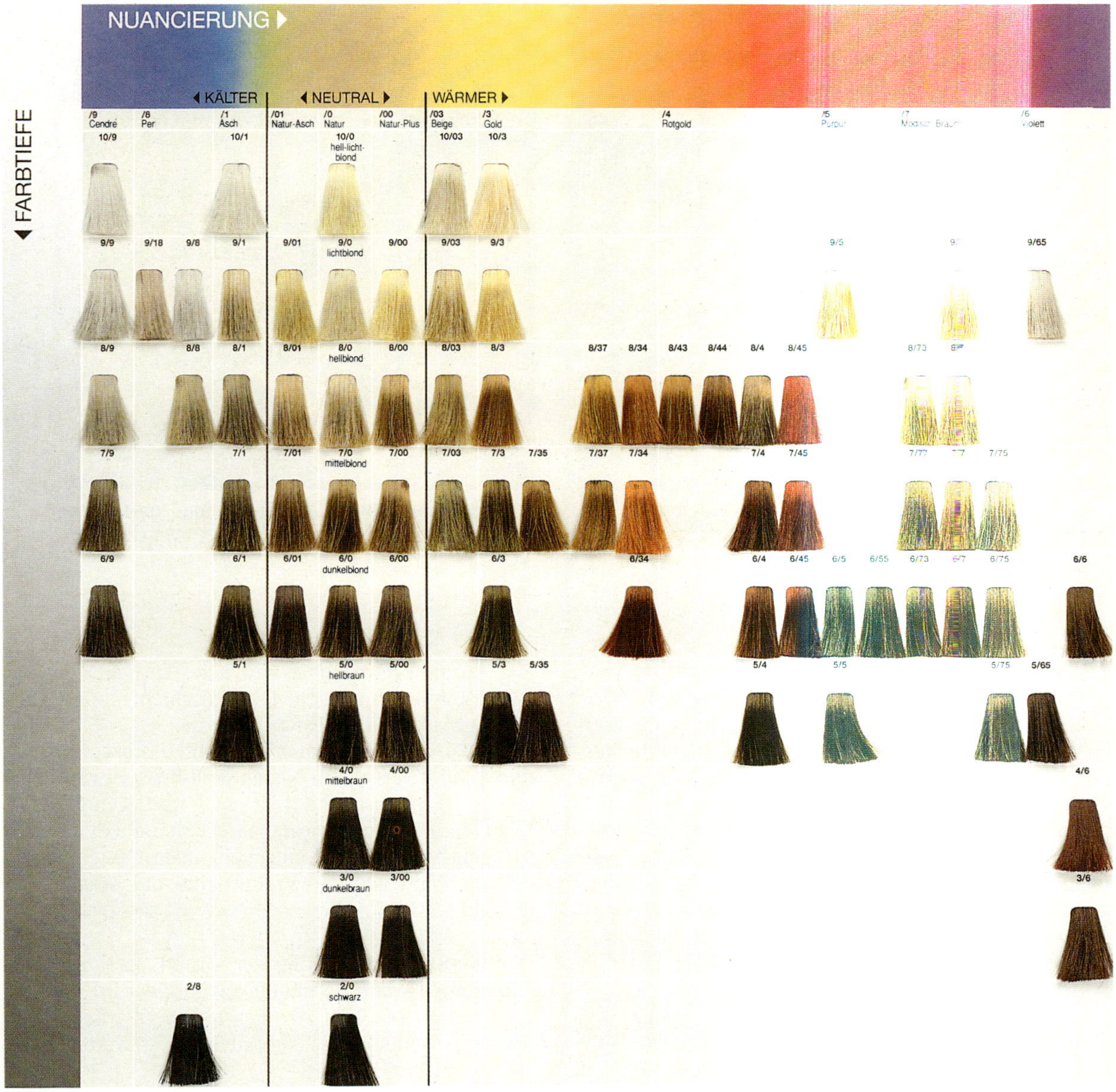

2. Farbkarte für Friseurhaarfarben

Ausgangs- und **Zielfarbe** bei einer Farbveränderung legt man mithilfe einer Farbkarte fest. Es sollte immer die zu dem verwendeten Färbemittel gehörende Farbkarte benutzt werden, denn zwischen den verschiedenen Präparaten gibt es Abweichungen. Das kann man schon merken, wenn das Mittelblond verschiedener Hersteller verglichen wird, bei besonderen Farbrichtungen nehmen die Abweichungen noch zu.

Um das Auffinden der einzelnen Farben zu erleichtern, kennzeichnen die Hersteller die Farbtiefen und Farbrichtungen mit jeweils einem Buchstaben oder einer Zahl. Die Kombination beider Angaben dient als Farbbezeichnung. Aus Gründen der Werbewirksamkeit gibt man der Farbe zusätzlich einen Namen, der häufig der Fantasie entstammt, zum Beispiel „Safari".

1. Geben Sie an, nach welchen unterschiedlichen Ordnungsgesichtspunkten die abgebildete Farbkarte gegliedert wurde.

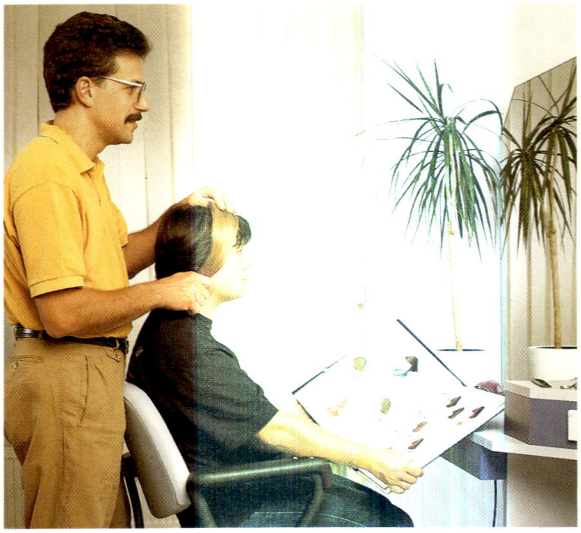

1. Farbberatung mithilfe von Probesträhnen

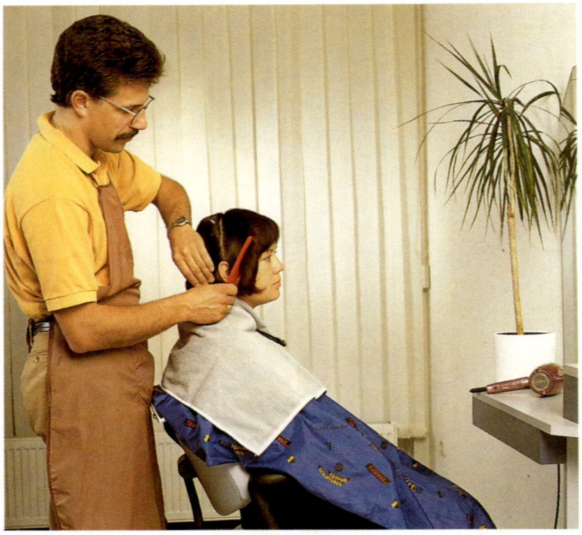

2. Vorbereitende Maßnahmen für eine Haarfärbung

4.2 Vorbereitung einer Färbebehandlung

Handelt es sich um eine Ansatzfärbung, so ist die Zielfarbe bereits festgelegt. Man schaut in die Kundenkartei oder ermittelt mit der Farbkarte Ausgangs- sowie Zielfarbe und wählt das Färbemittel entsprechend.

Eine Erstfärbung erfordert eine intensive **Kundenberatung,** denn eine neue Haarfarbe kann das Erscheinungsbild eines Menschen wesentlich verändern. Auch sollte darauf hingewiesen werden, dass Färbungen regelmäßig wiederholt werden müssen und dass gefärbtes Haar besonders pflegebedürftig ist.
Nach einem einführenden Gespräch, in dem man sich ein erstes Bild von den Kundenwünschen macht, sollten einige Vorschläge gemacht werden. Auch hier ist die **Farbkarte** wichtiges Hilfsmittel, denn oft haben Kunde und Friseur ganz unterschiedliche Vorstellungen von ein und derselben Farbe.
Zur Beratung eignen sich besonders Farbkarten, die auf einer Seite nur wenig Strähnen zeigen, um nicht durch ein Überangebot zu verwirren. Noch besser sind einzelne große Strähnen, mit denen man besonders gut das Zusammenwirken von Haar- und Hautfarbe demonstrieren kann.

Auch mit **Videokameras** gekoppelte Computer werden zur Farbberatung eingesetzt. Sie liefern ein wirklichkeitsnahes Abbild der Kundin mit jeder nur denkbaren Haarfarbe.

Die **Ausgangsfarbe** muss vor jeder Färbebehandlung genau bestimmt werden. Dies geschieht, indem man die Farbkarte möglichst nah an den Haarschopf der Kundin oder des Kunden hält und Probesträhnchen und Schopf vergleicht. Neben dem meist etwas aufgehellten Deckhaar sind hier auch die weniger dem Licht ausgesetzten Ansatzhaare von Bedeutung. Die Ausgangsfarbe ist ein entscheidender Gesichtspunkt bei der Wahl des Färbemittels und der Wasserstoffperoxid-Konzentration.

Der **Weißanteil** ist häufig der Grund, weshalb überhaupt eine Färbebehandlung gewünscht wird. Er muss besonders bei Hellerfärbungen und bei Färbungen im Rot- und Modetonbereich berücksichtigt werden.

Die **Haarstruktur** kann besonders bei weißem Haar zu Problemen führen. Hier findet man häufig so genanntes Glashaar, das sehr stark verhornt ist. Farbstoffe und Farbstoffbildner können in so ein Haar nur schwer eindringen. Aber auch allzu poröses Haar ist für eine Färbung nicht ideal. Dies gilt besonders für blondiertes Haar, in dem die Farbstoffe oft nicht mehr genügend Halt finden.

Die **Haarstärke** ist bei der Diagnose zu prüfen, denn bei gleicher Ausgangsfarbe fällt derselbe Farbton auf einem feinen Haar dunkler aus als auf einem dicken Haar. Dies ist dadurch zu erklären, dass sich die Farbstoffe in dem dünneren Haar stärker konzentrieren.

4.3 Ausführung einer Haarfärbung

Erstfärbung. Zum Schutz der Kopfhaut wird das Haar vorher nicht gewaschen. Nur stark verschmutztes Haar wird mit einem milden Präparat leicht durchgeschäumt.

- Einmalhandschuhe schützen die Friseurhände.
- Man teilt den Haarschopf mit einem Kreuzscheitel oder mit einem Querscheitel von Ohr zu Ohr und beginnt am Hinterkopf mit dem Farbauftrag.
- Mit weiteren Scheiteln in ca. 1 bis 2 cm Abstand zum vorhergehenden nähert man sich dem Nacken.
- Danach folgt die Behandlung der Vorderkopfpartie in Richtung Stirn und Schläfen.
- Nach 30 min Gesamteinwirkzeit wird das Färbegemisch mit Wasser emulgiert und anschließend gründlich ausgespült. Es folgen eine Haarwäsche mit einem milden Präparat und eine saure Nachbehandlung.

Bei **Rot-, Modeton- oder Hellerfärbungen** bleibt zunächst der kopfhautnahe Bereich, etwa 1 bis 2 cm, ausgespart. Dadurch vermeidet man eine zu starke Nuancierung bzw. übermäßige Aufhellung und Schädigung. Erst nach 10 bis 20 min wird das Färbegemisch auf die freien Ansätze aufgetragen.
Bei **Ton-in-Ton- oder Dunklerfärbungen** werden Ansatz und Längen nicht unterschiedlich behandelt.
Besonders sorgfältig sollte der Farbauftrag an den Konturen erfolgen.

Ansatzfärbung. Auch bei einer Ansatzfärbung wird das Haar im Regelfall vorher nicht gewaschen. Das Haar wird wie bei der Erstfärbung abgeteilt.

- Mit dem Pinsel trägt man das Färbegemisch auf den Ansatz auf. Ist dieser länger als 2 bis 3 cm, so muss man wie bei einer Erstfärbung vorgehen.
- Auch bei einer Ansatzfärbung wird zunächst der Hinterkopf behandelt, danach der Vorderkopf.
- Die Einwirkzeit beträgt normalerweise 30 min, bei Hellerfärbungen bis zu 50 min. Alle Zeitangaben sind bei Wärmezugabe zu halbieren.
- Sind die Haarlängen ausgeblichen, so werden sie kurz vor Ende der Einwirkzeit leicht angefeuchtet und ebenfalls mit Färbegemisch bestrichen. Mit einem grobzahnigen Kamm wird vorsichtig, aber gründlich durchgekämmt.
- Nach Ablauf der Einwirkzeit verfährt man wie bei einer Erstfärbung: emulgieren, ausspülen, nachbehandeln.

1. Vergleichen Sie die Probesträhnchen in den Farbkarten verschiedener Hersteller im Hinblick auf Aussehen und Bezeichnung.

2. Stellen Sie Haarsträhnen mit 20 %, 50 % und 75 % Anteil an weißen Haaren (Büffel) her.

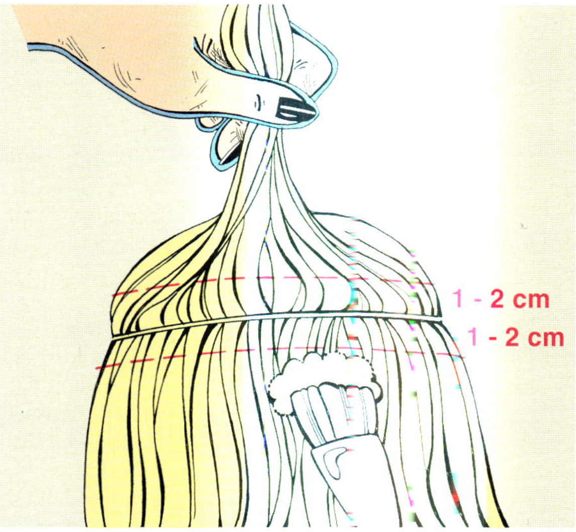

3. Erstfärbung: Zunächst wird der Ansatz ausgespart, nach 10 bis 20 Minuten wird der freie Ansatz mit dem Färbegemisch bestrichen

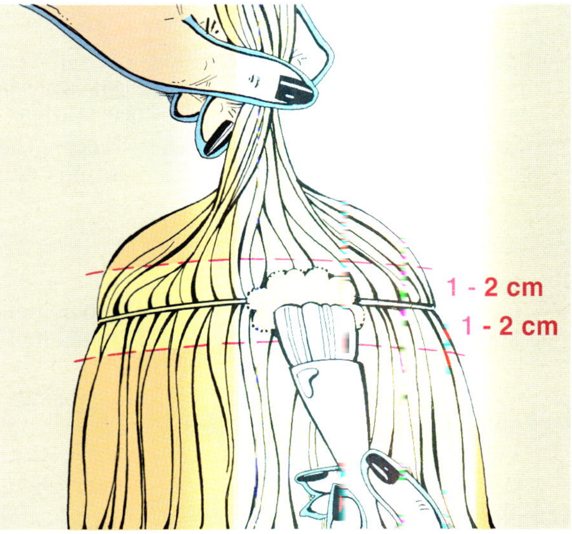

4. Ansatzfärbung: Das Färbegemisch wird zunächst nur auf den Ansatz aufgetragen, gegebenenfalls werden die Längen nach 15 Minuten angefeuchtet und Färbegemisch zum Farbausgleich aufgetragen

Färbebeispiele aus dem Naturton- und Aschbereich

1. Beispiel
Der Ansatz hat die Farbe Mittelblond ohne Weißanteil, er ist etwas mehr als einen Zentimeter lang. Die Haarlängen sind hellbraun gefärbt. Haarstärke und -struktur sind normal.
Ausgangsfarbe: Mittelblond
Zielfarbe: Hellbraun
Lösungsvorschlag:
Färbemittel der Farbe Hellbraun wird im Verhältnis 1:1 mit Oxidationsmittel gemischt. Je nach Färbemittel verwendet man 6- oder 9%iges Wasserstoffperoxid. Der Farbauftrag erfolgt wie unter Ansatzfärbung beschrieben.
Hätte es sich um sehr feines Haar gehandelt, so hätte man die Farbe dunkelblond verwenden müssen, um nicht ein zu dunkles Ergebnis zu erzielen.

2. Beispiel
Das Haar hat die Farbe Mittelbraun mit 50% Weißanteil, gleichmäßig verteilt. Es ist bisher nicht gefärbt worden. Haarstärke und -struktur sind normal. Die Kundin hat eine blasse Gesichtsfarbe. Gewünscht wird eine vollständige Abdeckung des Weißanteils. Die Kundenberatung führt zu der Zielfarbe Dunkelblond. Diese Farbe bildet weder zur Gesichtsfarbe noch zur Ausgangsfarbe einen zu harten Kontrast.
Ausgangsfarbe: Mittelbraun, 50% Weißanteil
Zielfarbe: Dunkelblond
Lösungsvorschlag:
Färbemittel der Farbe dunkelblond wird im Verhältnis 1:1 mit Wasserstoffperoxid gemischt, je nach Färbemittel 6%ig oder 9%ig. Der Farbauftrag erfolgt wie unter Erstfärbung beschrieben. Die Deckkraft des Färbemittels reicht aus, um den Weißanteil vollständig abzudecken.

Regeln:
- Das Mischungsverhältnis von Färbemittel und Wasserstoffperoxid beträgt im Normalfall 1:1.
- Bei sehr feinem Haar wählt man das Färbemittel einen Farbton heller als die Zielfarbe.
- Bei Zielfarben mit Asch-Nuancierungen wird entsprechend dem Weißanteil Naturton zugemischt:

50% Weißanteil	1 Teil Naturton + 2 Teile	Asch
75% Weißanteil	1 Teil Naturton + 1 Teil	Asch
100% Weißanteil	2 Teile Naturton + 1 Teil	Asch

1. Färbebeispiel aus der Naturtonreihe

3. Beispiel
Es handelt sich um die gleiche Ausgangslage wie bei Beispiel 2, jedoch soll die Zielfarbe eine Asch-Nuancierung haben.
Ausgangsfarbe: Mittelbraun, 50% Weißanteil
Zielfarbe: Dunkelaschblond
Lösungsvorschlag:
2 Teile Dunkelaschblond werden mit 1 Teil Dunkelblond gemischt. Färbemittel und Wasserstoffperoxid werden 1:1 gemischt, je nach Färbemittel 6%ig oder 9%ig. Farbauftrag erfolgt wie unter Erstfärbung beschrieben.
Dunkelaschblond allein würde auf den weißen Haaren zu aschig wirken, da sie nicht wie pigmentierte Haare einen Rot-Orange-Anteil haben. Wäre der Weißanteil noch höher, müsste auch der Anteil an Dunkelblond erhöht werden.

1. Ausgangsfarbe ist Hellblond mit 15% Weißanteil. Die Farbrichtung soll unverändert bleiben. Die Farbtiefe soll um zwei Stufen dunkler werden. Haarstärke und -struktur sind normal. Machen Sie einen Lösungsvorschlag.

2. Ausgangsfarbe ist Mittelblond mit vereinzelten weißen Haaren. Die Kundin wünscht eine etwas dunklere Farbe. Das Haar ist von normaler Struktur, aber sehr fein. Machen Sie einen Lösungsvorschlag.

Färbebeispiele aus dem Rot- und Modetonbereich

1. Beispiel
Das Haar hat die Farbe Mittelaschblond ohne Weißanteil. Es ist bisher nicht gefärbt worden. Haarstärke und -struktur sind normal. Gewünscht wird ein Farbton mit Rot-Nuancierung derselben Farbtiefe.
Ausgangsfarbe: Mittelaschblond
Zielfarbe. Mittelblond mit Rot-Nuancierung
Lösungsvorschlag:
Färbemittel der gewünschten Zielfarbe wird im Verhältnis 1:1 mit Wasserstoffperoxid (6- bzw. 9 %ig) gemischt. Der Farbauftrag erfolgt wie unter Erstfärbung beschrieben.
Hier wäre auch eine Tönung möglich gewesen.

2. Beispiel
Das Haar hat die Farbe Hellbraun mit matter Nuancierung, ohne Weißanteil. Es wurde bisher nicht gefärbt. Haarstärke und -struktur sind normal. Gewünscht wird ein lebhafter Rotton. Die Beratung führt zu der Zielfarbe Mittelblond mit Rot-Nuancierung.
Ausgangsfarbe: Hellmattbraun
Zielfarbe: Mittelblond mit Rot-Nuancierung
Lösungsvorschlag:
Färbemittel der gewünschten Zielfarbe wird im Verhältnis 1:1 mit Wasserstoffperoxid gemischt, je nach Färbemittel 9 %ig oder 12 %ig.
Um auf Hellbraun einen lebhaften Rotton zu erzielen, ist eine Aufhellung notwendig. Deshalb benötigt man die erhöhte Wasserstoffperoxid-Konzentration. Der Farbauftrag erfolgt wie unter Erstfärbung beschrieben. Es ist darauf zu achten, dass während des ersten Teils der Einwirkzeit die Konturen frei von Färbegemisch bleiben. Besonders das feine Haar an den Schläfen würde nachher ein zu leuchtendes Farbergebnis zeigen.
Bei roten Farbtönen kann es Probleme mit der Haltbarkeit geben. Die Kundin erhält deshalb die folgenden Pflegetips: Haarwaschmittel verdünnen, nur milde Präparate verwenden. Kur- und Nachbehandlungsmittel sparsam anwenden, weil ihre kationischen Wirkstoffe und die enthaltenen Säuren die Farbwirkung der Rottöne beeinträchtigen.

3. Ausgangsfarbe ist Hellblond mit 75 % Weißanteil. Es wird eine Rotnuancierung gewünscht. Haarstärke und -struktur sind normal. Machen Sie einen Lösungsvorschlag.

2. Modische Rotfärbung

3. Beispiel
Das Haar hat die Farbe Dunkelblond mit 50 % Weißanteil. Es ist bisher nicht gefärbt worden. Haarstärke und -struktur sind normal. Gewünscht wird ein modischer Farbton mit Violett-Nuancierung derselben Farbtiefe.
Ausgangsfarbe: Dunkelblond mit 50 % Weißanteil
Zielfarbe: Dunkelblond mit Violett-Nuancierung
Lösungsvorschlag:
Färbemittel der gewünschten Zielfarbe wird im Verhältnis 2:1 mit Dunkelblond gemischt. Mischungsverhältnis mit Wasserstoffperoxid 1:1 (6- bzw. 9 %ig).
Das Beimischen des Naturtons verhindert, dass die Violett-Nuancierung auf den weißen Haaren zu leuchtend ausfällt. Der Farbauftrag erfolgt wie unter Erstfärbung beschrieben.

Regeln:
- Um lebhafte Rottöne auf dunkler Ausgangsfarben zu erzielen, ist eine Aufhellung notwendig. Diese erreicht man durch höhere Wasserstoffperoxid-Konzentrationen.
- Bei Zielfarben mit Rot- oder Modeton-Nuancierung wird wie bei Asch-Tönen entsprechend dem Weißanteil Naturton zugemischt. Rot gefärbte Haare werden mit verdünntem, mildem Waschmittel gewaschen.
- Kur- und Nachbehandlungsmittel werden sparsam angewendet. Farbfestiger und Tonspülungen können den Farbton zwischen den Färbebehandlungen auffrischen.

Färbebeispiele für Hellerfärbungen

Das Hellerfärben ist haarschonender als eine Blondierung. Es bringt die Möglichkeit, in einem Arbeitsgang zum gewünschten Farbziel zu gelangen. Auch vorhandene weiße unpigmentierte Haare können ohne weiteren Aufwand abgedeckt werden.

Je dunkler die Ausgangsfarbe, desto größer ist der Rot-Orange-Anteil im Haar. Diese vom Blondieren her bekannte Tatsache trifft auch für das Hellerfärben zu, doch kann man hier durch die Wahl eines geeigneten Farbtons von vornherein gegensteuern.

Aufhellungen um ein bis zwei Helligkeitsstufen erreicht man durch die Wahl eines entsprechend hellen Farbtons und höherer Wasserstoffperoxid-Konzentrationen. Bis zu vier Helligkeitsstufen kann man mit speziellen Färbemitteln erreichen. Manche Präparate werden im Verhältnis 1:2 mit Wasserstoffperoxid gemischt, wodurch sich die Konzentration des Wasserstoffperoxids im Färbegemisch noch einmal erhöht. Auch die Einwirkzeiten bei Hellerfärbungen sind mit 50 min (ohne zusätzliche Wärmezufuhr) deutlich länger als bei Normalfärbungen. Schließlich wird auch das Färbemittel dicker aufgetragen als normal.

Auf bereits gefärbtem Haar ist eine Hellerfärbung weitgehend wirkungslos. Hier ist zunächst eine Blondierung notwendig. Eine Blondierung ist auch erforderlich, wenn bei einer Erstfärbung die Ausgangsfarbe dunkler als Mittelblond ist.

1. Beispiel
Das Haar hat die Farbe Mittelblond ohne Weißanteil. Es wurde bisher nicht gefärbt. Haarstärke und -struktur sind normal. Gewünscht wird ein um zwei Farbstufen hellerer Farbton, je nach Hersteller als Lichtblond oder Hell-Hellblond bezeichnet.
Ausgangsfarbe: Mittelblond
Zielfarbe: zwei Stufen heller
Lösungsvorschlag:
Färbemittel der gewünschten Zielfarbe wird im Verhältnis 1:1 mit Wasserstoffperoxid gemischt, je nach Färbemittel 9%ig oder 12%ig.
Durch die erhöhte Wasserstoffperoxid-Konzentration wird die gewünschte Aufhellung möglich. Der Farbauftrag erfolgt wie unter Erstauftrag beschrieben, jedoch wird das Färbegemisch dicker als normal aufgetragen. Einwirkzeit zunächst 20 min, nach Auftrag auf den freien Ansatzteil weitere 30 min.

1. Modischer Blondton auf mittelblonder Ausgangsfarbe

2. Beispiel
Das Haar hat die Farbe Hellblond mit geringem, gleichmäßig verteiltem Weißanteil unter 20 %. Es wurde bisher nicht gefärbt. Haarstärke und -struktur sind normal. Gewünscht wird ein um drei Stufen hellerer Farbton, der „nicht so gelb“ sein soll.
Ausgangsfarbe: Hellblond, 20 % Weißanteil
Zielfarbe: drei Stufen heller
Lösungsvorschlag:
Das Farbziel ist grundsätzlich durch eine Hellerfärbung erreichbar. Man benötigt aber ein spezielles Färbemittel und eine höhere Wasserstoffperoxid-Konzentration. Das Färbemittel wählt man entsprechend der gewünschten Farbtiefe. Um die gewünschte Farbrichtung zu erzielen, ist eine Asch-Nuancierung empfehlenswert. Die Wasserstoffperoxid-Konzentration beträgt je nach verwendetem Färbemittel 12 % oder gar 18 %. Farbauftrag erfolgt wie unter Erstfärbung beschrieben.

3. Beispiel
Das Haar hat die Farbe Hellbraun mit vereinzelten weißen Haaren. Es ist bisher nicht gefärbt worden. Haarstärke und -struktur weisen keine Besonderheiten auf. Gewünscht wird ein um vier Farbstufen hellerer Farbton.
Ausgangsfarbe: Hellbraun
Zielfarbe: vier Stufen heller als Hellbraun

Lösungsvorschlag:
Die Ausgangsfarbe ist dunkler als Mittelblond, daher ist von einer Hellerfärbung als Erstbehandlung abzuraten. Es ist zunächst eine Blondierung notwendig. Danach wird mit einem Farbton gefärbt, der der gewünschten Farbtiefe entspricht. Die Farbrichtung dieses Farbtons sollte Asch, Perl oder Cendré sein, um den im Haar enthaltenen Rot-Orange-Anteil genügend abzudecken. Aufgetragen wird wie unter Erstfärbung beschrieben.
Spätere Ansatzfärbungen können ohne vorherige Blondierung erfolgen, weil sich das kopfhautnahe Haar leichter aufhellen lässt.

4. Beispiel
Das Haar hat die Farbe Hellblond mit etwa 50 % Weißanteil. Es wurde bisher nicht gefärbt. Haarstärke und -struktur weisen keine Besonderheiten auf. Gewünscht wird ein um drei Farbstufen hellerer Farbton, der möglichst „natürlich“ wirken soll.
Ausgangsfarbe: Hellblond mit 50 % Weißanteil
Zielfarbe: drei Stufen heller, Naturnuance
Lösungsvorschlag:
Wegen des Rot-Orange-Anteils in den hellblonden Haaren ist eine Asch-Nuancierung ratsam. Diese allein würde aber die unpigmentierten Haare grau erscheinen lassen, denn ihnen fehlt ja jede Nuancierung. Um die Wirkung des Asch-Farbtons auf die unpigmentierten Haare abzumildern, mischt man das Färbemittel anteilig aus der Asch- und Gold-Nuancierung der gewünschten Farbtiefe. Die Wasserstoffperoxid-Konzentration ist je nach verwendetem Färbemittel bis zu 12 %. Der Farbauftrag erfolgt wie unter Erstfärbung beschrieben.

5. Beispiel
Das Haar hat die Farbe Mittelblond mit 40 % Weißanteil. Die Schläfenpartien sind nahezu unpigmentiert, Weißanteil über 80%. Das Haar wurde bisher nicht gefärbt. Haarstärke und -struktur sind normal. Gewünscht wird ein lebhafter Blondton, drei Stufen heller als die Ausgangsfarbe.
Ausgangsfarbe: Mittelblond, 40 % bis 80 % Weißanteil.
Zielfarbe: drei Stufen heller, Gold-Nuancierung
Lösungsvorschlag:
Die fast farblosen Schläfenpartien werden vorpigmentiert, d. h., man trägt zunächst das reine Färbemittel ohne Wasserstoffperoxid auf. Hierzu eignet sich ein heller Farbton aus der Naturtonreihe. Nach etwa 10 min wird dann, ohne vorher abzuspülen, das Färbemittel aufgetragen. Farbton und Durchführung wie im Beispiel 4.

2. Modischer Blondton auf meliertem Haar

Regeln:

- Hellerfärbungen um ein bis zwei Stufen erzielt man durch die Wahl eines entsprechend hellen Farbtons und höherer Wasserstoffperoxid-Konzentrationen.
- Für Aufhellungen um drei bis vier Stufen sind spezielle Haarfärbemittel notwendig.
- Bei Aufhellungen um mehr als vier Stufen und bei Erstfärbungen von dunklerem als mittelblondem Haar ist eine vorherige Blondierung notwendig. Bei dunklen Ausgangsfarben sind Asch-, Perl- oder Cendré-Nuancierungen notwendig, um den Rot-Orange-Anteil im Haar zu überdecken. Der Weißanteil muss dann durch Zumischen des Naturtons oder einer Gold-Nuancierung berücksichtigt werden.
- Weiße Schläfen und Konturen werden mit einem hellen Naturton vorpigmentiert.
- Gefärbtes Haar kann man durch Hellerfärben nicht ausreichend aufhellen, es muss blondiert werden.

1. Ausgangsfarbe ist Hellblond ohne Weißanteil. Die Farbe soll bei gleicher Nuancierung um zwei Stufen heller werden. Haarstärke und -struktur sind normal. Machen Sie einen Lösungsvorschlag.

2. Ausgangsfarbe ist Mittelblond mit 50 % Weißanteil. Die Farbe soll um drei Stufen heller werden mit leichter Asch-Nuancierung. Haarstärke und -struktur sind normal. Machen Sie einen Lösungsvorschlag.

Färbeergebnis	Mögliche Ursachen	Korrekturhinweise
zu dunkel/ nicht hell genug	gewähltes Färbemittel zu dunkel und/oder sehr feines Haar zu geringe Wasserstoffperoxid-Konzentration eine Hellerfärbung auf gefärbtem Haar zu kurze Einwirkzeit bei Hellerfärbung	evtl. Farbabzug, in Zukunft hellen Farbton wählen höhere Konzentration verwenden Blondierung vornehmen, soweit es die Haarstruktur erlaubt Einwirkzeit verlängern
zu hell/ nicht dunkel genug	gewähltes Färbemittel zu hell Wasserstoffperoxid-Konzentration zu hoch Einwirkzeit zu lang bei Hellerfärbung Einwirkzeit zu kurz bei Dunklerfärbung	mit dunklem Tönungsmittel nachbehandeln, in Zukunft dunkleren Farbton wählen mit dunklem Tönungsmittel nachbehandeln, in Zukunft geringere Konzentration verwenden tönen, Einwirkzeit in Zukunft verkürzen tönen, Einwirkzeit in Zukunft verlängern
zu leuchtend	gewählter Farbton zu leuchtend Weißanteil bei Modetönen nicht berücksichtigt bei Hellerfärbung auf dunkler Ausgangsfarbe keine Asch-Nuancierung verwendet	mit Komplementärfarbe tönen, in Zukunft matteren Farbton wählen oder Naturton zumischen mit Komplementärfarbe tönen, in Zukunft Naturton zumischen Tönung mit Asch-, Perl- oder Centré-Nuance, in Zukunft entsprechende Farbtonwahl
zu aschig	Weißanteil bei Asch-Tönen nicht berücksichtigt Weißanteil bei Hellerfärbungen nicht berücksichtigt	Tönung mit Gold-Nuance, in Zukunft Naturton zumischen Tönung mit Gold-Nuance, in Zukunft Naturton oder Gold-Nuance zumischen

1. Färbefehler und ihre möglichen Ursachen sowie Korrekturhinweise

4.4 Problemfälle beim Haarfärben

Glashaar. Das Problem eines zu porösen Haares wurde bereits bei den Fallbeispielen aus dem Rot- und Modetonbereich angesprochen. Bei weißen Haaren steht man gelegentlich vor Problemen durch zu stark verhornte Haare. Diese sich drahtig anfühlenden so genannten Glashaare lassen Farbstoffe nur sehr schwer eindringen.

Um das gewünschte Farbziel zu erreichen, sind daher eine erhöhte Alkalität und ein größeres Angebot an Farbstoffbildnern notwendig. Dazu gibt es zwei unterschiedliche Methoden:

Beim **Vorpigmentieren** trägt man das reine Färbemittel auf. Nach etwa 10 min erfolgt der Farbauftrag wie gewohnt, auch auf die vorpigmentierten Stellen.

Diese Methode eignet sich besonders bei schwierig abzudeckenden Schläfen- und Konturenpartien.

Eine **Borstenmischung** ist die Mischung von Färbemittel und Wasserstoffperoxid im Verhältnis 2:1. Um die Wasserstoffperoxid-Konzentration im Färbegemisch nicht herabzusetzen, verwendet man 9 % statt 6 % bzw. 12 % statt 9 %. Durch den höheren Anteil an Färbemittel wird jedoch die Alkalität des Gemischs erhöht. Das Gemisch kann die Schuppenschicht des Haars leichter durchdringen.

Die Borstenmischung eignet sich besonders, wenn der gesamte Haarschopf schwierig anzufärben ist.

Färben und Dauerwellbehandlung. Grundsätzlich ist es ratsam, zwischen Färbung und Dauerwellbehandlung einige Tage verstreichen zu lassen. Dadurch erreicht man eine bessere Schonung des Haares und kann die gegenseitige Beeinflussung beider Behandlungen in Grenzen halten. Jedoch wird auch dann das gefärbte Haar bei der Dauerwellung Farbe einbüßen und sich der Farbton in unerwünschter Weise verändern.

Sollte die Kombination von Färbung und Dauerwellbehandlung einmal unvermeidlich sein, so gilt die folgende Regel:

- Eine Dauerwellbehandlung im Anschluss an eine Färbung schwächt das Farbergebnis ab. Das gefärbte Haar wird leicht aufgehellt. Nuancierungen erscheinen lebhafter.
- Eine Färbung im Anschluß an eine Dauerwellbehandlung schwächt die Dauerwelle ab, das Farbergebnis wird satter, weil das poröse Haar die Farbstoffbildner leichter aufnehmen kann.
- Blondier- und Dauerwellbehandlungen sollen grundsätzlich nicht am selben Tag erfolgen. Die dabei entstehenden chemischen Verbindungen sind möglicherweise Krebs erregend.

Unproblematisch ist die Verwendung von Färbemitteln, die speziell für den Einsatz im Anschluss an eine Dauerwelle gedacht sind. Sie haben eine geringere Wasserstoffperoxid-Konzentration sowie einen leicht sauren pH-Wert und können anstelle des zweiten Fixierens eingesetzt werden.

4.5 Verfahren zur Farbkorrektur

Trotz sorgfältigen Arbeitens kann es dazu kommen, dass das Farbergebnis nicht den Wünschen des Kunden entspricht. Um das Haar zu schonen, sollte man für die Korrektur ein möglichst mildes Verfahren wählen.
Bei einem zu intensiven Farbton kann zunächst versucht werden, durch mehrmaliges Waschen eine Abschwächung des Farbtons zu erreichen. Rottöne lassen sich sehr oft durch kationenaktive Haarkurmittel abschwächen.

Tönung. Durch Tönungen in den Komplementärfarben lassen sich unerwünschte Farbtöne abschwächen. Man beginnt am besten mit einem Probesträhnchen und benutzt stark verdünnte Präparate. Eine Aufhellung ist natürlich nicht zu erreichen.

Farbabzüge. Unter Farbabzügen versteht man Verfahren zum Entfernen der künstlich auf das Haar aufgebrachten Farbstoffe. Man unterscheidet grundsätzlich zwischen reduktivem und oxidativem Abzug.
Beide Verfahren greifen die Haarstruktur an und setzen ein entsprechend belastbares Haar voraus.

Reduktiver Abzug. Bei diesem Verfahren werden die durch eine Oxidation bei der Färbung gebildeten Farbstoffe in ihre farblosen Vorstufen zurückgebildet. Präparate zum reduktiven Abzug bestehen aus zwei Komponenten. Die eine enthält das Reduktionsmittel, die andere eine Säure, die das Reduktionsmittel erst wirksam macht. Verdünnt wird mit warmem Wasser.

Das fertige Gemisch muss sofort verbraucht werden. Es wird mit einem Wattebausch aufgetragen. Die Einwirkzeit richtet sich nach den Angaben des Herstellers. Danach muss gründlich abgespült und gewaschen werden, um die reduzierten Farbstoffe aus dem Haar zu entfernen und so ein späteres Nachdunkeln zu verhindern.
Zur Kontrolle auf noch im Haar verbliebene Farbstoffbildner wird eine Spülung mit einprozentigem Wasserstoffperoxid gemacht. Ist das Ergebnis noch zu dunkel, muss der reduktive Abzug wiederholt werden.

Natürliche Pigmente werden durch den reduktiven Abzug nicht verändert. Weitgehend unverändert bleiben auch Fertigfarbstoffe, weshalb das Verfahren zur Korrektur von Färbungen mit Rot-Nuancierung ungeeignet ist. Erfolgversprechend ist dagegen der Einsatz möglichst direkt nach einer zu dunkel geratenen Färbung.

Liegt die Färbebehandlung länger als eine Woche zurück, so ist die Wirkung des reduktiven Abzugs meist nicht ausreichend.

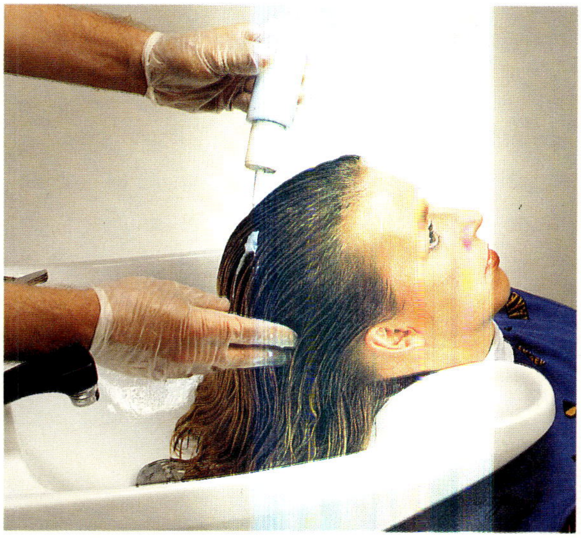

2. Anwendung einer Blondierwäsche

Ein besonderes Anwendungsgebiet für reduktive Abzugsmittel ist das Aufhellen von Haarersatzteilen aus Chinahaar. Dieses speziell präparierte Haar ist sehr häufig mit Textilfarben eingefärbt worden, die sich mit Oxidationsmitteln kaum verändern lassen.

Oxidativer Farbabzug. Dieser ist vom Verfahren her eine Blondierung. Durch das Blondierverfahren kann das Haar auch über die Ausgangsfarbe hinaus aufgehellt werden. Künstliche wie natürliche Farbstoffe werden durch die Oxidation zerstört. Auch manche Fertigfarbstoffe können beseitigt werden.

Blondierwäsche. Wenn die Wirkung ausreicht, sollte man das etwas mildere Verfahren der Blondierwäsche wählen:
Man mischt dazu etwa 15 g Blondiergranulat mit 30 ml 6 %igem oder 9 %igem Wasserstoffperoxid, 60 ml warmem Wasser und 5 ml Shampoo. Das Gemisch wird aufgetragen und man lässt es unter ständiger Kontrolle einige Minuten einwirken.
Die Blondierwäsche eignet sich auch zum Entfernen unerwünschter Tönungen, speziell der oft hartnäckigen Rottöne.

1. Mischen Sie ein Präparat zum reduktiven Abzug mit bereits oxidiertem Färbegemisch. Beobachten Sie die Wirkung.

Pflanze	verwendeter Pflanzenteil	Wirkung
Henna	Blätter	Rot-Orange
Kamille	Blüten	helle Blondtöne
Krapp	Wurzeln	Purpurrot
Catechu	Kernholz	Hellbraun
Sedre	Blätter	Sandfarben
Indigo/Reng	Blätter	Indigoblau
Salbei	Blätter	Dunkelasch

1. Pflanzenfarben und ihre Wirkung

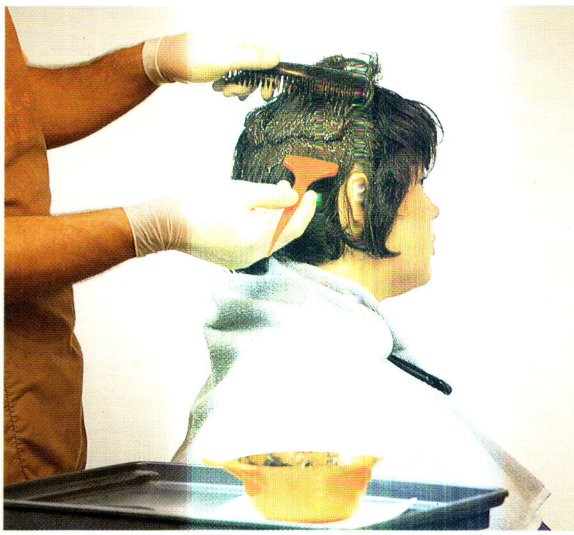

2. Ansatzbehandlung mit Henna

3. Farbbeispiele für Pflanzenfärbung

5 Weitere Möglichkeiten der Farbveränderung

5.1 Pflanzenfarben

Blätter, Stiele, Rinden und Wurzeln vieler Pflanzen enthalten Farbstoffe, mit denen man Haare mehr oder minder dauerhaft anfärben kann. Ihr besonderer Vorteil ist, dass sie sehr haarschonend sind. Sie enthalten natürliche Gerbsäure und wirken deshalb adstringierend. Man wendet sie ohne Oxidationsmittel an, unterstützt nur durch feuchte Wärme.
Das Ergebnis sind Haare mit seidigem Glanz und einem sehr natürlich wirkenden Farbspiel. Die vorhandenen feinen Abstufungen zwischen einzelnen helleren und dunkleren Haaren bleiben erhalten, weil Pflanzenfarben keine hundertprozentige Deckkraft haben.
Eingeschränkt ist allerdings die Auswahl der erreichbaren Farbtöne: Sie liegen überwiegend im Rotbereich bis Orange und Rotviolett. Aufhellungen sind überhaupt nicht möglich, ebenso wie Nuancen, die um mehr als zwei Töne dunkler sind.
Akzeptiert man diese Einschränkungen, so hat man mit Pflanzenfarben ein Angebot für all jene Kundinnen und Kunden, die keine Oxidationshaarfarben wünschen und die Wert auf größtmögliche Haarschonung und Natürlichkeit legen.

Produktauswahl. Pflanzenfarben sind Naturprodukte. Ihre Qualität ist von der Herkunft und vom Jahrgang abhängig. Markenhersteller kontrollieren deshalb die Herkunft und mischen zur Qualitätssicherung verschiedene Jahrgänge. Sie untersuchen auch auf Rückstände von Pflanzenschutzmitteln.
Produkte in Granulatform sind vorteilhaft, weil sie das Einatmen feiner, die Lunge belastender Stäube verhindern.
Vorsicht ist bei Henna Schwarz geboten, wenn man es von unbekannten Herstellern bezieht. Es kann evtl. Metallsalzfarben enthalten.

Kundenberatung. Mit Pflanzenfarbe behandeltes Haar braucht keine spezielle Pflege. Dauerwellen sind ohne Probleme möglich. Auch Haare mit Weißanteil kann man behandeln, eventuell ist eine Vorbehandlung notwendig. Eine hundertprozentige Abdeckung weißer Haare kann man nicht erzielen, was aber im Endergebnis sogar vorteilhaft aussehen kann.
Spätere Behandlungen des Haares mit Blondiermittel oder Hellerfärbungen sind problematisch, sie können je nach verwendetem Farbton zu leuchtend orangefarbenen Ergebnissen führen.

Je nach Intensität des gewählten Farbtons kann es auch bei der Anwendung von Pflanzenfarben nach einigen Wochen zu hellen Ansätzen kommen, die allerdings weniger auffällig sind als bei einer Oxidationsfärbung, weil die Pflanzenfarbe stärker verblasst.

Farbauswahl. Die Farbskala der großen Hersteller reicht von Neutral bis zum Mischton Schwarz. Für sehr helle Ausgangsfarben gibt es zarte Goldtöne.
Der klassische Einsatzbereich der Pflanzenfarben liegt jedoch zwischen Mittelblond und Dunkelbraun. Als Grundregel gilt:
Je heller die Ausgangsfarbe und je länger die Einwirkzeit, desto intensiver das Ergebnis.
Weiße Haare werden durch eine rötliche Pflanzenfarbe leuchtend orange. Bei einzelnen Haaren kann dies sehr reizvoll sein. Ist die Kundin jedoch nicht bereit dies zu akzeptieren, so kann man die weißen Haare durch eine Vorbehandlung mit Fertigfarbstoffen abdecken. Dabei handelt es sich allerdings nicht mehr um Farbstoffe pflanzlichen Ursprungs.
Vorteilhaft ist es, die verschiedenen Nuancen des verwendeten Produkts an unterschiedlichen Probesträhnchen auszuprobieren und sich so eine eigene Farbkarte anzulegen, die nach Farbtiefe und Farbrichtung geordnet ist.

Anwendung. Das Pulver oder Granulat wird mit heißem Wasser zu einem sämigen Brei gemischt. Um eine angenehmere Konsistenz zu erreichen, kann man ein rohes Ei zumischen. Manche Hersteller bieten dazu auch spezielle Produkte an, z. B. auf Betain-Basis.
Das Gemisch wird mit einem Färbepinsel aufgetragen, ähnlich wie bei einer Oxidationsfärbung.
Während der Einwirkzeit wird Wärme zugeführt. Vorteilhaft ist Wasserdampf. Hat man nur eine trockene Wärmequelle, so muss man die Haare abdecken, damit das Färbegemisch nicht austrocknet und so seine Wirkung verliert.
Die Einwirkzeit richtet sich nach dem Farbwunsch, von circa 20 Minuten an aufwärts.

Fehlerkorrektur. Die Korrektur unerwünschter Farbergebnisse ist bei Pflanzenfarben unproblematisch, denn man kann sie praktisch unbegrenzt oft wiederholen, ohne das Haar zu schädigen.
Manche Pflanzenfarben, z. B. Heidelbeere, zeigen einen Farbumschlag zu leuchtendem Rot, wenn man sie alkalisiert, etwa bei einer Dauerwelle. Eine saure Behandlung des Haares stellt die ursprüngliche Farbe jedoch wieder her.

1. Sammeln Sie Haarsträhnchen von unterschiedlicher Ausgangsfarbe und legen Sie sich eine Farbkarte für Pflanzenfarben an.

Arbeitsplanung, ein Fallbeispiel

Die bisher brünette Kundin wünscht für ihre Haare einen modischen Rotton, als Haarschnitt einen Bob. Zur Haarreinigung, -pflege und für das Styling soll eine Pflegeserie für rotes Haar zum Einsatz kommen. Außerdem wünscht die Kundin eine Nagelpflege mit Lack.

Schon bei der Beratung müssen alle Arbeitsschritte der folgenden Behandlung berücksichtigt werden. Die Reihenfolge könnte lauten:
- Haarfärbung, Nagelpflege während der Einwirkzeit des Färbemittels
- Shampoonieren
- Haarpflege
- Haarschnitt
- Fönen mit Stylingprodukten
- Lackieren der Nägel

Von dieser vorgeschlagenen Reihenfolge kann unter bestimmten Bedingungen abgewichen werden:
- Bei stark verunreinigtem Haar sollte vor der Färbebehandlung die Reinigung erfolgen.
- Solle die Zielfrisur deutlich kürzer als die vorhandene Länge werden, so wird die Färbebehandung erst nach dem Haarschnitt erfolgen, um Zeit und Material zu sparen.

Die Folge der Arbeitsschritte ist auch bei jeder einzelnen Dienstleistung zu planen:
Bei einer Neufärbung im Rotbereich ist zu beachten, dass zunächst nur die Längen und Spitzen mit Färbegemisch behandelt werden. Der kopfhautnahe Bereich wird zunächst ausgespart, um eine zu intensive Wirkung auf die feinen Haare im Konturenbereich zu vermeiden.
Bei der systematischen Erstellung eines Haarschnittes wird man dort mit der Längenbestimmung beginnen, wo die größte Veränderung vorgesehen ist.
Trotz aller Planung muss man allerdings flexibel bleiben: Dies kann erforderlich werden, wenn bestimmte Geräte und Hilfsmittel zur Zeit nicht verfügbar sind oder wenn die Kunden zusätzliche Wünsche äußert.

1. Listen Sie auf, welche Geräte und Materialien Sie im Fallbeispiel benötigen.
2. Die Kundin äußert den zusätzlichen Wunsch nach einem Tages-make-up, zu dessen Erstellung sie die Haare mit einem Stirnband aus dem Gesicht binden müssen. Erstellen Sie eine veränderte Arbeitsplanung.

5.2 Lebensmittelfarben

Lebensmittelfarben kommen üblicherweise z.B. in Puddings oder Süßigkeiten zum Einsatz. Sie haben ein gesetzliches Zulassungsverfahren durchlaufen, gelten als gesundheitlich unbedenklich und in entsprechenden Mengen für den Verzehr geeignet. Man kann sie aber auch für die Färbung von Haaren verwenden.
Da es sich um Fertigfarbstoffe handelt, verwendet man Lebensmittelfarben ohne Zugabe von Oxidationsmittel. Ihre Anwendung ist für das Haar ähnlich schonend wie eine Tönung. Allerdings ist ihre Nuancenauswahl eingeschränkt, Aufhellungen sind nicht möglich.

Anwendung. Ausgelegt sind die Produkte auf einen mittleren Porositätsgrad, glasiges bzw. stark poröses Haar muss besonders vorbehandelt werden. Gegebenenfalls sollte man das Produkt zunächst an einer Probesträhne anwenden.
Zur Vorbereitung wird das Haar mit einem Spezialshampoo gewaschen, das man einige Zeit einwirken lässt. Beim Auftrag des Farbgels ist darauf zu achten, dass die Kopfhaut ausgespart bleibt, um störende Anfärbungen zu vermeiden.
Die Einwirkzeit dauert bei abgedecktem Haar unter Wärmeeinwirkung 20 Minuten. Nach 5 Minuten Abkühlzeit wird mit Wasser aufemulgiert und danach mit Shampoo ausgewaschen.

5.3 Repigmentierungscreme

Bei vielen Menschen ist der Wunsch vorhanden, ihrem ergrauten Haar wieder seine ursprüngliche Farbe zurückzugeben. Trotzdem entscheidet sich nur ein geringer Anteil von ihnen für eine Oxidationshaarfärbung. Besonders bei Männern ist die Hemmschwelle vor einer traditionellen Färbebehandlung hoch. An diese Kundenschicht richtet sich das Angebot einer Repigmentierung. Die Behandlung kann zu Hause ebenso wie beim Friseur erfolgen und führt zu einer dauerhaften Farbveränderung. Das derzeit am Markt befindliche Produkt funktioniert bei einer ursprünglichen Farbe von Mittelblond bis Dunkelbraun. Für hellblondes, schwarzes und rotes Haar ist es ungeeignet.
Im Prinzip wird eine synthetisch hergestellte Melanin-Vorstufe mit einer Creme als Trägersubstanz auf das Haar gebracht. Während die Melanin-Vorstufe einzieht, beginnt unter der Einwirkung von Luftsauerstoff ein Oxidationsprozeß. Dieser dauert bis zu drei Tagen an. Das Ergebnis erscheint deshalb nach der vorgeschriebenen Einwirkzeit von 5 bis 20 Minuten zunächst recht unscheinbar. In den nächsten Tagen kann man jedoch ein deutliches Nachdunkeln feststellen. Ist das Ergebnis noch nicht dunkel genug, kann die

1. Produktinformation zur Repigmentierungscreme

Behandlung wiederholt werden. Nach Erreichen der Wunschfarbe wird nur noch der Ansatz behandelt.
Nicht angewendet werden sollte das Produkt auf farblich vorbehandeltem Haar, da es zu einer unkontrollierten Farbverschiebung kommen kann. Repigmentiertes Haar kann bedenkenlos getönt, gefärbt, blondiert oder dauergewellt werden.

5.4 Metallsalzfarben, nicht ohne Risiko

Metallsalzfarben wurden früher auch im Salon benutzt. Heute sind sie vor allem wegen ihrer Unverträglichkeit mit Wasserstoffperoxid aus den Salons verschwunden. Metallsalzgefärbtes Haar darf nicht mit Oxidationshaarfarben gefärbt, nicht blondiert und auch nicht mit wasserstoffperoxidhaltigen Fixierungen fixiert werden. Die Metallsalze würden als Katalysator die Zersetzung von Wasserstoffperoxid bewirken und zu einer heftigen, haarschädigenden Reaktion führen. Außerdem ist die Hautverträglichkeit des als Wirkstoff eingesetzten Bleiacetats fraglich. Es ist ein starkes Gift und wird verdächtigt, Krebs zu erzeugen.
Metallsalzpräparate wurden in das graue Haar einmassiert und gaben ihm Farbe zurück.

Um zu überprüfen, ob ein Haar mit Metallsalzfarben behandelt wurde, übergießen Sie eine Probesträhne mit 18%igem Wasserstoffperoxid. Ein Aufschäumen deutet auf Metallsalzfarben. Man sollte die Farbe herauswachsen lassen bzw. die betroffenen Haare abschneiden. Eine Dauerwellbehandlung ist möglich, allerdings mit einer wasserstoffperoxidfreien Fixierung.

1. Erkundigen Sie sich in einer Apotheke nach Haarfarbenwiederhersteller.

Fallstudie

Frau B. ist eine sportliche Frau, die Wert auf ihr Äußeres legt. Sie kommt mit dem Wunsch zu Ihnen, etwas mehr aus sich zu machen, neue Ideen für Frisur und Make-up zu bekommen. Genauere Vorstellungen hat Frau B. nicht.

Beraten Sie in einer kleinen Gruppe, welche Vorschläge Sie Frau B. machen würden. Führen Sie ein Rollenspiel über die Beratung durch.

Wissen Sie Bescheid?

1. Nennen Sie Färbemittel, die vor Einführung der heute gebräuchlichen Mittel angewendet wurden.
2. Erläutern Sie die Voraussetzungen, die eine Blondierung erforderlich machen.
3. Erläutern Sie die Vor- und Nachteile einer Blondierung.
4. Erklären Sie, welche Vorgänge bei einer Blondierung im Haar ablaufen.
5. Nennen Sie die Inhaltsstoffe von Blondiermitteln.
6. Beschreiben Sie die Aufgabe der Alkalisierungsmittel in Blondierpräparaten.
7. Was versteht man unter so genannten Blondierverstärkern?
8. Erläutern Sie die Unterschiede in der Auftragetechnik zwischen Erst- und Ansatzblondierungen.
9. Beschreiben Sie die Nachbehandlung bei einer Blondierung.
10. Nennen Sie Faktoren, die das Blondierergebnis beeinflussen.
11. Unterscheiden Sie zwischen Tönungs- und Färbemitteln.
12. Erklären Sie die Begriffe Fertigfarbstoff, Farbstoffbildner und Kupplungskomponente.
13. Erklären Sie, welche Vorgänge im Haar bei einer Färbung ablaufen.
14. Nennen Sie Schutzmaßnahmen des Friseurs vor den gesundheitlichen Risiken beim Umgang mit Haarfärbemitteln.
15. Nennen Sie die Inhaltsstoffe von Haarfärbemitteln.
16. Nach welchen Gesichtspunkten werden Haarfarben in einer Farbkarte geordnet?
17. Erläutern Sie die Unterschiede in der Auftragetechnik zwischen Erst- und Ansatzfärbung.
18. Nennen Sie Faktoren, die das Färbeergebnis beeinflussen.
19. Erläutern Sie den Einfluss der Haarstärke auf das Färbeergebnis.
20. Erläutern Sie die Pflege von rot gefärbten Haaren.
21. Erläutern Sie, warum Haar mit hohen Weißanteil nach Hellerfärbungen häufig zu aschig erscheint.
22. Wie wirkt sich eine zu hoch gewählte Wasserstoffperoxid-Konzentration auf das Färbeergebnis aus?
23. Erklären Sie, warum es notwendig ist, bei Hellerfärbungen auf dunklen Ausgangsfarben Asch-Nuancierungen zu verwenden.
24. Beschreiben Sie die Farbbehandlung von Glashaar.
25. Was versteht man unter einer Vorstenmischung?
26. Erläutern Sie den Arbeitsgang des Vorpigmentierens.
27. Welche Gesichtspunkte sind zu beachten, wenn die Kombination von Färbung und Dauerwelle gewünscht wird?
28. Erklären Sie die Durchführung eines reduktiven Farbabzugs.
29. Beschreiben Sie die Möglichkeiten und Grenzen der Farbkorrektur durch reduktiven Farbabzug.
30. Beschreiben Sie die Möglichkeiten und Grenzen der Farbkorrektur durch oxidativen Farbabzug.
31. Unter welchen Voraussetzungen ist es sinnvoll, Fehlfärbungen durch eine Tönung zu korrigieren?
32. Erläutern Sie die Anwendung von Pflanzenfarben.
33. Was ist bei Haaren zu beachten, die mit Heidelbeere oder Krapp gefärbt wurden?
34. Erläutern Sie, warum mit Metallsalzfarben gefärbte Haare bei Friseurbehandlungen zu Problemen führen können.

Toupet, Perücke, Haarteil

1. Damenfrisur mit einfrisierter Teilperücke

1 Haarersatz und Haarergänzung im Angebot des Friseurs

Form- und Farbveränderungen der Haare bieten dem Friseur zahlreiche Gestaltungsmöglichkeiten. Diese lassen sich durch den Einsatz von Fremdhaar noch wesentlich erweitern.
Haarteile, Perücken oder feine, durch unterschiedliche Techniken befestigte Strähnchen können dort eingesetzt werden, wo das Eigenhaar nicht in genügender Länge, Qualität oder vorübergehend gewünschter Farbe zu Verfügung steht.
Friseure verkaufen Haarteile, schneiden, frisieren und pflegen sie. Sie ergänzen oder verlängern das Eigenhaar, indem sie Fremdhaarsträhnchen einfügen, so genannte Extensions durchführen und Haarverdichtungen vornehmen.
Die Herstellung von Haarteilen sowie das Maßnehmen für Sonderanfertigungen übernehmen meist Spezialbetriebe, die wiederum einen großen Teil ihres Sortiments aus Ländern in Fernost importieren. Um Kundinnen und Kunden fachgerecht beraten zu können, sollten jedoch auch Friseure über entsprechende Kenntnisse verfügen.

Haarersatzteile sind als Ersatz für fehlendes Eigenhaar gedacht und müssen besonders hohen Anforderungen genügen. Sie sollen unauffällig, hautverträglich und strapazierfähig sein, denn sie werden in der Regel täglich getragen. Für Haarersatzteile verwendet man Echthaar oder besonders hochwertige Kunstfasern. Für den Unterbau, die **Montur**, werden hautsympathische Stoffe oder atmungsaktive Folien verwendet. Ein natürlicher Fall des Haares ist ein Qualitätsmerkmal guter Haarersatzteile. Minderwertige Ware erkennt man oft schon an der unnatürlichen Haarfülle und -dichte.

Toupets. Haarersatzteile für den Oberkopf des Mannes nennt man Toupet, entsprechende Haarersatzteile für den Kopf der Frau werden als Transformation bezeichnet. Weil Haarausfall je nach Geschlecht in unterschiedlicher Ausprägung auftritt, sind verschiedene Haarersatzteile notwendig.

Straßenperücken. Dieser Name bezeichnet einen vollständigen Haarersatz, den man in der Öffentlichkeit tragen kann ohne aufzufallen.

Haarverdichtung. Eine weitere Methode, fehlendes Eigenhaar zu ersetzen, ist die Haarverdichtung. Dieses Verfahren ist gedacht für Frauen oder Männer, die unter einer zu geringen Haarfülle leiden. Dazu gehören speziell Frauen mit androgenetischem Haarausfall.
Den Haarausfall kann der Arzt in der Regel durch entsprechende Medikamente zum Stillstand bringen, die bereits verlorenen Haare wachsen jedoch meist nicht wieder nach.
Aber auch Männer mit entsprechenden Problemen kommen als Zielgruppe in Betracht. Um das Haarproblem zu beheben, werden zusätzliche kleine Haarsträhnchen an dem noch vorhandenen Eigenhaar in Ansatznähe befestigt.

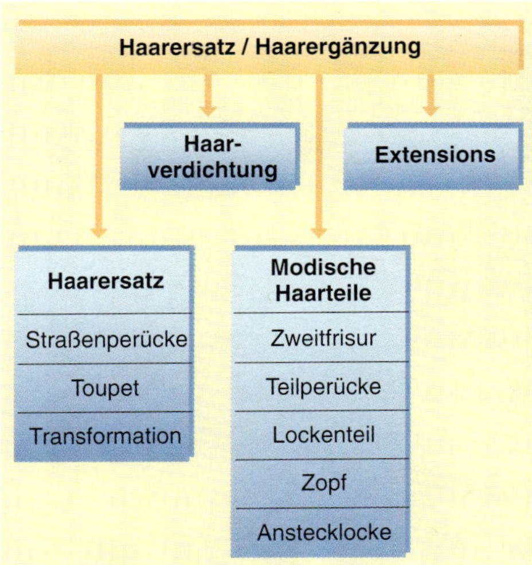

2. Übersicht über Produkte und Dienstleistungen

3. Frisuren mit einfrisiertem Zopf und mit einfrisiertem Haarteil

Dies ist möglich durch Anklipsen, Einflechten oder mithilfe eines Schmelzklebers. Entscheidend ist, dass die Verbindung später problemlos wieder gelöst werden kann, denn die Verbindungsstelle wächst mit dem Eigenhaar in Richtung Haarspitzen. So ist es nach ca. 3 bis 6 Monaten notwendig, die Verbindung zu lösen.

Modische Haarteile. Ihr Reiz liegt darin, dass sie es erlauben, das Erscheinungsbild eines Menschen kurzfristig und eindrucksvoll zu verändern. Sie müssen deshalb keineswegs immer unauffällig sein.
Haarteile, die sich bewusst farblich vom Eigenhaar abheben, kann man aus preiswerten Kunstfasern arbeiten, die darüber hinaus noch pflegeleichter sind als Echthaar. Weil ihre Montur nicht direkt mit der Kopfhaut in Berührung kommt, kann sie einfacher gearbeitet werden als Haarersatz.

Extensions. Bei der Haarverlängerung handelt es sich von der Technik her um dasselbe Verfahren wie bei der Haarverdichtung, allerdings ist es für eine andere Zielgruppe bestimmt. Indem die Fremdhaarsträhnen entsprechend lang gewählt werden, wird im Prinzip jede gewünschte Haarlänge möglich. Auch modische Farbeffekte sind leicht zu erzielen.

1. Betrachten Sie die Unterseiten verschiedener Haarteile und Perücken und vergleichen Sie die Monturen.

2. Informieren Sie sich bei verschiedenen Anbietern über die unterschiedlichen Befestigungstechniken für Extensions und Haarverdichtung.

Extensions, Haarverdichtung

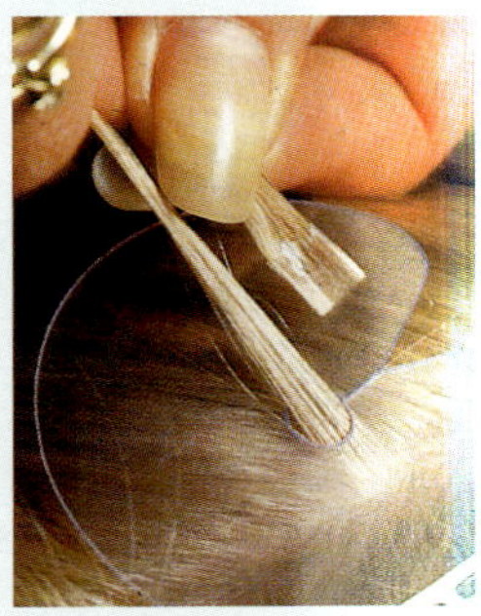

Anhalten der mit Schmelzkleber vorbereiteten Strähne

Die in Ansatznähe befestigte Fremdhaarsträhne

Extensions, der halbe Schopf ist fertig

Das frisierte Haar am Ende der Behandlung

1. Vorbereitungen: a) Maßnehmen am Kopf, b) Anfertigung eines Gipsabdruckes

Vom Maßnehmen bis zum Tragen eines Toupets

2. vorher

Da es bis heute kein eindeutig wirksames Mittel gegen den androgenetischen Haarausfall gibt, nimmt das Toupet eine besondere Stellung unter den Haarersatzteilen ein. Gleichwohl sind Vorurteile gegenüber Toupets nicht selten. Am häufigsten hört man die Meinung, Toupets seien auf den ersten Blick zu erkennen. Dies gilt durchaus für schlechte und schlecht gepflegte Toupets, nicht jedoch für geschickt frisierte Maßarbeiten.

Maßnehmen. Wenn sich ein Kunde für die Anfertigung eines Toupets entschieden hat, muss sorgfältig Maß genommen werden. Dazu wird das Eigenhaar mit einer elastischen Folie abgedeckt. Auf dieser Folie werden die Konturen des Toupets gezeichnet. Indem man feuchte Gipsbinden längs und quer über die Kahlstellen legt, kommt es zu einem ersten Abdruck der Kopfform. Ist der Gips ausgehärtet, wird er mit einer aufschäumenden Kunststoffmasse ausgegossen. So entsteht ein genaues Abbild der Kopfform. Auf diesem Modell wird die Montur nach den Erfordernissen des Trägers geformt. Bei einer Überprüfung auf dem Kopf des Trägers legt man die gewünschte Fallrichtung des Haares einschließlich Scheitel und Wirbel fest. Auch die Haarfarbe kann nun endgültig ausgewählt werden.

1. Üben Sie in einem Rollenspiel die Beratung eines Kunden, der sich für ein Toupet interessiert.

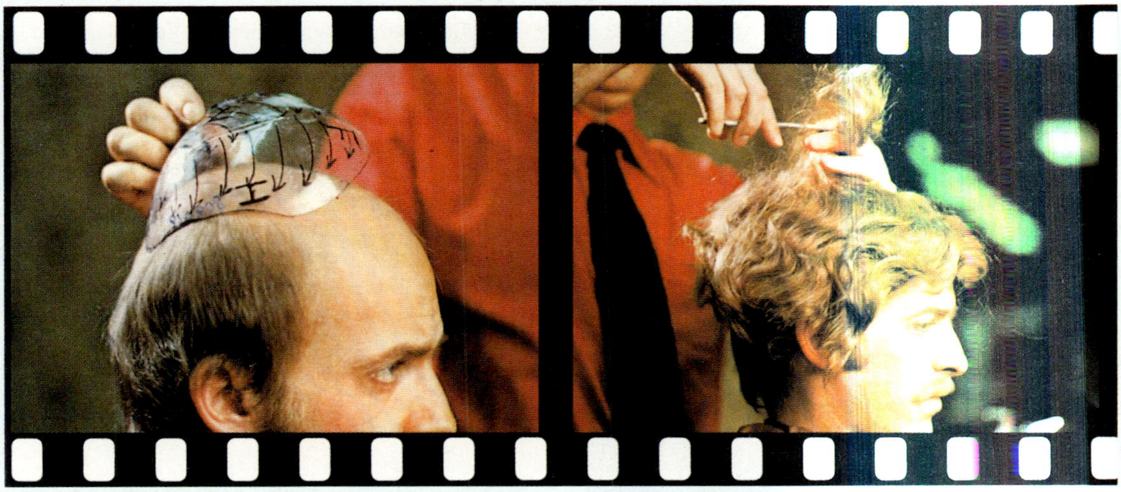

3. Anprobe des Toupets: a) Haarwuchsrichtung anzeichnen, b) Toupet einschneiden

Beknüpfen. Auf der Montur müssen nun Haare angebracht werden. Dies kann durch Beknüpfen geschehen, wobei jeweils wenige Haare mithilfe einer Knüpfnadel in der Montur verknotet werden. Noch natürlicher wirken eingestochene Haare. Mit dieser Technik können Stand und Fallrichtung der Haare genau festgelegt werden. Außerdem sind die Knüpfknoten an der Oberfläche der Montur nicht sichtbar. Dies ist besonders im Scheitel- und Wirbelbereich von Nutzen, wo man wie beim natürlichen Haarwuchs die Haare schütter anordnen muss. Dadurch bleibt die Montur beim späteren Tragen sichtbar. Schlechte Toupets sind häufig schon an der unnatürlichen Haarfülle zu erkennen, die minderwertige Monturen und Knüpftechniken überdecken soll.

Einschneiden. Während die vorhergehenden Arbeiten häufig von spezialisierten Betrieben übernommen werden, fällt das Ein- und Beischneiden wieder stärker in den Arbeitsbereich des Friseurs. Dazu wird das Toupet, ebenso wie beim späteren Tragen, mit doppelseitigem Klebeband auf der Kopfhaut befestigt. Man kämmt die Haare in der gewünschten Form und gleicht die Längen von Eigen- und Fremdhaar an. Außerdem muss die Haarfülle des Toupets in ein natürlich erscheinendes Verhältnis zu den noch vorhandenen Eigenhaaren gebracht werden.

4. nachher

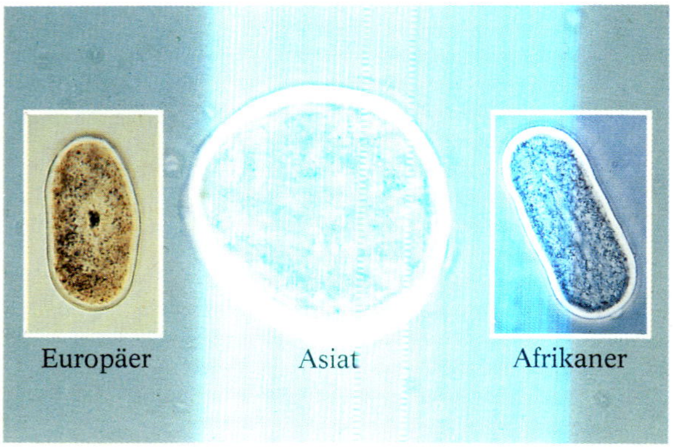

1. Haarquerschnitte von Menschenhaaren

2. Ein Yak liefert Büffelhaar

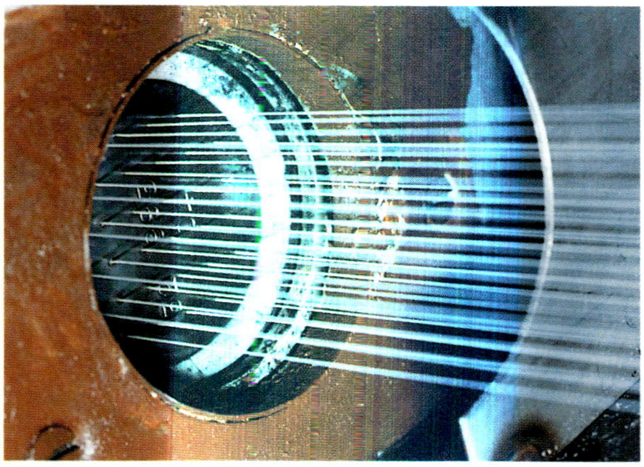
3. Spinndüse für Synthetikfasern

2 Haarsorten

Menschenhaar. Es wird auch als Echthaar bezeichnet und fällt als **Schnitthaar** und **Wirrhaar** an. Wirrhaar ist ausgekämmtes Haar. Weil man Schnitthaar nur noch nach Längen sortieren muss und keine weiteren Arbeiten anfallen, wird es gegenüber dem Wirrhaar bevorzugt.

Ein weiteres Unterscheidungsmerkmal für Haarsorten ist die Herkunft der Haare, da sich die Haarstärken und -querschnitte von Menschen unterschiedlicher Herkunft erheblich unterscheiden.
Mitteleuropäisches Schnitthaar wird meist in seiner Ausgangsfarbe belassen und chemisch nicht weiterbehandelt. Dies führt zu bestmöglicher Qualität, aber auch zu einem begrenzten Angebot mit entsprechend hohen Preisen.
Aus dem gesamten europäischen Raum, besonders aus Südosteuropa, kann das **europäische Naturhaar** stammen. Da es meist sehr dunkel und rotstichig ist, muss man es vor der Verwendung bleichen und neu einfärben.
Wesentlich größer und darum billiger ist das Angebot an **Exporthaar.** Dies sind Haare aus Asien, häufig aus China (Chinahaar) oder Indien (Indohaar). Da diese Haare jedoch von Natur aus sehr viel dicker und tief dunkel sind, müssen sie vor ihrer Verwendung chemisch behandelt werden. Das heißt, die Schuppenschicht und Teile der Faserschicht werden entfernt, die Haare werden gebleicht und neu eingefärbt.

Synthetikfasern. Kunsthaar ist besonders strapazierfähig, allerdings empfindlich gegen Wärme. Da es sich um gleichmäßig durchgefärbte Fasern handelt, sind sie relativ lichtecht. Außerdem kann man sie in beliebiger Länge herstellen. Chemisch gesehen handelt es sich bei synthetischen Haaren um Polyamidfasern (Nylon, Perlon) oder Polyacrylfasern.
Kunsthaar ist thermoplastisch, d. h. durch Wärme verformbar. Beim Trocknen mit Wärmequellen ist daher Vorsicht geboten.

Tierhaar. Als Ersatz für das nur in viel zu geringen Mengen zur Verfügung stehende reinweiße Menschenhaar verwendet man Tierhaar.
Vom Yak, einer in Tibet lebenden Büffelart, stammt das **Büffelhaar.** Es wird mit chemischen Methoden verfeinert und gebleicht. Die längsten Büffelhaare sind 45 cm lang.
Von der in Kleinasien (Türkei) vorkommenden Angoraziege stammt das **Angorahaar.** Es ist sehr weich, fast farblos und höchstens 25 cm lang. Meist wird es mit anderen Haaren gemischt.

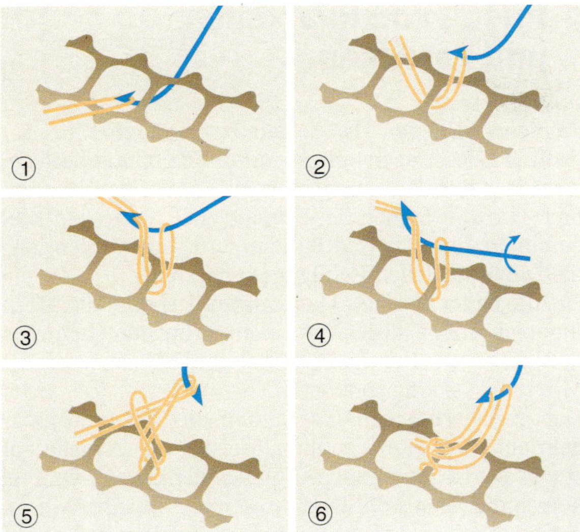

4. Arbeitsschritte beim Knüpfen

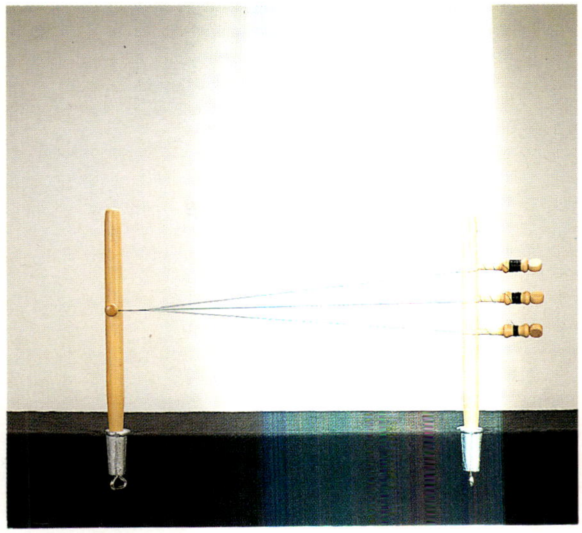

5. Bespannter Tressierrahmen

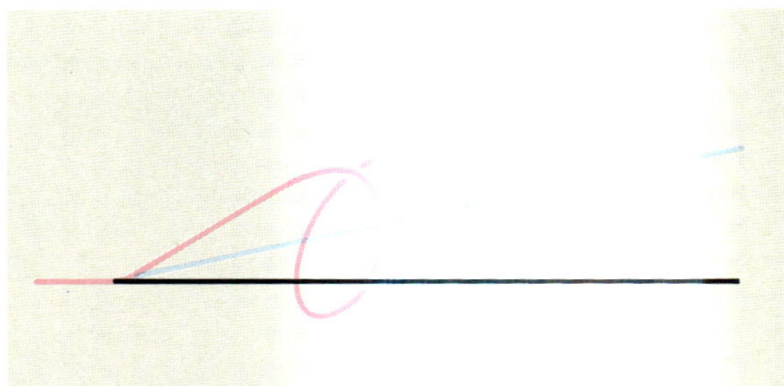

6. Vor- bzw. Abschlagsknoten

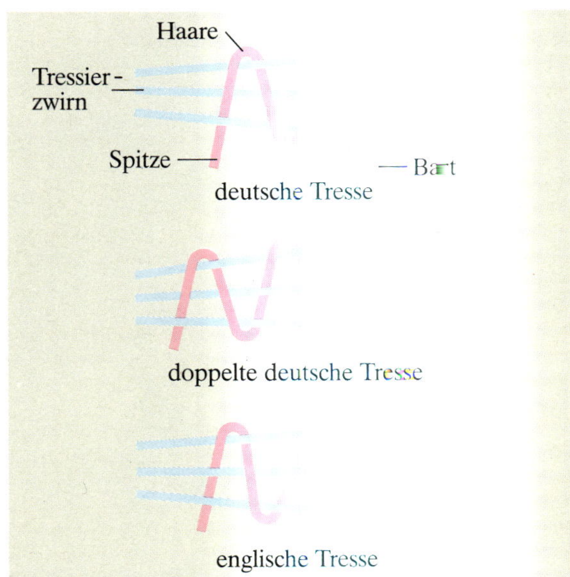

7. Verschiedene Tressen

3 Knüpfen und Tressieren

Knüpfen. Das Verknüpfen der Haare auf der Montur geschieht mit einer Knüpfnadel, einer feinen Nadel mit Widerhaken, die in einem Griff aus Holz oder Metall steckt.
Mit der rechten Hand hält man den Griff mit der Knüpfnadel (Rechtshänder). Mit der linken Hand greift man einige Haare und formt zwischen Daumen und Zeigefinger eine Schlaufe. Das Haarende mit den Spitzen wird lang, das andere kurz gegriffen, um ein späteres Verfilzen der Haare zu vermeiden.
Die Stärke der Nadel und die Abstände der Knoten richten sich nach der gewünschten Fülle.
Tressieren. Bei dieser Technik werden die Haare an drei Zwirnsfäden verknotet. Die so entstandenen Tressen werden auf die Montur aufgenäht. Ersetzt man einen der Zwirnsfäden durch einen dünnen Draht, so kann auch auf eine Montur verzichtet werden. Mithilfe einer Kordelmaschine kann man aus Tressen Zöpfe herstellen.
Zur praktischen Ausführung wird der Tressierrahmen am Tisch befestigt und die Zwirnsfäden gleichmäßig gespannt. Wenn die Zwirnsfäden eingewachst werden, beugt man einem Durchscheuern vor.
Man beginnt mit zwei bis drei Vorschlagsknoten. Bei einfacher und doppelter deutscher Tresse greift man etwa 10 Haare pro Knoten, bei englischer etwa 5 Haare. Zwei bis drei Abschlagsknoten beenden eine Tresse.

1. Halten Sie ein Menschenhaar und ein Synthetikhaar kurz in eine Flamme. Was können Sie beobachten?

1. Aufspannen einer Perücke

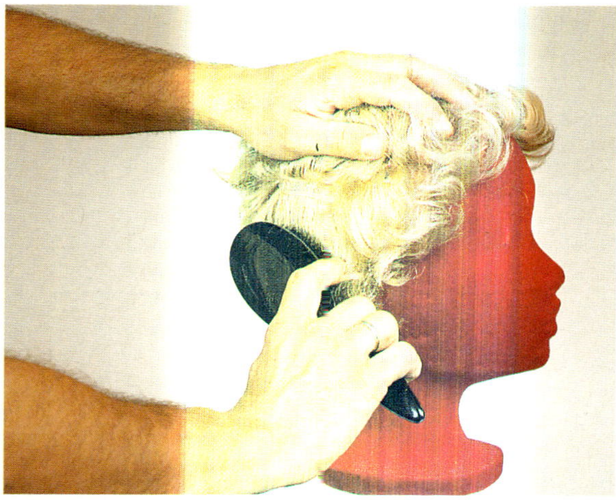

2. Passéeweises Durchbürsten

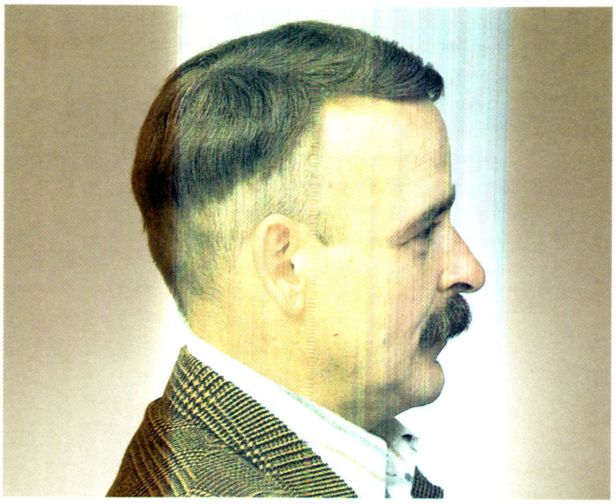

3. Toupet mit Abweichung in Farbe und Haarfülle

4 Pflege von Haarteilen und Perücken

Tägliche Pflege. Haarersatzteile, deren Montur während des Tragens direkt auf der Kopfhaut aufliegt, werden besonders durch Schweiß und Talg verunreinigt. Hinzu kommen bei Toupets noch Reste von Klebemitteln. Toupets und Straßenperücken werden deshalb einer täglichen Reinigung unterzogen.
Dazu wendet man das Haarersatzteil, sodass die Montur nach außen liegt. Mit einem Schwämmchen, das mit speziellem Reinigungsmittel getränkt ist, wird die Montur vorsichtig gerieben.
Danach befestigt man das Haarteil mit großen Stecknadeln auf einer Hartschaumhalbschale, die Perücke auf einem Hartschaumkopf von passender Größe. Dies ist notwendig, damit die Passform erhalten bleibt. Mit einer Bürste wird das Haarteil an den Spitzen beginnend Passée für Passée vorsichtig durchgebürstet. Man bürstet immer entsprechend der Knüpfrichtung. Die Knüpfknoten dürfen dabei nicht beschädigt werden.

Nassreinigung. Zusätzlich zur täglichen Pflege müssen Haarersatzteile regelmäßig nass gereinigt werden.
Wichtig ist hierbei die unterschiedliche Behandlung echter und synthetischer Haare. Im Zweifelsfall verschafft man sich Gewissheit durch die Brennprobe an einem einzelnen abgeschnittenen Haar. Charakteristisch sind der Geruch und die leicht zu zerreibende Asche von Echthaar und das Zusammenschmoren von synthetischen Fasern.
Synthetische Fasern. Diese legt man mitsamt der Halbschale oder dem Hartschaumkopf in eine lauwarme, verdünnte Shampoo-Lösung oder in die Lösung eines Spezial-Reinigungsmittels. Es ist darauf zu achten, dass alle Partien gut benetzt werden. Nach etwa 10 Minuten wird das Reinigungsmittel in Knüpfrichtung mit Wasser abgespült. Es folgt eine Spülung mit einem speziellen Pflegepräparat für synthetische Fasern, das auch eine statische Aufladung verhindert.
Haararbeiten aus synthetischen Fasern lässt man am besten lufttrocknen. Weil die Fasern durch Wärme verformbar sind, würde durch ein zu warmes Trocknen mit Trockenhaube (über 40 °C) oder gar Fön die Form verloren gehen, das heißt, gewellte Haare würden glatt oder anders gewellt werden.

Echthaar. Haararbeiten aus Echthaar können leicht verfilzen. Man stellt deshalb die Halbschale oder den Hartschaumkopf in eine Auffangschale und trägt die Reinigungslösung mit einer Bürste passéeweise auf. Man bürstet immer entsprechend der Knüpfrichtung und verwendet ein stark verdünntes mildes Shampoo (etwa 10 ml Shampoo pro Liter Wasser) oder ein für

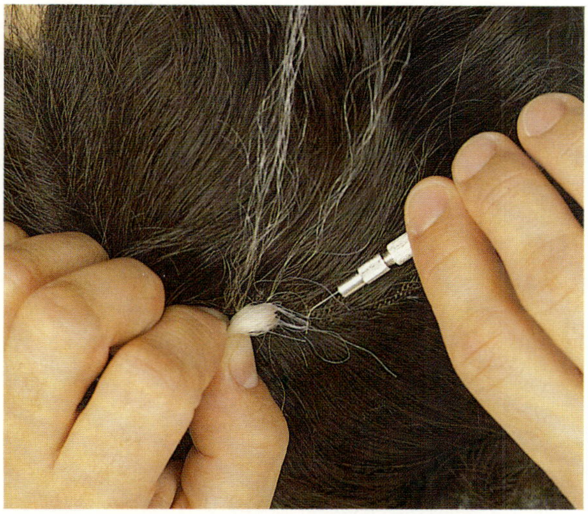

4. Korrektur des Weißanteils durch Einknüpfen weißer Haare

1. Informieren Sie sich über die im Handel befindlichen Pflegepräparate für Haarteile und Perücken.

2. Begründen Sie, warum ein elektrischer Frisierstab zur Verwendung für Haarteile und Perücken nur bedingt geeignet ist.

3. Binden Sie Probesträhnchen aus europäischem Echthaar der Farbe Hellblond bis Mittelblond.
Legen Sie die Strähnchen in dunkelblondes Tönungsmittel, das sie mit Wasser verdünnt haben. Arbeiten Sie mit Verdünnungen von 1 zu 5, 1 zu 50, 1 zu 100 und 1 zu 200. Vergleichen Sie die Ergebnisse nach 20 und 40 Minuten.

4. Behandeln Sie ein Probesträhnchen aus dunklem Exporthaar mit Blondiermittel, ein weiteres mit einem reduktiven Abzugsmittel. Vergleichen Sie die Wirkung.

Echthaar geeignetes Spezialpräparat. Abgespült wird ebenfalls entsprechend der Knüpfrichtung. Den Abschluss der Reinigung bildet auch hier die Anwendung eines Pflegepräparats. Haararbeiten aus Echthaar kann man in der gewünschten Form einlegen und bei mäßiger Temperatur trocknen.

Eine **Dauerwellbehandlung** von Haarersatzteilen ist selten, auf Folgendes sollte jedoch geachtet werden.
Synthetische Fasern werden bei Temperaturen zwischen 50 °C und 60 °C dauerhaft verformt. Man legt dazu die Haare in der gewünschten Form ein und trocknet sie bei entsprechenden Temperaturen unter einer Trockenhaube. Natürlich kann man Wärme auch zum dauerhaften Glätten von synthetischen Fasern verwenden. Dies geschieht mit Volumenwicklern von entsprechender Stärke. Bei Verwendung eines Föns ist die Gefahr einer Überhitzung der Fasern zu beachten.
Echthaar mit Wellmittel dauerhaft umzuformen ist riskant, weil man die chemischen Vorbehandlungen des Haares nicht kennt. Hat man sich doch zu einer solchen Behandlung entschlossen, sollte man ein mildes Wellmittel für poröses Haar verwenden. Der Durchmesser des Wicklers darf nicht zu groß gewählt werden, um später genügend Sprungkraft zu erzielen.

Sowohl die Farbe des Eigenhaares als auch die Farbe des Haarteils kann sich mit der Zeit verändern, sodass eine **Farbkorrektur** erforderlich ist.

Beim **Echthaar** wird die Farbauffrischung mit Tönungsfestigern erreicht. Tönungsmittel, die man jedoch stark verdünnen muss, bewirken intensivere Farbauffrischungen. Je nach Farbwunsch löst man 5 bis 10 ml Tönungsmittel pro Liter Wasser und taucht das aufgespannte Haarteil oder die Perücke in die Farblösung. Während der Einwirkzeit wird das Farbergebnis regelmäßig kontrolliert.
Noch stärkere Farbveränderungen erzielt man mit Oxidationshaarfarben. Auch diese müssen stark verdünnt werden. Voraussetzung ist jedoch, dass die Montur aus Synthetikmaterial besteht. Andere Materialien könnten durch die Behandlung beschädigt werden. Zu bedenken ist, dass sich ein Anfärben der Montur bei der Färbung kaum vermeiden lässt.
Aufhellungen sind oft nur mit reduktiven Farbabzugsmitteln zu erreichen. Das liegt daran, dass besonders Exporthaar nach dem Bleichen häufig mit Textilfarbstoffen eingefärbt ist. Diese sind lichtechter und oxidationsbeständiger als die üblicherweise im Salon verwendeten Farbstoffe. Sie widerstehen deshalb auch den oxidativen Aufhellungsmitteln. Eine Blondierung wäre sinnlos. In jedem Fall sollte man zunächst ein Probesträhnchen behandeln.
Hat der Weißanteil des Eigenhaares zugenommen, so kann man dies korrigieren, indem man beim Haarteil weiße Haare einknüpft.
Synthetische Fasern lassen sich farblich nicht verändern. Gegebenenfalls muss das noch vorhandene Eigenhaar dem Haarteil angepasst werden.

Wissen Sie Bescheid?

1. Nennen Sie Beispiele für Haarersatz und Haarergänzung.
2. Unterscheiden Sie Haarersatz und Haarergänzung nach den unterschiedlichen Qualitätsanforderungen.
3. Sammeln Sie Vorurteile, die gegen ein Toupet sprechen, und formulieren Sie Gegenargumente.
4. Nennen Sie Merkmale, die ein hochwertiges Toupet auszeichnen.
5. Erläutern Sie den Begriff Extensions in kundengemäßer Sprache.
6. Nennen Sie Zielgruppen, denen Sie eine Haarverdichtung empfehlen können.
7. Erklären Sie den Begriff Montur.
8. Erläutern Sie die Unterschiede der für Haararbeiten verwendeten Haarsorten.
9. Begründen Sie die unterschiedlichen Preise der für Haararbeiten verwendeten Haarsorten.
10. Erläutern Sie die Vor- und Nachteile der Verwendung synthetischer Fasern für Haararbeiten.
11. Erläutern Sie Zweck und Durchführung der täglichen Reinigung eines Toupets.
12. Unterscheiden Sie die Nassreinigung von Haararbeiten aus synthetischen Fasern und aus Echthaar.
13. Erläutern Sie die Möglichkeiten zur Farbkorrektur von Haararbeiten.
14. Geben Sie an, worauf bei der Dauerwellung von Haarteilen und Perücken zu achten ist.
15. Geben Sie an, ab welcher Temperatur sich synthetische Fasern durch Wärme verformen lassen.

Fallstudien

1. Beschreiben Sie die oben abgebildete Situation. Welche Gefühle erzeugt dieses Beratungsgespräch bei Ihnen?

2. Führen Sie Gesten vor, die Unwohlsein und/oder Unsicherheit ausdrücken. Spielen Sie Situationen ohne Worte durch und lassen Sie Ihre Mitschüler den Sinn erraten.

*3. Ein Kunde mit starkem Haarverlust im Oberkopfbereich kommt zu Ihnen zum Schneiden. Während der Behandlung erkennen Sie durch kleine Anmerkungen des Kunden ein gewisses Interesse an Toupets, der Wunsch wird aber nicht direkt ausgesprochen.
Versuchen Sie in einem Rollenspiel Möglichkeiten zu finden, die Unsicherheit des Kunden abzubauen und ein Beratungsgespräch zu beginnen.*

Stichwortverzeichnis

T

U

V

W

Y

Z

Bildquellenverzeichnis

Titelbild ‚Jaguar' Stahlwarenfabrik GmbH & Co. KG, Solingen; New-York Hamburger Gummi-Waaren Compagnie AG, Hamburg; 7.1 Olymp GmbH, Stuttgart; 8.1 Mosch, Runkel a. d. Lahn; 9.4 action press, Hamburg; 9.5 Nemectron GmbH, Karlsruhe; 14.1 Wella AG, Darmstadt; 18.1 Lind Coiffeur Foto-Service GmbH, Solingen; 18.2 Lind Coiffeur Foto-Service GmbH, Solingen; 20.1 Comhair GmbH, Wolfsburg; 20.2 Wella AG, Darmstadt; 24.1 Mi. Bavaria, Gauting; 24.1 re. H. Rogge, Hannover; 33 Michael Seifert, Hannover; 36.1, 36.2 Silvestris, Kastl; 36.3 Xeniel Dia, Neuhausen; 37.4 Schwer Verlag GmbH, Stuttgart; 37.5 Dr. med. E. Hoting, Hamburg; 38.1 M.P. Kage, Lauterstein; 41.3 M.P. Kage, Lauterstein; 42.1 Bayersdorf AG (pH5-Eucerin); Industrie-Contact, Hamburg; 42.2 Zeitbild Verlag, Bonn, München; 46.2 Berufsgenossenschaft für Gesundheitsdienst und Wohlfahrtspflege, Hamburg; 48.3 Berufsgenossenschaft für Gesundheitsdienst und Wohlfahrtspflege, Hamburg; 52.1 Beiersdorf AG, Hamburg; 53.3 Beiersdorf AG, Hamburg; 53.4 action press, Hamburg; 53.5 Süddeutscher Verlag Bilderdienst, München; 54.2 L. Nilson, Stockholm; 56.1 Wella AG, Darmstadt; 56.2 Beiersdorf AG, Hamburg; 57.3 (Foto), 58.1, 58.2, 59.4 Wella AG, Darmstadt; 59.5 Engel, Butzbach; 59.6 Engel, Butzbach; 59.7 Wella AG, Darmstadt; 60.2 Wella AG, Darmstadt; 60.3 Goldwell AG, Darmstadt; 60.4 Wella AG, Darmstadt; 61.5 li. Silvestris, Kastl; 61.5 Mi. Bavaria Bildagentur GmbH, Gauting; 61.5 re. dpa GmbH, Frankfurt; 62.1 action press, Hamburg; 63.4 Wella AG, Darmstadt; 64.1–3 Dr. med. E. Hoting, Hamburg; 65.4–6 Dr. med. E. Hoting, Hamburg; 67.4 Dr. med. E. Hoting, Hamburg; 67.5 Dr. med. E. Hoting, Hamburg; 68.1 Dr. med. E. Hoting, Hamburg; 68.2 Dr. med. E. Hoting, Hamburg; 69.4–6 Dr. med. E. Hoting, Hamburg; 74.1 Bestelladresse Wasserkoffer: Theodor-Litt-Schule, 35390 Gießen, H. Schaefer; 76.3 Henkel KGaA, Düsseldorf; 77.1 Tegen, Hambühren; 81.2 Goldwell AG, Darmstadt; 85.2 oben Wella AG (Lifetex Sun), Darmstadt; 85.2 mi., unten H. Schwarzkopf GmbH, Hamburg; 88.1 Beiersdorf AG, Hamburg; 88.2 Bavaria Bildagentur GmbH, Gauting; 89.3 Beiersdorf AG, Hamburg; 89.4 Beiersdorf AG, Hamburg; 89.5 Beiersdorf AG, Hamburg; 90.1 Beiersdorf AG, Hamburg; 91.2 Beiersdorf AG, Hamburg; 92.1–3 Beiersdorf AG, Hamburg; 94.1 Beiersdorf AG, Hamburg; 94.2 Beiersdorf AG, Hamburg; 95.3 Beiersdorf AG, Hamburg; 95.4 Beiersdorf AG, Hamburg; 96.2 Beiersdorf AG, Hamburg; 96.3 Beiersdorf AG, Hamburg; 98.1 Beiersdorf AG, Hamburg; 99.2–4 Beiersdorf AG, Hamburg; 100.1 Plewig/Kligmann, Akne, Springer Verlag, Berlin, Heidelberg, New York; 100.2 Plewig/Kligmann, Akne, Springer Verlag, Berlin, Heidelberg, New York; 101.3 J. Engel, Butzbach; 101.4 Plewig/Kligmann, Akne, Springer Verlag, Berlin, Heidelberg, New York; 102.1 Plewig/Kligmann, Akne, Springer Verlag, Berlin, Heidelberg, New York; 102.2 J. Engel, Butzbach; 102.3 Dr. med. Lothar Reinbacher, Kempten; 103.4 J. Engel, Butzbach; 103.5 Schwer Verlag GmbH, Stuttgart; 103.6 J. Engel, Butzbach; 103.7 Dr. med. E. Hoting, Hamburg; 103.8 J. Engel, Butzbach; 104.1 J. Engel, Butzbach: 104.2 ZEFA GmbH, Düsseldorf; 104.3 Dr. med. E. Hoting, Hamburg; 104.4 Dr. med. E. Hoting, Hamburg; 104.5 Dr. med. E. Hoting, Hamburg; 105.7 J. Engel, Butzbach; 105.8 Deutsche Krebshilfe, Bonn; 108.1 action press, Hamburg; 110.1 Nemectron GmbH, Karlsruhe; 110.3 Nemectron GmbH, Karlsruhe; 112.2 Nemectron GmbH, Karlsruhe; 112.3 Nemectron GmbH, Karlsruhe; 112.4 Nemectron GmbH, Karlsruhe; 120.1 Nemectron GmbH, Karlsruhe; 121.2 Nemectron GmbH, Karlsruhe; 121.3 Nemectron GmbH, Karlsruhe; 124.1 Wilde Cosmetics GmbH, Eltville; 125.2 American Nails Cosmetics, München; 125.3 American Nails Cosmetics, München; 127.3 Dr. med. E. Hoting, Hamburg; 127.4 Dr. med. E. Hoting, Hamburg; 127.5 J. Engel, Butzbach; 132.1 Lind Coiffeur Foto-Service GmbH, Solingen; 133.2 o. li. Silvestris, Kastl; 133.2 o. re., Mi. 3 Abb. li., u. re. Wella AG, Darmstadt; 133.2 Mi. re. o. Schwarzkopf & Henkel Cosmetics GmbH, Düsseldorf; 133.2 Mi. re. u. Ellen Betrix, Bad Schwalbach; 133.2 u. Mi. Lind Coiffeur Foto-Service GmbH, Solingen; 134.1 Lind Coiffeur Foto-Service GmbH, Solingen; 134.2 Lind Coiffeur Foto-Service GmbH, Solingen; 139.2 vgs Verlagsgesellschaft mbH, Köln; 140.1 vgs Verlagsgesellschaft mbH, Köln; 141.5 vgs Verlagsgesellschaft mbH, Köln; 142.1 vgs Verlagsgesellschaft mbH, Köln; 144.1 Lind Coiffeur Foto-Service GmbH, Solingen; 144.2 Lind Coiffeur Foto-Service GmbH, Solingen; 145.3 Nico Kruse, Frankfurt; 145.4 Nico Kruse, Frankfurt; 146.1 Mauritius GmbH, Mittenwald; 154.2 Tegen, Hambühren; 155.4 dpa GmbH, Frankfurt; 155.6 dpa GmbH, Frankfurt; 156.1 Goldwell AG, Darmstadt; 156.2 Goldwell AG, Darmstadt; 157.4 Tegen, Hambühren; 158.1 re. Tegen, Hambühren; 163.4 Tegen, Hambühren; 164.1 Lind Coiffeur Foto-Service GmbH, Solingen; 176.1 Tegen, Hambühren; 180.1 Beiersdorf AG (pH5-Eucerin), Hamburg; 186.1 Mauritius GmbH, Mittenwald; 187 Haarmann + Reimer, Holzminden; 190.1 Wella AG, Darmstadt; 194.1 Bildarchiv Preußischer Kulturbesitz, Berlin; 195.2 W. Schmidt, Hiddenhausen; 195.3–6 H. Schwarzkopf GmbH, Hamburg; 195.7 W. Schmidt, Hiddenhausen; 195.8–10 H. Schwarzkopf GmbH, Hamburg; 195.11–13 W. Schmidt, Hiddenhausen; 196.1 H. Schwarzkopf GmbH, Hamburg; 196.2 Archiv Gerstenberg, Wietze; 197.3 H. Schwarzkopf GmbH, Hamburg; 197.4 H. Schwarzkopf GmbH, Hamburg; 197.5 W. Schmidt, Hiddenhausen; 198.2 dpa GmbH, Frankfurt; 198.3 dpa GmbH, Frankfurt; 199.4 Keystone Pressedienst GmbH, Hamburg; 199.5 H. Schwarzkopf GmbH, Hamburg; 199.6 dpa GmbH, Frankfurt; 201.3 H. Schwarzkopf GmbH, Hamburg; 201.4 Bildarchiv Preußischer Kulturbesitz, Berlin; 202.1 Bildarchiv Preußischer Kulturbesitz, Berlin; 203.3 Archäologisches Landesmuseum der Christian-Albrechts-Universität, Kiel; 203.4 Archiv für Kunst und Geschichte, Berlin; 204.1 Limmer, Bamberg; 204.2 Archiv für Kunst und Geschichte, Berlin; 204.3 Archiv für Kunst und Geschichte, Berlin; 204.4 Bildarchiv Preußischer Kulturbesitz, Berlin; 205.5 Staatliche Museen Stiftung Preußischer Kulturbesitz, Berlin; 205.6 Archiv Gerstenberg, Wietze; 206.1 Städelsches Kunstinstitut, Frankfurt/M.; 206.2 Wallraff-Richartz-Museum, Köln; 206.3 Wallraff-Richartz-Museum, Köln; 207.5 Kunsthistorisches Museum, Wien; 207.6 Städelsches Kunstinstitut, Frankfurt/M.; 208.1 H. Schwarzkopf GmbH, Hamburg; 208.2 Bildarchiv Preußischer Kulturbesitz, Berlin; 208.3 H. Schwarzkopf GmbH, Hamburg; 209.4 Artothek, Peissenberg; 209.5 laenderpress, Düsseldorf; 209.6 H. Schwarzkopf GmbH, Hamburg; 210.1 H. Schwarzkopf GmbH, Hamburg; 210.2 Historia-Photo, Hamburg; 211.4 H. Schwarzkopf GmbH, Hamburg; 211.5 Kunsthistorisches Museum, Wien; 211.7 Archiv für Kunst und Geschichte, Berlin; 211.8 H. Schwarzkopf GmbH, Hamburg; 212.2 Staatliche Museen Stiftung Preußischer Kulturbesitz, Berlin; 213.6 Kunsthalle, Hamburg; 213.7 H. Schwarzkopf GmbH, Hamburg; 214.1 Artothek, Peissenberg; 214.2 Historisches Museum, Wien; 215.3 Städelsches Kunstinstitut, Frankfurt/M.; 215.4 Stadtmuseum, München; 215.5 Bayerische Staatsgemäldesammlungen, München; 215.6 Kunstmuseum, Düsseldorf; 216.2 Hofburg, Wien; 217.3 Archiv für Kunst und Geschichte, Berlin; 217.4 H. Schwarzkopf GmbH, Hamburg; 217.5 H. Schwarzkopf GmbH, Hamburg; 218.1–3 H. Schwarzkopf GmbH, Hamburg; 219.4 Focus Photo- und Presseagentur GmbH, Hamburg; 219.5 ZEFA GmbH, Düsseldorf; 219.6 ZEFA GmbH, Düsseldorf; 220.1 Focus Photo- und Presseagentur GmbH, Hamburg; 221.3 Frisersalon Segebarth, Hannover; 222.1–3 Lind Coiffeur Foto-Service GmbH, Solingen; 223.4 Lind Coiffeur Foto-Service GmbH, Solingen; 224.1 li. Mauritius GmbH, Mittenwald; 224.1 Mi. Bavaria Bildagentur GmbH, Gauting; 225.3 Lind Coiffeur Foto-Service GmbH, Solingen; 226.2 Lind Coiffeur Foto-Service GmbH, Solingen; 226.3 Lind Coiffeur Foto-Service GmbH, Solingen; 227.4 Goldwell AG, Darmstadt; 227.5 Lind Coiffeur Foto-Service GmbH, Solingen; 227.6 Lind Coiffeur Foto-Service GmbH, Solingen; 228.1, 229.5, 230.1 Wella AG, Darmstadt; 230.2 Lind Coiffeur Foto-Service GmbH, Solingen; 230.3 Lind Coiffeur Foto-Service GmbH, Solingen; 231.5 Wella AG, Darmstadt; 231.6 Lind Coiffeur Foto-Service GmbH, Solingen; 232.2 vgs Verlagsgesellschaft mbH & Co. KG, Köln; 233.3 ZEFA GmbH, Düsseldorf; 234.1 li. Mi. Lind Coiffeur Foto-Service GmbH, Solingen; 234.1 re. Wella AG, Darmstadt; 235 L'Oreal, Karlsruhe; 236.1 Lind Coiffeur Foto-Service GmbH, Solingen; 237.6 Wella AG, Darmstadt; 238.2 New-York Hamburger Gummi-Waaren Compagnie AG, Hamburg; 238.3 New-York Hamburger Gummi-Waaren Compagnie AG, Hamburg; 248.1–6 Zentralverband des Deutschen Friseurhandwerks, Köln; 249.7–12 Zentralverband des Deutschen Friseurhandwerks, Köln; 250.1–9 Zentralverband des Deutschen Friseurhandwerks, Köln; 251 oben Mauritius GmbH, Mittenwald; 253.4 bhc, Oberdachstetten; 254.3 Wella AG, Darmstadt; 256.3 Wella AG, Darmstadt; 258.1 M. Seifert, Hannover; 259 Wella AG, Darmstadt; 260.1 li Wella AG, Darmstadt; 260.1 re Goldwell AG, Darmstadt; 266.1 Wella AG, Darmstadt; 266.2 Goldwell AG, Darmstadt; 268.1 Goldwell AG, Darmstadt; 268.2 Goldwell AG, Darmstadt; 269.3 Wella AG, Darmstadt; 269.4 Wella AG, Darmstadt; 270.2 Goldwell AG, Darmstadt; 272.4 Wella AG, Darmstadt; 273.8 Wella AG, Darmstadt; 274.2 Wella AG, Darmstadt; 276.1–4 Goldwell AG, Darmstadt; 278.1 Goldwell AG, Darmstadt; 280.1 Lind Coiffeur Foto-Service GmbH, Solingen; 281.3 Wella AG, Darmstadt; 281.5 H. Schwarzkopf GmbH, Hamburg; 282.1 Wella AG, Hamburg; 286.4 Lind Coiffeur Foto-Service GmbH, Solingen; 287.5 Lind Coiffeur Foto-Service GmbH, Solingen; 288.1 Goldwell AG, Darmstadt; 290.1 Goldwell AG, Darmstadt; 291.4 Goldwell AG, Darmstadt; 293.2 Wella AG, Darmstadt; 296.1 Wella AG, Darmstadt; 297.2 Lind Coiffeur Foto-Service GmbH, Solingen; 298.1 Lind Coiffeur Foto-Service GmbH, Solingen; 302.3 H. Schwarzkopf GmbH (Igora Botanic), Hamburg; 304 Nico Kruse, Frankfurt; 306.1 Any d'Aoray, Paris; 307.3 Any d'Aoray, Paris; 307, Exkurs Great Lengths, St. Stefan (Österreich); 308.1 Brehmer & Sohn GmbH, Bremen; 309.3 Brehmer & Sohn GmbH, Bremen; 308.2 E. Plaschke, Hannover; 309.4 E. Plaschke, Hannover; 310.1 H. Schwarzkopf GmbH, Hamburg; 310.2 Photo-Center, Braunschweig